九色鹿

明代的
王朝国家之路

之路

赵现海 著

社会科学文献出版社
SOCIAL SCIENCES ACADEMIC PRESS (CHINA)

目

录

导　言
从王朝国家发现中国历史

一　近代西欧的民族国家之路

蒙古帝国像一阵历史的狂风，席卷了亚欧大陆，突破了以往不同文明区域交流的模式，首次将亚欧大陆联系在一起。但蒙古较少的人口、落后的文化，使他们无法对被征服文明开展整体性、深层次的文明整合，而是采取融入被征服文明、因俗而治的被动管理。由此蒙古帝国虽然疆域辽阔，但内部松散，元朝和四大汗国之间，缺乏实质性的政治合作。14 世纪中期，蔓延于亚欧大陆的瘟疫，极大削弱了蒙古帝国的统治根基，面对被征服民族的反抗，蒙古帝国逐渐土崩瓦解。

蒙古帝国的瓦解，既是一个伟大时代的结束，也开启了更加伟大的时代。蒙古帝国的瓦解，为中华文明、阿拉伯文明的复兴提供了历史空间，为西欧文明解除了长期威胁，为俄罗斯文明的整合与形成提供了历史前提，四种文明从而开始复兴、崛起，纷纷竞逐蒙古帝国瓦解的权力空间，构成了近 700 年世界历史的基本脉络与整体图景，标志着近代世界的开端，世界近代史的大幕由此开启。

但四种文明的历史命运却大相径庭。西欧率先走上了征服世

1

界的征程，在接下来 500 多年的历史中，开始了全球扩张，建立起相对于其他文明的长期优势，虽然这一优势在"二战"之后遭到越来越多的挑战。西欧之所以能够从一盘散沙、经济落后、宗教压制的落后者，一跃成为领先者，学界普遍认为民族国家的建立是一大关键。

近代初期的欧洲，仍然延续着中世纪一盘散沙的局面。当时在形式上统一欧洲的，不是世俗政权，而是强大的罗马教会。罗马教会利用宗教信仰，控制着整个欧洲人民的思想，影响力远远超出了世俗政权，国王们登基，都要接受教皇的认可，举行加冕仪式，才有合法性。随着资本主义的兴起，国王们开始不甘居人之下，竭力凭借经济力量，挑战教会的权威，并在与其他国家的竞争中获胜。为实现这一点，西欧的君主们，努力宣扬居住在同一地区、具有同样语言、拥有共同历史传统、信奉一样宗教的群体，是一个具有独立性的"民族"，不同民族之间，具有显著的差异，拥有不同的利益，应该分别建立起自己的单一民族国家。最初是英国，其后是法国，最后是西欧乃至欧洲其他各国，沿着这一历史道路积极整合本国民众的力量，推动资本主义生产，发动科技革命，武装军事力量，开展与罗马教皇、其他国家之间的竞争，从而推动本国势力扩张至西欧其他地区乃至整个欧洲，甚至全世界，从而在全球范围实现了空前扩张，建立起欧洲长期主宰的现代国际秩序。

与之相比，近代时期，其他文明虽然也向外积极开拓、扩张，在全球化潮流之中，都呈现了不同程度的增长，但却并未实现文明质的飞跃，在欧洲文明兵临城下之时，文明呈现艰难嬗变、改造乃至土崩瓦解的历史趋势，除个别文明，比如具有建立民族国家良好历史基础的日本之外，直到进入 20 世纪，尤其是"二战"以后，才逐渐开始真正意义上的复兴。之所以如此，与这些文明长期的"王朝国家"历史遗产密切相关。

二　"王朝国家"概念的提出

在人类历史上，曾经出现过很多的国家形态。当今世界流行的民族国家，是十分晚近的产物。西欧在近代化过程中，产生出诸多以单一民族、单一宗教为特征的现代民族国家，彼此之间围绕宗教与领土爆发战争。为解决这一争端，各国共同签订了《威斯特伐利亚和约》（the Peace Treaty of Westphalia），形成了所谓的"威斯特伐利亚体系"，以国际法的形式，确立了近代民族国家之间主权神圣、独立平等的国际秩序，一直影响至今。

但在古代世界，却存在众多不同规模、不同内涵的国家形态。而在其中扮演了关键性角色、发挥了全局性影响的，是先后涌现的拥有广阔疆域、多种族群、多元文化的庞大帝国。与近代以来兴起的，由单一民族或某一民族为主体建立的，以民族主义凝聚人心、实现社会整合的"民族国家"不同，庞大帝国赖以维系的基础是王朝的政治合法性，而非近代国家的民族独特性，由此角度而言，可将庞大帝国称作"王朝国家"。

与民族国家以民族独立为政治合法性，民族是政权的核心与主体，并催生出相应具有本民族特色的国家制度、文化信仰不同，"王朝国家"以王朝神圣性为政治合法性，王朝是政权的核心与根本，并催生出整合不同族群的国家制度与文化信仰，具有较强的包容性。比如唐太宗时，有"天子以四海为家，不当以东西为限"的政治言论。① 五代后唐庄宗时，也认为"天子以四海为家，不当

---

① "（唐）太宗尝言及山东、关中人，意有同异，（殿中侍御史张）行成正侍宴，跪而奏曰：'臣闻天子以四海为家，不当以东西为限；若如是，则示人以隘狭。'太宗善其言，赐名马一匹、钱十万、衣一袭。"（后晋）刘昫等：《旧唐书》卷七八《张行成传》，中华书局 1975 年点校本，第 2703—2704 页。本书同一篇文献第二次及以下征引时，为节约篇幅，省略作者及出版信息，特此说明。

分其南北"。① 庄宗也下诏曰："朕闻古先哲王，临御天下，上则以无偏无党为至治。"② 辽重熙七年（1038），东京留守萧孝忠也奏言："天子以四海为家，何分彼此？"③ 金熙宗曰："四海之内，皆朕臣子，若分别待之，岂能致一。"④ 金皇统六年（1146），行台尚书右丞相兼判左宣徽使事刘筈曰："今天下一家，孰为南北。"⑤ 大定十七年（1177），尚书右丞唐括安礼奏对曰："圣主溥爱天下，子育万国，不宜有分别。"⑥ 大定二十四年，大理司直路伯达奏曰："人君以四海为家，岂独旧邦是思。"⑦ 贞祐四年（1216），监察御史陈规认为金朝实现了"天下一家"，不同地区应打破区域藩篱，共同救济民众。"昔秦、晋为仇，一遇年饥则互输之粟。今圣主在上，一视同仁，岂可以一家之民自限南北，坐视困馁而不救哉。"⑧ 宣宗时期，河南转运使王扩对曰："兼制天下者以天下为度。"⑨

对于中国古代的国家形态，以往我国史学界多称之为"统一多民族国家"或"多民族统一国家"，⑩ 虽然这种概念揭示了中国古代疆域广阔、族群多种的历史特征，但古代中国并未有所谓现代意义上的民族，也并非现代意义上的"国家"概念可以概括。西方学者普遍称古代中国为"中华帝国"。虽然这一称谓揭示出古代中国与现代民族国家不同的国家性质，但古代中国在对外政策

---

① "初卜山陵，帝欲祔于代州武皇陵，奏议：'天子以四海为家，不当分其南北。'乃于寿安县界别卜是陵。"（宋）薛居正等：《旧五代史》卷三三《唐书九·庄宗纪七》，中华书局 1976 年点校本，第 458 页。

② 《旧五代史》卷三三《唐书九·庄宗纪七》，第 462 页。

③ （元）脱脱等：《辽史》卷八一《萧孝忠传》，中华书局 2016 年点校本，第 1417 页。

④ （元）脱脱等：《金史》卷四《熙宗纪》，中华书局 1975 年点校本，第 85 页。

⑤ 《金史》卷七八《刘筈传》，第 1772 页。

⑥ 《金史》卷七八《唐括安礼传》，第 1965 页。

⑦ 《金史》卷九六《路伯达传》，第 2138 页。

⑧ 《金史》卷一〇九《陈规传》，第 2402—2403 页。

⑨ 《金史》卷一一八《苗道润传》，第 2571 页。

⑩ 谢维扬：《中国早期国家》，浙江人民出版社，1995，第 515—523 页。

上的"内敛"取向与其他文明的扩张取向，具有明显的区别，相应"帝国"概念对于中国古代国家形态也有所误解与误读。1957年，美国学者卡尔·魏特夫出版了《东方专制主义》一书，将中国古代的国家形态概括为"东方专制主义"。这种提法是在当时东西方冷战背景下政治先行的产物，将中国古代制度形式概括为绝对专制主义，忽视了中国制度体系的内部平衡与社会流动。

目前所知，"王朝国家"这一概念，最早见于李鸿宾在2004年发表于"中外关系史百年学术回顾与展望国际学术研讨会"上的《王朝国家体系的建构与变更》一文。次年，李鸿宾又发表了《中国传统王朝国家（观念）在近代社会的变化》一文。① 2013年，李鸿宾又发表了《唐朝胡汉关系研究中若干概（观）念问题》一文。② 在这三篇论文中，李鸿宾指出夏商周三代是分封性王朝，秦朝在继承、发展三代分封性王朝的基础之上，建立起的大一统王朝，开创了中国古代的"王朝国家"。在李鸿宾看来，"王朝国家"具有三项特征：首先是中央集权的政治体制与"天人合一"的统治思想，其次是内外有别的民族关系，最后是疆域的不确定性与模糊状态。在李鸿宾看来，近代时期"王朝国家"遭遇到了西方民族国家的冲击，为了挽救国家和民族，中国被迫对"王朝国家"进行改造，最终以中华民族对应传统国家，作为解决方案。

2016年，徐珺玉、毕天云《王朝中国的国家本位》提出了"王朝中国"的概念，指出王朝中国以国家为本位，相应也是"王朝国家"，包含三个方面内涵：政治权力上的皇权至上，家国关系上的"家天下"，民族关系上的多元统一与华夏正统。③ 在此前后，

---

① 李鸿宾：《中国传统王朝国家（观念）在近代社会的变化》，载中央民族大学历史系主办《民族史研究》第6辑，民族出版社，2005。

② 李鸿宾：《唐朝胡汉关系研究中若干概（观）念问题》，《北方民族大学学报》（哲学社会科学版）2013年第1期。

③ 徐珺玉、毕天云：《王朝中国的国家本位》，《云南社会主义学院学报》2016年第3期。

一些学者也使用了"王朝国家"这一概念，但并未加以界定与说明。①

可见，关于"王朝国家"，学界已有一定界定。不过，相对于"王朝国家"在中国历史，甚至世界上所扮演的重要角色，其尚有可进一步挖掘的学术空间。所谓"王朝国家"，是指在近代以前，不同文明先后涌现出众多拥有广阔疆域、多种族群、多元文化的庞大帝国，既在明确的国家疆域内，建立起坚实的国家体制，又努力构建辐射广大的王朝体系，由此而形成的一种内外既合为一体，又有分别的国家形态。如果运用当今的政治学话语进行表述，那就是王朝国家是民族国家与区域国际秩序，乃至全球国际秩序的统一体、复合体。

揆诸中国，可以发现中国古代长期以中国本土为中心，构建起没有边界的"天下秩序"。中国古代中原王朝一直未将统治视野局限于"中国"，也就是目前我们所理解的中国本土，而是以中国本土为核心，观照整个"天下"，皇帝为"万国之主"。② 相应的，

① 岳小国、陈红：《王朝国家的模仿与隐喻——人类学视阈下的土司社会与国家关系研究》，《云南民族大学学报》（哲学社会科学版）2012 年第 4 期；张会龙、史世奎：《论中国王朝国家的族际政治整合》，《云南行政学院学报》2013 年第 5 期；段红云：《汉代"西夷"及其与王朝国家的关系研究》，《广西民族大学学报》（哲学社会科学版）2017 年第 3 期；鲁西奇：《汉唐时期王朝国家的海神祭祀》，《厦门大学学报》（哲学社会科学版）2017 年第 6 期；孙保全：《中国王朝国家的疆域格局与边疆形态》，载何明主编《西南边疆民族研究》第 25 辑，社会科学文献出版社，2018；温春来：《从王朝国家到民族国家》，载温春来《身份、国家与记忆：西南经验》，北京师范大学出版社，2018；鲁西奇：《王朝国家的社会控制及其地域差异——以唐代乡里制度的实行为中心》，《陕西师范大学学报》（哲学社会科学版）2019 年第 1 期；安北江：《地缘政治与王朝秩序：8—13 世纪"天下中国观"与"国家认同"演绎》，《河北师范大学学报》（哲学社会科学版）2019 年第 4 期。

② 唐高宗乾封三年（668），"夏四月丙辰，有彗星见于毕、昴之间"。群臣认为："星孛于东北，此高丽将灭之征。"高宗却认为："高丽百姓，即朕之百姓也。既为万国之主，岂可推过于小蕃。"《旧唐书》卷五《高宗纪下》，第 91—92 页。值得注意的是，唐朝此时尚未攻占高丽。

历代中原王朝所定政权的名号，并非单纯的"国号"，比如明朝人便自称"大明国"，① 还是"有天下之号"，② 所覆盖疆域并不限于中国本土，还包含时来朝贡的"荒服"等层次。"九服"也相应是中国古代疆域的代名词，③ 与天下、万方、九垓、九野、九宇、九域、九围、九有、九区、九土、九县同一含义，与象征所有空间的三灵、四方、四海、四垠、四隩、五方、六合、八荒、八方、八纮、八表并列。

---

① 明末清初在魏忠贤事迹基础上改编而成的历史小说《梼杌闲评》，描述了魏忠贤去世后，妻子傅如玉为其做道场，祭坛上悬挂济孤榜文，其中云："今据大明国山东兖州府东阿县信女傅如玉同男傅应星、媳王氏，共秉丹诚，拜于洪造。"（清）轶名：《梼杌闲评》第五十回《明怀宗旌忠诛恶党 碧霞君说劫解沉冤》，刘文忠校点，人民文学出版社，1999，第561—562页。山西省曲沃县西海村龙王庙现存明崇祯三年（1630）三月岁造古钟，上刻有铭文"大明国山西平阳府太平县普法寺造钟石"。

② 〔日〕渡边信一郎：《中国古代的王权与天下秩序——从日中比较史的视角出发》，徐冲译，中华书局，2008，第4—5页。

③ 南齐世祖萧颐永明末年，丹阳丞、中书郎王融上疏，便描绘出了一幅"九服"清明、天下来朝的盛世景象。"方今九服清怡，三灵和晏，木有附枝，轮无异辙，东鞮献舞，南辫传歌，羌、僰逾山，秦、屠越海，舌象玩委体之勤，辖译厌瞻巡之数。"（梁）梁子显：《南齐书》卷四七《王融传》，中华书局，2017年点校本，第909页。北魏文成帝拓跋濬时期，安南将军、相州刺史李𫘝疏曰："今圣治钦明，道隆三五，九服之民，咸仰德化。"（北齐）魏收：《魏书》卷四六《李𫘝传》，中华书局，2017年点校本，第1146页。北魏献文帝即位，安乐侯上表称颂，指出三代末期，天下分裂。"爰及三季，下凌上替。九服三分，礼乐四缺。"《魏书》卷五四《高闾传》，第1311页。北魏孝文帝时期，任城王拓跋澄也曰："伊洛中区，均天下所据，陛下制御华夏，辑平九服，苍生闻此，应当大庆。"《魏书》卷一九中《景穆十二王传中·任城王传》，第535页。北魏宣武帝元恪时期，光禄大夫张彝上表曰："及惠帝失御，中夏崩离，刘苻专据秦西，燕赵独制关左，姚夏continue竞起，五凉竞立，致使九服摇摇，民无定主，礼仪典制，此焉湮灭。"《魏书》卷六四《张彝传》，第1557页。北魏孝明帝元诩时期，都督冀定瀛三州诸军事、骠骑大将军、冀州刺史李崇也上表曰："爰及亡秦，政失其道，坑儒灭学，以蔽黔首。国无赘序之风，野有非时之役，故九服分崩，祚终二世。"《魏书》卷六六《李崇传》，第1599页。北魏宣武帝元恪时期，给事中孙绍上表曰："臣以令之为体，即帝王之身也，分处百揆之仪，安置九服之节，经纬三才之伦，包罗六卿之职，措置风化之门，作用赏罚之要，乃是有为之枢机，世法之大本也。"《魏书》卷七八《孙绍传》，第1863页。

　　王朝国家的规模性，促使中国古代在制定制度、开展治理时，必须考虑到空间的巨大性与复杂性。所谓空间的巨大性，是就其疆域意义而言。所谓空间的复杂性，是就其族群与文化意义而言，即作为内地的中原与江南，与作为边疆的广阔地带，生态环境、族群分布、经济发展、文化程度存在着相当大差异，甚至极大差异，从而导致政治地理存在一定的不平衡，甚至极大的不平衡。与内地长期在经济、文化方面发挥了引领性作用不同，边疆地区的军事战乱与民众叛乱，长期制约中国历史发展的整体进程，甚至常常扮演了不同王朝的历史爆点的角色。

　　相应的，王朝国家在制定政策时，必须考虑到这种内在的差异性与不平衡，既要参照不同地区的经济社会发展水平，因地制宜，制定相应的地方制度；又要在观照全国整体发展水平，尤其是充分保障经济社会相对落后的边疆地区的基础上，制定全国性制度，从而维持国家的统一、社会的安定。这就使中国古代的许多政策，都明显具有滞后于发达地区的保守性质。

　　由此角度出发，可以对中国古代不同时期，不仅不同地区长期保持了不同的制度，而且中央在推进制度的整体改革时，往往面临着很大阻力，最终功亏一篑，有着更为理性的认识，即中国整体的巨大性与各地的复杂性，是制约中国古代"王朝国家"整体划一与整体改革的历史根源。

　　近代以来，伴随民族国家的崛起，王朝国家形态开始面临巨大的历史性挑战，作为最终的结果，横踞欧亚的奥斯曼帝国、长期屹立于南亚的莫卧儿帝国都惨遭肢解。中华帝国同样受到了严重冲击。但耐人寻味的是，西欧新兴的民族国家，只将《威斯特伐利亚和约》所规定的国家之间主权神圣、独立平等的国际政治观念，贯彻于欧洲，与此同时却在全球范围内开启了全球扩张，建立起众多的殖民地，英国甚至自豪地宣称自己是"日不落帝国"，从而建立起近代意义上的王朝国家。

"二战"以后，伴随殖民秩序的迅速瓦解，第三世界国家纷纷独立，主权神圣、独立平等的国际政治观念，开始更为普遍地传播与实践。但值得注意的是，由于各种各样的原因，不同国家的外在规模与内在结构有很大的不同，相应在国际政治中扮演着不同的角色。部分大国拥有与王朝国家相似的广阔疆域、多种民族、多元文化，在国家治理与国际观念上，具有与传统的王朝国家相当程度的历史呼应与映照。由此可见，王朝国家作为一种国家形态，并非完全是明日黄花的历史遗产，而是仍然具有相当的时代活力。这种时代的传承，不仅源于历史的延续性，更源于国际结构由于不同国家之间规模与实力的不同，而内在地具有一种不均衡、不平等的宿命特征。

三　古代世界的王朝国家之路

在人类文明史上，虽然除了少部分一直局限于较低发展阶段的文明之外，大部分文明都曾经历过"王朝国家"的历史形态，但不同文明具有不同的地缘环境、历史道路与价值取向，因此"王朝国家"的具体面貌也有所不同，反过来形塑了不同文明的历史取向，构成了前近代时期世界历史的重要力量，并在近代时期呈现出不同的历史命运与内在嬗变。

欧洲的陆地面积较小，只有亚洲的四分之一。但东欧地处内陆，降雨较少，气候干燥，交通也不如西欧便利，因此在欧洲历史上的地位不如西欧。① 西欧地形以丘陵、半岛、岛屿为主，复杂

---

① "事实上，欧洲半岛根本不是一个'大陆'：不是独立构成的大片陆地。其大约1000万平方公里（360万平方英里）的土地面积还不足亚洲面积的四分之一，也不足南北美洲各自面积的一半。近代地理学家把它像印度一样，划分为欧亚板块的次大陆：'旧大陆之角，亚洲的西部之尾。'"〔英〕诺曼·戴维斯：《欧洲史》，郭方、刘北成等译，世界知识出版社，2007，第69页。

的地形将周边海洋分割为众多的海湾，其中以地中海规模最大。由于地形破碎的缘故，不易形成统一局面，虽然曾经短暂地建立起来统一的、疆域庞大的罗马帝国，呈现出"王朝国家"的制度形态，但却很快就分崩离析，分化为异民族统治的众多小国，长期延续了封建割据的分裂状态。① 可见，相对而言，西欧是"王朝国家"实行时间最短、最不典型的区域。西欧之所以能率先建立起民族国家，并借此实现民族整合与社会动员，极大地推动世界近代历史的进程，根源便在于此。但即使凭借民族国家实现崛起的西欧国家，也在兴盛时期竭力通过全球扩张，建立疆域辽阔的"王朝国家"，其中最具代表性者无疑是英国所谓的"日不落帝国"，从而形成以宗主国的现代民族国家为核心、以殖民地国家为附属的"复合国家"。虽然近代欧洲国家建立起来的"王朝

---

① 对此，美国学者肯尼迪有简要的论述。"当你观看16世纪世界'实力中心'的地图时，欧洲有一个特征会立刻引起注意，这就是政治上的分裂。这并不是像中国在一个帝国崩溃之后和在其后继王朝得以重新收紧中央集权政权的绳索以前的一个短时期内出现的偶发或短命的事态。欧洲在政治上总是四分五裂，尽管罗马帝国做过最大的努力，他们的征服也未超过莱茵河和多瑙河以北多少；在罗马陷落后的1000年里，主要政治权力单位同基督教信仰和文化的稳步扩张比较起来，都是既小而又局限在个别地方。像西方查理大帝时期或东方基辅罗斯时期那样政权的偶然集中，只是暂时的事情，会因统治者的更换，国内起义或外部入侵而随即结束。欧洲政治上的这种多样性主要是它的地理状况造成的。这里没有骑兵帝国可以把它的快速动力强加其上的大平原；这里也没有像恒河、尼罗河、底格里斯河和幼发拉底河、黄河和长江周围那样广阔而肥沃的流域可以为勤劳而易于征服的农民群众提供粮食。欧洲的地形更为支离破碎，众多的山脉和大森林把分散在各地的人口中心隔离开来；欧洲的气候从北到南和从西到东有很大变化，这导致很多重要后果。首先，它使统一控制变得很困难，甚至强有力的、坚决果断的军阀也难以做到，这就减少了大陆遭受像蒙古游牧部落那样的外部势力蹂躏的可能性。相反，这种多样化的地形促进了分散政权的发展和继续存在，地区王国、边境贵族领地、高地氏族和低地城镇联盟构成了欧洲的政治地图，罗马陷落后任何时期绘制的地图，看起来像一块用杂色布片补缀起来的被单，这块被单的图案每个世纪都可能不同，但从来没有一种单一的颜色可以用来标明一个统一的帝国。"〔美〕保罗·肯尼迪：《大国的兴衰：1500—2000年的经济变迁与军事冲突》，陈景彪等译，国际文化出版公司，2006，第16页。

国家"同样呈现出内外分层的"差序疆域",但在强烈的扩张心理推动下,在近代军事技术与交通条件支持下,对于遥远的殖民地国家,控制得颇为牢固。但"二战"以后,伴随西欧国家实力的下降与殖民地独立意识的觉醒,近代欧洲"王朝国家"最终瓦解,西欧国家再次回归到较为纯粹的现代民族国家。

阿拉伯文明产生于生存环境更为恶劣的阿拉伯半岛。阿拉伯半岛有广袤无垠的沙漠,伊斯兰教圣地麦加、麦地那位于今沙特阿拉伯,"沙特阿拉伯"语义便是"幸福的沙漠"。在这贫瘠得令人绝望的地方,信仰成为人们忘怀痛苦、生存下去的精神支柱,宗教于是在这里找到了最好的温床,一神论的基督教、伊斯兰教皆发源于此,二者甚至分享着不少共同的价值取向。① 由于农业经济同样先天不足,阿拉伯文明为拓展生存空间、获取生存资源,通过开展商业贸易,从海外获取经济财富;另外,同样主张一神论的伊斯兰教,起源于好战的贝都因部落,先知穆罕默德是一位具有顽强意志的军事家,伊斯兰教是在与其他宗教徒不断的战争中形成、发展、壮大起来的,《古兰经》许多教义也是在战争中形成与写作的。按照先知的说法,任何接受边界划分的做法都是违背教义的,都要被驱逐出教,哈里发要一直保持"圣战"状态,通过"圣战"方式,将圣教传播于全世界,在大比丘获得最终的胜利,成为穆罕默德期待的胜利王国,否则便是有罪的。因此,

---

① "伊斯兰教和基督教两种宗教汲取着共同的文化素材,二者都是在地中海和与其毗邻的众大陆(延伸至欧洲、非洲和西南亚)的交会点形成的。诸多冲突是充分真实的,但是它们之间除了分歧之外也有着更多的相似点,譬如种种重合的观念与资源以及领土方面的雄心。……麦加既是一个商业网的交点又是宗教崇拜的一个中心。实际上该地区多神信仰的社群对于犹太教和基督教很熟悉,并且某些社群将亚伯拉罕(即阿拉伯语中的'易卜拉欣')、摩西(穆萨)以及耶稣(尔萨)作为他们自己的先知。"〔美〕简·伯班克、〔美〕弗雷德里克·库珀:《世界帝国史:权力与差异政治》,柴彬译,商务印书馆,2017,第64—65页。

自公元 6 世纪以后，阿拉伯国家便不断向四面扩张。[①] 在历史上，曾经兴起过众多的阿拉伯帝国，"王朝国家"具有悠久的历史。但阿拉伯文明的"王朝国家"，呈现出宗教色彩十分明显的历史特征，所统辖部分以伊斯兰信徒的身份，而非不同民族的身份，共同组成庞大的帝国。[②] 这一方面有助于形成强大的凝聚力，另一方面却产生了两种负面后果：一是围绕政治利益的争夺与宗教经典的解读，形成了不同教派的长期分裂与相互竞争；二是宗教在政权中拥有过重的分量，影响了政权的世俗化、制度化建设，导致关系王朝稳定的最为核心与根本的问题——继承人选拔制度一直处于一种混乱状态。两种负面后果共同促使阿拉伯文明的"王朝国家"，长期性、结构性地处于不断分裂与内战的混乱局面之中，影响了"王朝国家"的内部建设与对外开拓。但无论如何，民族主义对于阿拉伯帝国是一个并不存在的事物。[③] 近代时期，阿拉伯文明在欧洲文明东进之路上首当其冲，由于这一地缘特征以及二者历史上长期的宗教战争，长期雄踞亚欧的奥斯曼帝国成为基督

---

① 简·伯班克、弗雷德里克·库珀又指出："穆罕默德的宗教共同体得以广为扩展，同时认为哈里发国家是一种特殊伊斯兰式帝国的思想（以及对其的反对之声），鼓舞了倭马亚王朝、阿拔斯王朝、法蒂玛王朝及其他的王朝，它们将穆斯林的领土从阿拉伯半岛、叙利亚以及伊朗的腹地穿越北非和西班牙，扩张至中亚和印度。"《世界帝国史：权力与差异政治》，第 73 页。

② 比如奥斯曼帝国便是如此。"而在根本上，奥斯曼帝国是一个伊斯兰国家。奥斯曼帝国的基础并非某一种民族特征，而是穆斯林之间的手足之情以及他们对共同的宗教体系的崇敬之情。"〔英〕帕特里克·贝尔福：《奥斯曼帝国六百年：土耳其帝国的兴衰》，栾力夫译，中信出版社，2018，第 753—754 页。但有的阿拉伯帝国也具有较强的宗教宽容性，所辖民众以帝国臣民的身份，而非不同民族的身份，共同结成一个群体。"奥斯曼家族统治的国家并非一个民族国家，而是一个皇室统治下的多民族的帝国。不论国民是土耳其人还是来自其他民族，是穆斯林、基督徒或是犹太人，他们最重要的身份都是奥斯曼人，是一个超出了民族、宗教和种族观念的单一政治体的成员。"《奥斯曼帝国六百年：土耳其帝国的兴衰》，第 755 页。

③ "对于奥斯曼帝国这样一个由王朝统治的多民族帝国来说，民族主义是一个陌生的东西。"《奥斯曼帝国六百年：土耳其帝国的兴衰》，第 764 页。

教国家重点进击的对象，历经磨难，最终在第一次世界大战后，被基督教国家按照民族国家的原则，分化瓦解为多个小型的民族国家。

俄罗斯是近代几大文明体系中，核心地带唯一处于内陆亚洲者，由于气候寒冷、降雨量少，以草原、森林为主要地貌的俄罗斯文明，虽然以农业为主，但生产率却得不到保障。罗马帝国瓦解之后，斯拉夫民族开始进入俄罗斯草原，将原始的部落形态带到了这里，该区域从而长期呈现众多的罗斯小公国割据并存的地缘格局。钦察汗国（金帐汗国）的到来，彻底改变了这一历史局面。蒙古人的军事征服，不仅首次结束了罗斯诸公国分立的局面，而且给当地政治带来了威权制度。可见，俄罗斯草原上的"王朝国家"形态，最初完全是移植而来，而且出现很晚。14世纪，伴随金帐汗国的逐渐衰落，莫斯科公国在继承蒙古广阔疆域视野与政治威权制度的同时，在广阔而平坦的俄罗斯平原上，通过扩张、兼并，从一个小公国迅速崛起，不仅最终取代了金帐汗国的统治，而且将势力在整个欧亚内陆扩张开来，形成了崭新的俄罗斯文明，建立了强大的民族国家。在此基础上，俄罗斯进一步向周边地区扩张，以掠夺资源，打通与外界经济交往的地理通道，形成了近代世界最为广阔的陆地边疆。从各角度而言，俄罗斯都成为游牧族群在近代世界的继承者，并在民族国家的制度内涵中，复活了"王朝国家"的部分因素。苏联的建立与长期强盛，达到了其历史的巅峰。但如同历史上的游牧政权一样，俄罗斯文明的快速扩张，使内部的整合与消化面临着巨大的困难，内在矛盾不断激化的结果是苏联的最终瓦解，俄罗斯从而再次回到单纯的民族国家。

四　中国古代的"天下秩序"与"王朝国家"

东亚大陆开阔的地理空间为中国古人提供了广阔的视野，促使其思维呈现无限制的延伸，认为地无边界，① 从而形成了普天之下即"天下"的空间概念。而在政治上，在"大一统"思想影响下，中国古代相应形成"王者无外"② 或"大化无外"③ 的政治观念，认为统一天下，才拥有正统地位，政权才具有政治合法性。而其所标榜的国际秩序，相应是以中国为中心、没有边界的"天下秩序"。④ 中国古代中原王朝一直未将统治视野局限于"中国"，也就是目前我们所理解的中国本土，而是以中国本土为核心，观照整个"天下"，皇帝为"万国之主"。"天下秩序"体现在族群层面，便是无论华夏或者夷狄，皆被纳入统治秩序。"华夏蛮貊，罔不率俾，恭天成命。"⑤

作为"天下秩序"的直接反映，古代中国建立并长期维持了以广阔疆域、多种族群、多元文化为特征的典型王朝国家道路。在相对封闭的东亚大陆，古代中国形成了相对独立的历史脉络，借助于黄淮平原、长江中下游平原的核心地带，发展起世界上最先进的农业经济，对周边山脉、戈壁、沙漠、海洋、丘陵等边缘地带较为原始的混合经济，形成了明显的经济优势，中国历史从而长期保持了"内聚性"特征。三代时期，在分散的经济、社会状态下，不同政权之间长期维持了分散的政治联盟，尊奉某一势力较强的政权为天下共主。后世在追溯远古历史时，出于古代世界一贯的英雄造时世的思维习惯，突出天下共主在这一世界秩序

---

① 许维遹撰，梁运华整理《吕氏春秋集释》卷一三《有始览第一》，中华书局，2009，第 281 页。
② 李学勤主编《春秋公羊传注疏》卷一《隐公元年》，北京大学出版社，1999，第 29 页。
③ （唐）房玄龄等：《晋书》卷五二《华谭传》，中华书局，1974 年点校本，第 1450 页。
④ 关于中国古代的"天下"观念，及构建"天下秩序"的努力，可参见赵汀阳《天下体系：世界制度哲学导论》，江苏教育出版社，2005；甘怀真编《东亚历史上的天下与中国概念》，台湾大学出版中心，2009。
⑤ 李民、王健：《尚书译注·周书·武成》，上海古籍出版社，2004，第 211 页。

形成中所扮演的主动角色，从而强调天下共主分封天下的历史故事。由此角度而言，可将三代时期政治联盟称作"分封型天下秩序"。显然，"分封型天下秩序"是一种松散的国际秩序，而非紧密的国家形态。

但西周时期，伴随农业经济的逐渐发展，不仅中原地区各诸侯国不断垦殖本国的土地，原先相距遥远的政权逐渐变成接壤而邻；而且边缘地区各诸侯国也不断向外垦殖土地，与边疆族群发生日益密切的互动。在这种地缘变化的时代背景下，各诸侯国之间、诸侯国与边疆族群之间，为争夺生存空间，开始了更为频繁、规模更大的战争，矛盾长期积聚，最终在西周末年爆发了"犬戎之乱"，申国联合犬戎灭亡了西周。在晋国、秦国、郑国帮助之下，才得以东迁的周王室，权威已大为下降。在这种时代背景下，各诸侯国开始谋求政治主导地位。在周天下秩序仍然存在、各诸侯国之间势力相对均衡的时代背景下，春秋时期形成了所谓的"霸主政治联盟"，即势力相对强大的国家，以"尊王攘夷"为政治口号，在名义上尊奉周天子，以获得政治合法性的前提下，发动对于边疆族群甚至部分诸侯国的征伐战争，从而建立以自身为霸主的政治联盟。"霸主政治联盟"并非完全独立的政治形态，而是在周代"分封型天下秩序"逐渐瓦解的时代背景下，仍然在名义上保留和借助周天子权威，提升某一诸侯国相对于其他诸侯国的政治地位，霸主相对于其他诸侯国，并未获取绝对性、制度性的支配地位，因此"霸主政治联盟"完全依托于霸主实力与政治智慧，不是稳定的政治形态。"霸主政治联盟"仍然是国际组织，并非国家形态，因此其只是从"分封型天下秩序"向"集权型国家形态"过渡的一种政治形态。

战国时期，伴随东周"天下秩序"彻底瓦解，各国在名义上也不再尊奉周天子，以之作为标榜的"霸主政治联盟"土崩瓦解，各国由此成为完全独立的国家，开始进行你死我活的兼并战争。

为提升本国实力，不同国家都竭力推进政治改革，加强社会动员机制，以将有限的社会资源充分纳入国家体制中来，竭力在国际竞争中保持主动与优势。在这一历史背景下，法家顺应时代潮流，倡导彻底改造松散的"分封型天下秩序"为强力的"集权型国家形态"，具体措施便是通过在地方设置郡县，由中央直接管辖，从而建立中央集权制度。战国时期，不同国家都在法家思想的推动下，开始实行政治改革，不同程度上建立起了中央集权制度，战国从而逐渐呈现出较为成熟的国家形态。而在走向国家形态的历史进程中，地处西北边疆的秦国，由于文化较为落后，传统压力较小，最为坚决、彻底地接受了法家学说，从而相对于东方诸国，更为积极，也更有成效地推动了政治改革，极大地提升了社会动员能力，实现了历史的超车，借助由此而产生的强大国力，完成了统一中国的历史进程。

统一中国之后的秦朝，在全国范围内普遍推广郡县制度，建立起以中央集权制度为组织架构的"集权型国家形态"，引领中国历史走向新的历史局面与发展道路。但与此同时，秦朝仍然继承了"天下"观念，通过开拓边疆，不断将政治影响扩展开来，建立起"内中国而外天下"的二元格局，实现了国家形态与"王朝体系"的二元结合，从而建立起中国古代的"王朝国家"，开创了整个帝制中国的历史道路。作为"王朝国家"的开端，秦朝政治气象远超前代，这从其礼仪制度的庄严恢宏便可看得出来。比如在车驾制度上，秦朝便在整合七国旧制的基础上，发展出宏大而完备的车驾体系。"至秦并天下，兼收六国车旗服御，穷极侈靡，有大驾、法驾以及卤簿。"[1] 后世"王朝国家"也在继承秦朝礼仪制度的基础上，不断发展、完善，从而建立起制度完备、内涵丰

---

[1] （明）宋濂等：《元史》卷七八《舆服志一》，中华书局，1976 年点校本，第 1929 页。

富的王朝礼仪体系。"汉承秦后，多因其旧。由唐及宋，亦效秦法，以为盛典。"①

　　但秦朝显然对于统治疆域空前广阔、族群空前多样、文化空前复杂的"王朝国家"，缺乏充分的政治准备。法家强硬的统治意识，忽略了东方地区政治制度、发展水平与秦朝旧地的区域差别，强势推行的郡县制度未能很好地控制东方地区，反而激化了社会矛盾。法家推崇武力扩张的政治观念，促使秦朝发动在四裔边疆的扩张，对农业经济形成了巨大冲击，使中原地区逐渐走向动荡。由此可见，秦朝虽然开拓了广阔疆域，但在如何整合方面，尚缺乏历史经验，从而与社会现实产生了剧烈碰撞，是一种"硬着陆"。这是秦朝二世而亡的历史根源。

　　与强硬的法家不同，道家倡导顺应自然、包容万物，从而不仅逐渐融合其他学派，构建起内涵十分丰富的学说体系，而且发展出柔和而富有弹性的政治观念，主张顺应时势变化，实行不同的政治方案。在这之中，战国晚期出现的稷下道家，以春秋时期管仲扶助齐桓公争霸的历史事迹为蓝本，演绎出体系庞大、内涵丰富的政治理论，形成所谓的"管仲学派"。管仲学派虽从道家立场出发，以三皇五帝历史背景为依托，构建出"皇道""帝道"，从学理上压制儒家、墨家崇尚之三代"王道"，但对于这三种政治道路的讨论，不仅较少，而且也非其理论核心，管仲学派重点讨论的是"霸道"，并借助含混"王道""霸道"的方式，认为二者都以富国强兵为根本与基础，从而赋予"霸道"更多的政治合法性，基本立场其实仍是强调武力，只不过在其上附会以道义的名义，从而形成"内霸外王"的理论层次。

　　西汉鉴于秦朝的短暂而亡，放弃"以法治国"政治模式，转

――――――――――

① 《元史》卷七八《舆服志一》，第 1929 页。

而从稷下道家中寻求思想营养。在稷下道家影响之下，西汉在不同时期，针对不同地域，实行不同的政治方案。具体而言，便是在西汉初年，一方面沿袭秦代的"以法治国"政治模式，在关中与东方大多数地区仍然推行郡县制度；另一方面标榜儒家的政治观念，在郡县制度的基础之上，在东方部分地区①恢复了"分封型天下秩序"，以加强刘氏宗室对东方地区的政治控制，在条件成熟时，才最终统一为郡县制度，彻底建立起"集权型国家形态"。在长期的休养生息之后，西汉开始走向富国强兵之路，最终在武帝时期大规模开拓边疆，所秉持者实为"霸道"政治道路。为给边疆开拓披上道德外衣，并解决边疆开拓所带来的内政不稳问题，逐渐推行儒家思想观念，"罢黜百家，独尊儒术"，从而在边疆开拓之上附会以"王道"思想观念，由此走上了"内霸外王"治国模式与政治道路。可见，西汉政权历史进程实契合于管仲学派所倡导的"内霸外王"政治思想。西汉宣帝所谓"霸王道杂之"②家法的阐释，便是这一政治思想的直接反映。

管仲学派"内霸外王"政治思想不仅深刻影响了两汉政权的历史进程，而且对于祖述汉朝的后世中原王朝，同样产生了深远的历史影响。"内霸外王"也相应成为中国古代"王朝国家"的治

---

① "虽然汉初实行封建制在名义上是仿照周代遗意，但在实质上有很大的区别。西周的封建是层层分封，而汉代封建只有一层分封，诸侯王国以下依然是郡县制，每个王国领有三四郡、五六郡不等。所以《隋书·地理志》说：'汉高祖……矫秦县之失策，封建王侯，并跨州连邑，有逾古典，而郡县之制，无改于秦。'这是一点也不错的。因此，汉代封建只是郡县制的变形，并没有完全回到西周封建的道路上去。"周振鹤：《中国地方行政制度史》，上海人民出版社，2014，第40页。

② （汉）班固：《汉书》卷九《元帝纪》，中华书局1962年点校本，第277页。《汉书》记载宣帝并用儒法，而以法为主。"初，宣帝不甚从儒术，任用法律，而中书宦官用事。中书令弘恭、石显久典枢机，明习文法，亦与车骑将军（史）高为表里，论议常独持故事，不从望之等。恭、显时倾仄见诎。望之以为中书政本，宜以贤明之选，自武帝游宴后庭，故用宦者，非国旧制，又违古不近刑人之义，白欲更置士人，由是大与高、恭、显忤。"《汉书》卷七八《萧望之传》，第3284页。

国模式与政治道路，促使中华文明在保持长期延续的基础上，不断扩展自身势力与国际影响，从而成为世界文明体系中的重要组成部分。

即使在近代时期，中国面对历史的暴风骤雨，仍然借助中央集权体制下的强大社会动员能力与边疆族群的向心力量，通过借鉴西方民族国家的制度与文化，在相当程度上延续与保存疆域广阔、族群多种、文化多元的"王朝国家"历史遗产的基础上，虽然较为曲折，但仍较为成功地实现了"王朝国家"与"民族国家"的结合与再造，构建起与单一民族国家不同的统一多民族国家，建立起与西方民主制度具有很大区别的一元统治体系。

五　中国古代的"差序疆域"与"边疆爆点"

在世界古代史上，不同文明所建立的"王朝国家"，都维持着疆域广阔、族群多种、文化多元的帝国秩序。但限于古代社会的交通条件与行政能力，中央政权在对地理、气候、族群与内地存在差异，甚至大相径庭的边疆地区展开统治时，会采取有所差别，甚至差别极大的统治方式。美国政治学家赫克特指出，在世界古代史上，包括几乎所有帝国在内的大多数国家，由于统治着地理上十分广袤的国土，都只在距离统治中心最近的地区实现了直接统治，对于距离遥远的地区，为了减少经济、政治上的代价而不愿实行直接统治，或出于技术的原因而不能实行直接统治，于是借助代理人，实行由代理人自己选择统治方式的间接统治。代理人拥有很大的自主性与强大的权力，承担中央朝贡、缴纳赋税（或以实物支付），以及某种程度的军事义务。间接统治促进了土著人口对异族统治者的文化同化，中央对外围地区的控制，最终取决于与地方政权之间的合作程度。只有在现代交通技术发展之后，直接统治在技术上才成为可能。① 这种"差别式统治"，在近代以后，伴随现代民族国家取代传统帝国，而变为"同质化统治"。

为实现对广阔疆域、多种族群、多元文化的控制与驾驭，世界古代的王朝国家都依托统治者所属的族群，并将之提升为地位、权力都高于其他族群的主体族群。王朝国家通过增强主体族群的内部凝聚力，对其他族群分而治之，从而加强对于其他族群与整体政权的控制力度。这是在现代民族国家产生之前，王朝国家在承认政权体系包含多种族群的"多元"格局基础上，竭力锻造出"一强"族群，从而增强政权力量的做法。简单地说，世界古代王朝国家的族群观念，是"多元一强"格局。"多元一强"

---

① 〔美〕迈克尔·赫克特：《遏制民族主义》，韩召颖等译，中国人民大学出版社，2012，第31—33、52、54、58、60—61页。美国学者简·伯班克、弗雷德里克·库珀也指出，古代的帝国在管理境内的民族与疆域时，都采取具有差异的统治方式。"诸帝国是庞大的政治单元，是扩张主义的或是曾将权力扩及广大空间的，以及当其兼并新民族时仍维持差异和等级制度的诸政治形态。与之大相径庭的是，民族国家则立基于如下理念之上，即一个单一领土之上的一种单一民族将其自身组成一个独立的政治共同体。民族国家宣称其民众的共性（即使事实更加复杂），而帝国则声言其多元人口的不同性。两种类型的国家都是吸纳型的（它们坚持主张民众被它们的国家机构所统治），但是民族国家倾向于同化那些其境内的民众而排斥那些境外者，而帝国则向外延展并吸纳（通常是强迫式的）在帝国统治下差异被人为地明确化的民族。帝国的这一概念假定对于该国体之内的不同民众将会按照不同的方式加以统治。"《世界帝国史：权力与差异政治》，第11—12页。"在一个完整的帝国内部，某些部分可能是被中央直接统治的，而在其他部分上当地的精英保有着部分主权。"《世界帝国史：权力与差异政治》，第19页。关于早期国家的研究也指出，从中心到边缘早期国家呈现出控制力逐渐削弱的地缘格局。"早期国家的一个显著特征在于：其控制边境的方法与成熟国家不同。在成熟国家内，边界线受到严格紧密的控制，而在早期国家中，严密的控制集中在中央区域，随着与中央距离的增加，控制力逐渐削弱。在外围和边境地区，控制力最弱的，甚至有时或有或无。边境地区的酋长通过进献礼物、朝贡和军事调遣，以及定期效忠的方式表明其对统治者的依赖服从。"〔波〕马歇尔·泰莫斯基：《早期国家理论在撒哈拉南部非洲前殖民地国家的运用问题》，载袁林主编《早期国家政治制度研究》，科学出版社，2015，第274页。其实王朝国家仍然保持了这一特征。

族群格局既推动世界古代王朝国家容纳了众多族群，又促使国家政权强而有力，是王朝国家的制度精髓所在。世界古代王朝国家"多元一强"族群格局，不仅体现在政权构成上主体族群、其他族群的上下分等，而且表现在国家疆域上主体族群、其他族群的内外分层。而内外分层的国家疆域，既表现为族群的依次分布，又体现在管理制度的依次差异，还呈现为统治效力的依次差别。这种疆域特征，由内而外，呈现出差序特征，可称为"差序疆域"。

中国古代中原王朝，无论汉人所建还是北族入主，一方面都推崇"华夷一家"，致力于将多种族群包含于帝国之内；另一方面都努力锻造出一个主体族群，这在北方族群所建立的中原王朝中，体现得最为突出与明显。无论如何，中国古代王朝国家的族群格局，都呈现出"多元一强"的历史特征。中国古代汉人政权一直都坚持汉人本位，秉持"内诸夏而外夷狄"[1] 或"内中国而外夷狄"[2] 的族群分层。这一差序格局并非单纯限于族群地理的"内外分层"，还主张在族群政治上的"内外有别"，即认为汉人与四裔族群并非平等关系，而是差等关系。比如明宣宗在所撰《帝训》中指出："盖圣人以天下为家，中国犹堂宇，四夷则藩垣之外也。堂宇人所居，有礼乐、有上下。藩垣之外，草木昆虫从而生长之，亦天道也。"[3] 所主张的也非双向交流，而是单向汉化，即"以夏变夷"，不断融合周边族群。与之相反，中国古代北族入

---

① 北齐末，颜之推撰《观我生赋》，曰："仰浮清之藐藐，俯沉奥之茫茫，已生民而立教，乃司牧以分疆，内诸夏而外夷狄，骤五帝而驰三王。"（唐）李百药：《北齐书》卷四五《文苑·颜之推传》，中华书局，1972年点校本，第618页。

② （清）世宗胤禛：《大义觉迷录》卷一，《四库禁毁书丛刊》史22册，北京出版社，2000，第262页。明嘉靖时阁臣蒋冕亦奏："内而中国，外而四夷。"（明）蒋冕：《湘皋集》卷四《请追寝巡幸手敕旨意以安人心奏》（正德十三年七月十六日），唐振真等点校，广西人民出版社，2001，第33页。

③ （明）杨士奇等：《明宣宗实录》卷三八，宣德三年二月，中研院历史语言研究所，1962年校印本，第951页。

主中原，所建立的中原王朝，强调北族本位，先后形成了北魏的"关陇本位"①、金朝的"女真本位"②、元代的"内北国而外中国"③、清朝的"满洲本位"④。

中国古代王朝国家在"多元一强"族群格局影响之下，在疆域格局上形成了十分典型的"差序疆域"。具体而言，便是在直接统治区实行流官制度，在无法直接控制的边疆地区实行羁縻制度，而在更为遥远的地区实行藩属制度，于是形成直接统治区—羁縻控制区—藩属朝贡区的层级结构，从而形成与现代民族国家"单一性""均质化"疆界不同的"差序疆域"。对于这种"差序疆域"格局，《晋书·地理志》有高度的概括，即"天子百里之内以供官，千里之内以为御，千里之外设方伯"。⑤而即使通过多种方式，仍无法达成一定关系的边缘及其以外地区之政权，则会被"天下秩序"选择性地忽略。伴随对外交流逐渐展开，中国已认识

---

① 陈寅恪：《隋唐制度渊源略论稿》，中华书局，1963。

② 大定年间，金世宗大力推行"女真本位"政策，指出不同族群皆应遵循旧俗，这样便可保障政权；反之便是"忘本"，认为海陵王完颜亮大力推行汉化，便属这一性质。"亡辽不忘旧俗，朕以为是。海陵习学汉人风俗，是忘本也。若依国家旧风，四境可以无虞，此长久之计也。"《金史》卷八九《移剌子敬传》，第1989页。当时女真官员有主张女真、汉人一体，不应分别者。大定七年（1167），尚书右丞在奏对中曰："猛安人与汉户，今皆一家，彼耕此种，皆是国人。"对此，世宗明确加以反对，指出二者并非同类。"所谓一家者皆一类也，女直、汉人，其实则二。朕即位东京，契丹、汉人皆不往，惟女直人借来。"并批评唐括安礼全盘接受汉人文明，丧失了女真立场。"卿习汉字，读《诗》《书》，姑置此以讲本朝之法。前日宰臣皆女直拜，卿独汉人拜，是邪非邪？"《金史》卷八八《唐括安礼传》，第1964页。

③ （明）叶子奇：《草木子》卷三上《克谨篇》，中华书局，1959，第55页。

④ 康熙帝曰："满洲乃国家根本，宜加轸恤。"（清）张廷玉等：《清圣祖实录》卷四四，康熙十二年十二月辛丑，中华书局，1985，第583页。如同蒙元王朝一样，清朝也建立了与之配套的族群分层体系，在国家政治中，满洲人、蒙古人、汉人政治地位依次降低。下引史料可以从一个侧面反映。"夫草昧之初，以一城一旅敌中原，必先树羽翼于同部，故得朝鲜人十，不若得满洲部落人一。"（清）魏源：《圣武记》卷一《开国龙兴记一》，中华书局，1984，第9页。

⑤ 《晋书》卷一四《地理志上》，第410页。

到在遥远的地区，存在诸多国家，其文明程度甚至并不亚于中华文明，比如秦汉时期对于大秦的了解，东汉以降对于印度文明的了解，以及明清时期西方地理知识传入中国等。虽然中国古代逐渐了解到诸多异质文明的存在，甚至据此开始修改自身的地理观念，但作为主流的政治地理观念，"天下秩序"一直是中国古代疆域模式的核心内涵。

一方面，王朝国家具有现代民族国家所不具备的优势。广阔疆域既能为王朝国家发展经济提供庞大的国内市场，又能在王朝国家面临危难时，提供巨大的缓冲空间。多种族群能够为王朝国家提供源源不断的人口资源，推动经济保持长期的活力。多元文化能够促进不同文化之间的交流，推动文明不断发展。可以说，与现代民族国家相比，古代的王朝国家还有区域共同体的性质。中国古代王朝国家便充分利用了这一优势，推动中华文明在保持长期延续的基础上，不断发展、繁盛，在农业发展水平、经济规模、综合国力、文明程度上，保持了长期的领先。

另一方面，王朝国家所面临的治理难度，又远超现代民族国家。广阔疆域的生态不平衡、多种族群的族际冲突、多元文化的碰撞，都使王朝国家内部长期处于张力与矛盾之中。内耗一直是王朝国家的突出特征，因而引发帝国动荡、分裂乃至灭亡的历史"爆点"普遍存在。而边疆地区是生态不平衡、族群冲突、文化碰撞的集中与焦点地区，相应整体上便是王朝国家的"爆点地区"。中国古代边疆地区的灾荒频发、战争冲突与文化碰撞，一直充斥于中国历史，成为长期影响、制约中国历史发展的结构性问题。可见，边疆既为中华文明的保存与传播提供了地理空间，又造成了不同族群、文化之间的冲突与碰撞，构成了中国历史变迁的"边疆爆点"。

六　近代史的起点与明代中国的历史分途

蒙古帝国解体后，亚欧大陆各文明站在了同一起跑线上。基督教文明解除了蒙古帝国的威胁，东正教文明、伊斯兰文明、中华文明都掀起了族群独立潮流，并将本土文明与蒙古帝国带来的新因素相结合，创造出更具活力、更为辉煌的新文明，且皆努力填补蒙古帝国留下的权力空缺。亚欧国际秩序从而呈现多种文明复兴、扩张与竞争的历史趋势，这一历史趋势主导了七百年来世界历史的基本线索，塑造了近代世界的基本格局，从而开启了近代世界的历史进程。相应的，世界近代史的开端应为蒙古帝国组成部分之一元朝的灭亡，即 1368 年。① 以往将西欧"大航海时代"的开启视作世界近代史开端的观点，显然是一种从结果倒推原因、以成败论英雄的"事后诸葛亮"，而未考虑正是 14 世纪以后三种文明的相互博弈，才造成了西欧的异军突起，是亚欧大陆各文明的合力，而非基督教文明的独力，形塑了世界近代史。

蒙古帝国解体后，西欧在蒙古帝国西进中带来的中国科学技术的促动下，在其对于海洋空间天然兴趣的催动下，开启了"大航海时代"，在 14—17 世纪，掀起了以资本主义文明为主导的单向全球化进程，成为近代世界的历史推动者与主宰者。俄罗斯起源于东欧平原上的罗斯民族建立的长期分裂的诸公国，钦察汗国（金帐汗国）的军事征服，不仅首次结束了罗斯诸公国分立的局面，而且给当地政治带来了威权制度。14 世纪，莫斯科公国在继承蒙古广阔疆域视野与政治威权制度的同时，逐渐挑战金帐汗国的统治，在广阔而平坦的俄罗斯平原上，通过扩张、兼并，从一

---

① 李洵提出了"明清学"的概念，具有从世界史的视野下，认为明清不同于传统中国的意味。参见赵轶峰《向李洵先生学习明清史》，载赵轶峰《评史丛录》，科学出版社，2018。

个小公国迅速崛起，将势力在整个欧亚内陆扩张开来，形成了崭新的俄罗斯文明。参照"大航海时代"概念，可将俄罗斯这一时期的历史称为"俄罗斯崛起"。蒙古帝国解体后，伊斯兰文明同样将伊斯兰教"圣战"意识与游牧族群骑战风气相结合，奥斯曼帝国、帖木儿帝国及其后裔在欧亚非积极扩张，不仅攻占了基督教文明在东方的象征——君士坦丁堡，而且向东进入中亚、东南亚，形成了当今伊斯兰文明的势力版图，可称之为"伊斯兰扩张"。

与之相似，长城以内汉人所建立之新中华政权——明朝，虽标榜"驱逐胡虏，恢复中华"，在政权脉络上，自觉继承华夏传统，也即所标榜与践行的"立纲陈纪，法体汉、唐，略加增减，亦参以宋朝之典"。[①] 但在边疆立场上，却具有收复元朝旧疆的历史意味。"今我国家之兴，土宇之广，上轶汉、唐与宋，而尽有元之幅员。"[②] 这主要表现在对于东北、南方与西藏控制的加强。不仅如此，蒙元帝国从阿拉伯地区获得的世界地图，尤其是海路地图，极大地扩大了中国人的地理视野，驱动了明代官方以郑和下西洋为代表的朝贡贸易体制向东南亚、南亚海洋世界的空前伸展，其与民间以"下南洋"为名目，在宋元基础上与东南亚海外贸易的空前展开，是明代中国重建"中华亚洲秩序"的历史新内容。

另外，与这一时期基督教文明、俄罗斯文明、伊斯兰文明国家和社会整合一体、向外扩张不同，明朝在对外取向上呈现国家与社会分离的历史态势。在商品经济逐渐发达的经济趋势下，在南宋以后远洋贸易历史传统下，明代中国民间社会一直具有自发地、积极地固定控制南洋甚至远洋航行的内在驱动力。但与这一

---

① （明）佚名：《皇明诏令》卷二《罢中书省及都府诏》（洪武十三年五月十一日），台湾文海出版社，1984，第120—121页。

② （明）刘基：《刘伯温集》卷二《苏平仲文集序》，林家骊点校，浙江古籍出版社，2016，第118页。鉴于疆域之广，朱元璋自豪地称："我之疆宇，比之中国前王所统之地不少也。"《刘伯温集》附录五《洪武元年十一月十八日赐臣基皇帝手书》，第814页。

时期基督教文明、俄罗斯文明、伊斯兰文明国家大力支持民间类似行为的做法不同，明朝国家在拥有当时世界上最强的军事、经济实力的情况下，对于西北陆疆开拓与东南海疆经略皆缺乏兴趣，相应对于陆上丝绸之路、海上丝绸之路的发展皆不积极支持，甚至采取禁止的政治立场。其封闭观念显著地体现于最后一次大规模修筑长城，并在东部沿海大规模构建长城防御体系。伴随于此的，不仅是军事主动权丧失而导致的边疆防线不断内缩，还包括长城修筑吸纳了国家近一半的财政①与主要的政治关注，在军事、财政、政治等层面，对明代中国历史进程形成了整体性影响。明朝由此不仅再次丧失了对内亚东部地区的控制，而且被来自这一地区的农民军、女真人摧毁了政权，从而呈现了与基督教文明、俄罗斯文明、伊斯兰文明截然不同的历史走向，在一定程度上成为近代中西社会历史的分水岭，是世界近代史的重要推力。若与"大航海时代""俄罗斯崛起""伊斯兰扩张"相对比，可将明代中国的历史称为"明长城时代"。

七 明代族群、边疆观念研究综述

陈梧桐《论朱元璋的民族政策》《论朱元璋对蒙古的"威德兼施"政策》《论明王朝的民族观与民族政策》三篇文章，指出明朝统治者虽然一再声明"华夷一家"，对各民族"一视同仁"，但又

---

① "普天之下，'民穷财尽'四字，蹙额转相告语。夫财者，天生地宜，而人功运旋而出者也。天下未尝生乃言之。其谓九边为中国之壑，而奴虏又为九边之壑，此指白金一物而言耳。"（明）宋应星：《野议·民财议》，载《宋应星见存著作五种》，西泠印社出版社，2010。"如果根据分析研究的太仓库的支出项目来看，万历六年（1578）作为北边军镇的年例银支出的数额占据了太仓库岁入的 76.29%。"〔韩〕洪性鸠：《壬辰倭乱是明朝灭亡的原因吗?》，载《第十七届明史国际学术研讨会暨纪念明定陵发掘六十周年国际学术研讨会论文汇编》，2016，第 500 页。

继承了"内中国而外夷狄"的大汉族主义思想，认为少数民族
"非我族类，其心必异"，他们理当"以小事大"，接受汉族王朝的
统治。基于这种民族观所制定的"威德兼施"政策，仍然是一种
民族歧视与压迫政策。这一政策虽然在某个时期、某些地区有所
成效，但不可能从根本上解决国内的民族问题，最终导致民族矛
盾和斗争激化，加速了政权的败亡。① 周喜峰《简论朱元璋的华夷
思想与民族政策》一文指出，一方面朱元璋继承了中国传统的
"内中国而外夷狄"的华夷之辨思想，另一方面朱元璋对少数民族
的歧视，与前几代汉族帝王相比，已有所淡薄。朱元璋的华夷思
想，是对中国古代汉族传统华夷思想的继承和总结，既有华夷之
辨，也有华夷一家的思想。这种思想体现在民族政策上，就是对
少数民族的"刚柔并济"。② 栾凡《明朝治理边疆思想的时代特
征》一文指出，明朝统治者不仅从"天命论"的角度承认元朝的
正统地位，而且提出"华夷一家"的理论，这是对元朝"大一统"
思想的继承和发展，标志着民族融合已经达到了一个新的层次，
中华整体观念已深入人心，同时也为清朝的治理边疆思想奠定了
基础。③ 田澍、陈武强《朱元璋的蒙古观探析》一文指出，尽管在
朱元璋的蒙古观中，仍然宣扬蒙汉有别的民族主义思想和传统的
天命观，但同时强调"华夷一家"、汉蒙共处。总体而言，朱元璋
的蒙古观是宋辽金元特别是元朝大一统之后，中原农耕民族观的

---

① 陈梧桐：《论朱元璋的民族政策》，《中南民族学院学报》（哲学社会科学版）
　　1982 年第 1 期；陈梧桐：《论朱元璋对蒙古的"威德兼施"政策》，《中央民族
　　学院学报》（哲学社会科学版）1993 年第 2 期；陈梧桐：《论明王朝的民族观
　　与民族政策》，载中国明史学会主办《明史研究》第 4 辑，黄山书社，1994。
　　而朱元璋对南方、贵州少数民族的统治，就是其中的例证。陈国安：《论朱元
　　璋对贵州少数民族的政策》，《贵州民族研究》1981 年第 4 期；陈梧桐：《论朱
　　元璋对南方少数民族的政策》，《江西社会科学》1995 年第 6 期。
② 周喜峰：《简论朱元璋的华夷思想与民族政策》，载陈怀仁、夏玉润主编《明
　　太祖与凤阳》，黄山书社，2011。
③ 栾凡：《明朝治理边疆思想的时代特征》，《学习与探索》2006 年第 3 期。

反映，也是 14 世纪中国民族观发展的表现。① 方铁《明朝统治者眼中的西南边疆》一文指出，朱元璋继承汉唐王朝的治边思想，摒弃了元朝以边疆为基地对外扩展的做法。明朝治理边务的重点在北方，统治西南边疆的策略则是"守在四夷"。②

彭清洲《明成祖民族政策述论》一文指出，明成祖在少数民族地区，在政治上，增置都司卫所，对未"归化"之民实行"招抚向化"政策；在军事上，剿抚并用，优遇上层人物，"以夷制夷"；在经济上，减轻、减免赋税，实行茶马贸易和互市政策，推行屯田制度，赈济灾民；在文化上，发展儒学；在宗教上，注重利用藏传佛教，加强对西藏的统治。③ 滕新才《朱棣的性格特征与蒙古战争刍论》，邓云、崔明德《明成祖民族关系思想述论》指出，明成祖在实践中形成了内容丰富的民族关系思想，主要包括"华夷一家""厚往而薄来""逆命者必歼除之""因俗而治"等。明成祖的民族关系思想源于"大一统"思想，也与他恢宏博大、好大喜功的性格有关。④ 杨艳秋《论明代洪熙宣德时期的蒙古政策》一文指出，仁宣时期明朝在北部边疆采取自我防御立场，一方面使永乐末期疲敝的国力得到了恢复，另一方面促成了瓦剌的坐大。⑤ 刘祥学《明朝民族政策演变史》一书指出，仁宣二帝以守成为施政主要特色，致力于内政，发展经济。在内政优先思想指导下，对民族政策作了较大幅度的调整，由永乐时期的开拓外向转为内敛，表现为对北方的蒙古采取守势，对南方各族采取以抚

---

① 田澍、陈武强：《朱元璋的蒙古观探析》，《青海民族研究》2012 年第 4 期。
② 方铁：《明朝统治者眼中的西南边疆》，载方铁《边疆民族史探究》，中国书籍出版社，2013。
③ 彭清洲：《明成祖民族政策述论》，《中央民族学院学报》（哲学社会科学版）1990 年第 4 期。
④ 滕新才：《朱棣的性格特征与蒙古战争刍论》，《西南师范大学学报》（哲学社会科学版）1998 年第 6 期；邓云、崔明德：《明成祖民族关系思想述论》，《北方民族大学学报》（哲学社会科学版）2014 年第 5 期。
⑤ 杨艳秋：《论明代洪熙宣德时期的蒙古政策》，《中州学刊》1997 年第 1 期。

为主、剿抚兼施的政策。①

董倩《明代"恩威兼施"的民族政策探析》一文指出,明朝一方面抛弃了元朝划分民族等级的做法,公开申明"华夷一家",对各个民族要"一视同仁",取得了一定成效;另一方面在具体执行中,有时单纯依赖军事征服,有时又一味强调政治恩抚,未能真正做到"恩威兼施",这源于明朝统治者继承了"内中国而外夷狄"的大汉族主义思想,"恩威兼施"政策本质上仍然是一种民族歧视和压迫政策,加速了明朝的败亡。②刘祥学《明朝民族政策演变史》一书,系统考察了明朝的民族观及受此影响的民族政策演变,指出明朝一方面继承了传统的大一统民族观,主张"华夷一家""一视同仁",各民族和睦共处,在少数民族地区兴办教育,"以夏变夷";另一方面延续了"内中国而外夷狄"的传统观念。这种民族观表面看来似乎存在矛盾,但却是在不同形势下,统治阶级策略调整,以及统治者对民族问题的认识发生变化的结果。③陆韧《明朝的国家疆域观及其明初在西南边疆的实践》一文指出,明朝承认元朝的正统性,因此将"中国封疆"指称为元朝建立的广大疆域,在此疆域内的少数民族地区是中国疆域不可分割的部分。④邓云《明朝民族关系思想研究》一文,系统梳理了明代的民族关系思想,指出"大一统"与"华夷之辨"是天下观体系的有机组成部分,二者相辅相成。明代统治阶级一方面受到自身局限性的影响,强调"华夷之大防",对少数民族时刻保持警惕;另一方面为了统治的需要,又无法忽视蒙元政权的合法性,并提出"华夷一家"观念。⑤彭勇《坚守与变通:明代的边疆观念及周边

---

① 刘祥学:《明朝民族政策演变史》,民族出版社,2006,第189页。
② 董倩:《明代"恩威兼施"的民族政策探析》,《青海社会科学》2003年第5期。
③ 《明朝民族政策演变史》,第5—11页。
④ 陆韧:《明朝的国家疆域观及其明初在西南边疆的实践》,《云南师范大学学报》(哲学社会科学版)2010年第5期。
⑤ 邓云:《明朝民族关系思想研究》,博士学位论文,兰州大学,2015。

民族事务的应对》指出，明代的边疆观念是基于传统中国的"华夷之辨"和"天下一家"的思想而形成的，在边疆和民族事务的处理上，表现出顽强的坚守和因循，以及局部的灵活和革新等特征。① 王少博《论明代极端民族主义情绪的形成》一文指出，明代对外政策过于刚硬，使得明朝政府在对蒙古制定政策时缺乏怀柔的一面，长期的战争加重了明政府的财政负担，勃勃生机最终消耗于与蒙古的长期军事斗争之中。其中一部分原因在于极端民族主义情绪的泛滥，明代极端民族主义情绪的形成大概有三个方面的原因：夷狄观念的膨胀、崖山之役与土木之变的冲击、实力的不对等。②

陈梧桐《明太祖与明成祖对西北民族地区的经营》一文认为，洪武、永乐时期，明朝对西北的经营采取积极进取的态度，仁宣时期才开始采取消极保守态度，西北边界以嘉峪关为界更是晚至正德末年嘉靖初年的事。③ 白坚《试论明初的西域政策》一文认为，明朝初年的统治者颇想师法汉唐，踵迹前元，积极遣使西域，加强羁縻控制，贡赐贸易也曾发展到相当规模，虽不及汉唐气魄之恢宏，然亦颇可称述。④ 秦川《试论明朝在西北的退缩战略与开发西北的决策》一文指出，明政府缺乏汉唐时期开拓、进取的精神，采取了放弃塞外，固守长城，集中力量经营甘肃地区的退缩政策，严重影响了对西北的开发。⑤ 杨秀清《试论明朝对西北民族问题的决策》一文指出，明朝为了隔绝蒙藏联系，制定了"南抚

---

① 彭勇：《坚守与变通：明代的边疆观念及周边民族事务的应对》，载彭勇主编《民族史研究》第 13 辑，中央民族大学出版社，2017。

② 王少博：《论明代极端民族主义情绪的形成》，《哈尔滨师范大学社会科学学报》2016 年第 1 期。

③ 陈梧桐：《明太祖与明成祖对西北民族地区的经营》，载陈梧桐主编《民大史学》第 1 辑，中央民族大学出版社，1996。

④ 白坚：《试论明初的西域政策》，《兰州学刊》1988 年第 5 期。

⑤ 秦川：《试论明朝在西北的退缩战略与开发西北的决策》，《社科纵横》1992 年第 4 期。

北征"的决策，从军事、政治、经济、宗教等方面，进行综合治理，制定了一系列特殊政策，使甘青藏地区始终处于安定状态。[1]董倩《明朝对西北民族地区的经营析论》一文指出，明朝对西北民族地区的经营，总的趋势是逐步从西域退缩，结果不仅使明朝丧失了统一西域的良机，而且加重了河西防务的压力。但在甘青藏区的治理上，却取得了相当大的成功，有效巩固了甘青藏区的社会安定，从而得以集中力量对付北方蒙古势力的侵扰。[2]

　　杜常顺《从"西番诸卫"看明朝对甘青藏区的统治措施》一文指出，明朝采取"众建多封"的政策，防止了甘青地区大宗教集团的形成，形成了对"西番"分而治之的效果。[3] 苏发祥《简论明朝对甘、青藏族地区的治理》一文指出，明朝在甘青藏区推行卫所制度，实行茶马互市，采取分而治之的宗教政策，实现了对这一地区的有效统治。[4] 秦川《明朝对甘青藏族地区的政策》一文指出，明朝为了隔绝蒙藏联系，制定了"南抚北征"的决策，并根据甘青藏区的实际情况，从军事、政治、经济、宗教等方面开展综合治理，取得了成功，有明一代甘青藏区始终处于安定状态。[5] 杜常顺《略论明朝对西藏的施政》一文指出，明朝不惜财力，封赏西藏朝贡者，从而笼络、控制僧俗上层。与此同时，为保障贡使的畅通无阻，而恢复元代的驿站系统。[6] 石硕《明朝西藏政策的内涵与西藏经济的东向性发展》一文指出，与元朝相比，明朝与西藏的关系松散得多，既未派驻官员，又未驻扎军队，除

---

①　杨秀清：《试论明朝对西北民族问题的决策》，《民族研究》1994 年第 6 期。
②　董倩：《明朝对西北民族地区的经营析论》，《中央民族大学学报》（哲学社会科学版）2001 年第 4 期。
③　杜常顺：《从"西番诸卫"看明朝对甘青藏区的统治措施》，《青海师范大学学报》（哲学社会科学版）1989 年第 4 期。
④　苏发祥：《简论明朝对甘、青藏族地区的治理》，《中央民族学院学报》1990 年第 2 期。
⑤　秦川：《明朝对甘青藏族地区的政策》，《甘肃社会科学》1991 年第 6 期。
⑥　杜常顺：《略论明朝对西藏的施政》，《青海社会科学》1992 年第 5 期。

利用分封和朝贡以实现与西藏的政治隶属关系以外，对西藏内部事务大体采取听其自治的态度。虽然明朝对西藏采取了非强制性立场，西藏却更为积极、主动地向明朝朝贡，以获得经济利益，从而促使西藏经济、文明重心都呈现东向性发展。① 彭建英《明朝治藏方略的内容及特点》一文指出，明朝采取非强制性的方式，利用藏传佛教，取消帝师，多封众建，通过朝贡和赏赐，以及大规模的茶马贸易，制约西藏，实现了对西藏相对有效的治理。② 解晓燕、尹伟先《明朝治理乌思藏政策的阶段性特点》一文指出，明朝在乌思藏（又写作"乌斯藏"）乃至整个藏区管理中，在继承元朝"僧俗并重"政策的同时，更加注重发挥朝贡贸易的经济杠杆作用，促使经济联系空前紧密。③ 邓前程《一统与制宜：明朝藏区施政研究》一书，系统考察了明朝治藏政策出台的背景，以及政治、经济、宗教、文化等方面的举措，指出明朝治藏政策不仅符合自身实力，而且顺应了藏地的现实，是一种较为成功的范式。④ 邓前程《论明初中央政府治藏政策的调适与定型》一文指出，洪武时期，明朝在藏区实行行都武卫制度，确保对藏区的统治。永乐时期，明朝对藏区宗教势力采取"多封众建"政策，并通过适当调整分封等级，充分考虑各教派的代表性和地域性，以及制定严密的朝贡制度，达到了"以教固政"的效果，反映出明朝的治藏政策趋于成熟，后来诸朝都延续这一"祖制"。⑤ 杨旸、李陆华《明朝对乌思藏（西藏）的辖治》一文指出，明初洪武特

---

① 石硕：《明朝西藏政策的内涵与西藏经济的东向性发展》，《西藏研究》1993 年第 2 期。
② 彭建英：《明朝治藏方略的内容及特点》，《西北史地》1998 年第 3 期。
③ 解晓燕、尹伟先：《明朝治理乌思藏政策的阶段性特点》，《西北民族研究》1999 年第 1 期。
④ 邓前程：《一统与制宜：明朝藏区施政研究》，人民出版社，2011。
⑤ 邓前程：《论明初中央政府治藏政策的调适与定型》，《思想战线》2002 年第 6 期。

别是永乐时期，通过在西藏设置都司卫所，收受贡物与封赏，进行茶马市易，以及建造驿站、驿道等一系列措施，实现了对西藏的有效辖治。① 邓前程、邹建达《明朝借助藏传佛教治藏策略研究——与元、清两朝相比较》一文指出，元朝独尊萨迦派，清朝格外优待格鲁派，明朝则以与藏传佛教各派等距离交往为策略。弱势的明朝之所以能保持藏汉关系亲善和睦及"西陲宴然"的政治局面，务实的藏传佛教政策无疑起了重要作用。②

王冬芳《明朝对女真人的羁縻政策、文化歧视及对后世的深远影响》一文指出，明朝对东北地区实行多封众建、分而治之和羁縻笼络政策，以安抚东北各族，推动了东北经济、文化的发展和民族融合。但明朝坚持继承汉唐正统，而有别于夷狄的优势带来了事实上的文化趋势，导致与女真之间的对立、对抗状态，最终被女真所取代。③ 孙明材《重评明朝在东北实施的羁縻政策》一文指出，明朝为尽快稳定东北边疆，曾广设羁縻卫所，尽管确有成效，但以失败告终，这并不意味着羁縻政策本身存在问题，而是统治者的认识与落实出了问题，无论外夷犯边，还是彼此相攻，明朝多未及时有效地干预。④

范植清《论朱元璋治理南方各族的政策》一文指出，朱元璋倡导"华夷无间"的主张，尊重南方少数民族的生活习俗与原有制度，并减轻赋税，慎选官员，有力推动了南方边疆的治理。⑤ 尤

① 杨旸、李陆华：《明朝对乌思藏（西藏）的辖治》，《博物馆研究》2008 年第 2 期。
② 邓前程、邹建达：《明朝借助藏传佛教治藏策略研究——与元、清两朝相比较》，《思想战线》2008 年第 6 期。
③ 王冬芳：《明朝对女真人的羁縻政策、文化歧视及对后世的深远影响》，载中国明史学会主办《明史研究》第 9 辑，黄山书社，2005。
④ 孙明材：《重评明朝在东北实施的羁縻政策》，《甘肃社会科学》2018 年第 1 期。
⑤ 范植清：《论朱元璋治理南方各族的政策》，《中南民族学院学报》（哲学社会科学版）1985 年第 2 期。

中《明朝对西南各民族地区的设治和经营》一文指出，明朝在西南地区设置三司，健全土司制度，大规模移民，并开展改土归流，客观上促进了西南地区的发展，使其更加稳固地统一在中国的版图之内。[①] 刘淑红《论明代民族文教政策的主要内容和实践效果——基于西南民族地区儒学教育的视角》一文指出，明朝的民族文教政策推动了西南民族地区的儒学教育，但与明朝在西南民族地区的"因俗而治"民族政策背道而驰，受制于征剿的残酷性和剿抚的随机性，儒学的施教对象是土官子弟及民族上层子弟。[②] 金石《明朝对云南的屯边政策》一文指出，明朝在云南推行屯边政策，大量汉族人口移居云南，推动了经济繁荣、文化进步、民族融合、国家统一。[③] 陆韧、彭洪俊《论明朝西南边疆的军管羁縻政区》一文指出，明朝平定云南后，为适应云南边疆外弧带复杂的国际地缘政治、地理环境和多样民族性特征，在西南边疆逐渐建立起一套"内边区"与"外边区"差异化的边疆行政区划和管理模式，并对云南外边政区实行军管性和羁縻性的统治。[④]

[①] 尤中：《明朝对西南各民族地区的设治和经营》，《思想战线》1992 年第 3 期。

[②] 刘淑红：《论明代民族文教政策的主要内容和实践效果——基于西南民族地区儒学教育的视角》，《贵州民族研究》2011 年第 6 期。

[③] 金石：《明朝对云南的屯边政策》，《历史教学》1983 年第 9 期。

[④] 陆韧、彭洪俊：《论明朝西南边疆的军管羁縻政区》，《中国边疆史地研究》2013 年第 1 期。

第一章
洪武初年的"内敛型王朝国家"取向

明朝开国之初，明确标榜"驱逐胡虏，恢复中华"[1]，将之作为建立政权的合法性所在，掀起了一股"华夷之辨"历史潮流，所倾向建立的国家，是一种以汉人为主体、疆域有限的国家形态，是一种"内敛型王朝国家"。明朝这一历史取向，与元朝的历史遗产形成了明确的巨大转折。明朝为何呈现这种历史选择，其又对明代中国的历史道路造成了何种影响，是认识明代中国在中国史，乃至世界史上地位的重要视角。

第一节　蒙元"内北国而外中国"的
族群立场

北方族群建立的蒙元帝国，建立起来了人类历史上最为广阔的陆地疆域。至元二十八年（1291），元世祖忽必烈颁布诏书，便豪迈地指出："朕惟祖宗立法，凡不庭之国，先遣使招谕，来则按堵如故，否则必致征讨。"[2] 在军事征服与政权建立中，元朝充分

---

① （明）胡广等：《明太祖实录》卷二六，吴元年冬十月丙寅，中研院历史语言研究所，1962年校印本，第402页。
② 《元史》卷二一〇《外夷三·瑠求传》，第4667页。

借重了中亚族群与汉人势力，① 甚至将其中资历较深、功劳较著者，吸纳为蒙古族群的一员，② 从而在政权建设中，在坚持"蒙古本位"的立场上，对两个族群的文化传统都有所吸收，但又呈现出灵活选择的政治取向，有学者由此将元朝称为"复合王朝"。③

在国家礼仪方面，虽然蒙古帝国时期仍沿用蒙古旧俗，但元朝建都于大都之后，逐渐接受汉人政权的礼仪体系。"元之有国，肇兴朔漠，朝会燕飨之礼，多从本俗。"④ "世祖至元八年，命刘秉忠、许衡始制朝仪。自是，皇帝即位、元正、天寿节，及诸王、外国来朝，册立皇后、皇太子，群臣上尊号，进太皇太后、皇太后册宝，及郊庙礼成。群臣朝贺，皆如朝会之仪。"⑤ 所参考之朝代，甚至远及唐代。"至元六年，始立朝仪，太保刘秉忠言于世祖，

---

① 忽必烈的个人崛起，与他接受汉人文明，并在与阿里不哥的汗位争夺中，充分利用汉地资源，密不可分。"岁甲辰，帝在潜邸，思大有为于天下，延藩府旧臣及四方文学之士，问以治道。岁辛亥，六月，宪宗即位，同母弟惟帝最长且贤，故宪宗尽属以漠南汉地军国庶事，遂南驻爪忽都之地。"《元史》卷四《世祖纪一》，第 57 页。

② 契丹后裔耶律留哥长子耶律薛阇跟随成吉思汗西征，屡立战功。成吉思汗曰："薛阇今为蒙古人矣，其从朕之征西域也，回回围太子于合迷城，薛阇引千军救出之，身中槊；又于蒲华、寻思干城与回回格战，伤于流矢。以是积功为拔都鲁。"因此最初甚至拒绝让耶律薛阇承袭父爵。《元史》卷一四九《耶律留哥传》，第 3514 页。

③ "这两种性质不同的社会相遇后，自不免相互激荡。漠北四大汗时代，蒙古人确曾有全盘移植游牧封建制于中原的企图。忽必烈定都中原、建立元朝以后，为适应农业地区的环境并巩固皇权计，已有改弦易辙的打算，力图恢复汉地传统的中央集权官僚制的组织和君主专制的政体，并曾定立新章以约制蒙古贵族的权益。但是忽必烈不仅是元朝的'皇帝'，而且是'大蒙古国'的'可汗'，完全扬弃祖制，顺从汉俗，则其政权的合法性便会发生问题而受到蒙古贵族的抵制。因而忽必烈及其子孙从未能将元朝的政制完全官僚化与中央化。封建制与官僚制的并存便是蒙汉两种政制涵化的结果。"萧启庆：《元代四大蒙古家族》，《元代史新探》，台湾新文丰出版公司，1983，第 142 页。王明荪据此将元朝称为"复合王朝"。王明荪：《元代的士人与政治》，台湾学生书局，1992，第 3 页。

④ 《元史》卷六七《礼乐志一》，第 1664 页。

⑤ 《元史》卷六七《礼乐志一》，第 1664 页。

诏（尚）文与诸儒，采唐《开元礼》及近代礼仪之可行于今者，斟酌损益。"① 在宫廷音乐上，元朝则在蒙古音乐基础上，也兼采宋、金、西夏三方之乐，加以融合。"若其为乐，则自太祖征用旧乐于西夏，太宗征金太常遗乐于燕京，及宪宗始用登歌乐，祀天于日月山。而世祖命宋周臣典领乐工，又用登歌乐享祖宗于中书省。既又命王镛作《大成乐》，诏括民间所藏金之乐器。"② 在舆服制度上，同样呈现出向前代中原王朝追溯的历史取向。"世祖混一天下，近取金、宋，远法汉、唐。"③ 但在主要由蒙古贵族参加的政治核心群体聚会上，仍沿用蒙古礼仪。"而大享宗亲、锡宴大臣，犹用本俗之礼为多。"④

在政权体系中，元朝规定蒙古人、色目人、汉人三方共同参政，以维持平衡。在中枢决策机构中，至元四年三月，忽必烈命令由蒙古人、汉人共同充任。"壬寅，安童言：'比者省官员数，平章、左丞各一员，今丞相五人，素无此例。臣等议拟设二丞相，臣等蒙古人三员，惟陛下所命。'诏以安童为长，史天泽次之，其余蒙古、汉人参用，勿令员数过多。"⑤ 至元二十四年，忽必烈命令中央核心机构，都必须参用南人。⑥ 在地方上，至元二年二月，忽必烈规定各路官员由蒙古人、色目人、汉人共同充任。"甲子，以蒙古人充各路达鲁花赤，汉人充总管，回回人充同知，永为定制。"⑦ 在新征服的江南地区，也命三种族群的官员共同管理。至元

---

① 《元史》卷一七〇《尚文传》，第 3985 页。
② 《元史》卷六七《礼乐志一》，第 1664 页。
③ 《元史》卷七八《舆服志一》，第 1929 页。
④ 《元史》卷六七《礼乐志一》，第 1664 页。
⑤ 《元史》卷六《世祖纪三》，第 114 页。
⑥ "二十四年，立尚书省，诏以为参知政事，（程）钜夫固辞。又命为御史中丞，台臣言：'钜夫南人，且年少。'帝大怒曰：'汝未用南人，何以知南人不可用！自今省部台院，必参用南人。'"《元史》卷一七二《程钜夫传》，第 4016 页。
⑦ 《元史》卷六《世祖纪三》，第 106 页。

十八年正月，"敕江南州郡兼用蒙古、回回人"。[1] 元成宗铁穆耳鉴于福建州县官员多色目人、南人，于是增加汉人。元贞三年（1297）六月，"以福建州县官类多色目、南人，命自今以汉人参用"。[2] 而监察体系则由蒙古人、色目人、汉人一同充任，他们既彼此合作，又互相牵制。忽必烈时期，御史台由蒙古人、汉人共同组成。至元十九年十二月，御史中丞崔彧建议："御史宜从本台选择，初用汉人十六员，今用蒙古十六员，相参巡历为宜。"获得了同意。[3] 此后，伴随元朝对江南统治日久，南人政治地位逐渐提升，不仅与其他族群一样开始进入各种政治机构，而且在至元二十三年二月，也加入监察体系中来。[4] 元文宗时期，规定各道廉访司官员，同样由各族群共同担任。天历元年（1328）九月，元文宗命御史台："凡各道廉访司官，用蒙古二人，畏兀、河西、回回、汉人各一人。"[5]

但是，元朝的政治定位，一直是"蒙古本位"。蒙古被视为"国家本族"，[6] 而其他族群则被蒙古人视作奴隶。至元十六年十二月，"丁酉，八里灰贡海青。回回等所过供食，羊非自杀者不食，百姓苦之。帝（忽必烈）曰：'彼吾奴也，饮食敢不随我朝乎？'诏禁之"。[7] 君主去世之前商定遗诏时，规定非蒙古勋旧不得参加。"（至元）三十年，帝不豫。故事，非国人勋旧不

---

① 《元史》卷一一《世祖纪八》，第 229 页。
② 《元史》卷二〇《成宗纪三》，第 428 页。
③ 《元史》卷一二《世祖纪九》，第 249 页。《元史·崔彧传》对此也有记载，见《元史》卷一七三《崔彧传》，第 4039 页。
④ "集贤直学士程文海言：'省院诸司皆以南人参用，惟御史台、按察司无之。江南风俗，南人所谙，宜参用之，便。'帝以语玉速铁木儿，对曰：'当择贤者以闻。'帝曰：'汝汉人用事者，岂皆贤耶？'"《元史》卷一四《世祖纪十一》，第 287 页。
⑤ 《元史》卷三二《文宗纪一》，第 712 页。
⑥ 《元史》卷四四《顺帝纪七》，第 921 页。
⑦ 《元史》卷一〇《世祖纪七》，第 217—218 页。

得入卧内。"①

　　为维护"蒙古本位"立场，元朝不断发展并在政权体系中运用蒙古文。忽必烈即位之初，便命八思巴创制蒙古文。"中统元年，世祖即位，尊为国师，授以玉印。命制蒙古新字，字成上之。其字仅千余，其母凡四十有一。其相关纽而成字者，则有韵关之法；其以二合三合四合而成字者，则有语韵之法；而大要则以谐声为宗也。"② 至元六年二月，元朝将之颁行天下。"己丑，诏以新制蒙古字颁行天下。"③ 在诏书中，忽必烈指出蒙元最初以汉文与畏吾儿（也写作"畏兀儿"）文书写官方文书。"朕惟字以书言，言以纪事，此古今之通制。我国家肇基朔方，俗尚简古，未遑制作，凡施用文字，因用汉楷及畏吾字，以达本朝之言。"④ 鉴于辽、金等入主中原的北族政权，都用本族文字作为官方文字，元朝也应如此。"考诸辽、金，以及遐方诸国，例各有字，今文治浸兴，而字书有阙，于一代制度，实为未备。"⑤ 于是下令以八思巴创制的蒙古文为官方文字，其他文字作为辅助。"故特命国师八思巴创为蒙古新字，译写一切文字，期于顺言达事而已。自今以往，凡有玺书颁降者，并用蒙古新字，仍各以其国字副之。"⑥

　　当年六月，在全国范围内设立学习蒙古文的专门学校。"己巳，立诸路蒙古字学。"⑦ 至元七年四月，设立蒙古字学教授。"设诸路蒙古字学教授。"⑧ 至元九年七月，规定所有诏书用蒙古文书写，不仅蒙古人，而且汉官子弟也须学习蒙古文。"壬午，和礼霍

---

①　《元史》卷一三〇《不忽木传》，第3171页。

②　《元史》卷二〇二《释老·八思巴传》，第4518页。

③　《元史》卷六《世祖纪三》，第121页。

④　《元史》卷二〇二《释老·八思巴传》，第4518页。

⑤　《元史》卷二〇二《释老·八思巴传》，第4518页。

⑥　《元史》卷二〇二《释老·八思巴传》，第4518页。

⑦　《元史》卷六《世祖纪三》，第122页。

⑧　《元史》卷七《世祖纪四》，第129页。

孙奏：'蒙古字设国子学，而汉官子弟未有学者，及官府文移犹有畏吾字。'诏自今凡诏令并以蒙古字行，仍遣百官子弟入学。"① 至元十二年三月，进一步专门设立翰林院，专掌蒙古文。"庚子，从王磐、窦默等请，分置翰林院，专掌蒙古文字，以翰林学士承旨撒的迷底里主之。其翰林兼国史院，仍旧纂修国史、典制诰、备顾问，以翰林学士承旨兼修《起居注》，和礼霍孙主之。"② 至元十五年七月，又用蒙古文取代畏吾儿文，镌刻于用于军队征调的虎符上面。"丁亥，诏虎符旧用畏吾字，今易以国字。"③ 元二十一年五月，元朝再次规定官方文书须用蒙古文书写，禁用畏吾儿文。"戊午，敕中书省：'奏目及文册，皆不许用畏吾字，其宣命、札付并用蒙古书。'"④ 成宗时，进一步增置全国各地蒙古学正。元贞元年三月，"增置蒙古学正，以各道肃政廉访司领之"。⑤ 元文宗至顺元年（1330）八月，朝廷再次颁布诏书，命各地发展蒙古字学。

在政权体系中，蒙古人居于首位，世代相袭，长期垄断着诸王、驸马采邑正官达鲁花赤的人选，⑥ 掌握着上自中央，下到地方的核心权力。比如至元七年四月，忽必烈颁布敕书曰："诸路达鲁花赤子弟荫叙充散府诸州达鲁花赤，其散府诸州子弟充诸县达鲁花赤，诸县子弟充巡检。"⑦ 其他族群依照被征服的先后次序，形成高低不同的政治地位。蒙元帝国鉴于蒙古人数量较少，竭力使所统治族群之间互相牵制，以维持族群的势力平衡，而不至于构

---

① 《元史》卷七《世祖纪四》，第 142 页。

② 《元史》卷八《世祖纪五》，第 165 页。

③ 《元史》卷一〇《世祖纪七》，第 203 页。

④ 《元史》卷一三《世祖纪十》，第 266 页。

⑤ 《元史》卷一八《成宗纪一》，第 392 页。

⑥ 大德八年（1304）三月颁诏："诸王、驸马所分郡邑，达鲁花赤惟用蒙古人，三年依例迭代，其汉人、女直、契丹名为蒙古者皆罢之。"《元史》卷二一《成宗纪四》，第 458 页。

⑦ 《元史》卷七《世祖纪四》，第 129 页。

成威胁力量;① 在此基础上，十分注重依托所征服族群，发动针对其他族群的新一轮征服，因此率先归附的族群，便较早被吸收到政权体系中，地位较高。比如至元五年，"罢诸路女直、契丹、汉人为达鲁花赤者，回回、畏兀、乃蛮、唐兀人仍旧"。② 而对于新征服的族群，蒙古人甚至简单地将之称为"新附军"或"新附人"。③ 至元二十一年八月，以地域划分不同族群政治地位的诏书，清楚地反映出这一政策取向。"定拟军官格例，以河西、回回、畏吾儿等依各官品充万户府达鲁花赤，同蒙古人；女直、契丹同汉人。若女直、契丹生西北不通汉语者，同蒙古人；女直生长汉地，同汉人。"④ 按照这一诏书，西北族群由于归附较早，大体被元朝视为与本族同等地位的族群。至于契丹、女真，由于归附较晚，被置于其下。但辽及西辽、金朝曾长期控制内亚，甚至西北地区，因此许多契丹人、女真人与汉地相隔遥远，在蒙古帝国的征服潮流中，较早被征服，与汉地契丹人、女真人有所不同。于是元朝在两个族群内部，根据是否习汉语，进一步辨别契丹、女真族群归附蒙元的先后次序、与汉地疏远的程度。

　　在这种族群分等之下，蒙古与包括西北族群及不通汉语的契

---

① 窝阔台时期，蒙古内部曾有将回回、汉人军队南北互调的想法，借此促使二者脱离各自大本营，便于从中控制。"乙未，朝议将四征不廷，若遣回回人征江南，汉人征西域，深得制御之术。"窝阔台最终听取了耶律楚材的意见，并未采取这一做法。"楚材曰：'不可。中原、西域，相去辽远，未至敌境，人马疲乏，兼水土异宜，疾疫将生，宜各从其便。'从之。"《元史》卷一四六《耶律楚材传》，第 3460 页。

② 《元史》卷六《世祖纪三》，第 118 页。

③ 至元十六年二月，"癸卯，发嘉定新附军千人屯田脱里北之地。"《元史》卷一〇《世祖纪七》，第 210 页。三月，"壬子，襄加带括两淮造回回炮新附军匠六百，及蒙古、回回、汉人、新附人能造炮者，俱至京师"。《元史》卷一〇《世祖纪七》，第 210 页。至元十八年六月，"戊子，置蒙古、汉人、新附军总管"。《元史》卷一一《世祖纪八》，第 231 页。至元十九年，"三月辛酉朔，乌蒙民叛，敕那怀、火鲁思迷率蒙古、汉人新附军讨之"。《元史》卷一二《世祖纪九》，第 240 页。

④ 《元史》卷一三《世祖纪十》，第 268 页。

丹、女真在内的内亚族群，被视为统治集团的主体力量，享受各种优遇。① 而汉人只能附丽与补充内亚族群。值得注意的是，在元代的族群划分中，"汉人"虽包括原金朝统治下淮河以北的人群，但在选拔官吏时，元朝所任用之"汉人"，其实大多是居于汉地的契丹人、女真人，而非金朝统治下原来的汉人族群。大德元年（1297）四月，"中书省、御史台臣言：'各道廉访司必择蒙古人为使，或阙，则以色目世臣子孙为之，其次参以色目、汉人。'"②

即使如此，汉人也基本不能担任上自中央，下到地方的官员正职。丞相由蒙古人担任，汉人不得为相。"世祖之约，不以汉人为相，故为相皆国族。"③ 御史台长官御史大夫由于担负着监督整个官僚体系的职责，必须由宗室担任。④ 作为职掌军务的机构，枢密院虽不排斥汉人，但每年皇帝北巡上都时，负责留守的官员不能由汉人充任。⑤ 在地方上，汉人也不能任各路正官达鲁花赤，只

---

① 比如元成宗大德四年八月，在制定官僚集团荫叙资格时，便对蒙古人、色目人优叙一级。"八月癸卯朔，更定荫叙格，正一品子为正五，从五品子为从九，中间正从以是为差，蒙古、色目人特优一级。"《元史》卷二〇《成宗纪三》，第432页。再如大德八年三月，中书省对由皇帝从内廷径直除授的官员的升迁，开始加以严格限定，但蒙古人却不在条框之内。"中书省臣言：'自内降旨除官者，果为近侍宿卫，践履年深，依已除叙。尝宿卫未官者，视散官叙，始历一考，准为初阶。无资滥进，降官二级，官高者量俸。各位下再任者，从所隶用，三任之上，听入常调。蒙古人不在此限。'从之。"《元史》卷二一《成宗纪四》，第458页。
② 《元史》卷一九《成宗纪二》，第410页。
③ （元）梁寅：《梁石门先生集》卷八《元》，《元人文集珍本丛刊》第8册，台湾新文丰出版公司，1985，第43页。
④ 元末太平由于非国姓宗室，元顺帝将其改姓之后，才能授予其御史大夫一职。"（至正）六年，拜御史大夫。故事，台端非国姓不以授，太平因辞，诏特赐姓改其名。"《元史》卷一四〇《太平传》，第3368页。
⑤ 郑氏家族本为汉人，但较早归附蒙古，参加征蜀之役。郑制宜"通习国语"，曾追随忽必烈平定乃颜叛乱，因功被授予怀远大将军、枢密院判官。至正二十五年（1365），忽必烈北幸上都，枢密院委派郑制宜负责留守。"旧制枢府司从行，岁留一员司本院事，汉人不得与。至是，以属制宜。"郑制宜依照制度请辞，忽必烈鉴于郑氏家族长期追随蒙古帝国，非一般意义上的汉人，特命留守。"制宜逊辞，帝曰：'汝岂汉人比耶！'竟留之。"《元史》卷一五四《郑鼎传》，第3637页。

有蒙古人不愿赴任的险恶之地，才任命汉人为正官。① 汉人虽进入监察系统，却容易遭受政治地位更高的族群的攻击，导致其政治作用的发挥会打一定折扣。元贞二年正月，"己丑，御史台臣言：'汉人为同僚者，尝为奸人捃摭其罪，由是不敢尽言。请于近侍昔宝赤、速古而赤中，择人用之。'帝曰：'安用此曹。其选汉人识达事体者为之。'以御史中丞秃赤为御史大夫"。② 对此，元末明初士人叶子奇评论道："天下治平之时，台省要官皆北人为之。汉人、南人万中无一二。其得为者不过州县卑秩，盖亦仅有而绝无者也。"③

值得注意的是，一方面蒙元在政权建立与统治过程中，充分注重吸纳不同族群的优秀人才，甚至为提升其地位，有淡化乃至改变其族群身份的做法。比如元朝初年，忽必烈在禁止汉人执兵器的时代背景下，为赋予较早归附蒙古的汪氏汉人执兵器的特权，刻意淡化其属于汉人的族群身份。再如元顺帝为重用本为汉人的太平，④ 通过将其改姓为国姓孛儿只斤的方式，赋予他担任御史大夫的合法资格。另一方面，蒙元又竭力将族群流动的权力控制在自己手中，严禁不同族群之间的私自流通。元顺帝时期，丞相伯颜批评了这一现象。"举子多以赃败，又有假蒙古、色目名者。"⑤ 为防止汉人、南人借助学习蒙古文、色目文，混同于二者，从而获取政治捷径，元顺帝后至元三年（1337）四月，颁布诏书，禁止二者学习蒙古文、色目文。"省、院、台、部、宣慰司、廉访司

---

① 至正二十五年十月，"湖广省言：'左、右口溪洞蛮僚，置四总管府，统州、县、洞百六十，而所调官畏惮瘴疠，多不敢赴，请以汉人为达鲁花赤，军官为民职，杂土人用之。'就拟夹谷三合等七十四人以闻，从之"。《元史》卷一五《世祖纪十二》，第315—316页。

② 《元史》卷一九《成宗纪二》，第401—402页。

③ 《草木子》卷三上《克谨篇》，第49页。

④ 《元史》卷一四一《太不花传》，第3382页。

⑤ 《元史》卷一四二《彻里帖木儿传》，第3405页。

及郡府幕官之长，并用蒙古、色目人。禁汉人、南人不得习学蒙古、色目文字。"①

在学校培养中，元朝通过赋予蒙古人、色目人较多名额的方式，保障其通过这一途径优先进入仕途的政治特权。"仁宗延祐二年冬十月，以所设生员百人，蒙古五十人，色目二十人，汉人三十人，而百官子弟之就学者，常不下二三百人，宜增其廪饩，乃减去庶民子弟一百一十四员，听陪堂学业，于见供生员一百名外，量增五十名。"② 从这条史料来看，在官方正式设定的蒙古国子学生员名额中，一方面蒙古人占据了半壁江山，"蒙古本位"立场在这里体现得十分明显；另一方面汉人在蒙古国子学中所占比例比色目人要高，似乎与色目人政治地位高于汉人的族群设定有所不符，但考虑到色目人相对于汉人在人数上的绝对劣势，便可知色目人在学校名额上仍然获得了很大优待。不仅如此，在官方名额之外，还有大量官员子弟也加入蒙古国子学，鉴于元朝政权体系中的族群分等制度，这些拥有特权的官员子弟应基本属于蒙古人、色目人，尤其是前者。元朝对于这种以私侵公的现象，非但未加厘正，反而推进其制度化，从而进一步导致蒙古国子学中蒙古人、色目人比例大为提升，汉人比例大为下降。值得注意的是，延祐元年（1314）四月，元朝已设置了专门的回回国子监。"设监官，以其文字便于关防取会数目，令依旧制，笃意领教。"③ 武宗至大四年（1311）出台的试贡法，一方面按照族群差别，采取难度递加的考试方式；另一方面与之相反，所授官职却逐渐下降。"冬十二月，复立国子学试贡法，蒙古授官六品，色目正七品，汉人从

---

① 《元史》卷三九《顺帝纪二》，第 839 页。但《元史·许有壬传》却记载元朝在许有壬的建议下，最终并未行使这一禁令。"禁汉人、南人勿学蒙古、畏吾儿字书，有壬皆争止之。"《元史》卷一八二《许有壬传》，第 4202 页。

② 《元史》卷八一《选举志一·学校》，第 2028 页。

③ 《元史》卷八一《选举志一·学校》，第 2028 页。

七品。试蒙古生之法宜宽，色目生宜稍加密，汉人生则全科场之制。"① 至顺二年六月，监察御史韩元善曾经呼吁改变这一制度。"历代国学皆盛，独本朝国学生仅四百员，又复分辨蒙古、色目、汉人之额。请凡蒙古、色目、汉人，不限员额，皆得入学。"② 但并未得到同意。

与之相似，在科举考试中，为保障蒙古人、色目人的录取名额，元朝实行蒙古人、色目人与汉人、南人分开考试的两榜制，广大汉人、南人中的知识分子仅有数量甚少的名额。③ 对于落第举人充作教官者，泰定元年（1324），元朝也按照不同族群，制定了不同的资历标准。"蒙古、色目人，年三十以上并两举不第者，与教授；以下，与学正、山长。汉人、南人，年五十以上并两举不第者，与教授；以下，与学正、山长。"④ 甚至为解决灾荒问题而特辟的纳粟授官渠道中，也逐渐收紧对南人的开放度。⑤

元朝"内北国而外中国"的立场，在怯薛即宿卫制度上体现得尤其明显。蒙古帝国在部落联盟的基础上迅速崛起、壮大，成为世界性帝国，部落遗俗在帝国扩张的过程中，不仅并未完全消失，而且部分因素还与帝国顽强地结合在一起，成为蒙元帝国加强统治的重要工具。其中之一便是负责宿卫宫廷的怯薛制度。怯薛作为大汗或皇帝的亲信卫兵，是大汗或皇帝最信任的奴仆，不仅具有很高的军事权力，而且具有很多的升迁机会。而在怯薛人选方面，元朝一直重用蒙古人及色目人，而排斥非蒙古人，尤其是汉人等级以下的族群，即使最初有所援引，也逐渐淘汰。元成

---

① 《元史》卷八一《选举志一·学校》，第2030页。
② 《元史》卷三五《文宗纪四》，第786页。
③ 余来明：《元明科举与文学考论》，武汉大学出版社，2015，第183—189页。
④ 《元史》卷八一《选举志一·科目》，第2027页。
⑤ "后有纳粟获功二途，富者往往以此求进。令之初行，尚犹与之，及后求之者众，亦绝不与南人。在都求仕者，北人目为腊鸡，至以相訾诟，盖腊鸡为南方馈北人之物也，故云。"《草木子》卷三上《克谨篇》，第49页。

宗元贞七年二月，淘汰非蒙古人的宿卫士兵。"汰诸色人冒充宿卫及诸王、驸马、妃主部属滥请钱粮者。"① 元武宗至大二年六月，淘汰非蒙古人、色目人的宿卫士兵。"甲戌，以宿卫之士比多冗杂，遵旧制，存蒙古、色目之有阀阅者，余皆革去。"② 至大四年，重申此制。"夏四月壬寅（朔），诏分汰宿卫士，汉人、高丽、南人冒入者，还其元籍。"③ 皇庆二年（1313）十一月，将汉人、南人、高丽人宿卫士兵淘汰出宫，派遣至上都戍守。"壬寅，敕汉人、南人、高丽人宿卫，分司上都，勿给弓矢。"④ 至治二年（1322）三月，禁止南人充作宿卫士兵。"敕四宿卫、兴圣宫及诸王部勿用南人。"⑤ 至顺元年，元文宗图帖睦尔接受中书省、枢密院、御史台三大机构的联合奏议，再次淘汰宿卫士兵中的汉人、南人、高丽人与奴隶，并严禁怯薛长官私自将以上族群引入宿卫军队。"自裁省之后，各宿卫复有容匿汉、南、高丽人及奴隶滥充者，怯薛官与其长杖五十七，犯者与典给散者皆杖七十七，没家赀之半，以籍入之半为告者赏。仍令监察御史察之。"⑥

在兵器管控上，蒙元王朝为了维护统治，防止汉人、南人发动叛乱，逐渐对二者掌握兵器，发布了越来越严格的禁令。忽必烈在建立元朝前夕的中统四年（1263）正月，为加强对汉地的管控，一方面禁止汉人私藏兵器，另一方面对蒙古骚扰民间的做法加以限制。"辛亥，申禁民家兵器及蒙古军扰民者。"⑦ 建立元朝后，忽必烈鉴于统治逐渐稳固，从而在其统治时期，对汉人逐渐加强兵器控制。至元十六年二月，禁止蒙古士兵的家眷、汉军非

---

① 《元史》卷二一《成宗纪四》，第 449 页。
② 《元史》卷二三《武宗纪三》，第 512 页。
③ 《元史》卷二四《仁宗纪一》，第 541 页。
④ 《元史》卷二四《仁宗纪一》，第 558 页。
⑤ 《元史》卷二八《英宗纪二》，第 620 页。
⑥ 《元史》卷三四《文宗纪三》，第 765 页。
⑦ 《元史》卷五《世祖纪二》，第 91 页。

作战时，持有兵器。蒙古士兵家眷作为非战斗力量，禁止持有兵器十分正常，而汉军作为元军组成部分之一，平时也被禁止持有兵器，防闲之意十分明显。"禁诸奥鲁及汉人持弓矢，其出征所持兵仗，还即输之官库。"[1] 三年后，再次申严汉人掌握兵器的禁令。至元十九年二月，"申严汉人军器之禁"。[2] 又三年后，命令汉地、江南的兵器由蒙古、内亚族群官员掌握，禁止汉地、江南的汉人官、南人官掌管兵器。至元二十二年五月，"分汉地及江南所拘弓箭兵器为三等，下等毁之，中等赐近居蒙古人，上等贮于库；有行省、行院、行台者掌之，无省、院、台者达鲁花赤、畏兀、回回居职者掌之，汉人、新附人虽居职无有所预"。[3] 巩昌汪氏本为金朝汉人，归附蒙古之后，不仅与蒙古皇室交往密切，而且屡立战功，在相当程度上已被蒙古视为自己人，于是在执兵器之事上，忽必烈规定汪氏可以特殊对待，允许其掌握兵器。至元二十六年六月，"己酉，巩昌汪惟和言：'近括汉人兵器，臣管内已禁绝，自今臣凡用兵器，乞取之安西官库。'帝曰：'汝家不与它汉人比，弓矢不汝禁也，任汝执之。'"[4] 但此后的发展，证明巩昌汪氏在执兵器上，同样受到了一定限制。[5] 忽必烈不仅禁止汉人、南人私藏兵器，虽非兵器但可能具有攻击性的器物也被禁止。至元二十三年，"二月己亥，敕中外，凡汉民持铁尺、手挝及杖之藏刃者，悉输于官"。[6] 甚至禁止汉人打猎，从各方面切断其与军事

---

① 《元史》卷一〇《世祖纪七》，第 210 页。
② 《元史》卷一二《世祖纪九》，第 240 页。
③ 《元史》卷一三《世祖纪十》，第 276 页。
④ 《元史》卷一五《世祖纪十二》，第 323 页。
⑤ 直到元顺帝后至元二年（1336）九月，巩昌总帅府执兵器禁令才开始放宽。"癸亥，弛巩昌总帅府汉人军器之禁。"《元史》卷三九《顺帝纪二》，第 836 页。
⑥ 《元史》卷一四《世祖纪十一》，第 286 页。但当年及次年，该政策又一度有所反复。十月，"虽汉人并毋禁弓矢"。《元史》卷一四《世祖纪十一》，第 292 页。至元二十四年（1287）正月，"弛女直、水达达地弓矢之禁"。《元史》卷一四《世祖纪十一》，第 295 页。

的所有潜在关联。至元二十七年九月，"申严汉人田猎之禁"。① 至大四年十二月，元仁宗再次"申禁汉人持弓矢兵器田猎"。② 忽必烈之后，元朝历代皇帝一直延续着禁止汉人及其他非内亚族群私藏兵器的禁令。③

与兵器管控相似，元朝在马匹管理上，也采取族群分等的原则，蒙古人可以自由牧养马匹，色目人需要上交三分之二，而汉人禁止养马。至元二十三年六月，"戊申，括诸路马。凡色目人有马者三取其二，汉民悉入官，敢匿与互市者罪之"。④ 元贞三年正月，"辛丑，括诸路马，隶蒙古军籍者免之"。⑤ 而至元年间，曾有蒙古人建议大都应采取蒙古人、汉人混住的方式，以管控汉人，防止其发动叛乱。⑥

在司法审判中，元朝也呈现出保障蒙古人、色目人利益，压

① 《元史》卷一六《世祖纪十三》，第339—340页。
② 《元史》卷二四《仁宗纪一》，第548页。
③ 至大二年十二月，"辛酉，申禁汉人执弓矢、兵仗"。《元史》卷二三《武宗纪二》，第520页。至治二年正月，"甲戌，禁汉人执兵器出猎及习武艺"。《元史》卷二八《英宗纪二》，第619页。泰定二年七月，"申禁汉人藏执兵仗；有军籍者，出征则给之，还，复归于官"。《元史》卷二九《泰定纪一》，第658页。后至元二年十一月，"辛未，禁弹弓、弩箭、袖箭"。《元史》卷三九《顺帝纪二》，第837页。这里虽未具体指明被禁族群，但结合元代的政策背景，被禁族群应为汉人、南人。后至元三年四月，"癸酉，禁汉人、南人、高丽人，不得执持军器，凡有马者拘入官"。《元史》卷三九《顺帝纪二》，第839页。元顺帝时期，兵器之禁一度有所放松。但在汉地叛乱的时代背景下，很快便再次严格起来。后至元三年八月，"弛高丽执持兵器之禁，仍令乘马。戊子，汉人镇遏生蕃处，亦开军器之禁"。《元史》卷三九《顺帝纪二》，第841—842页。后至元五年四月，"己酉，申汉人、南人、高丽人不得执军器、弓矢之禁"。《元史》卷四〇《顺帝纪三》，第852页。后至元六年，"五月癸丑朔，禁民间藏军器"。《元史》卷四〇《顺帝纪三》，第855页。
④ 《元史》卷一四《世祖纪十一》，第290页。
⑤ 《元史》卷二〇《成宗纪三》，第426页。
⑥ "或言京师蒙古人宜与汉人间处，以制不虞。（平章政事）不忽木曰：'新民乍迁，犹未宁居，若复纷更，必致失业。此盖奸人欲擅货易之利，交结近幸，借为纳忠之说耳。'乃图写国中贵人第宅已与民居犬牙相制之状上之而止。"《元史》卷一三〇《不忽木传》，第3169—3170页。

制汉人、南人的政治取向。忽必烈至元九年五月，禁止汉人聚众与蒙古人斗殴。"禁汉人聚众与蒙古人斗殴。"① "至元九年五月十九日，中书省钦奉圣旨：'听得汉儿人每多有聚集人众，达达人每根底哄打有。这般体例那里有？您每严加禁约者。'钦此。"② 考虑到汉人地位低于蒙古人，该法令实际意图是禁止汉人在受到欺凌时反抗，避免酝酿成群体性事件。汉人在受到蒙古人欺凌时，禁止还手，只能通过司法诉讼的方式解决。"如蒙古人员殴打汉儿人，不得还报，指立证见，于所在官司赴诉。如有违犯之人，严行断罪。"③至元年间，曾出现蒙古人诬告汉人殴打自己的诉讼，忽必烈盛怒之下，有处死汉人的想法，由此可见两个族群在司法审判中截然不同的地位。④ 蒙古人、色目人、汉人、高丽人犯盗窃罪，可以有三次免于刺字于脸的机会，而内郡人、江南人却没有这种优待。元贞八年，"十一月壬子，诏：'内郡、江南人凡为盗黥三次者，谪戍辽阳；诸色人及高丽三次免黥，谪戍湖广；盗禁御马者，初犯谪戍，再犯者死。'"⑤ 蒙古人、色目人如果仅是犯盗窃罪，不涉刑法范围，可以免于处罚。元统二年（1334）七月，"壬寅，诏：'蒙古、色目人犯盗者免刺。'"⑥ 元代刑法对于诬告造反处罚甚轻之规定，无疑是为鼓励民间监督汉人、南人，防止其有不轨之举动。这从明初的一项案例中可以间接看得出来。洪武元年（1368）十月，发生了民众诬告富人谋反之事。"己卯，民有告富

① 《元史》卷七《世祖纪四》，第141页。
② 方龄贵校注《通制条格校注》卷二七《杂令·汉人殴蒙古人》，中华书局，2001，第626页。
③ 《元典章》卷四四《刑部六·杂例·蒙古人打汉人不得还》，陈高华、张帆、刘晓等点校，中华书局、天津古籍出版社，2011，第1513页。
④ "或告汉人殴伤国人，及太府监属卢甲盗剪官布。帝怒，命杀以惩众。（符宝局郎董）文忠言：'今刑曹于囚罪当死者，已有服辞，犹必详谳，是岂可因人一言，遽加之重典！宜付有司阅实，以俟后命。'乃遣文忠及近臣突满分核之，皆得其诬状，遂诏原之。"《元史》卷一四八《董文忠传》，第3503页。
⑤ 《元史》卷二一《成宗纪四》，第461页。
⑥ 《元史》卷三八《顺帝纪一》，第823页。

人谋反者，命御史台、刑部勘问，皆不实。台臣言：告者事在赦前，宜编戍远方，刑部言当抵罪。"① 侍读学士秦裕伯却主张按照元律，减轻对诬告者的处罚。"元时凡告谋反，不实者，罪止杖一百，以开来告之路。"② 对此，朱元璋却并不赞同："不然，奸徒若不抵罪，天下善人为所诬多矣。自今凡告谋反不实者抵罪，有司著为令。"③ 元顺帝时期，规定蒙古人、色目人非刑事罪改归宗正府审讯，汉人、南人仍归司法机构，司法审判从而按照不同族群，呈现分途局面。元统二年三月，诏曰："蒙古、色目犯奸盗诈伪之罪者，隶宗正府；汉人、南人犯者，属有司。"④

除此以外，元朝在赋役征收中，也按照族群地位，呈反比例递增。比如元贞二年五月，元朝强征天下牲畜，便是如此。"甲戌，诏民间马牛羊，百取其一，羊不满百者亦取之，惟色目人及数乃取。"⑤

可见，蒙元王朝虽然并未在国家条文上明确颁布蒙古人、色目人、汉人、南人的四等人制，但在政治、军事、司法等重要领域，都一直实行族群分等，是以北族为主体的"统一王朝"。⑥ 受此影响，汉人将自身放在较低的层次之上。至元年间，西夏中兴等路行省郎中董俊曾遭受只必铁木儿的欺凌，愤而自称："我汉人，生死不足计。"⑦ 南人在政治领域的作为十分有限。⑧ 元朝对于

---

① 《明太祖实录》卷三五，洪武元年十月己卯，第 634 页。
② 《明太祖实录》卷三五，洪武元年十月己卯，第 634—635 页。
③ 《明太祖实录》卷三五，洪武元年十月己卯，第 635 页。
④ 《元史》卷三八《顺帝纪一》，第 821 页。
⑤ 《元史》卷一九《成宗纪二》，第 404 页。
⑥ 对此时人也有一定认识。"且昔之入主者，颇皆用夏贵儒，惟元不然，此其为秽，尤使人涕泗沾臆。夫其胎祸之远如此，播恶之广如此，奄及百年不知变革如此！当是时也，熏蒸融液，无地非狄，若将不可复易者。"《刘伯温集》附录六《题诚意伯刘公集》，第 850 页。
⑦ 《元史》卷一四八《董俊传》，第 3496 页。
⑧ "（江浙行省参知政事王）都中历仕四十余年，所至政誉辄暴著，而治郡之绩，虽古循吏无以尚之。当世南人以政事之名闻天下，而位登省宪者，惟都中一人而已。"《元史》卷一八四《王都中传》，第 4232 页。

汉人也一直保持警惕心理。"以至深闭固拒，曲为防护。自以为得亲疏之道。是以王泽之施，少及于南；渗漉之恩，悉归于北。"① 在元末汉地叛乱的时代背景下，元末丞相伯颜甚至有"请杀张、王、刘、李、赵五姓汉人"的提议。② 他这一提议被指责为滥杀无辜，是"倡乱者止数人，顾乃尽坐中华之民为畔逆"③ 的株连做法。动荡时局之下，元末最终突破了族群分等的制度束缚，按照才干而非族群任命官员。至正十六年二月，"甲戌，命六部，大司农司，集贤、翰林国史两院，太常礼仪院，秘书、崇文、国子、都水监，侍仪司等正官，各举才堪守令者一人，不拘蒙古、色目、汉、南人，从中书省斟酌用之……"④ 但元朝大厦将倾，已无回天之术。

对于这种依照族群划分政治等级进行政治统治的做法，叶子奇进行了整体的批判，指出君主治理国家，应采取公天下的政治立场。"治天下之道，至公而已尔。公则胡越一家，私则肝胆楚越，此古圣人所以视天下为一家，中国为一人也。"⑤ 在他看来，元朝实行了"内北国而外中国，内北人而外南人"的国家政策。"元朝自混一以来，大抵皆内北国而外中国，内北人而外南人。"⑥ 重建汉人王朝的朱氏政权，在建国前后，也从自身族群立场出发，对元朝族群分等政策不断加以批判。吴元年（1367），明朝建国前一年，吴王朱元璋曾向中书省批评元朝专任蒙古人、色目人的做法，指出中国古代圣贤之君一直采取公天下的做法。"自古圣贤之君，不以禄私亲，不以官私爱，惟求贤才以治其民，所以示天下

---

① 《草木子》卷三上《克谨篇》，第51页。
② 《元史》卷三九《顺帝纪二》，第843页。
③ 《元史》卷一三九《朵尔只班传》，第3359页。
④ 《元史》卷四四《顺帝纪七》，第930页。
⑤ 《草木子》卷三上《克谨篇》，第55页。
⑥ 《草木子》卷三上《克谨篇》，第55页。

至公也。"① 元朝专任蒙古人、色目人，不过是为了笼络这两个族群。"元朝出于沙漠，惟任一己之私，不明先王之道，所在官司辄以蒙古、色目人为之长，但欲私其族类，羁縻其民而矣，非公天下爱民图治之心也。"② 结果扰乱了正常的政治秩序。"况奸吏从而蒙蔽之，舞文弄法，朝廷之上，贿赂公行；苟且之政，因循岁月；上下同风，不以为怪。末年以来，其弊尤甚，以致社稷倾危，而卒莫之救。"③ 当前应引以为戒，慎重选人。"卿等宜以为戒，选官之际，慎择其人而用之，勿徇其弊也。"④ 洪武四年，朱元璋再次批判元朝将南人排除出监察系统的做法。⑤ 明成祖朱棣也指出，元朝"内北国而外中国"的做法，是其王朝灭亡的政治根源。"近世胡元分别彼此，柄用蒙古、鞑靼，而外汉人、南人，以至灭亡。"⑥ 丘濬也指出，元朝一直反对汉化，在军国要务的核心层面将汉人排斥在外。

> 脱脱奏事内庭，以左丞韩元善、参知政事韩镛皆汉人，使退避。呜呼！疑人不用，用人不疑。既用中国人以为执政大臣，事皆预闻可也。元制，凡事关军机，则屏出汉人，不

---

① 《明太祖实录》卷二八下，吴元年十二月戊辰，第471页。
② 《明太祖实录》卷二八下，吴元年十二月戊辰，第471页。
③ 《明太祖实录》卷二八下，吴元年十二月戊辰，第471页。
④ 《明太祖实录》卷二八下，吴元年十二月戊辰，第471—472页。
⑤ "御史台进拟宪纲四十条。上览之，亲加删定，诏刊行颁给。因谓台臣曰：'元时任官，但贵本族，轻中国之士，南人至不得入风宪，岂是公道？朕之用人，惟才是使，无间南北，风宪作朕耳目，任得其人，则自无壅蔽之患。'殿中侍御史唐铎对曰：'臣闻元时遣使军抚百姓，初出之日，四方惊动，及至，略无所为而去，百姓为之语曰："奉使宣抚，问民疾苦，来若雷霆，去若败鼓。"至今传以为笑，今陛下一视同仁，任官惟贤，尤重风宪，明立法度，所以安百姓、兴太平，天下幸甚。臣等敢不精白一心，钦承意！'"《明太祖实录》卷六〇，洪武四年春正月己亥，第1176—1177页。
⑥ （明）杨士奇等：《明太宗实录》卷一三四，永乐十一年十一月癸卯，中研院历史语言研究所，1962年校印本，第1642页。

使预闻，是其心恒以夷自居，而疑汉人也。自元得中国至是几百年矣，而彼我疑似之心犹存，是盖未尝一日以华自居也，而议者则欲以华待之何哉！①

嘉靖时期钟芳更是对元朝这种政治立场进行了高度概括："元人国俗，内戎而外华，抑儒而尚吏，重北而轻南。"②

第二节　元末明初"复宋"明流与洪武初年 "汉人主体国家"的重建

在长期的族群冲突背景下，主要流行于知识阶层之间的"华夷之辨"，开始在元代的广大汉地弥漫开来，元末汉人在"华夷之辨"的影响之下，逐渐盛行元朝与中国有别的意识。③处于社会底层之普通民众，便将生活痛苦转移至族群仇恨之上，元代广大汉地遂普遍流行"贫极江南、富称塞北"的政治舆论，反映出汉地对北人，尤其是蒙古人之种族仇视。"华夷之辨"逐渐成为各支义军发动起义的政治舆论，最终灭亡了元朝。元末汉地爆发叛乱之时，元朝仍然从固有的政治立场出发，并未有积极笼络南人的举动。"及方寇起，濒海豪杰如蒲圻赵家、戴纲司家、陈子游等，倾家募士，为官收捕，至兄弟子侄皆歼于盗手，卒不沾一命之及，

---

① （明）丘濬：《世史正纲》卷三二《元世史·元文宗》，载《丘濬集》第 7 册，周伟民、王瑞明、崔曙庭等点校，海南出版社，2006，第 3279 页。
② （明）钟芳：《钟筠溪集》卷一一《许衡辨下》，周济夫点校，海南出版社，2006，第 238 页。
③ 元末追随明夏政权之杨学可撰《明氏实录》，载明玉珍进攻成都，获守将赵资妻，令之劝降，慰云："执政乃吾中国人，何故反为元虏守战？夫人能招使降，当裂土以赠。"自立陇蜀王之令曰："元朝运去，中国豪杰并起而逐之。"（明）杨学可：《明氏实录》，《四库全书存目丛书》史 159 册，齐鲁书社，1997，第 6—7 页。

屯膏吝赏至于此。"① 南人于是转向义军，元朝遂逐渐失去南方民心。"其大盗一招再招，官已至极品矣，于是上下解体，人不向功，甘心为盗矣。"②

值得注意的是，元代汉人族群包括原金朝统治下的北方族群，因此在元末族群冲突中，汉人中也有非原辽、宋统治族群，而是女真人发动叛乱，他们举起了"复金"的旗帜。至正八年（1348）三月，"辽东锁火奴反，诈称大金子孙，水达达路脱脱禾孙唐兀火鲁火孙讨擒之"。③ 但整体而言，元末族群冲突中，以原辽、宋统治族群的反抗情绪最为激烈。《元典章》记载了后至元年间，回回人对汉人谋反的指控，可以作为一种反映。"汉儿皇帝出世也，赵官家来也，汉儿人一个也不杀，则杀达达、回回，杀底一个没。"④ 杨志玖指出，元末农民战争中，回回并未参与进来。⑤ 重建汉人王朝是元末汉人的普遍理想，元末一首民谣称："依旧中华福地，古月一阵还家。"⑥ "古月"是"胡"字分拆，真实反映了这一时代氛围。⑦ 而明初政权统治群体，在元代属于南人，在元代社会地位

---

① 《草木子》卷三上《克谨篇》，第49—50页。
② 《草木子》卷三上《克谨篇》，第50页。
③ 《元史》卷四一《顺帝纪四》，第881页。
④ 《元典章》卷四一《刑部三·谋反·乱言平民作歹》，第1402页。
⑤ 杨志玖：《元代回族史稿》，南开大学出版社，2003，第26—29页。
⑥ （元）陶宗仪：《南村辍耕录》卷二六《武当山降笔》，中华书局，1959，第328页。
⑦ 关于元末明初"华夷之辨"的问题，钱穆通过阅读明初诸名士文人，如宋濂、刘基诸人的诗文，钩稽出与后世想象完全不同的历史面相，即明初士人对故元甚为怀念，与新朝隐存嫌隙，而这可能构成了朱元璋苛待士人之一因素。钱穆：《读明初开国诸臣诗文集》《读明初开国诸臣诗文集续篇》，载钱穆《中国学术思想史论丛》（六），联经出版事业公司，1998，第101—261页。钱穆这一结论本身应无问题，但不能概括元末明初"华夷之辨"之全部情状。明初士人的观点不一定能够代表当时一般民众的舆论。元朝虽不重儒学，但对社会，尤其是江南社会管理颇为宽松，在此政治环境下，经济状况尚可甚至颇为富裕的江南士人仕进空间虽不如汉人政权之时，但也得优悠林下、研习诗文。在此

最为低下，相应秉持"华夷之辨"观念。

一方面，"华夷之辨"成为鼓动元末汉人叛乱的政治观念。刘福通北伐军提出了"华夷之辨"的口号。"慨念生民，久陷于胡，倡义举兵，恢复中原。"[①] 徐寿辉政权也宣扬"期逐胡虏，以靖中夏"。[②] 明玉珍也在即位诏书中称："元以北人污我中夏……豪杰乘时兴驱逐之策。"[③] 明侍中杨源上平定云南表，称："慨念中华之贵，反为左衽之流。"[④] 元末江南叛军虽皆首先致力于剪除附近异己势力，不过在口号上却仍标榜"华夷之辨"。如朱元璋与陈友谅作战间隙，尚致书云："方今取天下之势，同讨夷狄以安中国，是为上策。结怨中国而后夷狄，是为无策。"[⑤]

情状下，明初士人对故元心存怀念，也在情理之中。但元末在自然灾害与国家赋役压力下苟活的一般民众却不会如此悠闲，他们将生活困苦带来的压抑情绪转变为对蒙古统治者，乃至蒙古人、色目人之愤恨，是十分正常的。日本学者宫崎市定也持与钱穆相似的观点，认为："太祖的政治，从一开始就很少有对蒙古人发动民族革命的意识，后来的改变蒙古旧习、同化蒙古降将等政策，也都是缓慢地进行着的。这和清末激烈的革命思想不能同日而语，所以，用清末的事例来类推元明革命，就难免出现极大的误解。"而洪武初年变革蒙古习俗的诏书，并非建国方针，而是"单就礼制问题做出的极为事务性的命令"。〔日〕宫崎市定：《中国的历史思想——宫崎市定论中国史》，张学锋、尤东进、马云超等译，上海古籍出版社，2018，第 257、271 页。而刘浦江《元明革命的民族主义想象》（《中国史研究》2014 年第 3 期）在这种观点的基础上，进一步提出元明更代的民族主义仅是后人的想象。但宫崎市定其实并未完全否定元明革命之中的民族意味，而是认为元明革命是事先的有意为之。"元明革命的确是民族革命，其间也存在着巨大的断裂，但无论如何，历史是没有完全断裂的，必然着有连续的一面。……元明革命，与其说是一开始就有革命意识的民族革命，不如说是其结果被理解为民族革命更为妥当。因此，断裂的一面非常缓慢地显示出来，尤为不彻底的地方则留给了后世。"《中国的历史思想——宫崎市定论中国史》，第 282—283 页。

① 〔朝鲜〕郑麟趾等：《高丽史》卷三九《恭愍王二》，朝鲜科学院，1957，第596 页。

② （清）钱谦益：《国初群雄事略》卷五《夏明玉珍》，张德信、韩志远点校，中华书局，1982，第 112 页。

③ 《明氏实录》，《四库全书存目丛书》史 159 册，第 7 页。

④ （明）黄标：《平夏录》，载（明）邓士龙辑《国朝典故》卷八，许大龄、王天有主点校，北京大学出版社，1993，第 167 页。

⑤ 《明太祖实录》卷一二，癸卯秋七月庚寅，第 162 页。

　　元末义军在建立政权时，国号名称皆附会传统的华夏政权。明玉珍建国为"夏"，张士诚建国为"周"，陈友谅建国为"汉"。两宋作为距离最近的汉人王朝，又灭亡于元，因此成为元末红军主要追溯的对象。陈学霖（Hok-Lam Chan）指出，元、明之际，韩林儿、徐寿辉及此后的朱元璋政权，皆以"复宋"为口号，收揽天下势力。[1] 韩山童初起事时，便号称赵氏后裔。"（刘）福通与杜遵道、罗文素、盛文郁、王显忠、韩咬儿复鼓妖言，谓（韩）山童实宋徽宗八世孙，当为中国主。"[2] 韩山童去世后，韩林儿被各支义军奉为共主，建国为宋。韩林儿麾下刘福通在北伐之时，明确标榜恢复宋朝的历史脉络。"中原红军初起时，旗上一联云：'虎贲三千，直抵幽燕之地；龙飞九五，重开大宋之天。'"[3]

　　朱元璋属于"汉人"，还是"南人"，目前看来，尚不能说已经完全清楚。朱元璋先世居于沛县。南宋末年，应是躲避战乱的缘故，朱元璋祖父徙居淮北泗州，后其父徙居淮南钟离，[4] 朱元璋便在此地出生。

　　大明太祖圣神文武钦明启运俊德成功统天大孝高皇帝姓朱氏，讳元璋，字国瑞，濠之钟离东乡人也。其先帝颛顼之后，周武王封其苗裔于邾，春秋时子孙去邑为朱氏，世居沛国相县。其后，有徙居句容者，世为大族，人号其里为朱家巷。高祖、德祖、曾祖、懿祖、□祖、熙祖累世积善，隐约

---

[1] Hok-Lam Chan, "The 'Song' Dynasty Legacy: Symbolism and Legitimation from Han Liner to Zhu Yuanzhang of the Ming Dynasty," *Harvard Journal of Asiatic Studies*, Vol. 68. 1 (June 2008).

[2] 《元史》卷四二《顺帝纪五》，第 891 页。

[3] 《南村辍耕录》卷二七《旗联》，第 342 页。

[4] "且说淮西濠州，就是而今凤阳府，好一座城池。离城有一个地方，名唤做钟离东乡，据说是当初钟离得道成仙的去处。那里有个皇觉寺，原先是唐高祖建造的。"（明）佚名：《英烈传》第四回《真明主应瑞濠梁》，赵景深、杜浩铭校注，上海古籍出版社，1981，第 14 页。

田里。宋季时，熙祖始徙家渡淮，居泗州。父仁祖讳世珍，元世又徙居钟离之东乡。[①]

这里在记朱元璋祖父徙泗州时，用了"徙家渡淮"的叙述。但这并不是指朱家迁徙到淮河以南。当时泗州处于洪泽湖与淮河之间（泗州现已被洪泽湖淹没），洪泽湖水系是淮河的支系，故而实录史官用了此称。其实南宋与金的分界线是淮河主体，故而朱家尽管渡过洪泽湖，但仍在淮河以北，属于元朝所划分的四大类别中的"汉人"，而非"南人"。钟离在淮河以南，但朱家移至此地后，身份属性是否随之更改，并不清楚。但朱元璋集团中其他人物，多为定远人，定远人属于淮南"南人"无疑。

朱元璋最初属龙凤政权，也打出"复宋"旗帜。"设浙东行省于金华府。上于省门建立二大黄旗，两傍立二牌，旗上书云：'山河奄有中华地，日月重明大宋天。'牌上书云：'九天日月开黄道，宋国江山复宝图。'"[②] 在攻占太平路后，龙凤政权追溯宋太宗年号"太平兴国"，将以朱元璋为首的最高统帅机构改名为"太平兴国翼元帅府"。[③] 事实上这一现象十分普遍。元末御史彻彻帖木儿等奏："河南诸处群盗，辄引亡宋故号以为口实。宜以瀛国公子和尚赵完普及亲属徙沙州安置，禁勿与人交通。"朝廷接受了这一建议。[④] 如果说各南方政权所谓"复宋"，主要是一种口号，当时士人却未尝无抱真切希望者。"（至正十九年十二月）太祖命分省都事孙炎为处州总制。龙泉人叶子奇上炎书曰：'洪惟圣宋之重兴，

---

① 《明太祖实录》卷一，第1页。民间传说朱家迁徙路线却呈现了由南向北的相反路线。"那人说道：'姓朱名世珍，祖居金陵朱家巷人。因元兵下江南，便徙居江北长虹县，后又徙居滁州。'"《英烈传》第四回《真明主应瑞濠梁》，第16页。

② （明）俞本：《纪事录》，转引自〔美〕陈学霖《史林漫识》，中国友谊出版公司，2001，第414页。

③ 《明太祖实录》卷三，乙未夏四月丁巳，第33页。

④ 《元史》卷四二《顺帝纪五》，第900页。

实由天厌于元德，命兹宅中于华夏，宜当修德以应天。切谓复圣宋之治，其纲条之大者有八……'"①

另一方面，"华夷之辨"成为继元朝而起的明朝进一步开拓进取的思想负担。明初一扫中唐以后汉人积弱不振之局面，武力昂扬，宋濂在北伐檄文中提出"驱逐胡虏，恢复中华"的政治口号，并认为"中土久污膻腥，生民扰扰"，明军北上灭元是"雪中国之耻"②的举动，显然延续了两宋"华夷之辨种族论"立场，反映了两宋以来汉人被异民族长期压制的耻辱心理。洪武时期明军屡次北征，发动以"永清沙漠"为主旨的战役，可视作中唐以来汉人在边疆长期被动之后的深入反扑。徐达所上《平沙漠表》，便含有收回五代以来汉人故地的意味。"齐鲁十二之山河兼旬俱下，幽蓟百年之腥秽一旦廓清，既驱毡裘之群，遂复衣冠之治。"③ 而在颁给琉球的诏书中，明朝明确表露了收复汉人政权传统疆域的自豪感。"自元政不纲，天下兵争者十有七年。朕起布衣，开基江左，命将四征不庭，西平汉主陈友谅，东缚吴王张士诚，南平闽越，戡定巴蜀，北清幽燕，奠安华夏，复我中国之旧疆。"④

开国之后，朱元璋虽然承认元朝的正统地位，并认为元朝在一定程度上接受了汉文化，⑤ 但其思想主体仍是从"华夷之辨"的立场出发，批判元朝。朱元璋通过多种形式，展现了这一立场。他不仅对廷臣称："元本胡人，起自沙漠，一旦据有中国，混一海

---

① （明）叶子奇：《静斋文集》，转引自（清）钱谦益《国初群雄事略》卷一《宋小明王》，中华书局，1982，第28页。

② 《明太祖实录》卷二六，吴元年冬十月丙寅，第402页。

③ （明）佚名：《北平录》，载《国朝典故》卷七，第158页。

④ 《明太祖实录》卷七一，洪武五年春正月甲子，第1317页。

⑤ "当是时，元得一士而立纲纪，明彝伦，半去胡俗，半用华仪，中国得生全者，我汉儒许衡是也。如此者不三十年之间，华夷儒风竞起，人虽不为名儒，昔之不效者，今识字矣。"（明）朱元璋：《明太祖集》卷一六《辩答禄异名洛上翁及谬赞》，胡士萼点校，刘学锴审订，黄山书社，1991，第347页。

内。"① 而且在祭李思齐文中称:"未几,胡君遁去,中原土地,复我汉人,朕遂为生民主。"② 更多次运用诏书的形式,在国内外公开表达"华夷之辨"观念。在国内所颁诏书如,洪武二年(1369)正月颁诏,曰:"重念中国,本我华夏之君所主,岂期胡人入据,已及百年!"③ 洪武七年谕大理诏曰:"朕自洪武元年戊申秋八月,群雄尽平,复我汉人故国,统一中夏。"④ 洪武九年正月颁诏,曰:"曩因元主华夏,民无的主,已经百年矣。朕自丁未年复我中土,继我圣人之位,建都炎方,于今九年矣。"⑤ 诏谕云南、蒙古也曰:"朕起布衣,挺身奋臂,开基江左,命将四征不庭,其间西平汉主陈友谅,东缚吴王张士诚,南平闽粤,北清幽燕,奠安华夏,复我中国之旧疆。"⑥ 洪武元年四月,敕谕前元国子监祭酒孔克坚也曰:"胡元入主中国,蔑弃礼义,彝伦攸斁,天实厌之,以丧其师。朕率中土之士,奉天逐胡,以安中夏,以复先王之旧。"⑦ 洪武二年再谕孔克坚,更表达了这一意思:"自胡元入主中国,夷狄腥膻,污染华夏,学校废弛,人纪荡然。加兵乱以来,人习斗争,鲜知义礼。今朕统一天下,复我中国先王之治,宜大振化风,以兴治教。"⑧ 对外所颁诏书如,颁高丽诏曰:"自有宋失驭,天绝其祀。元非我类,入主中国百有余年,天厌其昏淫,亦用殒绝其

---

① 《明太祖实录》卷一五,甲辰十二月丁巳,第 211 页。

② 《明太祖集》卷一八《祭平章李思齐文》,第 416 页。

③ 《明太祖集》卷一《免北平燕南河东山西北京河南潼关唐邓秦陇等处税粮诏》,第 4 页。

④ 《明太祖实录》卷九二,洪武七年八月甲辰,第 1614 页。

⑤ 《明太祖集》卷一《免山西陕右二省夏秋租税诏》,第 11 页。

⑥ (明)佚名:《皇明本纪》,载《国朝典故》卷二,第 43 页。

⑦ (明)朱元璋:《宝训》卷二《尊儒术》,载张德信、毛佩琦主编《洪武御制全书》,黄山书社,1995,第 443 页。

⑧ (明)朱国祯辑《皇明大事记》卷八《学校》,《四库禁毁书丛刊》史 28 册,第 138 页。

命。……北逐胡君，肃清华夏，复我中国之旧疆。"① 颁日本诏曰："曩宋失驭，中土受殃，金元入主，二百余年，移风易俗，华夏腥膻，凡志君子，孰不兴忿！"② 颁占城诏曰："曩者我中国为胡人窃据百年，遂使夷狄布满四方，废我中国之彝伦。朕既已发兵讨之，遂二十年，芟夷既平，朕主中国，天下用安，恐番夷未知，故遣使以报诸国。"③ 颁其他国家诏书，也多此类语。④

因此，朱元璋出于安抚境内蒙古人、色目人的考虑，在北伐檄文中，明确表示过容纳的意愿。"如蒙古、色目虽非华夏族类，然同生天地之间，有能知礼义，愿为臣民者，与中夏之人抚养无异。"⑤ 此后也不断有类似的表达。"蒙古、色目人既居我土，即吾赤子，有才能者，一体擢用。"⑥ 军队中也有蒙古人、色目人。"乙亥，以故元鞑靼、色目将士在军中者六百六十一人为先锋。"⑦ 出于招抚北元部落的目的，曾一时宣扬过"华夷无间"。⑧ 但基本立场无疑是以"华夷之辨"

---

① （明）严从简：《殊域周咨录》卷一《东夷·朝鲜》，余思黎点校，中华书局，1993，第 8 页。
② 《明太祖集》卷二《谕日本国王诏》，第 31 页。
③ 《殊域周咨录》卷七《南蛮·占城》，第 247 页。
④ 《殊域周咨录》卷四《东夷·琉球国》，第 125 页；卷五《南蛮·安南》，第 170 页；卷一〇《西戎·吐蕃》，第 359 页；卷一一《西戎·拂菻》，第 384 页。值得注意的是，明朝颁诏于西域蒙古时，出于招抚的目的，对元朝颇为肯定。"二十四年，遣主事宽彻、监察御史韩敬、大理寺评事唐钲报之以书。谕别失八里黑的儿火者曰：'……曩者我中国宋君奢纵怠荒，奸臣乱政，天监否德，于是命元世祖肇基朔漠，入统华夏，生民赖以安靖七十余年，至于后嗣不修，国政大臣非人，纪纲尽弛，致使在野者强陵弱，众暴寡，生民嗟怨，上达于天，简在帝心，以革命新民。朕当大命，躬握干符，以主黔黎，凡诸乱雄擅声教违朕命者兵偃之，顺朕命者抚存之，是以华夏奠安……'"卷一五《西戎·亦力把里》，第 494 页。
⑤ 《明太祖实录》卷二六，吴元年冬十月丙寅，第 404 页。
⑥ 《明太祖实录》卷三四，洪武元年八月己卯，第 616 页。
⑦ 《明太祖实录》卷一三三，洪武十三年八月乙亥，第 2108 页。
⑧ "直北宗王驸马部落臣民，能率职来朝，朕当换给印信，还其旧职，仍居所之地，民复旧业，羊马孳畜从便牧养。……朕既为天下主，华夷无间，姓氏虽异，抚字如一。尔等无或执迷，以贻后悔。"《明太祖实录》卷五三，洪武三年六月丁丑，第 1048 页。

为当时的主流意识形态，这也是明朝政权合法性的根本所在。① 在以上诏书中，也是将蒙古人、色目人作为普通民众之外的一个独特群体，加以对待。在占领大都后所颁布的诏书中，仍将蒙古人、色目人置于与北元、故元旧官同样的序列。②

故而，尽管明初的族群冲突由于当时许多士人感念元朝，未能较多地以文字的形式出现，但这种意识却是实际存在的。部分汉人士人尽管可以私下感念元朝，但在公开场合却仍然需要标榜"华夷之辨"的事实，这折射出当时"华夷之辨"是官方与社会舆论的主导论调。

在"华夷之辨"观念影响下，朱元璋竭力将蒙元"内北国而外中国"的政治立场倒转过来，重建"汉人主体国家"。他虽然多次宣扬自己"君主华夷"③ "统驭华夷"④ 的地位，但其实是以汉人为主体，将边疆族群置于政权的外围。洪武元年二月，明朝刚

---

① 陈梧桐指出朱元璋对于边疆少数民族实行"威德兼施"的政策，保持华夷之辨的民族立场。陈梧桐：《论朱元璋的民族政策》，《中南民族学院学报》（哲学社会科学版）1982 年第 1 期。

② "一，元主父子远遁沙漠，其乃颜、勯突等类，素相仇敌，必不能容。果能审识天命，衔璧来降，待以殊礼，作宾吾家。一，避兵人民，团结小寨，诏书到日，并听各还本业。若有负固执迷者，罪在不原。一，残元领兵头目，已尝抗拒王师，畏罪屯聚者，有能率众来归，一体量材擢用。一，故官及军民人等，近因大军克取之际，仓惶失措，生离父母妻子，逃遁他所，果能自拔来归，并无罪责，仍令完聚。一，朔方百姓及蒙古、色目诸人，向因兵革，连年供给，久困弊政，自归附之后，各安生理，趁时耕作，所有羊马孳畜，从便牧养，有司常加存恤。"《明太祖实录》卷三五，洪武元年九月戊寅，第 633 页。

③ 《明太祖实录》卷九五，洪武七年十二月壬辰朔，第 1642 页；卷一一七，洪武十一年春正月己卯，第 1907 页；卷一二九，洪武十三年春正月癸卯，第 2051 页；卷一三一，洪武十三年五月己亥，第 2085 页；卷一三三，洪武十三年九月丁未，第 2115 页；卷一三四，洪武十三年冬十月丁丑，第 2125 页；卷二三二，洪武二十七年三月癸亥，第 3392 页；卷二四〇，洪武二十八年八月戊辰，第 3491 页。

④ "朕当艰难之秋，赖祖宗积德，上天眷命，削平祸乱，统驭华夷。"《明太祖实录》卷五三，洪武三年六月丙寅，第 1038 页。

建国，朱元璋便亲自颁布"禁胡服、胡语、胡姓"① 政策，给留于明境内的蒙古人、色目人带来了很大压力，这通过一些留于明境的蒙古人、色目人打算更改姓氏便可以看得出来。而在西南地区，广泛流传着伴随元明易代，蒙古后裔改姓余即"铁改余"的传说。② 虽然洪武三年，明朝禁止蒙古人、色目人更易姓氏，但似乎并无成效。

> 甲子，禁蒙古、色目人更易姓氏。诏曰："天生斯民，族属姓氏各有本源，古之圣王尤重之，所以别婚姻、重本始，以厚民俗也。朕起布衣，定群雄，为天下主。已尝诏告天下蒙古、诸色人等，皆吾赤子，果有材能，一体擢用。比闻入仕之后，或多更姓名。朕虑岁久，其子孙相传，昧其本源，诚非先王致谨氏族之道。中书省其告谕之，如已更易者，听其改正。"③

这才有了洪武九年淮安府海州儒学正曾秉正上疏，请求恢复蒙古人、色目人姓氏的举动。

> 《春秋》之法，内中国而外夷狄。盖中国者阳也，夷狄者阴也。臣窃观近来蒙古、色目之人，多改为汉姓，与华人无

---

① （明）郑晓：《皇明大政记》卷一，载（明）郑晓《吾学编》，《续修四库全书》史 353 册，上海古籍出版社，2002，第 136 页。《明太祖实录》纂修者赞云："胡服、胡语、胡姓一切禁止，斟酌损益，皆断自圣心。于是百有余年胡俗悉复中国之旧矣。"《明太祖实录》卷三〇，洪武元年二月壬子，第 525 页。马明达专文探讨了朱元璋歧视色目人的问题。马明达：《朱元璋歧视色目人》，《回族研究》2006 年第 1 期。

② 今天的四川、云贵地区余姓人群，通过家谱、墓志与传说，长期流传着"铁改余"的故事，说是明初朱元璋接受奸臣谗言，曾想诛灭留于境内的忽必烈后裔，他们无奈逃亡西南，改铁为余，作为姓氏，并相约铁、余世代一家。20 世纪 80 年代，部分民众以此得以更改民族为蒙古族。

③ 《明太祖实录》卷五一，洪武三年夏四月甲子，第 999—1000 页。

异。有求仕入官者，有登显要者，有为富商大贾者。古人曰："非我族类，其心必异。"安得无隐伏之邪心、怀腹诽之怨咨？宜令复姓，绝其番语，庶得辨认。可以斟量处置其典兵及居近列之人，许其退避。①

对于曾秉正的观点，朱元璋十分赞同。"上嘉之，遂召赴京师，擢为思文监丞。"②

在制度建设上，朱元璋也提出了恢复汉人旧制的口号。"朕膺天命，君主华夷，当即位之初，会集群臣，立纲陈纪，法体汉、唐，略加增减，亦参以宋朝之典。"③ 在具体实行方面，也确实进行了许多的实践，比如以相当大的精力重新考订唐、宋礼法，并且恢复华夏冠服。"命制四方平定巾式，颁行天下。初，上既即位，更定制度，凡官民男女衣冠服饰，悉复中国之制。"④

> 诏考历代服色所尚。礼部奏言："历代异尚，夏尚黑，商尚白，周尚赤，秦尚黑，汉尚赤，唐服饰尚黄，旗帜尚赤，宋亦尚赤。今国家承元之后，取法周、汉、唐、宋以为治，服色所尚，于赤为宜。"上从之。⑤

对于如何安置归附的蒙古人，朱元璋也表现出防范的态度。洪武前期，朱元璋出于招抚蒙古部落的考虑，在处理归附的蒙古人时，主张顺其性情，安置在近边地区。洪武三年，中书省提出将归附之蒙古部落安置于内地，以防止其发动叛乱。"西北诸虏归

---

① 《明太祖实录》卷一〇九，洪武九年闰九月丙午，第1815—1816页。
② 《明太祖实录》卷一〇九，洪武九年闰九月丙午，第1816页。
③ （明）佚名：《皇明诏令》卷二《罢中书省及都府诏》（洪武十三年五月十一日），第120—121页。
④ 《明太祖实录》卷四九，洪武三年二月甲子，第964页。
⑤ 《明太祖实录》卷五二，洪武三年五月辛亥，第1026页。

附者，不宜处边。盖夷狄之情无常，方其势穷力屈，不得已而来归。及其安养闲暇，不无观望于其间。恐一旦反侧，边镇不能制也。宜迁之内地，庶无后患。"① 朱元璋却决定将其安置于近边地区。"凡治胡虏，当顺其性。胡人所居，习于苦寒，今迁之内地，必驱而南，去寒凉而即炎热，失其本性，反易为乱。不若顺而抚之，使其归就边地，择水草孳牧。彼得遂其生，自然安矣。"②

但洪武十一年二月，"己未，凉州卫奏所获故元官二十五人，甘肃降人一千九百六十口"。③ 朱元璋却开始将之内徙。"上曰：'人性皆可与为善。用夏变夷，古之道也。今所获故元官并降人，宜内徙，使之服我中国圣人之教，渐摩礼义，以革其故俗。'于是，徙其众于平凉府，给粮赡之。"④ 洪武后期，纳哈出归降明朝后，朱元璋最初有就地安置，与汉军混编的打算。"其本管将士，省令各照原地方居住，顺水草以便牧放，择膏腴之地以便屯种。如北平、潮河川、大宁、全宁、口南口北旧居之人，立成卫分，与汉军杂处。若沈阳、崖头、闾山愿居者亦许，与辽东军参住，从便耕牧，务令人心安乐，不致失所。"⑤ 但对其猜忌、防范的心理却越来越强，最终将其中一小部分安置于大宁（今内蒙古赤峰宁城县），⑥ 大部分内徙于山东，"与军伍错居"。⑦ 当年二月，进

---

① 《明太祖实录》卷五九，洪武三年十二月戊午，第1147页。

② 《明太祖实录》卷五九，洪武三年十二月戊午，第1147页。

③ 《明太祖实录》卷一一七，洪武十一年二月己未，第1912—1913页。

④ 《明太祖实录》卷一一七，洪武十一年二月己未，第1912—1913页。

⑤ 《明太祖实录》卷一八二，洪武二十年闰六月甲戌，第2754页。

⑥ 洪武二十年八月，"朕初命辽阳、海州、盖州、复州、金州、崖头、大宁旧省口内之人，各照原所居住。不意文书到迟，总兵官将尔等行程迁远。若已入迁民镇，可留彼暂住，若未入口，到瑞州闾山左右"。《明太祖实录》卷一八四，洪武二十年八月丙辰，第2766页。

⑦ 洪武二十一年正月，"己卯，命曹国公李景隆、定远侯王弼、鹤庆侯张翼往中都留守司及徐邳等卫，调官军防护漠北新附鞑军南来。又命永平侯谢成往鲁府率护卫士马，以所送鞑军分隶济南、济宁等卫，与军伍错居"。《明太祖实录》卷一八八，洪武二十一年春正月己卯，第2812页。

一步命中军都督府、左军都督府，将所辖辽东都司等军队中的"降胡"，全部清出，徙于内地。"丁卯，命中军、左军二都督府移文所属都司，凡归附鞑靼官军皆令入居内地，仍隶各卫所编伍，每丁男月给米一石。"①

同样，北部边疆其他都司虽仍在军队中保留"降胡"，但却对之一样开始加强限制与防范。在给三子晋王的密旨中，朱元璋多次要求其防范军队中的"胡人"。"（洪武二十五年）五月初一日奉天殿早朝，钦奉圣旨：达军入伍一万，须要许多汉军入伍。"②"（洪武二十五年五月初三日）一件，达军入伍，换出汉军来，也立成队伍。"③"（洪武二十五年五月）初四日早朝于奉天殿，钦奉圣旨：……一，各都司、卫所有安插达军，务要抚恤停当，关防镇〔缜〕密，不许与汉军一体差拨，生事挠扰。其汉军衣甲，须要常川齐整。"④"洪武二十六年三月二十三日，承奉刘二哥、内使黄十三钦赍圣旨，记事二件……一件，队伍内胡人，用心堤备。外用牢笼，内必多机以备。洪武二十六年三月十五日。"⑤鉴于"降胡"有降而复叛者，开始更多地将归附蒙古人内徙于京师与腹地。洪武二十六年二月，"人有告燕山中护卫指挥使阿鲁帖木儿、留守中卫指挥使乃儿不花有逆谋。上曰：'二人之来归也，朕知其才可用，故任之不疑。今反侧乃尔！何胡人之心不诚如是乎？'命军中察实以闻"。⑥

---

① 《明太祖实录》卷一八八，洪武二十一年二月丁卯，第 2827 页。

② （明）朱元璋：《太祖皇帝钦录》，转引自张德信《太祖皇帝钦录及其发现与研究辑录——兼及〈御制纪非录〉》，载朱诚如、王天有主编《明清论丛》第 6 辑，紫禁城出版社，2005，第 88 页。

③ 《太祖皇帝钦录》，转引自《太祖皇帝钦录及其发现与研究辑录——兼及〈御制纪非录〉》，载《明清论丛》第 6 辑，第 88 页。

④ 《太祖皇帝钦录》，转引自《〈太祖皇帝钦录〉及其发现与研究辑录——兼及〈御制纪非录〉》，载《明清论丛》第 6 辑，第 88—89 页。

⑤ 《太祖皇帝钦录》，转引自《〈太祖皇帝钦录〉及其发现与研究辑录——兼及〈御制纪非录〉》，载《明清论丛》第 6 辑，第 91 页。

⑥ 《明太祖实录》卷二二五，洪武二十六年二月乙巳，第 3302 页。

对于明朝代元，重建"汉人主体国家"的族群冲突意味，明初时人多有阐发。洪武时儒士沈士荣上疏指出，朱元璋消灭元朝一举扫除了自汉代以来中原王朝被北方族群压制的历史耻辱。"皇上戡伐群雄，以武功定天下，拯生民于水火之中，奠四海于枕席之安，驱夷狄、复中夏，为汉、唐、宋之君一洗北面戎虏之耻，臣窃为千古豪杰庆快无已。"① 解缙也指出朱元璋功迈汉唐。"陛下挺生南服，一统华夷，功高万古，此放勋也。得国之正，皆非汉、唐、宋所及。"② 建文朝高巍认为朱元璋建立这一历史伟业，只能用上天授意来解释。"若我太祖皇帝，乘胡元乱极思治理之机，提一旅于凤阳，挥三尺于马上，兵不血刃，席卷驱逐，群雄屏迹，奄有华夏，是岂智力之所能？实应乎天也。"③ 永乐年间李景隆等进《明太祖实录》，便称赞朱元璋："比于近古，邈然罕俦。汉高年不登于中寿，光武运仅绍于中兴，唐高祖因隋之资，宋太祖承周之业，元世祖席累世之威，皆未有若斯之盛者也。"④ 明宣宗给予朱元璋很高评价，也认为其功迈汉唐。

> 戊午，上御武英殿，偶与侍臣论汉以下创业诸君。侍臣有言汉高帝之大度，有言唐太宗之英武，有言宋太祖之仁厚，不相下者。上曰："唐太宗、宋太祖皆假借权力袭取天下，唐太宗惭德尤多。汉高帝及我朝太祖皇帝起布衣，光明正大，可比而同。然高帝除秦苛政而礼文制度不修，我太祖皇帝剪除群雄，革前元敝俗，申明中国先王之教，要为过之。"侍臣皆叩首以为至论。⑤

---

① 《明太祖实录》卷一四八，洪武十五年九月壬申，第 2344 页。
② （明）解缙：《大庖西封事》，载（明）陈子龙等《明经世文编》卷一一《解学士文集》，中华书局，1962，第 73 页。
③ （明）宋端仪：《立斋闲录一》，载《国朝典故》卷三九，第 938 页。
④ 《明太祖实录·附李景隆解缙等进实录表》，第 3 页。
⑤ 《明宣宗实录》卷六四，宣德五年三月戊午，第 1512—1513 页。

明中后期，蒙古在北部边疆对明朝构成越来越沉重的压力，时人鉴于这一时代背景，进一步激发"华夷之辨"观念，从而将朱元璋逐元建明的历史意义进一步放大。成化十一年（1475），耀州复建州学，伍福作记，指出朱元璋将中国历史道路从北方族群之歧途，重新引领入汉人传统政治秩序。"天眷皇明，抚有万方，弘开景运，洗金、元腥膻之气习，复五代、三王之文明。"① 成化末年，丘濬撰成《大学衍义补》，上呈明宪宗，在为"《论语》曰：'管仲相桓公，霸诸侯，一匡天下，民到于今受其赐。微管仲，吾其被发左衽矣。'"作注时，同样表达了这一观念。丘濬指出，朱元璋扭转了五代以来北方族群入侵之潮流，功绩超过管仲、汉高祖与唐太宗。

> 臣按：孔子于他章尝小管仲之器，而于此则大其功，盖以其事功言也。朱子谓汉高祖、唐太宗未可谓之仁人。然战国至暴秦，其祸极矣，高祖出而平定天下；隋末残虐尤甚，太宗出而扫除，以致贞观之治。此二君者，岂非仁者之功邪？管仲之功，亦犹是也。臣尝因孔子及朱氏之言而推之，有以见我圣祖之有功于天地为甚大。管仲之功，遏楚而已；楚，中国之诸侯也。汉祖、唐宗之功，除秦、隋而已。秦、隋，中国之天子也。我圣祖除去胡元，恢复帝王之境土，重阐中国之彝伦。其功较之二君一臣，大小轻重何如哉！夫自五代之世，石晋以幽燕十六州之地以赂契丹，宋靖康之变，女真奄有中原之地，而鞑靼又混华夏。至于我圣祖洪武开国之春，幽燕沦于夷狄者四百四十八年，中原变为夷狄者二百四十一年，至是始复归于中国，治教于是乎大明，彝伦于是乎复古。

---

① （嘉靖）《耀州志》卷上《建置志二·儒学》，《天一阁藏明代方志选刊续编》第72册，上海书店，1990，第37页。

臣恒谓天地开辟以来，夷狄乱华之祸，莫甚于胡元。盖中国全为胡有者几百年，我圣祖始复而有之。①

在为刘渊事迹作注时，甚至认为朱元璋结束了"五胡乱华"以来的北族内侵潮流。

以夷之性，因华之俗，用戎狄之猛鸷，假中国之位号，而华人之不逞者，又为之指示弥缝，所以其毒尤甚，其祸尤惨。观诸（刘）渊、（刘）聪，可鉴也已。自是以后，夷狄之祸比汉魏以前为甚。滥觞于元魏，洋溢于辽金，滔天于蒙古，极矣。不有圣明者出，安知全天所覆者，不至于尽有夷而无华哉！盖天地开辟以来一大祸也。我圣祖再造之功，如此其大。②

他还认为朱元璋重新确立了华夷秩序，回到族群地理的常态格局。

内外之疆域，截然有定限；华夷之伦类，秩然有定所，百有余年矣。臣读我圣祖未登极之先，传檄中原，有曰："自古帝王御临天下，中国居内以制夷狄，夷狄居外以奉中国，未闻以夷狄治天下者也。"既登极之后，御制大诰，有曰："胡元入主中国，非我族类，风俗且异，言语不通。"其所以丁宁谆切，为天下臣民告者，至矣尽矣。盖欲天下后世同心竭力以遏其萌，杜其渐，以为千万世之防也。③

---

① （明）丘濬：《大学衍义补》卷一四四《驭夷狄·内夏外夷之限下》，载《丘濬集》第 5 册，第 2243—2244 页。
② 《大学衍义补》卷一四四《驭夷狄·内夏外夷之限下》，载《丘濬集》第 5 册，第 2252 页。
③ 《大学衍义补》卷一四四《驭夷狄·内夏外夷之限下》，载《丘濬集》第 5 册，第 2244 页。

正德时期，皇甫录认为明朝取代元朝，洗刷了汉人的耻辱。"万古帝王所自立之地，秽于夷狄者百年，一旦取而复之。"[1] 嘉靖时期，俺答统一了蒙古高原大部分地区，全面威逼明朝，促使明蒙对立进一步加剧。时人在这一时代背景下，进一步强调与提升朱元璋驱元建明的历史意义。嘉靖七年（1528），有人指出，蒙元完全打破了汉人文明统治秩序，是中国古代最大之历史剧变。"且昔之人主者，颇皆用夏贵儒，惟元不然，此其为秽，尤使人涕泗沾臆。夫其祸胎之远如此，播恶之广如此，奄及百年不知变革如此！当是时也，熏蒸融液，无地非狄，若将不可复易者。"[2] 有赖于朱元璋，这一统治秩序才完全恢复过来。"我太祖高皇帝起自布衣，曾未十年一扫而空之。于是海宇清而纲常复，儒术重而道学崇，斟酌百王，以大备一代之制，尽还诸夏之风。"[3] 嘉靖十年三月朔明世宗所颁布的敕谕，也表彰了朱元璋恢复汉人文明的历史功绩。"朕仰惟太祖肇创洪图，奠清宇宙，扫除腥秽，复我文明。克享天心，君临亿兆，必自上世之积，乃出中夏之元圣。"[4] 同年，礼部也奏："臣惟胡元主中国，振古所未有之变也；我圣祖出而扫除之，振古所未有之君也。"[5] 陆楫称："我太祖高皇帝用夏变夷，恢复中华之正统，人谓辟乾坤于再造，功高汤武，不但迈汉、唐、宋而已。愚以为此固天命圣神，为千古除凶，为百王雪耻，无足异者。"[6] 归有光在制策中称：

> 慨自胡元入主中国，天下腥膻者垂百年。既而运穷数极，天闵斯人之乱，于是生我太祖高皇帝于淮甸，以清中原之戎，

---

① （明）皇甫录：《皇明纪略》，商务印书馆，1936，第3页。
② 《刘伯温集》附录六《题诚意伯刘公集》，第850页。
③ 《刘伯温集》附录六《题诚意伯刘公集》，第850页。
④ （明）郑晓：《今言》卷三，李致忠点校，中华书局，1984，第79页。
⑤ 《刘伯温集》附录五《礼部会议》，第822页。
⑥ （明）陆楫：《蒹葭堂杂著摘抄》，商务印书馆，1936，第1页。

拯天下之祸，而援生民之溺。数年之间，定金陵，平吴会，克荆、襄、闽、广，胡虏不战而窜息于狼望之北。固宇宙以来所未有之勋，而圣人独禀全智，功高万古，神谟庙算，有非他人所能赞其万一者。①

陈全之甚至由此将朱元璋奉为比肩尧舜之圣王。"皇祖之攘元胡，功大于汤武，道光乎尧舜，义祖于《春秋》。於乎！百世以俟圣人，蔑以尚之矣。"②

入清之后，虽不再强调"华夷之辨"，但明人对朱元璋的崇高评价，仍然影响了清朝诸帝对朱元璋的判断，清朝诸帝多认为朱元璋的历史地位超过了前代帝王。如雍正帝曰："以明太祖崛起布衣，统一方夏，经文纬武，为汉唐宋诸君之所未及。"③

---

① （明）归有光：《震川先生别集》卷二上《嘉靖庚子科乡试对策五道·第三问》，载《归有光全集》第 7 册，彭国忠、查正贤校点，上海人民出版社，2015，第 812—813 页。

② （明）陈全之：《蓬窗日录》卷六《事纪二》，顾静标校，上海书店，2009，第 305 页。明末徐枢也称："今而分则帝王之板籍，半属腥膻；合则诸夏之衣冠，尽为左衽。使尼父生于此时，其感世变、悲人穷，将大有不胜其痛悼者。说者谓阳极而阴，昼尽而夜，为气数适然。盖大明当天，则六合共仰，昧谷盖日，则鬼魅肆行，其斯之谓欤！陵夷至是，可骇也夫！可慨也夫！不有圣人亦洗而空之，则人类胥而禽兽矣。今大明出矣，羲皇之宇宙，自今而开辟矣。古人云：'天不生仲尼，万古如长夜。'臣于我明也亦云。"（明）徐枢：《寰宇分合志》卷一《分合总论》，《四库禁毁书丛刊》史 3 册，第 198 页。值得关注的是，明朝代元的民族意义在民国年间，受其时代背景的影响，得到了极大的阐发。"惟蒙古人于中国能建立统一朝代，曰'有元'，统治政权将近百年，以胡俗而乱华风，灭德作威，荼毒黎民。太祖奋起淮甸，兴师北伐，驱逐胡虏，卒能恢复中华，蔚成大业。夫汤武以诸侯而革君主之命，太祖以匹夫而革元之命，其武功不在汤武下矣，此其革命武功所由纪也。"方觉慧：《明太祖革命武功记·明太祖革命武功记编纂述要》甲《编纂义例》，国学书局，1940。

③ 中国第一历史档案馆编《雍正朝起居注册》第 1 册，中华书局，1993，第 102 页。

第三节 洪武初年明朝与北元南北
分治的政治立场

从重建"汉人主体国家"的角度出发，朱元璋在疆域界定上，也倾向于构建以汉地为主体、适当包容部分边疆地区的"有限疆域"。洪武元年（1368）六月，明军已占领鲁、豫二地，直指上都。在此之际，徐达觐见朱元璋，领受处置元帝的方略。按照徐达的想法，应乘胜追击，进入蒙古高原，彻底消除蒙古威胁，以除后患。"臣虑进师之日，恐其北奔，将贻患于后，必发师追之。"① 但朱元璋却不赞同这一做法，仍从传统的"内华夏而外夷狄"的地缘立场出发，主张放弃对蒙古高原的政治统治。

> 元起朔方，世祖始有中夏，乘气运之盛，理自当兴。彼气运既去，理固当衰，其成其败，俱系于天。若纵其北归，天命厌绝，彼自渐尽，不必穷兵追之。但出塞之后，即固守疆围，防其侵扰耳。②

徐达接受了朱元璋的旨意。"达受命乃退。"③ 在攻占大都之后，并未继续北上追击元顺帝，而是致力于西进收复山陕地区。

如果说朱元璋在上面的议论中，并未明确表达自身的疆域观念的话，那么在洪武二年，用平等的外交礼节，"致书"而非"颁诏"元顺帝，以金与南宋南北分治的故事为比喻，可以明确看出朱元璋实秉持与北元南北对峙的疆域立场。"朕今为君熟计，当限地朔漠，修德顺天，效宋世南渡之后，保守其方，弗绝其祀，毋

---

① 《明太祖实录》卷三二，洪武元年六月庚子朔，第 564 页。
② 《明太祖实录》卷三二，洪武元年六月庚子朔，第 564 页。
③ 《明太祖实录》卷三二，洪武元年六月庚子朔，第 564 页。

为轻动，自贻厥祸。"① 胡钟达指出，朱元璋致爱猷识理达腊书，往来函件称"书"，以示不臣；称北元皇帝为"元主""元有主"，以示其非正统之君。这大体是袭用陈寿《三国志》的说法。② 洪武十一年，在朱元璋致北元脱古思帖木儿汗的书信中，其疆域观念更是表露无遗，即"君主沙漠，朕主中国"，③ 也就是明朝与北元以长城为界，保持南北分治格局。可见，朱元璋在北部疆域设定上，直接受到北宋故事的影响，满足于实现北宋以来汉人收复幽云旧疆，回到唐朝末年汉人政权的疆域格局。鉴于此时明军实力远在北元之上，并不断在蒙古高原取得战争的胜利，朱元璋从重建"汉人主体国家"的立场出发，建立以汉地为主体，适当包容部分边疆地带的"有限疆域"观念，已十分明确。洪武七年，朱元璋在招抚大理的诏书中，进一步明确表达了这一观念。"始因有元失驭，海内云扰，华夷无主。朕自洪武元年戊申秋八月，群雄尽平，复我汉人故国，统一中夏，于今七年，四夷诸蕃皆已称臣入贡。"④

可以佐证于此者，即武将集团曾在占领大都之后，提出征伐辽东，朱元璋却反对这一方案，认为辽东属"海外之地"，⑤ 不必使用武力征伐。"昔元都既平，有劝朕即取辽阳者。朕谓力不施于所缓、威不加于所畏，辽地虽远，不必用兵，天下平定，彼当自归。"⑥ 洪武二年，明军尚未北上漠南之时，朱元璋便已经宣布

① 《明太祖实录》卷四一，洪武二年夏四月乙亥，第819—820页。
② 胡钟达：《明与北元—蒙古关系之探讨》，《内蒙古社会科学》（汉文版）1984年第5期。
③ 《明太祖实录》卷一一九，洪武十一年六月壬子，第1936页。
④ 《明太祖实录》卷九二，洪武七年八月戊戌，第1614页。
⑤ "辛未，靖海侯吴祯还京师。先是，祯督饷定辽，因完城练卒，尽收辽东未附之地。至是乃还。上曰：'海外之地悉归版图，固有可喜，亦有可惧。'"《明太祖实录》卷七六，洪武五年九月辛未，第1406页。
⑥ 《明太祖实录》卷七六，洪武五年九月丁巳，第1396页。

"荷天地眷佑，海内一家，临御称尊"了。① 朱元璋对于甘肃的态度更为消极，甚至不将之视为汉人传统的统治范围。洪武三年明朝平定漠南，尚未规取甘肃之时，徐达上《平沙漠表》，② 朱元璋便大封功臣，③ 称"今天下已定""今成一统之业"，与诸将论取天下的经过，并戒谕安不忘艰、保全功名之意。④ 洪武三年十二月编成的《大明志书》，代表了明朝官方对疆域的认定，所谓"东至海南，南至琼崖，西至临洮，北至北平"⑤ 不包括塞外，甚至也不含有辽东、甘肃。由此可见，朱元璋此时对于跨出汉人疆域并无太大兴趣。

虽然朱元璋并不主张积极开拓边疆，但北元退至草原后，并未如朱元璋所期待的那样，不再与中原汉地有所关联，而是励精图治，致力于恢复在汉地的统治，因此汗廷并未远徙漠北，而是留居漠南开平（今锡林郭勒盟正蓝旗），不仅仍保持随时南下之可能，而且对近边残留之臣不断发号施令，⑥ 从而使明朝北部边疆仍处于全面战争状态之中。不仅如此，辽阳行省平章纳哈出仍驻守东北，扩廓帖木儿仍盘踞宁夏、甘肃地区，这两支北元军队呈现东西夹击之势，仍对北方明军构成严重威胁。除此以外，在更外围的地带，东部高丽、西部西番、南部云南，皆仍奉北元为正朔。可见，洪武初年明朝虽大体收复了汉人旧疆，却仍处于四面受敌状态，与中唐以后汉人政权面对四裔族群四面内压之势如出一辙。有鉴于此，朱元璋遂改变之前划疆自守的战略决策，采纳武将集团之前提出的进军草原的建议，发动对北元的进攻，以从根本上

---

① 《明太祖实录》卷三九，洪武二年二月壬午，第793页。
② 《明太祖实录》卷五八，洪武三年十一月壬辰，第1123页。
③ 《明太祖实录》卷五八，洪武三年十一月丙申，第1126页。
④ 《明太祖实录》卷五八，洪武三年十一月戊戌，第1138—1141页，洪武三年十一月辛丑，第1142页；卷五九，洪武三年十二月甲子，第1150—1151页。
⑤ 《明太祖实录》卷五九，洪武三年十二月辛酉，第1149页。
⑥ 如："先是，元主北走屯盖里泊，命脱列伯、孔兴以重兵攻大同，欲图恢复。至是，脱列伯被擒，孔兴走绥德，其部将复斩之来降，元主知事不济，无复南向矣。"《明太祖实录》卷四四，洪武二年八月丙寅，第860页。

瓦解四周的敌对势力。洪武二年，常遇春、李文忠受命北伐漠南，先后攻占会州、全宁（今内蒙古赤峰翁牛特旗）、开平。① 经此战役，明军虽重创北元汗廷，由于采取的是军事"肃清"战略，而非政治进占，并未固定控制漠南草原。这从洪武三年李文忠再次北伐时开平仍为北元所占据便可看出。②

在此次军事打击后，朱元璋再次致书元顺帝，劝告其放弃恢复中原的迷梦，指出这才是保全北元政权的上策。"朕谓君自知胡无百年之运，能顺天道，归我中国故土，上策也。"③ 反之，如果仍觊觎汉地，如同匈奴、突厥那样不断南下，将是失策之举。"未几边将来报，君率残兵，留连开平。朕思君前日宗社奠安、国用富实，尚不能削平群盗，今以孤兵自随、远寄沙漠，若欲效汉之匈奴、唐之突厥，出没不常，以为边患，是君之计不审也。"④ 之所以这么说，是因为明朝实力十分强大。"方今中国封疆尽为我有，全二千城之富庶、握群雄累岁之劲兵，华夏已平，外夷咸附，壮士无所施其勇，智将无所用其谋，而君乃欲与我为敌乎？"⑤ 此前在明军北征之下，元顺帝只能北遁漠北，便是明证。"君若不思保境土，以存宗祀，而欲吐余烬于寒灰，是不知天命也。朕发铁骑四出塞外，精兵百万，联阵二千余里，直抵阴山之北，即君遁逃，亦出侥幸。"⑥ 朱元璋由此恐吓元顺帝，若再不打消恢复元朝的意图，明朝便会在明年春天，再次大举进攻。"春和日暖，沙漠

---

① "元主先已北奔，追北数百里，俘其宗王庆生及平章鼎住等斩之，凡得将士万人，车万辆，马三千匹，牛五万头，蓟北悉平。"《明太祖实录》卷四三，洪武二年六月己卯，第846页。

② "左副将军李文忠、左丞赵庸败元太尉蛮子，平章沙不丁、朵儿只八剌等于白海子之骆驼山，遂进次开平，元平章上都罕等降。"《明太祖实录》卷五二，洪武三年五月丁酉，第1018页。

③ 《明太祖实录》卷四六，洪武二年冬十月，第926页。

④ 《明太祖实录》卷四六，洪武二年冬十月，第926页。

⑤ 《明太祖实录》卷四六，洪武二年冬十月，第926—927页。

⑥ 《明太祖实录》卷四六，洪武二年冬十月，第927页。

草青,汉兵出塞之时也;霜雪冬寒,则归而守险,君虽有百万之众,何能为哉?"① 明确指出这封书信是给予元顺帝的最后机会。"朕以诚心待人,明示机策,使君闻之,庶几改图易虑、安分顺天,以存宗祀,不亦善乎? 君其审之。"②

但北元仍不向明朝表达和平的信息。洪武三年正月,朱元璋趁北元受困于寒冷季节,物资匮乏、马匹瘦弱之时,再次命将出征,分取漠南与西北。"复命右丞相信国公徐达为征虏大将军、浙江行省平章李文忠为左副将军、都督冯胜为右副将军、御史大夫邓愈为左副副将军、汤和为右副副将军,往征沙漠。"③ 以彻底消除北元对北部边疆的潜在威胁。朱元璋对诸将表达了此次北征的目的,即灭亡北元汗廷。"元主迟留塞外,王保保近以孤军犯我兰州,其志欲侥幸尺寸之利,不灭不已。"④ 徐达率军西进,击败扩廓帖木儿,扩廓帖木儿北渡黄河,遁于和林(今蒙古国哈尔和林)。⑤ 李文忠率军北进至应昌(今内蒙古克什克腾旗达里诺尔西),北元太子爱猷识理达腊北走克鲁伦河中下游。⑥ 至此,北元军队主力已遁至岭北,除少量残兵之外,漠南已空。北元不复与汉地接壤,对明朝北部边疆的威胁暂时消除。明朝君臣遂以平定沙漠隆重庆贺,徐达上《平沙漠表》,朱元璋也称"今成一统之业"。

但在平定漠南之后,明朝并未在这一地区实行政治进占,北部疆界仍在幽云旧疆一线,依托燕山之险,实行防御。可佐证于此者,即洪武三年李文忠军已北征应昌,但在回师之时,仍在兴州接受北元残众的归降。"师过兴州,遇元将江文清等,率军民三

---

① 《明太祖实录》卷四六,洪武二年冬十月,第 927 页。
② 《明太祖实录》卷四六,洪武二年冬十月,第 927 页。
③ 《明太祖实录》卷四八,洪武三年春正月癸巳,第 947 页。
④ 《明太祖实录》卷四八,洪武三年春正月癸巳,第 947 页。
⑤ 《明太祖实录》卷五一,洪武三年夏四月丙寅,第 1004 页。
⑥ 《明太祖实录》卷五二,洪武三年五月辛丑,第 1021 页。

万六千九百余人来降，至红罗山又降其将杨思祖等一万六千余人，师还北平，遣人送江文清、杨思祖等赴京师。"① 兴州地处古北口以北之地，即"山后"东部。红罗山，位于"元上都以东、全宁路以南的要隘大宁虹螺山"。② 在接纳山后降众之后，明朝曾短暂控制该地，洪武三年七月，"以古北口山外云州、兴州隶北平府"。③ 云州位于兴州西北。但洪武四年三月有内徙顺州、宁州、宜兴州民众的做法。

> 中书右丞相魏国公徐达奏，山后顺、宁等州之民密迩虏境，虽已招集来归，未见安土乐生，恐其久而离散。已令都指挥使潘敬、左传、高显徙顺、宁、宜兴州沿边之民皆入北平州县屯戍，仍以其旧部将校抚绥安集之。计户万七千二百七十四，口九万三千八百七十八。上可其奏。④

顺州位于北平东北七十里之地，宜兴州位于兴州西北，二地皆位于云州以南。徐达将顺州、宜兴州作为沿边之地，云州也在边境地带，没有内徙顺州、宁州民众，却仍保留云州民众于当地的可能。因此，徐达这次内徙民众，应是将"山后"降众整体迁移至燕山以内。

三个月后，即洪武四年六月，徐达进一步大规模内徙"山后"民众于山前诸州，人口近23万。

> 魏国公徐达驻师北平，以沙漠既平，徙北平山后之民三万

---

① 《明太祖实录》卷五二，洪武三年五月辛丑，第1021页。
② 李新峰：《红罗山与元明战争》，载中国地理学会历史地理专业委员会、《历史地理》编委会编《历史地理》第18辑，上海人民出版社，2002。
③ 《明太祖实录》卷五四，洪武三年秋七月辛卯，第1061页。
④ 《明太祖实录》卷六二，洪武四年三月乙巳，第1199页。

五千八百户，一十九万七千二十七口，散处卫府，籍为军者给以粮，籍为民者给田以耕。凡已降而内徙者，户三万四千五百六十，口一十八万五千一百三十二。招降及捕获者，户二千二百四十，口一万一千八百九十五。宜兴州楼子、塔崖、狮崖、松垛、窨子峪、水峪、台庄七寨户一千三十八，口五千八百九十五。永平府梦洞山、雕窝崖、高家峪、大斧崖、石虎、青矿洞、庄家洞、杨马山、买驴、独崖、判官峪十一寨，户一千二百二，口六千。达又以沙漠遗民三万二千八百六十户，屯田北平府管内之地，凡置屯二百五十四，开田一千三百四十三顷。大兴县四十九屯，五千七百四十五户。宛平县四十一屯，六千一百六十六户。良乡县二十三屯，二千八百八十一户。固安县三十七屯，四千八百五十一户。通州八屯，九百一十六户。三河县二十六屯，二千八百三十一户。漷州九屯，一千一百五十五户。武清县一十五屯，二千三十一户。蓟州一十屯，一千九十三户。昌平县二十六屯，三千八百一十一户。顺义县一十屯，一千三百七十户。[1]

可见，明朝对于山后之地，并未有固定统治之意，因此才有了在拥有军事优势的前提下，反而内徙军民，空置其地的做法。

徐达内徙山后军民的理由是"密迩虏境，虽已招集来归，未见安土乐生，恐其久而离散"。所谓"密迩虏境"，应指当地仍有大量北元残兵。洪武三年，江文清、杨思祖归附明朝之后，受朱元璋委派，返回"山后"，招徕当地仍未归附明朝的北元残众。[2] 在二人努

---

[1] 《明太祖实录》卷六六，洪武四年六月戊申，第1246—1247页。

[2] "戊申，故元降将江文清、杨思祖等至京，诏以文清为千户、思祖为卫镇抚，赐赉甚厚。其将校八百五十人皆赐绮帛各一，仍遣思祖等还，招其部曲。"《明太祖实录》卷五六，洪武三年九月戊申，第1097页。

力下，洪武四年至六年"山后"北元残众陆续归附。[①]

徐达内徙"山后"民众，还应与这一族群的组成及其"胡化"面貌有关。中唐以后，北方族群逐渐呈现内压之势，原先由中原王朝较为固定控制的太行山以外地区，逐渐由契丹、女真、蒙古所控制，北方族群在此招徕、融合多种族群，建立起多族群、多种经济方式并存的混合之地与威临中原汉地的前沿阵地。鉴于这一地区相对的独立性与地缘政治的重要性，中原王朝从自身地理方位出发，逐渐形成一个专有的地理名称——"山后"。关于"山后"之"山"具体指哪条山脉，学界有不同说法，但以太行山的说法为主流。[②]

"山后"作为专有地理名词，始于唐末卢龙节度使刘仁恭于军都山以北设置"山后八军"，以防御契丹与河东李克用。后唐时期，

---

① 洪武四年十一月，"乙丑，赐北平红罗山新附鞑靼军五千七百余人绵布及绵花、苏木"。《明太祖实录》卷六九，洪武四年十一月乙丑，第1289页。洪武五年夏四月，"辛亥，升骁骑右卫千户户江文清为广武卫指挥佥事。文清以招集红罗山故元遗兵四千余人来降，故有是命"。《明太祖实录》卷七三，洪武五年夏四月辛亥，第1348页。洪武五年六月，"己丑，振武卫指挥佥事王常先等招集红罗山故元将阿速所部军士七千人来降"。嘉本"千"作"十"。《明太祖实录》卷七四，洪武五年六月己丑，第1360页。从山后先后归附降众之规模来看，应为七千人。"丁巳，燕山卫指挥朱杲奏：'近领兵，以山后宜兴、锦川等处搜获故元溃散军民九百余户，请以少壮者隶各卫为军，俾之屯守，老弱隶北平为民。'从之。"《明太祖实录》卷八〇，洪武六年三月丁巳，第1454页。

② 吴宏岐认为金、元时期"山后"地域一致，在金代大约与西京路相当，在元代则包括大同路、集宁路、德宁路、兴和路及上都路部分地区；与"山后"相对应，太行山东南的河北地区则被称作"山前"，大致与当时所谓的"燕南"含义一致。吴宏岐：《金元时期所谓的"山前"、"山后"》，《中国历史地理论丛》1988年第2期。冯继钦认为金代山前、山后以太行山为界。冯继钦：《金代契丹人分布研究》，《北方文物》1990年第2期。刘浦江则认为山前、山后的地理界线呈现了一定变化，辽、五代时期山前、山后以阴山为界，金代则以燕山为界，大体包括西京路的范围。刘浦江：《金代捺钵研究》，载中华书局编辑部编《文史》第50辑，中华书局，2000。李艳玲也认为金代山后范围扩大至整个西京路，而分布于山后的女真、契丹、奚、党项、乌古、敌烈、鞑靼等部族被统称为"山后诸部族"。李艳玲：《金代"山后"与"山后"诸部族考》，载赵英兰主编《古船》，吉林人民出版社，2006。

"山后八军"与山前诸州，已是当时一个独特的区域。① 南宋史炤《资治通鉴释文》注"山后八军"在涿、营、瀛、莫、平、蓟、妫、檀。元代胡三省著《通鉴释文辨误》，对《通鉴释文》讹误之处加以辨析，指出史炤所谓"山后八军"驻地实为"卢龙巡属八州，非山后八军也。涿、营、瀛、莫、平、蓟皆在山前，惟妫、檀在山后。又有新、武二州，与妫、檀为四州，置八军以备契丹、河东，故有山后八军巡检使"。② 即"山后"地理范围最初是妫、檀、新、武四州之地，位于今北京延庆、密云东北。石敬瑭割山前七州幽、蓟、瀛、莫、涿、檀、顺，山后九州新、妫、儒、武、云、应、寰、朔、蔚，即所谓"幽云十六州"与契丹，③"山后"范围进一步扩展至狭义太行山以北，直至黄河的广大地域。北宋宣和三年（1121），收复幽云十六州，次年改山前诸州为燕山府路、山后九州为云中府路。④ 金灭亡北宋后，于山后之地设西京府，"山后"由此成为西京的代名词。元代时，山后诸州分属大都路、兴和路与大同路。⑤

"山后"由于长期处于长城内外政权拉锯之地，族群来源十分复杂。靖康元年（1126）金军南下时被俘的北宋官员范仲熊在被押送途中，对于沿途社会有一定记载，回归汉地之后，著成《北

① 庄宗同光元年（923）四月即位诏曰："云、应、蔚、朔、易、定、幽、燕及山后八军，秋夏税率量与蠲减。"《旧五代史》卷二九《唐书五·庄宗纪三》，第403页。

② （元）胡三省：《通鉴释文辨误》卷一二《通鉴二百六十六》，《景印文渊阁四库全书》第312册，台湾商务印书馆，1986，第368—369页。

③ （元）脱脱等：《宋史》卷九〇《地理志六·燕山府路》，中华书局，1977年点校本，第2251页。《旧五代史》的表述方式与此有所不同。"是日（石敬瑭即位之日），帝言于戎王，愿以雁门已北及幽州之地为戎王寿，仍约岁输帛三十万，戎王许之。"《旧五代史》卷七五《晋书一·高祖纪一》，第987页。

④ 《宋史》卷九〇《地理志六·燕山府路》，第2249页。

⑤ 值得注意的是，明人从本朝北部边疆地缘形势出发，还有将西起宣府，东至辽东的广阔地带称作"山后"者。"山后诸州，自宣府东南至辽东俱是，故我大宁都司地也。"（明）沈一贯辑《皇明大一统舆图广略志》卷一《北京·图叙》，中国社会科学院历史研究所图书馆藏万历二十五年余良史刻本，第15页。

记》，其中便记载：

> 丙午岁十一月，粘罕陷怀州，杀霍安国，范仲熊贷命，令往郑州养济。途中与燕人同行，因问此中来者是几国人，共有多少兵马。其番人答言：此中随国相来者，有靺鞨家，有奚家，有黑水家，有小葫芦家，有契丹家，有党项家，有黠戛斯家，有火石家，有回鹘家，有室韦家，有汉儿家，共不得见数目。[1]

可见在"山后"族群之中，北方族群来源甚多，汉人虽人数最多，却在北方族群影响之下，尤其为适应北方族群建立的政权，逐渐呈现"胡化"趋势，在长期的南北战争中，养成了骁勇善战的品格。有鉴于此，成吉思汗在遗诏中称："山后民质朴，无异国人，缓急可用，不宜轻动。"[2] 元朝定都大都后，山后族群遂成为拱卫皇室的中坚力量。皇帝每次离开大都，向北巡幸上都时，都由"山后"汉军负责大都的军事安全，实以之为朝廷心腹。"每岁大驾幸上都，发各卫军士千五百人扈从，又发诸卫汉军万五千人驻山后，蒙古军三千人驻官山，以守关梁。"[3]

如果考虑到这一历史背景，徐达内徙"山后"民众，便不仅是出于空置其地的考虑，还因为这一群体长期"胡化"，在相当程度上缺乏对明朝的向心力，仍有可能再次叛归北元，也就是徐达所称"未见安土乐生，恐其久而离散"。于是不如径而内徙，彻底断绝其与北元之间的地缘关联，以消除隐患。

徐达内徙"山后"民众，最为直接与重要的原因是朱元璋接

---

① （宋）徐梦莘：《三朝北盟会编》卷九九《靖康中帙七十四》，上海古籍出版社，1987，第730页。

② 《元史》卷一四六《耶律楚材传》，第3458页。

③ 《元史》卷三四《文宗纪三》，第768页。

受了郑州知州苏琦的建议，在漠南草原采取内徙民众、空置其地的做法。洪武三年，苏琦上书言三事，其中称："其沙漠非要害之处，当毁其城郭，徙其人户于内地。"[1] 对于苏琦的建议，朱元璋十分肯定，指示"有可采者，其参酌行之"。[2] 朱元璋之所以实行这一政策，是因为他既然将北部疆域设定于幽云旧疆，对于漠南草原并无政治进占的想法，与其将在政治上仍存观望、有所徘徊的北元降众保留于漠南草原，不如径而将之内徙幽云旧疆，从而消除隐患。

第四节　洪武初年划汉人疆域以自守的战略态势

同样，明朝在取得西北战役的胜利后，并未进占大同以北，疆界仍在大同以南。洪武三年（1370）六月，明军出大同，与大同以北的北元残兵交战。"都督同知汪兴祖与指挥常守道率兵至大同北口，与元将速哥帖木儿等战，大败其军，斩馘无算，获王保保弟金刚奴、平章朱真等四百余人。"[3] 当年十二月，居于大同以北的北元宗王也先帖木儿投降明朝。"庚申，元宗王也先帖木等自大同来降，诏授管军百户，仍给赏劳之。"[4] 鉴于大同无山险可守，洪武四年三月，朱元璋废除元朝在大同周边的行政机构，改设军事机构卫所，以加强防御。"山北口外，东胜、蔚、朔、武、丰、云、应等州皆极边沙漠，宜各设千百户统率士卒，收抚边民。无事则耕种，有事则出战。所储粮草就给本管，不必再设有司，重

---

① 《明太祖实录》卷五〇，洪武三年三月丁酉，第 977 页。
② 《明太祖实录》卷五〇，洪武三年三月丁酉，第 978 页。
③ 《明太祖实录》卷五三，洪武三年六月丙子，第 1044 页。
④ 《明太祖实录》卷五九，洪武三年十二月庚申，第 1148 页。

扰于民。"① 以上诸州中，朔州、武州位于管涔山南部，蔚州地处狭义太行山，应州位于大同盆地，四州皆在大同以南，属"幽云十六州"。东胜州、丰州、云州在大同西北，原属契丹管辖，不在"幽云十六州"范围之内，但辽金时期属西京路管辖，与"幽云十六州"西部诸州逐渐整合在一起。因此，朱元璋所称"山北""口外"，地理范围所指为一，"山北"指山西诸山以北，"口外"指山西诸山，尤其是管涔山与大青山之间的河套东北部巨大缺口而言。

在宁夏地区，洪武三年兰州之役后，明军虽已进至宁夏、兰州，但河西走廊及其以北之地仍由北元控制，明朝虽在宁夏驻有少量兵力，但并未设置机构，而是大量安置降人，其数量超过明朝驻军，② 颇有羁縻之意。可见，洪武初年明朝在西北边疆，仍隐约有保持北宋与西夏对峙的地缘格局之意。

在一段时期内，洪武初年对于幽云旧疆甚至也未完全控制。比如洪武四年七月，华云龙便出兵云州，进攻盘踞这一地区的北元残兵。"淮安侯华云龙统兵至云州，侦知故元平章僧家奴营于牙头，夜分精兵袭之，突入其营，擒僧家奴，尽俘其众，并获驼马四百余匹而还。"③ 而对于幽云旧疆以外的北部边疆，明朝或者采取如徐达那样的内徙民众、空置其地的做法；或者设置羁縻卫所，维持间接统治，并不将之纳入正式疆域之内。比如洪武三年九月，盘踞官山（今内蒙古察哈尔右翼中旗西南的灰腾梁山）的北元宗王扎木赤归降，明朝遂在降众的基础上，建立了官山等处军民千户所。"己丑，故元宗王扎木赤、指挥把都、百户赛因不花等一十一人自官山来降，诏中书厚加燕劳，立官山等处军民千户所，以把都为正千户，赛因不花等三人为百户，赐以文绮、银碗、衣物

---

① 《明太祖实录》卷六二，洪武四年三月癸巳，第1197页。
② 周松：《明初河套周边边政研究》，甘肃人民出版社，2008，第52—58页。
③ 《明太祖实录》卷六七，洪武四年秋七月辛未，第1259页。

有差，就大同给赐田宅。"①

可见，经过洪武三年北伐，明军平定漠南，但明朝在北部疆界设定上，仍满足于收复幽云旧疆。在西北边疆仅设置少量兵力。只是鉴于大同无险可守，才进一步在大同以外的辽金西京之地，设置卫所，加强防御。这一外围地带，在辽金时期实也与"幽云十六州"在地缘政治上有所整合，大体也属于"幽云十六州"的范围。除此以外，明朝在宁夏主要实行羁縻统治，在东北南缘的辽东半岛仅设置军事性质的定辽都卫，皆将其定位为保障内地的"军事边疆"。可见洪武初年北部疆域基本限于幽云旧疆。

对于辽东地区，朱元璋本来没有开疆至此的想法。洪武九年，朱元璋遣使劳辽东都指挥马云、叶旺等，回顾了经略辽东的经过，指出："沧海之东，辽为首疆，中夏既宁，斯必戍守。朕功未暇，乃有盖州诸将共意来庭，固守其地，以待朕命。于是整舟楫，特命尔云等帅精兵东渡深、高、金、盖、辽阳，以安黎庶。"② 朱元璋所说的"乃有盖州诸将共意来庭，固守其地，以待朕命"，指的是洪武四年二月，驻于盖州的辽阳行省平章刘益归附之事。"故元辽阳行省平章刘益以辽东州郡地图，并籍其兵马、钱粮之数，遣右丞董遵、佥院杨贤奉表来降。"③ 于是设置羁縻辽东卫。"今特置辽东卫指挥使司，授尔益同知指挥事。"④ 仍驻于盖州得利嬴城。"先是故元平章刘益以辽东之地来降，朝廷遣断事官吴立往宣诏，置辽东卫于得利嬴城，以益为指挥同知。"⑤ 实行羁縻统治。

但三个月之后，刘益被反对降明的势力杀害。"故元平章洪保保、

---

① 《明太祖实录》卷五六，洪武三年九月己丑，第1088页。
② 《明太祖实录》卷一〇三，洪武九年春正月，第1739页。
③ 《明太祖实录》卷六一，洪武四年二月甲戌，第1191页。
④ 《明太祖实录》卷六一，洪武四年二月甲戌，第1192页。
⑤ 《明太祖实录》卷六六，洪武四年六月壬寅，第1241—1242页。

马彦翚、八丹等叛杀辽东卫指挥同知刘益。"① 追随刘益的降将诛杀了叛乱势力。"（张）良佐等率部下禽彦翚，杀之，保保走纳哈出营。辽东之众因推良佐与（房）暠权卫事。"② 再次向明朝表达了归附之意。朱元璋从而以明官吴立与张良佐、房暠共同执掌辽东卫。"以吴立、张良佐、房暠为辽东卫指挥佥事。"③ 杀害刘益的洪保保，向北投奔纳哈出，张良佐、房暠推测其会向纳哈出建议南下进攻辽东卫。"今洪保保逃往其营，必有构兵之衅。"④ 当月，辽东卫便向明朝呈报纳哈出开始南下。"元将纳哈出据金山扰边，为辽阳患，乞益兵以备。"⑤ 朱元璋在招抚纳哈出未获响应的情况下，⑥ 次月派兵增援辽东卫，由此设置级别更高的定辽都卫。"置定辽都卫指挥使司，以马云、叶旺为都指挥使，吴泉、冯祥为同知，王德为佥事，总辖辽东诸卫军民，修治城池，以镇边疆。时上以刘益之变，而元臣纳哈出等未附，故命云等镇之。"⑦ 仍驻于得利嬴城。⑧

洪武初年明朝之所以采取这一疆域政策，一方面是鉴于中唐以来北方族群不断南下，占领中原汉地，甚至统一中国，从而对北方族群仍充满警惧，在疆域视野上仍基本限于近代宋朝故事，而不复汉唐盛世之雄伟气魄，在疆域设定上与洪武初年的"复宋明流"相契合；另一方面与明朝建都南京，地缘政治重心南移，北部边疆在国家政治版图中的地位有所下降，对于中唐以来长期"胡化"的北部边疆有所隔膜有关；此外，作为政治强权人物，朱元璋幼年经

① 《明太祖实录》卷六五，洪武四年五月丙寅，第1230页。
② 《明太祖实录》卷六六，洪武四年六月壬寅，第1242页。
③ 《明太祖实录》卷六六，洪武四年六月壬寅，第1243页。
④ 《明太祖实录》卷六六，洪武四年六月壬寅，第1243页。
⑤ 《明太祖实录》卷六六，洪武四年六月，第1249页。
⑥ 《明太祖实录》卷六六，洪武四年六月，第1249—1251页。
⑦ 《明太祖实录》卷六七，洪武四年秋七月辛亥，第1253—1254页。
⑧ 谭其骧：《释明代都司卫所制度》，《禹贡》第3卷第10期，1935年。

历悲惨，从军之后又屡遭武将集团背叛，在政治观念上形成了浓厚的谨慎、保守特征，相应在边疆开拓上比较谨慎，以防止新生政权遭到势力仍甚强大的北元以及西域蒙古的军事打击。

洪武三年三月郑州知州苏琦的奏疏中，还建议明朝回到中国古代儒家所秉持的防御观念，在北部边疆分地防御。"宜选股肱重臣，才兼文武，练达边事，分镇要害，以统制诸番。"[1] 反对进入蒙古高原。"若其来归，待之以诚，怀之以德，其叛也，喻之以义，示之以威，专明恩信，远示绥怀，勿启边隙，以疑远人，勿连兵祸，以劳中国。"[2]

接受了苏琦建议的朱元璋，为加强北部边疆防御，仿照元代在中央设置枢密院，在军事要地设置行枢密院的模式，在这一区域设置大都督分府或行都督府，专制一方军事。洪武元年，朱元璋在北平设置大都督分府。"壬寅，置大都督分府于北平，以都督副使孙兴祖领府事，升指挥华云龙为分府都督佥事。"[3] 洪武三年六月，"设陕西、北平、山西行都督府"。[4]

不过与元代长期实行行枢密院制度不同，朱元璋只是将大都督分府或行都督府制度作为应对洪武初年北部边疆军事征伐的临时举措，并不赋予这一制度以独立性。在设置行都督府的当月，便命行都督府职务由诸王相傅兼任。"都督佥事郭子兴为秦王府武傅，仍兼陕西行都督府佥事；都督同知汪兴祖为晋王府武傅，兼山西行都督府同知，位居武傅谢德成之上；都督佥事张温兼陕西行都督府佥事。"[5] 此后又命行省武将兼任行都督府职务。洪武三

---

[1] 《明太祖实录》卷五〇，洪武三年三月丁酉，第977页。
[2] 《明太祖实录》卷五〇，洪武三年三月丁酉，第977页。
[3] 《明太祖实录》卷三五，洪武元年九月壬寅，第627页。
[4] 《明太祖实录》卷五三，洪武三年六月壬申，第1040页。
[5] 《明太祖实录》卷五三，洪武三年六月庚辰，第1051页。除在北部边疆设立行都督府外，朱元璋在洪武七年又"改中立大都督府为凤阳行都督府"。《明太祖实录》卷九三，洪武七年九月丁丑，第1623页。

年六月,"壬午,命秦王府武相、陕西行省右丞耿炳文署行都督府事"。[①] 洪武五年十二月,"戊子,以秦府左相兼陕西行省右丞耿炳文署行都督府事"。[②] 与元代行省、行枢密院的地位排定一样,行都督府地位也低于行省。[③] 可见,朱元璋尽力避免专制地方军事的机构制度化、常态化。洪武五年十二月之后,在《明太祖实录》中,行都督府再未出现,应是在北部边疆大规模战事已经结束的地缘背景下被裁撤。

可见,洪武初年,朱元璋甚至在战略地位最为重要、战争最为频繁的北部边疆的军事制度设计中,在保证军事效率的前提下,尽可能地将军事权力收归诸王,以巩固朱氏皇族"家天下"的政治格局,或者将军事权力分散于行省诸将手中,使其互相牵制,尽力避免将地方军权完全流入某一军事机构或个人。

第五节　洪武初年明朝对西北边疆的隔膜

青藏高原与黄土高原交界之地,乌鞘岭以南、六盘山以西、陇中山地以北,即黄河"套形"地带,被称作"陇中高原"。这一地区既富有山河,又有盆地,水草丰茂,是农牧皆宜地区,虽不邻近北疆,但却是汉民族与高原民族争夺的过渡地带,是汉民族控制青藏高原的前沿地带。中原王朝势力强大之时,比如秦汉、隋唐皆控制此地。中唐国力下降,吐蕃遂东进此地;唐末张义潮以十一州归唐,汉族政权重新控制陇中高原,但当地藏化面貌已

---

① 《明太祖实录》卷五三,洪武三年六月壬午,第1054—1055页。

② 《明太祖实录》卷七七,洪武五年十二月戊子,第1412页。

③ "诏定各行省、行都督府官与按察司官会见位次。凡诸道按察司官与行省及行都督府官公会,按察使副使佥事俱坐于参政、佥都督之下,省郎中、府经历之上;按察司经历坐于省员外之下、府都事之上;按察司知事坐于省府都事之下。其各卫指挥司官,与按察司官、各府州官皆依品从。"《明太祖实录》卷五四,洪武三年秋七月丙申,第1061—1062页。

然形成。宋人邵伯温载:"土蕃在唐最盛,至本朝始衰。今河湟、邈川、青唐、洮、岷,以至阶、利、文、政、绵州、威、茂、黎、雅州夷人,皆其遗种也。"① 有鉴于此,宋初便以之为化外之地,不加经略。② 南宋之时,汉民族既失淮河以北之地,吐蕃复东进陇中高原。元朝统一中国,陇中高原分属宣政院与陕西行省。为控制西番之地,于河州设置吐蕃等处宣慰使司,驻扎了大量蒙古军队,并利用地形众建关隘。③ 元时陇中高原遂为汉人、西番人、蒙古人、回回杂居之所,呈现出严重的"北族化"特征,以至于明初汉人曾将之视为"化外之地"。

> 大都督冯胜先于洪武二年四月克河州,以化外之地,不可守,将城楼库房屋尽行焚烧殆尽,拘虏南归。自洮河至积石关,三百余里,骸骨遍野,人烟一空。至是愈复克之,韦正守其地,军士食苦薇,采木茸之,城楼仓库卫大门厅舍一新。④

与之相似,洪武五年(1372),明军三路北伐,西路军虽曾进军河西走廊,但战略目的却是迂回策应蒙古高原的战争,而非占领甘肃,相应在中、东二路军队遭遇失利后,西路军放弃了甘肃

---

① (宋)邵伯温:《邵氏闻见录》卷一三,李剑雄、刘德权点校,中华书局,1983,第144页。

② 宋太宗谓丞相曰:"吐蕃言语不通,衣服异制。朕以化外视之。自唐室以来,颇为边患,以国家兵力雄盛,聊举偏师,便可驱逐数千里外。但念其种类蕃息,安土重迁,倘加攘却,必致杀戮,所以置之度外,存而勿论也。"(宋)李焘:《续资治通鉴长编》卷二四,太宗太平兴国八年九月庚午,中华书局,2004,第553页。

③ "乙未,革陕西、兰州等卫桃花等九十关。"《明太宗实录》卷五二,永乐四年三月乙未,第776页。明初既未记载,亦无必要于兰州等卫设置如此众多之关隘,故而桃花等关应在兰州以南湟水流域,属元时西番利用当地山岭错杂之地形而修筑,明清时代当地尚有所谓"河州二十四关"。

④ 《纪事录》,转引自《史林漫识》,第440页。

乃至宁夏地区。

明朝对甘肃的经略，始于洪武五年西路军北征。达力扎布对三路明军职责的解释是："军事部署是大将军徐达率明军主力引诱北元主力至近边作战，左副将军李文忠率东路军奔袭北元朝廷，征西将军冯胜率西路军迷惑和牵制西北蒙古诸王，配合中路军作战。"[1] 也就是说，三支军队中，徐达的中路军是主力，东路李文忠军是奇兵，西路冯胜军负责牵制任务，中路军面临的是遭遇战，以歼灭蒙军主力为战略目的，是决定本次战役能否成功的重点与关键。东路军与中路军不同，并不以军事决战为宗旨，意图在中路军的掩护下，实现消灭北元汗廷的政治目的。西路军是三支军队中战略地位最轻的，只是一支起牵制作用的侧面部队，承担着双重任务，一是占领甘肃，这只是一个公开的表面任务，另一职责是牵制甘肃蒙古势力，防止其东援扩廓帖木儿军。可见，在洪武五年北伐中，攻占甘肃只是一种支援中、东二路军的附属任务。为便于西路军更好地实施掩护任务，朱元璋甚至在冯胜的将印名号上做起了文章。徐达佩"征虏大将军印"，李文忠佩"左副将军印"，而冯胜却不像洪武三年北伐那样佩"右副将军印"，[2] 而是改佩"征西将军印"，朱元璋有意将其与其他两路明军相区分。

可以讲，中路军的作战任务是最重的，东路军是最容易出彩的，而西路军恐怕是最容易默默无闻的。在三支军队首将的选择上，朱元璋的做法也很耐人寻味。徐达是明朝开国第一武将，以其主持三路军务，与扩廓帖木儿展开决战，是十分正常与合适的选择。李文忠以奇袭开平，一举奠定在武将集团中的第二位置，此次继续负责奇袭任务，既发挥其所长，也是朱元璋扶持外甥的一项举措。冯胜，初名国胜，更名宗异，最后名胜，定远人。元

---

[1] 达力扎布：《北元初期史实略述》，载达力扎布《明清蒙古史论稿》，民族出版社，2003，第6页。

[2] 《明太祖实录》卷四八，洪武三年春正月癸巳，第948页。

末结寨自保,与其兄冯国用是最早追随朱元璋的将领之一,最初甚受朱元璋倚重。元末农民军内部经常发生叛乱,朱元璋政权内部也是如此。至正十六年(1356),朱元璋建立"帐前总制亲军都指挥使司",其麾下亲信猛将多属此系统,是朱氏政权的主力军,[①]而充其首领者便是冯氏兄弟。至正十八年,冯氏兄弟任"帐前亲军都指挥使",充其副职的是李文忠、康茂才。[②]冯胜任"指挥"。[③]至正十九年,冯国用以疾卒,冯胜袭其职,[④]"代领其众,居中宿卫"。[⑤]至正二十一年,朱元璋改"帐前亲军"为"金吾侍卫亲军都护府",冯胜担任最高职务"都护"。[⑥]冯胜起初是仅次于徐达的二号武将,常遇春尚居其后。[⑦]但冯胜爱排挤他人,军事行动也多有失误,屡受朱元璋责罚,渐居常遇春之后,开国后,常遇春去世,又居于李文忠之后,为明初第三武将。[⑧]

虽然明朝中路军、东路军遭遇了"岭北失利",但与之形成鲜明对比的是,西路军由于单独在甘肃行省境内执行任务,战争过程并未受到其他二路影响,反而获得了重大胜利,占领了除哈密之外的甘肃全境。冯胜首先率师至兰州,经此进入甘肃,占领西凉(今甘肃武威),再至永昌(今甘肃永昌县),在这里歼灭了甘肃元军的一支主力军队。尔后经肃州"扫林山"(今甘肃酒泉北)一战,再次歼灭元军另一支主力军队,并招降上都驴部。从永昌至肃州,中间要经过甘州(今甘肃张掖),这里虽未交代占领甘州

---

① 李新峰:《邵荣事迹钩沉》,载北京大学历史学系编《北大史学》第 8 辑,北京大学出版社,2001,第 80 页。

② 《明太祖实录》卷六,戊戌二月乙亥,第 62 页。(明)王世贞:《弇山堂别集》卷一二《更定旧官》,魏连科点校,中华书局,1985,第 227 页。

③ 《纪事录》卷上,转引自《史林漫识》,419 页。

④ 《邵荣事迹钩沉》,载《北大史学》第 8 辑,第 80 页。

⑤ 《明太祖实录》卷二三六,洪武二十八年二月乙丑朔,第 3447 页。

⑥ 《纪事录》卷上,转引自《史林漫识》,419 页。

⑦ 《明太祖实录》卷八,庚子闰五月庚申,第 103 页。

⑧ (明)王世贞:《弇州史料》前集卷一九《冯宋公传》,《四库禁毁书丛刊》史49 册,第 79—81 页。

之事，想来应是先占甘州，后占肃州。① 至此，明军沿河西走廊，一直向西进攻，若再往西，便是甘肃行省的最西境，即察合台后王的一支出伯后裔所占的瓜州（今甘肃安西）、沙州与哈密三地。但明军并未继续西进，而是为完成掩护中路军的任务，自肃州沿弱水北进至亦集乃（今内蒙古额济纳旗东南），并获得重大胜利，②完成了牵制甘肃兵力、掩护中路军作战的预期目标。占领亦集乃后，明军开始回撤，途中占领瓜、沙二州。"至亦集乃，乃败俞宝兵，分兵守扼关塞。冯胜乃遣友德又率兵追击俞宝于瓜、沙州。"③这样明军便占领了除哈密外的甘肃行省所有地区。但在中、东两路军失利消息传来后，出于巨大震恐，冯胜放弃了甘肃、宁夏全境。永乐时期俞本撰《纪事录》，记载：

> （洪武五年）十二月，冯胜惧回鹘之兵，将甘州所葺城池、营房、仓库、转运米麦料豆二十余万石及军需尽焚之，弃城归，并宁夏、西凉、庄浪三城之地亦弃，仅以牛羊马驼令军人赶归。途中倒死者，军虽饥不敢食，仍负荷归，军人饿死载道，一无所问。上知之，追夺冯胜券诰爵禄，宥其罪，贬为庶人，录其家财。以牛羊骆驼马匹，令民牧养，愚民无知，驼死者并弃骨。胜后复职，憾之曰"驼虽死，骨安在"，令有司官拷掠征骨，致贫民卖子买驼骨偿之。④

俞本《纪事录》不仅是研究明朝开国史的原始文献，而且具有独一无二的史料价值，这缘于俞本不仅是明朝开国历程的亲历者，

---

① 关于西路军进军路线，马顺平利用黑水城出土文书，有更详细的考察。参见马顺平《洪武五年明蒙战争西路战役研究》，载达力扎布主编《中国边疆民族研究》第3辑，中央民族大学出版社，2010，第6—12页。

② 《明太祖实录》卷七四，洪武五年六月戊寅，第1358—1359页。

③ （明）吴朴：《龙飞纪略》，《四库全书存目丛书》史9册，第574页。

④ 《纪事录》卷下，转引自《史林漫识》，第445页。

而且在记述这段历史时,坚持秉笔直书的信史风格。俞本之所以秉持客观的记史立场,与他的个人经历具有直接关系。俞本,字从道,扬州高邮人,生于元至顺二年(1331),永乐初年仍然在世。早在至正十七年,俞本便进入了朱元璋军队,并成为朱元璋亲军系统的一员,任"帐前黄旗先锋"。俞本最初由帐前亲兵都指挥使冯国用统率,冯国用卒后,改由其弟冯胜统领。在朱元璋帐前,俞本经历了朱元璋消灭陈友谅、张士诚,称吴国公等一系列政治事件,是朱氏政权逐渐崛起、统一南方的见证者。但耐人寻味的是,明朝建国后,在朱元璋大封功臣,与属下分享胜利果实之际,俞本却脱离了亲军系统,改而隶属宁正(韦正)军队,此后一直追随宁正四处征讨。

永乐时期,晚年的俞本凭借记忆撰成《纪事录》。虽有年月错讹,但记述了大量不为其他史籍所载录的明朝开国史事,甚至朱氏政权内部不为人知的丑陋一面。《纪事录》在明代长期流传,明末钱谦益著《国初群雄事略》,尚参考了《纪事录》大量内容。但入清之后,该书逐渐亡佚,多种丛书皆仅著录其名,而不载其内容。20世纪90年代,陈学霖发现藏于台北的《明兴野记》,实为清人改编《纪事录》而成之书,该书从而得以重见天日,为世人所知。[1]

俞本从客观乃至批判的立场,著述《纪事录》,揭露朱氏政权的真实乃至部分负面形象,与他的个人经历密切相关。俞本虽出身亲军,但在亲军系统内部应过得并不如意,否则不会在洪武初年朱元璋大行封赏之时,脱离朱元璋的核心部队,而改投一直边缘化的宁军部队。俞本脱离亲军,是否与亲军首领冯胜存在直接矛盾,限于史料,无法做出判断,但俞本至少是不认同冯胜的,《纪事录》对开国诸将之评价,尤以对冯胜评价最低。"胜乃急功

---

① 〔美〕陈学霖:《俞本〈纪事录〉与元末史料》,载《史林漫识》,第204—228页。

贪财之徒，又不识大义。"① 记载冯胜负面事件也最多。

追随宁正之后，俞本对朱氏政权核心集团的不满情绪，应在个人遭际之外，受到宁正部队的影响，而进一步加剧。宁正，又称韦正，是韦德成义子。韦德成很早便追随朱元璋，是至正十五年朱元璋脱离濠州郭氏政权，渡越长江，创建独立政权的"渡江勋旧"之一。② 但其作战而亡后，朱元璋贪恋其妻美色，与之私通，并生育一子。后来迫于故将之妻不可纳的舆论，不得已将韦妻出配于胡汝名，并命韦德成义子韦正统领韦德成军，以继承德成余绪。宁正虽颇有军事才能，且有儒将之风，在统领韦德成军后，屡立战功；但应是由于之前的过节，一直受到朱元璋及追随他的其他武将的排挤与压制，比如冯胜便曾打击宁正。③ 宁正一直受到压制，未能一展其才，获得高位，最终仅位居都督。统帅受到的不公正待遇，应在相当程度上影响了宁正军队整体上对于朱氏政权的立场与态度。在这一氛围之中，加之个人遭际，俞本对朱氏政权心存愤恨，从而化作文笔，直抒胸臆，客观乃至批判地记录明朝开国之历程，便在情理之中了。

---

① 《纪事录》卷上，转引自《史林漫识》，第 427 页。

② 朱元璋最早追随濠州郭子兴，随着势力逐渐壮大，在郭身死后，开始脱离郭氏政权，向南渡过长江，占领采石与集庆，建立太平兴国翼元帅府，从此纵横江南，建立起独立的朱氏政权。追随朱元璋渡江的群体，构成了朱氏政权的核心集团，在朱氏政权中拥有独特地位。比如至正二十年，巢湖系将领、江南行枢密院金院赵伯仲弃城逃跑。"太祖怒曰：'主将不能坚守城池，城陷远遁，当诛之。'常遇春诤曰：'伯仲系渡江勋旧，宜曲赦之。'太祖曰：'不依军法，无以警后！'赐弓弦令自尽，而官其弟庸行枢密院事。"（清）谷应泰：《明史纪事本末》卷三《太祖平汉》，中华书局，1977，第 37 页。明末清初谈迁最早关注到这一政治群体，以"渡江勋旧"来概括。在评论朱元璋诛邵荣时称："噫！彼渡江勋旧，俱鱼服之侣，臣主未定，等夷相视，见兵柄独握，未免为所欲耳。虽桀骜犯大不韪，吾未敢遽臣属之也。"（明）谈迁：《国榷》卷一，至正二十二年七月丙辰，张宗祥校点，中华书局，1958，第 299 页。李新峰在此基础上，讨论了"渡江勋旧"与朱元璋关系的变化，以及由此而导致的朱、邵权力之争。《邵荣事迹钩沉》，《北大史学》第 8 辑，第 77 页。

③ 《纪事录》卷下，转引自《史林漫识》，第 450 页。

不过，洪武五年，俞本尚随宁正驻守河州，上面所记冯胜弃地事件，应为耳闻而非目睹，虽记载内容十分惊人，与他秉笔直书的风格十分一致，但是否为信史，需要仔细考察。洪武五年冯胜被罢为庶人之事，并不见诸其他记载。据《明太祖实录》载，冯胜于洪武五年九月返回南京，① 洪武六年三月，再次随徐达北赴山西、北平。② 如果《纪事录》所载属实，那么冯胜应在洪武五年十二月至洪武六年之间被贬为庶人。不过在这段时间内，并未见到如此之记载。

但另一方面，俞本记述如此重大事件，不会在毫无根据的情况下，径直虚构，仍应具有一定的事实基础。作为一种推测，俞本应在朱元璋惩戒冯胜之事上，记述有所疏漏，但其所载弃地之事，由于关系重大，应非凭空杜撰。值得注意的是，虽然洪武五年《明太祖实录》并未记载冯胜曾经遭到朱元璋严厉责罚，其却在洪武二十年遭到过类似于罢为庶人的重惩。当年，冯胜充总兵官，统兵征讨辽东纳哈出，虽将其成功招降，但由于举措失当，使本已归降的纳哈出部属再次叛逃，从而遗留了巨大后患。此外，冯胜还有其他过失。“会有言胜娶虏妃及受良马无算者，又失其殿都督濮英三千骑，而茂亦自陈所以搏纳哈出，故且讦胜过。”③ 朱元璋从而削夺冯胜一切权力，将其罢归凤阳故里。“上乃命收大将军印。胜还京，命归凤阳里第奉朝请。……胜自是不复将大兵。”④ 俞本著述《纪事录》时，不仅距离洪武朝已远，而且年老健忘，可能将冯胜受到责罚的时间，从洪武二十年上移至洪武五年。可见，在冯胜受罚之事上，《纪事录》所载并非毫无依据。

---

① 《明太祖实录》卷七六，洪武五年九月丁酉，第 1401 页。
② 《明太祖实录》卷八〇，洪武六年三月壬子，第 1451 页。
③ 《弇州史料》前集卷二三《冯宋公传》，《四库禁毁书丛刊》史 49 册，第 83 页。
④ 《弇州史料》前集卷二三《冯宋公传》，《四库禁毁书丛刊》史 49 册，第 83 页。

与之相比，冯胜弃地之事，结合种种迹象来看，更属可信。第一，洪武初年，明朝满足于恢复幽云旧疆，对于统治在此以外的边疆地区，缺乏明确意愿，相应洪武元年、二年两次北伐，皆在获取军事胜利之后，并未进一步采取政治进占的做法。既然洪武五年西路军北征并非为攻占甘肃，而是为策应中路明军、吸引北元军队，按照明军以往的作战方式，在军事战争之后，很快撤退回来，实属正常。尤其考虑到"岭北之役"失利对于明军心理的巨大冲击，冯胜弃地，实在情理之中。

第二，洪武五年，明朝确实曾经放弃宁夏。"国朝初，立宁夏府。洪武五年，诏弃其地，徙其民于陕西。"①

第三，历史记载的细节或末节可以伪造，但重大事件应有一定根据，难以完全伪造。尽管俞本对冯胜心存厌恶，但对冯胜的评价却较符合事实，冯胜贪财而不识大义，不仅是明人的普遍看法，也在他出征辽东时表露无遗。

第四，《明太祖实录》记载洪武五年九月，朱元璋斥责西路军高级将领贪黩马匹等，与《纪事录》所载冯胜获罪，在内容上具有一定相关性。

> 壬申，命赏征甘肃京卫军士一万四百三十五人，白金四万四千两。时公侯、都督、指挥、千百户以匿或获马骡牛羊不赏。上因谕之曰："为将者不私其身，况于物乎？昔祭遵为将，忧国奉公，曹彬平南唐，所载惟图书。汝等能法古人，则令名无穷。今之不赏汝等，当省躬以思补过。"诸将皆叩头谢罪而退。②

---

① （明）朱旃撰修，吴忠礼笺证《宁夏志笺证》卷上《沿革》，刘仲芳审校，宁夏人民出版社，1996，第2页。
② 《明太祖实录》卷七六，洪武五年九月壬申，第1406页。

第五，洪武初年甘肃地广人稀，社会落后，使冯胜弃地行为显得不是那么不可思议。洪武三年，朱元璋曾称："说那甘肃省也无甚么军马，如可守时节，就拨人守了。"① 可见从明朝掌握的信息来看，洪武初年甘肃蒙古军队并不多。军队较少应反映出这一时期甘肃人口稀少，社会落后，缺乏驻扎大军、加以防御的必要。而在西路军威逼之下，甘肃元军实行坚壁清野的政策，进一步使甘肃成为物资匮乏之地。《秘阁元龟政要》载："胜分兵行定凉州、山丹、镇番、永昌、西宁，其故元守将闻胜等将至，自知不敌，已先将境内人民、牛马、驼羊尽拘出玉门、阳关二塞，所得者止是空城而已。"② 万历《肃镇志》载："（至正）二十二年，（山丹）升为州，隶甘肃行省亦集乃路，元末兵兴，居民逃散。洪武三年，宋国公冯胜兵至时惟空城。"③《肇域志》载："（洪武）五年，宋国公冯胜率兵至甘肃，凉州境内空虚。"④ "庄浪卫，在都司城南九百四十里。洪武五年，宋国公冯胜统兵下河西，其县已空。"⑤ 乾隆《五凉全志》载："明洪武五年，宋国公冯胜定河西，元凉公搭搭乃北遁，胜视凉境空，以兰州等卫官军守御之。"⑥ 包括中国在内的世界古代文明，在当时经济条件之下，由于行政能力十分有限，对于花费巨大成本，统治人口较少、物资匮乏的地区，并不感兴趣，如果管理边疆的经济成本超过朝政开支，那么放弃边疆地区，便十分容易被接受。这与现代民族国家"领土神圣不可侵犯"的疆域观念是完全不同的。如果从这一疆域观念出发，审视冯胜放弃洪武初年地广人稀、物资匮乏的甘肃地区，从经济角度

① 《弇山堂别集》卷八六《诏令杂考二·与徐常冯》，第1645—1646页。
② （明）佚名：《秘阁元龟政要》卷七，《四库全书存目丛书》史13册，第474页。
③ （万历）《肃镇志》卷一《地理志·沿革》，台湾成文出版社，1970，第11页。
④ （清）顾炎武：《肇域志·陕西行都指挥使司·凉州卫》，上海古籍出版社，2011，第2613页。
⑤ 《肇域志·陕西行都指挥使司·庄浪卫》，第2616页。
⑥ （乾隆）《五凉全志》卷一《地理志·沿革》，台湾成文出版社，1976，第20页。

而言，并非没有道理。

第六，洪武五年末，甘肃并无军队驻防的情况，同样可以印证《纪事录》的这一记载。洪武五年十二月，冯胜军自甘肃撤退后，邓愈受命征吐蕃，曾由青海向北进军六昼夜，进入甘肃境内，却未能见敌。

> （朱元璋）遣（濮英）领西安、平凉、巩昌、临洮将士，往西海追袭朵只巴，出兰州，由大通河直抵西宁铁佛寺。遣陕西行指挥使韦正，自归德州渡黄河，由巴亦哑哑沿西海边抵北而进。上命卫国公邓愈授以征西将军印，遣人赍制谕付愈。愈遣俞本赍制追英，督英与正合兵，凡六昼夜大雪，不及而归。[1]

可见洪武五年末，甘肃确实是一处几乎无人把守的军事真空地带。

第六节　洪武初年建立"内敛型王朝国家"的深层根源

从以上论述可知，洪武初年明朝所倾向构建的，是一种以汉人为主体、疆域有限的"内敛型王朝国家"。洪武初年之所以倾向建立这种国家形态，"华夷之辨"只是浮在表层之上的一种政治舆论方面的原因，而内在支撑这种倾向的，是长期的历史大势、地缘政治与明朝的政权性格。明朝之所以推崇这一国家形态，首先缘于对北方族群的警惕感。中唐以后，北方族群不断南下，占领中原汉地，甚至统一全国，汉人从而长期形成对北方族群的警惕。明朝君臣由此在族群视野上，不复汉唐盛世之雄伟气魄，对于统

---

[1] 《纪事录》卷下，转引自《史林漫识》，第 445 页。

治、融合北方族群缺乏信心。而在疆域视野上，基本限于近代宋朝故事，呈现出"复宋"的立场取向。

其次，这一观念的确立，与中唐以后北方民族不断南下，在北方地区形成"胡化"面貌，给汉人带来隔膜感有关。中唐以后，北方民族逐步占领了原由汉族王朝统治的边疆地带，历经吐蕃、辽、金、西夏、蒙元政权的长期统治，长城沿线边疆地区的社会进程已纳入北族政权的脉络，在语言、宗教、文化、服饰等方面都呈现出"胡化"的特点。明政权对新占领的西北地区存在疏远与隔膜，是十分正常的。以冯胜先后放弃的河州、甘肃为例。河州属河湟流域，是中原王朝的传统统治地区，汉唐皆在此设置郡县，直接统治。但由于中唐以后为吐蕃所占，此后又先后经历了西夏、蒙元之占领，在元时是吐蕃等处宣慰司治所，是元朝统治甘青藏地区的政治中心，[1] 元代包括河州在内的整个河湟地区是多民族杂居的区域。"元时的河湟地区是多民族的聚居区，除吐蕃、汉、蒙三大民族外，尚有来自中亚的色目人和少量的西夏人、金人。"[2] "藏化""党项化""蒙古化"的现象都较突出，在社会文化面貌上，与汉族已有很大的差别，是"胡化"的典型地区。河西走廊同样经历了吐蕃、西夏、蒙元之占领，在"藏化""党项化""蒙古化"之外，甚至还经历了"伊斯兰化"的洗礼，对于冯胜来讲，更有隔膜。

再次，洪武时期，明朝建都南京，是中国古代中原王朝政治中心距离北部边疆，尤其是西北边疆最远的时代。明初的核心政治群体是朱元璋及他的老乡"濠梁旧雄"。朱元璋出生在淮南濠州钟离东乡，地处淮河以南，淮河的支流濠梁河在其东边流过。因此朱棣在给《明太祖实录》作序时，称朱元璋"龙飞濠梁"。[3]

---

① 秦川：《明朝对甘青藏族地区的政策》，《甘肃社会科学》1991 年第 6 期。
② 武沐、王希隆：《论清代河州的再度兴起》，《回族研究》2001 年第 2 期。
③ 《明太祖实录·序》，第 1 页。

《皇朝本纪》便说朱元璋是"濠梁人"。① 最早追随朱元璋、构成朱氏政权主体的政治群体，也基本出生在这一区域。吴元年（1367），朱元璋便自称："吾以布衣起兵，与今李相国、徐相国、汤平章皆乡里，所居相近，远者不过百里。君臣相遇，遂成大功，甚非偶然。"② 有鉴于此，《皇朝本纪》将这一群体称作"濠梁旧雄"。③ 明朝建国之初，甚至在正式建国之前的吴王时期，便形成了朱氏皇族与"濠梁旧雄"共天下的局面。朝廷要职，都由"濠梁旧雄"充任。而其他后来归附的武将、文官，都只能在政权的外围。朱元璋和"濠梁旧雄"们，由于距离北部边疆，尤其是西北边疆十分遥远，对其较为陌生，有隔膜，实在情理之中。比如作为"濠梁旧雄"重要成员的冯胜，便是代表。

最后，朱元璋缺乏安全感的性格及由此形成的政治思想，也直接影响了明朝的族群观念与边疆经略。朱元璋出生于灾害不断、十分贫困的淮河地区，是中国古代开国君主中出身最为贫寒者，父母感染瘟疫而死，朱元璋兄弟在乡亲的帮助之下，才得以将父母草草埋葬，这种幼年经历容易使其在性格上缺乏安全感，显得谨慎、敏感而孤僻。为生活所迫，朱元璋加入了红巾军。各红巾军政权之间不断攻伐，彼此挖人潜通的现象十分普遍，各支政权内部从而不断发生内讧、叛乱之事。朱元璋不仅设计剪除郭子兴余部邵荣，也曾遭遇部下谢再兴之叛。④ 在复杂动荡、风险巨大的政治生活中，朱元璋缺乏安全感的性格进一步滋长，他不仅处事谨慎而保守，而且猜忌他人，注重权力，以免遭到他人陷害。在这种性格缺陷影响下，朱元璋形成了十分谨慎、保守的政治思想，可称之"小农政治思想"，将确保政权的稳固，而非开拓经营，作

---

① （明）佚名：《皇朝本纪》，商务印书馆，1937，第 1 页。

② 《明太祖实录》卷二六，吴元年冬十月乙巳，第 383 页。

③ 《皇朝本纪》，第 25 页。

④ 参见《邵荣事迹钩沉》，载《北大史学》第 8 辑。

为政治建设的首要目标。这一政治思想促使朱元璋在开国之初的族群管理与边疆经略中，呈现出保守、内敛的立场取向。

小 结

洪武初年，明朝凭借强大的军事力量，一扫中唐以来汉人受到北方族群压制的态势，驱逐北元，成为在开国之初便统一长城内外的朝代，盛况空前。但明朝将政权的合法性，建立在"驱逐胡虏，恢复中华"的"华夷之辨"立场之上，甚至高举"复宋"的大旗，因此在国家形态的定位上，并未追随蒙元帝国，建立起庞大的乃至世界性的帝国，而是在族群反扑的情绪影响下，将蒙元"内北国而外中国"的族群立场颠倒过来，重建"汉人主体国家"，恢复华夏脉络。

受之影响，这一时期明朝的边疆经略，呈现出内敛的取向，在疆域的设定上，是以收复汉地为主体，适当经略边疆的政治取向。而在北部边疆，洪武初年朱元璋多次明确表达与北元以长城为界，南北分治的政治立场。相应的，洪武初年，明朝所倾向建立的，是一种以汉人为主体、疆域有限的"内敛型王朝国家"。明朝之所以如此选择，既因为受到中唐以后汉人对北族政权不断南下的警惕心理影响，对于统治、融合边疆族群信心不足，也与出生于淮河流域的明朝核心统治群体，对于遥远的北部边疆，尤其是西北边疆的长期"胡化"面貌充满陌生与隔膜有关，还与作为明朝的建立者，朱元璋个人由于自幼生长在贫困、战乱、内讧的环境之中，形成了缺乏安全感的性格，在政权建设中呈现出保守、谨慎的特征有关联。

虽然明朝很快便呈现出接管元朝疆域的更为积极的观念，但建立"内敛型王朝国家"的族群取向、疆域政策，却一直延续下来。可见，伴随明朝代元，中国历史从开放走向内敛，朱元璋所致力建立的"内敛型王朝国家",虽然也属于王朝国家形态,但在疆域规模、内部整合、族群种类上,都呈现出一种有限经营取向,深刻影响了有明一代的历史进程。

耐人寻味的是,朱元璋所致力建立的"内敛型王朝国家",呈现出在疆域、族群、文化等层面,都进行收缩、整合的特征,与世界近代时期亚欧大陆其他文明的历史趋向存在相似之处。同一时期包括阿拉伯文明在内的其他文明,也在摆脱蒙古帝国的压制之后,都掀起了民族复兴潮流,在国家建设中,努力以本民族为主体,复兴本民族文化。而稍后欧洲民族主义潮流的兴起与现代民族国家的建构,虽然是欧洲尤其是西欧内部竞争的结果,但更为强调民族整合,甚至开创出民族主义。可见,在近代时期,虽然明朝在疆域取向上,呈现出与其他文明不同的保守、内敛取向,但在民族整合上,却与其他文明较为相似。这反映出近代时期,世界不同文明都开始在新的发展阶段努力加强民族整合,推动本国力量的提升与社会动员。

第二章
洪武时期王朝国家的"差序疆域"

洪武初年划汉地而治的疆域取向，只维持了很短一段时间。为解决北元、周边族群的军事威胁，明朝开始大规模开拓边疆。但在拥有强大的军事力量的前提下，洪武时期所开辟出来的疆域，不仅在规模大小上，而且在控制力度上，相对于元朝，都呈现出退缩的态势。造成这一现象的根源，仍是明朝开国以后所形成的内敛的疆域观念。受到这一疆域观念的影响，明朝在边疆地区，呈现出有限经营的取向，从而促使疆域格局呈现出鲜明的差序特征。

第一节　洪武前期北疆两翼"复合边疆"的形成

洪武五年（1372），武将集团鉴于北元汗廷仍盘踞漠北，向朱元璋建议，继续进军漠北，以永清沙漠。《明太祖实录》记载："上御武楼，与诸将臣筹边事。中书右丞相魏国公徐达曰：'今天下大定，庶民已安，北虏归附者相继，惟王保保出没边境，今复遁居和林。臣愿鼓率将士，以剿绝之。'"① 朱元璋最初反对这一方案，认为穷追北元汗廷可能会

---

① 《明太祖实录》卷七一，洪武五年春正月庚午，第1321页。

导致军事风险。"彼朔漠一穷寇耳，终当绝灭。但今败亡之众，远处绝漠，以死自卫，困兽犹斗，况穷寇乎？姑置之。"① 但在武将集团的坚持下，还是决定出兵漠北。最终遭遇"岭北之役"的惨重失利。

"岭北之役"后，北元虽有反扑，但很快被明军全线击退。北部边疆局势缓和之后，明朝鉴于北元、西域蒙古并未固定驻扎宁夏、甘肃，从而向这一地区进军，并利用当地可以开展大规模农业经济的地理条件，开始设置卫所，从而实现了固定控制。洪武五年九月，"壬子，置甘肃卫都指挥使司、庄浪卫指挥使司"。② 西宁卫设于洪武六年正月，③ 凉州卫设于洪武七年十月，不过最初属羁縻之卫。"甲辰，置凉州卫指挥使司，以故元知院脱林为凉州卫指挥佥事。"④ 洪武十二年，明朝将陕西行都司迁移至庄浪。"甲午，复置陕西行都指挥使司于庄浪，后徙于甘州。"⑤ 洪武二十三年时，明军占领辽东，并击灭北元汗廷后，才开始弥补西北边疆经营之不足，陆续于甘肃增置卫所。山丹卫设于洪武二十三年九月，甘州左卫设于洪武二十三年十二月，甘州右卫、甘州中卫设于二十五年三月，肃州卫设于二十七年十一月，甘州前卫、甘州后卫设于二十九年，镇夷守御千户所（今属甘肃高台）置于三十年。⑥ 陕西行都司也于洪武二十六年迁至甘州。⑦

---

① 《明太祖实录》卷七一，洪武五年春正月庚午，第 1321 页。

② 《明太祖实录》卷七六，洪武五年九月壬子，第 1403 页。

③ （清）张廷玉等：《明史》卷四二《地理志三·陕西》，中华书局，1974 年点校本，第 1015 页。

④ 《明太祖实录》卷九三，洪武七年十月甲辰，第 1627 页。

⑤ 《明太祖实录》卷一二二，洪武十二年春正月甲午，第 1973—1974 页。

⑥ 《明史》卷四二《地理志三·陕西》，第 1014 页。《皇明九边考》的记载明显有误，不知何据。"洪武九年，设甘州等五卫于张掖，设肃州卫于酒泉，设西宁卫于湟中，又设镇番、庄浪二卫。又于金城设兰州卫，皆置将屯兵拒守。"（明）魏焕辑《皇明九边考》卷九《甘肃镇·甘州城·保障考》，《四库全书存目丛书》史 226 册，第 91 页。

⑦ 梁志胜：《洪武二十六年以前的陕西行都司》，《中国历史地理论丛》1999 年第 3 期。关于洪武时期甘肃都司卫所的设置，可参见郭红《明代都司卫所建置研究》，博士学位论文，复旦大学，2001；马顺平《明代陕西行都司及其卫所建置考实》，《中国历史地理论丛》2008 年第 2 期。

明朝在洪武九年于宁夏设立五卫。"至洪武九年，复命长兴侯耿炳文弟耿忠为宁夏卫指挥，率谪戍之人及延安、庆阳骑士立宁夏卫，缮城郭以守之。"①"洪武九年，改置宁夏卫，后增宁夏左、右、前、中屯，凡五卫。"② 而早在洪武六年时，明军便已在这一地区开始屯田。③

"岭北之役"后，明朝除经营宁夏、甘肃等西北边疆之外，还加强了在青藏高原的军事经略。青藏高原海拔高、气候寒冷，长期阻挡了中原王朝西进的脚步。1247 年，窝阔台次子阔端、藏传佛教萨迦派首领萨迦班智达，在凉州白塔寺举行"凉州会盟"。作为会谈的结果，萨迦班智达接受蒙古帝国的委派，以政教合一的方式，管理青藏高原，青藏高原首次完全纳入中央政权的版图之中。除了借助藏传佛教管理西藏外，蒙元帝国还在青藏高原东缘设置军事机构，加以威慑。

明军西进青藏高原，首要目标是占领青藏高原东缘的战略枢纽——临洮（今甘肃临洮）。为此，洪武二年四月，徐达在凤翔召开军事会议，专门讨论攻取临洮的策略。徐达鉴于临洮战略门户的地位，主张直接发动进攻。"临洮之地，西通蕃夷，北界河湟，我师取之，其人足以备战斗，其土地所产足以供军储。""今以大军蹙之，思齐不西走胡，则束手就降矣。临洮既克，则旁郡自下。"④ 占领临洮后，徐达在此设置了临洮卫。⑤

鉴于明军占领临洮，控制了青藏高原东门，关闭了西番东进

---

① 《宁夏志笺证》卷上《沿革》，第 2 页。
② （弘治）《宁夏新志》卷一《建置沿革》，台湾成文出版社，1968，第 20 页。
③ "太仆寺丞梁野仙帖木儿言黄河迤北宁夏所辖境内，及四川西南至船城，东北至塔滩，相去八百里，土田膏沃，舟楫通行，宜命重将镇之，俾招集流亡，务农屯田，什一取税，兼行中盐之法，可使军民足食。从之。"《明太祖实录》卷八一，洪武六年夏四月壬申朔，第 1457 页。
④ 《明太祖实录》卷四一，洪武二年夏四月丙寅，第 815—816 页。
⑤ 《明太祖实录》卷四一，洪武二年夏四月甲申，第 824 页。

的交通枢纽，西番部落开始向东进发，打算夺回这一战略要地。双方从而在此展开决战。洪武二年，"乙卯，吐蕃寇临洮，屯于洮河原，指挥韦正率兵御之"。① 最终明军取得胜利。

> 时河水未冰，师不得济。正焚香祝曰："正仗国家威德，镇抚一方，将以休养生民。今贼在迩，而不得击。何以报国家？天意使贼平，则令河冰。"未几，有冰如巨屋，自上流而下，风随之，河冰遂合。正即率兵直捣虏营，虏大惊，以为神，俱投戈请降。②

经此一战，西番部落开始归附明朝。"正之守临洮也，善于招徕。时土酋赵琦、弟同知赵三，及孙平章、祈院使等皆先后来归，正悉与衣冠，厚遗而遣之。自是诸部土官相率来降。"③ 明朝也不断招抚西番部落。洪武三年，"先是，命陕西行省员外郎许允德，招谕吐蕃十八族、大石门、铁城、洮州、岷州等处"。④ "左副副将军邓愈自临洮进克河州，遣人招谕吐蕃"⑤ 取得了显著成果。"故元陕西行省吐蕃宣慰使何锁南普等以元所授金银牌印、宣敕诣左副副将军邓愈军门降，及镇西武靖王卜纳剌亦以吐蕃诸部来降。"⑥ 不仅如此，明朝还利用佛教在青藏高原的影响，派遣僧人前去招抚。洪武三年，"命僧克新等三人往西域招谕吐蕃，仍命图其所过山川地形以归"。⑦

明朝开始设置羁縻机构，以管辖西番部众。最早设置的羁縻

---

① 《明太祖实录》卷四五，洪武二年九月乙卯，第 904 页。
② 《明太祖实录》卷四五，洪武二年九月乙卯，第 904 页。
③ 《明太祖实录》卷四五，洪武二年九月乙卯，第 904—905 页。
④ 《明太祖实录》卷五三，洪武三年六月，第 1057 页。
⑤ 《明太祖实录》卷五二，洪武三年五月辛亥，第 1027 页。
⑥ 《明太祖实录》卷五三，洪武三年六月，第 1056—1057 页。
⑦ 《明太祖实录》卷五三，洪武三年六月癸亥，第 1036 页。

卫所，是在青藏高原西南缘的朵甘卫。洪武四年十月，"置朵甘卫指挥使司"。① 治所在灵藏，即今四川德格县西北俄支。次月，改故元必里万户府为必里千户所。"丁丑，置必里千户所，属河州卫，以朵儿只星吉为世袭千户。必里在吐蕃朵甘思界，故元设必里万户府，朵儿只星吉为万户，至是来降，河州卫指挥使韦正遣送至京，故有是命。"②

对于归附明朝的同族人，有西番部落加以攻击者。洪武五年，"吐蕃诸部川藏邀阻乌思藏使者，掠其辎重，命邓愈为征西将军率兵讨之"。③ 明朝于是加强在这一地区的制度化经营。洪武六年二月，是明朝在青藏高原开展制度建设的关键节点，明朝仿照元朝旧制，④ 设计以乌思藏、朵甘卫指挥使司及下属机构，管辖青藏高原。

> 诏置乌思藏、朵甘卫指挥使司，宣慰司二，元帅府一，招讨司四，万户府十三，千户所四，以故元国公南哥思丹八亦监藏等为指挥同知、佥事、宣慰使、同知、副使、元帅、招讨万户等官，凡六十人，以摄帝师喃加巴藏卜为炽盛佛宝国师。⑤

当年又在临洮设立低级别的羁縻千户所、百户所。"庚辰，置洮州常阳十八族等处千户所六，百户所九，各族都管十七，俱以

---

① 《明太祖实录》卷六八，洪武四年冬十月乙未，第1282页。
② 《明太祖实录》卷六九，洪武四年十一月丁丑，第1292页。
③ 《明太祖实录》卷七七，洪武五年十二月庚子，第1416页。
④ "朵甘，在四川徼外，南与乌斯藏邻，唐吐蕃旧。元置宣慰司、招讨司、元帅府、万户府，分统其众。"《明史》卷三三一《西域三·朵甘乌斯藏行都指挥使司传》，第8587页。
⑤ 《明太祖实录》卷七九，洪武六年二月癸酉朔，第1437—1438页。

故元旧官軼軼等为之。"① 洪武七年，又增置朵甘思宣慰司、招讨司等。

> 炽盛佛宝国师喃加巴藏卜，及朵甘行都指挥同知锁南兀即尔等，遣使来朝，奏举土官赏竺监藏等五十六人。诏增置朵甘思宣慰司及招讨等司。招讨司六，曰朵甘思，曰朵甘笼答，曰朵甘丹，曰朵甘仓溏，曰朵甘川，曰磨儿勘。万户府四，曰沙儿可，曰乃竹，曰罗思端，曰列思麻。千户所十七，曰朵甘思，曰剌宗，曰孛里加，曰长河西，曰朵甘思多八参孙等处，曰加巴，曰兆日，曰纳竹，曰伦答，曰沙里可哈思的，曰孛里加思东，曰果由，曰参卜郎，曰剌错牙，曰泄里坝，曰阔侧鲁孙，曰撒里土儿干。改故元伦卜卒曰四族，达鲁花赤为都管，朵甘捕盗司为巡检司，以赏竺监藏等七人为朵甘都指挥司同知，南哥思丹八亦监藏等三人为乌思藏都指挥司同知，星吉监藏等十一人为朵甘宣慰司使，川搠藏卜等八人为朵甘思等六招讨司官，管者藏卜等五人为沙儿可等万户府万户，管卜儿监藏等十八人为朵甘思等一十七千户所千户，速令一人为伦卜卒曰四族都管，监藏令占等三人为朵甘巡检司巡检。②

之后，又设置其他羁縻机构。"庚午，诏置俄力思军民元帅府、怕木竹巴万户府、乌思藏笼答千户所，设官一十三人。"③ "八年置俄力思军民元帅府。寻置陇答卫指挥使司。十八年以班竹儿藏卜为乌斯藏都指挥使。乃更定品秩，自都指挥以下皆令世袭。未几，又改乌斯藏俺不罗卫为行都指挥使司。"④ 洪武九年，"壬申，设河

---

① 《明太祖实录》卷七九，洪武六年二月庚辰，第 1439 页。
② 《明太祖实录》卷九五，洪武七年十二月壬辰朔，第 1641—1642 页。
③ 《明太祖实录》卷九六，洪武八年春正月庚午，第 1650 页。
④ 《明史》卷三三一《西域三·朵甘乌斯藏行都指挥使司传》，第 8588 页。

州西番木呱些儿孙等处千户所，以元达鲁花赤锁南巴等充正、副千户，隶朵甘都指挥使司"。① 此外，明朝仍沿元制，设置万户府。洪武十八年，"定朵甘思宣慰使司秩正三品，朵甘万户府、朵甘招讨司、朵甘东道万户府、乌思藏必力公瓦万户府秩皆正四品，朵甘塔尔千户所、乌思藏葛剌汤千户所秩皆正五品"。② 洪武三十年，"置长河西鱼通宁远宣慰司，以其酋为宣慰使，自是修贡不绝。初，鱼通及宁远、长河西，本各为部，至是始合为一"。③

　　洪武七年七月，"诏置西安行都指挥使司于河州，升河州卫指挥使司韦正为都指挥使，总辖河州、朵甘、乌思藏三卫"。④ 但改置都司之事，实在洪武八年，此应为西安行都卫。⑤ 解缙描绘了西安行都卫辐射之广大地域。"国朝初置陕西行都司于河州，控西夷数万里，跨昆仑，通天竺，西南距川，入于南海。"⑥ 负责管辖整个青藏高原的西番部落。西安行都卫改为陕西行都司之后，驻地最初也是在青藏高原的东缘庄浪，⑦ 即今甘肃永登。而对于仍不肯归附的西番部落，明朝再次派遣军队，予以打击。洪武九年，"西番土官朵儿只巴叛，率众寇罕东。河州卫指挥使宁正率兵击走之，追至西海北山口而还"。⑧ 洪武十年四月，"命卫国公邓愈为征西将军、大都督府同知沐英为副将军，率师讨吐蕃。先是，吐蕃所部川藏邀杀使者巩哥锁南等，故命愈等讨之"。⑨ 五月，"征西将军邓愈兵至吐蕃，

---

① 《明太祖实录》卷一〇八，洪武九年九月壬申，第1806页。
② 《明太祖实录》卷一七〇，洪武十八年春正月丁卯，第2582页。
③ 《明史》卷三三一《西域三·长河西鱼通宁远宣慰司传》，第8588页。
④ 《明太祖实录》卷九一，洪武七年秋七月己卯，第1595页。
⑤ 洪武八年，明朝始将（行）都卫全部改为（行）都司，其中西安行都卫改为陕西行都司。《明史》卷四十二《地理志三·陕西·河州》，第1009页。故而，此处记载洪武七年设置行都司，实误。
⑥ （明）解缙：《送习贤良赴河州序》，载《明经世文编》，第85页。
⑦ "甲午，复置陕西行都指挥使司于庄浪，后徙于甘州。"《明太祖实录》卷一二二，洪武十二年春正月甲午，第1973—1974页。
⑧ 《明太祖实录》卷一〇八，洪武九年八月，第1802页。
⑨ 《明太祖实录》卷一一一，洪武十年夏四月己酉，第1851页。

攻败川藏之众，追至昆仑山，斩首甚众，获马牛羊十余万，遂遣凉州等卫将士分戍碾北等处而还"。① 洪武十一年，明朝派遣沐英进击西番部落。"时西番屡寇边，命西平侯沐英为征西将军，率都督金事蓝玉、王弼，将京卫及河南、陕西、山西马步官军征之。"② 次年（洪武十二年）二月，沐英等大获全胜。"征西将军沐英等兵至洮州故城，番寇三副使阿卜商河、汪顺、朵罗只等率众遁去，我军追击之，获磺石州叛逃土官阿昌、七站土官失纳等，斩之。"③ "征西将军沐英等兵击西番三副使之众，大败之，擒三副使瘿嗉子等，杀获数万人，获马二万匹、牛羊十余万，遂班师。"④ "英等进击番寇，大破之，尽擒其魁，俘斩数万人，获马牛羊数十万。自是，群番震慑，不敢为寇。"⑤ 洪武十七年，明朝再命宋晟追击西番逃逸部众。"丙寅，命凉州卫指挥使宋晟等率师讨西番叛酋，兵至亦集乃路，擒故元海道千户也先帖木儿、国公吴伯都刺赤、平章阿来等，及其部属一万八千七百余人，收其壮士九百八十人，余悉放还。"⑥ 洪武晚期，明军不断进击陕西、四川西番。洪武二十三年，明朝又派遣蓝玉攻打四川境内的西番。"蜀王椿奏西番蛮人作乱，烧黑崖关，且寇掠不止，已遣都指挥使瞿能、同知徐凯统兵一万三千人，从凉国公蓝玉往大渡河邀击之。"⑦ 洪武二十四年，还命冯胜、蓝玉征讨西番。"丙申，宋国公冯胜、凉国公蓝玉等遣使入奏，请勒兵巡边，就讨西番之未附者。"⑧ 洪武二十五年，"凉国公蓝玉率兰州诸卫将士，追逃寇祁者孙，遂征西番、罕东之地"。⑨ 洪武二十八年，

---

① 《明太祖实录》卷一一二，洪武十年五月癸卯，第1858页。
② 《明太祖实录》卷一二一，洪武十一年十一月庚午朔，第1960页。
③ 《明太祖实录》卷一二二，洪武十二年二月丙寅，第1979页。
④ 《明太祖实录》卷一二六，洪武十二年冬十月己亥，第2018页。
⑤ 《明史》卷三三〇《西域二·西番诸卫传》，第8540页。
⑥ 《明太祖实录》卷一六二，洪武十七年五月丙寅，第2514页。
⑦ 《明太祖实录》卷一九九，洪武二十三年春正月辛巳，第2985页。
⑧ 《明太祖实录》卷二一四，洪武二十四年十一月丙申，第3158页。
⑨ 《明太祖实录》卷二一七，洪武二十五年夏四月壬子朔，第3192页。

"陕西、四川二都司率马步官军征讨西番东峰里、乌杂山及水扶州、罗家、毛工等族，及祈家沟、丹堡等处，破之，获男女一千六百七十余口，其一十四族五百九户内附，编籍输赋"。①

在基本控制西番族群后，沐英建议修筑城池，展开长期经营。"遂于东笼山南川，度地势筑城戍守，遣使来报捷，且请城守事宜。"② 对此，朱元璋从临洮战略地位出发，充分加以肯定，命令修筑城池，设置洮州卫。"上曰：'洮州西番门户，今筑城戍守，是扼其咽喉矣。'遂命置洮州卫，以指挥聂纬、陈晖、杨林、孙祯、李聚、丁能等领兵守之。"③

同月，朱元璋又命李文忠在青藏高原东缘，普遍修筑城池。"二月戊戌朔，命曹国公李文忠往河州、岷州、临洮、巩昌、梅川等处整治城池、督理军务，边境事宜，悉从节制。"④ 李文忠占领洮州后，鉴于当地粮饷运输存在困难，有放弃之意。"官军守洮州，馈运甚艰，民劳不便。"但朱元璋却从控制青藏高原的战略全局出发，坚持经营洮州。"洮州西控番夷，东蔽湟陇，自汉唐以来，备边之要地也。今羌虏既斥，若弃之不守，数年之后，番人将复为边患矣。虑小费而生大患，非计也。敕至令将士慎守，所获牛羊分给将士，亦足为二年军食。"⑤

洪武时期，除了以上都司卫所之外，青藏高原周边众多卫所都有管辖西番部落的职责。这从下面一则史料便可看出。"帝以诸卫将士有擅索番人马者，遣官赍金、铜信符敕谕，往赐凉州、甘州、肃州、永昌、山丹、临洮、巩昌、西宁、洮州、河州、岷州诸番族"，⑥ 除此以

①　《明太祖实录》卷二三七，洪武二十八年三月庚申，第3465页。

②　《明太祖实录》卷一二二，洪武十二年二月丙寅，第1979页。

③　《明太祖实录》卷一二二，洪武十二年二月丙寅，第1979页。

④　《明太祖实录》卷一二二，洪武十二年二月戊戌朔，第1974页。

⑤　《明太祖实录》卷一二三，洪武十二年三月丁亥，第1986页。

⑥　《明史》卷三三〇《西域二·西番诸卫传》，第8541页。

外，巩昌卫、岷州卫、碾北卫，[①] 以及阶州守御千户所、文州汉蕃千户所，[②] 同样有管理西番族群的职责。以上卫所由汉人、西番族群共同组成，既调动了西番族群的积极性，又实现了有效控制。为保障卫所的后勤供应，明朝虽然也会向西番族群征收一定赋税，但数额较少，并不会给西番族群造成实际负担。这从嘉靖时期的一则事例便可看出。

> 二十四年设岷州，隶巩昌府。岷西临极边，番汉杂处。洪武时，改土番十六族为十六里，设卫治之，俾稍供徭役。自设州之后，征发繁重，人日困敝。且番人恋世官，而流官又不乐居，遥寄治他所。越十余年，督抚合疏言不便，乃设卫如故。[③]

明朝控制青藏高原，尚有利用青藏高原东部水草丰茂地带，培育战马，充实骑兵，为再次进取岭北奠定基础之目的。南宋时人吕颐浩称："今秦州接连熙州及青唐羌界，乃自古产良马之地。宋朝以茶易马于秦州，置提举茶马司，凡中国战马皆自此得之，岂其地耶？"[④] 两宋、金朝皆曾于洮水流域购置战马，南宋甚至因此形成"西路骑兵遂雄天下"之说。[⑤] 朱元璋也曾明确称："西番素产马。"[⑥] 明朝占领湟水流域后，设置茶马司，[⑦] 大量征马于此

---

① 《明太祖实录》卷四八，洪武三年春正月辛卯朔，第 947 页；卷一一九，洪武十一年秋七月辛巳，第 1938 页。

② 《明太祖实录》卷七〇，洪武四年十二月丙申，第 1308 页；卷六四，洪武四年夏四月乙巳，第 1220 页。

③ 《明史》卷三三〇《西域二·西番诸卫传》，第 8545—8546 页。

④ （宋）吕颐浩：《忠穆集》卷八《燕魏杂记》，《景印文渊阁四库全书》第 1131 册，第 333 页。

⑤ 《宋史》卷三一六《吴挺传》，第 11422 页。

⑥ 《明太祖实录》卷一〇〇，洪武八年五月戊辰，第 1694 页。

⑦ "置河州茶马司，官制与秦州茶马司同。"《明太祖实录》卷九三，洪武七年九月己未，第 1628 页。"改秦州茶马司为西宁茶马司，迁其治于西宁，从长兴侯耿炳文之请也。"《明太祖实录》卷二五二，洪武三十年夏四月己丑，第 3641 页。

地，促进了北疆攻防体系建设。洪武十二年，敕李文忠、沐英曰：
"中国所乏者马，今闻军中得马甚多。宜趁此青草之时，牧养壮
盛，悉送京师。"① 其中河州尤为军马来源要地。② 松州也将贡马作
为向中央缴纳的赋税。洪武十六年，朱元璋谕松州卫指挥佥事耿
忠曰："西番之民归附已久，而未尝责其贡赋。闻其地多马，宜计
其地之多寡以出赋。如三千户则三户共出马一匹，四千户则四户
共出马一匹，定为土赋，庶使其知尊君亲上、奉朝廷之礼也。"③
由于明军马匹缺少，洪武十八年甚至骑驴北征。④ 朱元璋遂于西番
诸地征马以用，⑤ 甚至从这一地区抽调重骑兵，参加北征辽东的
战役。⑥

　　洪武时期，明朝除用军事方式经略青藏高原之外，还采取分
化西番族群的方式，使不同部落都有朝贡中央的权利。"初，太祖
以西番地广，人犷悍，欲分其势而杀其力，使不为边患，故来者
辄授官。"⑦

---

① 《明太祖实录》卷一二三，洪武十二年三月丙申，第 1988 页。

② 洪武十三年，"兵部奏：河州茶马司市马，用茶五万八千八百九十二斤、牛九
　　十八头，得马二千五十四"。《明太祖实录》卷一三三，洪武十三年九月戊戌，
　　第 2113 页。"兵部奏：茶盐银布易马之数。秦河二州以茶易一百八十一匹，纳
　　溪白渡二盐马司以盐布易二百匹，洮州卫以盐易一百三十五匹，庆远裕民司以
　　银盐易一百八十一匹，凡得马六百九十七匹。"《明太祖实录》卷一四〇，洪
　　武十四年十二月，第 2218 页。

③ 《明太祖实录》卷一五一，洪武十六年春正月辛酉，第 2379 页。

④ "是月，诏以钞往北平等都司给军卫，令每军二人买驴一头，以备北征。"《明
　　太祖实录》卷一七〇，洪武十八年春正月，第 2592 页。

⑤ "乙卯，敕谕岷州、河州、巩昌、西宁、临洮诸卫武臣曰：'比者命大将军北
　　征，军乏战马，皆云骁腾可用者无逾陕西。今遣荥阳侯郑遇春即各卫谕诸将
　　校，但留己所乘马，余悉送官。每马一匹给白金三锭，若非有余及有余而驽弱
　　者，皆勿送。'"《明太祖实录》卷一七六，洪武十八年冬十月乙卯，第 2668
　　页。

⑥ "乙卯，陕西河州、巩昌、岷州、临洮四卫土著铁甲马军二千九百余人至京听
　　操，人赐钞八锭。"《明太祖实录》卷一八〇，洪武二十年春正月乙卯，第
　　2723 页。

⑦ 《明史》卷三三一《西域三·朵甘乌斯藏行都指挥使司传》，第 8589 页。

西番饮食以肉食为主，需要茶叶加以调剂。"秦蜀之茶，自碉门黎雅抵朵甘乌思藏五千余里皆用之，其地之人不可一日无此。"① 历代都将茶叶作为控制西番的重要手段，通过提升茶叶价格，掌握主动权。"始于唐而盛于宋，至宋而其利博矣。前代非以此专利，盖制戎狄之道，当贱其所有，而贵其所无耳。"② 推行茶马贸易，制约西番部落。"且多置茶课司，番人得以马易茶。而部族之长，亦许其岁时朝贡，自通名号于天子。彼势既分，又动于利，不敢为恶。即小有蠢动，边将以偏师制之，靡不应时底定。"③ "又以其地皆食肉，倚中国茶为命，故设茶课司于天全六番，令以马市，而入贡者又优以茶布。诸番恋贡市之利，且欲保世官，不敢为变。"④

但洪武时期，茶叶走私已经十分严重。为此，洪武九年，便已经禁止走私贸易。"禁秦蜀军民毋得入西番互市。"⑤ 洪武三十年，朱元璋从"华夷之辨"立场出发，指出边疆族群由于贪得利益，而容易发动对中原王朝的进攻。"古者帝王驭世必严夷夏之辨者，盖以戎狄之人贪而无厌，苟不制之，则必侵侮而为边患矣。"⑥ 由于茶叶走私，茶、马价格差逐渐拉大，明朝在茶马贸易中的主动权受到挑战。"迩因私茶出境，马之入互市者少，于是彼马日贵，中国之茶日贱，而彼玩侮之心渐生矣。"⑦ "巴茶自国初征收累年，与西番易马。近因私茶出境，致茶贱马贵，不独国课有亏，殆使戎羌放肆，生侮慢之心。"⑧ 在朱元璋看来，这根源于沿边卫所监守

---

① 《明太祖实录》卷二五一，洪武三十年三月癸亥，第3629—3630页。
② 《明太祖实录》卷二五一，洪武三十年三月癸亥，第3630页。
③ 《明史》卷三三〇《西域二·西番诸卫传》，第8549页。
④ 《明史》卷三三一《西域三·朵甘乌思藏行都指挥使司传》，第8589页。
⑤ 《明太祖实录》卷一〇六，洪武九年五月乙卯，第1763页。
⑥ 《明太祖实录》卷二五〇，洪武三十年二月丁酉，第3619页。
⑦ 《明太祖实录》卷二五〇，洪武三十年二月丁酉，第3619页。
⑧ 《明太祖实录》卷二五一，洪武三十年三月，第3635—3636页。

自盗。"盖由守边者不能御防，或滥交无度，纵放私茶，或假朝廷为名，横科马匹，以致番人悖信。朝廷初不知此，但谓西番不顺，岂知边吏有以激之。"① 为此，曾经派遣李景隆交给西番部落金牌勘合，作为交易凭证。"故尝命曹国公李景隆赍金牌勘合，直抵西番，以传朕命令。各番酋领受，俾为符契，以绝奸欺。"② 再次申禁沿边卫所。"尚恐边卫将士巡防不严，私茶出境，尔兵部备传朕意，谕边守者知之。"③ 再次下令严禁茶叶走私，④ 甚至为此处死参与茶叶走私的驸马欧阳伦。⑤

---

① 《明太祖实录》卷二五一，洪武三十年三月，第3636页。
② 《明太祖实录》卷二五一，洪武三十年三月，第3636页。
③ 《明太祖实录》卷二五一，洪武三十年三月，第3636页。
④ 《明太祖实录》卷二五〇，洪武三十年三月丁丑，第3619页。
⑤ "驸马都尉欧阳伦坐贩私茶，事觉赐死。初，上命秦、蜀岁收巴茶，听西番商人以马易之，中国颇获其利。其后商旅多有私自贩鬻，至为夷人所贱，马价遂高。乃下令严禁之，有以巴茶私出境者，置以重法。伦尝遣家人往来陕西贩茶，出境货鬻，倚势横暴，所在不胜其扰，虽藩阃大臣，皆畏威奉顺，略不敢违。时四月，农方耕耨，伦适在陕西，令布政使司移文所属，起车载茶往河州。伦家人有周保者尤纵暴，所至驱迫有司，索车五十辆。至兰县河桥巡检司，捶辱其吏，吏不能堪，以其事闻。上大怒，以布政使司官不言，并伦赐死，保等皆坐诛，茶货没入于官，以河桥吏能不避权贵，遣使赍嘉劳之。"《明太祖实录》卷二五三，洪武三十年六月己酉，第3659页。关于明代的茶马贸易，可参见李光璧《明代西茶易马考》，《中央亚细亚》1943年第2期；谭英华《明代西南边疆之茶马市易》，《边政公论》1943年第11、12期；陈汜舟、刘俊才《明代川陕与藏族地区的茶马贸易》，《西南民族大学学报》（人文社科版）1981年第3期；吴仁安《明代中期杨一清"修复茶马旧制"浅说》，《华东师范大学学报》（哲学社会科学版）1983年第2期；林永匡《明清时期的茶马贸易》，《青海社会科学》1983年第4期；吴仁安《明代川陕茶马贸易浅说》，《中国社会经济史研究》1984年第2期；石蒉《明初甘肃地区汉藏茶马互市初探》，《甘肃社会科学》1984年第3期；张权武《明代内地同藏区的茶马贸易》，《西藏研究》1985年第4期；戴月芳《明代茶之研究——以内茶与边茶为主》，硕士学位论文，东海大学，1985；谢玉杰《明王朝与西北诸番地区的茶马贸易》，《西北民族研究》1986年第1期；解秀芬、文韬《试论明初茶马贸易的"金牌制"》，《甘肃民族研究》1986年第4期；萧国亮《明代后期蒙汉互市及其社会影响》，《中国社会科学院研究生院学报》1987年第2期；左书谔、解秀芬《"金牌制"考略》，《民族研究》1987年第4期；杜常顺《略论明代甘青少数民族的"差发马赋"问题》，《民族研究》1990年第5期；萧国亮《明代藏汉茶马贸易的历史考察》，《中国社会科学院研究生院学报》

不仅如此，洪武时期，明朝还继承元朝旧制，利用宗教招抚西番族群。"洪武初，太祖惩唐世吐蕃之乱，思制御之。惟因其俗

1990 年第 6 期；谢玉杰《"金牌信符制"考辨》，《西北民族研究》1988 年第
2 期；苏鑫鸿《明清时期的茶马政策述论——明清茶法研究之一》，《中国社
会经济史研究》1988 年第 2 期；陈一石《明代茶马互市政策研究》，《中国
藏学》1988 年第 3 期；赵毅《明代的汉藏茶马互市》，《中国藏学》1989 年
第 3 期；赵毅《明代四川茶马贸易的一种特殊形式》，《西南师范大学学报》
(哲学社会科学版) 1988 年第 4 期；郭孟良《略论明代茶马贸易的历史演
变》，《齐鲁学刊》1989 年第 6 期；陈一石《有关金牌制的几个问题——兼
与左书谔解秀芬同志商榷》，《民族研究》1990 年第 1 期；谢玉杰《杨一清
茶马整顿案评述——明代西北茶马贸易研究之二》，《西北民族研究》1990
年第 1 期；张维光《明朝政府在青海的茶马互市政策述论》，《青海社会科
学》1990 年第 3 期；郭孟良《明代茶禁考析——明代茶法研究之一》，《史
学月刊》1991 年第 2 期；白坚《明代西北茶禁与茶商的活动》，《青海社会
科学》1991 年第 4 期；晓舟《茶马互市与边疆内地的一体化》，《中国边疆
史地研究》1992 年第 2 期；施由民《明代茶马互市述论》，《农业考古》
1992 年第 2 期；李峰《茶马互市与明代青海货币经济》，《青海民族学院学
报》(社会科学版) 1992 年第 3 期；姚继荣《明代西北诸茶马司的置废及管
理》，《青海师专学报》1993 年第 3 期；叶玉梅《明代茶马互市中的金牌信
符制度》，《青海民族学院学报》(社会科学版) 1993 年第 4 期；姚继荣《明
代茶马互市中的"勘合制"问题》，《青海民族学院学报》(社会科学版)
1994 年第 3 期；刘淼《明代茶马贸易价格结构分析》，《史学集刊》1997 年
第 3 期；刘淼《明代茶业经济研究》，汕头大学出版社，1997；刘淼《明代
金牌制下的"差发马"易茶形态》，《中国社会经济史研究》1997 年第 2 期；
王冰《明朝初期汉藏茶马互市的几个问题》，《西北史地》1998 年第 3 期；
彭建英《略论金牌制的两重性》，《中央民族大学学报》(哲学社会科学版)
1999 年第 4 期；王晓燕《明代官营茶马贸易体制》，《西北民族研究》2000
年第 2 期；刘清荣《明代茶马贸易经管体系述论》，《农业考古》2001 年第 2
期；王晓燕《明代官营茶马贸易体制的衰落及原因》，《民族研究》2001 年
第 5 期；郭孟良《试论明代的茶禁政策》，《青海社会科学》2002 年第 4 期；
朴永焕《汉藏茶马贸易对明清时代汉藏关系发展的影响》，博士学位论文，
四川大学，2003；马冠朝《明代茶马贸易官营体制的理论探析》，《宁夏社会
科学》2005 年第 4 期；邓前程《从自由互市到政府控驭：唐、宋、明时期汉
藏茶马贸易的功能变异》，《思想战线》2005 年第 3 期；邓前程《明代"限
制边茶以制之"立法及其治藏主旨——以边关将吏和茶商严厉禁约为例》，
《四川师范大学学报》(社会科学版) 2006 年第 2 期；陈杰《明代河州的茶
马互市》，《档案》2006 年第 2 期；赵毅《论明代汉藏茶马互市的历史意
义》，《重庆师范大学学报》2007 年第 5 期；马冠朝《明代官营茶马贸易运
营制度的演变与衰落》，《农业考古》2007 年第 5 期；肖文清、武沐《明代
河州、岷州、洮州茶马贸易研究》，《青海民族研究》2009 年第 4 期。

尚,用僧徒化导为善,乃遣使广行招谕。"① 其中西宁、河州的僧人向中央朝贡者尤多。

> 初,西宁番僧三剌为书招降罕东诸部,又建佛刹于碾白南川,以居其众,至是来朝贡马,请敕护持,赐寺额。帝从所请,赐额曰瞿昙寺。立西宁僧纲司,以三剌为都纲司。又立河州番、汉二僧纲司,并以番僧为之,纪以符契。自是其徒争建寺,帝辄锡以嘉名,且赐敕护持。番僧来者日众。②

"岭北之役"后,明朝也加强了在辽东地区的军事经营,同样利用这一地区可以开展大规模农业经济的地理条件,实现固定控制。"岭北之役"前,明朝在辽东地区除设置辽东卫外,还设置了定辽边卫。洪武四年十一月,《明太祖实录》中出现了"定辽边卫"。"戊午,命青州等卫官军运山东粮储,以给定辽边卫。"③ "岭北之役"后,明朝开始在辽东地区大量增设卫所。洪武五年十二月,出现了定辽卫。"黜靖海侯吴祯为定辽卫指挥使。"④ 洪武六年十一月,明朝设置定辽右卫。"癸酉,置定辽右卫于辽阳城之北,立所属千户所五,命定辽都卫指挥佥事王才等领原将山东诸卫军马屯守。"⑤ 《明太祖实录》在洪武七年的记载中出现了定辽左卫。"定辽都卫奏并卫所官军,以左千户所青州土军五千六百人属定辽左卫,以右千户所莱州土军五千人并本卫军七百九十四人属定辽右卫。"⑥ 洪武八年四月,明朝又设金州卫。"置

---

① 《明史》卷三三一《西域三·乌斯藏大宝法王传》,第 8572 页。
② 《明史》卷三三〇《西域二·西番诸卫传》,第 8541—8542 页。
③ 《明太祖实录》卷六九,洪武四年十一月戊午,第 1287—1288 页。
④ 《明太祖实录》卷七七,洪武五年十二月壬寅,第 1417 页。
⑤ 《明太祖实录》卷八六,洪武六年十一月癸酉,第 1532 页。
⑥ 《明太祖实录》卷八七,洪武七年春正月甲戌,第 1544—1545 页。

金州卫指挥使司，隶定辽都卫，命袁州卫指挥同知韦福、赣州卫指挥金事王胜领兵屯守。"① 当年十月，在改都卫为都司的时代背景下，定辽都卫被改为辽东都司。而为了在名称上与辽东都司其他卫所保持协调，辽东卫改称"定辽后卫"。与此同时又设置了定辽前卫。"定辽都卫为辽东都指挥使司，置定辽前卫指挥使司，以辽东卫为定辽后卫。"② 洪武九年，明朝又改置盖州卫。"洪武九年冬十月辛亥朔，改定辽后卫为盖州卫。复置定辽后卫于辽阳城北，以定辽左卫指挥金事张山统兵屯戍。"③ 这样，洪武前期，明朝在辽东设置一都司、七卫。④

可见，洪武前期借助在北部边疆两翼的经营，推进疆域突破幽云旧疆，向西北汉唐旧疆迈进，甚至在辽东地区、青藏高原，呈现出追随元朝道路，收复元朝旧疆的历史意味。但值得注意的是，与汉唐、元朝不同，明朝在幽云旧疆以外的地区，基本仅设立军事性质的都司卫所，而未将内地州县模式推广于这一区域，边疆地区从而一直保持了很强的军事色彩，是保障内地的外围地带。如果从地方管理制度视角出发，将实行州县模式的幽云旧疆以内地区称作"行政疆域"的话，那么处于这一疆域以外、推行军事管理的边疆地区，可称为"军事边疆"。在西北军事边疆以外，明朝还设置朵甘、乌思藏羁縻都司卫所及其他羁縻卫所，可称为"羁縻边疆"。可见，洪武时期，明朝在北疆东翼构建军事边疆，在西翼则推行军事边疆、羁縻边疆并存的"复合边疆"。

---

① 《明太祖实录》卷九九，洪武八年夏四月乙巳，第 1682 页。
② 《明太祖实录》卷一〇一，洪武八年冬十月癸丑，第 1712 页。
③ 《明太祖实录》卷一一〇，洪武九年冬十月辛亥朔，第 1819 页。
④ 关于明初辽东诸卫之设置，可参见张士尊《明初辽东二十五卫建置考释》，《鞍山师范学院学报》（综合版）1994 年第 1 期；张士尊《明初辽东二十五卫建置考释（续）》，《鞍山师范学院学报》（综合版）1994 年第 2 期。

第二节　洪武前期漠南"缓冲边疆"的形成

在击退北元反扑的潮流后，朱元璋鉴于北元仍有可能发动类似的军事行动，从而在战略上一直保持了对北元的威逼态势，致力于彻底消除这一潜在的威胁。洪武五年（1372）十二月，朱元璋送还北元昭宗之子买的里八剌，致书元臣刘仲德、朱彦德，与之前致元顺帝之书措辞大体一致。[1] 鉴于北元汗廷仍保持抗拒姿态，明朝遂在致书北元书信的前后，便开始逐步拔掉北元在漠南草原的战略要点，防范其再次南下。

大宁（今内蒙古赤峰宁城县）处于马盂山、泠岍山之间，老哈河由北至南流过，是洪武前期辽阳行省北元军队南下北平的战略枢纽。洪武七年二月，明军开始兵进北元大宁路，将大宁路锦川县北元军民内迁至明朝境内。"燕山卫指挥朱呆于大宁锦川县获故元达鲁花赤王歹都等三十余人及其部民三千余口，送至京师。"[2] 四月，明军进一步越过泠岍山，进至黑城子（今辽宁北票北），擒获当地北元官民而还。"戊午，都督佥事金朝兴、胡海等率兵至黑城子等处，获故元太尉卢伯颜不花、大司徒平章帖木儿不花等，并省院官二十五人、军士四十九人。河南都指挥使缪道复率兵于圣山儿等处，擒故元参政等官民百余户而还。"[3] 七月，李文忠率军进至大宁以北的高州（今内蒙古赤峰、敖汉旗之间），斩杀北元宗王朵朵失里。"左副将军李文忠率师攻高州大石崖，克之。斩故

---

① "若能再三察朕之言，尔君之宗祀不绝，二生之家族亦可长保富贵。如其不然，中国无事，六军出讨，旌旗蔽塞，阵数百里，绵亘于阴山。二生若忠于君，身膏草野，美名垂于千载，亦奇男子事也。或不能徇国，偷生苟免，将何面目与朕相见，惟熟虑之。"《明太祖实录》卷七七，洪武五年十二月壬寅，第1418—1419页。

② 《明太祖实录》卷八七，洪武七年二月乙巳，第1552页。

③ 《明太祖实录》卷八八，洪武七年夏四月戊午，第1570页。

元宗王朵朵失里，擒其承旨百家奴，余众败走。"① 同时乘胜向西北追击，在大马群山南麓斩杀北元鲁王。"文忠复遣指挥唐某追击之至毡帽山，遇故元鲁王营于山下，以兵攻之，斩鲁王及司徒答海俊、平章把刺、知院忽都，获鲁王妃蒙哥秃，并金印一、玉图书一。"② 通过三次军事行动，明军扫荡了大宁路北元残众，消除了北元对北平的大规模威胁。

兴和（今河北省张家口张北县），地处大青山、大马群山之间，号称"阴山之脊"。"其地远望如高阜，至则又是平地，乃阴山之脊。"③ 由于地势较高，是瞭望漠北草原的军事制高点。永乐年间，朱棣第二次北征途中，便命前锋刘江、朱荣，"先遣劲骑出兴和百里外，凭高瞭望"。④ 兴和不仅战略地位重要，而且生态环境较为优越，有内陆湖安固里淖，凭借于此既可发展牧业，也可发展农业。鉴于兴和的地理优势，北元在此建立中都，当地社会一度十分繁盛。"过一凤凰山，山之西南有沙城，又度数山冈便至兴和，元号为中都，地宜牧马，亦可树稻麦，元氏居民甚盛。"⑤洪武七年四月，蓝玉率军进攻兴和，击败北元残众。"都督佥事蓝玉、林霁峰率兵攻兴和。时故元将脱因帖木儿据兴和，遣其国公帖里密赤迎战，玉等大败其众，于白酒泉擒帖里密赤及其官属五十九人，获马驼三百三十余匹，脱因帖木儿弃城走，遂拔兴和。"⑥ 拔掉了北元在阴山之脊的战略高地，大破兴和北元残众之后，明军将巡逻范围北延至此，当月直属朱元璋的骁骑卫在巡逻兴和时，还曾俘获在这一地区出没的扩廓帖木儿部下。洪武七年四月，"甲寅，骁骑

① 《明太祖实录》卷九一，洪武七年秋七月甲子朔，第1593页。
② 《明太祖实录》卷九一，洪武七年秋七月甲子朔，第1593页。
③ 《蓬窗日录》卷二《寰宇二》，第77页。
④ 《明太宗实录》卷一四九，永乐十二年三月丁亥，第1739页。
⑤ 《蓬窗日录》卷二《寰宇二》，第77页。
⑥ 《明太祖实录》卷八八，洪武七年夏四月己亥，第1567页。

卫兵巡逻兴和、白登等处,获王保保所部省院官买纳等四十三人,送京师"。①

在漠南草原西部,在明军开拓西北边疆的压力之下,西北近边蒙古部落也不断有归降明朝者。② 但鉴于漠南草原不适合大规模推广农业经济,而且北元汗廷仍有南下可能,这一时期并未向两翼地带那样,对漠南草原实行固定控制,而是仍保持着军事巡逻的"缓冲边疆"色彩。

虽然明朝借此在北部边疆的战略优势进一步提升,但由于仍未有政治进占漠南草原的打算,因而采取两种方式处理降胡。一是继续内徙降胡,比如洪武七年四月,"辛酉,太原都卫奏获胡寇张成等十六人。上命询胡人潜伏之所,欲用兵剿绝,勿容再聚。其塞外夷民,皆令迁入内地"。③ 二是设置羁縻卫所,比如在洪武八年,明朝在大同以北先后设置官山卫、蒙古左卫与蒙古右卫。三月设置官山卫。"故元知院不颜朵儿只等来降,赐罗绮衣服有差。元不颜朵儿只者即元国公乃儿不花也。于是,诏置官山卫指挥使司,隶大同都卫,以乃儿不花为指挥同知。"④ 五月,"元广平

---

① 《明太祖实录》卷八八,洪武七年夏四月甲寅,第1569页。

② 洪武五年九月,"丁酉,鞑靼五千九百余人自东胜来降,命居临濠,月以薪米给之"。《明太祖实录》卷七六,洪武五年九月丁酉,第1401页。洪武六年正月,"甲辰,故元千户赵权率军校王宁等二千二百余人自塞北来归,各赐文绮衣服"。《明太祖实录》卷七八,洪武六年春正月甲辰,第1421页。洪武七年十二月,"丙午,西安卫送宁夏来降故元参政保保、都事卢庸等至京。先是,遣故元降臣贾伯寿往宁夏招谕。至是,保保籍其所部将校二十人、军百人、民一千户、马三百一十四匹、牛四十头、驼五十只来降。诏赐保保文绮二、锦衣一袭。诏赐迤北来降将校脱脱不花等五人及家属衣服"。《明太祖实录》卷九五,洪武七年十二月丙午,第1644—1645页。"戊申,故元官赤老温、定帖千自察罕脑儿来归,赐帽衣靴袜。"《明太祖实录》卷九五,洪武七年十二月戊申,第1645页。"辛亥,诏赐宁夏来降故元平章杨怯烈及宝咱王所部王文兴等十人文绮各二匹,仍赐怯烈文绮衣一袭。"《明太祖实录》卷九五,洪武七年十二月辛亥,第1645页。

③ 《明太祖实录》卷八八,洪武七年夏四月辛酉,第1570—1571页。

④ 《明太祖实录》卷九八,洪武八年三月戊子,第1678页。

王保咱、司徒保保、威宁王帖木儿等十一人自大同来降"。① 明朝遂设置蒙古右卫。"保咱为蒙古右卫指挥佥事、保保为镇抚，令往大同招抚其属。"② 六月，明朝改蒙古右卫为左卫，同时又设置新的蒙古右卫。"乙未，改蒙古（右）卫为蒙古左卫，调保咱为指挥佥事，仍置蒙古右卫。"③

相对于内徙降胡，设置羁縻卫所一方面是一种更为积极的做法，体现出明朝将漠南草原设为外围边疆的政治意愿；另一方面，这种意愿显得较为有限，这是因为羁縻卫所与明朝的关系较为松散，随时可以脱离明朝的统治。比如官山卫在设置次年，便由于乃儿不花的叛逃，而自动裁撤。"官山卫指挥同知乃儿不花叛入沙漠，大同卫指挥使周立率大同振武等卫将士讨之，追及白寺塔滩，获其辎重，乃儿不花遁去。"④ 蒙古左卫、右卫此后也未再见记载，命运应该也与官山卫一样。

可见，洪武前期，明朝一直未有积极控制漠南草原的政治意愿，甚至燕山以北的"山后"地区仍有北元残众盘踞，⑤ 明人也视这一地带为"境外"。洪武十二年四月，"壬寅，刑部言古北口千户擅役军士八人，出境伐木，为贼所杀，论当死。卫指挥以下凡

① 《明太祖实录》卷一○○，洪武八年五月丙戌，第 1696 页。
② 《明太祖实录》卷一○○，洪武八年五月丙戌，第 1696 页。
③ 《明太祖实录》卷一○○，洪武八年六月乙未，第 1697 页。
④ 《明太祖实录》卷一○五，洪武九年夏四月己酉，第 1762 页。
⑤ 洪武七年七月，"戊辰，密云卫千户陈寿等率兵巡逻塞外，遇故元平章白舍住等以众来降，凡百六十人"。《明太祖实录》卷九一，洪武七年秋七月戊辰，第 1594 页。"辛未，永平卫百户毕胜率兵至红罗山巡逻，获故元同知杨普贤奴。进至八角山，遇田院判，引兵接战，胜，击斩之。"《明太祖实录》卷九一，洪武七年秋七月辛未，第 1594 页。九月，"是月，燕山都卫指挥使朱杲、通州卫指挥佥事郑治、汝宁卫指挥佥事冯俊、密云卫指挥佥事张斌等率师出古北口防秋，卒遇胡寇，皆力战以死"。《明太祖实录》卷九三，洪武七年九月，第 1626 页。"燕山卫逻兵获兴州伪千户宋禽兽等十人，送京师斩之。"《明太祖实录》卷九六，洪武八年春正月丁亥，第 1655 页。

七人俱当连坐。上曰：'千户违法擅役军致死，可论如律，余人并宥之。'"① 而在大同以北，同样盘踞着不少北元残众，比如北元平章定定便出没于神仙寨。② 大同明军出境巡逻时，便时常与北元残众遭遇，互有胜负。比如洪武九年三月，"胡兵屯山西燕只斤之地，都指挥使常守道率兵击之，获达官阿剌木等及马驼牛羊凡二千八百余，其众溃去"。③ 洪武十一年十一月，"戊寅，大同白洋镇巡检张文焕尝出巡逻，猝与胡兵遇于焦山，战没"。④

第三节　洪武中后期东北卫所、羁縻卫所"复合边疆"的形成

明朝在基本控制漠南草原后，开始致力于剪除北元左翼的辽阳行省势力。辽阳行省基本保持了完整的军队规模，实力很强，因此在洪武前期，朱元璋命令处于辽东半岛的明军，采取固守边境的谨慎立场。洪武八年（1375），朱元璋谕令辽东都司防御纳哈出："今天寒水结，虏必乘时入寇。宜坚壁清野以待之，慎勿与战，使其进无所得、退有后虑，伏兵阻险，扼其归路，虏可坐致也。"⑤ 甚至到洪武十八年，朱元璋仍然是这一态度，谕靖宁侯叶昇曰："迩者上天垂象，沿边城池宜加慎守，凡外寇入境，但当保障清野，静以待之，俟其怠归，急击勿失。不宜轻出境外，蹈其

---

① 《明太祖实录》卷一二四，洪武十二年夏四月壬寅，第1989页。
② "大同卫指挥王约率兵夜袭胡人之神仙寨，破之，执其平章定定以归。先是，约遣游骑至石佛寺，获宣宁县民，问知定定所在，乃以兵袭之，获其省都镇抚闪忽鲁别，及民人、牛驴、孳畜甚众。上闻之遣人谕约曰：'民人无罪，悉送大同府隶籍，仍以所获牛驴给之。'于是民悉以定定出处告约，约遂发兵擒之。"《明太祖实录》卷八四，洪武六年八月己丑，第1502页。宣宁县地处大同以北，当地有内陆湖，名"下水"，神仙寨便应在此附近。
③ 《明太祖实录》卷一〇三，洪武九年三月，第1745页。
④ 《明太祖实录》卷一二一，洪武十一年十一月戊寅，第1960页。
⑤ 《明太祖实录》卷一〇二，洪武八年十二月，第1727页。

不测也。"①

　　但为剪除北元汗廷的左翼势力，朱元璋在洪武中后期决定北伐纳哈出。从洪武十八年秋季开始，朱元璋便为北征金山（今辽宁昌图、吉林双辽之间）纳哈出做准备。"命宋国公冯胜为征虏大将军，偕颍国公傅友德、永昌侯蓝玉等率京卫将士往北平，会诸道兵操练沟边。"② 朱元璋鉴于大宁是连接北平与东北的战略枢纽，③ 出于将之建设为北征纳哈出前沿阵地的考虑，开始改变之前不政治进占漠南草原的原则，命冯胜在这一地区派军驻守。"纳哈出据金山，数侵扰辽东，宜于大宁诸边隘分兵置卫，以控制之。"④而为了供应大宁军队粮饷，朱元璋集合了黄河以东北方各省的力量，承担其后勤保障任务。"遂诏户部出内库钞一百八十五万七千五百锭，散给北平、山东、山西、河南及迤北府州县，令发民夫二十余万，运米一百二十三万余石，预送松亭关及大宁、会州、富峪四处，以备军饷。每夫运米一石，给钞六锭为其直及道里费。"⑤

　　次年，即洪武二十年正月，明军趁东北地区处于隆冬时期，草衰马弱之时，进攻金山纳哈出。值得注意的是，这一季节的选择与洪武五年北伐一致，可见朱元璋并不认为"岭北之役"的失利是缘于季节选择错误，而主要是将领轻敌冒进所致。吸取了这一教训，朱元璋采取步步为营、稳步进取的战略方针，并未命北征大军直入东北，而是命其在稳固大宁防御的基础上，

---

① 《明太祖实录》卷一七二，洪武十八年三月辛巳，第2629页。
② 《明太祖实录》卷一七四，洪武十八年八月庚戌，第2653页。
③ 蒙古进攻金朝时，元将史天倪便向主将木华黎指出大宁控制辽东之咽喉。"金弃幽燕，迁都于汴，已失策矣。辽水东西诸郡，金之腹心也。我若得大宁以扼其喉襟，则金虽有辽阳，终不能保矣。"《元史》卷一四七《史天倪传》，第3479页。
④ 《明太祖实录》卷一七九，洪武十九年十二月，第2718页。
⑤ 《明太祖实录》卷一七九，洪武十九年十二月，第2718—2719页。

等待合适的机会，再行出击。"大将军宋国公冯胜等率师出松亭关，筑大宁、宽河、会州、富峪四城，遂提兵驻于大宁。"① 而且也并非直接攻打纳哈出，而是首先进攻庆州。至于战争的具体开展，朱元璋制定的战略是明军在机会出现时，首先占领庆州，试探纳哈出的虚实，如果能够获取胜利，则全军北进，与纳哈出展开决战。"虏情诡诈，未易得其虚实，汝等慎无轻进。且驻师通州，遣人觇其出没。虏若在庆州，宜以轻骑掩其不备，若克庆州，则以全师径捣金山。纳哈出不意吾师之至，必可擒矣。"② 冯胜遵照朱元璋的指示，于二月派遣蓝玉攻占庆州。"甲申，大将军宋国公冯胜等兵至通州，遣逻骑出松亭关，闻虏骑有屯庆州者，乃遣右副将军蓝玉乘大雪将轻骑往袭之，杀其平章果来，擒其子不兰奚，并获人马而还。"③ 在明军威逼之下，纳哈出北逃至（新）泰州（今内蒙古巴林左旗东北）之地。六月，"巢穴营于新泰州，去辽阳千八百里，即故长春县矣"。④ 当月，纳哈出率二十余万军队归附明朝。"所部二十余万人，羊马驴驼辎重亘百余里。"⑤ 但由于明军处理失当，纳哈出军队大量奔逸草原，明军所俘北元军队已大为减少。"大将军宋国公冯胜师还次于金山亦迷河，俘获北奔达达军士遗弃车辆四万四千九百六十三，并马数千匹，伤残番军二万四千二百二十九人。"⑥

　　降服纳哈出后，明军兵分两路，一路向西进攻失去东南屏障的北元汗廷，一路继续北进，进攻女真诸部，并设立铁岭站，以

---

① 《明太祖实录》卷一八一，洪武二十年三月辛亥朔，第2731页。为加强对北征大军的供应，朱元璋再次调动北方各省力量。"庚寅，诏山东、北平、河南、山西四布政使司，凡运粮赴大宁者，免征其户今年夏税。"《明太祖实录》卷一八一，洪武二十年夏四月庚寅，第2735页。

② 《明太祖实录》卷一八〇，洪武二十年春正月癸丑，第2721页。

③ 《明太祖实录》卷一八〇，洪武二十年二月甲申，第2725—2726页。

④ 《明太祖实录》卷一八二，洪武二十年六月癸卯，第2748页。

⑤ 《明太祖实录》卷一八二，洪武二十年六月丁未，第2750页。

⑥ 《明太祖实录》卷一八二，洪武二十年闰六月甲寅，第2751—2752页。

招抚鸭绿江以东族群。"先是,诏指挥佥事刘显等至铁岭立站,招抚鸭绿江以东夷民。"① 洪武二十一年三月,明朝进一步将铁岭站升级为卫,设于浑河以南的奉集县。"置铁岭卫指挥使司。先是,元将拔金完哥率其部属金千吉等来附。至是,遣指挥佥事李文、高颙,镇抚杜锡置卫于奉集县,以抚安其众。"② 与此同时,还在更北的开元路治所黄龙府(今吉林农安县)设立三万卫。"徙置三万卫于开元……会指挥佥事侯史家奴领步骑二千抵干朵里立卫,以粮饷难继,奏请退师。还至开元,野人刘怜哈等集众屯于溪塔子口,邀击官军。显等督军奋杀百余人,败之,抚安其余众,遂置卫于开元。"③ 不过明军在鸭绿江附近的军事行动,却引发了高丽的抗议。元朝之灭亡,不只意味着中国政权的改朝换代,还标志着蒙元帝国所建立的亚洲秩序的整体崩溃,中国周边政权也趁机恢复独立、开拓疆土。明朝与高丽不仅由于信息沟通不畅,形成了所谓的铁岭归属之争,④ 还确实在鸭绿江进行了疆土争夺。洪武二十一年八月,明朝在鸭绿江下游以东的义州设立了义州卫。"置辽东义州卫指挥使司。初,大军讨纳哈出,诏指挥同知何浩等统金、复、盖三卫军马往辽河西十三山屯种守御,至是始置卫及五千户所。"⑤

在进占辽阳行省后,明军进一步挥师北进,越过克鲁伦河北元旧地,进至黑龙江上游斡难河流域,收服蒙元帝国原辖"林中百姓"部众。⑥ 至此,明朝已大体完成对黑龙江以南边疆之经略,至永乐时期,明朝最终占领了外兴安岭南北之地。

---

① 《明太祖实录》卷一八九,洪武二十一年三月辛丑,第 2857 页。
② 《明太祖实录》卷一八九,洪武二十一年三月辛丑,第 2857 页。
③ 《明太祖实录》卷一八九,洪武二十一年三月辛丑,第 2857—2858 页。
④ 李花子:《明初铁岭设卫之谜》,载北京大学韩国学研究中心编《韩国学论文集》第 16 辑,辽宁民族出版社,2007。
⑤ 《明太祖实录》卷一九三,洪武二十一年八月戊申,第 2893—2894 页。
⑥ 《明太祖实录》卷二二〇,洪武二十五年八月庚申,第 3223 页。

明朝攻占东北之后，在辽东半岛设置都司卫所，并招抚女真诸部与林中百姓，设置羁縻卫所，从而形成军事边疆、羁縻边疆并存的"复合边疆"。

第四节　洪武中后期漠南草原卫所、羁縻卫所"复合边疆"的形成

纳哈出既降，北元汗廷失去东南屏障，借此机会，蓝玉统率明军再次进入漠北草原，希望完成洪武五年（1372）北征未逞之志。洪武二十年十一月，"甲午，征虏大将军永昌侯蓝玉奏：'得降人脱脱等言故元丞相哈剌章乃儿不花等遁入和林，乞进兵剿灭。'许之"。① 朱元璋在盘问北元降官过程中，了解到北元汗廷在辽阳行省陷落后，已如惊弓之鸟。"近者故元司徒阿速等来降，朕察其事，情知虏心惶惑、众无纪律，度其势不能持久。"② 从而命令蓝玉改变之前持重缓进的战术，奇袭北元汗廷。"卿等宜整饬士马，倍道兼进，直抵虏庭，覆其巢穴。其众若降附，抚慰南来，毋失事机，以孤朕望。"③ 蓝玉得到朱元璋指令后，快速奔进，最终于洪武二十一年四月，在捕鱼儿海追击到了脱古思帖木儿汗。脱古思帖木儿仓皇西走，被阿里不哥后裔也速迭儿杀死。而未来得及西进的北元部分力量，投降了明军。"大将军永昌侯蓝玉破故元将哈剌章营，获其部下军士一万五千八百三户，马驼四万八千一百五十余匹。"④

北元覆亡后，虽然阿里不哥后裔与瓦剌此时已进入漠北中部，但明朝对于这一从未接触过的新势力，应尚无明确认识，相应未将

---

① 《明太祖实录》卷一八七，洪武二十年十一月甲午，第 2799 页。
② 《明太祖实录》卷一八九，洪武二十一年三月壬午，第 2835 页。
③ 《明太祖实录》卷一八九，洪武二十一年三月壬午，第 2835 页。
④ 《明太祖实录》卷一九〇，洪武二十一年夏四月，第 2870 页。

之纳入政治视野中来，朱元璋从而正式宣布："漠北遂空，边庭无警；民息转输之劳，军无战伐之苦，四海晏然，尔等可以坐享富贵矣。"① 认为明朝一举洗刷了汉人政权长期受到北方族群压制的历史耻辱。"戎狄之祸中国，其来久矣。历观前代受其罢弊、遭其困辱，深有可耻。今朔漠一清，岂独国家无北顾之忧？实天下生民之福也。"② 称赞蓝玉功绩堪比汉唐名将。"胡主弃玺远遁，诸王、驸马、六宫、后妃、部落、人民悉皆归附，虽汉之卫青、唐之李靖，何以过之？"③ 此后的十余年时间里，明军在漠北草原的作战，基本都是针对北元余众而展开，北元作为一个政权已经覆灭。④ 明朝遂控制了蒙古高原的战略优势，尤其是完全控制了漠南草原。

漠北草原尚有北元余众，瓦剌与黄金家族其他支系也开始东进漠北中部，因此明朝并未完全控制这一地区。但在漠南草原，明朝却已经实现了完全控制。那么，如何称呼这一广阔地域呢？明人称之为"口外"。

"口外"是明初以后对于北边群山谷口以外之地的习用称谓。⑤地质时期的地壳运动与长期自然侵蚀，导致太行山谷口甚多，因

---

① 《明太祖实录》卷一九三，洪武二十一年八月戊辰，第2900页。

② 《明太祖实录》卷一九〇，洪武二十一年五月甲午，第2874页。

③ 《明太祖实录》卷一九〇，洪武二十一年五月甲午，第2875页。

④ "甲辰，遣使赍敕谕晋王、今上曰：'询及来胡，言残胡甚少，骑者才五千人，共家属一万口。马称之有急，则十人皆一骑，趁水草长行。大军负戴且重，追袭甚劳。今降臣尝与彼同仕大官，已使在彼，而晃忽儿又能辞说，由是其众二心，欲南向者多，北向者少。且将粮饷运至上都及口温，集于各程，然后再俟人来知其所在，一举而中矣。'"《明太祖实录》卷二〇〇，洪武二十三年二月甲辰，第2995—2996页。"遣使敕今上曰：'朔漠虽平定，而残胡散处绝塞，聚必为患。其选北平都司并护卫骑兵之精锐者六七千人或万余人，间以乃儿不花等所部军士列为队伍，各裹糇粮，命北平指挥使周兴为总兵官，远巡塞北，搜捕残胡，以绝驵边患。'"《明太祖实录》卷二一七，洪武二十五年三月甲申，第3188页。

⑤ 比如民国时期，范长江游历西北，到达贺兰山石嘴子时，便记载当地人将石嘴子以外的地区，称作"口外"。"石嘴子因为已经在旧日长城之外，所以叫做口外。"范长江：《中国的西北角》，新华出版社，1980，第209页。

此"口外"一词，最为普遍地指代太行山以北、阴山以南之地。朝鲜人朴趾源在路过古北口时，目睹"盖环长城称口者，无虑数百"。① 上文所引史料已记载众多谷口，其中还有一些并未列入。

洪武时期，明军不断进入蒙古高原，尤其北元汗廷覆灭之后，明朝逐渐控制了漠南草原，从而以太行山为界，将这一新开辟的广阔地域，形象地称作"口外"。因此，这里之"口"，并非具体指哪一谷口。洪武四年，朱元璋称："山北口外，东胜、蔚、朔、武、丰、云、应等州皆极边沙漠。"② 即太行山以北、大青山以南的广阔地域，皆属"口外"。洪武二十年，总兵官蓝玉奏："自遵化至喜峰口里、滦阳口外。"③ 洪武二十九年，朱元璋谕都督府臣曰"北平口外及山西雁门关外苦寒之地"，④ 则口外又包括北平以北。洪熙元年（1425），仁宗"敕口外总兵官太子太保阳武侯薛禄往来开平、大同缘边一带巡哨"。⑤ 则大同至开平，即阴山以南皆为口外之地。⑥ 朴趾源便指出："中原人语长城外，皆称口外。"⑦ 又有从地理方位出发，称作"口北"者。⑧

不过相对而言，永乐以后，居庸关、八达岭居燕山之中，保障北京，因此多有以"口外"之称为标准者。如"仕口外故者，必由居庸等关入"。⑨ "山西旧有四绝，俱在石晋所割山后云中一道中，今

---

① 〔朝鲜〕朴趾源：《热河日记》卷八《还燕道中录》，载弘华文主编《燕行录全编》第3辑第3册，广西师范大学出版社，2013，第149页。
② 《明太祖实录》卷六二，洪武四年三月癸巳，第1197页。
③ 《明太祖实录》卷一八五，洪武二十年九月庚寅，第2779页。
④ 《明太祖实录》卷二四四，洪武二十九年二月辛卯，第3544页。
⑤ 《明仁宗实录》卷八，洪熙元年三月己丑，第263页。
⑥ 新中国成立后，内蒙古西部民众尚称山西为"口里"，内蒙古之地为"口外"。王炜民等：《阴山文化史》，人民出版社，2011，第223页。
⑦ 《热河日记》卷二四《山庄杂记·夜出古北口记》，第289页。
⑧ 景泰元年（1450）提督军务右都御史罗通奏："今口北天色高亢，青草未长，旧草寻尽，合无班师回京。"（明）于谦：《于少保奏议》卷一《北伐类·兵部为声息事》，载《于谦集》，魏得良点校，浙江古籍出版社，2013，第19页。
⑨ （明）陆容：《菽园杂记》卷四，佚之点校，中华书局，1985，第40页。

呼为'口外'，盖尽在居庸关以北也。"① 王廷相《昌平山行七咏》
也称："城中货贝来，口外车马过；都人自射利，相公得香火。"②
而八达岭成为诸口中最为著名者，被称为"北口"。"又三里至八达
岭，有城，南北二门，元人所谓北口者是也。以守备一人守之。口
外地稍平衍，五里至岔道，乃有二路。一自怀来卫、保安州历榆河、
土木、鸡鸣三驿，至宣府为西路；一至延庆州、永宁卫、四海冶为
北路。"③ 八达岭又有更为口语化的称呼——"北口子"。④ 而"口
外"一带由于仍有很多山岭，又有所谓的"口内""口外"之分。
"文庄公叶盛曰：'居庸以南率以既出关为口外，而关外则又惟以长
安岭北至独石八城为口外，非以其孤悬北狄之境为特甚欤！'"⑤ 直
到明末，"口外"的称谓仍然在延续。明末清初在魏忠贤事迹基础
上改编而成的历史小说《梼杌闲评》，描述魏忠贤赴蓟州："一日
行至黄花镇喜峰口，夜不收来报，口外墩台狼烟忽起，恐有兵
至。"⑥ "口外"所居住者，除不断近边的北方族群外，还有汉人，

---

① （明）沈德符：《万历野获编》卷二四《畿辅·口外四绝》，中华书局，1959，
　第612页。
② （明）王廷相：《内台集》卷二《昌平山行七咏》，王孝鱼点校，载《王廷相
　集》，中华书局，1989，第924页。
③ （清）顾炎武：《昌平山水记》卷上，《续修四库全书》史721册，第574页。
　元人将八达岭称作"北口"，而将其南面的今南口镇称作"南口"。中统四年
　（1263）七月，"乙酉，禁野狐岭行营民，毋入南、北口纵畜牧"。《元史》卷
　五《世祖纪二》，第93页。至元十四年（1277）七月，"戊戌，申禁羊马群之
　在北者，八月内毋纵出北口诸隘践食京畿之禾，犯者没其畜"。《元史》卷九
　《世祖纪六》，第191页。至元十七年，"五月辛丑朔，枢密院调兵六百守居庸
　南、北口"。《元史》卷一一《世祖纪八》，第224页。
④ "丁卯，改湖广行省参政赵耀为北平行省参政。耀初授湖广，既辞，复留之。
　至是，上以耀尝从徐达取元都，习知其风土民情、边事缓急，改授北平。且俾
　守护王府宫室。既而，召入谕之曰：'闻北口子人多来归附，汝宜速往，选
　其骁勇可用者为兵，月给米赡之，余悉处之临清、东昌之地，毋令其失所。'"
　《明太祖实录》卷四七，洪武二年十二月丁卯，第935—936页。
⑤ （明）杨守谦：《大宁考》，载薄音湖、王雄编辑点校《明代蒙古汉籍史料汇
　编》第2辑，内蒙古大学出版社，2000，第10页。
⑥ 《梼杌闲评》第四十六回《陈玄朗幻化点奸雄　魏忠贤行边杀猎户》，第519页。

其中部分汉人是逃逸于外者。比如魏忠贤所看到的不是女真人，而是汉人猎户。"那些人约有二三百个，俱是口外良民，专以打猎为生，官府也不禁他。凡上司要野味，都向他们要。"①

相对于"山后"，"口外"所包括的地域更为广阔。"口外"取代五代以来长久流行的"山后"称谓，反映出明初在结束五代以来汉人长期受到北方族群压制的战略态势之后，汉人不再纠结于近边地带的沦丧，而是开始将地缘视野向外延伸与拓展。但另一方面，"口外"仅限于阴山以南，并未进一步延伸至漠北草原，因此明初汉人视野的向北延展，实际上是一种有限延展。"口外"之所以不包括漠北草原，原因在于洪武时期明朝并未有进占漠北的政治观念。

虽然洪武二十一年在明军威逼之下，北元汗廷最终灭亡，但漠北草原仍有大量北元余众。这一时期黄金家族其他支系，比如阿里不哥后裔、窝阔台后裔与蒙古别部的瓦剌，也开始东进漠北中部，因此漠北草原仍有庞大的蒙古势力存在。有鉴于此，明朝并未在取得漠北战役的胜利之后，进一步政治进占漠北草原。

因此，洪武时期明朝在中部边疆新开辟的疆域，仅有漠南草原，而不及漠北草原，相应"口外"便不包含阴山以北。那么，对于"口外"这一新疆域，明朝如何经营呢？北元灭亡之后，明朝开始将军事边疆推广至这一区域，并在东部为安置归附的北元余众，将外围地带设定为羁縻边疆。在经营次序上，明朝首先在漠南草原东部展开经营，在漠南草原东部内侧设置大宁都司，在漠南草原东部外侧设立羁縻性质的全宁卫与兀良哈三卫，从而形成了内部实行直接军事控制，外部实行羁縻间接统治的内外分层。继而在阴山边疆，尤其是阴山南疆，众建卫所。可见，洪武后期明朝在漠南草原东部，开展了大规模的军事经营，通过控制漠北蒙古南下中

① 《梼杌闲评》第四十六回《陈玄朗幻化点奸雄　魏忠贤行边杀猎户》，第519页。

原汉地的这一地理阶梯，建立起在蒙古高原的战略优势。

降服纳哈出后，明朝便在大宁设卫。洪武二十年八月，"辛未，置大宁卫指挥使司，以将士有罪者往戍焉"。① 次月，明朝便进一步设立大宁都司，管辖六卫。"置大宁都指挥使司及大宁中、左、右三卫，会州、木榆、新城等卫悉隶之。"② 洪武二十一年，大宁都司改称"北平行都指挥使司"。③

大宁都司士兵除了来源于南来汉军之外，归附的纳哈出军队也被编入其中。"以周兴、吴沔为都指挥使，调各卫兵二万一千七百八十余人守其城。诏左副将军傅友德编集新附军，且令简练精锐于大宁屯驻，以防北虏寇抄。"④ 除内徙于山东者之外，大宁接受了其他的纳哈出部众。洪武二十年八月，"朕初命辽阳、海州、盖州、复州、金州、崖头、大宁旧省口内之人，各照原所居住。不意文书到迟，总兵官将尔等行程迂远。若已入迁民镇，可留彼暂住，若未入口，到瑞州闾山左右"。⑤ 洪武时期，瑞州属大宁都司管辖。闾山即医巫闾山，是大宁的一处山脉。大量蒙军的加入，促使大宁都司形成了"都司所统华夷错杂"⑥ 的族群内涵。大宁军队由此成为明军之中蒙古士兵占比例最高的军队。"靖难之役"中，大宁都司之所以统辖朵颜等三卫，"大宁领朵颜等三卫，多胡人，犷悍不靖"，⑦ 既与大宁都司本来便承担着联络漠北蒙古部落的职责有关，应也与大宁都司军队中蒙军甚多，便于与兀良哈三

---

① 《明太祖实录》卷一八四，洪武二十年八月辛未，第 2769 页。

② 《明太祖实录》卷一八五，洪武二十年九月癸未，第 2777 页。

③ 《明太祖实录》卷一九二，洪武二十一年秋七月甲申，第 2888 页。

④ 《明太祖实录》卷一八五，洪武二十年九月癸未，第 2777 页。

⑤ 《明太祖实录》卷一八四，洪武二十年八月丙辰，第 2766 页。

⑥ 黄仁生辑校《江盈科集·皇明十六种小传》卷三《机类·成祖计制卜万》，岳麓书社，1997，第 995 页。"置大宁等卫儒学，教武官子弟，设教授一员、训导二员，仍迁识达达字者教习达达书。"《明太祖实录》卷二○四，洪武二十三年九月丁酉，第 3054 页。

⑦ （明）屠叔方：《建文朝野汇编》卷三《建文元年》，《北京图书馆古籍珍本丛刊》第 11 册，书目文献出版社，1989，第 64 页。

卫沟通与配合有关。由于蒙古士兵主要是骑兵，大宁成为明军骑兵比例最高、机动性最强的军队。为加强大宁都司防御，明朝修建了高大的都司卫城。[①] 而北征纳哈出时，北方各省运送到大宁的大量粮饷，为此时大宁都司的建设提供了充足的财政基础。[②] 与此同时，明朝还在这里修建了绵延的长城，今辽宁阜新、朝阳地区不仅存有这一时期形成的石砌边墙或夯土边墙，以及利用山形而形成的山体边墙，还修筑了大量墩台，从而与大宁都司诸城一起，形成了较为完备的长城防御体系。

在漠南草原南部设置大宁都司之后，明朝又相继在漠南草原北部设立全宁卫与兀良哈三卫，用以安置蒙古降众，漠南草原北部由此成为明朝的羁縻边疆。洪武二十一年底，在明军追击之下，追随脱古思帖木儿西进的北元国公老撒、知院捏怯来、丞相失烈门等人，鉴于也速迭儿杀死脱古思帖木儿，自立为大汗，蒙古汗位由忽必烈系转入阿里不哥系之手，为免于遭到阿里不哥后裔的清算，两害相权取其轻，选择南下投降明朝，希望借此获得明朝的军事庇佑。"耻事之，遂率其众来降。"[③] 但由于对明朝并不完全信任，并非全体到达南京，而是"遣右丞火儿灰、副枢以剌哈、尚书答不歹等率其部三千人至京进马乞降"。[④] 有鉴于此，朱元璋并未

---

① "壬午，会宁侯张温、北平行都指挥使司都指挥使周兴奏修拓大宁等城成，并上其规制。大宁城门五，城周三千六十丈，濠长三千一百六十丈，深一丈九尺。会州城门四，城周一千一百二十八丈，濠长一千一百八十九丈二尺，深一丈八尺。富峪城门四，城周九百丈，濠长九百八丈二尺，深一丈三尺。宽河城门四，城周八百一十二丈，濠长八百五十九丈，深一丈五尺。创盖仓廒四十七所，计五百五十间，营房计七千五百三十三间。"《明太祖实录》卷一九五，洪武二十二年春正月壬午，第2924页。
② "乙巳，守大宁前军都督佥事商暠奏：所筑大宁等四城见储粮粟大宁三十一万石、松亭关五十八万石、会州二十五万石，足供数年边用。上顾谓左右曰：'国家无事，守在四夷；守边之计，足食为先。今暠所言储粮足用，边郡之民可免挽运之劳矣。'"《明太祖实录》卷一八三，洪武二十年秋七月乙巳，第2760页。
③ 《明太祖实录》卷一九四，洪武二十一年冬十月丙午，第2910页。
④ 《明太祖实录》卷一九四，洪武二十一年冬十月丙午，第2910页。

采取惯常的内徙"降胡"的方式，而是出于安抚这一势力的目的，在漠北草原设置全宁卫（今内蒙古翁牛特旗乌丹城），就地安置。"其余士马为知院捏怯来、国公老撒、丞相失烈门三人所有，今已悉来降附。朕处于美水草蕃畜牧之所，俾乐生安业。"① "诏置全宁卫，遣使赍印往命捏怯来为指挥使，失烈门以下俱授以武职有差。"② 洪武二十二年，分布于嫩江流域的成吉思汗幼弟与功臣的后裔即兀良哈部，也在明军威逼之下，归降明朝。明朝同样采取羁縻统治方式，就地设置朵甘、福余、泰宁三卫。"各领所部，以安畜牧。自古胡人无城郭、不屋居，行则车为室，止则毡为庐，顺水草、便骑射为业。今一从本俗，俾遂其性，尔其安之。"③ 明朝通过设置兀良哈三卫，延续了蒙元帝国以兀良哈控制女真的地缘格局，从而隔开了鞑靼与女真两大北方族群，便于分而制之。

全宁卫、兀良哈三卫设置后，大宁由明朝在蒙古高原的前沿哨地，一转而为连接近边地带与蒙古高原东北部的战略枢纽。大宁都司储藏的大量粮草，便很快成为救济全宁卫，使其走出困境的物资来源。④ 洪武二十一年，大宁都司改称"北平行都指挥使

---

① 《明太祖实录》卷一九八，洪武二十二年十二月甲子，第 2978 页。

② 《明太祖实录》卷一九六，洪武二十二年夏四月己亥朔，第 2941 页。

③ 《明太祖实录》卷一九六，洪武二十二年五月癸巳、辛卯，第 2946 页。

④ 明军取得金山之役胜利时，守将曾称军储足够数年之用，但两年之后，大宁军储已然不敷。"甲寅，北平行都指挥使司都指挥使周兴言大宁军储不给，请令商人纳粟中盐。乃命户部定议，凡于大宁输粟五斗者，给淮浙盐一引。"《明太祖实录》卷一九八，洪武二十二年十二月甲寅，第 2975 页。之所以如此，除因为大宁改建都司、人马增多之外，还有接济全宁卫的缘故。"丁丑，故元知院捏怯来等遣人奏请粮食。先是，上已诏令上于松亭关或大宁择顺便处拨粮给之。及答儿麻失里使还，言运粮四千石已至黄犀站。于是命户部檄报捏怯来，令备车辆至大宁运去，俟明年屯种秋成则止。其将校军士家属有缺衣者，具数来闻，以布帛给之。"《明太祖实录》卷一九五，洪武二十二年三月丁丑，第 2936 页。为解决粮饷问题，明朝遂于大宁之地展开屯田。"北平行都司奏：'大宁左等七卫及宽河千户所，今岁屯种所收谷麦凡八十四万五百七十余石。'"《明太祖实录》卷二二二，洪武二十五年十一月戊戌，第 3247—3248 页。

司",① 屏障北平的军事角色愈加明显。而北平也成为大宁的大本营，军队增补,② 以及粮饷供应，都由北平负责与承担。除连接北平与蒙古高原东北部之外，大宁还承担起连接辽东的中间角色。可见，洪武后期，大宁实为北平、蒙古高原东北部、辽东之间的联络枢纽。为保障大宁与这三个区域的联系，明朝增设了大量驿站，大宁交通从而四通八达。③

洪武二十五年八月，朱元璋在完成大宁防御体系建设之后，鉴于"口外"广阔的阴山南疆是从正面防御漠北蒙古的主体区域，从而开始重点经营，不仅众建卫所，而且从山西大量征发民众进入卫所系统。洪武二十六年三月，明朝正式宣布在阴山南疆建立十七卫，从而构建起阴山南疆军事防御体系。"辛巳，置大同后卫及东胜左右、阳和、天城、怀安、万全左右、宣府左右十卫于大同之东；高山、镇朔、定边、玉林、云川、镇虏、宣德七卫于大同之西，皆筑城置兵屯守。"④ 阴山南疆众卫所，依照其地理位置，分属山西行都司、北平都司管辖。"洪武二十八年四月二十八日，一件，东胜至宣府，新立一十八卫。《考古志》：天城以西属晋地，今拨山西行都司管属。怀安以东属燕地，今拨北平都司管属。大

---

① 《明太祖实录》卷一九二，洪武二十一年秋七月甲申，第2888页。

② "命北平都指挥使司调新籍军士赴大宁屯戍，代还旧军。"《明太祖实录》卷一八八，洪武二十一年二月庚午，第2828页。

③ 洪武二十年七月，"命左军都督府自山海卫至辽东置马驿一十四驿，各给官马三十匹，以赎罪囚徒为驿夫，驿百二十人，仍令田其旁近地以自给"。《明太祖实录》卷一八三，洪武二十年秋七月丙戌，第2756页。九月，"北平布政司请自河间、景州至永平抚宁县马驿二十二，吴桥至通州水驿八，各宜增置马及船。时总兵官永昌侯蓝玉亦言自遵化至喜峰口里、滦阳口外、富民、宽河、柏山、会州、新城、大宁等处宜置马驿七，以备边报。诏皆从之"。《明太祖实录》卷一八五，洪武二十年九月庚寅，第2778—2779页。洪武二十一年二月，"诏自山海至辽东，遵化至大宁，置马驿一十五，驿设马五十匹"。《明太祖实录》卷一八八，洪武二十一年二月庚午，第2828页。

④ 《明太祖实录》卷二二五，洪武二十六年二月辛巳，第3295页。

同左卫、大同右卫，拨与代王做大同左护卫、大同右护卫。"①

开平地处滦河上游闪电河之北，在阴山支脉卧龙山之南。开平虽然地处阴山北麓，但富有山川，因此不仅生态较好，② 适宜农牧，③ 而且是军事形胜之地，被元太祖忽必烈定为上都，元朝大汗每年夏季都由大都巡游至上都，处理朝政事务，该地是元朝治理蒙古草原的政治中心。元顺帝北遁蒙古高原，首选的避难地便是开平。

鉴于开平的战略地位，明朝对这一地区十分重视，将之作为防御漠北蒙古的前沿阵地。洪武二十三年，朱元璋已命诸王统率军队，驻扎于开平、兴和，以监视漠北蒙古的动静。"诏今上留征进马军于上都或兴和、兴州相度便益，令都督、都指挥总率屯驻，常往来阅视。其公侯悉遣还京。"④ 洪武二十四年，齐王朱榑、傅友德发动北伐，便驻扎于开平。"时傅友德北伐，驻师开平，因命齐王以护卫兵至开平闪猎。"⑤ 洪武后期，明朝在阴山边疆众建卫所，绝大多数卫所建于阴山南疆，唯独于阴山北麓的开平，利用上都旧址，建立了开平卫。⑥ 开平距离近边十分遥远，粮饷供应十分困难，因此明朝建立开平卫，采取了循序渐进的方式，首先在开平推行军屯，建立屯卫，在经济条件成熟之后，才最终设立开

---

① 《太祖皇帝钦录》，转引自《太祖皇帝钦录及其发现与研究辑录——兼及〈御制纪非录〉》，载《明清论丛》第 6 辑，第 94 页。

② "元世祖命刘秉忠于新桓州东四十五里建开平府，龙冈蟠其阴，滦河经其阳，四山拱卫，佳气郁葱。东北十里有大松林，异鸟群集，曰察必鹘者盖产于此。山多材木，水饶鱼虾，盐货狼籍，畜牧蕃息，居民利之。"《大宁考》，载《明代蒙古汉籍史料汇编》第 2 辑，第 3 页。

③ 至元三十年（1293）二月，"益上都屯田军千人，给农具、牛价钞五千锭，以木八剌沙董之"。《元史》卷一七《世祖纪十四》，第 370 页。

④ 《明太祖实录》卷二〇一，洪武二十三年闰四月乙丑，第 3010 页。

⑤ （嘉靖）《宣府镇志》卷二二《兵政考·皇明·高皇帝洪武二十四年春征山东骑士来屯》，台湾成文出版社，1970，第 240 页。

⑥ （明）金幼孜：《北征录》，载薄音湖、王雄编辑点校《明代蒙古汉籍史料汇编》第 1 辑，内蒙古大学出版社，1994，第 47 页。

平卫。洪武二十九年，明朝借助闪电河的水利条件，在开平发展灌溉农业。五月，"壬戌，后军都督府言开平宜立五屯卫，命先置中屯卫，调官军屯守"。① 在此基础上设立五个屯卫。八月，"置开平左、右、前、后四屯卫指挥使司。初，诏立开平中屯卫，至是，北平都指挥使司奏已立中屯卫于沙峪，今议立左屯卫于七合营、右屯卫于军台、前屯卫于偏岭、后屯卫于石塔。俱从之"。② 即使这样，开平仍然面临着粮饷匮乏的财政困境。九月，户部尚书郁新言："近置开平卫，军士粮饷皆仰给于北平，道路辽远，所费不赀。"③ 建议实行"开中法"，命商人纳米于开平，以换取盐引。"宜广募商人于开平纳米，以淮浙盐偿之，庶免转输之费。"④ 明朝接受了这一建议。在解决了粮饷供应问题之后，明朝最终于洪武三十年正月，征调北平、山海等近边军队，北上组建开平卫。"辛未，城开平卫。先是，上命中军都督同知盛熙调山海卫五所官军往开平立卫，发北平都司属卫军士城之。至是讫工，复命熙分调北平等都司军马屯守，于农隙讲武，以备不虞。"⑤

相对于大宁，开平地位更加重要。大宁地理位置虽然更为靠北，但偏东，虽利于分割蒙古、女真，却稍处侧翼。开平则是连接大漠南北的交通枢纽，明朝借此能够更为直接地控制东进的漠北蒙古势力。明朝借助建立开平卫，不仅占据了阴山北麓生态最好之地，而且控制了漠北蒙古南下汉地的交通枢纽，并通过在故元上都废墟上建立卫所，给予北元余众以政治上的最后一击，标志着汉人从中唐以来，在北方族群压力之下，不断内缩的历史态

① 《明太祖实录》卷二四六，洪武二十九年五月壬戌，第3567页。
② 《明太祖实录》卷二四六，洪武二十九年八月庚寅，第3578—3579页。"初二日，发武平镇，晚次开平，营于斡耳朵，华言所谓宫殿也。盖元时宫殿故址犹存，荒台断础，零落于荒烟野草之间，可谓一慨。"
③ 《明太祖实录》卷二四七，洪武二十九年九月丁巳，第3584页。
④ 《明太祖实录》卷二四七，洪武二十九年九月丁巳，第3584页。
⑤ 《明太祖实录》卷二四九，洪武三十年春正月辛未，第3608—3609页。

势已然过去，强大的汉人政权再次重返蒙古高原。

开平卫建立后，虽然东北有大宁遥相呼应，但西部与东胜之间的距离过于遥远，为加强开平左翼的拱卫，明朝在设立开平卫数日后，便在开平的西南，元朝中都旧址兴和，设立兴和千户所，同样征调近边的北平军队，以沟通开平与东胜之间的往来，助力开平。洪武三十年正月，"庚辰，置兴和、怀来二守御千户所，调大兴左卫、永清右卫官军守之"。①

在洪武后期的北部边疆，与大宁、开平处于同等地位的另一战略重地，是地处黄河以北的东胜。东胜（今内蒙古呼和浩特托克托县）位于大青山、狼山以南，黄河以北，地处黑河流域，生态适宜农牧，②是蒙古高原游牧民族越过阴山之后，进入河套的必经之地，相应是西北边疆时期，华夏政权及后来的中原王朝设置重兵、严加防御之重地。战国赵武灵王在此设置云中郡，作为北御匈奴、守御长城的战略重地。秦汉时期，这一地区仍设置云中郡。隋朝在此设置定襄郡。唐朝在这一地区设置了云中都护府，并为招降东突厥，于此设东受降城。在整个上古、中古时期，东胜一直是保障关中地带，也就是华夏政权及后来的中原王朝的外围屏障。

洪武二十六年，明朝设置东胜卫。关于东胜卫的数量，洪武二十五年诏书明确宣布建立东胜五卫，但洪武二十六年诏书却仅宣布

---

① 《明太祖实录》卷二四九，洪武三十年春正月庚辰，第 3613 页。值得注意的是，明朝设立兴和千户所，以及以后设卫时，并未利用原来的中都旧址，而是另建新城。"初七日早，发兴和。行数里，过封王陀，今名凤凰山。山西南有故城，名沙城。……上（朱棣）又曰：'适所过沙城即元之中都，此处最宜牧马。'"《北征录》，载《明代蒙古汉籍史料汇编》第 1 辑，第 34 页。

② "东行即东胜州，隶西京大同路地面。自发源至汉地，南北涧溪，细流傍贯，莫知纪极。山皆草山、石山，至积石，方林木畅茂。世言河九折，彼地有二折，盖乞儿马出及贵德州必赤里也。"（元）陶宗仪：《南村辍耕录》卷二二《黄河源》，中华书局，1959，第 268 页。元朝便于此屯田。至元三十一年（1294）十二月，"以东胜等处牛递户贫乏，赐钞三千余锭"。《元史》卷一八《成宗纪一》，第 389 页。

建东胜左右二卫。关于从五卫至二卫的变化，伊志认为是洪武二十六年二月罢中前后三卫，仅存左右二卫。[①] 周松认为是合并的结果。[②] 但若仔细推敲，洪武二十五年诏书只是称在东胜立五卫，并未称所有卫都以东胜命名，若将东胜视作河套东北广阔区域的整体称谓——明人也确实往往将东胜视作河套东北广阔区域的称谓——那么，将周围玉林、云川、镇虏三卫包括进来，恰为五卫之数。雍正《山西通志》还认为定边卫也在东胜区域，可见当时所建实为"东胜六卫"。[③] 那么为何东胜设置六卫，洪武二十五年诏书却称设置东胜五卫呢？这可能缘于定边卫于洪武二十四年已经建立，[④] 诏书只是宣布要建立的卫，自然不含定边卫。

至于六卫所在地区，东胜左右二卫、定边卫皆位于东胜，《钦定续文献通考》则载玉林、云川、镇虏"在故云内、奉、靖三州及宣宁县相错之处"。[⑤] 它们也在东胜地区。除以上六卫之外，《读史方舆纪要》还记载洪武初年在丰州曾置戍。"明洪武七年败寇于丰州，置戍于此。后废。"[⑥]

除以上六卫，洪武末年，明朝还在黄河东北设置安东、沈阳

---

① 伊志：《明代"弃套"始末》，《禹贡》第 2 卷第 7 期，1934 年。

② 《明初河套周边边政研究》，第 103—104 页。

③ （雍正）《山西通志》卷四《沿革二·朔平府》，《景印文渊阁四库全书》第 542 册，第 133 页。

④ "洪武二十四年，置定边卫。"（乾隆）《大清一统志》卷一一一《朔平府》，《景印文渊阁四库全书》第 479 册，第 268 页。"明洪武二十五年初，设定边卫。"（雍正）《山西通志》卷八《城池·右玉县》，《景印文渊阁四库全书》第 542 册，第 289 页。可以佐证洪武时期设置定边卫的是，洪武二十八年，朱元璋在圣旨中称："东胜至宣府，新立一十八卫。"（明）朱元璋：《太祖皇帝钦录》，转引自《太祖皇帝钦录及其发现与研究辑录——兼及〈御制纪非录〉》，载《明清论丛》第 6 辑，第 94 页。鉴于洪武二十六年，明朝仅在这一区域设立十七卫，因此定边卫实为单独设立。

⑤ （清）高宗敕撰《钦定续文献通考》卷二三〇《舆地考·古冀州下·山西行都指挥使司》，《景印文渊阁四库全书》第 631 册，第 395 页。

⑥ （清）顾祖禹：《读史方舆纪要》卷六一《陕西十·榆林镇·丰州城》，贺次君、施和金点校，中华书局，2005，第 2918 页。

两个千户所，也隶属东胜卫。洪武三十一年四月，"置安东、沈阳二郡牧千户所。时韩府、沈府护卫官军先往东胜立卫，特置二所隶之"。① 安东群牧千户所后升级为安东中屯卫，长期驻扎朔州，后北迁至应州，② 距离东胜甚远，与东胜诸卫中最近的镇房卫之间还隔着威远、平房二卫。那么，是否洪武末年东胜防御规划呈现插花格局呢？事实并非如此。威远卫、平房卫分别建于正统三年（1438）、成化时期。③ 在此之前二卫所管辖地域，一直由镇房卫与安东、沈阳二千户所管理。

洪武后期东胜诸卫活动地域并不限于黄河以外，还应在条件许可时，进入河套，开展农牧经济。雍正《山西通志》便记载："明洪武初，（东胜州）改建左右二卫，兵民皆耕牧河套中。"④ 可见，洪武末年东胜卫所管辖着西北起于黑河，南至河套，东南止于山西三关的广阔地域，依托大青山、狼山山险加强军事防御，依托黄河、黑河开展农牧经济，从而建立起保障黄河周边的强大

---

① 《明太祖实录》卷二五二，洪武三十一年夏四月丙申，第 3644 页。

② 宣宗即位后，朔州卫士白荣奏："建文中，诸卫皆入内地，惟留安东中卫于朔州。"《明宣宗实录》卷五，洪熙元年闰七月戊申，第 141 页。鉴于白荣居于本地的缘故，其陈述应为可信，故而安东中屯卫最初位于朔州。不过后来迁于应州。"以山西应州充军死绝户官民地二百三十顷五十八亩有奇给安东中屯卫军余耕种，从知州秦贵奏请也。"（明）陈文等：《明英宗实录》卷一四七，正统十一年十一月壬申，中研院历史语言研究所，1962 年校印本，第 2888—2889 页。《中国历史地图集·明代卷》遂将安东中屯卫绘于应州地。从上述引文中，似乎可以看出沈阳群牧千户所，也升级为卫。

③ "丙戌，设大同威远卫。先是，行在刑部尚书魏源、总兵官左都督陈怀等言大同净水坪系鞑贼出没要地，宜设卫军。事下行在兵部议行。适巡按监察御史陈谷奏：'平定州、蒲州二守御千户所军有全伍，又增寄操军千四百六十余人。宜调补他处。'兵部请以二所多余军调净水坪，立威远卫。从之。"《明英宗实录》卷四〇，正统三年三月丙戌，第 769—770 页。"总督大同、宣府军务户部尚书余子俊奏：'大同西路新设平房卫，缺骑操马，乞于顺天府寄养马给一千匹，以备战守。'从之。"（明）刘吉等：《明宪宗实录》卷二五二，成化二十年五月甲寅，中研院历史语言研究所，1962 年校印本，第 4272 页。

④ （雍正）《山西通志》卷三四《水利·黄河》，《景印文渊阁四库全书》第 543 册，第 163 页。

防御体系。朱元璋鉴于东胜控遏黄河外围广阔地域，是阻止蒙古进入西北边疆的战略屏障，对其非常重视。鉴于东胜战略地位之重要，"来东胜军马多"，[①] 朱元璋遂在东胜设立山西分都司。洪武二十五年闰十二月十一日，山西都司的指挥房昭奉命前往东胜。"洪武二十五年闰十二月十一日，于斋宫前南廊下，奏准升除房昭去东胜掌印。"[②] 晋王建议升迁山西的指挥，朱元璋从而在东胜设立山西分都司，由房昭掌管。十三日，"奏山西都司并行都司有年深未升除的指挥，当升除。奉圣旨：升除他。……奉圣旨：明日分都司去。当时就奏着房昭那里掌印，奉圣旨：是。一个也少，再得几个。钦此"。[③] 洪武时期，明朝为削弱行省权力，将各省行政、监察、军事权力一分为三，各省都司负责军事。但在边疆地带，为加强军事防御，也设立都司，名称便依托附近省份之名。山西既已设置山西都司，驻于省城太原；又设置山西行都司，驻于口外重地的大同府；朱元璋遂另立名目，在东胜设置分都司。从房昭刚由指挥级别升至都指挥级别，便执掌山西分都司来看，分都司地位应低于多由都督、年深都指挥级别掌管的都司与行都司，隶属于山西行都司。《革除逸史》在记载"靖难之役"时，甚至直接称房昭为大同守将。"大同守将都指挥房昭引兵由紫荆关趋西水寨。"[④] 可见，与大宁、开平一样，东胜成为洪武后期明朝在漠南草原西部的战略枢纽，从而依托山西行都司、山西都司，控制黄河以北的广阔地带。洪武三十年六月初七日，朱元璋敕晋王

---

① 《太祖皇帝钦录》，转引自《太祖皇帝钦录及其发现与研究辑录——兼及〈御制纪非录〉》，载《明清论丛》第6辑，第91页。

② 《太祖皇帝钦录》，转引自《太祖皇帝钦录及其发现与研究辑录——兼及〈御制纪非录〉》，载《明清论丛》第6辑，第90页。

③ 《太祖皇帝钦录》，转引自《太祖皇帝钦录及其发现与研究辑录——兼及〈御制纪非录〉》，载《明清论丛》第6辑，第90页。

④ （明）朱睦㮮：《革除逸史》卷二，《景印文渊阁四库全书》第410册，第542页。

称："探马程途，以大同、开平、东胜三处为根本。"① 朱元璋相应重点在大宁、开平、东胜加强粮草储备，以应对可能发生的战事。②

一方面，洪武时期军事攻防体系的建设反映出明朝将防线进一步外拓的努力，标志着中唐以来，在北方族群压力之下，不断内缩的汉人势力再次返回蒙古高原，占据了蒙古高原战略优势的历史转折；另一方面，与汉唐在整个漠南草原开展经营，将内侧设为行政疆域，将外侧设为军事边疆的内外分层相比，明朝在军事最为强盛的开国时期，将北部边疆的外层设为羁縻边疆，将内层设为军事边疆的内外分层，不仅显示出在地缘格局上对西北边疆有所忽视，对漠北草原放弃控制，而且显示出在统治方式上相对保守与消极，边疆开拓存在很大的局限。

第五节　洪武时期南方卫所、土司"复合边疆"的形成

南方边疆山岭纵横，长期以来分散居住着多种族群，很早便与中原地区有往来。"自巴、夔以东及湖、湘、岭峤，盘踞数千里，种类殊别。历代以来，自相君长。原其为王朝役使，自周武王时孟津大会，而庸、蜀、羌、髳、微、卢、彭、濮诸蛮皆与焉。"③ 历代中原王朝不断在这一区域开展经营，控制逐渐增强。

---

① 《太祖皇帝钦录》，转引自《太祖皇帝钦录及其发现与研究辑录——兼及〈御制纪非录〉》，载《明清论丛》第 6 辑，第 102 页。

② "上谕户部尚书郁新曰：'大宁、开平二卫盐粮若储偫已多，则令商人输粟于东胜、西河，以备军饷。'新言：'大宁储粟六十二万余石，开平止二万五千八百石，甘肃亦不过一十五万二千石。其商人所入，未宜改输。'上曰：'大宁姑罢，若开平储至四十万亦宜止之，俱令转输东胜，其价与大宁同。西河之储姑俟甘肃积五十万石，然后再议。'"《明太祖实录》卷二五六，洪武三十一年春正月壬戌，第 3695—3696 页。

③ 《明史》卷三一〇《土司》，第 7981 页。

"及楚庄蹻王滇，而秦开五尺道，置吏，沿及汉武，置都尉县属，仍令自保，此即土官、土吏之所始欤。"①

在古代的技术条件下，蒙古帝国以很少的人口、较低的文明，在一百多年的时间里，征服并统治了亚欧大陆广大区域内人口规模、文明程度都远超自己的多个政权，堪称世界古代史上一项绝无仅有的奇迹。蒙古帝国之所以能够如此成功，其中一项秘诀是因俗而治。蒙古帝国鉴于自身在人口与文明上的劣势，在征服每个文明之后，都保持固有的统治模式不变，在此基础上，将自身的统治体系笼罩、注入其中，从而既实现了政权的平稳过渡，又保证了对权力的绝对掌控。而在南方边疆，蒙元帝国一方面在战略要地、军政要地设立军政机构，进行宏观层面上的掌控；另一方面推行土司制度，对于归附的部落，在保存其固有统属体系的基础上，授予国家序列的名号，实行羁縻统治。

明朝崛起于南方，接续蒙元历史脉络，以空前之力度经营南方边疆。② 一方面，继承了蒙元帝国的统治模式，实行军政机构与土司制度相结合的模式。"迨有明踵元故事，大为恢拓，分别司郡州县，额以赋役，听我驱调，而法始备矣。"③ 在部分经济条件较好的地区，实现"改土归流"。比如明前中期，尚在福建许多地区

① 《明史》卷三一〇《土司》，第 7981 页。

② "壬寅，吏部奏凡庶官有罪被黜者，宜除广东儋崖等处。上曰：'前代谓儋崖为化外以处罪人。朕今天下一家，何用如此。若其风俗未淳，更宜择良吏以化导之，岂宜以有罪人居耶？'"《明太祖实录》卷四八，洪武三年春正月壬寅，第955 页。"今则不然，冠带衣履之国，洽于裨海，而伏莽之戎，不啻蜂虿之毒已也，可不加之意乎？传称孔子欲居九夷，说者谓伤道之不行于中国，非本志也。愚窃以为不然。圣人之心以万物为一体，夷独非物耶？岂中国得行，遂弃之不复置念，则将不与并生天地间乎？故居夷者，圣人天地之心也。"陈永革编校整理《欧阳德集》卷二一《李子守思南赠言》，凤凰出版社，2007，第554—555 页。陈梧桐指出，朱元璋对南方少数民族实行威德兼施、德怀为主的政策，加强了对南方地区的有效管理，促进了其经济文化的发展。陈梧桐：《论朱元璋对南方少数民族的政策》，《江西社会科学》1995 年第 6 期。

③ 《明史》卷三一〇《土司》，第 7981 页。

实行土司制度。"闽中成、弘以前，山寇多而海寇少；正、嘉以来，山寇少而海寇多。国初州县仍宋、元旧，山林深阻，菁棘蒙密，奸宄时窃发，至乎蔓不可图。"① 明朝经过多次军事征伐与政治经营，逐渐在这一地区推广内地的郡县制度，完成了福建内地化的历史进程。"今其地芟夷之后，悉置县司，即欲啸聚，靡所藏寄。此山寇多少所由异也。"②

另一方面，在军事机构、行政机构的比重上，明显增重了前者，这与明朝在整个边疆地区扩展军事边疆的取向是一致的。不仅如此，明朝在南方边疆广设军政机构，但与广阔的南方边疆相比，控制力度明显不足。明朝对于南方边疆的统治定位，与蒙元帝国一样，仍主要实行间接的羁縻统治。"然其道在于羁縻。彼大姓相擅，世积威约，而必假我爵禄，宠之名号，乃易为统摄，故奔走惟命。"③ 相应土司便在效忠中央与不断叛乱之间徘徊。"然调遣日繁，急而生变，恃功怙过，侵扰益深，故历朝征发，利害各半。其要在于抚绥得人，恩威兼济，则得其死力而不足为患。"④

洪武时期，在南方边疆建立起庞大的土司体系。"尝考洪武初，西南夷来归者，即用原官授之。其土官衔号曰宣慰司，曰宣抚司，曰招讨司，曰安抚司，曰长官司。以劳绩之多寡，分尊卑

---

① （明）何乔远撰，福建省文史研究馆整理《镜山全集》卷二六《扞圉志》，福建人民出版社，2015，第712页。
② 《镜山全集》卷二六《扞圉志》，第712页。比如万历前期四川巡抚徐元泰，在平灭马湖府夷人叛乱后，便奏请改土归流。"王者之治夷，羁縻而已。夫治夷犹治草也，兵举则剃，兵罢则滋，彼其错我域中，视戎狄异，借令弃之若置，滋蔓难图；将为永图，其自今更始。请就马湖府专设安边同知一人，守备一人，皆给印绶。扼其要害，筑二城、二堡，列兵山营戍之。布恩信，务修和，宽则因俗解纷，急则相机决胜，责在同知。察坚瑕，侦向背，宽则训练，急则张皇，责在守备。"（明）汪道昆：《太函集》卷六六《马湖府安边城碑》，胡益民、余国庆点校，予致力审订，黄山书社，2004，第1362—1363页。
③ 《明史》卷三一〇《土司》，第7981页。
④ 《明史》卷三一〇《土司》，第7981页。

之等差,而府州县之名亦往往有之。"① 借助当时军事强盛的威势,形成了对南方边疆土司的有效威慑。"袭替必奉朝命,虽在万里外,皆赴阙受职。"② 截止到洪武二十七年(1394),明朝在南方边疆共建立以下土司:

> 其西南夷隶四川者,军民府凡六:乌蒙、乌撒、芒部、卭部、普安、东川。安抚司一,曰金筑。宣抚司一,曰酉阳。宣慰司三,曰贵州、播州、石柱。招讨司三,曰天全、六番、长河西。长官司凡三十:卢山慕、役西堡、大华、宁谷寨、顶营、十二营、平茶、程番、康佐、木方番阿、昔亦簇、占藏、先结、簇巾、各匝簇、北定簇、祁命簇、阿昔洞簇、勒都簇、班班簇、者多簇、麦匝簇、泥溪、雷坡、沐川、平夷、蛮夷岳、希蓬、陇木、头静。州府四:德昌、马湖、建昌、会川。州十九:安顺、龙、永宁、镇宁、建安、礼、柏兴、黎、里、阔、武安、永昌、隆、姜、黎溪、会理、威、龙昌、普济。卫一,曰建昌。县三:中碧、舍麻、龙其。隶广西者,府三:田州、思明、镇安。州二十五:龙英、江、龙、养利、上下冻、思陵、万承、安平、太平、都结、思城、结伦、镇远、左、茗盈、南丹、结安、思同、东兰、那地、全茗、利、泗城、奉议。县四:陀陵、罗阳、崇善、永康。隶云南者,军民府一,曰姚安。府八:元江、丽江、景东、楚雄、鹤庆、寻甸、大理、临安。宣慰使司三:平缅、车里、八百。州二:姚、邓。土官三:海东、宾居、小云南。县二:广通、习峨。隶湖广者,宣慰使司四:施南、思南、永顺、保靖。安抚司一,忠建。长官司三:臻部、六洞、黄坡等处。军民府一,曲靖。③

---

① 《明史》卷三一〇《土司》,第7982页。
② 《明史》卷三一〇《土司》,第7982页。
③ 《明太祖实录》卷二三二,洪武二十七年夏四月庚辰,第3394—3395页。

洪武时期，明朝在南方边疆的土司模式，是一种松散的羁縻统治，明朝所追求的，只是地方社会的安定，而非更高的目标。简单地说，只要土司保持对中央政权的效忠，不造反便可以了。这种统治理念从朱元璋处理麓川平缅土司的个案中，便可以看出。①

南方边疆中，云南处于最南，先秦时期华夏政权尚未对这一地区有所经营。"况滇南乃靡莫之遗墟，而西南之僻壤，毛实不登于《禹贡》，职方未入于《周官》。"②"王朝国家"时期，中原王朝虽开始不断经略云南，但这一地区在蒙元之前，一直保持着相对独立。"秦皇、汉武，斥土开疆，极其力方得西域，遣使通道置官；唐疲河北，而南诏无功；宋偏江左，而画斧自限。"③"呜呼！汉之斥土名越嶲者，以斯地实越嶲水，以彰休盛。然特为僻土服远言尔。武侯南征，天威赫著，而文治犹未遑。唐则先服后叛，宋则画界陆沉。"④从中原王朝角度而言，也就是所谓的"古惟以不治治之"。⑤

蒙元绕道大理，灭亡南宋，相对于前朝，尤其注重对南方边疆的经营。蒙元在武力征服云南高原后，借鉴唐宋土官制度，将之普遍推广于云南地区。明朝在此基础上，进一步加强对云南的控制与开发。"元虽合为一统，而胡俗无讥焉。国家以纲常为治，礼乐为教，云南虽去神皋万里，而气厚风和，君子道行，洪武初

---

① 关于明初平定、治理麓川，可参见于秀情《明朝经营百夷研究》，博士学位论文，中央民族大学，2003；毕奥南《洪武年间明朝与麓川王国关系考察》，《中国边疆史地研究》2005 年第 2 期；李正亭《"析麓川地"与明代西南边疆变迁关系析评》，《思想战线》2008 年第 1 期；万泳延《明代麓川治理问题研究》，博士学位论文，中央民族大学，2013；王人正《明初对麓川地区制衡手段的演变及其结果》，《遵义师范学院学报》2020 年第 1 期。

② （明）李开先：《李中麓闲居集》卷五《送平冈陈大参升任云南宪长序》，载卜键笺校《李开先全集》（修订本），上海古籍出版社，2014，第 525 页。

③ 《李中麓闲居集》卷五《送平冈陈大参升任云南宪长序》，载《李开先全集》（修订本），第 525 页。

④ （明）杨慎：《升庵文集》卷四《楚雄府定远县新建儒学记》，载王文才、万光治等主编《杨升庵丛书》第 3 册，天地出版社，2002，第 148 页。

⑤ 《李中麓闲居集》卷五《送平冈陈大参升任云南宪长序》，载《李开先全集》（修订本），第 525—526 页。

元，已入荣被天言之褒矣。"① 洪武十五年，明朝在攻占云南后，沿袭元代制度，继续在这一地区推行土司制度。其中一个土司便是百夷地区的平缅土司。

> 平缅在西南夷稍远，自云南大理越金齿至其地，所谓百夷者是也。元时常属于缅甸，有城郭、室屋。其人皆楼居，地产象、马，官民皆髡发如僧，出入则乘象。自前代时，未尝通中国，元始遣使招谕，遂入贡。②

洪武十五年，明军攻占大理、金齿。闰二月，平缅宣慰使思伦发归降，明朝仍设平缅宣慰司。"乙巳，置平缅宣慰使司，以土酋思伦发为宣慰使。"③ 两年后，即洪武十七年，思伦发开始向明朝朝贡。"平缅宣慰使思伦发遣刀令孟入献方物，并上故元所授宣慰司印。……洪武十五年，大兵既下云南，进取大理、金齿。平缅与金齿壤地相接，思伦发闻之惧，故遣使朝贡。"④ 同时，趁机请求与麓川土司合并，自己担任麓川平缅宣慰使。"改平缅军民宣慰使司为麓川平缅宣慰使司。麓川与平缅连境，元时分置为两路，以统领其所部。至是，以思伦发遣使来贡，乃命兼统麓川之地，故改之。"⑤ 地盘扩大后的思伦发，势力增强，于是开始发动叛乱。洪武十八年，"癸丑，平缅宣慰使思伦发反，率百夷之众寇景东。土官知府俄陶奔白崖川，都督冯诚率师击之。值天大雾，猝遇蛮寇，我师失利，千户王昇死之"。⑥ 值得注意的是，思伦发叛乱规模很大，共有

① 《升庵文集》卷四《楚雄府定远县新建儒学记》，载《杨升庵丛书》第3册，第148页。
② 《明太祖实录》卷一六四，洪武十七年八月壬申，第2534页。
③ 《明太祖实录》卷一四三，洪武十五年闰二月乙巳，第2247页。
④ 《明太祖实录》卷一六四，洪武十七年八月壬申，第2534页。
⑤ 《明太祖实录》卷一六四，洪武十七年八月甲午，第2538页。
⑥ 《明太祖实录》卷一七六，洪武十八年十二月癸丑，第2673页。

十多万人参加了这次叛乱。"初，百夷思伦发叛，率众十余万，攻景东、之者、吉寨。"① 景东府土官俄陶率两万多人御敌，寡不敌众，最终失利。"俄陶领千百夫长、他当等二万余人击之，为所败。思伦发进攻景东，俄陶力战不胜，率其民千余家，避于大理府之白崖川。"② 朱元璋于是派遣沐英讨伐思伦发。沐英军队首战便获得了胜利。"百夷思伦发诱群蛮入寇马龙他郎甸之摩沙勒寨。西平侯沐英遣都督宁正击破之，斩首一千五百余级。"③ 两个月后，双方开始决战。思伦发联合了周边土司，号称有三十万士兵，但最终被明军击败。④获胜之后，朱元璋并未命沐英撤军，而是继续留在当地，寻找机会，

① 《明太祖实录》卷一八〇，洪武二十年春正月丙子，第 2725 页。
② 《明太祖实录》卷一八〇，洪武二十年春正月丙子，第 2725 页。
③ 《明太祖实录》卷一八八，洪武二十一年春正月辛巳，第 2812—2813 页。
④ "甲辰，西平侯沐英讨百夷思伦发，平之。时思伦发悉举其众，号三十万，象百余只，复寇定边，欲报摩沙勒之役，势甚猖獗，新附蛮夷阴相连结，咸蓄异心。西平侯沐英知夷人反侧，乃谓众曰：'百夷愤摩沙勒之败，乃敢大举入寇。夫兵，愤者必败，若等但戮力，歼之必矣。'乃选骁骑三万，昼夜兼行，凡十五日抵贼营。与之对垒，先出轻骑三百挑之，百夷以万人驱象三十余只逆战。云南前卫指挥张因率骑卒五十余人为前锋，其酋长跨巨象直前我军，注矢连发，矢中象左膝，及胁象仆地，其酋长亦中矢走。因追射杀之，即大呼拥众突其阵，斩首数百级。诸军乘胜鼓噪而进，贼众遂却。英复集将佐告曰：'定边被围已久，今不即破贼，若定边失守，则贼势益张。贼之所恃者，象耳，略以骑兵与之挑战，已不能支，吾知其无能为也。'乃下令军中置火铳、神机箭为三行列阵中，俟象进则前行，铳、箭俱发，若不退则次行继之，又不退则三行继之。明旦分军为三队，都督冯诚领前队，都督同知宁正领左队，汤昭领右队。英复令众曰：'今深入寇境，与之相持，胜则必生，败则必死，吾辈受主上深恩，报德成功，正在今日。吾与若等约，有功者必赏，退衄者必斩。'于是将士皆奋勇欲战。贼悉众出营，结阵以待。其酋长、把事、招纲之属，皆乘象，象皆被甲，背负战楼，若阑楯县竹筒于两旁，置短矟其中，以备击刺。阵既交，群象冲突而前，我军击之，矢石俱发，声震山谷，象皆股栗而奔。指挥张因、千户张荣祖率骑士乘胜追奔，直捣其栅寨，破之，遂纵火焚其寨，烟焰涨天。还，复以兵邀击之，杀伤甚众。贼党有昔刺者，最号骁勇，复率众死战。英乘高望见我军左队小却，即传令驰斩队将。队将惧，奋呼突阵，众随之，无不一当百。贼众大败，斩首三万余级，俘万余人，象死者过半，生获三十有七余。贼皆溃，我师追袭之，贼连日不得食，死者相枕藉。思伦发遁去。英遂遣使奏捷还师，云南所过城邑，百姓争持牛酒，出郊迎劳，英慰谕而遣之。"《明太祖实录》卷一八九，洪武二十一年三月甲辰，第 2858—2861 页。

彻底歼灭思伦发叛军。

> 近得报，知已破百夷，思伦发遁去，可移军渐逼景东。
> 然夷性顽犷，苟未引咎乞降，必再入寇。定边去滇池迟行则
> 用旬月，速行又难与战。欲图万全，须随地屯田，坚壁固垒，
> 与之相持，以俟大军四集，然后进伐。①

只有思伦发认罪悔过，并赔偿明朝的战争损失，沐英才会撤军。"若其纳款请罢兵，可谕以大义，令偿我所费金，并进马万五千匹。景东累丧军士，令贡象五百、牛三万、象奴三百人。彼果顺命，如数入贡，即许之。"②

在明军的威胁之下，思伦发只能投降。"初，百夷思伦发寇摩沙勒及定边，西平侯沐英率兵讨之，思伦发凡再拒战，皆败，乃遣其把事、招纲等至云南，言往者叛逆之谋，实非己出，由其下刀厮郎、刀厮养所为，乞贷其罪，愿输贡赋云南。"③ 对于思伦发的再次归附，朱元璋表示了欢迎。朱元璋命通政使司经历杨大用出使麓川，宣布自己的旨意。朱元璋在敕书中首先指出，这次战争的发生并非明朝的本意，明朝对于遥远的麓川，甚至云南，本来并无统治意图。"麓川僻居西南，远在万里，非中国所图也。岂特麓川为然，若云南之地，道路险远，其民仰巢颠崖，俯饮川涧，兽形夷面，俗无伦理。"④ 只是为了解决故元梁王的威胁，才南征。"曩因故元遗孽梁王，不顺天道，擅生衅隙，诱我边邮，藏匿有罪，诳惑愚民以倡乱，延及良民。故地虽荒遐，人虽化外，不可以不征，遂命征南将军傅友德等帅甲士三十万，往问其罪，于是

---

① 《明太祖实录》卷一九○，洪武二十一年夏四月癸亥，第2868页。
② 《明太祖实录》卷一九○，洪武二十一年夏四月癸亥，第2868页。
③ 《明太祖实录》卷一九八，洪武二十二年十一月己卯，第2969页。
④ 《明太祖实录》卷一九八，洪武二十二年十一月己卯，第2969页。

云南悉平。"① 这次战争之所以爆发，责任完全在思伦发。"独尔思伦发复效尤梁王，纳我逋逃，又数年矣。金齿、景东之役，皆尔所致，朕谓尔欲图人民、广土地，与中国较胜负，故敢数生衅隙，继命诸骁将率师屯营，且耕且守。"② 如今思伦发请求再次归附，必须要赔偿明军的损失，才会得到明朝的谅解。"如欲释愤，当躬修臣礼，悉偿前日用兵之费，则麓川无问罪之师，土酋各保世禄。不然，则旌麾所向，丑类为空。"③ 在思伦发按照明朝的要求赔偿损失之后，明朝再次接纳了他，仍然实行羁縻统治。"大用既至麓州，思伦发听命，遂以象、马、白金、方物入贡谢罪。大用复令思伦发追获云南逃去叛贼自处等二人、把事刀厮郎等一百三十七人，百夷遂平。"④

可见，在平定思伦发叛乱之后，朱元璋并未借此废除土司，实行直接统治，或者采取其他更为积极的方式，而是仍然维持旧有的羁縻统治。这并未从根本上解决麓川平缅土司对于中央政权的离心力问题，为该土司再次崛起，威胁明朝在这一地区的统治，埋下了隐患。事实上，麓川平缅宣慰司很快便再次扩张势力，向南进攻缅甸。缅甸于是向明朝告状。洪武二十八年十月，"缅国王卜剌浪遣使桑乞剌查贡方物，因言百夷思伦发屡出兵，侵夺其境土之故。上谓廷臣曰：'远夷相争，盖其常事。然中国抚驭四夷，必使之无事，当遣使谕解之。'"⑤ 洪武二十九年，"二月己丑朔，缅国复遣使来诉百夷以兵侵其境土"。⑥ 除了缅甸之外，思伦发还进攻其他周边政权。"岁以兵寇车里，不时侵掠八百，恃强犯缅、

---

① 《明太祖实录》卷一九八，洪武二十二年十一月己卯，第 2969 页。
② 《明太祖实录》卷一九八，洪武二十二年十一月己卯，第 2969—2970 页。
③ 《明太祖实录》卷一九八，洪武二十二年十一月己卯，第 2970 页。
④ 《明太祖实录》卷一九八，洪武二十二年十一月己卯，第 2970 页。
⑤ 《明太祖实录》卷二四二，洪武二十八年冬十月，第 8524—8525 页。
⑥ 《明太祖实录》卷二四四，洪武二十九年二月己丑朔，第 3540 页。

夏璃，国小民寡，而已平之。"① 朱元璋为此严厉斥责恐吓思伦发。洪武二十九年称："近闻蚕食邻邦，意在扩土地而擅有其众，又将为我西南之役"。② 虽然思伦发因惧怕明朝而不再发动战争，但其下属刀干孟洪武三十年最终再次发动叛乱。

> 戊辰，麓川平缅宣慰使司刀干孟叛，逐其宣慰使思伦发。初，平缅俗不好佛，有僧至自云南，善为因果报应之说，思伦发甚信之。又有金齿戍卒逃入其境，能为火炮、火铳，思伦发喜其有艺能，俾系金带，与僧位诸部落上。刀干孟恶之，遂与其属叛，率兵寇腾冲府。思伦发畏其势盛，率其家走云南，西平侯沐春遣送京师。③

朱元璋派遣沐春讨伐，再次平定了叛乱。④

小　结

洪武初年短暂的划汉地自守阶段之后，为解除北元、周边族群的威胁，明朝开始大规模开拓边疆。明朝的疆域界定，一方面呈现出接管元朝旧疆的态势，另一方面承认了趁蒙元帝国瓦解获

---

① 《明太祖实录》卷二四四，洪武二十九年二月庚寅，第3541—3542页。

② 《明太祖实录》卷二四四，洪武二十九年二月庚寅，第3542页。

③ 《明太祖实录》卷二五五，洪武三十年九月戊辰，第3679—3680页。

④ "西平侯沐春进兵击平缅。先以兵送思伦发于金齿，使人谕刀干孟，不从，乃遣左军都督何福、瞿能等将兵五千往讨。福等追高良公山，直捣南甸，大破之，杀其酋刀名孟，斩获甚众。回兵击景罕寨，寨乘高据险，坚守不下，官军粮械俱尽，贼势益盛，福使告急于春。春率五百骑往救之，乘夜至怒江，诘旦径度，令骑驰骤，寨下扬尘以惊之。贼乘高望见尘起蔽天，不意大军卒至，惊惧，遂率众降。春乘胜击崆峒寨，贼夜溃走。刀干孟乃遣人乞降。事闻朝，廷以其诞诈，复授春征南前将军，令俟变以讨之。春后病卒，刀干孟竟不降。乃命都督何福往讨擒刀干孟以归，思伦发〈始〉得还平缅，逾年卒。"《明太祖实录》卷二五七，洪武三十一年五月丁未朔，第3713—3714页。

取独立的周边政权。这反映出明朝并未利用当时强大的水陆实力，追随蒙元帝国的脚步，建立世界帝国，而是回到传统汉人政权的历史脉络，重建以汉人为主体的王朝国家。与元朝相比，甚至与汉人政权鼎盛时期的汉唐相比，洪武时期在边疆地区的经营，呈现出谨慎、节制的态度，在广大边疆地区，构建军事边疆、羁縻边疆相结合的"复合边疆"，与内地的行政疆域一起，形成了由内至外控制力度递减的特征，典型地体现了中国古代"差序疆域"格局。

这种疆域观念是对明朝开国以来内敛疆域观念的继承与延伸，导致明朝在边疆地区，呈现出有限经营的取向，使明朝在族群与边疆整合上，力度不足，从而为后来边疆态势的逆转，埋下了伏笔，也为伊斯兰文明的东进，在西北边疆的广泛渗透，提供了历史空间。由此可见，朱元璋一直倾向构建的，是疆域、族群、文化开拓与整合都较为有限的"内敛型王朝国家"。

第三章
洪武时期"中华亚洲秩序" 的重建

作为中国古代王朝国家"差序疆域"的最外层，众多地处东亚、东南亚、中亚的政权，长期充当了中国的藩属国。古代时期，在亚洲的大部分地区，相应形成了以中国为核心与主宰的"中华亚洲秩序"。中国古代中原王朝一直将建立、扩展"中华亚洲秩序"，作为构建区域国际秩序的主要方式。但蒙古帝国却超越了这种国际秩序范畴，通过武力征服，在亚欧大陆的大部分地区，建立起世界秩序。明朝建立后，面临着重建"中华亚洲秩序"，还是追随蒙古帝国的脚步，建立世界秩序的选择。而最后的事实证明，明朝不仅选择了重建"中华亚洲秩序"，而且在经营方式与力度上，相对于汉唐时期，甚至都有所倒退。

第一节 中国古代的"中华亚洲秩序"

文明体作为族群聚合之单位，先天地具有开拓生存空间的内在驱动。① 因此，所谓扩张取向，便不因文化特质而有所不同，只

---

① 即使如古代中国那样的内敛文明，也有以武力开拓边疆的内在驱动。成书于周代的《周易》称"天行健，君子以自强不息"，虽非针对国家具体事务而发，但作为中华文化最早典籍之一，应深刻影响了此后数千年中国统治者的心理与

是在地理环境与文化观念影响之下，在扩张特征上有所差别而已。亚欧大陆不同文明依托各自地理环境，形成了不同类型的政治制度，塑造出不同内涵的文化观念，最终积淀而整合为具有不同特征的文明体系，长期而稳定地对文明内部进程与外部地缘环境施加不同的能动作用。

与亚欧大陆上的其他文明，如西欧文明、阿拉伯文明、俄罗斯文明生态环境有所不足，甚至十分恶劣，只能向外不断扩张，以获取生存空间与资源，从而走上"无限扩张主义"不同，古代中国核心地带生态环境十分优越，中国先民利用这一地理条件，发展出世界上规模最大、最为发达的农业经济。反观四裔边疆，却三面为山，一面为水，生态环境较为恶劣，不适合大规模推广农业经济。在这一地缘政治背景下，中国古代王朝国家呈现出立足于核心平原农业经济的基础之上，在保证内政稳定的前提下，对地理、气候、族群与内地有所不同，甚至差别很大的边疆地区，有节制地进行对外战争与边疆开拓，在大规模推广农业经济的临界点，往往停下扩张的脚步，改而实行防御立场，修筑长城的"有限开拓主义"特征，与亚欧大陆其他文明呈现出明显的区别。

中国古代很早便形成了在亚洲地区扩展自身势力的思想观念。战国时期尸佼认为："尧南抚交阯，北怀幽都，东西至日月之所出入，有余日而不足于治者，恕也。"① 为建立"王者无外"理想观念中的"天下秩序"，古代中国运用军事、政治、经济、文化等各

文化取向，是历代政权开疆拓土的心理基础。黄寿祺、张善文：《周易译注》卷一《上经·乾卦第一》，上海古籍出版社，1989，第8页。唐高宗去世后，进士陈子昂在奏疏中指出，秦国开拓疆域，才奠定了兼并六国、统一天下的基础。"臣闻秦都咸阳之时，汉都长安之日，山河为固，天下服矣。然犹北取胡宛之利，南资巴蜀之饶。自渭入河，转关东之粟；逾沙绝漠，致山西之储。然后能削平天下，弹压诸侯，长辔利策，横制宇宙。"《旧唐书》卷一九〇中《文苑中·陈子昂传》，第5019页。

① 朱海雷：《尸子译注》卷下，上海古籍出版社，2006，第57页。

种方式，积极在远方异域扩大自身影响，"文德以绥远人，威武以惩不恪"，① 从而与中国周边地区长期形成了既具有一定内在关联，又保持相对独立的宗藩关系，将之纳入中国古代"差序疆域"的最外层部分。从现代国际关系视角而言，这是一种以中国为核心与主宰的前近代亚洲区域国际秩序，可称为"中华亚洲秩序"。

"中华亚洲秩序"在结构形态、历史驱动、核心理念、领土观念、运作方式与历史指向等方面，都与其他文明构建的区域国际秩序的历史内涵具有相当差别。

第一，与亚欧大陆其他文明在均势地缘政治下，构建起以均势、平衡为结构形态与内在逻辑的区域国际秩序不同，在"中华亚洲秩序"下，古代中国与藩属国由于力量悬殊，从而在结构形态上呈现依附与被依附的"向心结构"，与当代国际政治学中的"搭车"模式比较相似。在这种结构形态下，藩属国有向中国效忠的义务，中国也有凭借自身的军事实力与政治威望，锄强扶弱、兴灭继绝的政治义务。这就是中国古代所谓的"事大字小"。"事"意为侍奉，"字"意为抚育，所谓"事大字小"，是借助远古中国血缘伦理观念，所延伸、比附而成的一种国际观念。"字"又常用"比"代替，"比"，意为庇护。

古代中国虽然实行"内霸外王"政治模式，但在"差序疆域"观念之下，对于最外层区域的经营，更为强调和平方式，也赋予该模式更多的道义内涵与政治合法性。因此，在"中华亚洲秩序"下，古代中国与藩属国呈现了和谐共生的国际关系。古代中国由此长期有效地维护了亚洲地区的和平环境，是古代亚洲能够维持较长时期和平的重要保障。

第二，"中华亚洲秩序"得以建立的历史驱动力量，主要不是经济，而是政治。亚欧大陆其他文明的对外开拓，首先是掠夺外

_____

① 《晋书》卷一二六《载记二十六·秃发利鹿孤》，第3146页。

部经济资源，以补充宗主国经济方式的不足。与之不同，中国古代中原王朝在核心地带长期发展、维持了先进的农业经济；与之相比，周边国家皆缺乏地理如此辽阔的农业地带，甚至生态环境多有非常恶劣者。相应，中国古代对外开拓的经济动力便显得不足，这是中国古代长期形成"有限开拓主义"的地理根源。由此，"中华亚洲秩序"得以建立的历史驱动力量，便与亚欧大陆其他文明不同，后者主要是经济驱动，而前者主要为了建立"王者无外"理想观念中的"天下秩序"，或者说主要是政治驱动。

在"中华亚洲秩序"中，中国对于藩属国虽有一定的经济要求，但这一要求不仅在双方关系中不占主要地位，而且整体上基本呈现中国依靠自身强大的经济实力，不断扶持、拉动亚洲区域经济的区域国际经济模式。具体而言，便是在朝贡贸易中，古代中国一直采取"厚往薄来"的方式，对于藩属国常规的经济索取，限于并不珍贵且易于搜罗的土物，而赐予对方者，则往往是远超市场收益的赏赐；在民间，藩属国不仅可以在朝贡时，携带部分商品，与中国民众进行私下交易，更可通过长距离的民间贸易，加入中国古代发达的商品经济链条之内。或者说，虽然古代中国官方无明确的扶持亚洲区域经济发展的政治目的，但在实际经济运作中，却起到了这样的效果。因此，"中华亚洲秩序"的历史驱动主要是政治驱动，而其结果推动了区域国际经济网络的出现与发展。可见，朝贡贸易对于古代中国主要是一种展示万邦来朝的政治象征，古代中国甚至将藩属国进贡之土物，转赐其他藩属国，以宣示、彰显自身的政治权威。

但是，"中华亚洲秩序"在漫长的推衍过程之中，内部也逐渐出现一定问题。比如在一定程度上存在的中国对藩属国的索求，便使这一区域国际秩序内部存在一定的裂痕。

第三，"中华亚洲秩序"的核心理念是"和而不同"，而非"同质一体"。由于古代中国构建"中华亚洲秩序"，主要不是为了经济掠夺，而是出于政治目的，相应对藩属国并未如亚欧大陆其他文明那样采取强力控制，以达到经济一体化的经济目标，从而呈现宗主国与藩属国"同质一体"，而是满足于维持与藩属国之间松散的政治关联，保持"和而不同"的状态。西周规定诸侯应与周王室保持一定的政治距离，间隔一段时间才能朝觐周天子；而周天子也间隔一段时间巡视各诸侯国。"诸侯之于天子也，比年一小聘，三年一大聘，五年一朝。天子五年一巡守。"① 《司马法》也强调在天子、霸王与诸侯的"比小事大"政治关系中，以"和"即和谐为核心宗旨。"同患同利，以合诸侯；比小事大，以和诸侯。"②

主要撰述于战国时期的《管子》一书，便指出君主在国际交往中，应依据与不同国家的距离远近，采取不同的交往态度。具体而言，便是与近的国家保持亲和关系，而与远的国家保持一种形式上的联络便可以了。"先王取天下，远者以礼，近者以体。体、礼者，所以取天下；远、近者，所以殊天下之际。"③ 所谓"礼"，其实是限于表面的交往形式，缺乏实质性的交流。战国时期尸佼认为远古圣王在治理远方时，并不致力于对之加以约束。④ 明嘉靖时期，都察院右副都御史唐胄在奏疏中，明确指出治理中国之法与治理"蛮夷"之法不同。"古帝王不以中国之治治蛮夷，故安南不征，著在祖训。"⑤ "和而不同"观念虽然有助于维护亚洲区域国际秩序的长期稳定，但由于它带来的国际关系较为松散，相应在凝聚区域资源，使之向一体化发展，在此基础上进一步向

---

① （汉）郑玄注，（唐）孔颖达疏，龚抗云整理，王文锦审定《礼记正义》卷一二《王制》，北京大学出版社，2000，第388页。

② 李零译注《司马法译注·仁本第一》，河北人民出版社，1995，第10页。

③ 黎翔凤撰，梁运华整理《管子校注》卷四《枢言第十二》，中华书局，2004，第252页。

④ "子贡问孔子曰：'古者黄帝四面，信乎？'孔子曰：'黄帝取合己者四人，使治四方。不谋而亲，不约而成，大有成功。此之谓四面也。'"《尸子译注》卷下，第55页。

⑤ （明）唐胄：《传芳集·谏讨安南疏》（嘉靖十五年），刘美新点校，海南出版社，2006，第163页。

外扩张方面，显得力量不足。

第四，在"中华亚洲秩序"中，古代中国并未有索取藩属国领土的强烈观念。在"有限开拓主义"疆域模式之下，古代中国虽有向外扩张领土的内在诉求，但却秉持在内政稳定基础上的有节制开拓，因此更为崇尚温和的政治渗透方式。十六国前燕皇帝慕容㑞时，尚书左丞申绍上疏曰："拓宇兼并，不在一城之地；控制戎夷者，怀之以德。"①

与亚欧大陆其他文明为掠夺殖民地经济资源，往往强调直接控制，甚至高压统治，呈现出强烈的领土观念不同，古代中国建立"中华亚洲秩序"，是为实现"王者无外"的理想观念，满足于将其纳入"天下秩序"的最外层部分，因而在"差序疆域"观念下，对于直接控制藩属国，占据其国土，显得并不热情。

相应，中国古代中原王朝对于周边政权，长期满足于维持一种形式上的宗藩体制。嘉靖初年兵部尚书桂萼认为，明太祖朱元璋开展对外关系的目的是同化"夷狄"，而非获取土地。"惟我太祖高皇帝用夏变夷，思与天下更始，非有利其土地、人民之心，是以中外华夷，莫不向风。"② 万历时期，当朝鲜面临日本发动的"壬辰倭乱"冲击时，明朝倾全国之力援助，史称"朝鲜之役"。但明朝在承受巨大代价，取得战争的胜利后，对朝鲜半岛并无领土、经济等方面的索取，而是仍维持与其之间的宗藩关系。明神宗诏称："设官经理朝鲜，原为保全属国，目前战守进止，此为长策。待彼力能自立，官兵即当撤还，天朝不利一民一土。督抚官传示国王，俾知朕意。"③

---

① 《晋书》卷一一一《载记十一·慕容㑞》，第 2856 页。
② （明）桂萼：《大明舆地图序》，载《明经世文编》卷一八二《桂文襄公奏议四》，第 1860 页。
③ （明）叶向高等：《明神宗实录》卷三〇七，万历二十五年闰二月乙亥，中研院历史语言研究所，1962 年校印本，第 5741 页。

　　如果宗主国对藩属国有土地要求，还会遭受舆论的批评。甚至与藩属国出现领土争端、摩擦之时，为了维护“中华亚洲秩序”，有向藩属国割让土地的做法。比如清朝曾与朝鲜、越南、廓尔喀（今尼泊尔）、缅甸发生过边界纠纷，甚至动用武力，但为维持周边地区地缘和平，坚定藩属国的“向化”之心，并不致力于扩张疆域，甚至时常将有争议地区割让给藩属国。比如雍正帝便曾将西南部分疆土割让予越南。“朕统驭寰区，凡属臣服之邦，皆隶版籍，安南既列藩封，尺地莫非吾土，何必较论此区区四十里之壤。……况此四十里之地，在云南为朕之内地，在安南仍为朕之外藩，一毫无所分别。着将此地仍赏赐该国王世守之。”① 虽然从现代国际观念来看，这属于割让领土的行为，但在当时却是采取部分让渡主权，通过牺牲局部利益，将中国部分直接统治区转换为藩属国统治区的一种内部流动，维持整体的“中华亚洲秩序”的政治策略而已。这种领土意识淡化的观念，源于“王道”观念对于政治合法性而非土地的优先诉求。

　　不过当近代时期藩属国在西方列强压力之下，纷纷脱离与清代中国的宗藩关系后，清代中国与周边国家划定近代边界时，便也从现代边界观念出发，竭力索回曾经赏赐于藩属国的土地。②

　　第五，与亚欧大陆其他文明建立区域国际秩序时，较为强调武力征服不同，古代中国秉持“有限开拓主义”观念，虽也注重对于武力的应用，但强调战争要具有政治合法性，也就是所谓的“义战”，在使用战争方式的同时，同样注重采取政治、经济、文化等和平方式。或者说，“中华亚洲秩序”的形成与维持，主要是“王道”政治模式而非“霸道”政治模式的体现与实践。

① （清）张廷玉等：《清世宗实录》卷六五，雍正六年正月己卯，中华书局，1985，第1000—1001页。
② 孙宏年：《清代中国与邻国“疆界观”的碰撞、交融刍议——以中国、越南、朝鲜等国的“疆界观”及影响为中心》，《中国边疆史地研究》2011年第4期。

　　第六，虽然古代中国构建"中华亚洲秩序"，是为建立"天下秩序"而开展的一种外向扩张行为，却在相当程度上是出于保障中国地缘和平的政治目的。古代中国不仅长期是亚洲地区具有明显优势的文明体系，而且长期保持了在世界范围内的经济领先。在这一地缘政治背景下，为保障中国的国际地位，对外的疆域扩张远不如维持中国地缘和平更为实际与稳妥。相应，古代中国构建"中华亚洲秩序"，虽有对外开拓的政治意图，但更为深层的政治动机是借此维护中国自身的地缘和平，从而为中国的政治稳定与经济发展提供一个安全的国际环境。从深层次来看，"中华亚洲秩序"是一种"内向"的区域国际秩序，这与亚欧大陆其他文明在经济方式存在一定问题、生存空间存在局限的地缘缺陷下，为壮大自身，而不断向外扩张的区域国际秩序，具有明显不同。因此，"中华亚洲秩序"是更有利于亚洲长期保持和平的历史推力。

　　事实上，古代亚洲，主要是东亚、东南亚与中亚地区，与以上三种文明长期处于平衡状态，时常出现权力真空，从而较为混乱与动荡的"丛林秩序"不同，长期处于中国一家独大的不平衡状态，填充了国际秩序的权力空间，从而走向更高阶段的相对稳定与和平的"和谐秩序"，这是"中华亚洲秩序"得以产生并长期维持的地缘政治根源。

　　在古代世界，中亚以东的地区长期与以西之阿拉伯社会、欧洲社会地理隔绝。在这片广袤的土地上，中华文明得以在相对独立的地理空间内自由发展，不仅长期保持了最大的经济体与领先优势，将亚洲国家或政权都笼罩在自身的政治、经济、军事、文化辐射范围之下；而且拥有相对于其他亚洲国家或政权强大得多的国家实力，从而长时间在亚洲区域国际秩序中，建立了自身的威权地位，压制了其他亚洲国家或政权的军事扩张。在这种中国主宰的区域国际秩序之下，不仅由于权力空间长期被中国所填充，而未形成真空状态，从而长期消除了大国之间不断争战的局面；而且由于其他亚洲国家或政权缺乏与中国竞争的足够实力，中国在建立"中华亚洲秩序"时，考虑的重点不是消灭掉其他政权，而是保持亚洲国际秩序的稳定，构建和而不同的和谐国际秩序，以免城门失火，殃及池鱼，可称为"和谐秩序"。所谓"礼之用，和为贵"，① "和也者，天下之达道也"，② 说的都是这个道理。

这一"和谐秩序"强调广大包容的胸怀，③ 以"德"为核心理念，以"礼"为制度形式，"招携以礼，怀远以德；德礼不易，无人不怀"，④ "圣王之制，施德行礼"，⑤ 中国作为宗主国主动包容、扶持，而非欺凌、压制藩属国，"在德不在征"，⑥ 通过"柔远人则四方归之，怀诸侯则天下畏之"⑦ 的柔性统治方式，利用中国的经济优势，以朝贡贸易的方式，以财物换顺从，形成"协和万邦"⑧ 的区域国际秩序，也就是所谓的"天下大同"。

"和谐秩序"相对于"丛林秩序"，是更高一级的国际秩序，是人类社会在经历了无序竞争的极大破坏之后，在处理族群关系时，倾向于强调有序与共存的一种方式。如果与自然界比附，"丛林秩序"相当于一群还未形成团体的动物为了争夺首领地位而混战厮杀；而"和谐秩序"则是在经过长期厮杀之后，首领终于产生，开始带领大家彼此合作。

但是，内向的历史指向导致"中华亚洲秩序"的外向扩张动

---

① 杨伯峻译注《论语译注·学而篇第一》，中华书局，1980，第 7 页。
② 《礼记正义》卷五二《中庸》，第 1662 页。
③ "山上有泽，咸；君子以虚受人。"《周易译注》卷五《下经·咸卦第三十一》，第 259 页。
④ 杨伯峻编著《春秋左传注·僖公七年》（修订本），中华书局，1990，第 317 页。
⑤ 《汉书》卷七八《萧望之传》，第 3282 页。
⑥ 《魏书》卷五三《李冲传》，第 1300 页。
⑦ 《礼记正义》卷五二《中庸》，第 1685 页。舜帝"柔远能迩，惇德允元，而难任人，蛮夷率服"。顾颉刚、刘起釪：《尚书校释译论·虞夏书·尧典》，中华书局，2005，第 191 页。
⑧ 《尚书校释译论·虞夏书·尧典》，第 2 页。

力不足，从而使中国在长期拥有世界领先地位的历史机遇下，国际影响始终局限于亚洲部分地区，为亚欧大陆其他文明的扩张及由此而带来的世界一体化，提供了历史空间。面对东进的亚欧大陆其他文明的强势扩张，"中华亚洲秩序"也开始了漫长的历史转型。

可见，古代中国构建的"中华亚洲秩序"，与亚欧大陆其他文明秉持"无限扩张主义"，尽力构建疆域广阔的区域国际秩序，甚至全球国际秩序，只是受条件所限，在世界古代时期一直限于区域国际秩序不同，是秉持"有限开拓主义"，在亚洲地区建立的"有限"的区域国际秩序。

在中国古代，汉、唐、元、明、清皆在政权建立之后，致力于构建这一区域国际秩序。在这之中，尤以汉、唐、元、清较为典型，将蒙古高原、西域、东北、朝鲜半岛、东南亚皆纳入"中华亚洲秩序"之中。唐朝甚至与日本列岛建立了长期的宗藩关系。与之不同，元朝所构建之"中华亚洲秩序"，虽然辐射地域最广，却未将日本列岛纳入进来。明、清同样如此。这一历史倒退反映出在东亚地区，"中华亚洲秩序"逐渐遭到挑战，首先是日本，此后是明清时期的东南亚国家。与汉、唐、元、清相比，明朝虽然也大体建立了"中华亚洲秩序"，但由于长期与蒙古高原政权处于对峙态势，也仅在西域地区建立了宗藩关系，从内涵而言，不如其他四个王朝典型与完善。与以上五个王朝相比，秦、隋虽积极尝试构建"中华亚洲秩序"，但由于国祚甚短，仅在东亚或东南亚部分地区有所尝试，并未从整体上构建起"中华亚洲秩序"。两宋国力较弱，甚至长期处于辽、金附属国的地位，并未在朝鲜半岛、西域地区建立起宗藩关系，相应也未能构建起"中华亚洲秩序"。①

---

① 关于东北亚国际关系史，可参见黄定天《东北亚国际关系史》，黑龙江教育出版社，1999。

第二节 洪武时期西域地区宗藩秩序的确立

洪武时期，明朝对西域的态度，并未呈现收复汉唐旧疆的取向，而是表现出继承元朝旧疆的立场，在西域地区，仅对哈密发动了军事进攻，满足于与西域各国建立起宗藩关系。之所以如此，缘于这一时期明朝对以东察合台汗国为代表的西域蒙古的戒惧态度。

明朝与西域初次发生关联，便是著名的冯胜"弃地"事件。冯胜放弃甘肃的原因是什么呢？《纪事录》给出了十分明确的答案——"惧回鹘之兵"。"回鹘"，原称"回纥"，是隋唐时期活跃于西域的一支游牧族群。唐开成五年（840），回鹘可汗被杀，回鹘分成四支外迁。蒙古帝国时期，回鹘被称为"畏兀儿"。1283年，随着高昌城毁于战火，高昌回鹘政权被察合台汗国灭亡。察合台汗国虽灭了回鹘政权，却接受了其文字与风俗，呈现了"突厥化"特征。由于突厥与回鹘原本同族，所谓"突厥化"其实便是"回鹘化"。因此，虽然"回鹘"作为一个族群、政权，在蒙古帝国时期便已消失，作为其后裔的称谓，"畏兀儿"一词也更为流行；但"回鹘"一词并未随之从历史中消失，不仅回鹘文仍在广大西域地区流行，而且惯常用典的元代汉人文人也仍常用"回鹘"指代畏兀儿与西域，以及元朝境内的西域人，从而与"回回"一词经常混用。① 俞本这里的"回鹘"指的是哪个政权或族群呢？《纪事录》共记载"回鹘"四次，除了此处外，其他三处为：

（洪武元年八月）初三日，（徐）达、薛右丞（显）、参

---

① 杨志玖：《元代回族史稿》，南开大学出版社，2003，第59—72页。皇庆二年（1313）二月，"壬午，西北诸王也先不花进马、驼、璞玉。……帝谕左右曰：'回回以宝玉鬻于官。朕思此物何足为宝，唯善人乃可为宝。善人用则百姓安，兹国家所宜宝也。'"《元史》卷二四《仁宗纪一》，第555页。元朝诸帝对西北诸王尚且泛称为"回回"，可见"回回"一词的最广义实为所有西域人的泛称。

政傅友德领凤翔等五卫步军三万出虎北口追元君。初八日，至兴路，不获。元君行东路，友德军行西路，两路互差，但遇回鹘车辆人口，尽拘而回，获牛羊马匹十万。①

（洪武元年十月），（徐达）至通州，内有回鹘欲作乱，事泄，戮五千余人，妻女俱配军士。②

（洪武二十二年）甘肃、巴西、回鹘遣使赍表及金珠、玩骇马、紫驼、结金珠、缨络进贡。③

可见，俞本用"回鹘"，取元明之际最广泛的含义。冯胜所惧为西域的哪个政权与族群？从这里无法看出。但通过对这一时期西域地缘格局的分析，可以发现这里的"回鹘"，对应的是东察合台汗国。

成吉思汗将先后占领的中亚、西亚地区分封给子弟，建立四兀鲁思，以拱卫宗主国的大兀鲁思。但他去世后，四兀鲁思与中央不断产生摩擦，逐渐发展为独立、半独立的四大汗国，自西向东依次为钦察汗国（金帐汗国）、伊利汗国（伊儿汗国）、察合台汗国、窝阔台汗国。察合台汗国本不与元朝接境，最初受封地仅为天山一带的牧场，但阿鲁忽汗利用忽必烈与阿里不哥争夺汗位的时机，占领了阿姆河以北原属元朝直接管辖的城郭农耕地带，怯别汗趁窝阔台汗国海都去世，势力衰微之机，将其吞并，势力延伸到土鲁番。④元朝末年，当蒙古统治者面临长城以内的汉地叛乱时，察合台汗国黄金家族的统治也大为削弱，非黄金家族的"异密"们掌握了实权，察合台汗国分裂为西部的帖木儿帝国与东部的东察合台汗国。东部朵豁剌惕异密播鲁只拥立秃黑鲁帖木儿继承汗位，建立了东察合台汗国（又称叶尔羌汗国、蒙兀儿斯坦，明人以其国都所在地称别失

① 《纪事录》卷下，转引自《史林漫识》，第433页。
② 《纪事录》卷下，转引自《史林漫识》，第433页。
③ 《纪事录》卷下，转引自《史林漫识》，第456页。
④ 刘迎胜：《察合台汗国史研究》，上海古籍出版社，2006，第2、66页。

八里、亦力把里）。秃黑鲁帖木儿很有作为，宣布信仰伊斯兰教，加快了蒙古人突厥化的历史进程，从而稳固了社会基础。在建立了强大的汗权之后，秃黑鲁帖木儿向西进攻河中地区，发动了统一察合台汗国的战争。虽然占领了大片地区，但并未在当地建立长期而稳固的统治。秃黑鲁帖木儿还向东扩张势力，势力威慑到了哈密，与元朝声气相接。[1] 洪武初年，明朝尚未与帖木儿帝国及更西势力形成直接接触，对西域的了解，恐怕更多是对邻国东察合台汗国的认知。故而，冯胜所惧"回鹘"势力，应是东察合台汗国。

那么，洪武初年东察合台汗国是一种什么样的情形呢？明朝建国的 1368 年，当东方地区正处于元、明易代的大规模战争中时，察合台汗国境内也正展开着一场长达 22 年的内部战争。1365 年，权力遭到削夺的朵豁剌惕部异密哈马鲁丁趁也里牙思火者汗去世的机会，大肆诛杀秃黑鲁帖木儿诸子，自立为汗，引起东察合台汗国部分势力的反对，帖木儿趁机在 1368 年对东察合台汗国发动进攻。而在明朝发动"岭北之役"的 1375 年，哈马鲁丁正向帖木儿帝国发动猛烈的进攻，并占领了帖木儿帝国的大片领土，势头甚猛。[2] 冯胜所面对者，正是这一时期如日中天的东察合台汗国。冯胜在"岭北之役"惨败的惊惧之下，对强大的东察合台汗国东进甘肃心存畏惧，于是选择焚弃城池，以免贻粮于地，也符合情理。傅友德占领瓜、沙二州后，之所以未进一步西进，也应是为了避免与东察合台汗国发生战争。可见，《纪事录》所载的"惧回鹘之兵"，应是惧怕东察合台汗国的东进。

中国古代蒙古高原北方族群，多有从西域甚至更西北之处迁移而来，统治蒙古高原，对中国北部边疆构成重大威胁者，如突厥、回鹘皆是如此，也有大量考古材料与研究成果倾向于匈奴同

---

① 田卫疆：《东察合台汗国地域范围及其变迁考释》，《新疆大学学报》（哲学社会科学版）1992 年第 4 期。

② 关于明初东察合台汗国与帖木儿帝国的战争，参见朱新光《东察合台汗国与帖木儿帝国之战及影响》，《中国边疆史地研究》1997 年第 3 期。

样起源于亚洲西北。那么，在 14 世纪晚期，当明朝代元之时，包括东察合台汗国在内的西域势力，为何未东进呢？

这一时期西域可能对明朝造成威胁，与明朝疆域大体相邻的势力，包括三派：一为在蒙元汗位争夺中的失势力量，即窝阔台后裔、蒙哥后裔、阿里不哥后裔，皆居于蒙古高原西北部；一为西部蒙古势力，即明朝所称"瓦剌"者，[1] 元时居于阿尔泰山麓至色楞格河下游的广阔草原的西北部，瓦剌在忽必烈与阿里不哥争夺汗位时，也站在阿里不哥一方；[2] 一为西域察合台汗国势力，当时已分裂为东察合台汗国、帖木儿帝国。

当北元遁入大漠之后，非忽必烈系黄金家族后裔联合瓦剌势力，开始向东南挺进，但其势力仍局限于漠北地区，在洪武晚期发展至漠北东部，这才有了脱古思帖木儿汗为也速迭儿所杀之事。但另一势力，即西域蒙古，不仅未趁"岭北之役"的时机进取东方，而且终洪武一代，也未东进，相应未对明初西北边疆经略产生直接影响。原因在于其与帖木儿帝国的长期内战使其无暇东进。

东察合台汗国首要的战略目标是向西进攻帖木儿帝国，这主要有两个原因。一，东察合台汗国与西部帖木儿帝国，本来同属一个国家——察合台汗国，哈马鲁丁以非黄金家族的身份篡夺汗位，遭到了国内诸多政治势力的反对，而且帖木儿帝国标榜黄金家族的正统地位，也对哈马鲁丁的正统性构成了威胁，无论从统一察合台汗国的角度，还是从维护汗位的合法性角度，哈马鲁丁皆将西进河中，统一察合台汗国，剪除异己势力作为东察合台汗国首要的战略目标。二，东察合台汗国以牧立国，自然条件较差，

---

① 瓦剌，又译作"斡亦剌"等，清以后改译为"卫拉特"。瓦剌归降成吉思汗，被封为千户，凡四千户。明初东进，发展为四大部。17 世纪蒙古史书称之为"四万户瓦剌"或"四瓦剌"，部落组成与名称在明清时期有所变化。参见乌兰《〈蒙古源流〉研究》，辽宁民族出版社，2000，第 293—294 页。

② 〔日〕杉山正明：《蒙古帝国的兴亡》（上），孙越译，邵建国校，社会科学文献出版社，2015，第 140 页。

河中地区农耕条件十分优越，有以牧立国的东察合台汗国所不具备的丰富资源，占领河中地区对于东察合台汗国壮大经济实力，也很有帮助。故而无论从政治上，还是经济上，东察合台汗国首要的经略目标都是河中地区，甘肃只是其战略版图中的东方异域。秃黑鲁帖木儿汗在位时，东察合台汗国势力才延展到嘉峪关以西的沙州、哈密地区，但也仅仅是渗透进来，主宰这一地区的仍是出伯系察合台后王集团。至于甘肃，更从未与察合台汗国产生过瓜葛。对于东察合台汗国来讲，这是一片陌生的东方地域。相应，哈马鲁丁只有在统一察合台汗国，消除后顾之忧后，才有可能考虑东进甘肃的问题。14世纪90年代，随着帖木儿击溃哈马鲁丁势力，秃黑鲁帖木儿幼子黑的儿火者继承东察合台汗国汗位，采取与帖木儿联姻和好的方式，消除了西部的威胁后，才开始经略东部地区，扣留明朝使者傅安，占领土鲁番，[1] 进攻哈密。

与之相似，帖木儿帝国采取的战略也是首先消除直接竞争对手——察合台汗国的威胁，然后西进消灭伊利汗国与钦察汗国，统一中亚、西亚地区后，才开始掉转方向，于永乐三年（1405）发动了一场进攻明朝的战争，只是由于其突然身死，战争才戛然而止。总之，无论东察合台汗国，还是帖木儿帝国，皆是建立于中亚的蒙古后裔政权，其首要的战略目标皆是确立汗位的正统性与剪除西域异己势力，而非进攻东方异域。

冯胜放弃甘肃、宁夏之后，由于北元、西域蒙古皆未顺势占领这一地区，明朝很快便重新收复这一地区。而明朝经营西域，却一直推迟到洪武十三年（1380）。"丁亥，都督濮英复请督兵略地，开哈梅里之路，以通商旅。上赐玺书曰：'报至，知所获人畜、略地之请，听尔便宜，但将以谋为胜，慎毋忽也。所获马二

---

① 田卫疆：《十四世纪末至十五世纪初的东察合台汗国》，《新疆社会科学》1988年第4期。

千，可付凉州卫.'"① 由此可以看出，洪武时期明朝在西域的经营，具有鲜明的保障、推动丝绸之路贸易发展的意愿。而明朝的西域经营，确实推动了丝绸之路上贸易的发展。洪武三十年，朱元璋谕东察合台汗国国王黑的儿火者曰："朕即位三十年，西方诸国商人入我中国互市，边吏未尝阻绝，朕复敕吾吏民，不得持强欺谩番商，由是尔诸国商获厚利，疆场无扰，是我中国有大惠于尔诸国也。"②

遭受军事进攻之后，哈密归附了明朝，并承担起代表明朝，招抚西域各国的中介角色。"五月乙酉朔，哈梅里回回阿老丁来朝贡马，诏赐文绮，遣往畏吾儿之地招谕番酋。"③ 洪武二十四年，哈密请求与明朝开展互市。"二月戊午朔，西域哈梅里王兀纳失里遣使请于延安、绥德、平凉、宁夏以马互市。"④ 但被朱元璋拒绝。"夷狄黠而多诈，今求互市，安知其不觇我中国乎？利其马而不虞其害，所丧必多，宜勿听，自今至者，悉送京师。"⑤ 哈密处于明朝与西域各国交往的枢纽地带，因此有控制双方物资往来的想法，故而阻截西域各国与明朝的朝贡贸易。"先是，西域回纥来朝贡者，多为哈梅里王兀纳失里所阻遏，有从他道来者，又遣人邀杀之，夺其贡物。"⑥ 有鉴于此，朱元璋派遣甘肃将领刘真、宋晟再次对哈密开战，大获全胜。⑦ 此役过后，明朝并未对哈密实行直接统治，仍与之保持宗藩关系。"哈梅里兀

---

① 《明太祖实录》卷一三一，洪武十三年夏四月丁亥，第 2078 页。
② 《明太祖实录》卷二四九，洪武三十年春正月丁丑，第 3611—3612 页。
③ 《明太祖实录》卷一三七，洪武十四年五月乙酉朔，第 2165 页。
④ 《明太祖实录》卷二〇七，洪武二十八年二月戊午朔，第 3087 页。
⑤ 《明太祖实录》卷二〇七，洪武二十八年二月戊午朔，第 3087 页。
⑥ 《明太祖实录》卷二一一，洪武二十四年八月乙亥，第 3138 页。
⑦ "乙亥，命左军都督金事刘真、宋晟率兵征哈梅里。……上闻之，乃遣真等往征之。真等由凉州西出哈梅里之境，乘夜直抵城下，四面围之。知院岳山夜缒城降，黎明，兀纳失里驱马三百余匹，突围而出。我军争取其马，兀纳失里以家属随马后遁去。真等遂攻破其城，斩虏王列儿怯帖木儿、国公省阿朵儿只等千四百人，获王子别列儿怯部属千七百三十人，金印一、银印一、马六百三十匹。"《明太祖实录》卷二一一，洪武二十四年八月乙亥，第 3138 页。

纳失里王遣回回哈只阿里等来贡马四十六匹、骡十六只。诏赐使者白金、文绮有差。"①

哈密以南地区，虽然也属于西域，但在蒙元时期，却属于甘肃行省。洪武时期，明朝仍将这一区域视作陕西行都司的附属地区，设置了安定卫、阿端卫、曲先卫、罕东卫四个羁縻卫所，相应不应视作明朝对西域的经营。

洪武二十年，帖木儿帝国开始朝贡明朝，双方建立了宗藩关系。"撒马儿罕驸马帖木儿遣回回满剌、哈非思等来朝，贡马十五匹、驼二只。诏赐白金一十八锭。"② 不仅如此，帖木儿最初对明朝十分恭敬，此后，频繁与明朝开展朝贡贸易与互市。洪武二十一年，"撒马儿罕驸马帖木儿遣回回答术丁等五十九人来朝，贡马三百匹、驼二只。诏赐白金人六十两及钞有差"。③ 洪武二十二年，"撒马儿罕驸马帖木儿遣回回满剌、哈非思来朝贡马二百五匹。诏赐白金四百两及文绮、钞锭。从者俺都儿等八人白金七百两，文绮、钞锭有差"。④ 洪武二十三年，"乙亥，撒马儿罕回回舍怯儿、阿里等以马六百七十匹，抵凉州互市，守将以闻。诏送舍怯儿、阿里等至京，听自市鬻"。⑤ 洪武二十四年，"撒马儿罕驸马帖木儿遣回回舍哈厘等来朝，贡驼马方物"。⑥ 洪武二十五年，"撒马儿罕驸马帖木儿遣万户尼咎卜丁等来朝，贡马八十四匹、驼六只、绒六匹、青梭幅九匹、红绿撒哈剌二匹，及镔铁刀剑、盔甲等物。诏赐使者白金、文绮有差"。⑦ 洪武二十七年，"丙午，撒马儿罕驸马帖木儿遣酋长迭力必失等，奉表来朝，贡马二百

---

① 《明太祖实录》卷二二三，洪武二十五年十二月辛未，第3264页。
② 《明太祖实录》卷一八五，洪武二十年九月壬辰，第2779—2780页。
③ 《明太祖实录》卷一九三，洪武二十一年八月丙戌，第2904—2905页。
④ 《明太祖实录》卷一九七，洪武二十二年八月乙未，第2962页。
⑤ 《明太祖实录》卷一九九，洪武二十三年春正月乙亥，第2983页。
⑥ 《明太祖实录》卷二一一，洪武二十四年八月乙卯朔，第3133页。
⑦ 《明太祖实录》卷二一七，洪武二十五年三月壬午朔，第3187页。

匹"。① 洪武二十八年，"是月，撒马儿罕遣回回迭力必失等贡马二百一十二匹，诏赐钞有差"。② 洪武二十九年"乙酉，撒马儿罕遣回回阿剌马丹等二十人来贡马二百四十余匹，赐钞五千九百余锭"。③

明朝在洪武二十一年，取得捕鱼儿海战役的胜利后，也将俘获的帖木儿帝国商人送还本国。"兵至捕鱼儿海，故元诸王、驸马及其部属悉来降附。其间有称自撒马儿罕等处来贸易者，凡数百人，遣使送归本国，今三年矣，使者归。"④

但值得注意的是，帖木儿帝国之所以与明朝维持良好关系，只是想借此从明朝获取物资，并为其在中亚的扩张提供外部环境。洪武后期，帖木儿帝国以继承成吉思汗伟业为政治目标，通过不断战争，不仅先后吞并中亚的花剌子模与西亚的伊利汗国、钦察汗国，成为亚洲内陆中西部霸主，而且有向东进攻明朝，从而恢复蒙古帝国庞大疆域的想法。洪武末年，帖木儿帝国与明朝之间，很快便转变为敌国状态。洪武二十八年、洪武三十年，帖木儿帝国两次扣留明朝使者。"（洪武）二十八年遣给事中傅安、郭骥等携士卒千五百人往，为撒马儿罕所留，不得还。三十年又遣北平按察使陈德文等往，亦久不还。"⑤

---

① 《明太祖实录》卷二三四，洪武二十七年九月丙午，第 3420 页。
② 《明太祖实录》卷二三九，洪武二十八年秋七月，第 3483 页。
③ 《明太祖实录》卷二四四，洪武二十九年正月乙酉，第 3539 页。
④ 《明太祖实录》卷二一二，洪武二十四年九月乙卯朔，第 3142 页。
⑤ 《明史》卷三三二《西域传四·哈烈》，第 8609 页。关于洪武时期明朝与帖木儿帝国的关系，可参见邵循正《有明初叶与帖木儿帝国之关系》，载《邵循正历史论文集》，北京大学出版社，1985；陈守实《明初与帖木儿关系试探》，《新中华》1947年第 17 期；陈生玺《明初帖木儿帝国和中国的关系》，《史学月刊》1957 年第 7 期；和龑《明王朝与帖木儿帝国关系浅说》，《甘肃民族研究》1986 年第 3 期；程舒宁《明朝与帖木儿帝国的关系》，载云南大学历史系编《史学论丛》第 2 辑，云南人民出版社，1987；王兴亚《明王朝与帖木儿帝国的外交述略》，《文史杂志》1989 年第 3 期；朱新光《试论帖木儿帝国与明朝之关系》，《西北民族研究》1996 年第 1 期；马骏骐《析帖木儿〈上明太祖表〉》，《贵州师范大学学报》（社会科学版）1996 年第 3 期；高永久《帖木儿与中国》，《中央民族大学学报》（哲学社会科学版）1999年第 2 期；王继光《陈诚西使及洪永之际明与帖木儿帝国的关系》，《西域研究》2004 年第 1 期；张文德《明与帖木儿王朝关系史研究》，中华书局，2006。

　　明朝与东察合台汗国建立宗藩关系相对较晚。洪武二十四年,出使帖木儿帝国的使团返回时,经过东察合台汗国,东察合台汗国也派遣使节,一同朝贡明朝。"癸丑,别失八里王黑的儿火者遣其千户哈马力丁、百户斡鲁撒等来朝,贡马十一匹、海青一。"① 别失八里即东察合台汗国。据明朝的宣传,东察合台汗国是前来归附求贡的,但字里行间,却并不坚决。"三年矣,使者归,尔别失八里王即遣使来贡。朕甚嘉焉。王其益坚事大之诚,通好往来,使命不绝,岂不保封国于悠久乎? 特遣使嘉劳,其悉朕意。"② 不仅如此,耐人寻味的是,当年,明朝正式派遣侍臣,前往东察合台汗国,所携带的文书,却是国际间平等的文书——"书",而非宗主国赐予藩属国的不平等的"诏"。九月,"遣主事宽彻、监察御史韩敬、大理评事唐钲使西域,以书谕别失八里王黑的儿火者"。③ 由此可见,明朝最初对西域的定位,与对北元的定位一样,都是势力强大的敌国,而非传统的藩属国。事实上,东察合台汗国很快便开始与明朝交恶,拘留使节。洪武二十七年,明朝便不再将东察合台汗国列为藩属国。"西域之部也,西天泥、八剌国、朵甘、沙州、乌思藏、撒立、畏兀儿、撒来、撒马儿罕。"④

　　洪武三十年,朱元璋再次派遣使节,出使东察合台汗国,对其这一做法加以谴责。"丁丑,遣使谕别失八里王黑的儿火者。先是遣主事宽彻等使哈梅里、别失八里及撒麻儿罕的地。宽彻至别失八里,而黑的儿火者拘留之,副使二人得还,至是复遣使持书往谕之。"⑤ 作为对东察合台汗国的报复,明朝扣押了前来经商的东察合台汗国商人一段时间。"是以近年回回入边地者,且留中国互市,待宽彻归,然后遣还。"⑥ 最终朱元璋决定主动修复与东察

① 《明太祖实录》卷二一〇,洪武二十四年秋七月癸丑,第3131页。
② 《明太祖实录》卷二一二,洪武二十四年九月乙酉朔,第3142页。
③ 《明太祖实录》卷二一二,洪武二十四年九月乙酉朔,第3141页。
④ 《明太祖实录》卷二三二,洪武二十七年夏四月庚辰,第3395页。
⑤ 《明太祖实录》卷二四九,洪武三十年春正月丁丑,第3611页。
⑥ 《明太祖实录》卷二四九,洪武三十年春正月丁丑,第3612页。

合台汗国的关系，送还被扣押的该国商人。"及回回久不得还，称有父母妻子。朕以人思父母妻子，乃其至情。逆人至情，仁者不为，遂不待宽彻归而遣之。"① 在示好的同时，朱元璋对东察合台汗国也进行了恐吓。"是用复遣使赍书往谕，使知朝廷恩意，毋使道路闭塞，而启兵端也。"② 但终洪武一朝，明朝与东察合台汗国也未能重新回到宗藩关系的轨道上来。

可见，洪武时期明朝满足于和西域各国保持松散的宗藩关系，从而与汉唐王朝形成了巨大差距，未能有效地控制这一地区。③ 顾祖舆认为："明洪武五年冯胜下河西，虽直抵玉门，而

① 《明太祖实录》卷二四九，洪武三十年春正月丁丑，第 3612 页。
② 《明太祖实录》卷二四九，洪武三十年春正月丁丑，第 3612 页。
③ 关于明朝初年与西域的关系，可参见岑仲勉《明初曲先、阿端、安定、罕东四卫考》，《金陵学报》第 6 卷第 2 期，1936 年；赖家度《明代初期西北七卫的设置》，《历史教学》1957 年第 8 期；赵俪生《明朝的西域关系》，《东岳论丛》1980 年第 1 期；邓锐玲《明初安定、阿端、曲先、罕东等卫杂考》，载中国地理学会历史地理专业委员会、《历史地理》编委会编《历史地理》第 2 辑，上海人民出版社，1982；唐景绅《明代关西七卫述论》，《中国史研究》1983 年第 3 期；孔恩阳《明代曲先卫置卫时间及治所考辨》，《青海史地研究》1986 年第 1、2 期合刊；高自厚《元末明初蒙维关系变化及其对撒里畏兀儿的影响》，《中央民族学院学报》1986 年第 3 期；吴均《安定、曲先、罕东、必里等卫地望及民族琐议》，《青海师专学报》1988 年第 3 期；刘国防《明朝初期对西域的管辖及往来关系》，《西域研究》1992 年第 1 期；宋秀芳《明朝塞外四卫若干问题浅析》，《西藏民族学院学报》（哲学社会科学版）1992 年第 3 期；沈定平《明代与中亚诸国的交往》，载中国明史学会主办《明史研究》第 2 辑，黄山书社，1992；秦川《试论明政府经营西域的失误》，《兰州学刊》1992 年第 5 期；王玉祥《浅说明朝的关外卫》，《甘肃社会科学》2000 年第 4 期；钱伯泉《明朝撒里畏兀儿诸卫的设置及其迁徙》，《西域研究》2002 年第 1 期；程利英《近二十五年来国内明代西域研究综述》，《喀什师范学院学报》2004 年第 1 期；程利英《明代关西七卫与西番诸卫》，《西藏研究》2005 年第 3 期；胡小鹏《察合台系蒙古诸王集团与明初关西诸卫的成立》，《兰州大学学报》（社会科学版）2005 年第 5 期；程利英《明代关西七卫探源》，《内蒙古社会科学》（汉文版）2006 年第 4 期；程利英《明代关西七卫作用浅析》，《贵州民族研究》2006 年第 4 期；李新峰《明初撒里畏兀儿卫设考》，《民族研究》2012 年第 4 期；邓慧君《明初太祖成祖对西域和中亚丝绸之路的经营方略》，《甘肃社会科学》2015 年第 4 期；赵毅、杨维《论明初西域经营策略——以关西七卫、西番诸卫比较为中心》，《辽宁师范大学学报》（社会科学版）2020 年第 1 期。

嘉峪以外皆为羁縻地。嘉靖中割弃哈密，嘉峪益为极边矣。夫弃敦煌而事酒泉，则玉门以外声势遥隔，此蕃、戎所以生心，边备所以日棘也。有远驭之略者，其亦取鉴于汉、唐之成算哉？"[1] 对于东察合台汗国、帖木儿帝国所可能发动的东征，朱元璋心存忧虑，于是派遣大将镇守甘肃。洪武三十年，朱元璋派遣开国勋贵中仅存的两位——耿炳文、郭英充征伐总兵，往赴甘肃。"长兴侯耿炳文佩征西将军（印），为总兵官，武定侯郭英为副，往陕西及甘肃选精锐步骑，巡西北边以备胡寇。"[2] 耿炳文佩"征西将军印"，反映出朱元璋此次派军出征，实为了防御东察合台汗国与帖木儿帝国。

正如上文所述，包括东察合台汗国、帖木儿帝国在内的西域广大地区，呈现出明显的"伊斯兰化"特征。有鉴于此，朱元璋称东察合台以西地区为"回回之地"。[3] 为推动与西域各国的往来，朱元璋最初命回回加入使团之中，出使西域。"先是尝遣回回使西域诸国，留其家属居于西凉。"[4] 但回回长期逗留西域，不再回还。此外，西域回回也多有骚扰明境的行为。"逗留五年不还，其余回回居边上者，又数为劫掠，为边将所获。"[5] 洪武二十五年，朱元璋于是命甘肃守将严防回回作乱。

> 癸亥，遣其使至甘肃，谕都督宋晟、刘真曰："凡西番、回回来互市者，止于甘肃城外三十里，不许入城。"……上以

---

① 《读史方舆纪要》卷六三《陕西十二·甘肃镇·肃州卫》，第 2981 页。

② 《明太祖实录》卷二四九，洪武三十年春正月丙辰，第 3605 页。

③ "己巳，遣留守右卫镇抚李杲往西凉谕都督濮英及守御都指挥宋晟曰：'七月二十日晚，彗星出西北，主有贼兵出入，宜警备。自今回回之地有马驼、羊畜入境，止遣亲信一二人往视，切勿发兵迎之。此辈假以贸易为词，伏贼兵于后也。慎之！慎之！'"《明太祖实录》卷一四六，洪武十五年秋七月己巳，第 2292 页。

④ 《明太祖实录》卷二一六，洪武二十五年二月癸亥，第 3180 页。

⑤ 《明太祖实录》卷二一六，洪武二十五年二月癸亥，第 3180 页。

回回王使者朝贡往来，恐其因生边衅，命徙居扬州。既而复有愿挈家还本地者，上始疑其为觇我中国。至是，命晟等自令西番、回回来互市者，毋令入城，若朝贡之使，欲入城者听。①

当年，朱元璋又下令将甘肃境内回回遣返至帖木儿帝国。"诏陕西都指挥使司甘肃等处回回军民，愿还西域者，悉遣之还撒马儿罕之地，凡千二百三十六人。"②

第三节　洪武时期"不伐海外"的对外立场

中国东临广阔的太平洋，拥有绵长的海岸线，凭借这一地理条件，中国古代官方很早便与远隔重洋的其他国家建立了政治上的往来，民间更是很早便开始了远洋航行与海外贸易。但从地缘政治角度而言，中国古代官方一直呈现重陆轻海的地缘选择，地缘重心一直指向西北内陆，而非东亚海域。

之所以如此，有三个原因。一是广阔的东亚大陆已为中国先民提供了足够的生存空间，在古代交通条件下，海洋的阻碍性要超过交流性，海洋的可利用度远低于陆地，③中国古代先民主要活动空间是在陆地，而非海洋。二是中国古代北方族群对汉人长期形成了沉重压力，汉人从而一直将北方族群视作最大敌人，将北

---

① 《明太祖实录》卷二一六，洪武二十五年二月癸亥，第3180—3181页。
② 《明太祖实录》卷二二三，洪武二十五年十二月乙亥，第3266页。
③ 三国吴国长史薛综劝谏孙权亲政公孙渊，指出："加又洪流滉瀁，有成山之难，海行无常，风波难免，倏忽之间，人船异势。虽有尧舜之德，智无所施，贲育之勇，力不得设，此不可二也。加以郁雾冥其上，咸水蒸其下，善生流肿，转相洿染，凡行海者，稀无斯患，此不可三也。"（晋）陈寿撰，（宋）裴松之注《三国志》卷五三《吴书·薛综传》，中华书局，1964年点校本，第1253—1254页。

部边疆视作边疆重心地带。① 三是东亚海域诸岛国势力分散，力量弱小，基本是中华文明的接受者，而非威胁者；由于长期缺乏来自海洋上的敌人，元代之前，中国古代一直缺乏对于海疆的军事经营，军事重心一直是在北部陆疆，而非东亚海域。

中国古代在地缘政治上选择重陆轻海，并非完全放弃海洋，"天下秩序"也包含海洋版图，只是中国古代主要不是通过经济形式，而是通过政治形式，将海外国家纳入藩属体系中来。而在用力程度上，也不如经营内亚陆疆那样积极。上古、中古时期，中原王朝皆崛起于北方内地，不擅水战，因此海洋经略的军事条件相对欠缺。近世时期，宋、明两朝对于海疆开拓，皆不甚上心，对于东亚海域之关注远不如对于亚洲内陆。

与以上政权不同，蒙元帝国十分重视海洋空间，对朝鲜半岛发动近十次战役，三次攻打日本，多次南下东南亚。最终，蒙元帝国在朝鲜半岛设置征东行省，在缅甸设置缅中行省，除了日本以外，都与元朝建立了宗藩关系。在此基础上，蒙元帝国开展起频繁、发达的海外贸易。

明朝是中国古代唯一崛起于南方、统一北方的王朝，在建国之初，便拥有十分强大的水军实力。与其他时期的农民叛乱不同，元末红军领袖许多都起家于海外贸易，红军也在南方湖泊遍布的地理环境下，发展出十分强大的水军。张士诚、方国珍都是走私海盐出身，地盘又都在东南沿海，拥有强大的水军实在情理之中。而崛起于长江中游的陈友谅，水军实力更强。在决定朱氏政权、陈氏政权命运的关键性战役——鄱阳湖水战中，陈友谅的水军实

---

① 王赓武认为，"以都城南京为核心的永乐世界本可以在陆地与海洋之间平等地划分"，但永乐帝借郑和下西洋，知晓当时尚不存在能够对明朝构成威胁的海上力量，遂将经营重点北移至防御压力甚大的北部边疆，"永乐皇帝的海外世界很快地让步于永乐皇帝的陆上世界"。王赓武：《永乐年间（1402—1424）中国的海上世界》，载《华人与中国——王赓武自选集》，上海人民出版社，2013，第174—186页。

力获得了充分展现。《明史》载："友谅忿疆土日蹙，乃大治楼船数百艘，皆高数丈，饰以丹漆，每船三重，置走马棚，上下人语声不相闻，舻箱皆裹以铁。载家属百官，尽锐攻南昌，飞梯冲车，百道并进。"① 由此可以看出陈友谅舰船规模巨大、结构复杂、功能多样，并通过船载骑兵的方式，实现了水战与骑战的结合。

朱氏政权虽然崛起于淮河流域，但凭借巢湖水军夺取南京，因此水军实力也不可小视。朱氏政权水军火器配备十分齐全。《国初群雄事略》载：

> 陈友谅亲率大船进鄱阳湖来侵，徐达弃围援之。上亲领舟师往征，衣甲、铠仗、旗帜、火炮、火铳、火箭、火蒺藜、大小火枪、大小将军筒、大小铁炮、神机箭及以芦席作圈，围五尺，长七尺，糊以纸布，丝麻缠之，内贮火药捻子及诸火器，名曰"没奈何"，用竿挑于头桅之上，两船相帮，燃火线，烧断悬索，"没奈何"落于敌船舟中，火器俱发，焚毁无救。②

在鄱阳湖水战中，朱元璋正是针对陈友谅船舰巨大却较为笨重的缺点，借助风势，利用火攻，从而取得了战役的胜利。《国初群雄事略》载："戊子，上分舟师为十二屯，命徐达、常遇春、廖永忠突入房阵，呼声动天地，矢锋雨集，炮声雷鞫，波涛起立，飞火照曜，百里之内，水色尽赤，焚溺死者二三万人，流尸如蚁，弥望无际。"③ 从这里描写的战争场面，足见鄱阳湖水战之壮观，将之称为世界古代历史上最大规模水战之一，应无问题。

鄱阳湖水战后，朱元璋军队缴获了陈友谅水军大量船只、装

---

① 《明史》卷一二三《陈友谅传》，第 3689 页。
② 《国初群雄事略》卷四《汉陈友谅》，第 103 页。
③ 《国初群雄事略》卷四《汉陈友谅》，第 100 页。

备，从船舰名称也可以看出其形制巨大。"获巨舰名混江龙、塞断江、撞倒山、江海鳌者百余艘，及战舸数百。"① 这支庞大水军极大地壮大了朱元璋政权的水军实力，并成为后来朱元璋威逼周边海洋国家的依仗。了解到这一点，便不会对郑和七下西洋的航海壮举感到惊讶了。永乐、宣德时期，郑和能够打造 62 艘长 44 丈、宽 18 丈的船队，运载 27000 多名船员，七下西洋，完全体现了明初水军实力居世界首位。

但在拥有如此强大的水军实力的前提下，朱元璋在开国之初，在内敛的疆域政策下，对于经营地理、气候、族群都与中国明显不同的周边政权，呈现出保守、节制的立场，明确宣布"不伐海外"的基本立场，从而显示出与元代完全不同的对外政策。

> 海外蛮夷之国，有为患于中国者，不可不讨；不为中国患者，不可辄自兴兵。古人有言："地广非久安之计，民劳乃易乱之源。"如隋炀帝妄兴师旅，征讨琉球，杀害夷人，焚其宫室，俘虏男女数千人。得其地不足以供给，得其民不足以使令。徒慕虚名，自弊中土，载诸史册，为后世讥。朕以诸蛮夷小国，阻山越海，僻在一隅，彼不为中国患者，朕决不伐之。惟西北胡戎，世为中国患，不可不谨备之耳。②

朱元璋这里所说的"海外蛮夷之国"，是今天东亚、东南亚诸海洋国家；而"西北胡戎"则是以蒙古人为主体的北方族群。

元代以来，来自日本列岛的"倭寇"，不断骚扰中国东部沿海地区。永乐时期，阁臣黄淮记载明初日本依仗海洋天险，对明朝

---

① 《明太祖实录》卷八，乙卯闰五月庚申，第 105 页。
② 《明太祖实录》卷六八，洪武四年九月辛未，第 1277—1278 页。

构成了一定威胁。

> 彼东南沧溟巨浸，茫然与天接，蕞尔之地，猥处海隅，而以国名者，曰日本，即古之倭奴也。亦曾上表称臣，禀奉正朔，聚落散处对马、长岐诸岛屿，颇近我边疆。其人恃习波涛之险，乘风信驾，轻舠窃发，寇边虽莫我，虞不可无攘斥之备。①

朱元璋最初认为"倭寇"是由日本派遣，为此派遣使节，用如同恐吓朝鲜的语气，威胁日本。

> 蠢尔倭夷出没海滨为寇，已尝遣人往问，久而不答，朕疑王使之故扰我民。今中国奠安，猛将无用武之地，智士无所施其谋，二十年鏖战精锐，饱食终日，投石超距，方将整饬巨舟，致罚于尔邦。俄闻被寇者来归，始知前日之寇，非王之意，乃命有司暂停造舟之役。②

在了解到日本与"倭寇"的行为并无关系后，朱元璋态度有所缓和，表示若日本不来扰边，便不会发动战争。"呜呼！朕为中国主，此皆天造地设，华夷之分。朕若效前王，恃甲兵之众、谋士之多，远涉江海，以祸远夷安靖之民，非上帝之所托，亦人事之不然。"③ 反之，便会进攻日本列岛。

> 或乃外夷小邦，故逆天道，不自安分，时来寇扰。此必

---

① （明）黄淮：《黄文简公介庵集》卷五《温郡乐清邑白沙新城记》，载黄群编《敬乡楼丛书》第三辑之六，永嘉黄氏校印本，1931。
② 《明太祖实录》卷五〇，洪武三年三月，第988页。
③ 《明太祖实录》卷五〇，洪武三年三月，第988页。

神人共怒，天理难容，征讨之师，控弦以待。果能革心顺命，
共保承平，不亦美乎？呜呼！钦若昊天王道之常，抚顺伐逆，
古今彝宪。王其戒之，以延尔嗣。①

对于"倭寇"，洪武时期明朝并无在海洋上出击，加以军事打
击的计划，而是采取内敛的近海防御的策略。明朝建国之初，朱
元璋如同在北部边疆内迁民众一样，一方面将沿海民众内迁，从
而坚壁清野；另一方面也在东南近海地带，修建了类似于长城的
各种军事设施，比如营堡、墩台等。从北至南，沿东部沿海地带，
绵延分布。"惟昔太祖高皇帝经营防御，徙旁海居民于内地，连筑
城障，或各守信地，或交相应援，随机制敌，法至密也。"② 主持
此事者是开国功臣汤和。而汤和所倚重者，是元末红军的一支，
起家于海盗的方国珍的侄子方鸣谦。"既而倭寇上海，帝患之，顾
谓和曰：'卿虽老，强为朕一行。'和请与方鸣谦俱。鸣谦，国珍
从子也，习海事，常访以御倭策。"③ 方鸣谦从近海防御立场出发，
提出在东部沿海设立卫所，并设水陆军队，获得了朱元璋的认可。
"鸣谦曰：'倭海上来，则海上御之耳。请量地远近，置卫所，陆
聚步兵，水具战舰，则倭不得入，入亦不得傅岸。近海民四丁籍
一以为军，戍守之，可无烦客兵也。'帝以为然。"④ 汤和从而在浙
江海岸广设卫所。

和乃度地浙西东，并海设卫所城五十有九，选丁壮三万
五千人筑之，尽发州县钱及籍罪人赀给役。役夫往往过望，

---

① 《明太祖实录》卷五〇，洪武三年三月，第 988 页。
② 《黄文简公介庵集》卷五《温郡乐清邑白沙新城记》。关于明初海防，可参见
邱富生《试论明朝初年的海防》，《中国边疆史地研究》1995 年第 1 期。
③ 《明史》卷一二六《汤和传》，第 3754 页。
④ 《明史》卷一二六《汤和传》，第 3754 页。

而民不能无扰，浙人颇苦之。或谓和曰："民谲矣，奈何?"
和曰："成远算者不恤近怨，任大事者不顾细谨，复有谲者，
齿吾剑。"逾年而城成。稽军次，定考格，立赏令。浙东民四
丁以上者，户取一丁戍之，凡得五万八千七百余人。①

对此，明清时人也有清楚认识，认为中国古代海防起源于明
代。"海之有防，自本朝始也，海之严于防，自肃庙时始也。"②
"海之有防，历代不见于典册，有之自明代始，而海之严于防，自
明之嘉靖始。"③

第四节　洪武时期朝鲜半岛宗藩秩序的恢复

蒙元时期，对朝鲜半岛发动近十次战争，最终设置了征东行
省，与高丽国王一同管辖朝鲜半岛。与蒙元帝国不同，明朝建立
之初，朱元璋便表达了与高丽和平相处的政治愿望。"尔高丽天
造东夷，地设险远，朕意不生衅隙，使各安生。何数请隶而辞意
益坚，群臣皆言当纳所请，是以一视同仁，不分化外。"④洪武时
期明朝对朝鲜半岛虽有威吓，但一直未曾动用武力，一直未有直
接统治的打算，最终在朝鲜半岛恢复了传统的宗藩关系。考虑到
洪武时期明朝所拥有的强大水军力量，可以看出明朝对待朝鲜半
岛的内敛立场。

---

① 《明史》卷一二六《汤和传》，第 3754—3755 页。
② （明）茅元仪：《武备志》卷二〇九《占度载·海防一》，《四库禁毁书丛刊》
　子 26 册，第 308 页。
③ （清）蔡方炳：《广治平略》卷三六《海防篇》，《四库禁毁书丛刊》史 24 册，
　第 697 页。范中义接受了这一观点，认为在中国古代，自明代防御"倭寇"，
　才真正形成完整的海防体系。范中义：《明代海防述略》，《历史研究》1990 年
　第 3 期。
④ 《明太祖实录》卷四四，洪武二年八月丙子，第 866 页。

　　洪武年间东北亚国际关系呈现了复杂多变的特征，这直接缘于高丽借中国内乱之机，游离于明朝与北元两个政权之间，以谋求本国利益的"两端"外交政策。①

　　韩国学者林泰辅探讨了洪武年间高丽与明朝关系之变化过程，尤其对恭愍王王颛被杀后高丽背明事元政策的国内背景进行了论述。② 朝鲜学者编写的《朝鲜通史》指出，王颛利用国内人民反对元朝侵略者和国内封建统治阶级的情绪，驱逐国内亲元势力，采取了反元的外交政策。③ 张士尊指出，北元所拥有的强大实力，尤其是纳哈出的盘踞辽东，促使高丽亲元派与亲明派不断斗争，影响了高丽对明政权的交流与认同。④ 于晓光则专门研究了洪武年间高丽亲元派与亲明派的政治斗争，指出王颛与北元断交是为了实现打击国内与北元有姻亲关系的亲元派利益集团，树立王权的政治目的。⑤ 刁书仁指出，高丽持两端外交政策的原因是既不希望北元立即灭亡，又担心明政权对其形成威胁。⑥ 李新峰指出，从1371年到1372年，高丽鉴于明军在辽东势力的壮大，采取与纳哈出合作，遏制明朝发展的对策。⑦ 张帆接受了这一观点，指出洪武初年高丽政权之所以与纳哈出暗中往来，既出于对旧主的感情，也与其恐惧明朝这个统一的中原政权

① 将"两端"一词作为形容明初高丽外交政策的特点，最早还是追随元主北遁的刘佶所提出。"高丽心怀两端，不可恃为外援。"（明）刘佶：《北巡私记》，载《国学文库》第45编，文殿阁书庄重印云窗丛刻本，1937，第6页。
② 〔韩〕林泰辅：《朝鲜通史》，陈清泉译，商务印书馆，1934，第49—53页。
③ 朝鲜民主主义人民共和国科学院历史研究所：《朝鲜通史》，吉林省延边朝鲜族自治州《朝鲜通史》翻译组译，吉林人民出版社，1973，第505—506页。
④ 张士尊：《高丽与北元关系对明与高丽关系的影响》，《绥化师专学报》1997年第1期。
⑤ 于晓光：《元末明初高丽"两端"外交原因初探》，《东岳论丛》2006年第1期。
⑥ 刁书仁：《洪武时期高丽、李朝与明朝关系探析》，《扬州大学学报》（人文社会科学版）2004年第1期。
⑦ 李新峰：《恭愍王后期明高丽关系与明蒙战局》，载北京大学韩国学研究中心编《韩国学论文集》第7辑，新华出版社，1998。

对其产生威胁的心理有关，二者后来也确实因边界问题发生了纠纷。① 王剑重点研究了纳哈出在阻隔明朝与高丽交往中所扮演的重要角色。② 伍跃指出，高丽不仅在明朝代元前对朱元璋、张士诚、方国珍等保持静观态度，而且在明朝代元后与明朝、北元双方皆保持联系。③

洪武元年（1368）十二月，朱元璋便委派符宝郎偰斯，携带玺书，赏赐高丽国王王颛。针对高丽崇尚儒家文化，而元朝为蒙古所建，从"华夷之辨"的角度，规劝高丽归附。

> 自有宋失御，天绝其祀，元非我类，入主中国百有余年，天厌其昏淫，亦用殒绝其命，华夷扰乱十有八年……昔我中国之君与高丽壤地相接，其王或臣或宾，盖慕中国之风，为安生灵而已。朕虽不德，不及我中国古先哲王，使四夷怀之，然不可不使天下周知，余不多及。④

朱元璋富有针对性的外交政策很见成效。洪武二年，明朝、高丽两国建立了正式的藩属外交关系。在赐封高丽国王的诰书中，明朝再次强调高丽"恪尊华夏"的品格，诏书曰：

> 咨尔高丽国王王颛世守朝鲜，绍前王之令绪，恪尊华夏，为东土之名藩。当四方之既平，尝专使而往报，即陈表贡，备

---

① 张帆：《明朝与朝鲜的关系》，载蒋非非、王小甫等《中韩关系史》（古代卷），社会科学文献出版社，1998，第268—274页。
② 王剑：《纳哈出盘踞辽东时明朝与高丽的关系》，《中国边疆史地研究》2006年第4期。
③ 伍跃：《外交的理念与外交的现实——以朱元璋对"不征国"朝鲜的政策为中心》，载陈尚胜主编《儒家文明与中韩传统关系》，山东大学出版社，2008，第143—144页。
④ 《明太祖实录》卷三七，洪武元年十二月壬辰，第749—750页。

悉衷诚，良由素习于文风，斯克勤修于臣职，允宜嘉尚，是用褒崇。今遣使赍印，仍封为高丽国王，仪制服用，许从本俗。①

朱元璋如此积极与高丽建立正式的外交关系，目的是什么呢？显然是将高丽纳入明朝的军事防御体系。两国甫一建交，朱元璋便明确表达了希望高丽协助防御北元与"倭寇"的意愿。

> 今胡运既终，沙塞之民无所总统，朕兵未至辽沈，其间或有强暴者出，不为中国患，必为高丽扰。况倭人出入海岛十有余年，必知王之虚实，此亦不可不虑也。王欲御之，非雄武之将、勇猛之兵不可远战于封疆之外，王欲守之，非深沟高垒，内有储蓄，外有援兵，不能以挫锐而擒敌。由是言之，王之负荷亦重矣。智者图患于未然，转危以为安，前之数事，朕言甚悉，不过与王同其忧耳。王其审图之。②

对于此点，高丽也是十分清楚的，在接下来的几年中，高丽屡次请求剿灭境内蒙古势力。

北元同样十分重视与高丽的联络。高丽紧邻辽东，为北元所看重。不仅如此，元顺帝因曾经流放高丽，又娶奇氏为妻，对高丽颇有感情，甚至将高丽境内耽罗（今济州）之地作为亡国前预先设置的避难之所。

> 时（洪武二年）王召元朝梓人元世于济州，使营影殿，世等十一人挈家而来。世言于宰辅曰："元皇帝好兴土木，以失民心，自知不能卒保四海，乃诏吾辈营宫殿耽罗，欲为避

---

① 《明太祖实录》卷四四，洪武二年八月丙子，第866—867页。
② 《明太祖实录》卷四六，洪武二年冬十月壬戌，第908—909页。

乱之计。功未讫而元亡，吾辈失衣食……"①

顺帝北遁之初，随从侍臣便多次请求向高丽征兵、征饷，高丽与西北藩王在当时被作为解救北迁元廷于危难的两大力量。② 由于顺帝对西北藩王存有根深蒂固的芥蒂，高丽从而成为当时他最为信赖与倚重的外部力量。但高丽并未对北元政权提供过什么实质性的帮助。这既与北元势力弱小，不受高丽重视的客观形势有关，更直接缘于高丽国内的政治形势。高丽国王王颛在元末一直意图打击国内亲元派权贵，树立王权，此时正是高丽脱离北元控制，投靠新兴强大政权明朝的时刻，高丽又如何能将自己的命运与摇摇欲坠的北元捆绑在一起呢？可见，以往牢固联系元朝与高丽的政治联姻纽带在此时反而成为北元、高丽维持传统关系的阻碍。王颛不愿援助北元本已使两个政权之间的关系出现了明显的裂痕，顺帝第二皇后奇氏作为高丽国内亲元派的代表，对王颛诛杀奇氏家族的做法充满仇恨，③ 请求征伐高丽的提议更进一步将高丽推到对立的立场。"皇后欲寻仇于高丽，语皇太子曷使纳哈出问高丽之罪，皇太子不可。"④ 虽然皇太子爱猷识理达腊表达了反对的态度，但奇氏的意见仍然产生了实质性的负面影响。"高丽国遣使，贡岁币如旧例，且诉纳哈出构兵之事，上优诏答之。"⑤ 洪武五年三月，高丽移咨明朝定辽卫书，更是详细地阐明了奇氏家族对高丽政权的巨大威胁。

> 前元奇氏兄弟凭恃势力，为害百端。其兄弟奇辙因谋不

---

① 《高丽史》卷四一《世家卷第四十一·恭愍王四》，第 630 页。

② 《北巡私记》，载《国学文库》第 45 编，第 3—5 页。

③ 于晓光：《元末明初高丽"两端"外交原因初探》，《东岳论丛》2006 年第 1 期。

④ 《北巡私记》，载《国学文库》第 45 编，第 3 页。

⑤ 《北巡私记》，载《国学文库》第 45 编，第 5—6 页。

轨,事觉伏诛。奇氏挟仇,侵陵本国,靡所不为。奇辙子平章赛因帖木儿稔恶不已,结构辽阳路及东宁府官,屡为边患。以此再调兵马,攻破两处城池。其赛因帖木儿挺身逃走,不获而还。为因倭贼近境作耗,其势益横,未能再行追捕。至洪武五年正月,有东宁府余党胡拔都等,潜入波儿口子,杀守御官金天奇等,虏掠人口以去。至二月又突入山羊会口子,守御官张元吕等击逐之。又于本月有金院曹家儿、万户高铁头等引军潜入阴童口子,守御官金光富等又击逐之,过江陷没几尽。窃详东宁、辽阳未曾归附朝廷,即是梗化之人,况与我构隙,理宜防备。已令把守要害,待变剿捕。如获奇赛因帖木儿,起遣前来。[1]

可见,作为联系元朝与高丽的传统纽带,政治联姻在北元与高丽的交往中,已由于北元力量的衰弱与高丽国内政治形势的变化,变得不再具有积极作用,反而成为破坏两个政权之间关系的导火索。这一现象反映出元朝在高丽的传统统治已经趋于瓦解。随着洪武二年高丽单方面明确宣布与北元断绝外交关系,高丽与北方民族元朝以政治联姻为纽带的旧联盟,被高丽与汉族政权明朝以华夷秩序为纽带的新联盟所取代。

早在元末,高丽王王颛借元朝内乱之机,一方面控制了朝鲜半岛北部原为元朝控制的女真部落,[2] 另一方面与叛元势力张士诚、方国珍、朱元璋进行联系,以探测中国虚实,为其外交活动提供政策依据。所谓的两端外交,从这时其实已经开始了。一心树立王权、打击权贵势力的王颛在明朝势力日彰的国际背景下,果断地决定与北元断交,归服明朝,但也并非完全没有脚踩两只

① 吴晗辑《朝鲜李朝实录中的中国史料》第 1 册,中华书局,1980,第 22—23 页。
② 王臻:《朝鲜前期与明建州女真关系研究》,中国文史出版社,2005,第 29—35 页。

船的想法。王颛一方面对明朝所宣传的"华夷之辨"表示认同，从历史传统的角度阐述明朝、高丽关系的合法性，在申请派遣子弟入明学习的表章中曰：

> 秉彝好德，无古今智愚之殊；用夏变夷，在诗书礼乐之习。苟因陋而就寡，羡修业以及时？故我东人，肇从炎汉，遣子弟鼓箧而入学，历唐宋联书而可稽，岂徒有尊崇中国之心，亦足为贲饰太平之具……臣谨当奉扬声教，永绥箕子之封，罄竭忠诚，益贡华人之祝。[1]

另一方面却因缘时机，灵活地变换立场，这通过其处理境内耽罗蒙古人的态度便可看出。耽罗虽处高丽境内，但由于远离朝鲜半岛，高丽对其控制颇为松弛，当地水草丰茂，被元朝所占据，成为皇家牧场。元朝灭亡后，耽罗的蒙古人仍然居留于当地，并未撤离。在与北元断交后，如何处理耽罗蒙古人，成为王颛首先面对的问题。从王颛的立场来讲，消灭耽罗蒙古人势力有利于王权的稳固，而且耽罗蒙古人与高丽政权内部亲元势力有着密切关系，消灭这一境内蒙古人的大本营，能够重创亲元派的势力。另外，王颛消灭境内蒙古人，自然也是向新主明朝表达了与北元彻底决裂的决心。因此，洪武三年，王颛向朱元璋表达了进军耽罗的想法，请求明朝批准。

> 切以耽罗之岛，即是高丽之人，开国以来，置州为牧。自近代通燕之后，有前朝牧马其中，但资水草之饶，其在封疆如旧。乃者奇氏兄弟谋乱伏诛，辞连耽罗达达牧子忽忽达思。差人究问，宰相尹时遇等尽为所杀。其后前侍中尹桓家

---

① 《朝鲜李朝实录中的中国史料》第1册，第23页。

奴金长老党附前贼，谋害本国，俱各服罪。岛屿虽云蕞尔，
人民屡至骚然，病根苟存，医术难效。伏望体容光之日月，
辨同器之熏莸，将前朝太仆寺、宣徽院、中政院、资政院所
放马匹、骒子等，许令济州官吏照依元籍，责付土人牧养，
时节进献。其达达牧子等，亦令本国抚为良民。则于圣朝马
政之官，岂无小补，而小国民生之业，亦将稍安。区区之情，
焉敢缄嘿！①

洪武五年四月，正值明军北伐，欲以一役而"永清沙漠"，力
量最为强盛之时，王颛再次请求讨伐耽罗，以呼应明军行动，借
此再次表明与蒙古势力决裂的立场。

于本年三月，差陪臣礼部尚书吴季南，前往耽罗装载马
匹，赴京进献，以倭贼在海，差弓兵四百二十五人防送。不
期鞑靼牧子等将先差去秘书监刘景元及济州牧使李用藏、判
官文瑞凤、权万户万邦彦等尽杀之。及季南至，又将弓兵先
上岸者三百余名亦皆杀之。以此季南不能前进，回还。如斯
变故，义当往讯其由；未及奏陈，礼无擅兴之理，只增愧赧。
庸切吁呼，伏望远垂日月之明，一视舆图之广，明臣效忠之
实，悯臣抱屈之情，俯颁德音，为之区处，则臣之感戴，粉
骨何忘！②

洪武五年七月，明朝、北元激战正酣之际，王颛第三次上言，
称："耽罗国恃其险远，不奉朝贡，及多有蒙古人留居其国，宜徙
之。兰秀山逋逃所聚，亦恐为寇患，乞发兵讨之。"但此时朱元璋

---

① 《朝鲜李朝实录中的中国史料》第1册，第19页。
② 《朝鲜李朝实录中的中国史料》第1册，第24页。

的北边战略，却是主张恩威并施，一方面用兵蒙古，打击北元残余势力；另一方面积极招抚近境蒙古势力，包括长城附近与辽东的蒙古势力。在这种政策环境下，朱元璋不赞同王颛的意见，命其安抚境内蒙古人，以免引起局势动荡。①

但王颛与朱元璋都没有想到的是，明军竟然在"岭北之役"中遭遇了建国以来最大的惨败，多位高级将领战死，死亡士卒也达到了数万人。② 朱元璋在岭北之役失败之后，改变了以往看待耽罗蒙古人的立场，在再次颁给高丽的诏书中，同意了王颛进军耽罗的建议。朱元璋态度的转变既是顺应王颛的请求，也可能含有在岭北之役后，东北亚地缘政治发生重大变化的形势下，考察高丽立场是否变化的意味。朱元璋手诏曰：

> 七月二十五日张子温至，表言耽罗牧子无状，官吏军兵，没于非命，深可恨怒。春秋之法，乱臣贼子人人得而诛。今牧子如此，所当诛讨。然国无大小，蜂虿有毒，纵彼可尽灭，在此亦必有所伤。盖往者之失，因小事而构大祸，惜哉！岂非烹鲜之急，情忌至甚而致然欤？事既如是，王不可因循被侮，其速发兵以讨。然事机缓急，王其审图之。③

---

① 《明太祖实录》卷七五，洪武五年秋七月庚午，第1385—1386页。
② 关于此役明军死亡人数，不同史料有不同的记载。《弇州史料·徐中山世家》载"万余人"，《明史纪事本末·故元遗兵》沿袭了这一说法。《明史·徐达传》却载"数万人"，陈建撰明万历余仙源刊本《皇明通纪》甚至载"四十余万人"。参见〔日〕和田清《明代蒙古史论集》，潘世宪译，商务印书馆，1984，第15—16页。但朱元璋自称死亡数万人。朱元璋洪武三十年六月二十六日谕晋王朱㭎称："噫！吾用兵一世，指挥诸将，未尝十分败北，致伤军士。正欲养锐，以观胡之变。其在朝诸人，日奏深入沙塞，初不准。日奏叠叠，试许之。不免兵疲于和林，轻信无谋者，以致伤生数万。此乃擅听群无谋者。"《太祖皇帝钦录》，转引自《太祖皇帝钦录及其发现与研究辑录——兼及〈御制纪非录〉》，载《明清论丛》第6辑，第103页。
③ 《朝鲜李朝实录中的中国史料》第1册，第24页。

耐人寻味的是，王颛也一改此前积极征讨耽罗的立场，不再提及此事。王颛态度发生变化的原因，应与"岭北之役"后北元复兴的态势及国内亲元势力的再次活跃有关。洪武六年初，北元遣使高丽，高丽君臣的态度十分清楚地显示出高丽的外交立场，开始向北元转移。洪武六年二月乙亥，

　　　　北元遣波都帖木儿及于山不花来诏曰："顷因兵乱，播迁于北。今以扩廓帖木儿为相，几于中兴。王亦世祖之孙也，宜助力，复正天下。"初，二人入境，王欲遣人杀之，群臣皆执不可。于是访以拘留、放还、执送京师三策，群臣皆曰放还便。戊寅，王夜见元使曰："予眼疾，见日则大剧，故以夜待之。"盖畏朝廷知也。①

王颛虽然是高丽国内最大的反元代表，但在北元呈现复兴气象之时，也不敢再向耽罗用兵，以免与北元彻底决裂，加剧与北元、国内亲元派势力的矛盾与冲突。

高丽立场的细微变化应该为朱元璋所注意到，北元遣使高丽之事，更应为明朝所知悉。在这种情况下，朱元璋震怒，当年七月，朱元璋在使臣两次被杀事件的刺激下，一改以往的温和态度，发下长篇诏书，对高丽大加鞭挞，甚至发出了进攻高丽的军事威胁。② 王颛惊恐之下，急忙辩解。但朱元璋已开始怀疑高丽的立场，从而借口再次北征，向高丽索要耽罗马匹，直接将王颛推向了是否征耽罗，即是否与北元及国内亲元派势力决裂的抉择点。③

王颛在明朝的巨大压力下，由于自身树立王权的政治立场，及此前的反元行为，无法完全倒向北元，只能选择彻底站在明朝

---

① 《朝鲜李朝实录中的中国史料》第 1 册，第 27 页。
② 《朝鲜李朝实录中的中国史料》第 1 册，第 28—32 页。
③ 《朝鲜李朝实录中的中国史料》第 1 册，第 37—38 页。

一边，征伐耽罗。洪武七年秋七月乙亥，

> 韩邦彦至济州，哈赤、石迭里必思、肖古秃不花、观音保等曰："吾等何敢以世祖皇帝放畜之马献诸大明！"只送马三百匹。戊子，林密等白王曰："济州马不满二千数，则帝必戮吾辈，请今日受罪于王。"王无以对。遂议伐济州……八月辛酉，崔莹领诸军至耽罗，奋击，大败之。遂斩贼魁三人，传首于京。耽罗平。[①]

阿达认为："元朝势力退出朝鲜半岛应以 1374 年高丽国攻陷耽罗为标志。"[②] 次月，王颛即被国内亲元派势力所杀。王颛被杀的原因是什么呢？是北元复兴背景下高丽国内亲元派势力的再次抬头吗？并不完全如此。因为岭北之役发生已一年有余，高丽国内亲元派势力早已抬头，其发动政变的心思与条件也并非只有等待此时才能实现。很显然，王颛征耽罗表明了彻底与北元及国内亲元派势力决裂的立场，直接激化了双方的矛盾，才导致了自身的被杀。重新由亲元派权贵掌握政权的高丽也彻底倒向了北元，至 1392 年，高丽大将李成桂推翻高丽王朝，建立朝鲜王朝，其间历时约 17 年，方才改观。

朝鲜政权取代高丽政权后，曾有与明朝争夺东北的领土诉求。洪武二十六年，取代高丽而建立的朝鲜，有渡过鸭绿江，进攻辽东的意图。"辽东都指挥使司奏：'谍知朝鲜国近遣其守边千户招诱女直五百余人，潜渡鸭绿江，欲寇辽东。'"[③] 对于朝鲜的这一举动，朱元璋严厉恐吓。

---

① 《朝鲜李朝实录中的中国史料》第 1 册，第 40 页。
② 阿达：《耽罗隶元考述》，《中国边疆史地研究》1997 年第 1 期。
③ 《明太祖实录》卷二二八，洪武二十六年六月壬辰，第 3324 页。

尔之所恃者，以沧海之大、重山之险，谓我朝之兵，亦如汉唐耳。汉唐之兵长于骑射，短于舟楫，用兵浮海，或以为难。朕起南服江淮之间，混一六合，攘除胡虏，骑射舟师，水陆毕备，岂若汉唐之比哉？百战之兵，豪杰精锐，四方大定，无所施其勇，带甲百万，舳舻千里，水由渤海，陆道辽阳，区区朝鲜，不足以具朝食，汝何足以当之。[①]

为防止朝鲜进攻辽东半岛，明朝在这一地区依托长白山，修筑关隘，并派遣骑兵至鸭绿江巡逻。"辛亥，敕辽东都指挥使司谨守边防，绝朝鲜国贡使。又命左军都督府遣人往辽东金、复、海、盖四州增置关隘、缮修城隍，发骑兵巡逻，至鸭绿江而还。"[②] 在鸭绿江西岸的定辽右卫，明朝还设置了烽堠。洪武三十年，朱元璋谕辽王称："此夷不出则已，使其一出，必有十万之众。定辽境土与之相接，宜阴戒斥堠，以防其诈。"[③] 鉴于明朝的强硬立场，朝鲜最终表示臣服，成为藩属国，不再与明朝争夺疆土。明朝对于朝鲜，也只是一种恐吓，并未如蒙元那样，跨江东征，设置征东行省，而只是满足于维持传统的宗藩关系。

第五节　洪武时期明朝与东南亚国家宗藩关系的恢复

朱元璋建立明朝后，积极招抚周边政权，在颁赐各国的诏书中，表达出自己不仅承担着统治本国民众的义务，而且肩负着管理藩属国的职责。洪武元年（1368）十二月，明朝派遣知府易济颁诏于安南，诏书曰："昔帝王之治天下，凡日月所照，无有远

---

① 《明太祖实录》卷二二八，洪武二十六年六月壬辰，第3326页。
② 《明太祖实录》卷二二九，洪武二十六年秋七月戊申，第3345页。
③ 《明太祖实录》卷二五三，洪武三十年五月己巳，第3652页。

近，一视同仁。故中国奠安，四方得所，非有意于臣服之也。"①
洪武二年十二月，明朝派遣中书省管勾甘桓、会同馆副使路景贤，
册封占城国王阿荅阿者为占城国王，诏书曰："於戏！居中抚外，
朕方一视同仁，保境安民。尔当慎终如始，永为藩辅。"② 洪武五
年正月，明朝派遣杨载颁诏琉球，诏书内容与颁安南诏书十分相
似。"昔帝王之治天下，凡日月所照，无有远迩，一视同仁。故中
国奠安，四夷得所，非有意于臣服之也。"③

在明朝的招抚下，安南、高丽、占城率先向明朝表示归附，
成为明朝的藩属国。④ 此后，爪哇、西洋琐里等国先后归附。⑤ 到
洪武十三年时，明朝已经与东亚、东南亚三十国建立了宗藩关系。
"洪武初，海外诸番与中国往来，使臣不绝，商贾便之。近者，安
南、占城、真腊、暹罗、爪哇、大琉球、三佛齐、渤尼、彭亨、
百花、苏门答剌、西洋邦哈剌等凡三十国。"⑥

而招抚缅甸的过程却不顺利。明初缅甸势力十分强大。"缅国在
云南之西南，与八百国、占城接境，谓之缅甸，元时最强盛，麓川、
平缅皆服属之。"⑦ 洪武六年，朱元璋派遣使节前去招抚，但并未成
功抵达缅甸。"上闻其尝通贡于元，因遣（田）俨与程斗南、张祎、
钱允恭赍诏往使。俨等至安南，值占城以兵相攻，道阻不通，留二年
余，不得进。有诏召之还。至是惟俨至，余皆道卒。"⑧ 直到洪武二
十六年，明朝才与缅甸建立起宗藩关系。当年，八百媳妇国派遣
使节，向明朝禀报："缅国近其边，以地远不能自达。"⑨ 朱元璋于

---

① 《明太祖实录》卷三七，洪武元年十二月壬辰，第750页。
② 《明太祖实录》卷四七，洪武二年十二月甲戌，第937页。
③ 《明太祖实录》卷七一，洪武五年春正月甲子，第1317页。
④ 《明太祖实录》卷四七，洪武二年十二月壬戌朔，第934页。
⑤ 《明太祖实录》卷五〇，洪武三年三月，第987页。
⑥ 《明太祖实录》卷二五四，洪武三十年秋八月丙午，第3671页。
⑦ 《明太祖实录》卷八六，洪武六年十一月乙酉，第1534页。
⑧ 《明太祖实录》卷八六，洪武六年十一月乙酉，第1534页。
⑨ 《明太祖实录》卷二二六，洪武二十六年三月戊申，第3303页。

是派遣西平侯沐英遣使至八百媳妇国，向缅甸传达建立宗藩关系的政治愿望。"缅国遣其臣板南速剌进方物。"① 缅甸派遣使节，朝贡明朝，二者于是建立宗藩关系。次年，即洪武二十七年，缅中前来朝贡，明朝将之纳入羁縻统治区域。"置缅中宣慰使司。时缅中来贡，上敕吏部置宣慰司，以其土官之长普剌浪为宣慰使，赐其使二十人钞三百一十五锭、罗绮各十四匹、布四十八匹。"②

按照传统的宗藩礼仪，宗主国册封藩属国之后，要在国内举行遥祭藩属国山川的仪式，将之作为藩属国疆土并入宗主国的象征。但朱元璋却对此有所发明，亲自派遣使节，前往藩属国祭拜。

> 迩者，占城、安南、高丽遣使，奉表称臣，已封其王。则其国境内山川，悉归职方。考之古典，天子望祭虽无不通，然未闻有遣使致祭于其境者。今思与普天之下，共享升平之治，故具牲币，遣使往祭于神。神既歆格，必能庇其国王，世保境土，使风雨以时，年谷丰登，民庶得以靖安，庶昭一视同仁之意。③

同时命使节将诏书内容勒石刻文，作为纪念。"是用刻石，以垂永久。"④ 不仅如此，朱元璋还命各藩属国，绘制本国地图，作为疆域管理与军事威慑的一种方式。"仍命各国图其山川，及摹录其碑碣图籍付使者还。"⑤ 作为宗藩关系建立的象征，明朝派遣使节到以上三国，祭祀山川。"庚子，遣使往安南、高丽、占城，祀其国山川。先期上斋戒，亲为祀文。"⑥ 将之作为吸收三国疆土，进入明朝疆域的仪式。

---

① 《明太祖实录》卷二二六，洪武二十六年三月戊申，第3303页。
② 《明太祖实录》卷二三三，洪武二十七年六月甲申，第3404页。
③ 《明太祖实录》卷四八，洪武三年春正月庚子，第954—955页。
④ 《明太祖实录》卷四八，洪武三年春正月庚子，第955页。
⑤ 《明太祖实录》卷四八，洪武三年春正月庚子，第954页。
⑥ 《明太祖实录》卷四八，洪武三年春正月庚子，第954页。

　　宗藩关系建立后，明朝与藩属国之间，借助朝贡贸易，进行定期往来。由于明朝在朝贡贸易中秉持传统的"厚往薄来"立场，藩属国都想与明朝开展频繁的朝贡贸易。洪武七年，朱元璋对中书省曰："蛮夷在前代多负险阻，不受朝命。今无间远迩，皆入朝奉贡，顾朕德薄，其何以当之！古之王者待远人，厚往而薄来，其各加赐文绮、袭衣以答之。"① 但明朝同样出于经济角度的考虑，与多数藩属国保持三年一次的朝贡关系。② 可见，明朝对于宗藩关系的定位，不是积极发挥自身的影响，而是在获得宗主权的前提下，彼此相安无事而已。作为宗主国，明朝肩负着调解纠纷、维护和平的职责。洪武二年十二月，明朝便开始调解安南、占城之间的纷争。当月，朱元璋派遣翰林院编修罗复仁、兵部主事张福，赍诏谕安南占城国王，指出占城向明朝禀报遭受了安南的侵略。"近占城遣平章蒲旦麻都来贡，言安南以兵侵扰。"③ 明朝距离两国十分遥远，在无法了解实情的情况下，基本立场是维持现状，命双方不得互相发动战争。④ 明朝诏书送达后，安南表面看来接受了明朝的命令，停止用兵，⑤ 但事实上很快就再次进攻占城。占城于

---

　　① 《明太祖实录》卷八七，洪武七年春正月乙亥，第1546页。

　　② "广西布政使司奏安南国遣使入贡。上谓礼部尚书李原名曰：'安南远居海滨，率先效顺，方物之贡，岁以为常。朕念彼知向慕中华，服我声教，岂在数贡？故尝以海外诸国岁一贡献，转运之烦，实劳民力，已命三年一朝。今安南不从所谕，又复入贡。尔礼部其速令广西遣还，必三年乃来也。'"《明太祖实录》卷二〇一，洪武二十三年闰四月乙丑，第3011页。

　　③ 《明太祖实录》卷四七，洪武二年十二月壬戌朔，第934页。

　　④ "朕观之心有不安。念尔两国，自古及今，封疆有定分，不可强而为一，此天意也。况尔等所居之地，相去中国越山隔海，所言侵扰之事，是非一时难知。以朕详之，尔彼此世传已久，保土安民，上奉天道，尊事中国，尔前王必有遗训，不待谕而知者。朕为天下主，治乱持危，理所当行。今遣使往观其事，谕以畏天守分之道。如果互执兵端，连年不解，荼毒生民，上帝好生，必非所悦。恐天变于上，人怨于下，其祸有不能逃者。二国之君宜听朕言，各遵其道，以安其分，庶几尔及子孙皆享福于永久，岂不美钦！"《明太祖实录》卷四七，洪武二年十二月壬戌朔，第934—935页。

　　⑤ 《明太祖实录》卷四七，洪武二年十二月壬戌朔，第935页。

是再次向明朝求助。“惟是安南用兵，侵扰疆域，杀掠吏民。伏愿皇帝垂慈，赐以兵器、乐器、乐人，俾安南知我占城，乃声教所被输贡之地，则安南不敢欺凌。”① 对此明朝却采取两不相帮的绥靖政策。“但以占城、安南互相争夺，而朝廷独与占城，则是助尔相攻，甚非抚安之义。”② 明朝这一立场一直未有改变。③ 安南、占城之间的战争，一直持续了十多年。④ 由此可见，洪武时期所重建的“中华亚洲秩序”，是一种约束力很低的区域国际秩序，这一时期明朝并未有强力主宰亚洲的政治愿望。

对于藩属国阳奉阴违的行为，明朝也加以斥责。洪武十三年十月，明朝反常地将爪哇贡使留在京城一月有余。“爪哇国王八达那巴那务遣其臣阿烈彝烈时奉金叶表入贡，使者留月余，遣还。”⑤ 原因是爪哇杀害了前往明朝朝贡的三佛齐使节，有公然挑衅明朝权威的意味。“前者三佛齐国王遣使奉表，来请印绶。朕嘉其慕义，遣使赐之，所以怀柔远人。尔奈何设为奸计，诱使者而杀害之。”⑥ 明朝为惩罚爪哇，打算拘留使节。“岂尔恃险远，故敢肆侮如是欤？今使者来，本欲拘留，以其父母妻子之恋，夷夏则一，

---

① 《明太祖实录》卷六七，洪武四年秋七月，第 1260—1261 页。

② 《明太祖实录》卷六七，洪武四年秋七月，第 1261 页。

③ “己酉，占城国遣使上言：‘安南以兵侵本国，仗天朝威灵，败之境上，谨遣使告捷。’上语省臣曰：‘海外诸国，阻山隔海，各守境土，其来久矣。前年安南表言占城犯境，今年占城复称安南扰边，二国皆事朝廷，未审彼此曲直。其遣人往谕二国，各宜罢兵息民，毋相侵扰。’仍赐占城国王文绮及其使者遣还。”《明太祖实录》卷八六，洪武六年十一月己酉，第 1524—1525 页。“遣使赐占城国王阿答阿者《大统历》、销金文绮、纱罗衣服等物，仍以玺书谕之曰：‘帝王之道，一视同仁。故虽在海外，皆欲其相安于无事。尔占城介居西南，限山隔海，而能臣事中国，数贡方物。顷者遣使贡象，诚意可嘉。表言尚与安南构兵，至今未息。然占城与安南疆界已定，自昔而然，各宜保境安民，勿事纷争，天道好恶，不可不戒。今赐卿金龙衣服及良马等物，至可领也。’”《明太祖实录》卷一二六，洪武十二年冬十月甲子朔，第 2017 页。

④ 《明史纪事本末》卷二二《安南叛服》，第 344 页。

⑤ 《明太祖实录》卷一三四，洪武十三年冬十月丁丑，第 2125 页。

⑥ 《明太祖实录》卷一三四，洪武十三年冬十月丁丑，第 2125 页。

朕推此心，特令归国。"① 虽然最终释放了使节，但却严厉恐吓了
爪哇国王。"尔二王当省己自修，端秉诚敬，毋蹈前非，干怒中
国，则可以守富贵。其或不然，自致殃咎，悔将无及矣。"②

截止到洪武二十七年，明朝与东亚、东南亚的十八个国家，建
立了宗藩关系。"是时，四夷朝贡，东有朝鲜、日本，南有暹罗、琉
球、占城、真腊、安南、爪哇、西洋、琐里、三佛齐、渤泥、百花、
览邦、彭亨、淡巴、须文、达那，凡十七〔八〕国。"③

在与东南亚国家建立起宗藩关系后，明朝通过朝贡贸易，与
东南亚藩属国开展国际交流。而对于民间贸易，则采取禁止政策。
崛起于落后的淮河农业区的明朝，并未追随元朝大力开展海外贸
易的步伐。洪武时期，明朝除官方保持对海洋的淡漠之外，出于
防范日本列岛的"倭寇"与逃入海域的元末别支农民军余部，以
及东南沿海叛乱民众的考虑，还实行"海禁"政策。④ 禁止民众开

① 《明太祖实录》卷一三四，洪武十三年冬十月丁丑，第 2125 页。
② 《明太祖实录》卷一三四，洪武十三年冬十月丁丑，第 2125 页。
③ 《明太祖实录》卷二三二，洪武二十七年夏四月庚辰，第 3394 页。
④ 关于明代的"海禁"，可参见怀效峰《嘉靖年间的海禁》，《史学月刊》1987
年第 3 期；刘成《论明代的海禁政策》，《海交史研究》1987 年第 2 期；晁中
辰《论明代的海禁》，《山东大学学报》（哲学社会科学版）1987 年第 2 期；陈
梧桐《明洪武年间的睦邻外交与海禁》，《史学集刊》1988 年第 2 期；晁中辰
《论明代实行海禁的原因——兼评西方殖民者东来说》，《海交史研究》1989 年
第 1 期；苏松柏《论明成祖因循洪武海禁政策》，《海交史研究》1990 年第 1
期；陈克俭、叶林娜《明清时期的海禁政策与福建财政经济积贫问题》，《厦
门大学学报》（哲学社会科学版）1990 年第 1 期；郑克晟《明朝初年的福建沿
海及海防》，《史学月刊》1991 年第 1 期；晁中辰《论明代海禁政策的确立及
其演变》，载中外关系史学会编《中外关系史论丛》第 3 辑，世界知识出版社，
1991；李建军《试论明代海禁派代表朱纨》，《云南师范大学学报》（哲学社会
科学版）1994 年第 3 期；黄挺《海禁政策对明代潮州社会的影响》，《海交史
研究》1996 年第 1 期；陈尚胜《"怀夷"与"抑商"：明代海洋力量兴衰研
究》，山东人民出版社，1997；李金明《明初海禁与东南亚贸易的发展》，《南
洋问题研究》1998 年第 2 期；邹萍《朱纨与明代海禁政策》，《福建师范大学
学报》（哲学社会科学版）1998 年第 2 期；冷东《明清海禁政策对闽广地区的
影响》，《人文杂志》1999 年第 3 期；魏华仙《也谈洪武年间的"海禁"与对
外贸易》，《常德师范学院学报》（社会科学版）2000 年第 2 期；魏华仙《近二

展海外贸易。洪武十四年,"禁濒海民私通海外诸国",① 甚至
"寸板不许下海",② 但沿海居民仍多有私自下海者。"先是,上以
海外诸夷多诈,绝其往来,唯琉球、真腊、暹罗许入贡。而缘海
之人往往私下诸番贸易香货,因诱蛮夷为盗。"③ 洪武二十七年,
再次命令禁绝。"甲寅,禁民间用番香、番货。……命礼部严禁绝
之,敢有私下诸番互市者,必置之重法。凡番香、番货,皆不许
贩鬻。其见有者,限以三月销尽。民间祷祀止用松柏、枫桃诸香,
违者罪之。"④ 甚至连带着广东香木也被禁止交易。"其两广所产香
木,听土人自用,亦不许越岭货卖,盖虑其杂市番香,故并及
之。"⑤ 如果违禁下海,将会被处以杖刑。"凡将马牛、军需、铁
货、铜钱、缎匹、绸绢、丝棉私出境外货卖及下海者,杖一百。"⑥
"申禁人民无得擅出海,与外国互市。"⑦

禁止民众开展海外贸易后,明朝与外界的合法经济交流,只
剩下官方层面的朝贡贸易。与民间海外贸易不同,朝贡贸易其实

十年来明朝海禁政策研究综述》,《中国史研究动态》2000 年第 4 期;晁中辰
《明初政策的消极倾向》,《东岳论丛》2003 年第 4 期;王冬青、潘如丹《明朝
海禁政策与近代西方国家的第一次对华军事冲突》,《军事历史研究》2004 年
第 2 期;李未醉、李魁海《明代海禁政策及其对中暹经贸关系的影响》,《兰州
学刊》2004 年第 5 期;晁中辰《明代海禁与海外贸易》,人民出版社,2005;
薛国中《论明王朝海禁之害》,《武汉大学学报》2005 年第 2 期;李宪堂《大
一统秩序下的华夷之辨、天朝想象与海禁政策》,《齐鲁学刊》2005 年第 4 期;
郑向东《明代海禁与潮州府进士登科的关系探析》,《广西民族师范学院学报》
2010 年第 4 期;周鹤《明代的对外贸易法制与英国封建社会时期的对外贸易比
较》,《商品与质量》2011 年第 4 期;刘淼《明代前期海禁政策下的瓷器输
出》,《考古》2012 年第 4 期。
① 《明太祖实录》卷一三九,洪武十四年冬十月己巳,第 2197 页。
② (明)郑若曾:《筹海图编》卷四《福建事宜·小埕水寨》,《中国兵书集成》
第 16 册,解放军出版社、辽沈书社,1990,第 360 页。
③ 《明太祖实录》卷二三一,洪武二十七年春正月甲寅,第 3373—3374 页。
④ 《明太祖实录》卷二三一,洪武二十七年春正月甲寅,第 3373—3374 页。
⑤ 《明太祖实录》卷二三一,洪武二十七年春正月甲寅,第 3374 页。
⑥ 《大明律》卷一五《兵律三·关津·私出外境及违禁下海》,怀效锋点校,法
律出版社,1999,第 119 页。
⑦ 《明太祖实录》卷二五二,洪武三十年夏四月乙酉,第 3640 页。

是一种政治交流，而非经济交流，赏赐品远超过朝贡品，对于使团所携带货物，也不予收税。洪武四年，"丁丑，户部言：'高丽、三佛齐入贡，其高丽海舶至太仓，三佛齐海舶至泉州、海口，并请征其货。'诏勿征"。[①] 丘濬明确指出，朝贡贸易"盖用以怀柔远人"，是一种外交手段。"本朝市舶司之名，虽沿其旧，而无抽分之法。惟于浙、闽、广三处置司，以待海外诸蕃之进贡者，盖用以怀柔远人，实无所利其入也。"[②]

小　结

洪武时期，明朝不仅并未借助其强大的水陆军事力量，追随蒙古帝国的脚步，建立世界秩序；而且未如同汉唐王朝那样积极对外开拓，在西域地区仅满足于建立宗藩关系。在建国之初，朱元璋在内敛的疆域政策下，对于经营地理、气候、族群都与中国明显不同的周边政权，呈现出保守、节制的立场，明确宣布了

---

① 《明太祖实录》卷六八，洪武四年九月丁丑，第 1279 页。

② 《大学衍义补》卷二五《制国用·市籴之令》，载《丘濬集》第 5 册，第 467 页。关于明朝与海外开展朝贡贸易的情况，可参见张维华《明代海外贸易简论》，学习生活出版社，1955；林仁川《明清私人海上贸易的特点》，《中国社会经济史研究》1987 年第 3 期；李金明《试论明代外朝贡贸易的内容与实质》，《海交史研究》1988 年第 1 期；晁中辰《论明代的朝贡贸易》，《山东社会科学》1989 年第 6 期；李金明《明代海外贸易史》，中国社会科学出版社，1990；晁中辰《论明代的私人海外贸易》，《东岳论丛》1991 年第 3 期；陈尚胜《论明朝月港开放的局限性》，《海交史研究》1996 年第 1 期；万明《中国融入世界的步履——明与清前期海外政策比较研究》，社会科学文献出版社，2000；程红梅《明代中日朝贡贸易与漆器交流》，《海交史研究》2002 年第 1 期；和洪勇《明前期中国与东南亚国家的朝贡贸易》，《云南社会科学》2003 年第 1 期；施瀚文《论明代中后期海外贸易思想》，硕士学位论文，湖南大学，2003；李庆新《明代海外贸易制度》，社会科学文献出版社，2007；严小青、惠富平《郑和下西洋与明代香料朝贡贸易》，《江海学刊》2008 年第 1 期；何瑞军《明代与日本足利幕府朝贡贸易之研究》，硕士学位论文，兰州大学，2009；赵轶峰《论明代中国的有限开放性》，《四川大学学报》（哲学社会科学版）2014 年第 4 期；晁中辰《明朝对外交流》，南京出版社，2015。

"不伐海外"的基本立场,甚至明确宣布了"不伐"海洋国家的政策基调。在这种对外政策下,明朝满足于恢复在东亚、东南亚、中亚以中国为核心与主宰的"中华亚洲秩序"。

在这种区域国际秩序下,明朝一方面借助朝贡贸易与藩属国家开展交流,另一方面禁止民间海外贸易的开展。洪武时期这种内敛的对外政策,根源于这一时期明代王朝国家是一种"内敛型王朝国家",在外围疆域采取有限经营的追求与定位。明朝的这一选择,与这一时期亚欧大陆其他文明纷纷开展角逐、对外扩张,形成了鲜明对比,造成了明显的历史分途,为伊斯兰文明、基督教文明的东进,提供了历史空间。

第四章
永乐时期王朝国家的盛世危机

永乐时期，明朝奉行与洪武时期大相径庭的族群观念与疆域立场，倡导"华夷一家"与"天下一统"，对于经营地理、气候、族群都与中原，乃至中国明显不同的边疆族群与周边政权，秉持积极与开放的态度，从而推动明朝进入"中华亚洲秩序"的辉煌时代。但由此所带来的，并非明代王朝国家的长期繁盛，反而为后世带来了长期的隐患。这表明永乐时期王朝国家在经营方式上，存在很大的问题。朱棣为何改变洪武时期的经营方式，在表面的繁盛之后又隐藏着哪些隐患，显然是揭示明前期王朝国家历史转向的重要视角。

第一节　漠南草原的农牧社会与族群融合

朱棣在王朝国家经营观念上的巨大转变，根源于他与朱元璋有着完全不同的成长环境。与朱元璋青壮年时期生活在贫穷、动荡的淮河社会不同，朱棣青壮年时期生活在战争大开大合、多种族群融合的漠南草原。

漠南草原从正面阻隔漠北蒙古的南下路线，是洪武后期明朝北部边疆经营的重心地区。朱元璋考虑到漠南草原生态环境相对恶劣，单一的农业经济或牧业经济，都难以长期支撑庞大军队的长期驻扎，从而在这一地区推广农业、牧业并行的混合经济形态。朱元璋不仅在这一地区大力推广军屯，不断提醒北疆诸王关注农业生产，"今年屯种，自东胜至开平，开平至大宁、广宁，须于五月一报禾苗长养何如，七月再报结实何如，十月又报所收子粒若干，一岁三报，不惟使朕知边储虚实，而屯军亦不至懈力矣"；①而且命令诸王与军队牧放牲畜。

> 除军民农种田所不许牧放，其荒闲平地及山场，腹内诸王、驸马及极边军民，听其牧放樵采。其在边所封之王，晋、燕、代、谷、宁、辽，毋得占为己场，有妨军民牧放樵采。其腹内诸王、驸马，听其往来东西牧放。②

朱元璋虽然严禁漠南军民向南侵占农田，却鼓励这一人群尽力向北推广牧业经济。

> 东胜界内，北去须千里，军民听其牧放取采，南亦如之。……东西十三卫，横阔所界地方，将及七百余里。每卫界内，北去不拘几千里，大山小山，平野沙塞，军民皆得取采。晋、代、谷王并指挥人等，并不许指定自己草场，致令军民采取不便。为此画定界分，王与诸指挥等官，遵守毋违。③

朱元璋对于漠南草原推广农牧经济，充满信心与期待，勾画

---

① 《明太祖实录》卷二五二，洪武三十年夏四月乙酉，第3639—3640页。
② 《太祖皇帝钦录》，转引自《太祖皇帝钦录及其发现与研究辑录——兼及〈御制纪非录〉》，载《明清论丛》第6辑，第99页。
③ 《太祖皇帝钦录》，转引自《太祖皇帝钦录及其发现与研究辑录——兼及〈御制纪非录〉》，载《明清论丛》第6辑，第99页。

了一幅士兵并行农牧的生活场景。

　　洪武三十年三月二十八日，钦差驸马李坚到代州，捧到圣旨：一、王府羊只，若要便当长远就养得军发迹了，护卫里军都发在口外屯种。每军一户，或养孳生羊十只，带羝共十二只。说与军知道，教义达达一般短，当着羔儿吃他的奶。且如一户三口、四口，但种些田，收些粟米。一夏天，挤羊奶，搅和着吃，军省力气。十个羊下十个羔，年终带羔生羔，得三倍儿利，恰好三十个羊。每十个，与军两个，不三四年，军的羊也成群了。这般，军多少不发迹？依着这般行，这军每种着田，收着草，更砍些秋青野草，一冬大雪里，人羊都不在雪里。因这般分开养，各家收拾的草，勾一冬头口用，不见亏折。若护卫军养不了，大军屯种处，也俵去养。①

　　为推动诸王牧养牲畜，朱元璋不断拨给诸王大量牲畜。比如洪武二十六年（1393）七月二十三日，朱元璋圣旨称："燕府拨羊一万只，其余府都是二千。"②"洪武二十七年二月十七日，钦差驸马欧阳伦、王宁等到来，传奉圣旨：拨与燕府羊一万只。钦此。"③九月，"初六日一件，辽、宁、谷府，每府拨羊一万"。④ 在军事边疆牧放之牲畜，并不限于北疆诸王所有者，还有内地诸王寄养于此者。

---

① 《太祖皇帝钦录》，转引自《太祖皇帝钦录及其发现与研究辑录——兼及〈御制纪非录〉》，载《明清论丛》第 6 辑，第 100—101 页。

② 《太祖皇帝钦录》，转引自《太祖皇帝钦录及其发现与研究辑录——兼及〈御制纪非录〉》，载《明清论丛》第 6 辑，第 93 页。

③ 《太祖皇帝钦录》，转引自《太祖皇帝钦录及其发现与研究辑录——兼及〈御制纪非录〉》，载《明清论丛》第 6 辑，第 93 页。

④ 《太祖皇帝钦录》，转引自《太祖皇帝钦录及其发现与研究辑录——兼及〈御制纪非录〉》，载《明清论丛》第 6 辑，第 94 页。

　　周、楚、湘、韩、沈、唐、郢、伊，牧放在内；其周、楚、
湘、韩、沈、唐、郢、伊，头匹牧放，不止此卫。其东镇云、
玉、定、镇、高、大、阳、天、怀、万、宣，周、楚、湘、韩、
沈、唐、郢、伊八王，牧放头匹，听其往来，不拘时月。①

　　命令诸王在出塞巡逻之时，也将牲畜一同带去，借助塞外草料，
促进牲畜生长。洪武二十七年七月初九日，朱元璋圣旨称："今后
护卫军出塞牧羊马时，带老小去。"②

　　由于诸王与军队的主要职责是军事作战，牧放牲畜的主要种
类相应是马匹。朱元璋命令诸王牧放战马，实借此发展骑兵，熏
陶武风，从而为在蒙古高原上作战提供了战术基础。"自在行营，
因而操练防胡。"③ 马匹来源除北部边疆自产者，另一更为重要的
来源是江淮流域的马场。"京师发去江淮太仆寺孳生马及战马，八
年之间，数该七万。"④

---

① 《太祖皇帝钦录》，转引自《太祖皇帝钦录及其发现与研究辑录——兼及〈御
　制纪非录〉》，载《明清论丛》第6辑，第99页。
② 《太祖皇帝钦录》，转引自《太祖皇帝钦录及其发现与研究辑录——兼及〈御
　制纪非录〉》，载《明清论丛》第6辑，第93页。
③ 《太祖皇帝钦录》，转引自《太祖皇帝钦录及其发现与研究辑录——兼及〈御
　制纪非录〉》，载《明清论丛》第6辑，第99页。
④ 《明太祖实录》卷二五二，洪武三十年夏四月乙酉，第3640页。洪武前期，由
　于北部边疆仍处于大规模战事之中，明朝为补充战马来源，只能利用南方地区
　因战乱而抛荒的土地，在江淮流域设置马场，培育战马。"国初兵荒之后，江
　北土田悉皆茂草，是故以为牧地。今生齿日繁，南冈等无马草场，皆为民业。
　二百五十年来展转易主，殆无尺寸空闲，况多多许耶？"（明）徐光启：《徐氏
　庖言》卷四《与周子仪给谏又辛酉七月》，载《徐光启全集》，上海古籍出版
　社，2011，第252页。"戊子，改群牧监为太仆寺，秩如旧。以监令唐原亨为
　太仆寺卿，监丞孙楧为少卿，始定养马之法。命应天、庐州、镇江、凤阳等
　府，滁、和等州民养马江北，以便水草。一户养马一匹，江南民十一户养马一
　匹，官给善马为种，率三牝马置一牡马，每一百匹为一群，群设群头、群副掌
　之，牝马岁课一驹，牧饲不如法，至缺驹损毙者，责偿之。其牧地择旁近水草
　丰旷之地，春时牧放游牝，秋冬而入寺官，以时巡行群牧，视马肥瘠而劝惩
　之。任满，吏部考其生息多寡，以为殿最焉。"《明太祖实录》卷七九，洪武
　六年二月戊子，第1441—1442页。

朱元璋在颁给诸王的圣旨中，不断提醒其关注马匹牧放，向朝廷汇报马匹数量。"不分大小官员并军校等，凡领骒马验，其关领月日，每年纳驹一匹，仍须审其孳产有无，不可一概征索。"① "晋王、燕王宜督诸王并都司、行都司报知孳畜，预战马数必从行太仆寺点视稽验，自洪武二十三年至于今通计所产驹若干，悉数以闻。"② "王督诸王及都司、行都司以逐年领马之数，稽其原领月日，及受马月日，条列具陈，仍命太仆寺督并更加号令，催督都司、行都司，毋容少怠。"③

朱元璋命令诸王在北部边疆巡逻之时，也仿照蒙古部落游牧的方式，迁移牲畜，以便使牲畜获得足够的草料。"王之队伍，常在斥堠以里，不宜久驻一处，东西南北，往来莫测，又须趁逐水草随营牧放，以就孳焉。"④ 比如洪武三十年三月二十八日，朱元璋颁晋王圣旨称：

> 孳生马匹，都要出口外草地里放。重驹、空肚、儿马、骟马，都要不离鞍辔。军人一般挤马奶子用。每一王府，止留二千人在府听候，其余尽数下屯，就于野外，就柴水屯种牧放，尽皆便当。略有空隙，将儿马、骟马、空肚马，都骑着打围。生的马，自小调教，长成马时，性耐能远行。⑤

不过鉴于非壮马一类的牲畜，如果遭遇战争，不易躲避，朱元璋命令诸王主要在内核心边疆牧放。洪武三十年四月二十八日，朱元璋颁晋王圣旨称：

---

① 《明太祖实录》卷二五二，洪武三十年夏四月乙酉，第3640页。
② 《明太祖实录》卷二五二，洪武三十年夏四月乙酉，第3640页。
③ 《明太祖实录》卷二五二，洪武三十年夏四月乙酉，第3640页。
④ 《明太祖实录》卷二五二，洪武三十年夏四月乙酉，第3639页。
⑤ 《太祖皇帝钦录》，转引自《太祖皇帝钦录及其发现与研究辑录——兼及〈御制纪非录〉》，载《明清论丛》第6辑，第101页。

重驹、驼马、牛羊之类，边城未起，此诸头匹不可北上远放，必是近口关隘牧放。凡知贼寇在于何处，速将牧放头口，或入口内，或于险要去处，不致被贼掳掠。此等摆布，必要亲自用心。号令牧放者，各各瞭望堤备，远斥候，知贼消息，径报总兵处；总兵处速报各牧放处，火速回避。①

而战马则随着军队迁移，巡回牧放。洪武二十三年二月十日，朱元璋颁旨称：

说与晋王知道：将山西二都司、河南都司、留守都司马军，于天城、白登屯营驻扎，亲自往来提调。各营将护卫马军，尽数跟随飞放。不必行远路，一日止行三四十里，一程一程，预先盖下你歇的房屋，省会军人放马时就打马草，到晚军挑一担，马驮一驮。便如军一担草六十斤，晒干也有三十斤。马驮的二百斤，晒干也有一百斤。每马日用十五斤。五月至九月，这五个月打下的草，却好过得一冬。着军人于近山去处，掘土坑五六尺深，盖土房。到冷时，人马都在里头养，即目做步军暖帽皮袄。到九月间，每马发步军二名前来看养，替马军回来过冬。每常马军回时，往来走乏了马，今就后在天城、白登牧养。如遇调遣时，好生便益。将骒马都要见数撒放孳生……②

经过朱元璋的悉心筹划，洪武后期漠南草原农牧社会最终形成。这一区域社会在社会性质上与以南的北方平原、以北的漠北

---

① 《太祖皇帝钦录》，转引自《太祖皇帝钦录及其发现与研究辑录——兼及〈御制纪非录〉》，载《明清论丛》第6辑，第101页。
② 《太祖皇帝钦录》，转引自《太祖皇帝钦录及其发现与研究辑录——兼及〈御制纪非录〉》，载《明清论丛》第6辑，第87页。

草原，都有所不同。

在社会职责上，漠南草原农牧社会与北方平原、漠北草原的社会，主要是一种生活区域不同，以军事作战为主要职责。在族群来源上，与北方平原主要由汉人构成、漠北草原主要由蒙古人构成不同，军队中既有大量汉人，也有为数不少的蒙古人，族群来源更为复杂。比如洪武二十五年五月初一，朱元璋颁给晋王的圣旨称："达军入伍一万，须要许多汉军另伍。"[1] 在同一份圣旨中，"胡兵""汉军"同时出现。"一件，有胡兵处，务要抚恤关防。一件，汉军下屯的，如常要操练弓箭，冬寒打围，要皮张解官，肉与军吃用。"[2] 初三，朱元璋颁给晋王的圣旨中又有"达军"的称谓。"达军入伍，换出汉军来也立成队伍。"[3] 可见蒙古人在漠南草原应占据了相当比例，否则不会专门有这种对比性的称谓。在经济方式上，与北方平原、漠北草原分别开展农业经济、游牧经济不同，漠南草原推行农业、牧业的混合经济形态。在社会整合上，与北方平原、漠北草原都是相对单一的社会形态不同，军事边疆内涵复杂，伴随军事征战与经济生产的不断开展，社会整合逐渐加深，具有发展出一种新型社会的历史潜力。

第二节　洪武后期朱棣在漠南草原的核心角色

朱元璋在"小农政治思想"影响下，继承蒙元"家产制"政治传统，模仿元代宗王出镇制度，在全国推行分封制度，逐渐将地方军权从开国功臣转移到诸王手中。朱元璋最初鉴于诸王尚未历练军事，并

---

[1] 《太祖皇帝钦录》，转引自《太祖皇帝钦录及其发现与研究辑录——兼及〈御制纪非录〉》，载《明清论丛》第6辑，第88页。
[2] 《太祖皇帝钦录》，转引自《太祖皇帝钦录及其发现与研究辑录——兼及〈御制纪非录〉》，载《明清论丛》第6辑，第88页。
[3] 《太祖皇帝钦录》，转引自《太祖皇帝钦录及其发现与研究辑录——兼及〈御制纪非录〉》，载《明清论丛》第6辑，第88页。

且与地方军队尚未形成个人联系，无法直接接管军队，从而仅命其与武将系统共掌地方军务。率先之国的秦王、晋王、燕王、周王甚至在很长一段时间内，主要负责训练军士；[1] 参与作战时，最初也基本仅充作监督，而不参与指挥。如洪武十八年（1385），明军南征诸蛮，楚王只是名义上的统帅，军队实由汤和指挥。"楚王尚幼，未能练达军务，故遣都督刘宁来总宿卫之兵。军旅之事，卿自裁决，然后启王知之。"[2] 洪武二十四年，傅友德北伐，朱元璋甚至明确禁止齐王参与指挥。

> 时傅友德北伐，驻师开平，因命齐王以护卫兵至开平闪猎，敕曰："山东都司各卫骑士皆从友德调发，军政尔毋有预，遇战可自为队，或在其左，或在其右，有胆略则当前，无胆略则继后。奏凯之时，勿自矜伐，与诸将分功。八月秋高，可以师旋。"[3]

由于辽王、肃王、庆王之国较晚，缺乏军事经验，直到洪武二十八年，总兵官仍负责节制都司卫所，甚至诸王直属的护卫军，进行军事作战；卫所整顿也主要由武将系统负责。但较为年长、最早之国的秦、晋、燕、周四王，却在熟悉军务之后，较早地开始接管地方军权，指挥作战。比如秦王。

> 高皇帝命以关西军事，得专刑赏，岁时躬巡边塞。自大将军以降，皆属节制，有军功者先拟拜封，然后以闻。御军严甚，所过秋毫无犯，未尝妄戮一人，故戎狄威畏，军兵倚以为重。

---

[1] 《明太祖实录》卷一七五，洪武十八年二月戊子，第2662页。
[2] 《明太祖实录》卷一七五，洪武十八年二月戊子，第2662页。
[3] （嘉靖）《宣府镇志》卷二二《兵政考·皇明·高皇帝洪武二十四年春征山东骑士来屯》，第240页。

洪武二十七年，西藩负固弗庭，王奉命征之，多所擒获，番首穷迫，率其众诣仗下降，遂受约束朝贡，至今不绝。[①]

可见，秦王不仅具有军事指挥权，可以相机开展战争，而且"得专刑赏"，具有"军法从事"权力。由于秦王早卒，洪武后期诸王军权最重者是年岁最长、处于最重要战略位置的晋、燕二王。二人可以节制武将：

> 命颍国公傅友德为征虏前将军，南雄侯赵庸为左副将军，怀远侯曹兴为右副将军，定远侯王弼为左参将，全宁侯孙恪为右参将，赴北平训练军马，听今上节制。时先已遣定远侯王弼往山西练兵，因敕弼以山西兵听晋王节制。[②]
>
> 乙丑，今上率师出古北口，征虏前将军颍国公傅有德、左副将军南雄侯赵庸、右副将军怀远侯曹兴等各以所部从。[③]
>
> 乙丑，诏晋王留山西、河南并护卫兵马驻于天成、白登等处操练，时往来提调，其定远侯王弼等悉遣还京。[④]
>
> 复诏齐王以护卫军还国，其山东属卫军马，令都指挥蔺真领之，仍听今上节制。[⑤]
>
> 遣使命今上督颍国公傅友德收捕番将阿失里等，且谕之曰："今上天垂象甚切，须体天心，凡北平护卫及都司各卫隘口，必当整备士马，励精器械，严为守御，不可怠肆。"[⑥]
>
> 上命晋王总宋国公冯胜等所统河南、山西马步军士出塞，

---

① （明）焦竑：《焦太史编辑国朝献征录》卷一《宗室一·秦王传》，《续修四库全书》史 521 册，第 16 页。
② 《明太祖实录》卷一九九，洪武二十三年春正月丁卯，第 2981—2982 页。
③ 《明太祖实录》卷二○○，洪武二十三年三月乙丑，第 3000—3001 页。
④ 《明太祖实录》卷二○一，洪武二十三年闰四月乙丑，第 3010 页。
⑤ 《明太祖实录》卷二○一，洪武二十三年闰四月乙丑，第 3010—3011 页。
⑥ 《明太祖实录》卷二○八，洪武二十四年夏四月癸未，第 3102 页。

胜及颍国公傅友德、开国公常昇、定远侯王弼、全宁侯孙恪等驰驿还京，其余将校悉听晋王节制。[1]

其他诸王尚有年幼不谙边情者，小规模作战由当地武将系统负责，[2]但大规模出征，也由晋、燕二王节制。具体节制关系，朱元璋按照地域，命晋王节制代王。"辛亥，敕代王率护卫兵出塞，受晋王节制。"[3]燕王节制齐王。"遣使敕谕齐王，命率山东都司、兖州护卫及徐、邳二卫精锐马步军士随征，听今上节制。"[4]辽王

---

① 《明太祖实录》卷二二五，洪武二十六年二月丁丑，第3295页。

② "遣中使谕陕西都指挥使司训练将士，北自延安、绥德，西自兰州，从魏国公徐辉祖等节制，候来春征讨西番。"《明太祖实录》卷二三四，洪武二十七年九月，第3426页。"是月，敕总兵官周兴，令都督金事宋晟领辽王府中护卫，都督刘真领宁王府中护卫，指挥庄德领三万卫军马，征剿野人，毕日领还。"《明太祖实录》卷二三七，洪武二十八年三月，第3466页。"丁亥，敕曹国公李景隆整饬陕西属卫士马，惟陕西行都司、甘州五卫及肃州、山丹、永昌、西宁、凉州诸卫从肃王理之，庆阳、宁夏、延安、绥德诸卫从庆王理之，其余卫所除屯种外，马步军士悉令训练，以俟征调。"《明太祖实录》卷二三九，洪武二十八年六月丁亥，第3477页。

③ 《明太祖实录》卷二二六，洪武二十六年三月辛亥，第3304页。

④ 《明太祖实录》卷一九九，洪武二十三年春正月乙酉，第2987页。明前中期山东、河南虽不属北部边疆地带，但皆肩负着为北部边疆军队运输粮饷的职责，在地理位置上也是北部边疆的战略延伸，山东还具有保障运河的职责，因此明朝一直将这两个地区视作北部边疆的外围地带，不断从这一地区征调援兵，也就是所谓的"班军"，筑城屯田。"辛亥，遣周王橚发河南都指挥使司属卫马步官军三万四千余人，往塞北筑城屯田。"《明太祖实录》卷二三六，洪武二十八年春正月辛亥，第3445页。"壬寅，北平都指挥使司言：'自二十七年至今岁调拨山东军士往古北口、怀安等处缮修城堡，于内宜拨三千屯种，俟其秋成储谷于彼，摘留三百守之，余悉发还各卫，请如旧例。'从之。"《明太祖实录》卷二四一，洪武二十九年二月壬寅，第3547页。随同防御。"宁王权言：'近者骑兵巡塞，见有脱辐遗于道上，意胡兵往来，恐有寇边之患。'上曰：'胡人多奸，示弱于人，此必设伏以诱我军。若出军追逐，恐堕其计。'于是，今上选精卒壮马抵大宁、全宁，沿河南北觇视胡兵所在，随宜掩击。仍周王橚令世子有墩率河南都司精锐往北平塞口巡逻。"《明太祖实录》卷二四四，洪武二十九年二月辛亥，第3549页。"敕曹国公李景隆曰：'古人安不忘危，治不忘乱，今天下平定已久，恐兵事懈弛，缓急罔济。近天象有警，尤不可不虑。特命尔佩征虏大将军印，往河南训练将士，大小官军悉听节制。兵法云："用

也应归燕王节制。

> 甲子，敕今上发北平二都指挥使司并辽东都指挥使司属
> 卫精锐骑兵七千、步兵一万，命都指挥使周兴为总兵官，同
> 右军都督金事宋晟、刘真往三万卫等处剿捕野人，其属卫指
> 挥庄德、景保安、张玉、卢震等悉令从征。[1]

二王军事权力甚大，不仅拥有"便宜行事""军法从事"权
力，而且成为明朝在北部边疆的军事决策中心。朱元璋规定北疆
边防事务由二王先行决断。

> 丙辰，命宋国公冯胜、颍国公傅友德等往北平等处备边，
> 其山西属卫将校悉听晋王节制，北平属卫将校悉听今上节制，
> 凡军中应有机务，一奏朝廷，一启王知，永著于令。[2]
> 庚申，复遣使谕晋王、今上，各统所辖都司军马，凡军
> 中赏罚，大者以闻，小者从宜处分，且谕以蓝玉之变，将兵
> 塞上，尤宜谨慎。[3]

至于二王关系，当为晋王节制燕王。[4] 尽管永乐以后总兵官、

之在乎机，显之在乎权。"汝其慎哉。'"《明太祖实录》卷二五四，洪武三十
年八月甲午，第3670页。为加强这两个地区军队的战斗力，朱元璋还命武将
训练这两个地区的军队。"癸丑，命前军都督府都督金事商暠往河南、山东二
都司训练军马，遣属卫指挥率赴辽东听征。"《明太祖实录》卷一七七，洪武
十九年夏四月癸丑，第2688页。"戊戌，命宋国公冯胜为总兵官，颍国公傅友
德为之副，往山西、河南训练军马及领屯卫，其余公侯都督悉听节制。"《明太
祖实录》卷二二三，洪武二十五年闰十二月戊戌，第3269页。

[1] 《明太祖实录》卷二三六，洪武二十八年春正月甲子，第3446页。
[2] 《明太祖实录》卷二二六，洪武二十六年三月丙辰，第3305页。
[3] 《明太祖实录》卷二二六，洪武二十六年三月庚申，第3306页。
[4] 王崇武：《奉天靖难记校注》卷一，《国立中央研究院历史语言研究所专刊》
之二十八，商务印书馆，1948，第9页。

提督、总督也皆具有"便宜行事"权力，可以根据边疆情势，灵活处理所辖境内的各种事务，但这一权力相对于二王权力，还是有很大距离的。可见，洪武时期，虽然伴随形势的变化，北部边疆军事制度不断变迁，但洪武后期北疆九王守边制度，实施的重点地区仍在漠南草原，而晋、燕二王相应成为这一地区最高军事长官。

洪武三十一年四月，晋王卒后，漠南草原形成了燕、代、辽、宁、谷诸王各率护卫，节制都司，会合防御蒙古的战略态势。

> 敕今上曰："迩闻塞上烽火数警，此胡虏之诈，彼欲诱我师出境，纵伏兵以邀我也。不可堕其计中。烽起之处，人莫宜近。虽望远者，亦须去彼三二十里。今秋或有虏骑南行，不寇大宁，即袭开平。度其人马不下数万，岂可不为之虑？可西凉召都指挥庄德、张文杰，开平召刘真、宋晟二都督，辽东召武定侯郭英等会兵一处。辽王以都司及护卫马军悉数而出。北平、山西亦然。步军须十五万，布阵而待。令武定侯及刘都督、宋都督翼于左；庄德、张文杰，都指挥陈用翼于右；尔与代、辽、宁、谷五王居其中，彼此相护，首尾相救，使彼胡虏莫知端倪，则无不胜矣。兵法'示饥而实饱、内精而外钝'。尔其察之。"[1]

黄彰健将此敕书与郭英后人郭良编、郭勋增辑《毓庆勋懿集》载明朝敕郭英书相比照，发现："其文句与此多同。与郭英敕书仅言'代辽、宁、谷等王居其中'，不言燕王，是燕王未奉命出塞。史臣改敕郭英者为敕今上，并于'代辽、宁、谷等王居其中'上增'尔与'二字，遂似燕王亦奉命出塞，此全系伪造史实，不足据也。"[2]

---

[1] 《明太祖实录》卷二五七，洪武三十一年夏四月乙酉，第 3712 页。

[2] 《明太祖实录校勘记》，台北中研院历史语言研究所，1962 年校印本，第 809 页。黄彰健另撰文专门讨论了这一问题。见黄彰健《读明刊毓庆勋懿集所载明太祖与武定侯郭英敕书》，《中研院历史语言研究所集刊》第 34 本下册，1962。

但这并不妨碍说明洪武末年诸王统兵分守北边之事实。《明太祖实录》又在次月条下载朱元璋敕杨文、郭英书。

> 戊午，敕左军都督杨文曰："兵法有言：'贰心不可以事上，疑志不可以应敌。为将者不可不知。'是也。朕子燕王在北平，北平乃中国之门户，今以尔为总兵，往北平参赞燕王，以北平都司、行都司并燕、谷、宁三府护卫，选拣精锐马步军士，随燕王往开平堤备。一切号令，皆出自王，尔奉而行之，大小官军悉听节制。慎毋贰心而有疑志也。"
>
> 敕武定侯郭英曰："朕有天下，胡虏远遁久矣。然萌蘖未殄，不可不防。今命尔为总兵，都督刘真、宋晟为之副，启辽王知之。以辽东都司并护卫各卫所步军，除城守马军及原留一百存守斥候，余皆选拣精锐统领，随辽王至开平迤北，择险要屯驻堤备。一切号令，悉听燕王节制。"①

敕郭英书又被改动，《明太祖实录》改"听王节制"，即听辽王节制为"悉听燕王节制"。② 敕杨文书未见原文，想来也很可能经过改动。但这两条材料仍可反映诸王在洪武末年共同守御北疆的事实。③ 而燕王作为年序最长、能力最强的藩王，自然在漠南草原扮演着核心角色。

---

① 《明太祖实录》卷二五七，洪武三十一年五月戊午，第3715—3716页。
② 《明太祖实录校勘记》，第815页，也见《读明刊毓庆勋懿集所载明太祖与武定侯郭英敕书》，《中研院历史语言研究所集刊》第34本下册，1962。
③ 故而郑晓称："国初都金陵。以西北胡戎之故，列镇分封，似乎过制，当时已有叶居升辈汉人七国之虑。今考广宁辽王、大宁宁王、宣府谷王、大同代王、宁夏庆王、甘州肃王，皆得专制率师御虏。而长陵时在北平为燕王，尤英武。稍内则西安秦王、太原晋王，亦时时出兵，与诸藩镇将表里防守。"（明）郑晓《今言》卷一，李致忠点校，中华书局，1984，第46页。

第三节　朱棣"华夷一家"思想
与"中华亚洲秩序"的
辉煌时代

与朱元璋倾向于"华夷之辨"，主张重建"汉人主体国家"不同，朱棣倡导更为积极与开放的"天下一家"国家观念。洪武三十五年（1402）十一月，朱棣初即位，便遣使赍敕谕兀良哈、鞑靼、野人诸部曰："朕今统承天位，天下一家，薄海内外，俱效职贡。近边将言尔诸酋长咸有归向之诚，朕用嘉之。特令百户裴牙失里赍敕谕，尔其各居边境，永安生业，商贾贸易一从所便，欲来朝者与使臣偕至。"① 永乐二年（1404），朱棣派遣指挥完者秃等，招抚瓦剌。在敕文中，朱棣表达了对四海内外一视同仁的立场。"朕承天命，主宰生民，惟体天心以为治，海内、海外一视同仁。"② 倡导"天下一统、华夷一家"的族群观念与疆域观念。"夫天下一统、华夷一家，何有彼此之间！尔其遣人往来相好，朕即授以官赏，令还本地，射猎畜牧，安生乐业，永享太平之福。"③ 永乐二十年再次下诏，表达了主宰天下的雄迈气魄。"天地之大，覆载而无外；帝王之治，一视以同仁。朕恭膺天命，主宰华夷，夙夜勤劳，勉图治理，无非欲天下生灵咸得其所而已。"④ 永乐二十二年，在生命快要走到尽头时，朱棣仍然雄心不减，表达出统治华夷的政治立场。"朕为天下主，华夷之人，皆朕赤子，岂间彼此。"⑤

---

① 《明太宗实录》卷一四，洪武三十五年十一月壬寅，第262页。
② 《明太宗实录》卷三〇，永乐二年夏四月辛未朔，第533页。
③ 《明太宗实录》卷三〇，永乐二年夏四月辛未朔，第533—534页。
④ 《明太宗实录》卷二五〇，永乐二十年六月辛丑，第2343页。
⑤ 《明太宗实录》卷二七一，永乐二十二年夏五月戊子，第2453页。

在这种更为开放的王朝国家观念影响下，朱棣在四裔边疆大刀阔斧地展开经略，而郑和下西洋更是极大地提升了"中华亚洲秩序"在海洋世界的影响。经过朱棣的多方经营，永乐时期，明朝在东亚、东南亚、中亚形成了"万邦来朝"的盛世局面。

> 自成祖以武定天下，欲威制万方，遣使四出招徕。由是西域大小诸国莫不稽颡称臣，献琛恐后。又北穷沙漠，南极溟海，东西抵日出没之处，凡舟车可至者，无所不届。自是，殊方异域鸟言侏僬之使，辐辏阙廷。岁时颁赐，库藏为虚。而四方奇珍异宝、名禽殊兽进献上方者，亦日增月益。盖兼汉、唐之盛而有之，百王所莫并也。余威及于后嗣，宣德、正统朝犹多重译而至。①

"中华亚洲秩序"由此进入辉煌时代。对此，朱棣的孙子明宣宗如此概括并推崇道：

> 皇祖太宗文皇帝以至仁大圣，奠安宗社，君主华夷，覃霈恩泽，一视同仁，礼乐文明之化，弘被远迩，乾坤之内，日月之所照临，四裔君长悉臣悉顺，朝觐贡献之使接踵道路，稽颡阙下者无虚日。建官府，授封爵，逾数十万里之外。德威广被，古所未有，何其盛也！②

第四节　永乐初年收复交阯及其军事代价

永乐时期，朱棣在周边地区最先开展的经略，始于中南半岛。

---

① 《明史》卷三三二《西域三·坤城》，第8625—8626页。
② 《明太宗实录·序》，第1—2页。

永乐时期在中南半岛的最初经略成果，是将缅甸纳入羁縻统治区域。

> 永乐元年，缅酋那罗塔遣使入贡。因言缅虽遐裔，愿臣属中国，而道经木邦、孟养，多阻遏。乞命以职，赐冠服、印章，庶免欺陵。诏设缅甸宣慰使司，以那罗塔为宣慰使，遣内臣张勤往赐冠带、印章。于是缅有二宣慰使，皆入贡不绝。①

而朱棣在这一地区最为显著的经略成果，是重新在五代以后脱离中国直接统治的交阯②设置郡县，恢复直接统治。1225 年，陈煚迫使李朝女主禅位，建立安南，因其君主姓陈，历史上又被称作"陈朝"。洪武时期，陈朝统治逐渐没落，被权臣国相黎季犛所控制。建文二年（1400），黎季犛杀陈少帝，大杀陈朝宗室，自立为王，号称大舜后裔胡公满之后，国号"大虞"，自己改名"胡一元"，③ 明朝称之为"胡大互"。

永乐元年（1403）四月，黎季犛借祝贺朱棣即位的机会，谎报陈氏已绝，自己作为外甥，接管政权，请求明朝册封国王之号。"不幸日煓丧亡，宗嗣继绝，支庶沦灭，无可绍承。臣陈氏之甥，为众所推，权理国事，主其祠祭，于今四年。徼蒙圣德，境内粗安。然名分未正，难以率下，拜表陈词，无所称谓。伏望天恩，锡臣封爵。"④ 朱棣十分谨慎，派遣使节前往安南调查此事。十一月，黎季犛再次派遣使节朝贡明朝，请求封爵。此次朱棣表示同意。⑤ "丁卯，遣礼部郎中夏止善等赍诏，往安南封胡大互为安南国王。"⑥

---

① 《明史》卷三一五《云南土司三·缅甸传》，第 8130 页。
② "安南，古交阯地。唐以前皆隶中国。五代时，始为土人曲承美窃据。"《明史》卷三二一《外国二·安南传》，第 8309 页。
③ 《明史纪事本末》卷二二《安南叛服》，第 344 页。
④ 《明太宗实录》卷一九，永乐元年夏四月丁未朔，第 337 页。
⑤ 《明太宗实录》卷二五，永乐元年十一月戊午，第 464 页。
⑥ 《明太宗实录》卷二五，永乐元年十一月丁卯，第 470 页。

在诏书中，明朝明确指出黎季犛之所以获封王位，是因为陈氏已绝，作为外甥的黎季犛相应拥有了即位合法性。"奏谓前国王陈氏嗣绝，尔以外孙主祀，于今四年。询之于众，所言亦同。特命尔为安南国王。"①

安南虽然是明朝的藩属国，但自洪武以来，便对明朝的命令阳奉阴违，甚至侵夺明朝的土地。"思明所辖禄州、西平州、永平寨为所侵夺，帝谕令还，不听。占城诉安南侵掠，诏令修好。阳言奉命，侵掠如故，且授印章逼为属，又邀夺天朝赐物。帝恶之，方遣官切责。"② 对安南已有厌恶之心的朱棣，在永乐二年七月，接到安南陪臣、母亲为陈氏的裴伯耆的举报，后者向明朝揭发了黎季犛篡位的实情。③ 同月，老挝军民宣慰使刀线歹遣使护送前安南国王孙陈天平，前来投奔明朝，进一步阐明了安南政变的真相。④ 朱棣于是让安南使节与陈天平展开对质。"安南贺正旦使者既至，上命礼部出陈天平示之，使者识其故王孙也，皆错愕下拜，有感泣者。而裴伯耆亦责使者以大义，皆惶恐不能对。"⑤ 在验明实情之后，朱棣从"中华亚洲秩序"所崇尚的儒家观念出发，对黎季犛的弑主篡位行为进行了严厉斥责。

> 安南胡大互初云陈氏已绝，彼为其甥，权理国事，请袭王封，朕固疑之。及下询其陪臣父老皆曰然，朕谓陈氏以婿得国，今大互以甥继之，于理亦可，乃下诏封之。孰知其弑主篡位，僭号改元，暴虐国人，攻夺邻境，此天地鬼神所不容也。而其臣民共为欺蔽，是一国皆罪人也，如何可容！⑥

---

① 《明太宗实录》卷二五，永乐元年十一月丁卯，第470页。
② 《明史》卷三二一《外国二·安南传》，第8313页。
③ 《明太宗实录》卷三三，永乐二年秋八月乙亥，第584—585页。
④ 《明太宗实录》卷三三，永乐二年秋八月丁酉，第594—596页。
⑤ 《明太宗实录》卷三七，永乐二年十二月壬辰，第635—636页。
⑥ 《明太宗实录》卷三七，永乐二年十二月壬辰，第636页。

永乐三年正月，朱棣派遣使节，命黎氏对弑主篡位行为进行解释。"尔为陪臣，屡行篡弑，夺而有之，罪恶滔天，不亡何待！若占夺禄州等处之地，盖罪之小者，敕至尔其具篡夺之故以闻。"[①] 值得注意的是，朱棣这份敕书的语气十分严厉，虽然也提到安南侵占明朝疆土之实，但却认为并不重要，重要的是黎氏违背儒家君臣纲常，指出这将会导致政权败亡。

受到惊吓的黎氏政权，已经心生反意，假意归还政权、退回土地。"臣请迎归天平以君事之。其禄州等处、猛慢等寨，亦即令退还，已遣人往各处交割地界。"[②] 朱棣许诺如果黎氏兑现诺言，明朝将封其公爵。"朕当建尔上公，封以大郡，传之子孙，永世无穷。朕之斯言，上通于天，伫俟来章，以颁显命。"[③] 西平侯沐晟鉴于安南侵占云南土地，有征讨之意。但朱棣最初却主张协商解决。永乐三年十一月，朱棣敕沐晟曰："尔镇云南，倚托甚重，岂可轻动？比令尔调兵，近老挝屯驻。尔辄亲行，非朕意也，敕至即还。尔又言欲发兵向安南，朕方以布恩信、怀远人为务，胡大互虽扰我边境，今已遣人诘问，若能摅诚顺命，则亦当弘包荒之量。"[④] 但黎氏却在陈天平与护送的明军进入安南之后，伏击杀死众人。

对于安南公然挑战明朝宗主权威的行径，朱棣十分愤怒，于是决意征伐。"蕞尔小丑，罪恶滔天，犹敢潜伏奸谋，肆毒如此。朕推诚容纳，乃为所欺。此而不诛，兵则奚用？"[⑤] 以成国公朱能为代表的武将集团，也赞成用兵。"逆贼罪大，天地不容。臣等请仗天威，一举殄灭之。"[⑥] 永乐四年七月，明军大举出征。

① 《明太宗实录》卷三八，永乐三年春正月甲寅，第644—645页。
② 《明太宗实录》卷四三，永乐三年六月庚寅，第687—688页。
③ 《明太宗实录》卷四四，永乐三年秋七月甲辰，第693页。
④ 《明太宗实录》卷四八，永乐三年十一月丙申，第731页。
⑤ 《明太宗实录》卷五三，永乐四年夏四月辛未，第791页。
⑥ 《明太宗实录》卷五三，永乐四年夏四月辛未，第791页。

辛卯，命成国公朱能佩征夷将军印，充总兵官；西平侯沐晟佩征夷副将军印，为左副将军；新城侯张辅为右副将军，丰城侯李彬为左参将，云阳伯陈旭为右参将，率师征讨安南黎贼。命兵部尚书刘儁赞军事，命都指挥同知程宽、指挥佥事朱贵等为神机将军；都指挥同知毛八丹、朱广，指挥佥事王恕等为游击将军；都指挥同知鲁麟、都指挥佥事王玉、指挥使高鹏等为横海将军；都督佥事吕毅、都指挥使朱英、都指挥同知江浩、都指挥佥事方政等为鹰扬将军；都督佥事朱荣、都指挥同知金铭、都指挥佥事吴旺、指挥同知刘塔出等为骠骑将军。①

但在安南，明军面临着与熟悉当地地理、适应当地气候、族群意识高涨的当地人斗争的多种困难。大军出发之初，朱棣便告诫征伐总兵官朱能等人，防范当地气候所可能造成的隐患。"庚子，谕征讨安南总兵官成国公朱能曰：'闻安南气候虽热，然过中夜极凉，稍失盖覆，辄生疾。其冬月亦冷，有附火者，军中宜备绵衣。又蛮俗好为蛊毒，士卒皆宜凿井而饮，躬爨而食。'"② 出兵之后，朱棣又再次就这一问题，告诫朱能等人。"乙巳，敕征讨安南总兵官成国公朱能等曰：'今天气尚热，师行在途，宜善加抚恤，毋令失所。'"③ 两个月后，朱棣在给朱能等人的敕书中，一方面给明军鼓劲，指出宋元之所以征伐安南无功，是由于自身问题。"然宋元所以无功者，盖由将骄兵懦，贪财好色，尔其戒之。"④ 另一方面告诫他们不要陷于中南半岛的复杂地形之中，要速战速决。

---

① 《明太宗实录》卷五六，永乐四年秋七月辛卯，第822—823页。
② 《明太宗实录》卷五六，永乐四年秋七月庚子，第829页。
③ 《明太宗实录》卷五六，永乐四年秋七月乙巳，第830页。
④ 《明太宗实录》卷五八，永乐四年八月丁亥朔，第845页。

富良江近贼东都，贼必据守，我师深入，难以持久。若至嘉林，欲渡必具舟筏，旷日劳师。莫若未至之先，迭出游骑于嘉林，与贼相对，始用百骑，逐日增之，至于千骑。昼夜举火放炮，以眩惑牵制，而潜师趋富良上流浅处，与西平侯会合而济，出贼不意，必能成功。①

但出师三个月后，朱能便因病去世，年仅 37 岁。②朱能之死，可能与不适应中南半岛的气候有关。当月，张辅接任总兵官。朱棣命令他们趁冬季瘴气减弱的有利时机，快速发动战争。"取法前人，乘此冬月，瘴疠肃清，同心协谋，珍除逆贼，建万世勋名，以副朕之委任。"③次月，朱棣再次发出命令，限定在瘴气流行之前，解决战斗。"壬午，敕征讨安南总兵官征夷将军新城侯张辅、左副将军西平侯沐晟等曰：'闻官军与贼相持，贼计正欲延缓，以待瘴疠，破之宜速不宜缓，必以明年二月灭贼班师。'"④

明军不仅具有充分而周密的计划，而且拥有为陈氏报仇的合法名义，因此在战场上推进得十分顺利，很快渡过济江，歼敌 37790 余人，可见战争规模之大。⑤此后又经历多次战役，永乐五年六月，经过一年的战争，明军占领安南全境。

占领安南之后，张辅建议恢复五代以前的郡县统治。"安南，古中国之地，其后沦落，化为异类。今幸扫除残贼，再睹衣冠，愿复立郡县，设官治理，以渐沐圣化，洗涤夷习。"⑥"安南本中国地，陈氏子孙已诛尽，无可继，其国中耆老民庶俱请为郡县如中国制。"⑦当时

---

① 《明太宗实录》卷五八，永乐四年八月丁亥朔，第 845 页。
② 《明太宗实录》卷六〇，永乐四年冬十月戊子，第 865 页。
③ 《明太宗实录》卷六〇，永乐四年冬十月丁未，第 878 页。
④ 《明太宗实录》卷六一，永乐四年十一月壬午，第 885 页。
⑤ 《明太宗实录》卷六三，永乐五年春正月丙辰朔，第 901 页。
⑥ 《明太宗实录》卷六六，永乐五年夏四月癸卯，第 931 页。
⑦ 《明史纪事本末》卷二二《安南叛服》，第 349 页。

阁臣解缙便表示了反对立场，主张明朝应继续保持与安南的藩属关系。"文庙欲征交趾，（解）缙谓：'自古羁縻之国，通正朔，时宾贡而已。若得其地，不可以为郡县。'"① 但却并未被朱棣所接受。明朝于是完成了蒙元帝国都未实现的壮举，重新恢复了五代以前中原王朝对交趾的直接统治。"安南本古交州，为中国郡县，沦污夷习，及兹有年。今幸泛扫槜枪，划硗芜秽，愿复古郡县，与民更新。"② 设置三司，加以统治。"朕俯徇舆情，从其所请，置交阯都指挥使司、交阯等处承宣布政使司、交阯等处提刑按察使司，及军民衙门，设官分理，廓清海徼之妖氛，变革遐邦之旧俗。"③

但明朝设置郡县，而非复立陈氏的做法，却让当地族群产生了反抗情绪，黎氏借助这一情绪，发动了对明军的长期攻击，安南从而掀起了大规模的反抗浪潮。明朝在中南半岛所面临的实质挑战，由此拉开帷幕。设立郡县两个月后，陈氏故臣简定便从明朝的拥护者，转变为反抗者。"秋八月，交阯蛮寇简定反。定，陈氏故官，不肯臣黎氏，而轻骑跳归我，从下安南为别将，颇有功，知上不欲复陈氏，遂逸去。"④ 简定的行为，在安南获得了广泛响应，尤其获得了黎氏势力的支持。"至化州，说群盗邓悉等下之。悉等推定为主，称日南王，改元兴庆。出攻咸子关，黎贼余党多应之，而陈季扩、邓景异尤猖獗。"⑤ 叛军为获取民心，打出了恢复陈氏政权的旗号。"七年夏五月，简定称上皇，立陈季扩为大越皇帝，改元重光。季扩者蛮人，自云陈氏后也。安南民不忍弃陈氏，则相率归季扩。"⑥

---

① （明）李贤：《古穰杂录》，商务印书馆，1936，第11—12页。
② 《明太宗实录》卷六八，永乐五年六月癸未朔，第944页。
③ 《明太宗实录》卷六八，永乐五年六月癸未朔，第944—945页。
④ 《明史纪事本末》卷二二《安南叛服》，第351页。
⑤ 《明史纪事本末》卷二二《安南叛服》，第351页。
⑥ 《明史纪事本末》卷二二《安南叛服》，第351页。

为平定叛乱，朱棣最初调发了西南边疆的军队，却遭遇失利。"黄福奏请益兵，遂命黔国公沐晟发云南、贵州、四川兵数万往征之，仍命兵部尚书刘儁往赞军事。十二月，沐晟帅师与交趾贼简定战于厥江，败绩，兵部尚书刘儁、都督佥事吕毅、交趾布政司参政刘昱等皆死之，势益炽，攻陷诸郡县。"① 朱棣只能在永乐六年、永乐九年，两次派遣张辅大举征伐。经历多次战争，最终在永乐十二年，张辅诛杀陈季扩，再次平定了安南。战争结束后，朱棣鉴于安南叛服无常，开始设置镇守交趾总兵官，由张辅充任，与交趾布政使黄福恩威并施，一同处理当地事务。"十三年夏四月，命英国公张辅镇守交趾，加陈洽兵部尚书，赞军务。辅下交南，凡三擒伪王，威镇西南，而尚书黄福有威惠，交人怀之，戢伏莫敢动。"② 永乐十四年十一月，朱棣召张辅回京。

永乐十六年，黎利发动叛乱。此后，安南多地发生叛乱。"三四年间叛者四五起，而黎利最剧。"③ 朱棣先后命镇守交趾总兵官柳升、陈智讨伐叛军，双方互有胜负。直到朱棣去世，安南一直处于动荡之中。

第五节　永乐时期蒙古高原的"五征三犁"与漠南防线的内徙

永乐时期的边疆经略，以在蒙古高原的"五征三犁"规模最大。建文时期的明朝内战，不仅严重削弱了明朝的国力，而且给一直受到明朝打压的鞑靼重新恢复并崛起的历史机遇。朱棣即位后，势力已然壮大的鞑靼，一再拒绝明朝所提出的和平协议，并杀害使者郭骥。朱棣鉴于鞑靼多次被瓦剌击败，打算在鞑靼衰落

---

① 《明史纪事本末》卷二二《安南叛服》，第351页。
② 《明史纪事本末》卷二二《安南叛服》，第353页。
③ 《明史纪事本末》卷二二《安南叛服》，第354页。

之际，一举战胜这一敌人。但面对安南、蒙古两大势力，朱棣并未采取两面出击的做法，而是遵循先南后北、先易后难的策略，在第一次征伐安南成功后，才开始筹划北进蒙古高原。朱棣的这一规划，从下面史料中便可看出。永乐五年（1407），"敕甘肃总兵官西宁侯宋晟曰：'安南黎贼悉已就擒，南海之地廓然肃清，惟沙漠鬼力赤等倔强未顺，为患边境，当俟衅驱除之。尔有谋略，宜具来闻。'"①

永乐七年六月，朱棣派遣靖难第一武将丘福统军北征。虽然已经决定大规模征伐鞑靼，但在朱元璋常年教导之下，朱棣对于北伐战争仍然采取谨慎态度，在出征之前，规诫丘福采取持重态度，以免落入蒙古惯常使用的诱敌深入战术。"自开平以往，虽不见敌，常若对敌。日夜严谨瞭备，敌至则出奇兵以击之，否则审势察几，可进则进，可止则止，不宜执一。"② 但丘福却在靖难以来不断胜利的鼓舞之下，十分轻视鞑靼，急躁冒进，从而重蹈"岭北之役"覆辙，被诱至胪朐河，全军覆没。③ 丘福作为靖难第一武将，又在战前受到朱棣特意告诫，却仍遭遇如此严重失利，可见靖难勋贵与开国功臣相比，军事能力相差甚远。对此，明末黄景昉明确指出，靖难勋贵与开国功臣相比差距太大。"原太祖时，诸贤王猛将布列，足春秋耀吾军士，至是勋庸尽矣。汉高曰：'吾固知竖子不足遣，乃公自行耳。'事同。靖难诸将才劣，亦可微窥。"④ 认为朱棣之所以亲征草原，原因便在于无将可用。"方成祖威灵震叠之际，淇国公丘福帅五将军征胡，稍违节制，全师覆没。大将谈何容易？于是有躬犁虏庭之举，事势适然。"⑤

---

① 《明太宗实录》卷六八，永乐五年六月癸巳，第 958—959 页。
② 《明太宗实录》卷九四，永乐七年秋七月癸酉，第 1243 页。
③ 《明太宗实录》卷九五，永乐七年八月甲寅，第 1258 页。
④ （明）黄景昉：《国史唯疑》卷二《永乐》，陈士楷、熊德基点校，上海古籍出版社，2002，第 45 页。
⑤ 《国史唯疑》卷二《永乐》，第 45 页。

丘福北征失败后，朱棣并未气馁，反而五次亲征蒙古高原，四次针对鞑靼，一次针对瓦剌，先后取得对鞑靼、瓦剌、兀良哈的大胜，两次不见敌而还，在战役层面上取得了重要胜利，先后给予蒙古各部沉重打击。朱棣北征之所以能够取得胜利，与对火器的使用密切相关。

永乐平交阯后，将当地发达火器技术应用至明朝军队之中，在中央军队中专设神机营，从而在永乐北征中发挥了重要作用。永乐八年，朱棣初次亲征之时，便充分发挥了交阯火枪的威力。"丁未，上追及虏于回曲津，命安远伯柳升以神机锐当先，锐发，声震数十里，每矢洞贯二人，复中傍马，皆立毙。虏怖慑，策马走，我师奋进大败之，斩其名王以下百数十人。"① 此后朱棣屡次北征，皆以神机、骑兵居前，作为抵御蒙古骑兵之主力部队。永乐十二年，朱棣二次北征，在忽兰忽失温（今蒙古国乌兰巴托一带）寻到瓦剌主力，交阯火枪发挥了与鞑靼之战同样的效果，令初次见到这一新式火器的瓦剌骑兵十分被动。"寇下山来迎战，火铳四发，寇惊，弃马而走。复集于山顶，东西鼓噪而进。寇且战且却。将暮，上以精锐者数百人前驱，继以火铳。寇复来战，未交锋，火铳窃发，精锐者复奋勇向前力战，无不一当白。寇大败，人马死伤者无算。寇皆号痛而往，宵遁。"② 永乐二十年，"壬辰，车驾次清平镇，下令大营五军将士出应昌地益平旷，宜结方阵而进，神机、马队必序列整肃，不得搀错"。③ 火器有快速发射、威力巨大的特点，成为明军克制蒙古骑兵速度优势的一大工具，使明军成为当时世界上骑兵、火器相结合的最强大之军队，是永乐北征军事成功之重要基础。永乐二十一年，"丙寅，上命诸将于各营外布阵，神机铳居前，马队居后，令军士暇闲操习。且谕之曰：'阵密则固，锋疏则达。战斗

① 《明太宗实录》卷一〇五，永乐八年六月丁未，第1360页。
② （明）金幼孜：《后北征录》，载《明代蒙古汉籍史料汇编》第1辑，第53页。
③ 《明太宗实录》卷二五〇，永乐二十年六月壬辰，第2329页。

之际，首以铳摧其锋，继以骑冲其坚，敌不足畏也。'"①

　　但值得注意的是，朱棣在蒙古高原的"五征三犁"，只是采取了军事打击的政策，并未随之而实行政治控制。这与西汉设置都护、直控西域有所不同，与唐朝在内陆亚洲遍设都护差距更大。朱棣获得军事胜利后，与蒙古各部建立了松散的宗藩关系，先后册封瓦剌、鞑靼首领以顺宁王、贤义王、安乐王、和宁王的封号，而并未有将防线进一步北推的打算。朱棣鉴于明朝伴随连绵不断的南北战争，财政供应日益困难，尤其是武将系统军事能力严重欠缺，在防御战线设定上，仍然延续洪武旧局，甚至更为靠里。永乐八年，朱棣首次北征时，便明确表示："灭此残虏，惟守开平、兴和、宁夏、甘肃、大宁、辽东，则边境可永无事矣。"② 值得注意的是，在这条防线中，已经没有了东胜，而大宁其实也已经被朱棣内徙。至于兴和，在永乐末年最终内徙。

　　朱棣内徙漠南防线，最先拔出漠南防线的东西两端——大宁与东胜。"靖难之役"中，建文朝廷采取四面夹击的方式，征调北起开平，南至山东，西起山西，东至辽东的军队包围北平。其中，河北、山东是"靖难之役"的主战场。辽东地处北平以东，建文元年（1399）九月，江阴侯吴高，都指挥耿瓛、杨文率辽东军队围攻北平东部藩篱永平，此后不断围困此地，在东面牵制燕王朱棣。③

　　北平都司在洪武晚期长期受朱棣节制，开展军事行动，因此建文帝在削除燕藩策略中，以更换、调整北平都司将领人事、军队部署为首要步骤，但由于原都指挥张信叛附燕王，北平周边军队很快便被燕王击破与瓦解，北平都司唯一能对燕王构成威胁者

---

① 《明太宗实录》卷二六二，永乐二十一年八月丙寅，第2396页。

② 《北征录》，载《明代蒙古汉籍史料汇编》第1辑，第33页。

③ 《建文朝野汇编》卷三《建文元年》，《北京图书馆古籍珍本丛刊》第11册，第61页；卷四《建文二年》，第83页；卷五《建文三年》，第115—116页。

仅存极边开平卫。洪武三十一年（1398）闰五月，朱元璋刚去世，建文朝廷酝酿削除燕藩之策时，兵部尚书齐泰便重点强调了开平卫的重要作用。"今边报北虏有声息，但以防边为名，发军戍开平，其护卫精锐悉调出塞，去其羽翼，无能为矣。"① 建文元年二月，朱棣护卫被调至开平，当地军队数量遂有三万之众。"（建文）元年三月，建文君命都督宋忠调缘边各卫马步官军三万屯开平，燕府护卫精壮官军悉选隶忠麾下。"②"（建文）元年三月，建文君命都督宋忠调缘边各卫马步官军三万屯开平。"③ 燕王公开造反之后，宋忠统率开平卫军队挥师南下，到达北平北部咽喉居庸关，与燕军在怀来展开大战，结果开平军队战败。"宋忠大败，奔入城。我师乘之而入，宋忠急匿于厕，搜获之。并擒都指挥俞瑱，斩都指挥彭聚、孙泰于阵。并首级数千，获马八千余匹。都指挥庄得单骑遁走。"④ 军队投降之后，"即散遣归原卫"。⑤

所谓"散遣归原卫"，即燕王原三护卫仍归属王府，至于开平军队，朱棣在兵力缺乏情况之下，自然不会放之北归，应以之充实北平周边。由于开平卫骑兵甚多，大大增加了燕军中的骑兵比重。但伴随卫众南下，开平卫也自然应于建文元年被撤。这才有了朱棣即位后重设开平卫之事。开平卫内徙之后，原先处于其南部、大马群山以北的驿站由于兵力甚少，且通讯开平的作用也已不存，自然一并放弃，即建文元年明朝失去了对大马群山以北的控制。

同年，朱棣以计裹挟宁王，大宁军队也被迫归附朱棣，燕军的骑兵力量进一步获得极大提升。燕军力量的不断充实，是朱棣

① 《明太宗实录》卷一，洪武三十一年闰五月乙酉，第9页。
② 《明太宗实录》卷一，建文元年三月，第9页。
③ 《明太宗实录》卷一，建文元年三月，第9页。
④ 《明太宗实录》卷二，建文元年七月癸未，第23—24页。
⑤ 《明太宗实录》卷二，建文元年七月癸未，第24页。

能够在河北两次大胜建文军队的军事基础。经历两次战役失利之后，建文军队实力有所削弱，与燕军在河北、山东开始了僵持状态。为援助河北、山东地区，建文朝廷抽调了漠南防线另一军队系统——东胜诸卫。建文三年，山西行都司指挥使房昭率军东进。"大同守将都指挥房昭引兵由紫荆关趋西水寨。"① 靖难史料经永乐一朝多方改篡，记载多已零落，目前所见史籍皆未载房昭职务，但从建文朝廷调动辽东、北平军队，皆以都司长官充任来看，房昭应为山西行都司指挥使。山西行都司哪些军队参与了东征，史无明文记载，不过从建文朝廷派遣军队征伐燕王，动辄数万甚至数十万的风格而言，房昭所率军队人数应不少。房昭据守易州西水寨，对保定构成了严重威胁。② 安陆侯吴杰"遣都指挥韦谅以兵万余转饷房昭军"，③ 可见房昭部下人数之多，竟需万人供粮，其中虽有数量可观的易州民众，但跟随房昭而来的边兵数量也应甚多。考虑到大同以南诸卫具有安民之责，而蒙古此时并未大举南下，边境卫所可以调动，因此东征卫所可能主要来自山西行都司辖下边境卫所，即东胜诸卫。房昭在与燕王作战中失利，部下死伤甚众。④ 余众归降后相应被安置于北平周边。

　　漠南军队卷入"靖难之役"者尚有宣府系统。虽然相对于其他支系，宣府军队参与"靖难之役"的历史并不彰显，但确实存

---

① 《革除逸史》卷二，《景印文渊阁四库全书》第 410 册，第 542 页。
② "谍报大同敌将房昭引兵入紫荆关，侵掠保定属县，悉驱人民登山结寨，民强有力者皆假以指挥、千百户之名，而逼威胁众，不从者辄杀之，人被惨毒。房昭据易州西水寨，寨在万山中，四面极险峻，惟一径扳缘可上。房昭欲守此，为持久计，以窥伺北平。上曰：'保定，北平股肱郡，岂可不援？'遂班师。"《明太宗实录》卷八，建文三年七月壬寅，第 101 页。
③ 《明史纪事本末》卷一六《燕王起兵》，第 260 页。
④ "敌神将都指挥花英、郑琦等以马步三万余，列阵峨眉山下。上纵兵击之，令勇士卷旆登山，潜出敌后，大张旗帜，寨中望见惊骇，遂乱，四散奔走。我军逐之，斩首万余级，坠崖死者尤众。获马千余匹，擒都指挥花英、郑琦、王恭，指挥詹忠等。惟房昭、韦谅脱走，复追杀千余人，遂破西水寨。"《明太宗实录》卷八，建文三年十月丁巳，第 102—103 页。

在，这才有了朱棣即位后宣府前卫"仍复原处"之事。一同复设的还有开平等卫。"复设开平卫，命兵部以有罪当戍边者实之。"①朱棣即位之后，恢复天城、阳和二卫。②

但与开平诸卫命运不同的是，东胜诸卫、大宁都司却并未复归原地，而是仍然留在北京周边，拱卫新都。

（洪武三十五年九月）命都督陈用、孙岳、陈贤移山西行都司所属诸卫官军于北平之地，设卫移屯种。云川卫于雄县，玉林卫于定州，高山卫于保定府，东胜左卫于永平府，东胜右卫于遵化县，镇朔卫于蓟州，镇虏卫于涿州，定边卫于通州。其天城、阳和、宣府前三卫仍复原处。③

（洪武三十五年十一月）复安东中屯卫、大同沈阳二屯卫，俱隶北平都司。④

（永乐元年三月）壬午，行都指挥使司为大宁都指挥使司，隶后军都督府。设保定左、右、中、前、后五卫，俱隶大宁都司。调营州左屯卫于顺义，右屯卫于蓟州，中屯卫于平峪，前屯卫于香河，后屯卫于三河。卫设左、右、中、前、后五所，仍隶大宁都司。复设东胜中、前、后三千户所于怀仁等处守御。⑤

东胜诸卫、大宁都司与开平诸卫命运之所以不同，不仅缘于在朱棣迁都北京的计划中，三地战略地位差别甚大，而且缘于这三支军队与朱棣的关系大有不同。

---

① 《明太宗实录》卷五一，永乐四年二月壬申，第763页。
② 《明太宗实录》卷一二下，洪武三十五年九月乙巳，第223页。
③ 《明太宗实录》卷一二下，洪武三十五年九月乙巳，第223页。
④ 《明太宗实录》卷一四，洪武三十五年十一月丁亥，第255页。
⑤ 《明太宗实录》卷一八，永乐元年三月壬午，第320页。

　　朱棣在取得"靖难之役"胜利后，便确定了迁都北京的计划。但由于北京地处边疆，将其设定为首都，势必要在其周边驻扎重兵，以拱卫北京。开平卫、宣府前卫地处北京以北，是防御蒙古进入北京的要冲与大门，天城、阳和二卫控扼蒙古由桑干河进入宣化盆地的通道，都需要重点经营，因此复归、复建势在必行。与之不同，东胜诸卫、大宁都司，尤其是前者距离北京十分遥远，既然在"靖难之役"中已经内徙，在北京首都军事体系建设需要军队补充的情况下，顺势固定下来就是自然而然的事情。之所以将二者设于北京以南、以东，原因在于北京东南是一马平川的华北平原，毫无山险可守，不仅从军事地理角度而言需要驻扎重兵，以抵御南方可能发动的进攻，而且建文军队四年来不断北上的经历，使朱棣具有加强这一地带军事建设的直观认识。

　　朱棣对待开平诸卫、东胜诸卫、大宁都司的不同态度，还与三支军队与自己的关系差别有直接关系。在洪武晚期北边军事体系中，晋王、燕王、宁王基本分别负责节制山西都司、北平都司、大宁都司。这三支军队也应是整个北部边疆，乃至明朝军队中作战力最强的军队。晋、燕二王关系一直不好，宁王被燕王裹挟，因此东胜军队、大宁军队这两支晋王、宁王旧部，应对朱棣心有嫌隙，朱棣在"靖难之役"中虽然也利用这两支军队作战，但对二者也应仍有防范之心。在"靖难之役"结束后，朱棣自然不会放两支强大的军队回到原地，而是仍将之放在附近，方便控制与弹压，避免反侧现象的发生。

　　但伴随东胜诸卫、大宁都司的内徙，明朝漠南防线军事两翼被剪除，漠南防线仅存大马群山一个支点，东西两侧的巨大漏洞，为蒙古提供了广阔的驰骋空间，从而使大马群山以北的开平卫、阴山之脊的兴和卫，面对着来自漠北草原越来越多的冲击，在永乐、宣德时期不得不先后内徙，明朝遂丧失了除大马群山以外的蒙古高原广阔地带，战略劣势由此逐渐形成。

永乐末年，在鞑靼威逼之下，朱棣被迫内徙兴和卫。明朝之所以内徙兴和，与兴和地处阴山之脊，气候寒冷，"兴和在万全都司野狐岭之外，其地远望如高阜，至则又是平地，乃阴山之脊。其地甚寒"，[①] 在明前期"小冰河期"气候条件下，更为寒冷有关；但直接原因是东胜诸卫内徙后，缺乏支援的兴和卫遭受蒙古越来越多的攻击，最终永乐末年当地守军在作战中遭遇严重失利。"戊戌，迤北和宁王阿鲁台遣使臣多赤等贡马，且归清平伯吴成家属。初成等守兴和，日事田猎，而忽守备。虏伺其出，乘虚入城，掠其妻孥以去。"[②] 这里仅载兴和卫内徙是在吴成驻守期间，并未具体指明时间。根据《明太宗实录》所载，吴成在永乐十七年至永乐二十年，驻守包括兴和在内的"口北"地区。[③] 永乐二十年三月，阿鲁台攻兴和卫，明军将领多有死者。[④] 正是兴和事件坚定了朱棣在财政困难的条件下，发动第四次北征的决心。永乐二十年三月，"至是，（阿鲁台）大寇兴和，亲征之议遂决，在廷文武之臣群谋佥同，命五府整兵，户部理馈饷，诹日启行，遂誓将士"。[⑤]

兴和卫虽一度被攻破，但毕竟明朝很快便收复此地，而且阿

---

① 《蓬窗日录》卷二《寰宇二》，第 77 页。

② 《明宣宗实录》卷四七，宣德三年冬十月戊戌，第 1160 页。《殊域周咨录》载谭广放弃兴和之说法。"或问兴和之所以弃。曰：余闻之土人云，国初有新兴伯谭某者，镇守兴和。尝出猎，守备王涣候之郊，中酒，为伏虏所缚。因胁其从人乘昏呼门。守者不察，纳之，城遂陷。今考成祖北征，每驻兴和，而所卒不复，岂以其孤绝难守，鉴涣事邪？然自是遂失兴和矣。"《殊域周咨录》卷一七《鞑靼》，第 540 页。明代并无新兴伯，这里所指"谭某"应为谭广，但显然又与谭广事迹不符。

③ 永乐十七年正月，都督佥事吴成奉命与兵部尚书赵羾"往视口北宜牧之地"。《明太宗实录》卷二〇八，永乐十七年春正月壬申，第 2121 页。口北自然包括兴和。此后吴成未见改守他地的记载，直到永乐二十年朱棣北征，充作先锋。

④ "命故都指挥使王涣子祥为燕山左卫指挥使。涣初为燕山左护百户，从上靖难，攻城败敌，屡效劳勋，累升至都指挥使，命守兴和。永乐二十年三月，胡寇围城，涣奋死战殁云。"《明太宗实录》卷二四七，永乐二十年春三月辛巳，第 2314 页。

⑤ 《明太宗实录》卷二四七，永乐二十年春三月乙亥，第 2313 页。

鲁台在明朝、瓦剌夹击之下，已遁至漠北甚远之地。永乐二十一年，朱棣发动第四次北伐，大军行至宣府镇时，听闻阿鲁台被瓦剌杀败。"虏中伪知院阿失帖木儿、古纳台等率其妻子来降，备言阿鲁台今夏为瓦剌顺宁王脱欢等所败，掠其人口、马、驼、牛、羊殆尽，部落溃散，无所属。又曰彼若闻天兵复出，疾走远避之不暇，岂复敢萌南向之意?"① 从而停止北进。虽然朱棣第四次北伐未见敌而还，但仍给阿鲁台造成了巨大压力，导致其在仓皇撤退中损失巨大。"阿鲁台去秋闻朝廷出兵，挟其属北遁。及冬大雪丈余，孳畜多死，部曲离散。比闻大军且至，复度答兰纳木儿河，趣荒漠以避。"② 因此，兴和卫完全具备复建的条件。

朱棣最终之所以内徙兴和，从地缘格局而言，缘于朱棣在多次北征的同时，为加强北京以北的防御，构建起京北长城防御体系，兴和的战略地位相应下降。永乐初年，朱棣在北部边疆实行固守边境政策时，便已酝酿在京北构建长城防御体系。永乐四年，朱棣命武将堵塞燕山关口。"武安侯郑亨等令坚壁清野以待，自黑峪车坊至鱼台岭隘口，可塞者塞之，不可塞则凿深壕，以断其路。"③ 永乐八年首次北征途中，朱棣驻跸兴和，召阁臣金幼孜曰："汝观地势，远见似高阜，至即又平也。此即阴山脊，故寒。过此又暖。尔等昨日过关，始见山险。若因山为堑，因壑为池，守此，谁能轻度?'"④ 即鉴于兴和一带地势平漫，防御存在难度，从而强调依托燕山地形，加以防御。北征回还之后，朱棣命将继续堵塞燕山关口。永乐十二年，"塞保安卫董家庄等十一处山口"。⑤ 永乐十三年，"塞居庸关以北潭峪、小峪、黑折涧、水峪

---

① 《明太宗实录》卷二六三，永乐二十一年九月癸巳，第 2402 页。
② 《明太宗实录》卷二七〇，永乐二十二年夏四月庚午，第 2448—2449 页。
③ 《明太宗实录》卷五一，永乐四年二月丙子，第 764—765 页。
④ 《北征录》，载《明代蒙古汉籍史料汇编》第 1 辑，第 33 页。
⑤ 《明太宗实录》卷一五七，永乐十二年冬十月丙戌，第 1798 页。

台、鳌鱼岭、千石洞、南石阳等处山口，每口戍卒十人守之"。①
"塞关外晏磨峪、大水峪、小水峪、大峪、长水峪、小姑将峪、大姑将峪、胜先峪、石洞、跳梢峪、水峪、白瀑、董家、小陵峪、常峪、西石阳、白石阳隘口一十六〔七〕处，以军士十人守之。"②

鉴于兴和一带缺乏山险，"独石迤西至野岭，地势坦夷，无险可据"，③ 朱棣在大马群山南部修筑边墙、挖掘壕沟。永乐十年八月，"己未，敕边将于长安岭、野狐岭及兴和迤西至洗马林，凡关外险要之地，皆崇石垣、深濠堑，以防虏寇"。④ 此外又在燕山东北、大宁西南，同样构建了边墙、壕沟相结合的长城防御体系。永乐十九年十一月，"命边将置逻骑营于古北口之北神树之地，作深沟高堑以自固"。⑤

可见，为加强北京以北的防御，明朝在这一地区构建了由关隘、屯堡、烟墩、山墙、墙壕相互结合的完整长城防御体系，大大增强了北京以北防御的厚度与密度，这导致兴和卫的战略作用有所下降，明朝在其被攻破之后，便不复设置，而是将防御重心向南转移，重点经营宣府与大同。

可见，从洪武到永乐时期，明朝在蒙古高原的经营，呈现了从倚重漠南草原军事边疆加强防御，到借助武力在漠北草原建立宗藩秩序的转变。由于后者的成本远远超过前者，一旦难以为继，便会为蒙古各部再次南下提供地理上的坦途，从而为明蒙战略态势的逆转埋下了隐患。

---

① 《明太宗实录》卷一六〇，永乐十三年春正月丙午，第1816页。
② 《明太宗实录》卷一六九，永乐十三年冬十月乙亥，第1882页。
③ 《明英宗实录》卷二二，正统元年九月丁巳，第445页。
④ 《明太宗实录》卷一三一，永乐十年八月己未，第1616页。
⑤ 《明太宗实录》卷二四三，永乐十九年冬十一月己巳，第2295页。墙垣属于长城防御体系自无异义，不过以往学界有不将边壕视作长城者。其实明人已明确地将垣、堑、窖皆视为长城。《蓬窗日录》卷二《寰宇二·垣堑窖三险议》，第79—80页。

第六节　永乐时期明朝在青藏高原
与西域地区的松散统治

　　与在其他边疆的大力开拓相比，永乐时期在青藏高原、西域地区的经营，显得谨慎而有节制。有明一代，青藏高原社会相对安定，因此包括朱棣在内的明朝统治者，在这一地区，除明朝开国时期之外，主要采取设置羁縻机构，册封喇嘛、僧人的做法，统治方式较为松散。永乐时期也是如此。朱棣一方面继续设置羁縻机构。"永乐元年改必里千户所为卫，后置乌斯藏牛儿宗寨行都指挥使司，又置上邛部卫，皆以番人官之。十八年，帝以西番悉入职方，其最远白勒等百余寨犹未归附，遣使往招，亦多入贡。"①同时建立驿站。"辛未，敕都指挥同知刘昭、何铭等往西番朵甘、乌思藏等处设立站赤，抚安军民。"②另一方面继承了洪武时期的宗教笼络方式，即位之初，便册封藏传佛教领袖。"遣司礼监少监侯显赍书币往乌思藏，征尚师哈立麻盖。上在藩邸时，素闻其道行卓异，至是遣人征之。"③将之册封为大宝法王。根据《西天佛子源流录》的记载，永乐九年（1411），明朝与乌思藏之间关系一度紧张，朱棣有用兵的打算，最终由于乌思藏的屈服与朝贡，而被化解。④随

---

① 《明史》卷三三一《西域三·朵甘乌斯藏行都指挥使司传》，第8577页。
② 《明太宗实录》卷六五，永乐五年三月辛未，第919—920页。
③ 《明太宗实录》卷一七，永乐元年二月乙丑，第310页。
④ "太宗文皇帝怒乌斯王逆旨，欲遣大兵取乌斯国。彼时国王心甚恐怖，与其部下议之。王曰：'圣朝天兵若临此土，必如破竹，人民何以图生？若之奈何？谁人为我分释此难？'部下众所推举佛子（班丹扎释），而谓王曰：'此上人者，深达教相，方便多能，求浼赴京，代王谢罪，必得解释此危。'王亦曰：'然。'佛子答曰：'我欲于此依大宗师，忏罪修禅，有所疑侮亦可印证。'王请再三，谓佛子曰：'汝不为我施设方便，其如我国众生何？又复如教门慈悲利益何？若天兵一临我境，佛西修习之处亦莫得也。'于是以王固请加诚，又奉法王慈旨，乃为允诺，携王之侄及三十人，自乌斯国南还。……直抵大京，进见宗文皇帝。而佛子引乌斯国王侄代谢其罪，陈说其情。圣心大悦，恩赐甚加，允佛子

着双方关系的缓解，朱棣对喇嘛僧人采取"多封众建"的方式，以进一步分化西番族群。

> 永乐时，诸卫僧戒行精勤者，多授剌麻、禅师、灌顶国师之号，有加至大国师、西天佛子者，悉给以印诰，许之世袭，且令岁一朝贡，由是诸僧及诸卫士官辐辏京师。其他族种，如西宁十三族、岷州十八族、洮州十八族之属，大者数千人，少者数百，亦许岁一奉贡，优以宴赉。西番之势益分，其力益弱，西陲之患亦益寡。①

效果十分明显，比如朱棣册封大宝法王、大乘法王后，释迦也失的门徒便争相朝贡明朝。"大慈法王，名释迦也失，亦乌斯藏僧称为尚师者也。永乐中，既封二法王，其徒争欲见天子邀恩宠，于是来者趾相接。"②释迦也失于是也朝贡明朝，被册封为大慈法王。"释迦也失亦以十二年入朝，礼亚大乘法王。明年命为妙觉圆通慈慧普应辅国显教灌顶弘善西天佛子大国师，赐之印诰。"③《明史》由此肯定道："迨成祖，益封法王及大国师、西天佛子等，俾转相化导，以共尊中国，以故西陲宴然，终明世无番寇之患。"④但永乐时期"多封众建"的方式，也给明朝造成了相当大的财政负担。

所奏，即住兵，赦乌斯王罪，不伐其国。"张润平、苏航、罗炤编著《西天佛子源流录：文献与初步研究》，中国社会科学出版社，2012，第165—166页。邓锐龄质疑了朱棣鉴于阐化王札巴坚赞违背朝旨，派军征讨的传闻，指出朱棣早已了解乌思藏政教多门，不能独尊一家。邓锐龄：《〈贤者喜宴〉明永乐时尚师哈立麻晋京纪事笺证》，《中国藏学》1992年第3期。

① 《明史》卷三三〇《西域二·西番诸卫》，第8542页。
② 《明史》卷三三一《西域三·大慈法王传》，第8577页。
③ 《明史》卷三三一《西域三·大慈法王传》，第8577页。
④ 《明史》卷三三一《西域三·朵甘乌斯藏行都指挥使司传》，第8589页。

> 初，太祖招徕番僧，本借以化愚俗，弭边患，授国师、大国师者不过四五人。至成祖兼崇其教，自阐化等五王及二法王外，授西天佛子者二，灌顶大国师者九，灌顶国师者十有八，其他禅师、僧官不可悉数。其徒交错于道，外扰邮传，内耗大官，公私骚然，帝不恤也。然至者犹即遣还。①

此后明朝诸帝对这一政策，或有发扬，或有裁抑，但财政负担一直都不容忽视。②

在西域地区，明朝仅在洪武布局的基础上，稍有进展。具体而言，便是增设了赤斤蒙古、沙州、哈密三卫。除了哈密卫之外，其他二卫皆位于故元甘肃行省境内，属于明朝甘肃镇附属地区。朱棣之所以在西域秉持这一立场，应缘于延续了明朝开国以来对于西域蒙古的戒惧态度。

永乐二年底，帖木儿率兵 20 万，号称百万，向东进攻明朝。朱棣听闻这一消息之后，命甘肃、宁夏二镇严加防备。永乐三年二月，"敕甘肃总兵官左都督宋晟曰：'回回倒兀言撒马儿罕回回与别失八里沙迷查干王假道率兵东向。彼必未敢肆志如此，然边备常不可息。昔唐太宗兵力方盛，而突厥径至渭桥，此可监也。宜练士马，谨斥堠，计粮储，预为之备。'"③ 但帖木儿在二月十八日，行至讹答剌（花剌子模境内，今哈萨克斯坦境内）时病死。

---

① 《明史》卷三三一《西域三·大慈法王传》，第 8577 页。
② "及宣宗时则久留京师，耗费益甚。英宗初，虽多遣斥，其后加封号者亦不少。景泰中，封番僧沙加为弘慈大善法王，班卓儿藏卜为灌顶大国师。英宗复辟，务反景帝之政，降法王为大国师，大国师为国师。成化初，宪宗复好番僧，至者日众。剳巴坚参、剳实巴、领占竹等，以秘密教得幸，并封法王。其次为西天佛子，他授大国师、国师、禅师者不可胜纪。四方奸民投为弟子，辄得食大官，每岁耗费巨万。廷臣屡以为言，悉拒不听。孝宗践阼，清汰番僧，法王、佛子以下，皆递降，驱还本土，夺其印诰，由是辇下复清。"《明史》卷三三一《西域三·大慈法王传》，第 8577—8578 页。
③ 《明太宗实录》卷三九，永乐三年二月庚寅，第 658—659 页。

15 世纪初亚洲两大霸主的正面对决，尚未发生便戛然而止，此后帖木儿帝国陷入汗位争夺之中，四分五裂，从而被明朝纳入宗藩体系之中，再未对明朝构成严重威胁。

但永乐时期，明朝也未再借助西域地区的分裂，收复汉唐旧疆。武沐、董知珍《洪武永乐时期明朝与西域诸"地面"的关系》一文指出，永乐时期，明朝与土鲁番、火州、柳城、于阗等地的交往，处于活跃时期，此后则逐渐衰落。15 世纪中叶以后，东察合台汗国在瓦剌的压力下，西迁土鲁番，吞并火州与柳城，而于阗由于地处南疆，交通不便，在西域影响力有限。[1] 这根源于这一时期，明朝主要精力被卷入蒙古高原、中南半岛无穷无尽的战争中，难以抽身经略西域。相应，朱棣满足于通过设置羁縻卫所、册封藩属国家的方式，在西域地区维持松散的统治。宣德时期，西域各国普遍与明朝建立了宗藩关系。"地大者称国，小者止称地面。迄宣德朝，效臣职、奉表笺、稽首阙下者，多至七八十部。"[2]

第七节　郑和下西洋与传统航海时代的最后辉煌

在海洋世界，朱棣追随了蒙元帝国开拓海洋的脚步，派遣郑和六下西洋，极大地将宗藩体系推向海洋世界。[3] 永乐七年（1409），郑和第二次下西洋，朱棣的敕谕表明了这一历史内涵。

---

[1]　武沐、董知珍：《洪武永乐时期明朝与西域诸"地面"的关系》，《烟台大学学报》（哲学社会科学版）2012 年第 2 期。
[2]　《明史》卷三三二《西域传四·俺的干》，第 8616 页。
[3]　关于郑和下西洋的历史原因，有多种说法。追踪建文帝之说，虽有一定依据，但追踪一落魄皇帝，很显然无须如此大的阵杖。猎取异域珍宝一说，虽也有一定根据，但郑和下西洋投资巨大，所获财宝甚少，而且一再出使，显示出朱棣的目的也并不在此。事实上，郑和下西洋根源于朱棣以武力夺取帝位，为改变得国不正的负面形象，在文治武功方面极力铺陈，对蒙古五征三犁，对交阯大加征伐，修纂《永乐大典》，皆是如此。

> 皇帝敕谕四方海外诸番王及头目人等：朕奉天命，君主天下，一体上帝之心，施恩布德。凡覆载之内，日月所照，霜露所濡之处，其人民老少，皆欲使之遂其生业，不致失所。今特遣郑和赍敕，普谕朕意：尔等祗顺天道，恪遵朕言，循理安分，毋得违越，不可欺寡，不可凌弱，庶几共享太平之福。若有撼诚来朝，咸锡皆赏，故兹敕谕，悉使闻知。永乐七年三月日。①

宣德六年（1431），郑和、王景弘等在第七次下西洋之前，在福建长乐南山重修天妃行宫，立碑以彰显天妃神迹，同样表明了这一政治目的。

> 皇明混一海宇，超三代而轶汉唐，际天极地，罔不臣妾。其西域之西、迤北之北固远矣。而程途可计，若海外诸番实为遐壤，皆捧琛执赞，重译来朝。皇上嘉其忠诚，命和等统率官校旗军数万人，乘巨舶百余艘，赍币往赉之，所以宣德化而柔远人也。自永乐三年奉使西洋，迄今七次，所历番国由占城国、爪哇国、三佛齐国、暹罗国，直逾南天竺锡兰山国、古里国、柯枝国，抵于西域忽鲁谟斯国、阿丹国、木骨都束国。大小凡三十余国，涉沧溟十余万里。观夫海洋洪涛，接天巨浪如山，视诸夷域，迥隔于烟霞飘渺之间，而我之云帆高张，昼夜星驰，涉彼狂澜，若履通衢者。诚荷朝廷威福之致，尤赖天妃之神护佑之德也。②

跟随郑和一同出使的费信，也表达了同样的观点。"夫王者无外，王德之体，以不治治之。夷狄之邦，则以不治治之。"③

---

① 纪念伟大航海家郑和下西洋 580 周年筹备委员会、中国航海史研究会编《郑和家世资料》，人民交通出版社，1985，第 2 页。

② 郑鹤声、郑一钧编《郑和下西洋资料汇编·天妃之神灵应记》，齐鲁书社，1980，第 42 页。

③ （明）费信：《星槎胜览·序》，冯承钧校注，中华书局，1954，第 1 页。

郑和下西洋极大地推动了明朝与海洋国家建立起宗藩关系。永乐十四年，追随郑和的脚步前来朝贡明朝的藩属国甚多。

> 古里、爪哇、满剌加、占城、锡兰、山木、骨都、东溜、山喃、渤利、不剌哇、阿丹、苏门答剌、麻林剌、撒忽、鲁谟斯、柯枝、南巫里、沙里、湾泥、彭亨诸国，及旧港宣慰司使臣辞还，悉赐文绮、袭衣。遣中官郑和等赍敕及锦绮、纱罗、彩绢等物，偕往赐各国王。仍赐柯枝国王可亦里印诰，并封其国中之山为镇国山。[1]

朱棣也对此十分自豪。"朕君临天下，抚治华夷，一视同仁，无间彼此。推古圣帝明王之道，以合乎天地之心，远邦异域，咸欲使之各得其所，盖闻风而慕化者，非一所也。"[2]

郑和下西洋是庞大的航海行动，耗费了巨额财政。对此，成化时期兵部侍郎刘大夏的一番言论，可以作为侧证。明宪宗曾经查找郑和下西洋的海图，却始终未能找到。"上（明宪宗）命中官至兵部，查宣德间王三保出使西洋水程，尚书项公忠使吏检旧案。公先入检得之，藏置他处。吏检不得，被答。复入检，三日不得。会科道连疏谏，事遂寝。"[3] 原来是刘大夏担心明朝会重蹈郑和下西洋的覆辙，造成劳民伤财的局面，藏了起来。

> 项公呼吏诘曰："库中案卷，焉得失去？"公在旁微笑曰："三保太监下西洋，费钱粮数十万，军民死者万计，纵得珍宝，于国家何益？旧案虽在，亦当毁之，以拔其根，尚究其

---

① 《明太宗实录》卷一八三，永乐十四年十二月丁卯，第 1969—1970 页。

② 《明太宗实录》卷一八三，永乐十四年十二月丁卯，第 1970 页。

③ （明）刘大夏：《刘大夏集》卷七《年谱》，刘传贵校点，岳麓书社，2009，第119 页。

有无耶?"项公耸然出位,揖而谢之曰:"公阴德不小,此位不久属公矣。"后果为兵部尚书。[1]

不仅如此,为赏赐追随郑和前来朝贡明朝的海洋国家,明朝需要付出巨大成本。本来这一成本可以通过开展海外贸易而加以弥补,但朱棣却仍然延续洪武时期的"海禁"政策,压制民间贸易,从而导致这种朝贡贸易的支出仍然只能依赖传统的农业财政,时间长了,自然入不敷出。

洪武三十五年(1402)七月,朱棣初即位,在海洋政策上,便宣告严格继承洪武"海禁"政策。"缘海军民人等,近年以来,往往私自下番,交通外国。今后不许,所司一遵洪武事例禁治。"[2]永乐二年,再次禁民下海,颁布更为严格的船只标准。"禁民下海。时福建濒海居民私载海船,交通外国,因而为寇,郡县以闻。遂下令禁民间海船,原有海船者悉改为平头船,所在有司防其出入。"[3]这一时期,朱棣虽然派遣郑和下西洋,开始远洋航行,但只是为了扩展"中华亚洲秩序",而非发展海外贸易。

对于明初以来迁移周边海岛的海外华人,朱棣采取剿抚并用的方式。[4]对于已进入南洋政权的海外华人,则命当地政权遣还。

---

[1] 《刘大夏集》卷七《年谱》,第 119 页。

[2] 《明太宗实录》卷一〇上,洪武三十五年秋七月壬午朔,第 149 页。

[3] 《明太宗实录》卷二七,永乐二年正月辛酉,第 498 页。

[4] "国初,东海洌、邪、韩等国,兼两广、漳州等郡不逞之徒,逃海为生者万计。"(明)张萱:《西园闻见录》卷五六《防倭》,台湾文海出版社,1984,第 4415 页。"(洪武三十五年九月)使臣有还自东南夷者,言:'诸番夷多逃居海岛,中国军民无赖者,潜与相结为寇。'上遣使赍敕谕之。敕曰:'好善恶不善,人之同情,有不得已而为不善者,亦非本心。往者尔等或避罪谴,或苦饥困,流落诸番,与之杂处,遂同为劫掠,苟图全活。巡海官军既不能矜情招抚,更加侵害。尔等虽有悔悟之心,无由自遂。朕甚悯焉。今特遣人赍敕往谕,凡番国之人,即各还本土,欲来朝者,当加赐赉遣还。中国之人逃匿在彼者,咸赦前过,俾复本业,永为良民。若仍怙险远,执迷不悛,则命将发兵,悉行剿戮,悔将无及。'"《明太宗实录》卷一二上,洪武三十五年九月戊子,第 209—210 页。永乐元年,"泉州卫金门千户械送所获海岛逃民至京师,言其

永乐七年，"奸民何八观等逃入暹罗，帝命使者告其主，毋纳逋逃。其王即奉命遣使贡马及方物，并送八观等还。命张原赍敕币奖之"。① 郑和下西洋过程中，最大规模的军事作战之一，所针对者便是海外华人，而非当地政权。② 而对同样采取敌对行为的锡兰山国王，却采取宽容态度，充分展现了明朝对南洋政权、海外华人截然不同的政策，即对海外华人采取严厉得多的打击政策。③

数尝劫掠海滨，诛之。上曰：'或者其初窘于贫，不然则有司失于绥抚，逃聚为盗，盖非得已。'命释之。且问曰：'尚有逃聚未归者乎？'对曰：'多有之。'因遣赍敕往谕之。敕曰：'尔本国家良民，或困于衣食，或苦于吏虐，不得已逃聚海岛，劫掠苟活。朕念好生恶死，人之同情。帝皇体天行道，视民如子，当洗涤前过，咸俾自新。故已获者，悉宥其罪，就俾赍敕，往谕尔等。朕已大赦天下，可即还复业，安生乐生，共享太平。若执迷不悟，失此事机，后悔无及。'其后敕书至彼，皆相率来归矣"《明太宗实录》卷二一，永乐元年六月丁卯，第390—391页。永乐四年，"遣敕招谕海岛流人曰：'尔等本皆良民，为有司虐害，不得已逃移海岛，劫掠苟活，流离失业，积有岁，天理良心，未尝泯灭，思故故乡，畏罪未敢。朕比闻之，良用恻然。兹特遣人赍敕谕，尔凡前所犯，悉经赦宥，譬之春冰涣然消释，宜即还乡复业，毋怀疑虑，以取后悔。'"《明太宗实录》卷五二，永乐四年三月丁巳，第787页。永乐三年，"遣行人谭胜受、千户杨信等往旧港，招抚逃民梁道明等。旧港在南海与爪哇邻。道明，广东人，挈家窜居于彼多累，广东、福建军民从之者，至数千人，推道明为首。指挥孙铉尝使海南诸番，遇道明子、二奴，挟与俱来，遂遣胜受等偕二奴，赍敕招谕之"。《明太宗实录》卷三八，永乐三年春正月戊午，第646页。

① 《明史》卷三二四《外国五·暹罗传》，第8399页。

② 永乐五年，"壬子，太监郑和使西洋诸国还，械至海贼陈祖义等。初，和至旧港，遇祖义等，遣人招谕之。祖义等诈降，而潜谋要劫官军。和等觉之，整兵堤备。祖义率众来劫，和出兵与战，祖义大败，杀贼党五千余人，烧贼船十艘，获其七艘，及伪铜印二颗，生擒祖义等三人。既至京师，命悉斩之"。《明太宗实录》卷七一，永乐五年九月壬子，第987页。

③ "乙巳，内官郑和等使西洋诸番国还，献所俘锡兰山国王亚烈苦奈儿并其家属。和等初使诸番，至锡兰山，亚烈苦奈儿侮慢不敬，欲害和，和觉而去。亚烈苦奈儿又不辑睦邻国，屡邀劫其往来使臣，诸番皆苦之。及和归，复经锡兰山。遂诱和至国中，令其子纳颜索金银宝物，不与，潜发番兵五万余，劫和舟，而伐木拒险，绝和归路，使不得相援。和等觉之，即拥众回船，路已阻绝。和语其下曰：'贼大众既出，国中必虚，且谓我客军孤怯，不能有为，出其不意攻之，可以得志。'乃潜令人由他道至船，俾官军尽死力拒之，而躬率所领兵二千余，由间道急攻王城。破之，生擒亚烈苦奈儿并家属、头目。番军复围城，交战数合，大败之，遂以归。群臣请诛之。上悯其愚无知，命姑释之，给与衣食，命礼部议择其属之贤者，立为王，以承国祀。"《明太宗实录》卷一一六，永乐九年六月乙巳，第1477—1478页。

　　朱棣的政策明确表达了对海外华人不支持、不认可，甚至将之视为乱民、敌对者的政治立场，大大缩小了海外华人的生存空间；对于东南沿海华人下南洋，以及在南洋的势力扩张，呈现出强烈的政治限制，促使明前中期东南沿海居民下南洋的现象明显减少。①而对于这一做法，明中后期人也表达了赞同的态度。天顺时期，明朝鉴于广东民众有私自与安南民众交易珍珠者，再次审严"海禁"政策，禁止广东民众与安南民众私相交易。"禁约钦、廉濒海商贩之人，不许潜与安南国人交通，诱引盗珠。"②由此可见明中后期海洋政策的保守特征。"然则（郑）和岂贸易珍宝之使哉！除异域之患，为天子光，和亦贤矣。"③

　　明朝在沿海地区实行的"海禁"政策，与国内日益发达的商品经济构成了严重冲突。沿海民众在经济利益的催动下，不断私自出境，进入海洋。正统六年（1441），福建漳州沿海居民便突破了"海禁"约束，开展走私贸易，并组建起与官府对抗的武装。"漳州海间口居民八十余户，计三百九十余口，旧种田地三百余亩，递年为海潮冲塌，且别无产业，惟倚海为势，或持兵驾船，兴贩私盐，或四散登岸，劫掠为害。"④明后期，中国东南沿海走私海盗与日本浪人联合起来，形成所谓的"倭寇"。⑤嘉靖时期，"倭寇"

---

①　颜清湟指出："'逃民'、'罪民'和'潜在的汉奸'这些形象，与对商贾的传统偏见一起，构成了明代对海外华人敌视的基础。凡返回中国的海外华人，都受到拘捕和惩处。"〔澳〕颜清湟：《出国华工与清朝官员：晚清时期中国对海外华人的保护（一八五一——一九一一年）》，粟明鲜、贺跃夫译，中国友谊出版公司，1990，第14页。

②　《明英宗实录》卷三一七，天顺四年秋七月己丑，第6615页。

③　（明）黄省曾著，谢方校注《西洋朝贡典录校注》卷上《三佛齐第四》，中华书局，2000，第36页。

④　《明英宗实录》卷八二，正统六年八月壬午，第1646页。

⑤　关于明代的"倭寇"，有以下研究论著：戴裔煊《明代嘉隆间的倭寇海盗与中国资本主义的萌芽》，中国社会科学出版社，1982；陈学文《明代的海禁与倭寇》，《中国社会经济史研究》1983年第1期；晓学《略论嘉靖倭患——与"反海禁"论者商榷》，《贵州民族学院学报》（社会科学版）1983年第1期；孙寒青《朱明王朝的海禁政策对我国近代科学技术发展的影响》，《厦门大学学报》

最大的头目汪直便表达出突破"海禁"政策，在海洋世界干出一番作为的豪情壮志。"中国法度森严，动辄触禁，科第只收酸腐儿无壮夫，吾侪孰与海外徜徉乎，何沾沾一撮土也！"① "倭寇"之所以能够长期存在，不断壮大，是因为有内地民众，甚至官绅势力的里应外合。"时海禁久弛，缘海所在悉皆通蕃，细奸则为之牙行，势豪则为之窝主，皆知其利而不顾其害也。"② "倭寇"的武器装备、生活物资，很多都由内地走私运出。

> 杭城歇客之家，明知海贼，贪其厚利，任其堆货，且为之打点护送。如铜钱用以铸铳，铅以为弹，硝以为火药，铁以制刀枪，皮以制甲及布帛、丝绵、油麻等物，大船装送关津，略不讥盘，明送资贼，继以酒米，非所谓授刃于敌，资粮于盗乎？③

> 倭奴拥众而来，动以千万计，非能自至也，由内地奸人接济之也。济以米水，然后敢久延；济以货物，然后敢贸易；济以向导，然后敢深入。海洋之有接济，犹北陆之有奸细也。奸细除而后北虏可驱，接济严而后倭夷可靖。④

可见社会经济发展趋势在明朝"海禁"观念制约之下，不仅无法为明朝解决边疆问题提供财政支持，反而成为威胁明朝政权的一支力量。

（哲学社会科学版）1983 年第 4 期；刁书仁《关于嘉靖朝"倭寇"的几个问题》，《史学集刊》1995 年第 3 期；林瑞荣《明嘉靖时期的海禁与倭寇》，《历史档案》1997 年第 1 期；樊树志《"倭寇"新论——以"嘉靖大倭寇"为中心》，《复旦学报》（社会科学版）2000 年第 1 期；刘晓东《"倭寇"与明代的东亚秩序》，中华书局，2019。

① 《筹海图编》卷九《大捷考·擒获王直》，《中国兵书集成》第 16 册，第 741 页。
② 《殊域周咨录》卷二《东夷·日本国》，第 74 页。
③ （明）万表：《海寇议》，《四库全书存目丛书》子 31 册，第 38 页。
④ （明）胡宗宪：《广福人通番当禁论》，载《明经世文编》卷二六七《胡少保海防论》，第 2823 页。

小 结

与朱元璋出生于贫穷、动荡的淮河流域不同，朱棣的青壮年时代，是在北部边疆度过的。洪武后期的北部边疆，不仅上演着大开大合的战争攻伐，而且漠南草原成为汉蒙族群共处的世界。受到这种地缘环境的影响，朱棣在疆域观念上，改变了洪武时期的内敛立场，改而进行积极的经略；在疆域观念、族群观念上，形成了更为积极、更为开放的"天下一统、华夷一家"观念。不仅如此，朱棣通过武力夺取帝位的经历，使其政权在儒家传统中，缺乏政治合法性。永乐时期，朱棣为改变得国不正的不良形象，在自身成长环境的影响下，积极经略边疆，北上蒙古高原，南征中南半岛，派遣郑和六下西洋，经营西域地区，建立起"开拓型王朝国家"，塑造了万邦来贡的盛世局面，推动明朝进入"中华亚洲秩序"的辉煌时代。

但是，朱棣的边疆开拓耗费了大量财政，收效却较为有限，难以为继。朱棣在蒙古高原"五征三犁"，虽建立起宗藩关系，但并未彻底降服蒙古势力，甚至由于内徙漠南防线的关系，对蒙古高原控制力减弱。朱棣南征安南，虽一举恢复了对五代以来脱离中国直接统治的这一地区的直接统治，但却面临着当地民众的不断反抗。而由于长期陷入对蒙古与安南的战争，永乐时期明朝在青藏高原与西域地区的经略，相应较为有限，朱棣满足于维持松散的间接统治。郑和下西洋虽然极大地将"中华亚洲秩序"推向海洋世界，但也只是宗藩关系的延伸，并未随之开展海外贸易，更未放开"海禁"政策，与同一时期伊斯兰文明、基督教文明的全球扩张，并非同一历史指向。

总之，永乐时代的疆域开拓与对外交流，虽然推动明朝国力进入了鼎盛时期，但却造成了巨大的财政压力与军事代价，面临着边疆地区持续不断的严峻挑战。这也是王朝国家在经营地理、气候、族群都与内地大不相同的边疆地区时，所面对的长期而巨大的难题与困境。盛世之下，难掩危机。在内忧外患局面之下，永乐时期"开拓型王朝国家"的经营方式，无法长期持续下去，只能是昙花一现。

第五章　仁宣时期"内政本位" 取向 与"收缩型王朝国家"

　　某一政权在考察战争是否可行时，并不局限于战争本身，而会从政治角度，全盘考虑。相对于单纯的军事本身的战略，这一战略视角更为宽广，因此被西方军事学称作"大战略"（grand strategic）。在"大战略"视角下，一个政权对于战争的谋划，便不仅考虑战争本身的胜负，更注重战争对政治的影响。也就是说，战争是政治的反映与延续。中国古代是农业政权，战争对于农民的征发、对于农业财政的损耗，都是影响极大的。虽然为了维护、发展庞大的王朝国家，中国古代中原王朝不断对外发动战争，但一直都努力保持内政稳定与边疆开拓之间的平衡，虽然有少数时期，更为强调边疆开拓，但多数时期却呈现"内政本位"的立场。

　　永乐时期的边疆开拓，既造就了"中华亚洲秩序"的辉煌时代，又造成了日趋严重的财政危机与内外隐患。到了仁宣时期，如何经营这个庞大的王朝国家，使其能够长期健康地存在下去，是明朝所面对的一次政治抉择。而这一时期，以明仁宗、宣宗为首的决策者，在内政稳定与边疆开拓的平衡中，重回中国古代的"内政本位"传统，采取了边疆收缩的策略，推动明朝历史道路发生了巨大转向。

第一节　中国古代边疆决策中的
"内政本位"传统

古代中国孤处东亚大陆，三面环山，一面临海，中亚广袤的戈壁长期阻挡了西方势力的东进，使古代中国一直远离亚欧大陆中西部的文明冲突。古代中国中心地带是平坦而富饶的平原，拥有十分优越的地理环境，为汉人政权以农立国提供了足够的生存空间，也使中国长期维持了庞大的经济体与经济领先优势。

农业的收入相对于商业较低，加之中国古代自然灾害频发，因此中国古代农业经济较为脆弱，[1] 农业财政[2]也相应形成了藏富于民、轻徭薄赋的财政思想与政策。而边疆开拓引发的连绵战争，无疑会对中国古代的农业财政产生巨大影响。"大凡兵兴则财用不足。"[3] 这不仅由于战争会直接带来巨大的财政开支，[4] 而且农业经济对劳动力与稳定的社会秩序具有较高诉求，而战争则会给社会稳定带来直接冲击。

---

[1] 元世祖忽必烈登基之前，与儒士张德辉的一段对话，鲜明地反映了这一现象。"又问：'农家作劳，何衣食之不赡？'德辉对曰：'农桑，天下之本，衣食之所从出者也。男耕女织，终岁勤苦，择其精者输之官，余粗恶者将以仰事俯育。而亲民之吏复横敛以尽之，则民鲜有不冻馁者矣。'"《元史》卷一六三《张德辉传》，第3824页。

[2] 贞观二年（628），尚书左丞戴胄上言："水旱凶灾，前圣之所不免。国无九年储蓄，礼经之所明诫。"《旧唐书》卷七〇《戴胄传》，第2533页。

[3] 《金史》卷一〇〇《李复亨传》，第2219页。

[4] 中国古代中原王朝之所以一直推崇兵农合一与军屯制度，原因便是缓解农业财政的压力。"古者寓兵于农，正是此意。无事，则吾兵即吾农。以逸待劳，以饱待饥，而不令敌人得窥我虚实，此所以百战而百胜。"束景南、查明昊辑编《王阳明全集补编·五经七书评·农器》，上海古籍出版社，2016，第25页。"屯田之法始于汉氏，盖取空闲之地，课人以耕，而因以战守，于以足粮饷而省转输，养兵实塞之要，足国安民之计，莫先于是。三代既降，兵不出农，犹可以兼农，而省坐食之费者，屯田之法是也。"（明）林希元：《同安林次崖先生文集》卷二《王政附言疏》，《四库全书存目丛书》集76册，第480页。

可见，在农业经济与边疆开拓之间，存在矛盾与张力，这便促使中国古代中原王朝在发动战争、制定边疆政策时，虽与其他文明一样，都有依托自身实力，根据当时国际环境，依靠武力积极进取的一面；但中国古代中原王朝处在地缘政治与农业经济的影响下，因此对于战争的决策，相对于其他文明，具有更为强烈的从内政角度出发，审视战争的付出与收益是否合理的取向，这便使中国古代的边疆决策，呈现出"内政本位"的取向。比如唐太宗称："昔人谓御戎无上策，朕今治安中国，而四夷自服，岂非上策乎?"①唐初魏徵等撰修《隋书》，指出往圣哲王在边疆政策上，为避免内乱，并不致力于拓边。"古者哲王之制，方五千里，务安诸夏，不事要荒。岂威不能加，德不能被? 盖不以四夷劳中国，不以无用害有用也。"②秦汉、隋朝采取了相反的边疆政策，导致内政衰败，实为君主治国之教训。"是以秦戍五岭，汉事三边，或道殣相望，或户口减半。隋室恃其强盛，亦狼狈于青海。此皆一人失其道，故亿兆罹其毒。"③明丘濬称："内治既修，而外治无不举。……内治不修，则纪纲废弛，政教乖乱，又何以治外哉?"④

"内政本位"传统在中国古代很早便已产生。《诗经》记载了臣下劝谏西周穆王安抚民众，称："民亦劳止，汔可小康。惠此中国，以绥四方。无纵诡随，以谨无良。式遏寇虐，憯不畏明。柔远能迩，以定我王。"⑤即安抚民众，才能绥安四方。《管子》记载开创齐国霸业的管仲主张安定民众，加强内政治理，认为这是

---

① （宋）司马光编著，（元）胡三省音注《资治通鉴》卷一九三《唐纪三》，贞观三年十二月壬午，中华书局，1956，第6067页。
② 《隋书》卷八三《西域传》，第1860页。
③ 《隋书》卷八三《西域传》，第1860页。
④ 《大学衍义补》卷一四八《驭夷狄·修攘制御之策上》，载《丘濬集》第5册，第2312页。
⑤ 黄淬伯：《诗经核诂》卷五《大雅·生民之什·民劳》，中华书局，2012，第443页。

实现霸王之业的前提与基础。"夫霸王之所始也，以人为本，本理则国固，本乱则国危。"① 该书又载："彼善为国者，壤辟举则民留处，仓廪实则知礼节。且无委致围，城肥致冲。夫不定内，不可以持天下。"② 《国语》记载了晋国范文子主张治国应遵循先消"内忧"，再除"外患"的政治次序。

> 鄢之役，晋伐郑，荆救之。大夫欲战，范文子不欲，曰："吾闻之，君人者刑其民，成，而后振武于外，是以内和而外威。今吾司寇之刀锯日弊，而斧钺不行。内犹有不刑，而况外乎？夫战，刑也，刑之过也。过由大，而怨由细，故以惠诛怨，以忍去过。细无怨而大不过，而后可以武，刑外之不服者。今吾刑外乎大人，而忍于小民，将谁行武？武不行而胜，幸也。幸以为政，必有内忧。且唯圣人能无外患，又无内忧，讵非圣人，必偏而后可。偏而在外，犹可救也，疾自中起，是难。盍姑释荆与郑以为外患乎？"③

楚共王时期，大夫申叔时指出，德行、刑罚、和顺、道义、礼法、信用是开展战争的依托与凭借，只有在内安置好百姓，对外发动战争才能取得胜利。④ 晋国魏绛指出，忽视中原地区的争夺，致力

---

① 《管子校注》卷九《霸言第二十三》，第 472 页。即使如此，对于齐国的四处征讨，时人仍有将之视为穷兵黩武，将导致内乱者。"秋，齐侯盟诸侯于葵丘，曰：'凡我同盟之人，既盟之后，言归于好。'宰孔先归，遇晋侯，曰：'可无会也。齐侯不务德而勤远略，故北伐山戎，南伐楚，西为此会也。东略之不知，西则否矣。其在乱乎！君务靖乱，无勤于行。'晋侯乃还。"《春秋左传注·僖公九年》（修订本），第 327—328 页。

② 《管子校注》卷二二《事语第七十一》，第 1243 页。

③ （春秋）左丘明：《国语》卷一二《晋语六·晋伐郑》，鲍思陶点校，载《二十五别史》第 1 册，齐鲁书社，2000，第 204 页。

④ "郑人闻有晋师，使告于楚，姚句耳与往。楚子救郑，司马将中军，令尹将左，右尹子辛将右。过申，子反入见申叔时，曰：'师其何如？'对曰：'德、刑、详、义、礼、信，战之器也。德以施惠，刑以正邪，详以事神，义以建利，礼

于进攻"夷狄"的做法，实质上是"得兽失人"，将会得不偿失。"戎，禽兽也，获戎失华，无乃不可乎!"① "劳师于戎，而失诸华，虽有功，犹得兽而失人也，安用之?"② 春秋末年齐国外交家晏子也认为："不能爱邦内之民者，不能服境外之不善。"③《逸周书》认为政权在饥荒发生时，不应发动战争，而应谨守边境。"男守疆，戎禁不出。"① 战国时期，苏代游说燕王哙，也指出内政不修，无法抗拒外敌。"内寇不与，外敌不距。"②

进入王朝国家阶段，伴随儒家独尊地位的逐渐确立，在历代政权边疆决策中，"内政本位"传统越来越根深蒂固，影响深远。在这一过程中，西汉元帝时期，围绕是否放弃珠崖的争论，便典型地体现了"内政本位"的取向与立场。

元帝时期，珠崖越人叛乱，西汉发兵平叛，并不顺利。"元帝初元元年，珠崖又反，发兵击之。诸县更叛，连年不定。"③ 元帝从而命官僚集团商议应对之策。待诏贾捐之反对朝廷的用兵主张。"上与有司议大发军，捐之建议，以为不当击。"④ 元帝认为如果不出兵，会失去武帝苦心经营的成果，询问贾捐之这一主张在儒家

以顺时，信以守物。民生厚而德正，用利而事节，时顺而物成。上下和睦，周旋不逆，求无不具，各知其极。故《诗》曰："立我烝民，莫匪尔极。"是以神降之福，时无灾害，民生敦庞，和同以听，莫不尽力以从上命，致死以补其阙，此战之所以克也。今楚内弃其民，而外绝其好，渎齐盟，而食话言，奸时以动，而疲民以逞。民不知信，进退罪也。人恤所砥，其谁致死? 子其勉之! 吾不复见子矣。'"《春秋左传注·成公十六年》（修订本），第880—881页。
① 《春秋左传注·襄公四年》（修订本），第936页。
② 《国语》卷一三《晋语七·无终子嘉父使孟乐》，载《二十五别史》第1册，第215页。
③ 张纯一：《晏子春秋校注》卷三《内篇问上第三·庄公问威当世服天下时耶晏子对以行也第一》，梁运华点校，中华书局，2014，第123—125页。
① 黄怀信、张懋镕、田旭东撰，黄怀信修订，李学勤审定《逸周书汇校集注》（修订本）卷一《籴匡解第五》，上海古籍出版社，2007，第82页。
② （汉）刘向集录，范祥雍笺证，范邦瑾协校《战国策》卷二九《燕一·苏秦死》，上海古籍出版社，2011，第1670页。
③ 《汉书》卷六四下《贾捐之传》，第2830页。
④ 《汉书》卷六四下《贾捐之传》，第2830页。

学说里有何理据。"上使侍中驸马都尉乐昌侯王商诘问捐之曰：
'珠崖内属为郡久矣，今背畔逆节，而云不当击，长蛮夷之乱，亏
先帝功德，经义何以处之？'"① 贾捐之指出，尧、舜、禹之所以
被世人奉为圣人，"臣闻尧、舜，圣之盛也，禹入圣域而不忧，故
孔子称尧曰'大哉'，《韶》曰'尽善'，禹曰'无间'"，② 缘于
三位帝王相对于开拓边疆，更重视传播德行，从而建立了理想的政
治秩序，"以三圣之德，地方不过数千里，西被流沙，东渐于海，朔
南暨声教，迄于四海。欲与声教则治之，不欲与者不强治也。故君
臣歌德，含气之物各得其宜"。③ 三代君主也长期继承了五帝的治国
模式。"武丁、成王，殷、周之大仁也，然地东不过江、黄，西不过
氐、羌，南不过蛮荆，北不过朔方。是以颂声并作，视听之类咸乐
其生，越裳氏重九译而献，此非兵革之所能致。"④ 但春秋时期，东
周致力于边疆开拓，导致政权逐渐衰弱。"及其衰也，南征不还，
齐桓救其难，孔子定其文。"⑤ 秦朝一意追求开拓边疆，导致内部空
虚，最终不仅疆域并未拓展，政权也二世而亡。"以至乎秦，兴兵远
攻，贪外虚内，务欲广地，不虑其害。然地南不过闽越，北不过太
原，而天下溃畔，祸卒在于二世之末，《长城之歌》至今未绝。"⑥
武帝在边疆开拓上十分成功，建立起空前庞大的帝国疆域。

　　至孝武皇帝元狩六年，太仓之粟红腐而不可食，都内之钱
贯朽而不可校。乃探平城之事，录冒顿以来数为边害，籍兵厉
马，因富民以攘服之。西连诸国至于安息，东过碣石以玄菟、

---

① 《汉书》卷六四下《贾捐之传》，第 2830 页。
② 《汉书》卷六四下《贾捐之传》，第 2831 页。
③ 《汉书》卷六四下《贾捐之传》，第 2831 页。
④ 《汉书》卷六四下《贾捐之传》，第 2831 页。
⑤ 《汉书》卷六四下《贾捐之传》，第 2831 页。
⑥ 《汉书》卷六四下《贾捐之传》，第 2831 页。

乐浪为郡，北却匈奴万里，更起营塞，制南海以为八郡。①

却导致财政出现危机。"则天下断狱万数，民赋数百，造盐铁、酒榷之利以佐用度，犹不能足。"② 民众生活十分困苦，社会动荡不安。"当此之时，寇贼并起，军旅数发，父战死于前，子斗伤于后，女子乘亭障，孤儿号于道，老母寡妇饮泣巷哭，遥设虚祭，想魂乎万里之外。"③ 甚至渐现叛乱隐患。"淮南王盗写虎符，阴聘名士，关东公孙勇等诈为使者，是皆廓地泰大，征伐不休之故也。"④ 在贾捐之看来，"四夷"长期是中原王朝的威胁，应习以为常，不应为征讨"四夷"而导致内部动荡。"《诗》云'蠢尔蛮荆，大邦为仇'，言圣人起则后服，中国衰则先畔，动为国家难，自古而患之久矣，何况乃复其南方万里之蛮乎！"⑤ 当今社会动荡，民众流离失所。"今天下独有关东，关东大者独有齐、楚，民众久困，连年流离，离其城郭，相枕席于道路。人情莫亲父母，莫乐夫妇，至嫁妻卖子，法不能禁，义不能止，此社稷之忧也。"⑥ 不应再在遥远的边疆地带发动战争。"今陛下不忍悁悁之忿，欲驱士众挤之大海之中，快心幽冥之地，非所以救助饥馑，保全元元也。"⑦ 况且珠崖地区生态环境特殊，生活习俗与汉地完全不同，当地族群是在本质上与汉人不同的"禽兽"。"骆越之人父子同川而浴，相习以鼻饮，与禽兽无异。"⑧ 战争不易取胜，即使获取胜利，得到土地，也由于社会风俗与中原地区完全不同，无法实行

---

① 《汉书》卷六四下《贾捐之传》，第 2832 页。
② 《汉书》卷六四下《贾捐之传》，第 2832—2833 页。
③ 《汉书》卷六四下《贾捐之传》，第 2833 页。
④ 《汉书》卷六四下《贾捐之传》，第 2833 页。
⑤ 《汉书》卷六四下《贾捐之传》，第 2833 页。
⑥ 《汉书》卷六四下《贾捐之传》，第 2833 页。
⑦ 《汉书》卷六四下《贾捐之传》，第 2833—2834 页。
⑧ 《汉书》卷六四下《贾捐之传》，第 2834 页。

汉式统治。“本不足郡县置也。颛颛独居一海之中，雾露气湿，多毒草虫蛇水土之害，人未见虏，战士自死。”[①] 放弃这一地区没有丝毫损失。“又非独珠崖有珠犀玳瑁也，弃之不足惜，不击不损威。其民譬犹鱼鳖，何足贪也！”[②] 而且会节约大量财政开支。

> 臣窃以往者羌军言之，暴师曾未一年，兵出不逾千里，费四十余万万，大司农钱尽，乃以少府禁钱续之。夫一隅为不善，费尚如此，况于劳师远攻，亡士毋功乎！求之往古则不合，施之当今又不便。[③]

因此，在贾捐之看来，汉朝应放弃一切新开拓之边疆地带。“臣愚以为非冠带之国，《禹贡》所及，《春秋》所治，皆可且无以为。”[④] 安抚国内民众，稳固政权的统治。“愿遂弃珠崖，专用恤关东为忧。”[⑤]

对于贾捐之的主张，官僚集团内部存在争议。御史大夫陈万年主张继续在珠崖开展战争。丞相于定国却认为珠崖地区的连年战争，已造成严重的财政危机与社会动荡，应立即停止。“丞相于定国以为：‘前日兴兵击之连年，护军都尉、校尉及丞凡十一人，还者二人，卒士及转输死者万人以上，费用三万万余，尚未能尽降。今关东困乏，民难摇动，捐之议是。’”[⑥] 崇尚儒学的元帝最终站在了贾捐之一边，下诏宣布放弃珠崖。元帝首先指出汉朝内部在处理珠崖叛乱问题上，存在政治分歧。“珠崖虏杀吏民，背畔为逆，今廷议者或言可击，或言可守，或欲弃之，其指各殊。朕日夜惟思议者之言，羞威不行，则欲

① 《汉书》卷六四下《贾捐之传》，第 2834 页。
② 《汉书》卷六四下《贾捐之传》，第 2834 页。
③ 《汉书》卷六四下《贾捐之传》，第 2834 页。
④ 《汉书》卷六四下《贾捐之传》，第 2834 页。
⑤ 《汉书》卷六四下《贾捐之传》，第 2834 页。
⑥ 《汉书》卷六四下《贾捐之传》，第 2835 页。

诛之；孤疑辟难，则守屯田；通于时变，则忧万民。"① 但在元帝看来，相对于平定边疆叛乱以维护尊严，安抚民众以稳定内政更为重要。"夫万民之饥饿，与远蛮之不讨，危孰大焉？且宗庙之祭，凶年不备，况乎辟不嫌之辱哉！今关东大困，仓库空虚，无以相赡，又以动兵，非特劳民，凶年随之。"② 因此做出了放弃废除珠崖郡的决定。"其罢珠崖郡。民有慕义欲内属，便处之；不欲，勿强。"③

西汉君臣围绕弃守珠崖的政治争论及其最终结果，作为关于"内政本位"的著名典故，对后世中原王朝边疆政策产生了深远影响，成为后世中原王朝在因实力不足而放弃边疆地区时所参照、追溯与标榜的历史样板。

第二节　仁宗边疆收缩立场与北部边疆的防御观念

明仁宗即位之初，便开始大幅调整永乐时期的边疆政策，不仅停止北征蒙古，而且不再派遣郑和下西洋。不仅如此，据宣宗回忆，仁宗曾有放弃交阯的想法，只是还未来得及实施，便突然去世。宣宗即位后，曾向阁臣杨士奇、杨荣私下说起此事。

> 朕有一言，怀之久矣，今独与卿二人说，未可轻泄也。昔在南京，皇考因交阯擒叛贼至，曾与朕言太祖皇帝初定天下，四裔惟安南最先归化。后来黎氏篡陈氏而夺其位，所必当讨。而是时求陈氏之后立之，不后得，故郡县其地。果若陈氏今尚有后，选择立之，是犹太祖之心，而一方亦得安静。④

① 《汉书》卷六四下《贾捐之传》，第 2835 页。
② 《汉书》卷六四下《贾捐之传》，第 2835 页。
③ 《汉书》卷六四下《贾捐之传》，第 2835 页。
④ 《明宣宗实录》卷一一，洪熙元年十一月壬戌，第 315 页。

　　当时尚是太子的宣宗，也支持这一想法。"朕对曰：'朝廷若行此事，诚帝王之盛举。'"① 仁宗鉴于事关重大，还命宣宗保密。"皇考笑曰：'此语未可轻泄。'"②

　　仁宗之所以秉持这种边疆政策，既缘于永乐时期的边疆开拓，已给明朝造成沉重的财政压力与内外隐患，难以为继；③ 也与仁宗的成长环境及由此而形成的政治观念相关。与朱棣青壮年时期身处北部边疆，肩负防御蒙古的成长经历不同，仁宗朱高炽作为燕藩世子，长期居住于南京，实际上是作为质子，防止燕王朱棣发动叛乱。洪武后期，明朝政治已经逐渐从重典治国，开始向常态政治转变。在这种时代氛围下，朱高炽形成了对文官政治观念的认同感，在国家治理中，更为强调内政建设，而非边疆开拓。相应在边疆立场上，仁宗呈现出从"内政本位"传统出发，秉持边疆收缩政策，警惕边疆开拓影响内政稳定。《明仁宗实录》编纂者评价仁宗道："用将帅取长弃短，严谨边备，不志远略，边将陛辞，每戒之曰：'民力罢矣，慎毋贪功生事。夷虏至塞下，顺则抚之，逆则御之，驱之而已，毋为首祸。违命获功，吾所不赏。'"④

　　而这表现在北部边疆，便是明朝用防御替代进攻。但伴随于此，大宁、兴和、东胜内徙所造成的防御漏洞，开始暴露在蒙古面前。对此，仁宗竭力完善防御体系。为弥补东胜地区的防御漏洞，仁宗将内徙东胜八卫中的四卫调回大同。"大同总兵官武安侯郑亨奏：'边城孤旷，守兵不足，乞仍以前所调高山、玉林、镇

---

① 《明宣宗实录》卷一一，洪熙元年十一月壬戌，第315页。

② 《明宣宗实录》卷一一，洪熙元年十一月壬戌，第315页。

③ "十九年冬，帝将大举征沙漠。命原吉与礼部尚书吕震、兵部尚书方宾、工部尚书吴中等议，皆言兵不当出。未奏，会帝召宾，宾力言军兴费乏，帝不怿。召原吉问边储多寡，对曰：'比年师出无功，军马储蓄十丧八九，灾眚迭作，内外俱疲。况圣躬少安，尚须调护，乞遣将往征，勿劳车驾。'"《明史》卷一四九《夏原吉传》，第4153页。

④ （明）杨士奇等：《明仁宗实录》卷一〇，洪熙元年六月辛丑，中研院历史语言研究所，1962年校印本，第311页。

虏、云川四卫兵之在保定定州、涿州、雄县者，相兼屯守。'从之，命所司俟春暖遣行。"① 预定洪熙元年（1425）春季迁移。高山卫向西迁至阳和卫。"阳和卫，在府东北一百二十里。左、右、中、前、后五所。高山卫，附阳和卫城。左、右、中、前、后五所。洪武三十一年，建阳和卫，城周九里三十步。宣德元年，调建高山卫。"② 入清以后当地遂改建为阳高县。玉林卫向南移至大同右卫。"大同右卫，在府西北一百六十里定边城。左、右、中、前、后五所。玉林卫，附右卫城。左、右、中、前、后五所。洪武二年，设定边卫筑，后卫革。永乐七年，设大同右卫，城周九里一十三步。宣德元年，调遣玉林卫。"③ 正统七年（1442），大同参将石亨奏："看得忙牛岭外有玉林故城，相去右卫五十里，与东胜单于城相接。其地有险可据，又水草便利，乞拨官军筑立烽墩哨瞭，仍于故城择取一隅，修为营垒，以驻往来哨马。既得以保障边方，亦可以防护屯种。"④ 朝廷接受了这一建议。镇虏卫移于大同东北天城卫。"天城卫，在府东北一百八十里。左、右、中、前、后五所。镇虏卫，附天城卫城。左、右、中、前、后五所。洪武三十一年，建天城卫。城周八里二十四步。宣德元年，调建镇虏卫。"⑤ "巡抚大同、宣府右佥都御史李仪奏：'大同东西二路不可无人巡哨，乞遣副总兵罗文巡哨东路，阳和、高山、天城、镇虏四卫听其调度。参将陈斌巡哨西路，大同左右、云川、玉林、朔州五卫听其调度。其大同迤北关头、猫儿庄等处责之总兵官方政提督，都指挥孙智专一巡哨。如此则兵将相得，地方有守。'事下，兵部移文政等计议，政奏请如仪言。从之。"⑥ 云川卫向东南移至大同左卫。"云川

---

① 《明仁宗实录》卷四上，永乐二十二年十一月辛巳，第139—140页。
② 《肇域志·山西行都指挥使司》，第1684—1685页。
③ 《肇域志·山西行都指挥使司》，第1684页。
④ 《明英宗实录》卷八九，正统七年二月庚戌，第1795—1796页。
⑤ 《肇域志·山西行都指挥使司》，第1685页。
⑥ 《明英宗实录》卷二二，正统元年九月壬戌，第451页。

卫,附左卫城。左、右、中、前、后五所。洪武二十五年,设镇朔卫,筑城,后卫革。永乐七年,设大同左卫筑完,周一里一百二十步。宣德元年,调建云川卫。"① 至于宣德元年与洪熙元年有一年之差,可能过程稍有迁延,或者稍有误记,皆有可能。不过顺治时期撰绘之《整饬大同左卫兵备道造完所属各城堡图说》却记载云川卫、玉林卫于正统时期始内徙,如果这一说法成立,那么二卫是否在洪熙元年曾复归原地,"土木之变"后始附于大同左、右卫呢?姑且存疑。② 可见,仁宣时期,明朝出于加强大同尤其是东北一侧防御的考虑,并未复归大同西北,而是向东南尤其是东部迁移,移于大同东北。这样大同西北、河套东北的广大区域便呈现"真空"状态。

为了弥补大宁、兴和地区的防御漏洞,仁宗在阴山边疆专门设置总兵官,沿阴山流动巡逻。永乐二十二年(1424)十一月,薛禄充任"口外备御"。③ 薛禄为靖难勋贵,在洪武时已北征沙漠,"从北征金山及哈剌哈之地,又从征迤都山乃儿不花等处,自是累出西、北二边,涉万里而还",永乐时屡从北征,④ 故有此委任。洪熙元年又佩新制"镇朔大将军印",⑤ 称"口外总兵官"。"制谕太子太保阳武侯薛禄佩镇朔大将军印,充总兵官,率军自开平至大同缘边往来巡哨,遇有虏寇,相机剿捕。"⑥ 薛禄既以"口外"为使职名称,

---

① 《肇域志·山西行都指挥使司》,第1684页。

② "按明洪武二十五年初设为镇朔卫,寻革,永乐七年始设左卫。正统后,云川卫内徙,附焉。"(明)佚名:《整饬大同左卫兵备道造完所属各城堡图说·左卫城》,载孙靖国《舆图指要:中国科学院图书馆藏中国古地图叙录》,中国地图出版社,2012,第139页。"按明洪武二十五年初设定边卫,后裁革,永乐七年始设右卫。正统后,玉林卫内徙,附焉。"《整饬大同左卫兵备道造完所属各城堡图说·右卫城》,载《舆图指要:中国科学院图书馆藏中国古地图叙录》,第140页。

③ 《明仁宗实录》卷四下,永乐二十二年十一月庚子,第156页。

④ (明)杨士奇:《东里文集》卷一二《奉天靖难推诚宣力武臣特进荣禄大夫柱国太保阳武侯追封郸国公谥忠武薛公神道碑铭》,刘伯涵、朱海点校,中华书局,1998,第182页。

⑤ 《明仁宗实录》卷七下,洪熙元年二月甲子,第241页。

⑥ 《明仁宗实录》卷八下,洪熙元年三月庚寅,第260—261页。

管辖之地便包含整个口外之地。因此除开平以至大同，宣府、大同镇守总兵官管辖不及或边远之地外，尚负责京后关外之地。"敕口外备御太子太保阳武侯薛禄：今钦天监言天象有兵，卿宜仔细审察备御。自三河抵宝坻、直沽一带，闻有强贼出没劫掠，宜差的当官军巡察，遇无名目可疑之人，即擒拿解来……"①

虽然仁宗竭力补充漠南草原的防御力量，但这一防线较为靠里，蒙古部众仍然可以通过开平与大宁、兴和之间的空缺地带，穿越而过，进入阴山边疆。洪熙元年二月，仁宗敕称："今长安岭守关指挥奏鞑贼人马约五十余人，直抵隰宁驿劫掠，不审是何部落。"② 隰宁（今河北省张家口市沽源县小河子乡石头城子）远在开平以南，地在大马群山北侧，明初于此设置驿站，作为连接开平的纽带。当月，鞑靼进一步南下至赤城驿。③ 这便给开平卫建立军团、获得内地粮饷，造成了很大困难，最终导致开平卫的内徙。

第三节　宣德时期开平卫内徙的多重因素

宣德时期，继大宁、东胜、兴和之后，明朝最终内徙阴山防线最后一个战略枢纽——开平卫。明朝之所以内徙开平卫，与气候、地理具有密切关系，但根源仍是边疆收缩政策。虽然内徙开平卫，对于明朝北疆战略全局影响极大，但当时这一隐患尚未呈现，而且便于粮饷供应，因此朝堂之上并无争议。

明代气候寒冷，属于气候史上的"小冰河期"。④ 建文二年（1400），李景隆率军北进大同，以解除燕王之围。由于缺乏对当地气

---

① 《明仁宗实录》卷四下，永乐二十二年十一月庚子，第 156 页。
② 《明仁宗实录》卷七上，洪熙元年二月壬寅，第 230 页。
③ "阳武侯薛禄奏军至赤城等处追赶鞑贼，杀死百余人，生擒千余人，余贼奔溃。"《明仁宗实录》卷七下，洪熙元年二月癸亥，第 240—241 页。
④ 竺可桢：《中国近五千年来气候变迁的初步研究》，《考古学报》1972 年第 1 期。

候的了解，大量士兵被冻伤。"我师攻大同，李景隆果来援，引军出紫荆关。上率师由居庸关回，景隆军冻馁死者甚众，堕指者什二三，弃铠伏于道，不可胜计。"① 正统八年（1443），"大同官军巡警至沙沟，风雪骤至，裂肤断指者二百余人。上闻之，命人给毛袄一件"。② 由于地处明朝防线最北部，开平气候最为寒冷。宣德元年（1426），宣宗谕行在户部尚书夏原吉曰："开平极边，天气早寒，商旅不通，布帛难得。其军官俸钞未支者，即以内库所贮颜色布运给之，不可稽缓。"③

由于气候变冷，阴山北麓的开平农耕条件明显不如阴山南疆。至迟在洪熙时期，开平军屯重心已南移至大马群山以南，形成卫城在外、军屯在内的兵、屯分离格局。但伴随大宁、兴和内徙，鞑靼得以绕过开平卫，从东、西两面直接进入兵力薄弱的军屯地区，导致开平卫粮饷供应出现困难。宣宗即位之初，阳武侯薛禄指出，兵、屯分离的格局既无法保障屯田，也不利于防御。"雕鹗、赤城、云州、独石诸站皆在边野，开平老幼余丁亦于此种田。猝有虏寇，无城可守。况开平与独石相距五站，城垣不坚，且使命往来，道路荒远。"④ 建议内徙开平卫，以解决这一两难局面。"若移开平卫于独石，令镇守宣府都督谭广所领官军筑城守备，实为便益。"⑤ 宣宗鉴于开平卫关系明朝北疆防御的战略全局，主张谨慎决策。"开平极边，废置非易事，当徐议。"⑥

当时也有因兵于屯的意见，即在开平卫南部、大马群山北部修堡屯田。但薛禄对这一方案表达了反对态度。"环州、威虏诸堡正当冲要，而地远势孤，若仍修筑，工费浩繁，开平官军家属众多，月给为难。"⑦ 环州即桓州（今内蒙古多伦西），在开平卫西

---

① 《明太宗实录》卷六，建文二年二月癸丑，第 56 页。
② 《明英宗实录》卷一〇六，正统八年秋七月辛未，第 2156 页。
③ 《明宣宗实录》卷二二，宣德元年冬十月戊寅，第 585 页。
④ 《明宣宗实录》卷四，洪熙元年七月庚寅，第 110 页。
⑤ 《明宣宗实录》卷四，洪熙元年七月庚寅，第 110 页。
⑥ 《明宣宗实录》卷四，洪熙元年七月庚寅，第 110 页。
⑦ 《明宣宗实录》卷一八，宣德元年六月庚午，第 477 页。

南、鞍子山北侧。仍主张于大马群山南侧修筑城堡。"宜于独石筑城，毡帽山塞关，移置开平卫于此，俾其人自种自食，精选本卫及原调守备官军二千人分为两番，每番千人，自带粮料，往开平戍守。既免馈送之劳，亦得备御之固。"①

户部作为明朝管理国家财政的机构，鉴于开平粮饷供应日益困难，也认可这一方案。行在户部主事王良言："开平极边之地，岁运粮给之，而军士戍守者皆有妻子，粮不足以赡其家。乞简精锐者更番守城，令其妻子入赤城、云州，立堡居之。"② 宣宗对于这一方案，颇为认可。"更番之说亦是良策，亦尝有言宜云州立堡者，宜熟图之。"③

这一时期兀良哈南下，进一步放大了开平卫孤立的问题。关于兀良哈三卫的南迁时间，达力扎布质疑了"土木之变"后，兀良哈三卫才开始南下的说法，指出宣德时期明朝在边疆采取守势，为兀良哈三卫进入漠南地区创造了条件。④ 其实洪熙元年（1425），兀良哈已越过大宁旧地，南下蓟州镇境外。⑤ 宣宗即位后，兀良哈与明朝关系愈加紧张。⑥ 兀良哈三卫南下后，利用大宁内徙带来的大宁、开平之间的防御空缺，自东而西，向阴山边疆进发。宣德二年，兀良哈

---

① 《明宣宗实录》卷一八，宣德元年六月庚午，第477页。
② 《明宣宗实录》卷一七，宣德元年五月丙午，第459页。
③ 《明宣宗实录》卷一七，宣德元年五月丙午，第459页。
④ 达力扎布：《明代漠南蒙古历史研究》，内蒙古文化出版社，1997，第12—14页。
⑤ "监察御史严继先等劾奏：'山海永平等处总兵官遂安伯陈英、镇守官都指挥陈景先等守边无备，致虏入苏川北山寇掠，又匿不以闻，请置于法。'命都察院封继先奏章示之，俾图自效，以赎前过。"《明仁宗实录》卷八下，洪熙元年三月乙未，第268页。"蓟州山海等处镇都指挥陈景先奏：'率领官军追袭虏寇，寇毙于神铳，遂溃走。获其器甲及马百余匹，并追回所虏人口。'"《明仁宗实录》卷九上，洪熙元年夏四月丁未，第287页。
⑥ "征虏前将军镇守辽东总兵官朱荣奏近虏寇入境，调都指挥唐琦率兵追击至骆驼岭，斩虏首七级，获其羊马六十五。荣又言朵颜卫达官指挥哈剌哈孙等不来朝贡，或有贰心。"《明宣宗实录》卷四，洪熙元年七月辛卯，第112页。"镇守蓟州山海等处都督金事陈景先奏：'比巡边官军至鲇鱼石关，遇虏寇四十余人，与战败之，追杀殆尽，获其所乘马以归。'"《明宣宗实录》卷一九，宣德元年七月丁未，第506页。

开始不断出没境外。① 七月的战争,明确暴露了来犯者正是兀良哈三卫。② 宣德三年,"兀良哈之人往往于滦河牧马",③ 宣宗于是在潢河、老哈河一带,进攻兀良哈三卫,招致后者不断报复。④ 兀良哈三卫于是驻牧开平东南,⑤ 进攻开平周边。⑥ 两天后又进攻独石。⑦ 仁宣时

---

① "命阳武侯薛禄佩镇朔大将军印,充总兵官,清平伯吴成充副总兵,率师防护粮饷赴开平。仍敕在途整肃队伍,毋致疏虞。或遇虏寇,即相机剿捕,慎勿穷追。时开平备御都指挥唐铭等屡奏虏寇出没境故也。"《明宣宗实录》卷二八,宣德二年五月癸巳,第725页。"甲申,敕总兵官阳武侯薛禄等曰:'比开平屡报有寇,宜仍整兵巡逻,遇寇相机剪除,尤宜慎重。'"《明宣宗实录》卷二八,宣德二年六月甲申,第754页。

② "是日,总兵官阳武侯薛禄、副总兵清平伯吴成率师至开平,虏寇先已逼城下,无所得而退。禄至,获寇三人,询之,云虏众在朵儿班你儿兀之地,去东南三百余里。禄等遂率精兵往袭之。昼伏夜行,逾三夕至其地,望见虏营,纵轻骑径薄之。虏仓惶上马迎敌,官军杀虏数十人,生擒贼首镇抚晃合帖木儿、百户忙哥撒儿等十二人,虏败走,获其男妇六十四人,马八百一十七匹,牛羊四千余头。既还,虏众蹑其后,禄复纵兵奋击,又大败之。虏遂远遁。"《明宣宗实录》卷二九,宣德二年秋七月丁未,第768—769页。"宣德二年八月丙辰朔,总兵官阳武侯薛禄等奏七月二十一日,率兵于开平东南三百里外,剿杀虏寇,上其俘获人口、辎重、马驼、牛羊之数。上遣使赍敕嘉劳之。"《明宣宗实录》卷三〇,宣德二年八月丙辰朔,第775页。达力扎布认为朵儿班你儿兀当在老哈河上游一带,从奔袭距离与被擒者尚有明朝官职来看,这一部落当为兀良哈三卫。《明代漠南蒙古历史研究》,第15页。

③ 《明宣宗实录》卷三五,宣德三年春正月丁未,第885页。

④ 《明代漠南蒙古历史研究》,第15—18页。

⑤ 宣宗称:"山海卫关口至广宁前屯卫高岭驿六十余里,山木深密,正当冲要。其西北接刘家等口,并大宁路道,正虏寇出没之所。"《明宣宗实录》卷五六,宣德四年秋七月癸酉,第1346页。

⑥ "虏寇入自西冲山,至赤城,掠人口而去。开平卫指挥方敏在赤城管屯,率兵追之,尽得所掠,且获贼马而还。"《明宣宗实录》卷五五,宣德四年六月丁酉,第1318页。"近者虏寇百五十余人犯古北口东砖垛子口,守关百户以铳击之,杀贼五人,贼即遁去。而探之开平浩岭驿无备,径由西冲山口突入,射伤官军。"《明宣宗实录》卷五九,宣德四年十一月戊辰,第1421页。

⑦ "是日,虏寇入开平境,杀掠独石等处官军人畜,镇抚张信、百户卢让死之。"《明宣宗实录》卷五五,宣德四年六月己亥,第1320页。"总兵官阳武侯薛禄等奏二月二十日,兵至凤凰岭,遇虏寇,击之,杀寇百余人,被伤遁者无几,献所俘男妇四十六人及驼马、牛羊千余。"《明宣宗实录》卷六四,宣德五年三月丙辰,第1511页。凤凰岭在原大宁都司会州卫、富峪卫之间,今属河北平泉县七沟镇。"平泉州之凤凰岭。"(乾隆)《钦定热河志》卷九三《物产二·果之属》,《景印文渊阁四库全书》第495册,第451页。

期，由于明朝不再进入漠北，鞑靼在逐渐调整、恢复之后，再次南下明边，鉴于东胜、兴和已经内徙，鞑靼于是绕过开平卫，直接进入漠南草原的西南地区。开平由此处于鞑靼、兀良哈东西夹击之下。①

有鉴于此，明朝不再命薛禄在开平以北巡逻，而是改为在宣府镇边外往来巡视。② 不仅如此，明朝还命原属开平卫管辖的大马群山南侧军队，改归宣府镇节制。"敕赤城管屯备御开平卫指挥方敏、王俊等，以所领官军，听总兵官都督谭广节制。"③

可见，在仁宣时期放弃在蒙古高原的进攻策略之后，开平卫作为进入漠北草原的中转站的地位丧失，而且伴随兀良哈、鞑靼不断南下，穿过大宁、兴和、东胜的防御空缺，开平卫被彻底地孤立于明朝北疆防线之外。鉴于开平卫战略地位下降、防御形势面对冲击，宣宗最终在宣德二年明确了内徙开平卫的立场。六月，开平备御都指挥唐铭等上奏，指出开平孤立边境，请求加强支援。"孤城荒远，薪刍并难，猝遇寇至，别无应援，请添拨官军神铳守备。"④ 以英国公张辅为代表的文武官员，认为增派官员会造成更

---

① "甲子，大同总兵官武安侯郑亨及开平备御都指挥唐铭等奏：'守烽堠者报，大同境外西北有烟火，开平西南有鞑寇，十五为群往来出没。'敕山西、大同、宣府、开平诸将严加守备。"《明宣宗实录》卷五〇，宣德四年春正月甲子，第 1202 页。"虏寇杀宣府守神铳内官王冠。时冠率官军送内官海寿至龙门，醉止田舍。虏谍知袭杀之，并杀千户陈谅等，掠牛马而去。"《明宣宗实录》卷五六，宣德四年秋七月丁卯，第 1340—1341 页。"总兵官都督谭广奏：'虏寇入境，抄掠人畜、杀死军士。'"《明宣宗实录》卷五九，宣德四年冬十月壬午，第 1402 页。"乙丑，宣府总兵官都督谭广奏：'是月十九日夜，虏寇百余人入雕鹗，杀伤浩岭驿官军，掠孳畜。怀来卫已发军剿捕，开平卫指挥方敏、王俊不出兵策应，请治其罪。'"《明宣宗实录》卷五九，宣德四年十一月乙丑，第 1420 页。

② "敕阳武侯薛禄充总兵官，恭顺侯吴克忠充副总兵，率领官军，往宣府等处境外巡哨。别敕总兵官都督谭广及武安侯郑亨，各选骑士一千、步卒一千，有马神铳手二百五十，俱带神铳，委官率领，于宣府听禄调遣。"《明宣宗实录》卷五九，宣德四年十一月癸卯朔，第 1409 页。

③ 《明宣宗实录》卷五九，宣德四年十一月癸丑，第 1417 页。

④ 《明宣宗实录》卷二八，宣德二年六月丁卯，第 744 页。

为严峻的财政负担，从而请求宣宗同意薛禄的内徙方案。

> 太师英国公张辅及文武大臣议，皆以为欲添官军，愈难馈给。宜准阳武侯薛禄初奏，于独石筑城，立开平卫，以开平备御家属移于新城，且耕且守。而以开平卫及所调他卫备御官军，选其精壮，分作二班，每班一千余人，更代于开平旧城哨备。新城守御官军不足者，暂于宣府及附近卫分酌量添拨，候发罪囚充军代还原伍。仍敕阳武侯薛禄防护粮饷之余，就彼相宜区画，筑城安恤，毕事而归奏。①

宣宗最终表示同意，命令在秋季粮食收割之后开展行动。但明朝最终并未在宣德二年开展行动。宣德三年开平粮饷供应一度中断。"停开平运粮。先是，命阳武侯薛禄率军运宣府粮赴开平。至是，上以积雨泥泞，车行甚艰，命止之。仍命武安侯郑亨等散遣军士，粮已支出者，仍入仓，召禄还京。"② 这便导致开平处于粮饷危机的状态。"行在户部尚书郭敦奏：'守开平都指挥使唐铭言所储粮少，仅足两月之用。'"③

宣德四年十二月，宣府镇总兵官谭广鉴于军屯不断遭受蒙古的威胁，建议把军屯进一步内徙至长安岭以南。"长安岭以北独石、雕鹗等处屯种军余，宜徙入长安岭以南为便。"④ 宣宗命谭广进一步斟酌、完善这一方案。"此虽便于堤备，然未知开平差使往来，及人情动静若何。须公私两便，然后可行。其再计议以闻。"⑤ 次月，即宣德五年正月，谭广再次上奏：

---

① 《明宣宗实录》卷二八，宣德二年六月丁卯，第 744 页。
② 《明宣宗实录》卷四五，宣德三年秋七月辛未，第 1109 页。
③ 《明宣宗实录》卷五〇，宣德四年春正月癸亥，第 1201—1202 页。
④ 《明宣宗实录》卷六〇，宣德四年十二月乙亥，第 1425—1426 页。
⑤ 《明宣宗实录》卷六〇，宣德四年十二月乙亥，第 1426 页。

> 赤城屯堡垣墉卑狭，比贼屡入劫掠。今屯守官军虑其复至，欲暂徙长安岭南，候春暖，择利便地，修筑城堡，增兵守备，半年一更为便。时开平卫余丁唐子英等亦告欲移入长安岭南耕种，每岁候大军运粮之时，随往开平，供送正军，为守御之计。①

宣宗最终同意了谭广的方案。"朕以边务付尔，事有便宜，从尔斟酌。但宜审度，务保十全。"② 宣德五年四月，气候温暖、军屯闲暇之时，明朝开始于长安岭北修筑城堡。"阳武侯薛禄奏：'永宁卫团山及雕鹗、赤城、云州、独石四站，最为紧要，应筑城堡。当用夫匠五万人，人赍两月粮，防护官军用万人，医者二十人。'上命所司悉如数给之。"③ 城堡由阳武侯薛禄、丰城侯李贤等负责修筑。筑堡人力是来自宣府、大同的军民。"敕大同总兵官武安侯郑亨发军一万人，大同府发民夫五千人，宣府总兵官都督谭广发兵一万一千二百人，保安、隆庆、蔚州共发民夫八百人赴役，仍令以精骑一千五百防护，皆听禄节制。"④ 六月，城堡修筑完毕。"初筑独石、云州、赤城、雕鹗城堡完。"⑤ 明朝最终将开平卫军队内徙至独石等地。"以兵护送开平卫所印信及军士家属置于独石等城堡，且屯且守。"⑥ 兵力分配如下："其各城堡守备军数，则独石二千，云州、赤城各五百，雕鹗三百，俱于隆庆左右二卫调发。如不足，则以保安卫足之。"⑦ 原来抽调增援开平的山海卫、怀来卫官军则返回原地。开平卫城，明朝最初也并未放弃，而是派遣

---

① 《明宣宗实录》卷六一，宣德五年正月庚戌，第1445页。
② 《明宣宗实录》卷六一，宣德五年正月庚戌，第1445页。
③ 《明宣宗实录》卷六五，宣德五年夏四月丙子，第1531页。
④ 《明宣宗实录》卷六五，宣德五年夏四月戊寅，第1532页。
⑤ 《明宣宗实录》卷六七，宣德五年六月癸酉，第1574页。
⑥ 《明宣宗实录》卷六七，宣德五年六月癸酉，第1574页。
⑦ 《明宣宗实录》卷六七，宣德五年六月癸酉，第1575页。

军队轮流戍守，每班二千人。"专以马步精兵二千，分为二班，令都督冯兴总之，都指挥唐铭、卞福各领一班，自带粮料，更番往来开平故城哨备。"①

明朝内徙开平卫，虽有气候寒冷的客观因素，也有大宁、兴和、东胜内徙，开平孤立阴山北麓的地理因素，但永乐时期这些因素都已存在，因此开平卫内徙的直接原因，仍是宣德时期的边疆收缩政策。追随朱棣最后一次北征的杨荣在《北征记》中，记载了朱棣在第五次千里北征又不见敌的失望心情下，对张辅等武将表达了对北征失策的忏悔。"古王者制夷狄之患，驱之而已，不穷追也。且今孽虏所有无几，茫茫广漠之地，譬如求一粟于沧海，可必得耶？吾宁失有罪，不欲重劳将士。朕志定矣，其旋师。"②这一记载反映了朱棣对于军事进攻的反思，而且宣德时期修《明太宗实录》照本全录，也有为边疆收缩政策张目的用意。洪熙元年闰七月，范济也提出应该放弃永乐时期的北征模式，回归洪武时期的防御立场。

> 伏望陛下远监汉唐，近监太祖，惟以安不忘危为戒，毋以征讨夷狄为意，毋以忿怒不平为念，弃沙漠不毛之地，悯华夏礼义之民，俾妇不嫠、老不独，尽力于田蚕，贡赋于上国，边塞无伤痍之苦，闾里绝呻吟之声，则将无幸功，士无夭阏，将见胡虏自服，灵物自至，皇祚永隆于万万年矣。③

宣宗对此十分认可。"朕观其言皆有理，皆合朕意。"④

---

① 《明宣宗实录》卷六七，宣德五年六月癸酉，第 1575 页。
② （明）杨荣：《北征记》，载《明代蒙古汉籍史料汇编》第 1 辑，第 63 页；《明太宗实录》卷二七二，永乐二十二年六月甲子，第 2464 页。
③ 《明宣宗实录》卷六，洪熙元年闰七月甲寅，第 160 页。
④ 《明宣宗实录》卷六，洪熙元年闰七月甲寅，第 162 页。

　　仁宣时期，明朝正处于由开疆拓土到守成国家的转变阶段。宣宗为扮演好自己的角色，十分自觉地从历史中寻求经验教训。他重点关注了距离明朝最近的汉人政权——宋朝灭亡的教训，指出北宋失去燕山天险，已经在战略态势上处于被动。"御狄之道，守备为先。彼得其险，已非我利。"[1] 只有采取防御政策，才能保住政权。"况当时契丹强盛，无可乘之机乎？然使宋之子孙，谨守宪章，练兵以备之，恒如开宝、淳化之时，亦足以保其成业。"[2] 但北宋末年却采取进攻之策，最终导致北宋沦丧。"何熙宁至宣和，小人用事，国多弊政，遂至金虏之祸、高宗南渡，并中原而弃之，国势陵夷，有其渐矣。"[3]

　　宣宗在边疆政策上与仁宗一样，也在内政稳定与边疆开拓之间偏重于前者，采取边疆收缩的立场。宣宗虽然曾宣扬"恭天抚民，无华夷远迩之间"，[4] 并曾再次派遣郑和下西洋，但此后再未开展这一行动；虽曾鉴于兀良哈不断南下掠边，主动出击，但宣德一朝的边疆政策，实为防御立场。宣德元年，镇守蓟州、山海等处武将陈景先奏凯。"比巡边官军至鲇鱼石关，遇虏寇四十余人，与战，败之，追杀殆尽，获其所乘马以归。"[5] 宣宗却在给主管军务的兵部尚书张本等人的谕旨中，大泼冷水。"虏好鼠窃，但防守周密，来则击之，去则勿追，保境安民，此为上策。宜戒景先等，毋贪小利。"[6] 宣德三年，宣宗在亲自撰写的《帝训》中，又将之进一步理论化。

　　　《驭夷篇》：四夷非可以中国概论，天地为之区别夷狄，

① 《明宣宗实录》卷三一，宣德二年九月辛丑，第807页。
② 《明宣宗实录》卷三一，宣德二年九月辛丑，第807页。
③ 《明宣宗实录》卷三一，宣德二年九月辛丑，第807页。
④ 《明宣宗实录》卷四七，宣德三年九月甲子，第1144页。
⑤ 《明宣宗实录》卷一九，宣德元年秋七月丁未，第505—506页。
⑥ 《明宣宗实录》卷一九，宣德元年秋七月丁未，第506页。

固自为类矣。夷狄非有诗书之教、礼义之习，好则人，怒则兽，其气习素然。故圣人亦不以中国治之，若中国乂安，声教畅达，彼知慕义而来王，斯为善矣。然非我族类，故其心叛服不常，防闲之道，不可不谨。故国家置边围、简将帅、励兵甲、严守备，使不能为中国患而已。盖圣人以天下为家，中国犹堂宇，四夷则藩垣之外也。堂宇人所居，有礼乐、有上下。藩垣之外，草木昆虫从而生长之，亦天道也。夷狄为患，必乘中国之弊，使朝廷之上，君臣同德、法度昭明，中国安、兵食足、边围固，彼虽桀骜，何患之能为？是故能安中国者，未有不能驭夷者也。驭夷之道，守备为上。《春秋》之法，来者不拒，去者不追。盖来则怀之以恩，畔而去者不穷追之，诚虑耗弊中国者大也。《诗》曰："薄伐猃狁，至于太原。"可为帝王驭夷之法。①

因此，直到"土木之变"发生之前，北部边疆虽然战事不断，但并无大规模战争发生，明蒙双方大体维持了一段较为安宁的时光。

第四节　开平卫内徙后的阴山坦途
与蒙古南下

值得注意的是，仁宣时期虽然在边疆政策上，从永乐时代的边疆开拓转向边疆收缩，但在北疆防线的设定上，却实为延续永乐时期内徙洪武防线，另创"永乐新局"的脉络。宣宗时期，范济主张延续永乐时期的北疆思路，在"永乐新局"的基础上，加强既存北疆要地的长城防御体系建设。"屯兵要地。夫要地者，若朔州、大同、开平、宣府、大宁诸处，皆关岭之外，实中国之藩篱、边塞之

---

① 《明宣宗实录》卷三八，宣德三年二月，第951—952页。

要地。其土或可耕可耰，宜令将率兵，广屯种、修城堡、治器械、谨烽火、勤训练，以备胡虏。万一入寇，毋贪其小利、毋利其远来，必以饱待饥、以逸待劳，俟其惫而击之，必有所获。"① 这一方案的实质是以永乐以来盛行的长城防御体系，代替洪武时期阴山攻防体系，既承认了永乐以来阴山政策的"正统性"，又符合仁宣时期边疆收缩政策的基本立场，从而赢得了宣宗的认可。② 宣宗在大同也构建了长城防御体系，这便是大同镇"大边"长城，位置较嘉靖时期修筑之"二边"远为靠外，将猫儿庄等重要地带皆包括在内。"镇守大同总兵官武安侯郑亨奏：'近多雨，缘边三山等处，及猫儿庄、鸦儿崖烽堠、隘口颓圮，欲亲率官军巡视，并力修筑。'从之。"③"大同总兵官武安侯郑亨奏：'修完大同缘边三山等处烟墩一十四座，浚濠堑九十四里有余。'"④ 正统十三年（1448），明朝通事哈铭（又名杨铭）被瓦剌留于大漠，"土木之变"后，因缘际会，得以陪伴被俘之明英宗，充作翻译。此间曾返回明朝，通报消息。据其成化末年所撰《正统临戎录》之记述，可知大边在猫儿庄以北。"次日往北行，猫儿庄里边歇一夜。出大边墙，次日即往即〔集〕宁海子东岸行，二日至达子营。"⑤ 在大边长城，明朝还仿照关外形式，亦专设武将总督关隘。宣德九年（1434），"大同参将都指挥使曹俭奏：'缘边诸卫隘口守备宜有总督之者，今大同右、云川、玉林、朔州四卫所属，请遣都指挥佥事刘俨总督；天城、镇虏、阳和、高山四卫所辖，请遣都指挥佥事邓英总督。'从之"。⑥ 大同东北地势平坦。"大同天城、阳和一带漫无险，惟随处

① 《明宣宗实录》卷六，洪熙元年闰七月甲寅，第153—154页。
② 《明宣宗实录》卷六，洪熙元年闰七月甲寅，第162页。
③ 《明宣宗实录》卷五，洪熙元年闰七月丙午，第139页。
④ 《明宣宗实录》卷九，洪熙元年九月丁巳，第248页。
⑤ （明）杨铭：《正统临戎录》，载《明代蒙古汉籍史料汇编》第1辑，第99页。
⑥ 《明宣宗实录》卷一一五，宣德九年十二月丁未，第2581页。

有深坑天成，亦能警虏耳。"① 发展骑兵有颇多困难，正统元年大同总兵官方政言："切惟大同境外沟多山少，三面受敌，设立马营难为经久。"② 遂重点构建防御工事。宣德九年九月挖掘壕沟。宣德末年大同北部遂形成沟堑连绵局面。"镇守大同参将都指挥使曹俭奏：'大同分地，东自烂柴沟，西至崖头墩，迤逦险易，几逾千里。垣墙沟堑，日益坍塌。万一虏骑冲突，无以蔽拒，乞加修筑。'从之。"③

开平卫内徙之后，宣府镇虽仍轮戍开平旧地，但兵力少，防御重心也已南移，势必难以真正控制此地。宣德五年底，负责轮戍开平的宣府镇副总兵方政奏报"虏寇有在答古川、撅黎山者，去开平不远，恐为所袭，请发附近军夫一万人运粮料，而以骑兵护送"时，主管财政的户部荒唐地以春夏无警，认为此次警报属方政捏造。"今年春夏以来，自开平来者，并言无寇盗。此盖边将设词，欲变更番之例，以动民耳。"曾随朱棣北征，对蒙古南下习惯颇为熟悉的宣宗对此也含糊其辞，称："今天气寒冱，寇虏南向之时，不可执一。令方政会郎中王良再议。果，当防护即拨军与之。"④ 户部敢于直接否认边报，宣宗也莫衷一是，原因皆在于开平卫内徙之后，开平旧地战略地位已严重下降，户部从国家财政角度出发，可对永平荒远之地的合理性轻易提出质疑，宣宗对开平的重视也已严重下降。宣德末年，开平将领有奏请恢复大马群山以北城堡者，但宣宗并未同意。宣德八年十一月，"乙未，开平哨备都指挥佥事汪贵奏请如旧设隰宁、闵安、威虏、环州四堡，拨军瞭守。上语行在兵部臣曰：'开平官军已移入独石、赤城屯戍，留守开平者不过千人。若设四堡，又当增兵，兵多地远，供

① 《蓬窗日录》卷二《寰宇二》，第75页。
② 《明英宗实录》卷二二，正统元年九月戊午，第440页。
③ 《明英宗实录》卷二，宣德十年二月庚申，第56—57页。
④ 《明宣宗实录》卷七二，宣德五年十一月戊戌朔，第1676页。

给良难。其令陈浚熟计何者为便，具实以闻。'"①

故而，伴随开平卫的内徙，明朝逐渐失去了对阴山边疆北口的控制。相对于大宁、兴和、东胜内徙，开平内徙对阴山边疆的整体防御影响更大。这是由于开平处于蒙古进入漠南的枢纽地区，是草原势力进入阴山边疆的主通道。开平内徙后，明朝在阴山边疆固定控制地区，仅限于作为北京最后屏障的宣府镇，对于广大阴山边疆，已失去控制的主动权。这便是宣德六年阿鲁台在对瓦剌的战争失败后，得以轻易进入阴山边疆的根源。

明前期内徙开平卫之后，蒙古部落很快便进入这一地区。宣德六年，蒙古草原再次发生鞑靼阿鲁台与瓦剌脱欢的战争，结果阿鲁台战败。"敕总兵官武安侯郑亨等曰：'虏中有归附者，言阿鲁台与瓦剌脱欢战，阿鲁台败北，部曲离散，多于近边假息，其中亦有欲归附者。宜督缘边，严为之备。虏果来归，或中国人自虏中脱还者，皆与口粮，遣人送京师。然虏多诈，古云："受降如受敌"。慎之慎之。'"②当时明朝武将有劝宣宗仿照永乐北征故事，征讨瓦剌者。"时迤北鞑靼及阿鲁台部下头目脱脱哈益失都等来归，言阿鲁台为瓦剌所逼，率家属南奔。廷臣有请出兵掩击之者。"③但宣宗却表达了不会主动出击的立场。"此虏自永乐中归附，贡献不绝，未有大过。今势穷蹙，义当矜悯。但彼未尝自言，朕亦不欲劳中国之力，以事远夷。若又迫之于险，岂仁者所为哉？"④并派遣官员慰问阿鲁台。"于是遣都指挥曹者赤帖木儿等赍敕抚谕，且赐盔甲、金织文绮袭衣，并赐其子火儿忽答孙，及头目那骇等文绮袭衣。"⑤

---

① 《明宣宗实录》卷一〇七，宣德八年十一月乙未，第2388—2389页。
② 《明宣宗实录》卷七六，宣德六年二月丙申朔，第1751页。
③ 《明宣宗实录》卷七八，宣德六年夏四月己未，第1816页。
④ 《明宣宗实录》卷七八，宣德六年夏四月己未，第1816页。
⑤ 《明宣宗实录》卷七八，宣德六年夏四月己未，第1816页。

与之前草原争雄战败者仍居于漠北不同，鞑靼战败之后，直接南下漠南。宣德六年五月，"镇守大同总兵官武安侯郑亨等奏：'阿鲁台所部人马二千，驻集宁海子西北岸。'"[1] 集宁海子，又称圪儿海，今内蒙古乌兰察布市察哈尔右翼前旗黄旗海，位于大同镇境外，是一个面积较大的内陆湖，周边水草丰茂，是明中后期蒙古进入东胜故地的主要据点。鞑靼之所以直接南下，缘于明朝捐弃了除宣府镇以外的所有阴山边疆，为蒙古进入漠南地区留下了广阔的空间，成为宣德以后草原政治失败者遁逃的栖息地与南下攻明的前哨地。

对于鞑靼的南下，宣宗反对主动出击，而是仍然采取防御立场，他在给郑亨的敕书中指出："尔但宜慎边备、固城池。彼不犯边，毋擅以兵逼之。果来降，亦察其实，俾之入境，或近边居止，或打围，或往北行，听其所之。勿遣人出境觇伺，致其惊惧，或激变也。"[2] 宣宗不仅默认阿鲁台部众居于边外，而且为了牵制瓦剌，主动向仍居漠北的阿鲁台示好。宣德六年八月，"迤北来归鞑靼言和宁王阿鲁台为瓦剌脱欢迫逐，又闻中国将发兵征之，仓惶无措"，宣宗于是敕阿鲁台曰："特遣都指挥昌英等再往谕意，王其宁心静志，安居边塞，无听间言，自生疑贰。朕之此心，皎如天日，王其亮之。"[3] 在明朝允许之下，阿鲁台开始大规模南下，与已经居于蓟辽边外的兀良哈产生冲突，从而导致东部边疆连番变动。[4]

---

[1] 《明宣宗实录》卷七九，宣德六年五月庚寅，第 1845 页。

[2] 《明宣宗实录》卷七九，宣德六年五月庚寅，第 1845 页。

[3] 《明宣宗实录》卷八二，宣德六年八月乙未，第 1892—1893 页。

[4] 宣德七年九月，"辽东总兵官都督巫凯等奏亦马忽山等卫指挥木答兀等来报，福余等三卫鞑军往掠阿鲁台，为阿鲁台所败，尽收其家口、辎重、牛马、田稼，三卫之人奔往海西，或在辽东境外，招之不来，间有来者，语言诪张，已整饬军马备之"。《明宣宗实录》卷九五，宣德七年九月己未，第 2145 页。十月，"辛巳，边报阿鲁台部众东行攻兀良哈。上曰：'夷狄相攻常事，然虏谲诈，或者乘间为边患。'遂敕缘边诸将谨守备"。《明宣宗实录》卷九六，宣德七年冬十月辛巳，第 2181—2182 页。

控制了蓟辽边外，① 并威逼女真部落。② 兀良哈则已被挤压至明朝、
女真、朝鲜三方交界之处。"辽东总兵官都督巫凯奏：'署都指挥
佥事楚勇等专督守备，不严约束，致虏寇入义州，杀守墩军
士。'"③ 在鞑靼、兀良哈挤压之下，女真部落进一步越过鸭绿江，
进攻朝鲜，④ 从而影响了整个东北亚国际关系格局。

明朝最初对阿鲁台内附持接纳态度，但鞑靼占据集宁海子之
后，有进攻大同镇行为。宣德八年七月，"大同总兵官武安侯郑亨
奏：'虏寇入鸦儿崖，杀千户朱铭等五人，掠官马九十余匹，参将
都指挥曹俭率兵追之，寇始遁走。'"⑤ 除集宁海子之外，一些鞑
靼部落尚居于东胜旧地。宣德六年十二月，山西镇守官李谦奏："今
西缘黄河，累有警报残虏多来归附，而守备不足。"⑥ 为了获得生存
物资，甚至向西进攻防御薄弱的甘肃镇。⑦ 这样，阴山边疆"重边

---

① 宣德八年二月，"庚寅，迤北和宁王阿鲁台遣使自辽东入贡。报至，上敕辽东
总兵官都督巫凯等曰：'往年虏使皆自大同、宣府入境，今迂路从辽东入，或
欲窥觇作过，不可不虑，宜谨备之。'"《明宣宗实录》卷九九，宣德八年二
月庚寅，第 2220 页。

② "辛亥，兀者、肥河等卫奏和宁王阿鲁台部众数经其地，恐其侵扰，欲以兵拒
之。上曰：'虏逐水草求活耳，拒之非是。'遣敕谕之曰：'朕尝敕和宁王，令
戒饬部属，毋扰邻境。尔亦宜约束部下，谨守地方，彼来扰我御之，不扰亦勿
侮之。'"《明宣宗实录》卷九九，宣德八年二月辛亥，第 2232 页。"嘉河卫
指挥乃剌秃等差指挥卜颜秃来，奏和宁王阿鲁台部属徙于忽剌温之地，迫近本
境，恐其为患。今以所部人民移居近边，乞赐优容。"《明宣宗实录》卷一
〇〇，宣德八年三月戊寅，第 2251。

③ 《明宣宗实录》卷九九，宣德八年二月辛卯，第 2221 页。

④ "辽东总兵官都督巫凯奏朝鲜国擅政建州卫，请诘问之。先是，朝鲜国王奏毛
怜、建州之人诈为忽剌温野人装束，凡四百余骑，犯朝鲜边境，劫杀军民。建
州、毛怜二卫亦奏忽剌温野人头目木答兀等掠朝鲜人口，遇朝廷所差内官，已
追还之。朝鲜谓实建州所为，故加以兵。"《明宣宗实录》卷一〇三，宣德八
年六月癸未，第 2293—2294 页。

⑤ 《明宣宗实录》卷一〇三，宣德八年秋七月壬申，第 2313 页。

⑥ 《明宣宗实录》卷八五，宣德六年十二月乙未，第 1961 页。

⑦ "甘肃总兵官都督刘广奏：'近虏寇入兰州卫境掠马，又入永昌卫劫掠水泉儿、
水磨川二驿人畜。'"《明宣宗实录》卷九五，宣德七年九月辛未，第 2154 页。
"己亥，敕缘边诸将严守备。先是，有降虏言和宁王阿鲁台部酋卜欲犯边，

尽为虏窟"。① 在这一军事变化下，明朝甚至将黄河以北视为异域，在这一地区实行生态战争方式"烧荒"。"镇守山西都督佥事李谦言：'偏头关外，地临黄河，皆边境冲要之处，草木茂盛，或有寇盗往来，难于瞭望。请如大同、宣府例，至冬初发兵烧荒。'"②

虽然鞑靼有进攻明军的行为，但明朝的边防政策并未变化，仍以招抚为主。"大同总兵官武安侯郑亨等奏：'近闻虏寇百余人，携家口至官山近地牧放就食，马困力穷，众不一心，请出兵掩捕。不然，请给榜招之。'上曰：'彼不为寇，而加以兵不仁。惟当抚谕招怀之耳。'"③ 在这一政策下，鞑靼部落有归附明朝者。"宁夏总兵官都督佥事史昭等奏鞑靼也先帖木儿等归附。"④ 不过盘踞在东胜故地的鞑靼部落，却以此为据点，拒不归附。"辛丑，宁夏总兵官都督佥事史昭送降虏也先帖木儿等至京师，言鞑贼字的、打耳麻、脱欢、沙火的、朵罗秃等千余人驻黄河边摆力谎忽儿之地。"⑤ 同时，不断进攻大同镇。⑥

已敕诸将备之。至是，果入寇，凉州、永昌皆警。甘肃总兵官都督刘广遣指挥使李荣等率兵追及之，与战，杀咎卜父子及其党八十余人，生禽三十余人，余众皆遁，尽收其驼马而归。"《明宣宗实录》卷一〇六，宣德八年九月己亥，第2364页。"甘肃总兵官都督佥事刘广奏：'近期寇犯凉州、永昌，遣凉州卫指挥使李荣等追击至亦卜剌山，力战败之，斩首寇咎卜父子及其党八十余人，生禽三十余人，谨以献京师。'"《明宣宗实录》卷一〇七，宣德八年十二月壬子，第2393页。

① 《肇域志·辽东都指挥使司》，第1333页。
② 《明宣宗实录》卷九五，宣德七年九月丁巳，第2143页。
③ 《明宣宗实录》卷一〇八，宣德九年春正月乙酉，第2409页。"丙戌，上谕行在兵部侍郎王骥曰：'昨日边报，虏有携家来依塞下者。此必不安于沙漠，若久无所归，将为寇窃。宜出榜招谕，若来即处以善地，授官职、给粮赏，使之得所。不来不必强之，惟慎防之耳。'"《明宣宗实录》卷一〇八，宣德九年春正月丙戌，第2409页。
④ 《明宣宗实录》卷一〇八，宣德九年春正月丁酉，第2413页。
⑤ 《明宣宗实录》卷一〇八，宣德九年春正月辛丑，第2414页。
⑥ "镇守大同参将都指挥使曹俭奏虏寇四人，突入黄土山，射伤军士。百户周鉴等追捕，悉擒之，斩其首。又虏寇五人至沙岭北沟，持弓矢掠马驴，百户焦谦等追之，杀其三人，悉归所掠，余寇通。命升赏如例。"《明宣宗实录》卷一一五，

　　宣德末年，鞑靼在阴山边疆的驻牧重心呈现了西移趋势，即由阴山边疆的大同镇境外，西移至阴山边疆西端贺兰山后，以及更远的亦集乃，而进攻明朝的重心，则集中于阴山边疆西端，即利用乌拉山军事空缺，重点进攻甘肃、宁夏交界处的"松山走廊"，实已逼近河套西界。甘肃镇、宁夏镇之间的巨大空间，即乌鞘岭、贺兰山之间，是腾格里沙漠。明朝将腾格里沙漠视作阻隔蒙古骑兵南下的天然屏障，因此对于其南侧的大小松山，并未措意经营。大小松山不仅地势平坦，① 利于骑兵奔驰；② 而且水草丰茂，农牧皆宜，③ 山上又有各种猎物，可供充饥，④ 非常适宜蒙古骑兵补充给养。正由于此，明中后期，蒙古将大小松山视作撕破明朝西北防线的重要通道，不断由此驰骋南下。⑤ 有鉴于此，可将

　　宣德九年十二月丁巳，第2585页。"大同参将都指挥曹俭奏虏寇至响水河及沙岭，射伤人，掠牛马而去。大同右卫副千户梁智等追之，杀虏三人，余寇奔遁，尽还所掠牛马。上命行在兵部赏智等功。"《明宣宗实录》卷一一五，宣德九年十二月庚申，第2586—2587页。"虏骑千余人大同境肆掠，官军死者十五人，伤者百余人。"《明英宗实录》卷六，宣德十年六月癸卯，第118页。

① 正统三年，凉州右副总兵都督同知赵安奏："镇番、永昌抵庄浪、黄河千有余里，无高山险阻，贼人出没路多而哨备军少。"《明英宗实录》卷三一，正统二年六月庚午，第614页。

② 贺兰山最初森林茂密，成为阻止蒙古军队进入之障碍，但由于不断砍伐，这一阻碍亦不复存在。正统五年，"参赞宁夏军务右佥都御史金濂言贺兰山所以障腹里要害，往者林木生蔚，骑射碍不可通。比来官校多倚公谋私，深入斩伐，至五六十里无障蔽。有如樵采者，猝为虏所得，致知我虚实，豕突入寇，即无以阻遏之。请自今凡百材木需，用于雪山取之，不得于贺兰山纵伐，以规利目前，贻患无穷。上从之，敕宁夏总兵官都督史昭严加禁约"。《明英宗实录》卷七二，正统五年冬十月甲午，第1403页。

③ "《五边考》：'卫东百二十里有大小二松山，东扼黄河，南缀兰、靖，北阻贺兰，延袤千余里，号为沃壤。……'"《读史方舆纪要》卷六三《陕西十二·甘肃镇》，第2998页。

④ "米哈山，在（兰）州北二百余里。即大小松山，扒里扒沙山之北。胡人谓肉为'米哈'，言此山多禽兽，可资肉食也。今复其地入新疆。"《肇域志·陕西行都指挥使司·兰州》，第2638—2639页。

⑤ "癸亥，靖远伯王骥奏：'黄河迤北地名速罕秃，正系冲要去处，达贼不时出没。宜修整城堡，于靖虏卫摘拨官军屯守。其附近田地拨与耕种，子粒量为轻减，官军该追马匹乞为宽免。'从之。"《明英宗实录》卷一二六，正统十年二

这一通道称作"松山走廊"。①

鞑靼之所以西迁，与其进一步受到瓦剌打击有关。宣德九年四月，"迤北和宁王阿鲁台遣头目土鲁台薛别孙来奏，言为瓦剌所败，今脱身走，父子兄弟不复相顾。上闻之恻然，遣锦衣卫百户马亮赍敕驰往抚慰，并赐阿鲁台及部属失捏干等彩币表里"。② 十月，明朝接到了阿

月癸亥，第2521页。"先是，靖远伯王骥言陕西黄河迤北速罕秃，地面要害，宜析靖虏卫中所官军，于彼建立千户所。其靖虏地非要害，乞将全卫移立于扒沙，以扼虏冲。敕命参赞军务副都御史曹翼督治之。至是，翼奏：'扒沙在凉州东南二百五十里，庄浪西北二百里，应理州西南四百余里，于此屯兵，实足以控御外夷，屏蔽内地。所惜者屯种之地颇狭，不足以供赡军士，而速罕秃地面狭隘尤甚，宜将原调靖虏卫中所于扒沙，筑城建置，而罢速罕秃之役。'"《明英宗实录》卷一三二，正统十年八月丙辰，第2627页。而速罕秃便位于大小松山以南。"又有速罕秃地在卫东南，黄河北岸，亦为要害，议筑城于此，以遏寇冲。"《读史方舆纪要》卷六三《陕西十二·甘肃镇》，第3000页。"嘉靖七年十一月十五日，套虏六七千骑自宁夏东北镇远关南路，踏冰过黄河，循贺兰山南行。……杭雄等结营固守，余众幸得保全，贼遂由贺兰山南赤木口出境。……套虏踏冰过河，由宁夏境贺兰山内入庄凉始于此。"（明）王琼：《北虏事迹》，《中国野史集成》第23册，巴蜀书社，2000，第616—617页。

① 1985年，费孝通从民族学的角度，将青海与陕西交界的地带称作"陇西走廊"。"我这次从兰州去甘南是沿洮河，靠着陇西黄土高原西部边缘南下的。到合作就跨入了青藏高原的东界。紧接青藏高原的这一线黄土地区出现了一条成分复杂、犬牙交错的民族地带，不妨称之为陇西走廊。在现有的分省地图上，这条走廊正是甘、青两省接壤地区，往南延伸便到云贵高原的六江流域。这里是对民族研究工作者具有吸引力的地区。"《费孝通民族研究文集·甘南篇》，民族出版社，1988，第415页。1987年，又在考察撒拉族的途中，进一步说明了陇西走廊的性质。"我这几年多次去甘肃、青海，目的是想了解一下处于青藏牧区和中原农区之间的那一条历来是农牧桥梁的陇西走廊。"《费孝通文集》第十一卷《撒拉餐单》，群言出版社，1999，第109页。当年又在考察甘肃临夏途中，进一步界定了陇西走廊的范围。"这条走廊沿着甘青两省边界，北起祁连山，南下四川，接上横断山脉的六江流域。民族成分颇为复杂。"《费孝通文集》第十一卷《临夏行》，第113页。贾敬颜又提出"河湟走廊"的概念，但并未予以界定。"河湟走廊与河西走廊呈丁字形，都是中外交通、民族混杂的地区，汉人以外，更多的是少数民族。"贾敬颜：《历史上少数民族中的"汉人成分"》，载费孝通等《中华民族多元一体格局》，中央民族大学出版社，1989，第166页。本文所提出之"松山走廊"，在部分地域与"陇西走廊"有所重合，不过显然前者尚包括甘肃、宁夏交界处，后者尚包括四川部分地区；前者系从军事角度着眼，后者系从民族角度着眼。因此，两种概念皆充分注意到了甘肃、陕西之间水道之重要性，但显然问题意识与地理范围有不小区别。

② 《明宣宗实录》卷一一〇，宣德九年夏四月壬戌，第2467页。

鲁台被瓦剌袭杀的消息。

> 甘肃总兵官都督佥事刘广奏："获到虏寇，言今年二月，瓦刺、脱脱不花王子率众至哈海兀良之地，袭杀阿鲁台妻子部属，及掠其孳畜。阿鲁台与失捏干止余人马万三千徙居母纳山、察罕脑刺等处。七月脱欢复率众袭杀阿鲁台、失捏干，其部属溃散。阿鲁台所立阿台王子止余百人遁往阿察秃之地，完者帖木儿遂南行至哈剌脱欢山为寇。已遣千户王敬等领兵追之，斩首十一级，生擒完者帖木儿及男妇二十人，械送京师。"①

和田清认为母纳山即包头西边的穆尼乌拉岭，察罕脑刺不是杜勒泊或活育儿大泊的别名，便是插汉泉。②《中国历史地图集》第七册标这两个地点分别为乌拉山、内蒙古包头西至乌拉山一带，即皆在黄河以北。阿察秃、哈剌脱欢山所在地不明，但瓦剌既由东北向西南方向追杀阿鲁台部落，其众相应向西遁逃，揆诸地理，便应在甘肃镇北境。

伴随阿鲁台的死去，永乐以来驰骋大漠、横亘瓦剌、明朝之间的阿鲁台势力不复存在，鞑靼残部遂西遁于甘肃镇境外。宣德九年，"初，朵儿只伯从阿鲁台归款，已命为都督。阿鲁台既为瓦剌所败，朵儿只伯奔走无所依，尝寇掠凉州。边将获其甥，上怜而不杀留之。至是，惧朝廷追剿，故遣脱火赤等来，以款我师，且观朝廷所以处之如何"。③ 与朵儿只伯相似的是，其他鞑靼残部也一度近边归附。兵部尚书王骥奏："虏阿鲁台为瓦剌所破，其部落溃散，外惧瓦剌，内畏官军，不得已内附。"④ 但鞑靼残部逐渐收聚、恢复，又借助归附明朝的名义，蔚然而成近边一大部落，对阴山边疆西端形成了直接威

---

① 《明宣宗实录》卷一一三，宣德九年冬十月乙卯，第 2545 页。
② 《明代蒙古史论集》，第 204—205 页。
③ 《明宣宗实录》卷一一五，宣德九年十二月己未，第 2586 页。
④ 《明英宗实录》卷二三，正统元年冬十月辛未，第 459 页。

胁。其中为首者是阿鲁台原来支持的大汗阿台与朵儿只伯。"达贼阿台、朵儿只伯等不顺天道，罔感国恩，屡寇边境。"① 进攻目标集中于甘肃镇东北、宁夏镇西北。② 之所以有此选择，缘于明朝在甘肃镇、宁夏镇境外腾格里沙漠防御薄弱，鞑靼利用这一军事空缺，可轻易沿松山走廊南下，并在明军反击之时，迅速退回沙漠或以西之亦集乃。③ 针对这一地缘形势，明朝加强了对甘肃镇东部的经营，在凉州设置副总兵，形成东西并重之势。宣德十年，"起为事官李安为行在右军都督府都督佥事，充副总兵，往甘肃同总兵官都督同知刘广提督操备。先是凉州等卫，屡有警"。④

正统时期，鞑靼各部驻扎于贺兰山后、⑤ 狼山之前。⑥ 明朝于

① 《明英宗实录》卷一〇，宣德十年冬十月庚子，第185页。
② "时复突入凉州、镇番境内为患。"《明英宗实录》卷一〇，宣德十年冬十月壬寅，第187页。"宁夏总兵官都督同知史昭等奏：'来降达子脱罕沙言：达贼卜剌赤等千余人，欲来宁夏虏掠。臣与左少监来福率官军出口哨捕，领军指挥使熊震等于伯力、沙子、赤山儿、双山等处遇贼对敌，杀败贼众，斩获首级，生擒男妇五十余口，获到驼马骡牛等物，人口解送京师。'"《明英宗实录》卷一六，正统元年夏四月乙巳，第308页。
③ "甘肃左副总兵都督同知刘广奏：'比闻来降胡妇脱欢等言：贼首阿台并朵儿只伯等向被大军杀散，各遁于亦集乃并亦不剌山潜住……'"《明英宗实录》卷一四，正统元年二月丁巳，第267页。
④ 《明英宗实录》卷四，宣德十年夏四月辛酉，第88页。
⑤ 正统二年，"宁夏等处count奏：'达贼犯边，由迭烈孙雪山入境剽掠，又欲纠集贼众，往掠楚府孳畜。迹其所在，多于庄浪、兰县及宁夏山后潜藏出没。'"《明英宗实录》卷二六，正统二年春正月己亥，第517—518页。"乙卯，右都督蒋贵等奏：'先因达贼阿台、朵儿只伯等在宁夏山后潜住，上命臣等探其情实，与宁夏会兵剿杀。臣等累昼夜不收分途出境，直至宁夏贺兰山后，探知贼营移往东北。'"《明英宗实录》卷二八，正统二年三月乙卯，第568页。"丙寅，敕宁夏总兵官右都督史昭曰：'去冬达贼匿宁夏山后，草枯马瘠，正殄灭之时也。朕屡敕尔等及都督蒋贵、赵安合兵剿之，尔等不遵朝廷之命，欲自为功。适贵进兵，而尔报云贼往亦集乃去，致贵越趄不进。及瞭贼起营驰报，则缓不及事矣。尔等虽云领兵追剿，去贼仅一二程，乃畏缩不前，使贼得遁，失此事机。今贼又犯唐来渠，纵横劫掠，实尔等之咎，欲诿之于下可乎？廷臣论尔等罪不可宥，其洗心涤虑，图以自赎，否则以军法处之无赦。'"《明英宗实录》卷三一，正统二年六月丙寅，第612页。
⑥ 兵部尚书王骥奏："朵儿只伯潜往狼山等处，先调左副总兵都督蒋贵率轻骑杀败，过黄河遁去。"《明英宗实录》卷三九，正统三年二月辛巳，第764页。

是命大同、宁夏、甘肃三镇联合出兵，"分道追袭虏酋阿台、朵儿只伯等"。① 鞑靼残部向东北逃遁，明军追至鱼海子，无功而返。② 鱼海子，又名鱼儿海，蒙古名札哈苏台，在镇番卫东北二百八十里处。③ 正统二年八月，明朝派遣兵部尚书王骥抵达甘肃，王骥主张兵分四路，分地防守、互相应援。④ 九月，明朝决定由王骥指挥甘肃、宁夏二镇军队，出境进攻鞑靼残部，⑤ 取得重要胜利。⑥ 阿台、朵儿只伯最终被瓦剌杀死。⑦ 西北边疆威胁得以解除。

第五节　宣德时期"内政本位"观念下的放弃交阯

　　明朝在内徙开平的同时，仍派军队轮番戍守，因此并未给人

---

① 《明英宗实录》卷二六，正统二年春正月己亥，第517—518页。

② "镇守陕西右副都御史陈镒奏：'都督蒋贵等奉敕征虏，兵至鱼海子，逗遛弥月而还。'"《明英宗实录》卷三〇，正统二年五月丙午，第600页。"都督蒋贵、佥都御史曹翼统兵剿胡寇，驻鱼海子，以（陕西行都司都指挥使安）敬言前途无水草，不可进，引还。"《明英宗实录》卷三一，正统二年六月甲子，第611页。

③ （雍正）《甘肃通志》卷四《疆域·镇番县》，《景印文渊阁四库全书》第557册，第146页。

④ "自庄浪西抵古浪城，南抵黄河东北，抵宁夏界，以属都督李安。自凉州北抵镇番，南抵古浪，东北至板井，以属都督赵安。自甘州东过山丹，直抵永昌，北至胭脂堡，西至深沟垒，以属都督任礼。自肃州东接深沟，东北抵镇夷，西抵嘉峪，北抵天仓，以属都督蒋贵。"《明英宗实录》卷三四，正统二年九月戊子朔，第656页。

⑤ "命中军左都督任礼佩平羌将军印，充总兵官，左军右都督蒋贵充左副总兵，左军都督同知赵安充右副总兵，兵部左侍郎柴车右佥都御史曹翼、罗亨信俱参赞军务，率领军马剿捕虏寇阿台、朵儿只伯等。仍命行在兵部尚书王骥、太监王贵监督之。而以都督李安、侍郎徐晞等居守甘肃。并敕宁夏总兵官都指史昭、监察御史郭智选军，付参将丁信统领，以俟遣遗。且敕骥曰：'命卿监督诸军，剪除残寇。凡百机务，悉听便宜处置。有功者赏，不用命者诛。事得专制，然后奏闻。'"《明英宗实录》卷三五，正统二年冬十月甲子，第678—679页。

⑥ 《明英宗实录》卷三五，正统二年冬十月甲子，第678—679页；卷四一，正统三年夏四月乙卯，第790—791页。

⑦ 正统三年九月，阁臣杨士奇奏："比者，差去瓦剌使臣都指挥康能等回，备言达贼阿台、朵儿只伯等已被脱脱卜花王杀死，西北之境可以无虞。"《明英宗实录》卷四六，正统三年九月丁未，第899页。

以放弃土地的感觉，相应当时也未引起朝堂之上的争论。与之不同，宣德时期将安南从郡县直接统治，恢复为宗藩关系，不仅意味着完全放弃了明朝经营了二十年的土地，而且有损明朝在南方边疆的权威形象。明朝君臣由此产生了巨大争议，最终宣宗从"内政本位"观念出发，放弃了交阯。

宣宗即位之初，便在私下里与阁臣杨士奇、杨荣讨论过放弃交阯，计划在寻找陈氏之后，恢复与安南之间的宗藩关系。"然藏在朕心，未尝忘。朕今思之，若陈氏果有后，选一人立之，使共藩臣之职，三年一贡，如洪武之制。"① 这样既可以缓解明朝在交阯的军事压力，又可以解决明朝由此而承担的财政负担。"用宁其民，而中国亦省兵戍之劳，岂不可乎？"② 如此做法符合太祖兴灭继绝传统的对外政策，自己即使因此而承担失去领土的指责，也在所不惜。"如此，不免论者谓朕委弃祖宗之业，然继绝兴灭实我皇祖之志。"③ 杨士奇、杨荣为进一步赋予宣宗如此做法的合理性，指出朱棣本人最初也秉持兴灭继绝的立场。"永乐三年初，命将征黎贼，凡诏敕文字皆臣等在御前亲承面命书行。是时太宗皇帝圣志惓惓，在于兴灭继绝。玉音具存，中外所共闻知。"④ 宣宗于是顺势说他在少年之时，也有如此印象。"其时朕虽髫年，尚记一二，圣语亦如卿等所云，卿二人但识朕意勿言，三二年内，朕必行之。"⑤

宣宗虽然有这一想法，但作为皇帝，不便率先公开表态。宣德元年（1426），镇守交阯中官山寿最先反对在安南用兵，参赞军务的文官陈洽却反对这一立场。"宣宗宣德元年春三月，总兵陈

---

① 《明宣宗实录》卷一一，洪熙元年十一月壬戌，第315页。
② 《明宣宗实录》卷一一，洪熙元年十一月壬戌，第315—316页。
③ 《明宣宗实录》卷一一，洪熙元年十一月壬戌，第316页。
④ 《明宣宗实录》卷一一，洪熙元年十一月壬戌，第316页。
⑤ 《明宣宗实录》卷一一，洪熙元年十一月壬戌，第316页。

智、方政讨黎利，进至茶龙川，败绩。时山寿主招抚，拥兵自卫，陈洽力争不听，陈智、方政复不相能，洽以上闻。"① 山寿最先公开反对在安南用兵的做法，十分耐人寻味。山寿能够镇守正处于大规模战争之中的交阯，显然是宣宗十分信赖的宦官。他之所以这么做，应是得到了宣宗的授意，故意试探一下官僚集团对于放弃交阯的看法。

而接到不明就里的陈洽的奏报后，宣宗便立即开始与辅政集团中人物蹇义、夏原吉、杨士奇、杨荣，商议放弃交阯事宜。宣宗首先抬出太祖朱元璋颁布的祖训作为依据。"太祖皇帝祖训有云：'四方诸彝及南蛮小国，限山隔海，僻在一隅，得其力不足供给，得其民不足使令，吾子孙毋倚富强要战功。'"② 指出太宗朱棣之所以设置郡县，是因为陈氏无后，不得已而为之。"后因黎氏弑主虐民，太宗皇帝有吊伐之师，盖兴灭继绝圣心也。而陈氏子孙为黎季犛杀戮已尽，不得已徇土人之请，建郡县，置官守。"③ 但当地却不断发动叛乱。"自是以来，交阯无岁不用兵，皇考念之，深为恻然。"④ 提出放弃交阯，恢复宗藩关系。"昨遣将出师，朕反复思之，欲如洪武中使自为一国，岁奉常贡，以全一方民命，卿等以为何如？"⑤ 蹇义、夏原吉指出，朱棣多年经营的结果不应放弃。"太宗皇帝平定此方，劳费多矣。二十年之功，弃于一旦，臣等以为非是。"⑥ 由于曾经私下得到宣宗的授意，杨士奇、杨荣引用西汉放弃珠崖的例子，赞同宣宗放弃交阯的方案。"交阯，唐、虞、三代皆在荒服之外，汉唐以来虽为郡县，叛服不常。汉元帝时，珠崖反，发兵击之，贾捐之议罢珠崖郡，前史称之。夫

---

① 《明史纪事本末》卷二二《安南叛服》，第 356 页。
② 《明史纪事本末》卷二二《安南叛服》，第 356 页。
③ 《明史纪事本末》卷二二《安南叛服》，第 356—357 页。
④ 《明史纪事本末》卷二二《安南叛服》，第 357 页。
⑤ 《明史纪事本末》卷二二《安南叛服》，第 357 页。
⑥ 《明史纪事本末》卷二二《安南叛服》，第 357 页。

元帝中主，犹能布行仁义，况陛下父母天下，与此豺豕较得失耶！"① 由于决策集团内部存在异议，宣宗并未做出决议，只是有倾向地认同二杨的说法。②

宣德二年正月，宣宗再次私下召见杨士奇、杨荣，对蹇义、夏原吉的观点进行了批驳。"前者论交趾事，蹇义、夏原吉拘牵常见。昔征舒弑陈灵公，楚子讨之，杀征舒。既县陈，申叔时以为不可，楚子即复封陈。古人服义如此。"③ 从中国古代边疆决策中的"内政本位"立场出发，再次重申了自己的观点。"太宗初得黎贼，定交趾，即欲为陈氏立后。今欲承先志，使中国之人皆安无事，卿等为朕再思。"④ 二杨认为宣宗应乾纲独断。"此盛德事，惟陛下断自圣心。"⑤ 宣宗从而最终决意放弃交阯。"朕志已定，无复疑者。但干戈之际，便令访求，恐未暇及。俟稍宁静，当令黄福专意求之。"⑥

朝廷的争论很快被在安南平叛的官员听闻。受到朝廷争论的影响，负责平叛的镇守交阯总兵官王通在军事行动上，变得犹豫不定。

贼纵火焚民居，大杀掠。王通敛兵不出，贼致书请和。通自宁桥之败，气大沮丧，虽获城下一胜，而志不固，且意柳升师虽出，未能猝至，道路多梗，黎利既求和，不如徇其所请。按察司杨时习曰："奉命征讨，乃与贼和，弃地旋师，何以逃罪！"通厉声叱之曰："非常之事，非常人能之，汝何所知！"遣人同利所遣人进表及方物。⑦

---

① 《明史纪事本末》卷二二《安南叛服》，第 357 页。
② 《明史纪事本末》卷二二《安南叛服》，第 357 页。
③ 《明史纪事本末》卷二二《安南叛服》，第 358 页。
④ 《明史纪事本末》卷二二《安南叛服》，第 358 页。
⑤ 《明史纪事本末》卷二二《安南叛服》，第 358 页。
⑥ 《明史纪事本末》卷二二《安南叛服》，第 358 页。
⑦ 《明史纪事本末》卷二二《安南叛服》，第 359 页。

而作为叛乱者的黎利，也很快察觉到明朝的政治风向，于是在宣德二年九月，谎称找到了陈氏后裔，请求明朝罢兵。"九月，安远侯柳升等师至交趾隘留关，黎利及诸大小头目具书遣人诣军门，乞罢兵息民，立陈氏后主其地。"① 与此同时，又在倒马坡之战中，大胜明军，斩杀主将柳升及其麾下七万将士。

> （柳升）前至倒马坡，独与百骑先驰渡桥，既渡而桥遽坏，后队阻不得进，贼伏兵四起，升中镖死，梁铭、李庆皆死。崔聚率官军进至昌江，遇贼，奋力死战。聚宿将，然仓卒新丧元帅，吏士沮且嚣，贼驱象乘之，官军大溃，聚被执。贼大呼降者不杀，官军或死或奔散，竟无降者。郎中史安，主事陈镛、李宗昉等皆死，惟主事潘原大脱归，七万人皆没。②

次月，黎利的书信被进呈宣宗，在这封信中，黎利谎称愿奉陈氏后裔为国王。"今陈氏遗嗣有曰暠者，窜身老挝盖二十年。本国之人不忘陈氏先王之泽，已求暠于羁寓之次，欲得暠继宗祀之微，百万之心不约而同。"③ 当月，黎利又向明朝进贡，再次表达了这一意愿。④ 宣宗于是征求曾经担任征讨安南总兵官、当时明朝第一武将张辅的意见。张辅持反对意见。"此不可从，将士劳苦数年，然后得之。此表出黎利之谲，当益发兵诛此贼耳！"⑤ 蹇义、夏原吉同样仍持反对立场。"尚书蹇义、夏原吉皆言不宜隳成功，示贼以弱。"⑥ 但二杨却再次站到了宣宗一边。与宣宗一样，二杨

---

① 《明史纪事本末》卷二二《安南叛服》，第 359—360 页。
② 《明史纪事本末》卷二二《安南叛服》，第 360 页。
③ 《明宣宗实录》卷三二，宣德二年冬十月壬午，第 830—831 页。
④ 《明宣宗实录》卷三二，宣德二年冬十月癸未，第 832—834 页。
⑤ 《明史纪事本末》卷二二《安南叛服》，第 360—361 页。
⑥ 《明史纪事本末》卷二二《安南叛服》，第 361 页。

阐发了中国古代边疆决策中"内政本位"的传统观点，指出朱棣最初设立郡县，本来便是不得已而求其次的选择，结果导致当地民众不断发动叛乱，只有如同西汉放弃珠崖那样，放弃交阯，才能从根本上解决这一问题，缓解明朝所面临的内政压力。

> 兵兴以来，天下无宁岁，今疮痍未起，而复勤之兵，臣不忍闻。且求立陈氏后者，太宗皇帝心也。求之不得，而后郡县，叛乱相寻，至深厪先帝忧。今因其请，抚而建之，以息吾民，于计大便。汉弃珠崖，前史荣之，安在为示弱乎？[①]

宣宗对二杨的主张表示了肯定。"卿二人言是。先帝意朕固知之。"[②] 在第二天的朝堂之上，宣宗最终宣布放弃交阯，以缓解国内压力。"明日，出矞表示群臣，且谕以息兵养民意，群臣顿首称善。"[③] 次月，宣宗颁布诏书，废除交阯三司，恢复与安南的宗藩关系。

> 今总兵者以安南头目黎利等之词来闻，谓前国王陈氏遗嗣有存人，思其先请命承继，永奉职贡。览词恳切，良契朕怀，宜敷恩命，与之维新。凡交阯大小官员军民人等，有犯罪无大小，咸赦除之。前安南王陈氏之孙，令头目耆老同具实来闻，即遣使册封朝贡，仍遵洪武旧制。总兵官成山侯王通等即率官军，各回原卫所，交阯都司、布政司、按察司、卫所、府州县文武官吏、旗军人等，各带家属回还。镇守公差内官、内使，悉皆回京。於戏！兴灭继绝，上承祖宗之心，偃兵息民，覃霈乾坤之德，特兹诏示，宜体至怀。[④]

① 《明史纪事本末》卷二二《安南叛服》，第361页。
② 《明史纪事本末》卷二二《安南叛服》，第361页。
③ 《明史纪事本末》卷二二《安南叛服》，第361页。
④ 《明宣宗实录》卷三三，宣德二年十一月乙酉朔，第836页。

明军虽然被整体召回，但仍有数万士兵并未回还，这无疑提升了安南的军事力量。"黎利遣头目黎公僎送还官吏百五十七人，戍卒万五千一百七十人，马千二百匹，闭留不遣者无算。"① "计其班师之日，文武吏士携家而归者八万六千六百四十人，为黎贼遮留不遣者尚数万人。"②

但黎利实假托找到陈氏后裔，以欺骗明朝罢兵。因此在宣德四年，又向明朝奏报陈氏后裔病死。宣宗心里也知道这是黎利玩弄的手段。"已而使还，利奉表言暠死，陈氏绝。上心知其妄，然业置之不问。"③ 但也只能在表面上命黎利仔细搜求，看是否还有其他后裔。④ 宣德五年，宣宗指出黎利必须获得安南的联名奏请，才能代理安南政务。"今安南头目、耆老共言陈氏之后已绝，无从访求，如前所奏。又言尔利谨厚，抚绥有方，甚得民心，可堪管摄。朕用嘉悦，盖从民所志，朕之素心，其广集安南头目、耆老，更询陈氏，如果无后，连名奏，来朕与处置。"⑤ 宣德六年，宣宗最终命黎利权署安南国事。"自是连岁安南头目、耆老，并奏陈氏之后已绝，请以黎利管摄国事。众口一诚，累章不已，果得人以抚众，固朕心之所嘉。今允所请，特遣使赍印章，命利权署安南国事，以抚国人。"⑥ 正统元年（1436），在三杨的主持下，明朝最终承认黎氏的合法地位。

庚申，遣行在兵部右侍郎李郁为正使、行在通政使司左通政奈亨为副使，持节赍印，往封权安南国事黎麟为安南国王。初，宣宗皇帝既命黎利权署国事，利殁，麟嗣事朝廷益

---

① 《明史纪事本末》卷二二《安南叛服》，第 361 页。
② 《明史纪事本末》卷二二《安南叛服》，第 369 页。
③ 《明史纪事本末》卷二二《安南叛服》，第 361 页。
④ 《明宣宗实录》卷五二，宣德四年三月甲戌，第 1258—1260 页。
⑤ 《明宣宗实录》卷六五，宣德五年夏四月乙酉，第 1539—1540 页。
⑥ 《明宣宗实录》卷八〇，宣德六年六月乙亥，第 1849 页。

恭。至是，上以陈氏支裔既绝，不若正麟位号，顺而抚之。下群臣议，悉以为宜。于是，命郁等往封之。诏其国人曰："朕祗膺天命，统御下民，覆载之间，咸图康靖。矧尔安南，密比疆场，其权署安南国事黎利子麟，继承以来，克勤克慎，事上抚下，罔有怠违。今特封为安南国王，授以印章，俾永绥尔一国之人，以副朕一视同仁之意。"①

经历巨大波折重建的宗藩关系，仍然十分松散，安南很快又开始侵夺明朝的土地。正统三年，英宗便在敕书中责备安南国王曰："曩者广西守将奏尔下思郎州土官农原洪，攻杀安平州人民，虏男妇二百二十余人，抢烧牛羊、房屋，又占峒村民二百二十户。比又奏尔边人率众劫掠思陵州霸村，虏男妇四十余人，抢烧牛羊、房屋。"②

对于明朝放弃交阯，冯梦龙采取批判态度，认为明朝完全可以采取沐氏永镇云南的形式，以慑服中南半岛。

张英国三定交州，而竟不能有，则以英国之去也。假使如黔国故事，俾英国世为交守，虽至今郡县可矣。故平贼者，胜之易，格之难，所戒于早班师者，必有一番安戢镇抚作用，非仅仅仗兵威以胁之已也。③

《明史纪事本末》同样持严厉批判的态度。该书首先指出交阯本来便是中国直接统治的地区。"交阯自汉入为郡县，此与番禺、

---

① 《明宣宗实录》卷二二，正统元年九月庚申，第449页。
② 《明宣宗实录》卷四三，正统三年六月丙辰，第830页。
③ （明）冯梦龙辑《智囊》卷一《上智部见大·杨廷和》，缪咏禾、胡慧斌校点，载魏同贤主编《冯梦龙全集》第10册，江苏古籍出版社，1993，第162页。

桂林，同归中国，非属彝附庸，仅称职贡比也。"① 黎氏的做法挑战了明朝的宗主权威，朱棣发兵征讨、设置郡县是理所当然之事。"及永乐中，黎氏弑主盗国，称帝改元，非徒得罪本国，意实抗衡天朝，俘馘其众，不得云暴，编伍其地，不得云贪也。既分郡县，编置官僚，垂三十年，俨然宇下。"② 宣宗放弃交阯的做法，其实是对反抗力量的妥协，并非如明朝所宣扬的兴灭继绝。"一旦匹夫犯顺，遽尔割土加王。嗟乎！是赏叛也，是奖奸也。"③ "若曰存亡继绝，则陈乃孤也，以义当立。黎乃贼也，以法当诛。若曰勤民略远，则将立黎利，乃定之矣；若犹未也，不如勿伐。"④ 如今在连番兵败之后，放弃交阯，实为割地求和。"王通力屈而请和，柳升再入而败殁，然后下诏遣使，修好撤藩，城下之盟，耻同新政，割地之议，辱比敬瑭矣。"⑤ 这种行为实将明朝的多年经营，化为乌有。"至于旌节符绂，狼籍裔土，将吏公卿，流离草莽，战士污魂，哭闻中夜，孤臣喋血，碧化千年。"⑥ 也相应损害了明朝在藩属国中的权威。"贻笑蛮方，损威中国，谁秉国成，至此极乎！"⑦ 由此出发，《明史纪事本末》指出在历史上，儒生一向秉持保守态度，贻害国家。"夫曹公东下，子布请迎，澶渊戒严，尧臣劝避，自古儒生狃安惮劳，摭经误国。"⑧ 而二杨便是明朝放弃交阯的罪人。"二杨太平宰辅，黼黻承明，恒若有余，决机危疑，必形不足。不然，迎新主于金川，阿焰跆于末路，岂有立身朝堂，进退狼狈而顾，预谋阃外，贻谋远大者哉。"⑨

---

① 《明史纪事本末》卷二二《安南叛服》，第 369 页。
② 《明史纪事本末》卷二二《安南叛服》，第 369 页。
③ 《明史纪事本末》卷二二《安南叛服》，第 369 页。
④ 《明史纪事本末》卷二二《安南叛服》，第 369 页。
⑤ 《明史纪事本末》卷二二《安南叛服》，第 369 页。
⑥ 《明史纪事本末》卷二二《安南叛服》，第 369 页。
⑦ 《明史纪事本末》卷二二《安南叛服》，第 369—370 页。
⑧ 《明史纪事本末》卷二二《安南叛服》，第 370 页。
⑨ 《明史纪事本末》卷二二《安南叛服》，第 370 页。

小　结

仁宣时期，为了缓解永乐时期边疆开拓带来的财政危机与内忧外患，成长在文官政治氛围之中的仁宣二帝，在边疆决策中，追溯中国古代"内政本位"的传统观念，更加强调内政稳定，而非边疆开拓，从而采取边疆收缩政策，从边疆地区全方位撤退，不仅不再北进漠北草原，甚至内徙开平卫；不仅不再派遣郑和下西洋，而且放弃了在中南半岛的直接统治，反映出明朝再次回归内敛的疆域政策，建立一种"收缩型王朝国家"。仁宣时期的边疆收缩政策，虽然缓解了明朝的财政压力，但却导致明朝失去了边疆防御的支点，是周边族群不断内压，最终造成边疆战略格局扭转的根源。

第六章

正统时期王朝国家的南征北战
与军事灾难

到了正统时期，明朝的边疆政策，似乎又重新倒转了过来。这一时期，明朝再次宣扬更为积极的"华夷无间"族群观念。在边疆经略上，明朝不仅在南方边疆发动四次大规模的"麓川之役"，[①] 而且在北部边疆，皇帝再次发动亲征，宛然再次走向"开

---

① 关于麓川之役，可参见郑镇峰《明正统年间"三征麓川"之役》，《历史教学》1963年第8期；刘亚朝《试评麓川的兴衰》，《云南民族学院学报》1983年第1期；万揆一《明代麓川之役和〈陈言征麓川略〉》，《贵州文史丛刊》1985年第2期；百川《明代麓川之役述评》，《思想战线》1986年第2期；尤中《明朝"三征麓川"叙论》，《思想战线》1987年第4期；赵毅《论"麓川之役"》，《史学集刊》1993年第3期；刘祥学《试论明英宗时期的三征麓川之役》，《广西师范大学学报》（哲学社会科学版）1997年第4期；贾仲益《论"三征麓川"与明代边政》，博士学位论文，中央民族大学，2000；李建军《明代云南沐氏与思氏家族关系研究》，《湖南师范大学社会科学学报》2005年第1期；林超民《明代云南边疆问题述论》，载《林超民文集》第2卷，云南人民出版社，2008；陆韧《泛朝政化与史料运用偏差对边疆史地研究的影响——以明代"三征麓川"研究为例》，《中国边疆史地研究》2010年第1期；秦树才、辛亦武《明代云南边区土司与西南边疆的变迁》，《中国边疆史地研究》2013年第1期；罗勇《明代麓川问题的形成、解决及其影响》，《中南民族大学学报》（人文社会科学版）2016年第4期；秦树才、肖婷《从"使其不叛"到"治以不治"：明朝治滇观探析》，载中国明史学会、昆明学院编《明代云南治理与开发国际学术研讨会论文集》，云南人民出版社，2018。

拓型王朝国家"之路。正统时期王朝国家的南征北战，虽然声势浩大，但代价巨大，甚至酿成了巨大的军事灾难——"土木之变"。正统时期，明朝在族群观念、边疆政策上，为何呈现出巨大转折，这种转折对于政权产生了何种影响，值得深入思考。刘祥学《明朝民族政策演变史》一书指出，王振专权后，在事关明朝安危的周边民族政策方针大政上，一切以巩固权势、提高个人声威为出发点，随意调整前朝制定的民族政策，发兵远征麓川，导致明朝以防北方民族为主的政策重心出现了转移，并造成了严重后果。①

第一节　正统时期宦官崛起与"华夷无间"
族群观念

与朱棣相似，英宗在族群观念上，秉持更为积极、包容的"华夷无间"立场。正统三年（1438）九月，英宗敕谕麓川宣慰使思任发曰："朕即位以来，祗体祖宗之心，抚辑华夷，无间远迩。"② 正统七年四月，敕镇守松潘都指挥佥事王杲、高广曰："王者一视同仁，固无间华夷。"③ 正统九年，英宗敕沙州卫头目曰："脱脱不花王等远处迤北，近年差人朝贡来京，朝廷亦遣使臣往彼赐赍。视同一家，无有间言。"④ 正统六年正月，英宗致书蒙古可汗脱脱不花的书信，所表述的国家观念，也更为积极开放。"自古圣明之君，皆以天下为一家，一视同仁，无有彼此。我祖宗体天行道，法古圣人以为治，是以海内、海外，无间迤迩，罔不归心。"⑤ 同

---

① 《明朝民族政策演变史》，第 241 页。
② 《明英宗实录》卷四六，正统三年九月癸卯，第 895 页。
③ 《明英宗实录》卷九一，正统七年夏四月甲午，第 1830 页。
④ 《明英宗实录》卷一二四，正统九年十二月癸亥，第 2482 页。
⑤ 《明英宗实录》卷七五，正统六年春正月癸亥，第 1472 页。

样，正统九年十二月，英宗在敕沙州卫的敕书中，也表达了这种观念。"古帝王受天命，主宰万方，凡海内、海外大小人民，皆在统驭之中。"① 给哈密的敕文也是如此。"朕以天下为家，一视同仁，固无分彼此。"②

值得注意的是，英宗 9 岁即位，正统三年年方十二。如果是在当代，这个年龄仍是稚气未脱之时。但在古代社会，已经处于向成年的过渡时期。明代法律规定 14 岁便可成婚，便可证明这一点。不仅如此，英宗少年即位，虽然有张太皇太后、孙太后掌控全局，三杨辅助朝政，但也逐渐开始接触政务。因此，正统三年旨意中所蕴含的族群思想，未尝不可视为英宗本人在其他政治群体参谋之下所阐发。

那么，这种相对于仁宣时期呈现出较大转折与变化的族群思想，是哪种政治势力辅助英宗而阐发的呢？三杨是由仁宣时期辅政集团中的二杨即杨士奇、杨荣，加上正统时期入阁的杨溥，共同组成的内阁班子。正如上章所述，二杨秉持内敛的族群观念，是仁宣时期边疆收缩政策的坚定支持者。相应，正统时期"华夷无间"族群观念，应非这一群体所倡导。张太皇太后、孙太后虽然居于正统前期政治地位的最高层，但并不参与朝廷庶务。英宗"华夷无间"族群观念，应是在正统时期另一大政治势力——宦官王振的辅助下所倡导。

朱元璋在建国之初，鉴于历代宦官之祸，对于宦官势力十分警惕，在宫廷之中，仅设置少量宦官，负责宫中事务。"明太祖既定江左，鉴前代之失，置宦者不及百人。"③ 对于宦官约束甚严。禁止宦官交接外臣。"宦官不得兼文武衔，不得御外臣冠服，官无

---

① 《明英宗实录》卷一二四，正统九年十二月癸亥，第 2481 页。
② 《明英宗实录》卷一七一，正统十三年冬十月己卯，第 3299 页。
③ 《明史》卷三〇四《宦官传一》，第 7765 页。

过四品，月米一石，衣食于内庭。"① 洪武二年（1369），朱元璋曾
告诫吏部，对宦官的违法行为，加以惩戒。"内臣俱备使令，勿令
多人。古来若辈擅权，可为鉴戒。驭之之道，当使之畏法，勿令
有功，有功则骄恣矣。"② 但是，洪武晚期，朱元璋仍然设置了十
分齐全的宦官机构。"迨末年颁《祖训》，乃定为十有二监及各司
局，稍称备员矣。"③

多种史籍记载，洪武时期朱元璋曾在宫中树立严禁宦官干政
的铁牌。"尝镌铁牌置宫门曰：'内臣不得干预政事，预者
斩。'"④ 但该铁牌在正统时期被王振盗去。"太监王振去太祖禁
内臣碑。洪武中，太祖鉴前代宦官之失，置铁碑高三尺，上铸
'内臣不得干预政事'八字，在宫门内。宣德时尚存，至振，去
之。"⑤ 史家多有不信其事，以之为诬者。不过根据李贤的观点，
此牌可能的确曾经存在。李贤指出，设立铁牌自明代开国以来十
分普遍。"祖宗时，每有重大关节，必置牌示警。今午门所竖红
牌，上亦书八字：'官员人等说谎者斩。'"⑥ 明太祖朱元璋之所
以在宫门设置禁宦官干政的铁牌，是鉴于宦官干政关系甚大。"戒
内臣牌即此类也。然内臣预政之戒，视官员说谎所系尤重，故不
以木刻，而以铁铸，不置外朝，而置宫门。圣祖之意深矣，而不
知权珰适犯所忌也。"⑦ 但王振族中将此铁牌盗走。"太庙鉴前代宦
官之失，尝置铁牌高三尺许，上铸'内臣不得干预政事'八字在
宫门内，宣德中尚存。英宗时，王振专恣，因失所在。"⑧ 李贤希

①　《明史》卷三〇四《宦官传一》，第 7765 页。
②　《明史》卷二《太祖纪二》，第 23 页。
③　《明史》卷三〇四《宦官传一》，第 7765 页。
④　《明史》卷三〇四《宦官传一》，第 7765 页。
⑤　《明史纪事本末》卷二九《王振用事》，第 446 页。
⑥　《天顺日录》，载《国朝典故》卷四八，第 1170 页。
⑦　《天顺日录》，载《国朝典故》卷四八，第 1170 页。
⑧　《天顺日录》，载《国朝典故》卷四八，第 1170 页。

望复位后的英宗复立此牌。"圣明在上，此牌宜复置，宦官专恣之祸须救得一半。"①

退一步讲，即使此牌并不存在，但朱元璋确实基本将宦官限制在宫廷之中，刻意将宦官与外朝官员区别开来。"然定制，不得兼外臣文武衔，不得御外臣冠服，官无过四品。"②"（洪武）十七年七月戊戌，敕内官毋预外事，凡诸司毋预内官监文移往来。"③虽然朱元璋也偶有派遣宦官出使或监军之例，但只是偶尔为之。朱元璋对于宦官的约束十分严格，明初人俞本撰《纪事录》，记载了一条惊世骇俗的史料。洪武十九年，"上敕奉御门上及诸内使阉竖悉令自缢，各处王府内使亦赐以大宴，毕，令其自缢于野"。④无论这条史料所载是否符合事实，都反映了朱元璋对宦官严厉约束的事实。朱棣与建文帝开展了为期四年的"靖难之役"，双方在北方地区长期僵持。建文帝继承了朱元璋严厉约束宦官的政治传统，有宦官出于政治投机的考虑，叛逃到朱棣一方，指出南京城防御空虚。这才有了朱棣沿海长驱南下，直入南京城的举动。由此，朱棣对于宦官的立场，相对于洪武、建文时期，明显改善。不仅如此，朱棣鉴于凭借武力夺取帝位，为侦查、威慑建文旧臣，在京师设立东厂，在地方设立监军，从而稳固京师内外的政治形势。洪熙时期，仁宗鉴于汉王与武将集团相结，谋求夺嫡，更为普遍地派遣宦官出外，监视军镇总兵官。宣宗时期，为了宫廷玩乐的需求，多次命令宦官袁琦等出外采办。不过，明前期宦官一直局限于侦查、监军、采办等特殊领域，与中枢政治并无关系。"初，太祖禁中官预政。自永乐后，渐加委寄，然犯法辄置极典。宣宗时，袁琦令阮巨队等出外采

---

① 《天顺日录》，载《国朝典故》卷四八，第 1170 页。
② 《明史》卷三〇四《宦官传一》，第 7765 页。
③ 《弇山堂别集》卷九一《中官考二》，第 1740 页。
④ 《纪事录》，转引自《史林漫识》，第 454 页。

办。事觉，琦磔死，巨队等皆斩。又裴可烈等不法，立诛之。诸中官以是不敢肆。"①

年幼的英宗，既无法在朝堂之上与文武官员商议朝政，也无法在宫廷与三杨一同商议朝政。为解决这一问题，张太皇太后规定所有政务都要通过奏疏方式交付内阁，由内阁先行票拟，预行决策，而后由宫廷负责决策，从而形成了奏疏批答制度。这便是张太皇太后所称"委任股肱"之意。"大臣请太后垂帘听政，太后曰：'毋坏祖宗法。第悉罢一切不急务，时时勤力向学，委任股肱。'"② 经此一变，开国以来一直实行的朝堂议政制度，一转而为奏疏批答制度与内阁独理朝政体制。

但奏疏批答制度同样面临一个困境，即年幼的英宗，既无法批红，也无法主动提出政治议案。而张太皇太后、孙太后鉴于后宫不得干政的祖训，既不能直接代替英宗批红，也不能将阁臣召至宫廷，商议政务。作为一种解决方案，张太皇太后创设出一个"代理人"角色，即由宦官代替英宗批红，并负责在后宫与内阁之间传话。"正统初，英宗以幼君临御，张太后在上，有拥怙之功，凡事专任三杨，百司奏事，必命中使谘议，然后裁决。"③ 虽然只是一个代理人，但其进入中枢决策系统后，产生了越来越大的政治影响，宦官势力于是逐渐崛起。

正统时期，伴随宦官承担起皇族意志代理人的角色，宦官开始进入中枢决策系统。而肩负起这一职责的，是英宗在宫廷之中的授书先生王振。"振，山西大同人。初侍上东宫，及即位，遂命掌司礼监，宠信之，呼为'先生'而不名，振遂擅作威福。"④ 王振职掌司礼监，负责代应宗批红。值得注意的是，王振是越过其

① 《天顺日录》，载《国朝典故》卷四八，第1170页。
② 《明史》卷一一三《仁宗诚孝皇后张氏传》，第3513页。
③ （明）许浩：《两湖麈谈录》，商务印书馆，1936，第10页。
④ 《明史纪事本末》卷二九《王振用事》，第443页。

他地位更高的太监,① 获得这一职位的。"王振,蔚州人。少选入内书堂。侍英宗东宫,为局郎。及英宗立,年少。振狡黠得帝欢,遂越金英等数人掌司礼监。"② 张太皇太后之所以不重用这些太监,而重用王振,是由于宣宗旧阉资历较深、地位已高,在宣德时期已与内阁多有交接,若再加以重用,恐有和内阁联合起来坐大的可能。之所以重用王振,应出于以下四点:一,王振是英宗在东宫潜邸时的授书先生,完全是英宗的私人势力,最受英宗信任。二,王振资历较浅,容易受到控制,能够牵制宣德旧阉,在宫廷之中形成制衡局面。"英宗立,(金英)与兴安并贵幸。及王振擅权,英不敢与抗。"③ 三,王振具有较强的管理才能,宣宗之所以选择王振充当英宗的师傅,便是因为这一点。"太监王振,代州人,有才识,能驱驾人,见知于宣庙。"④ 四,王振对于英宗并非一意逢迎,而是颇有督导之心。"英庙在东宫时,使事之,仍责之以授书授字。振庄严自持,英庙亦严惮之。"⑤ 事实上,在正统前期,在张太皇太后授意下,王振承担起在宫廷之中全面监督、引

---

① 宣德时期,多名太监甚得宣宗信任,地位甚高。"金英者,宣宗朝司礼太监也,亲信用事。宣德七年赐英及范弘免死诏,辞极褒美。"《明史》卷三〇四《宦官一·金英传》,第 7769 页。"范弘,交阯人,初名安。永乐中,英国公张辅以交童之美秀者还,选为奄,弘及王瑾、阮安、阮浪等与焉。占对娴雅,成祖爱之,教令读书,涉经史,善笔札,侍仁宗东宫。宣德初,为更名,累迁司礼太监,偕英受免死诏,又偕英及御用太监王瑾同赐印记。正统时,英宗眷弘,尝目之曰蓬莱吉士。"《明史》卷三〇四《宦官一·范弘传》,第 7771 页。"(王)瑾,初名陈芜。宣宗为皇太孙时,朝夕给事。及即位,赐姓名,从征汉王高煦还,参预四方兵事,赏赉累巨万,数赐银记曰'忠肝义胆',曰'金貂贵客',曰'忠诚自励',曰'心迹双清'。又赐以两宫人,官其养子王椿。其受眷者,英、弘莫逮也。"《明史》卷三〇四《宦官一·王瑾传》,第 7771 页。"阮安又巧思,奉成祖命营北京城池宫殿及百司府廨,目量意营,悉中规制,工部奉行而已。"《明史》卷三〇四《宦官一·阮安传》,第 7771 页。
② 《天顺日录》,载《国朝典故》卷四八,第 1170 页。
③ 《明史》卷三〇四《宦官一·金英传》,第 7769 页。
④ (明)许浩撰,毛佩琦、李让整理《复斋日记》,泰山出版社,2000,第 167 页。
⑤ 《复斋日记》,第 167 页。

导英宗的职责。①

但是，正统初年，张太皇太后、孙太后专任内阁，因此王振在行使代理人职责时，宛如一个政治工具。王振虽可代替英宗批红，但不能擅自更改票拟的内容，大都写上"知道了""准拟"字样，否则便会遭到张太皇太后的责罚。"逐日票查，如一事不由内阁，出自振，即召至廷，诘责之，甚至加刃其颈。钳制若此，振安得而擅专一事哉！"②"每数日，太后必遣中官入阁，问连日曾有何事来商榷。即以某帖开某日中官某以几事来议，如此施行。太后乃以所白验之，或王振自断不付阁下议者，必召振责之。由是，终太后之世，振不敢专政。"③ 同样，在后宫与内阁之间传话时，也不能加入自己的意志。"张太后存，总览威福，权不下移，一切政务决裁于内阁，王振不得与焉。"④ 王振即使有干政之愿，一时也难以实现。"大抵正统数年，天下休息，皆张太后之力，人谓女中尧舜，信然。且政在台阁，委用三杨，非太后不能。正统初，

---

① 许浩在《复斋日记》中指出，王振全权负责宫中事务。"宫中之事，一皆统之。"《复斋日记》，第 167 页。有一次英宗缺席经筵，被王振告到了张太皇太后那里。"经筵讲日，英庙幸西海子不至。振即言于太皇。太皇急遣人召还深谴，久之始释，而下诸从行内侍于狱抵罪。"《复斋日记》，第 167 页。自此以后，张太皇太后规定王振全面监管英宗的饮食起居。"自此上或起居必谘之。行幸各宫，亦责保傅报知。或不循序，即劝上回马车，曰：'恩泽欲均，不可偏也。'"《复斋日记》，第 167 页。对于英宗有所享乐的倾向，王振加以阻止。"一日，退食入侍，闻箫声，吹箫者以振至走匿。振追之，叱曰：'尔事皇上，当进正言，谈正事，以养圣德。而乃以此淫声惑上听乎？'杖之二十。"《复斋日记》，第 167 页。对于英宗违制封赏宦官，王振也坚持应按制度办理。"又一内侍给上梳栉久，乞恩。上欲授以奉御。以谕振，振曰：'官所以待有功。此贱技微劳，赏以金帛可也。'卒不与。其闲邪纳诲，以成英庙盛德，不为无补。"《复斋日记》，第 167 页。至于王振的蜕变，许浩认为是由于三杨去世之后，无人牵制。"惜其因三杨既没，政悉揽归于己。招权纳赂，凌忽大臣，杀戮谏官，驯致土木之祸，而为世大戮矣！"《复斋日记》，第 167 页。按，丛书集成初编本《复斋日记》中无以上记载。
② （明）尹直：《謇斋琐缀录一》，载《国朝典故》卷五三，第 1257 页。
③ 《天顺日录》，载《国朝典故》卷四八，第 1141—1142 页。
④ 《謇斋琐缀录一》，载《国朝典故》卷五三，第 1257 页。

有诏:'凡事白于太后然后行。'太后命付阁下议决,太监王振虽欲专而不敢也。"① 正统初年的政务,其实是在张太皇太后、孙太后的掌控之下,内阁只是具体负责而已。"及登极,未亲政事。议于阁下,而决于太皇。"② "正统初,太皇太后张氏同听政,元老杨士奇、杨荣、杨溥居辅弼,凡朝廷大事,皆自三公处分。数年间,政治清明,为本朝之极盛。"③ 王振与三杨在中枢决策系统中完全不同的角色与分量,直接体现在二者地位的云壤之别。"振每承命至文渊阁,三公与之言,振必立受。"④

不过,长期浸染于中枢决策系统之中,王振难免会将自身意志带入其中,对于中枢决策逐渐产生一定影响实在情理之中。不仅如此,英宗逐渐长大,也开始参与处理政务,作为与他关系最为密切的王振,自然话语权逐渐增长。"多令传旨,以此渐干政事,而敢肆然。"⑤ "中官王振一日以事至阁,杨少师士奇有所拟议,振辄可否其间。"⑥ 但由于三杨采取了抵制态度,王振干政才遭到了一定约束。"公愤懑而归,三日不出。太后遣使来问,杨少师荣语其故。太后震怒,诏鞭振,遣人押至阁中谢罪,且戒之曰:'再尔,必杀无赦。'"⑦ 明代史籍多有记载张太皇太后当着阁臣之面,严厉威慑王振的典故,⑧ 虽应系捕风捉影,但确实反映了正

---

① 《天顺日录》,载《国朝典故》卷四八,第 1141 页。

② 《复斋日记》,第 167 页。

③ (明)杨士奇:《请开经筵疏》,载《明经世文编》卷一五《杨文贞公文集一》,第 108 页。

④ 《请开经筵疏》,载《明经世文编》卷一五《杨文贞公文集一》,第 108 页。

⑤ 《复斋日记》,第 167 页。

⑥ 《两湖麈谈录》,第 10 页。

⑦ 《两湖麈谈录》,第 10 页。

⑧ "英宗初立,年在幼冲,朝廷大政,承张太皇太后指裁为多。太后尝御便殿,执政大臣英国公张辅,大学士杨士奇、杨荣、杨溥,尚书胡濙,被旨入朝。太后左右女官杂佩刀剑,侍卫凛然。英宗东立,英国公等西下立,太后召问之,人皆有奖励之辞。及溥,乃叹曰:'先皇帝尝称卿忠,不谓今日得相见也。'仁宗监国于南,时太宗方宠汉庶人,有代嫡意。溥以翰林学士切谏,下锦衣狱者十年,仁宗即位始出。溥数月遂为大学士,故太后有是言。因顾英宗:'此五

统前期王振逐渐渗透进中枢决策系统的历史轨迹。正统四年，虽然三杨表示反对，但明朝还是发动了"麓川之役"，这一决策的背后便有王振的推动，由此可见他在中枢决策中已具有重要影响。

不仅如此，伴随张太皇太后在实质上停废朝堂议政制度，英宗上朝时间甚为有限，他接触外朝的机会大为减少，而亲近宦官的机会相应增多，从而为宦官干政提供了历史空间。故而，正统前期，中枢决策逐渐呈现内阁与宦官相结合的二元中枢体制。对此，李贤与凌翰有一致的评价。

> 宣庙以前，天子无日不御文华晋接群臣，商榷政务，幽隐必达，天下号称太平。正统初，英庙幼冲，深居大内，不议朝政，王振肆志擅权，天变于上而不知，地震于下而不惧，水火为灾而略不警，飞蝗蔽天而且讳言，胡寇乘机，遂基土

人先朝所简贻皇帝，有行必与之计，非五人所赞成者，不可行也。'英宗受命。顷间宣太监王振，振至，俯伏。太后颜色顿异曰：'汝侍皇帝起居，多不律，今当赐汝死。'女官加刃振颈。英宗跪为请之，诸大臣皆跪。太后曰：'皇帝年小，岂知自古此辈祸人家国多矣。我能听帝暨诸公留振，此后不得重令干国事也。'太后驾起，诏英宗赐英国等酒饭，乃出。呜呼！太后其所谓女中尧舜乎！宣德、正统二十年间，清理之治，母坤仪天下之力也。太后正统年崩，溥为乡人泣而云，此时二杨已物故，公亦老病，不久得谢，盖有伤于时事也。十四年土木之祸，振实为之。"（明）何孟春：《余冬序录摘抄内外篇》卷一，商务印书馆，1937，第 5 页。这一记载颇富戏剧性，但真实性却令人怀疑。王世贞已发其覆。"王世贞曰：'考史，正统中绝不载太后召见诸大臣事。以太后召见大臣，于朝廷为盛事，于诸公为盛遇，责数王振为盛德，《杨文敏行实》与《圣谕录》何故佚之？史于太后之圣政、王振之蠧国，盖娓娓焉，何所讳而不书？意者何文简骤闻前辈之言，喜而笔之，不知其误也。'"《国榷》卷二五《英宗正统七年》，第 1633 页。揆诸史实，杨溥于正统年间，一直未曾致仕，正统七年张太皇太后卒时，杨溥尚在内阁任职，"为乡人泣而云"，不知何意。尤令人费解的是，王振当时权势正在上升，杨溥何以能不顾官场利害，道出王振如此窘事？况且当时王振造成的政治"恶果"尚未呈现，如枷李时勉、肢解刘球都在正统八年，杨溥实无必要如此感叹。从种种迹象来看，杨溥感戴张太皇太后之识重，在后者卒后有感泣之状，当属可能。后来士大夫却又出于对王振在正统后期政治行径的痛恨，而编造了这一故事，附会于杨溥典故，从而竭力刻画王振奸人形象，宣泄士大夫仇忾之情。

木之变。权奸误国，罪安逭哉！①

凌翰曰：国家阉宦，实与公孤之权相盛衰，天子早朝晏退，日御便殿，则天下之权在公孤。一或晏安是怀，相臣不得睹其面，则天下之权在阉宦。盖公孤虚侍君侧，累日积月，朝钟不鸣，章疏之入，司礼监文书房则主之，可否时出于内批，公孤不得而与矣。故三杨在宣宗时，言无不售，至英宗初，则拱手唯命，莫如之何。盖宣宗则日临群臣，躬揽庶政，故与公孤亲而权在公孤。英宗初政，颇事燕闲，故与阉宦亲而权在阉宦。一人之身，前后所遭如此，国家政权所寄之繄也。②

政治人物在参与政治运作时，既有代表所有民众，谋求政治公利的一面；也有从所属政治集团、机构部门，乃至个人利益出发，将自身政治私利渗透其中的一面。相应，一项政策的出台，便是政治公利与政治私利互动、妥协与平衡的结果。中国古代政权的政治运作，便呈现这一特征。

明代宦官便呈现出开拓边疆、建立边功的政治愿望。这根源于宦官虽然权势很大，却在儒家政治观念与明代政治体系中，皆属非正常渠道选拔、升迁而来，因此多注重从建立军功的角度，提升个人的政治威望。成化时期汪直多次出征北边皆有这方面的考虑。而与之形成鲜明对比的，是明代士大夫对宦官统兵出征、乱开战隙的不断批判。正统时期，王振成为明朝三征麓川、北伐瓦剌的积极倡导者，由此可见他秉持开放的边疆观念。与这种积极的边疆观念相适应，王振也应秉持包容的族群观念，相应，"华夷无间"的族群观念，便应是在他辅助下，英宗加以正式阐发。

---

① 《天顺日录》，载《国朝典故》卷四八，第1145页。
② 《国榷》卷二四《英宗正统三年》，第1563—1564页。

第二节　正统朝廷边疆政策的转变
与"麓川之役"的发动

洪武时期，明朝平定麓川平缅土司的叛乱后，为削弱其力量，对其地盘进行了分割。"分其地设孟养、木邦、孟定三府，隶云南，设潞江、干崖、大侯、湾甸四长官司，隶金齿。"① 不同土司之间又为了争夺地盘，彼此之间不断发动战争。永乐时期，已经归附明朝的缅甸土司，也加入了这一行列。"永乐元年，升孟养、木邦为宣慰司，孟养宣慰刀木旦与其邻境仇杀而死，缅甸乘机并其地。"② "未几，缅甸宣慰新期加又为木邦宣慰所杀。"③ 鉴于各土司之间陷入混战，麓川平缅土司计划趁机恢复原来地盘。"适会缅甸之危，思任发侵有其地，遂欲尽复其父所失故地，称兵扰边。"④

宣德三年（1428），麓川平缅土司计划收复南甸等地旧土。"侵夺南甸、腾冲、潞江等处之地，杀虏人民，劫掠孳畜财物，又强执头目班道罕等，逼胁服从。"⑤ 云南三司将麓川平缅土司的扩张行为上报中央，请求用兵征伐。但宣宗从边疆收缩的立场出发，认为"蛮夷仇杀，自古有之，但遣人抚谕"，⑥ 只是对麓川平缅土司进行了警告。

今云南三司奏请发兵讨罪，朕以锋镝之下，或伤善良，故未允所请。兹特遣人赍敕谕，尔如能改悔前非，摅诚服罪，

---

① 《明英宗实录》卷二四，正统元年十一月甲辰，第477页。
② 《明英宗实录》卷二四，正统元年十一月甲辰，第477页。
③ 《明英宗实录》卷二四，正统元年十一月甲辰，第477页。
④ 《明英宗实录》卷二四，正统元年十一月甲辰，第477页。
⑤ 《明宣宗实录》卷四一，宣德三年夏四月甲戌，第1016页。
⑥ 《明宣宗实录》卷四一，宣德三年夏四月甲戌，第1015页。

悉还所侵土地、所虏人民，自今各守疆界，遵奉朝廷法度，则可以保尔身家于长远。若执迷不悛，必发兵诛戮，父母妻子俱不能保，虽悔无及，尔其省之。①

但思任发对于明朝的警告，并不理睬。沐晟等人于是再次请求发动战争。"云南总兵官太傅黔国公沐晟奏麓川宣慰使思任发侵夺南甸腾冲等处地方，请发云南、贵州、四川官军五万人，及各处土兵讨之。"② 不过宣宗鉴于明朝连年战争，不愿再轻易出兵。"麓川之事，前已命卿等计议抚谕。虽蛮夷作过，必当威服，但念数年来征交阯、讨四川番寇，军民劳弊未苏，今莫若且遣敕谕之，卿即同云南三司、巡按监察御史再遣人招抚。如能顺服，不必用兵。"③ 指出即使招抚无效，也不应发动大规模战争，而应将之限定在云南境内。"果执迷不悛，止调云南官军、土军及木邦宣慰司等处夷兵剿之。"④ 终宣德一朝，明朝始终未征伐麓川。麓川平缅土司与周边土司之间的战争愈演愈烈。"时木邦宣慰罕门法奏麓川平缅宣慰使思任发等据占境土，思任发及缅甸宣慰莽得剌亦奏罕门法称兵入境侵犯，孟琏长官司复奏孟定府侵占其地。"⑤

这一局面持续到了正统时期。正统元年（1436）三月，虽然思任发向明朝禀报木邦侵占自己的土地，⑥ 但其实麓川才是当时最为积极扩张势力者。"至是，云南总兵官黔国公沐晟奏思任发侵占孟定府及湾甸等州，杀掠人民，焚毁甸寨。"⑦ "云南南甸州土官知州刀贡罕等，奏麓川宣慰思任发侵夺其所辖罗卜思庄等处二百七

---

① 《明宣宗实录》卷四一，宣德三年夏四月甲戌，第 1016 页。
② 《明宣宗实录》卷四二，宣德三年闰四月乙酉，第 1025 页。
③ 《明宣宗实录》卷四二，宣德三年闰四月乙酉，第 1026 页。
④ 《明宣宗实录》卷四二，宣德三年闰四月乙酉，第 1026 页。
⑤ 《明宣宗实录》卷一〇六，宣德八年冬十月癸丑，第 2372 页。
⑥ 《明英宗实录》卷一五，正统元年三月丙子，第 282 页。
⑦ 《明宣宗实录》卷二四，正统元年十一月甲辰，第 477 页。

十八村，乞朝廷遣官赍金牌、信符谕之，俾退还所侵地。"①

对于麓川扩张势力的做法，正统初年明朝在三杨的主持下，仍然延续宣德时期的绥靖政策，并未采取有针对性的应对措施。但正统三年之后，逐渐掌权的王振，开始改变这一软弱立场。六月，明朝命沐晟根据情势，自主决定招抚或是征伐麓川。"云南总兵官黔国公沐晟等奏麓川宣慰思任发，累侵南甸、干崖、腾冲、潞江、金齿等处。上敕晟等相机抚捕。"② 与此同时，明朝开始恐吓思任发。"近者南甸等处皆奏尔侵占地方，虐掳百姓，抢象马，害官吏，掠官船，守江口，仍筑山寨，以绝往来。镇守总兵等官以尔不遵法度，屡请官军问罪，欲一鼓而扑灭之。"③ 希望他能归还所侵土地，否则便会发兵征讨。"尔能革心向化，遵守成规，人民掳掠者释之，地土侵占者归之，则悉宥尔罪。若怙终不悛，必兴师征剿，尔追悔无及矣。"④ 对于明朝的警告，思任发并不理会。而沐晟已经做好了战争的部署。

> 乙亥，云南总兵官黔国公沐晟等奏：麓川宣慰思任发自立头目，知州刀珍罕、土官早亨等助其凶暴，亲率蛮寇，来侵金齿，势愈猖獗。已遣署都指挥佥事李友发大理等卫所马步官军，守备金齿，乞调大军剿之。⑤

在用兵麓川的决策中，兵部一直扮演着积极推动者的角色。这根源于兵部的部门职责与利益。朱元璋出身贫寒，在"小农政治意识"下，为防止元代中书省权大现象再现，维护皇帝绝对权

① 《明英宗实录》卷三五，正统二年冬十月辛未，第683—684页。
② 《明英宗实录》卷四三，正统三年六月己未，第832页。
③ 《明英宗实录》卷四三，正统三年六月己未，第832页。
④ 《明英宗实录》卷四三，正统三年六月己未，第832页。
⑤ 《明英宗实录》卷四三，正统三年六月乙亥，第844页。

威，在洪武十三年（1380），借"胡惟庸案"废除中书省，权分六部。在这一新中枢政治体制之下，六部是地位平等的行政机构，彼此独立，各司其职，皆直承皇帝，下统地方，呈现六部分权的政治格局。"高皇征古防衅，分列六卿，不相统压，第以台谏夹持之。"① 在六部分权政治体制下，兵部主掌全国军队，负责全国军事，维护国家安全是其最重要职责，一旦战争失利，兵部便被推到风口浪尖之上，甚至成为政治斗争的牺牲品。因此，在边疆战争中，兵部往往是主张优先考虑战争胜负的部门。

六月，兵部便弹劾云南三司并未身体力行地制止思任发的扩张。"行在兵部左侍郎邝埜劾奏云南都、布、按三司官，奉敕抚捕思任发，不亲临其地，谕以祸福，乃遣官属，职微言轻，不能敷扬圣化，遂致蛮寇愈肆凶顽，请治其罪。"② 次月，兵部又揭穿了思任发假借朝贡以掩饰不断扩张的本质。

> 兵部奏："麓川宣慰思任发先遣陶孟刀、派本以金银、器皿、象马来贡，又遣其部属万余夺占潞江等处地方，杀死官军，其实假以进贡为由，阳为顺服，意在延缓我师，彼将得肆奸计。宜候其来使进贡毕日，押送云南总兵官沐晟处收候。如思任发改过顺服，即将来使放归，否则解京发落，并请敕晟等严谨提备。"从之。③

六月，明朝最终决定发动战争，派遣右都督方政、署都督金事张荣，协助沐晟，进攻麓川。"众举右都督方政、署都督金事张

---

① （明）范钦：《范钦集》卷二三《赠济寰杨明府应召序》，袁慧点校，浙江古籍出版社，2012，第 406 页。
② 《明英宗实录》卷四三，正统三年六月乙丑，第 836 页。
③ 《明英宗实录》卷四四，正统三年秋七月庚子，第 858 页。

荣。上命政与荣往晟处，协同镇守右都督沐昂率兵进讨。"① 不仅如此，明朝鉴于木邦土司与麓川平缅土司之间的世仇，命前者协助征讨。"若我大军临境，尔即率兵会讨，或攻其背，或攻其左右，或捣其巢穴，俾贼就擒，朕则重加赏赉，俾尔贵富悠久，书尔功名于青史，岂不伟哉！"②

但明朝只是做出军事上的部署，并未开始发动进攻。而对于明朝的威吓，思任发不以为意，继续发动对周边地区的战争。"丁未，云南总兵官黔国公沐晟奏麓川贼思任发，沿江造船三百艘，欲取云龙州等处。上敕晟等急调军马，相机征剿。"③ "云南总兵官黔国公沐晟奏麓川贼思任发，遣部属杀瓦甸、顺江、江东等处军余殆尽。"④ 对此，明朝的绥靖派仍对思任发抱有幻想。

　　癸卯，敕谕麓川宣慰使思任发曰："昔我祖宗临御之时。尔能恭修职贡，朝廷恩待之礼，益久益厚。朕即位以来，祗体祖宗之心，抚辑华夷，无间远迩。比者，云南总兵镇守官奏尔擅兴兵马，侵夺孟定、孟养等地方，杀虏人民，请发大军，往问尔罪。朕体上天好生之德，虑大军一出，不免伤及无辜，离人父母妻子，于心不忍。已遣人赍敕往谕，冀尔悔悟，去逆效顺，则悉宥前罪不问。今尔遣头目陶孟刀、派本等赴京朝贡，朝廷不逆尔诈，亦不忍罪。尔原来使臣姑遣之归，且令赍敕往谕，并赐尔及妻彩币。尔其省愆思咎，勉图自新，庶无负优待之意。"⑤

---

① 《明英宗实录》卷四三，正统三年六月乙亥，第 844 页。
② 《明英宗实录》卷四三，正统三年六月庚辰，第 848 页。
③ 《明英宗实录》卷四四，正统三年秋七月丁未，第 862 页。
④ 《明英宗实录》卷四五，正统三年八月乙丑，第 875 页。
⑤ 《明英宗实录》卷四六，正统三年九月癸卯，第 895—896 页。

但正统三年十一月，在讨伐派的主张下，明朝最终命令沐晟发动战争。"壬寅敕云南总兵官黔国公沐晟曰：'览卿奏送麓川宣慰司译书，益知反寇思任发谲诈多端，不可怀服。即今清凉之时，卿等其率兵进讨。仍量调附近土官，各领精兵，协力剿除，以靖边境……'"[①] 从而开启了正统时期明朝四征麓川的军事行动。

由于距离遥远，明军征伐麓川时在粮饷运输上出现了问题。为此，明朝命湖广三司沿途保证供应。

> 朕念官军往征云南麓川反寇思任发，路途遥远，效力艰难。敕至即查究军卫有司仓粮，但征进麓川之人，自起程日始，有粮之处，官给半俸，旗军月粮全支米一石，粮储不敷之处，即为斟酌分数，量益以米，务使足用，不致空乏。事毕仍旧关支。[②]

并派遣户部主事张濬专门前往湖广区画粮储，责令湖广三司加以配合。

> 往征麓川必须就便取路，前进所经之处，合用供给粮饷，未知尔等曾为措置否？今遣张濬前去整理，尔等其公同计议所调军马用粮若干，以近就近，挨程攒运，毋致稽迟，区画得宜，军储足用，朕惟汝嘉钦哉！[③]

作为战争区域的云南，供应粮饷的责任尤重。

> 云南按察司按察使赖巽言："近因征剿麓川反寇思任发，

---

① 《明英宗实录》卷四八，正统三年十一月壬寅，第933—934页。
② 《明英宗实录》卷五三，正统四年三月戊午，第1018页。
③ 《明英宗实录》卷五三，正统四年三月戊午，第1018—1019页。

馈运艰难，已召商中纳盐粮，及令布政司出库银收籴。然米价高贵，中纳者少，兼且籴买亏官。今大理等卫府官军、土人家多储积，宜令军官、土官能出米二百石，赴金齿仓纳者量升一级，三百石升二级，土人、军人出二百石者，土人量与驿丞、河泊等官，军人授所镇抚，三百石者土人县佐、巡检，军人试百户。庶使民省转输，官钱不亏，粮饷足用。"上以军饷急务，宜从权措置，即命行在户部移文，如羃所奏行之。①

但明军征伐行动由于总兵官沐晟、都督方政之间缺乏配合而失败，方政阵亡，沐晟遭到英宗的斥责，暴卒。② 沐晟去世之后，明朝命沐昂接替其职务，继续南征。正统五年，明军与麓川土司之间的战争互有胜负，局势并不明朗，明朝于是解除了沐昂的职务，第一次"麓川之役"就此告终。

第三节　"麓川之役"的政治争议 与战役得失

在这种局面下，绥靖派反对用兵麓川的声音，再次响起。行在刑部右侍郎何文渊在奏疏中，首先援引在边疆决策中儒家传统的"内政本位"观念。"唐虞之时，有苗弗率，帝舜命禹徂征，三旬苗民逆命。帝乃诞敷文德，舞干羽于两阶，七旬有苗格。然彼不臣服于大禹徂征之时，而来格于帝德诞敷之日，此其慕义之心，终不可得而泯灭也。"③ 继而祭出《祖训》反对用兵海外的观点。"臣窃以为麓川之在南陲一弹丸之地而已，疆里不过数百，人民不

---

① 《明英宗实录》卷五七，正统四年秋七月壬戌，第 1090 页。
② 《明史纪事本末》卷三〇《麓川之役》，第 454 页。
③ 《明英宗实录》卷七五，正统六年春正月甲寅，第 1459 页。

满万余，以大军临之，用往无不克。然得其地不可居，得其民不可使。"① 主张一方面命云南军队保持军事威慑。"何若宽其斧金戈之诛，兴我羽旄之舞，命云南总兵官都督沐昂量调官军，同金都御史丁璿于金齿操备，且耕且守。"② 另一方面进行招抚。"仍令云南都、布、按三司，各委堂上官一员，躬诣彼处，宣扬圣化，使之感虞舜之敷德，同有苗之格心。"③ 这样便能达到不战而屈人之兵的效果。"计不劳征伐，而稽首来王矣。"④ 如果这样仍无成效，才可以发动战争。"如是而更冥顽弗率，然后命昂等调发官军，相机剿绝。岂徒王法之所不容，而亦神人之所共怒也。"⑤

对于这种观点，阁臣杨士奇表示赞成。⑥ 但英宗在王振的辅助下，对此并不认可，于是命兵部尚书王骥、武将张辅召集官僚群体，展开廷议，廷议的结果是反对何文渊的提议。廷议首先指出远古时期对于边疆的控制十分松散，而且招抚结果也并不理想。"文渊所言与今日事势似有不同，盖唐虞之时去古未远，其地不过九州，要荒之外，止于羁縻而已，然苗民来格，犹不免有三危之窜。"⑦ 与之不同，明朝实现了大一统，麓川长期臣服中央。"今我国家混一四海，华夏蛮貊，罔不率俾。思任发自父祖以来，荷国厚恩，授职宣慰，殆今六十余年。"⑧ 如果不对叛乱行为进行惩罚，将无法有效威慑边疆族群。"乃敢纠集丑类，屡抗王师，虽蒙贷罪贻恩，彼却怙终稔恶。释此不诛，诚恐木邦、车里、八百、缅甸等处，觇视窥觎，不惟示弱外邦，抑且贻患边境。"⑨ 因此请求再

① 《明英宗实录》卷七五，正统六年春正月甲寅，第1459页。
② 《明英宗实录》卷七五，正统六年春正月甲寅，第1459页。
③ 《明英宗实录》卷七五，正统六年春正月甲寅，第1459—1460页。
④ 《明英宗实录》卷七五，正统六年春正月甲寅，第1460页。
⑤ 《明英宗实录》卷七五，正统六年春正月甲寅，第1460页。
⑥ 《明史纪事本末》卷三〇《麓川之役》，第455页。
⑦ 《明英宗实录》卷七五，正统六年春正月甲寅，第1460页。
⑧ 《明英宗实录》卷七五，正统六年春正月甲寅，第1460页。
⑨ 《明英宗实录》卷七五，正统六年春正月甲寅，第1460页。

次征伐麓川，并提升战争规模。"乞于先选定西伯蒋贵、都督李安，并今选都督刘聚、都指挥宫聚、冉保，内命三员为总兵官，及左右副将。其副将二员分统南京、湖广、贵州、四川等处官军、土军人等，教习训练。"① 与此同时，联络南方土司，共同征讨。"先期遣人赍敕，谕木邦、车里、八百、缅甸、大侯等处，起集夷兵，或分道，或并力，或左右夹攻，或内外相应，刻期并进，直捣贼巢。"② 必将获得战争的最后胜利。"擒其渠魁，献俘阙下，诛其党恶，枭首藁街，以震天威，以靖边境，庶泄神人之怒，快远迩之心，此实臣等区区之至愿也。"③

对于这一廷议结果，作为内阁派系的翰林侍讲刘球，明确进行了质疑。刘球首先同样追溯了"内政本位"观念。

　　帝王之驭夷狄，必宽宥于其小，而谨防于其大，所以适缓急之宜，为天下久安计也。故周伐崇不克，即退修德教，以待其降。至于猃狁，则命南仲城朔方以备之。汉征南越不利，即为罢兵，赐书以通好。至于匈奴，虽已和亲，犹募民徙居塞下，入粟实边，复命魏尚守云中以拒之。以成周、西汉之力，破灭崇越，易如振槁，皆释不诛，惟汲汲猃狁、匈奴之备，何也？盖不穷兵于小敌，以伤生灵，惟防患于大寇，以安中国也。④

主张继续招抚思任发。

　　今麓川残寇思任发，本依山负谷，羁縻纳贡之夷。边将失驭，致勤大兵，虽未歼厥渠魁，亦多杀其群丑。皇上念此

① 《明英宗实录》卷七五，正统六年春正月甲寅，第1460—1461页。
② 《明英宗实录》卷七五，正统六年春正月甲寅，第1461页。
③ 《明英宗实录》卷七五，正统六年春正月甲寅，第1461页。
④ 《明英宗实录》卷七五，正统六年春正月戊午，第1467—1468页。

小夷，僻居南徼，灭之不为武，释之不为怯，特降玺书，原
其罪恶，使得自新，是即周汉修教赐书之意也。①

如果开展大规模战争，无法取得胜利。"复议大举欲屯十二万兵于
云南，以急其降，不降则攻之，而不虑王师不可轻出，夷性不可
骤驯，地险不可用众，客兵不可久淹，是皆兵法所忌也。"② 而且
会给本已面临危机的国家内政，带来巨大冲击。"况江南近年水旱
相仍，军民俱困，若复动众，恐至纷扰。臣窃以为终宜缓诛，如
周汉之于崇越也。"③

值得注意的是，刘球颇有预见性地指出明朝长期致力于南征，
将会改变开国以来一直以蒙古为防御重心的国家战略，从而给北
方的瓦剌带来可乘之机。

至如北虏犹古猃狁、匈奴，世为边患。今虽少抑，然部曲
尚强，戎马尚众，未可保其终不寇边。居安思危，此维其时。
乃欲移甘肃守将，以事南征，恐沿边将士意谓朝廷必以此虏
为不足虑，遂生怠心，弛其边防，卒然有警，恐致失错。臣
窃以为宜防其患，如周汉之于猃狁、匈奴也。④

因此，刘球反对派兵征伐，主张在保持军事威慑的同时，趁机歼
灭麓川土司。

伏望皇上罢大举之议，惟令大臣推选智谋之将，辅以才
识大臣，仍举内外文武之臣，无分见任谪降，但有才干者十

---

① 《明英宗实录》卷七五，正统六年春正月戊午，第 1468 页。
② 《明英宗实录》卷七五，正统六年春正月戊午，第 1468 页。
③ 《明英宗实录》卷七五，正统六年春正月戊午，第 1468 页。
④ 《明英宗实录》卷七五，正统六年春正月戊午，第 1468—1469 页。

数人，随往云南，量调见操官军，分屯于金齿等处要害之地，如赵充国屯田湟中，以降叛羌故事，且耕且练，广其储蓄，习其水土。固结木邦诸夷，以为我援，一则乘间觇寇虚实，不时进攻；一则因便谕以祸福，抚其向化，明加赏罚，责以成功。如此将不烦大兵，而寇自可服。[1]

明朝的军事重心，仍应放在北部边疆。

> 至于西北边境及今无事，宜敕诸将及参赞大臣巡视，塞垣当筑者筑之，沟涧当浚者浚之，城堡、烽火堠当增修者皆增修之，仍勤训练，广储蓄，利器械，严守望。凡备边之事，悉令修举，以防不虞，是诚国家万万年太平之计也。[2]

但英宗并未接受这一建议，仍然在正统六年（1441）二月命定西伯蒋贵、兵部尚书王骥统军出征。《明史纪事本末》指出，英宗这一决定是受到了王振的影响。"盖王振专政，欲示威荒服也。"[3] 为配合此次出征，英宗命户部负责征调多地粮草，保障大军的后勤供应。

> 敕户部左侍郎徐曦曰："兹命总兵官定西伯蒋贵、总督军务兵部尚书王骥等往征麓川叛寇，已令总兵官都督同知沐昂镇守地方，兼督粮饷。特命尔于南京、湖广、四川、贵州，直抵云南，大军经历之地，缘途整备刍粮，以备支用。进兵之日，仍与金都御史丁璇分督转运。"[4]

---

① 《明英宗实录》卷七五，正统六年春正月戊午，第1469页。
② 《明英宗实录》卷七五，正统六年春正月戊午，第1469页。
③ 《明史纪事本末》卷三〇《麓川之役》，第456页。
④ 《明英宗实录》卷七六，正统六年二月甲戌，第1484—1485页。

十二月，明军最终在第二次"麓川之役"中获得大胜，歼敌十余万，思任发逃亡缅甸。① 但明军撤退之后，思任发再次发动叛乱。正统七年十月，明军发动第三次"麓川之役"。"复命定西侯蒋贵、靖远伯王骥征麓川、缅甸。"② 虽然击败了缅甸和思任发，正统十年斩杀了思任发，但思任发之子思机发，却仍盘踞孟养。正统十三年，明军最终发动第四次"麓川之役"。"十三年春三月，初，思机发复据孟养地为乱，屡谕不从。复命靖远伯王骥提督军务，都督宫聚为总兵，张轸、田礼为左右副总兵，方瑛、张锐为左右参将，率南京、云南、湖广、四川、贵州土汉军十三万讨之。"③ 最终平定了叛乱，思机发死于乱军之中。王骥鉴于无法完全慑服麓川土司，与思任发子思禄结成盟约，告诫其安守地盘。"骥等虑师老，度贼不可灭，乃与思禄约，许以土目得部勒诸夷，居孟养如故。复与立石金沙江为界，誓曰：'石烂江枯，尔乃得渡。'思禄亦惧，听命。乃班师，以捷闻。"④ 明朝从而最终平定了麓川地区。

对于明朝四征麓川，李贤批判最有力，这缘于他主政内阁，对于宦官专权深恶痛绝，对王振所引发的"麓川之役"与"土木之变"持严厉的批评态度。⑤ 但也有不少士大夫从疆域安全的角度指出，王振发动"麓川之役"具有合理性，这种观点尤其集中在批评李贤的论点之上。张志淳重点辨析了李贤史事上的错误。

> 李贤《古穰杂录》谓麓川初叛，沐晟尚在，彼时宣布朝
> 廷恩威，数其罪抚安之，未必不从，轻动举兵，又不委晟而

---

① 《明史纪事本末》卷三〇《麓川之役》，第 457 页。
② 《明史纪事本末》卷三〇《麓川之役》，第 457 页。
③ 《明史纪事本末》卷三〇《麓川之役》，第 458 页。
④ 《明史纪事本末》卷三〇《麓川之役》，第 458—459 页。
⑤ 《古穰杂录》，第 57—58 页。

另遣将，以至王师失利。适王振操柄逞忿，骧阿其意云云。
夫麓川初叛，讨之在正统三年戊午，政死江上，在己未正月
四日。晟败回永昌，在正月五六日。自永昌回，二月尽。卒
于楚雄，在三月十六日。骧总督大征，在九年甲子。事平在
十二年戊辰。李名相，国史皆其总裁，失实顾至此，良可叹
也。左都督死极惨，欲不兴师得乎？

指出李贤由于对宦官具有成见，持论偏颇。"尝见杨文贞作诗《送
杨郎中至云南》，意与李同。又王吏书作《沐忠敬庙碑》，与李所
言同。李牵于私而不复考也。"① 王世贞同样辨析了李贤在史实上
的错误。

> 李文达有经世才，其所持论麓川事甚正。但公生当其时，
> 而所记有不能无抵牾者。谓麓川初叛，沐晟尚在，彼时遣人
> 宣布朝廷恩威，赦其罪抚安之，未必不从。遂轻动举兵而另
> 遣将，以致王师失利。此大误也。按正统二年十月，云南南
> 甸州知州刀贡罕等奏：麓川宣慰思任发侵夺其罗十思庄等二
> 百七十七村，乞遣官赍金牌、信符，谕还所侵地。诏沐晟处
> 置以闻。自是，思任发不奉诏，因发兵侵噬不已，而讨捕之
> 命下矣。然每岁未尝不抚谕也。后遣沐晟为大将总兵，而都
> 督方政等为副，攻虏逐北，渡潞江遇伏败没。晟引兵还，上
> 疏请罪，逾月暴卒，人以晟为服毒。今云不委晟而另遣将，
> 以致王师失利，何也？②

对于李贤贬低麓川重要性的做法，王世贞指出，明朝平定麓川挽

---

① 《国榷》卷二四《英宗正统四年》，第 1569 页。
② 《国榷》卷二五《英宗正统六年》，第 1603 页。

回了由于放弃交阯在西南边疆大为削弱的权威，维护了西南疆域的完整。

> 又云：麓川不如中国一大县，纵得其地，于人何益？而军需所费万万不可计。兵连祸结，以有今日。此又大谬也。高皇帝命颖〔颍〕川侯以三十万众下云南大理，而文皇帝复命新城侯以八十万众下交阯，以故诸土夷环云贵二广以十百计，咸慴息而不敢动。迨宣德初，柳升、王通再败黎利，而捐交阯，益之中国自是轻矣。麓川之所以鸷肆，为弃交阯也。若再败于麓川而竟不诛，则土官之弱者，不二十年而为强者有矣。强者不诛而益强，则中国之在西南者，亦非我有矣。其所以失，在中国之政不修，而骥等之用兵未尽善也。不然，颖〔颍〕川、新城之兴师，甚于麓川倍矣，何以不为天下累也。①

田汝成也指出王振发动"麓川之役"，是维护明朝尊严的做法。

> 田汝成曰：麓川之役，举朝皆以为非，谓王振专权逞忿。而李文达亦言麓川初叛，不委晟而遣别将，遂致丧师，此皆失实。潞江致败，晟实罪魁，第朝议以晟元勋之裔，辟土安南有功，复畏法引慝自殒，得蒙赠谥，亦已幸矣。思任抗王师，歼大将，释而不诛，辱国益甚。振之罪恶通天，若主征麓川，义正言顺，不可非也。②

明末黄景昉也指出，明朝借助"麓川之役"对西南边疆形成了有

---

① 《国榷》卷二五《英宗正统六年》，第 1603 页。
② 《国榷》卷二四《英宗正统四年》，第 1568—1569 页。

效威慑。"麓川之役，何文渊、刘球皆请罢师，杨文贞亦意在绥戢。传王振好兵，王靖远阴阿其指。然威震西南，故赖斯举。不然，滇又为安南续矣，未可以儒生訾之。"① 《明史纪事本末》与黄景昉持同样的观点。

> 且宣帝即位，已弃交趾，新君践祚，又废麓川。云、贵、二广，土夷环疆，动以百计；溪蛮苗峒，列处内地，耕牧成群。麓川不逞，既有征矣，异类袭是迹而动，诛戮子弟，忧患长老，甚者屠掠郡国，并吞诸部。再复数年，蒟酱不见于番禺，邛杖不来于大夏，使断牂牁之北，地尽越巂之东矣。尔时而欲用兵，败固不测，胜亦大创。②

指出运用武力，一劳永逸地解决边疆威胁，是君主治理国家的应有之道。"盖小惩大戒，柔远之良规；一劳永逸，王师之胜算。故殷兴夏绪，必克鬼方；蜀出中原，先渡泸水。控远与绥迩不同功，讨贰与贪功不同道也。"③ 明军所取得的这一成就，实为扬威边疆的重大事件。"勒石金沙，誓臣石烂，此亦勋著燕然，功高铜柱，岂仅唐蒙夜郎，相如邛筰者乎？"④

但是，明朝四次调动大军，耗费了大量资金。"然史称其起兵十五万，转饷半天下。"⑤ 不仅如此，正如刘球所言，"麓川之役"在相当程度上吸引了明朝的注意力，对于北部边疆的经营，相应有所影响。晚明时期，郭子章指出刘球有先见之明，也认为"麓川之役"是引发"土木之变"的因素之一。"郭子章曰：麓川之

---

① 《国史唯疑》卷三《正统》，第64页。
② 《明史纪事本末》卷三〇《麓川之役》，第459页。
③ 《明史纪事本末》卷三〇《麓川之役》，第459页。
④ 《明史纪事本末》卷三〇《麓川之役》，第460页。
⑤ 《明史纪事本末》卷三〇《麓川之役》，第460页。

役，举朝卷舌，内则刘忠愍争之，外则詹敦谕争之。刘以言阶祸，竟死于狱。而詹幸免于身。不逾时而有土木之变。穷黩之祸人国如此，嗟嗟！台省寒蝉，而谠论出于讲谕师儒之口，亦足羞矣。"①高岱认为明朝在处理麓川问题上，用力过猛，耗损太多国力，从而影响了在北部边疆的经营，是引发"土木之变"的因素之一。

> 麓川之役，所谓轻病而重疗也。遐僻小夷，称乱戕杀，纵欲问罪，付之沐晟足办矣，乃至廷议遣将，节制不专，而致潞江之败。既败则晟为罪魁，释不问足矣，而追封王爵，何为哉？王骥倾国家之力，集数镇之兵，而先后十年之久，卒不能歼殄渠魁，竟从姑息，得免于罪，幸也，何至裂茅土哉？向如刘球言，移此力经略西北，己巳之变，必有以御之者。穷疥癣之拒搔，而耗腹心之元气，安得不败乎？②

第四节　正统时期明朝对瓦剌的绥靖政策

正统时期，当南方边疆的"麓川之役"如火如荼地开展时，一向是战争重地的北部边疆，虽然也有小规模战争不断上演，但整体而言，却处于长期的平静之中。但在这种平静的外表下，却是瓦剌逐渐崛起、扩张，成为蒙古高原，乃至内亚东部的霸主。脱欢在统一瓦剌诸部后，击败鞑靼、兀良哈，成为蒙古高原的霸主。"脱欢内杀其贤义、安乐两王，尽有其众，欲自称可汗，众不可，乃共立脱脱不花，以先所并阿鲁台众归之。自为丞相，居漠北，哈喇嗔等部俱属焉。已，袭破朵儿只伯，复胁诱朵颜诸卫，

---

① 《国榷》卷二七《英宗正统十四年》，第1769页。
② 《国榷》卷二七《英宗正统十四年》，第1757页。关于"土木之变"发生的原因，可参见蒲章霞《"土木之变"原因考述》，载《中国边疆民族研究》第3辑。

窥伺塞下。"① 脱欢死后，其子也先进一步控制了蒙古可汗，掌控了蒙古高原。"四年，脱欢死，子也先嗣，称太师淮王。于是北部皆服属也先，脱脱不花具空名，不复相制。每入贡，主臣并使，朝廷亦两敕答之，赐赉甚厚，并及其妻子、部长。"②

　　对于瓦剌的崛起，自宣德以来，明朝一直秉持绥靖政策。之所以如此，缘于明朝一直将北元后裔鞑靼视作主要威胁，而将来自遥远西北的瓦剌，视作牵制鞑靼的工具。正统初年，三杨从"内政本位"立场出发，尤其注重采取这种分化政策，希望用较小的代价，维持蒙古高原的势力平衡。正统元年（1436）八月，三杨假借英宗的敕书，向瓦剌指出明朝已经发动对鞑靼的战争。"比者，阿台及朵儿只伯等逃居亦集乃地，时来搔扰，边疆抚谕，不悛不得，已发兵剿捕。"③ 隐然希望与瓦剌一起，南北夹击，彻底消灭鞑靼。"近闻王亦躬率人马，往征西北弗率之人。若两军相值，王宜约束部伍遣人驰报边将，俾两无相犯，彼此并力追捕，则此贼可擒矣。王其亮之。"④ 正统二年二月，瓦剌使节将要启程返回蒙古高原，三杨十分罕见地命武将群体以高规格送别。"瓦剌使臣将归，上敕总兵官都督方政、游击将军都指挥佥事杨洪，同奉城侯李贤等，联营境外，与之宴别。"⑤ 再次强调明朝对鞑靼所发动的战争，以向瓦剌表明立场。"语以近者虏酋阿台、朵儿只伯等犯边，即今朝廷命各总兵官统兵十万剿之。尔顺宁王能顺天道，遣尔等来朝。尔归，其谕以此意，非我穷兵黩武，实彼自作弗靖，以速覆亡。"⑥ 稍后在给瓦剌的敕书中，进一步明确表达了希望与瓦剌联合进攻的立场。"王其体朕心，约部伍，由西北行，

---

① 《明史》卷三二八《外国九·瓦剌传》，第 8499 页。
② 《明史》卷三二八《外国九·瓦剌传》，第 8499 页。
③ 《明英宗实录》卷二一，正统元年八月戊寅，第 421—413 页。
④ 《明英宗实录》卷二一，正统元年八月戊寅，第 413 页。
⑤ 《明英宗实录》卷二七，正统二年二月辛未，第 538 页。
⑥ 《明英宗实录》卷二七，正统二年二月辛未，第 538 页。

朕之军马由边境行，仍通报边将，令两无相犯。凡遇逆贼，内外交攻，此贼自当束手就擒矣。朕与王永当通好，共享太平，王其图之。"① 而在给鞑靼的敕书中，明朝也用和瓦剌联合夹击，作为恐吓之词。

> 今瓦剌顺宁王脱欢及哈密、河州、赤斤、罕东并兀良哈等处，俱遣使奏请合兵征讨。朕以帝王视天下为一家，不忍加兵。以毒尔众。尔果来归，听就近边视水草便利处居牧，永享太平。若仍不悛，朕将从瓦剌等所请，尔悔不及矣。②

事实上，正统时期明朝努力与瓦剌建立友好关系，为此不惜打破惯例，在与蒙古高原名义上的可汗脱脱不花建立宗藩关系的同时，还为瓦剌开辟了专门的朝贡贸易渠道。不仅如此，明朝还经常派遣使节出使瓦剌，赏赐各种物资，进行经济援助。③ 而瓦剌使节甚至较为普遍地接受明朝官职，可见双方关系之融洽。④

---

① 《明英宗实录》卷二七，正统二年二月丙子，第 541—542 页。

② 《明英宗实录》卷三三，正统二年八月壬申，第 643—644 页。

③ "行在金吾左卫都指挥康能等言蒙遣率官军五十五员名，往使瓦剌，乞赐骑仗、什器、粮料以往。事下，行在礼部复奏，请于山西行都司、布政司给之。上以山西军民艰难，令在京给与。"《明英宗实录》卷二四，正统元年十一月丁酉，第 475 页。"给出使瓦剌都指挥金事陈友等八十员名一年粮料本色四百六十五石九斗，折色布二千三百二十三匹，绢一千一百六十一匹。"《明英宗实录》卷六三，正统五年春正月丙辰，第 1201 页。

④ "丙申，命瓦剌使臣阿鲁赤等十一人为都指挥金事等官，赐冠带。"《明英宗实录》卷二二，正统元年九月丙申，第 427 页。"瓦剌顺宁王脱欢所遣使臣阿都赤、皮儿马黑麻等，奏愿受朝廷官职。上命阿都赤为都指挥金事，皮儿马黑麻为指挥金事，余授官有差，俱赐冠带。"《明英宗实录》卷二二，正统元年九月乙巳，第 436 页。"壬寅，升瓦剌朝贡正使都指挥金事阿都赤为都督同知，副使察占为都指挥同知。"《明英宗实录》卷三四，正统二年九月壬寅，第 662 页。"瓦剌脱脱不花王所遣使臣倘灰等，奏愿授朝廷官。命倘灰等为都指挥同知，余授官有差，俱赐冠带。"《明英宗实录》卷三五，正统二年冬十月庚申，第 674—675 页。"升瓦剌使臣阿都赤为右都督，把伯、察占、昂克三人俱为都

指挥使，皮儿马黑麻为指挥使。"《明英宗实录》卷四九，正统三年十二月癸酉，第950—951页。"授瓦剌使臣奄者土干等二十人为指挥金事，把里白等三人为正千户，亦不剌欣等三十二人为副千户，奴温帖木儿等八人为百户，以其愿受朝廷官职故也。"《明英宗实录》卷四九，正统三年十二月己卯，第954页。"升瓦剌使臣卯失剌与鲁忽为都指挥金事。"《明英宗实录》卷七四，正统五年十二月庚寅，第1444页。"瓦剌使臣把秃儿来归，进马三匹，命为锦衣卫带俸百户，赐马及冠带、银钞、彩表里织金纻丝袭衣，并房屋、器皿等物。"《明英宗实录》卷七八，正统六年夏四月戊子，第1544页。"升迤北瓦剌使臣都指挥金事脱木思、哈脱中答俱为都指挥同知，指挥使皮儿马黑麻为指挥金事，指挥同知速檀为指挥使，指挥金事孛端秃秃儿俱为指挥同知，授完者土干正千户，木撒法儿副千户。"《明英宗实录》卷八七，正统六年十二月庚子，第1739页。"升瓦剌使臣正千户影克字罗为指挥金事，授头目失剌不花为正千户，昂克帖木儿等二十五人俱为百户，以尝有杀贼扞朝使之功故也。"《明英宗实录》卷八七，正统六年十二月壬戌，第1756页。"升瓦剌使臣把失罕、奄特该俱为都指挥金事，阿失为指挥金事，赐冠带袭衣。"《明英宗实录》卷一一一，正统八年十二月壬寅，第2241页。"升瓦剌使臣都指挥金事卯失剌为都指挥同知，指挥同知孛端秃秃儿俱为指挥使，授头目恍合为都指挥金事。"《明英宗实录》卷一二四，正统九年十二月庚戌，第2471页。"升瓦剌使臣指挥金事昂克字罗为指挥同知，授锁鲁檀为都指挥金事，哈只、阿力等二人为指挥同知，兀马儿等十四人为指挥金事，卯哈剌等五人为正千户，脱脱章等十人为副千户，给冠带，以皆愿受朝廷官职故也。"《明英宗实录》卷一二四，正统九年十二月甲子，第2484页。"升瓦剌使臣都指挥金事皮儿马黑麻为都指挥同知，指挥使秃秃儿为都指挥金事，头目兀普思为都指挥金事，完者帖木儿为指挥金事。"《明英宗实录》卷一三六，正统十年十二月丁未，第2699—2700页。"授瓦剌使臣乞力台等四人为正千户，把克帖木儿等六人为副千户，奄克帖木儿等六人为百户，各赐冠带彩段表里，以其牛头山擒杀贼人歹只苦等功也。"《明英宗实录》卷一三六，正统十年十二月己未，第2706页。"升迤北瓦剌使臣指挥金事纽邻等为指挥同知，断事落干歹为指挥金事，同知田玉朵罗歹，大使汤字罗司、徒约里把，参政脱脱木儿等为正千户，同知格干帖木儿、参政迷儿火者等为副千户。"《明英宗实录》卷一三七，正统十一年春正月丁丑，第2719页。"庚寅，命瓦剌太师也先续遣正使海塔孙为指挥金事，副使把秃火者为正千户，带牌人哈撒为副千户。"《明英宗实录》卷一三七，正统十一年春正月庚寅，第2727页。"癸丑，命故瓦剌使臣都指挥同知速檀子哈力锁鲁檀袭为指挥使，亦速里河卫指挥金事虎失忽子阿的哈袭职。"《明英宗实录》卷一四八，正统十一年十二月癸丑，第2914页。"升瓦剌使臣都指挥使把伯为都督金事，指挥使孛端、哈只阿力二人俱为都指挥金事，指挥同知舍黑咱答等三人为指挥使，指挥金事舍黑、马黑麻等二人为指挥同知，正千户援失兰火者、纳门约者把等六人为指挥金事，副千户陕西丁等三人为正千户，授阿不都等七人为正千户，亦马剌丹等二十六人为副千户，俱给冠带。"《明英宗实录》卷一四八，

　　但是，明朝虽然一直抱着与瓦剌和平相处的期望，但对于瓦剌崛起所可能造成的政治威胁，仍然有着警惕之心。英宗即位之初，杨士奇便在奏疏中指出，应对瓦剌加以防范。宣德十年（1435）正月，"即今瓦剌强盛，恐来寇边，缘各处多缺马匹，宜敕边将于附近太仆等寺关用。其西番诸处进贡之马，悉给边军骑操"。[①] 在瓦剌南下时，命令边将加强戒备。宣德十年七月，"庚辰，敕沿边诸将都督谭广等曰：'近者来降达子言说瓦剌脱欢并兀良哈三卫人马，欲来寻阿台王子。以朕度之，必是假此为名，来侵边境。尔等即整搠军马，严督城堡、墩台，昼夜巡哨，庶几有备无患。'"[②] 而这一时期的武将群体，对于瓦剌在蒙古高原的独大之势，充满忧虑。正统元年十二月，"太保成国公朱勇奏：夷狄桀黠，从古为然。近闻瓦剌、脱欢与朵儿只伯互相仇杀，势不俱

正统十一年十二月癸亥，第 2918—2919 页。"升瓦剌正使都指挥同知皮儿马黑麻为都指挥使，都指挥佥事哈只阿力为都指挥同知，副使指挥佥事完者帖木儿为指挥同知，授猛可为指挥佥事，俱赐冠带袭衣。"《明英宗实录》卷一六一，正统十二年十二月庚辰，第 3134 页。"升瓦剌使臣指挥佥事哈失帖木儿等三人为指挥同知，正千户沙班等三人为指挥佥事，副千户答因台等四人为正千户，授不速儿蛮为正千户，斡脱赤等十五人为副千户，给冠带。以皮儿马黑麻等为其求升授官职故也。"《明英宗实录》卷一六一，正统十二年十二月辛巳，第 3134—3135 页。"升迤北瓦剌使臣都指挥同知皮儿马黑麻为都督佥事，指挥使纳哈歹、舍黑咱、赛夫剌俱为都指挥佥事，指挥同知阿老丁、阿撒、阿黑麻、舍黑、麻黑麻俱为指挥使，指挥佥事约里把、亦不剌金俱为指挥同知，正千户孛罗、伯蓝火只七人为指挥佥事。"《明英宗实录》卷一六二，正统十三年春正月庚子，第 3146 页。"甲戌，升瓦剌使臣都指挥使察占为都督佥事，都指挥同知哈只阿力为都指挥使，指挥同知完者帖木儿为指挥使，指挥佥事兀马儿为指挥同知。"《明英宗实录》卷一七三，正统十三年十二月甲戌，第 3336 页。"升瓦剌使臣都指挥使昂克为都督佥事，都指挥佥事木撒法儿为都指挥同知，指挥使阿黑麻、舍黑、马黑麻、阿老丁俱为都指挥佥事，指挥同知昂克、孛罗、亦不剌、金约里把俱为指挥使，指挥佥事亦不剌、金哈知、田玉、阿不都克、林伯蓝、火者苫出帖木儿、陕西孛儿俱为指挥同知，千户章迭、力必失等六人俱为指挥佥事。"《明英宗实录》卷一七四，正统十四年春正月辛卯，第 3347 页。

① 《明英宗实录》卷一，宣德十年春正月庚子，第 33 页。
② 《明英宗实录》卷七，宣德十年秋七月庚辰，第 136 页。

立。臣恐其并吞之余，势益强大。乞各边广其储积，以备不虞，上嘉纳之"。① 对于瓦剌联络哈密、女真的做法，明朝更是充满警惕。正统元年九月，英宗敕沿边诸将曰："比得降虏言阿鲁台为瓦剌所败，部属溃散，多于近塞潜伏，伺间入寇。瓦剌席其战胜兵势日盛，遣人交通兀良哈、女直诸部，其意叵测。"② 命令北疆武将群体针对瓦剌未来所可能造成的威胁提供有针对性的预案。"比闻瓦剌脱欢聚兵饮马河，又遣人交通兀良哈、女直诸部，今虽遣使来庭，然虏情谲诈，终不可测。"③ "万一猝来，犯边入境，不知卿等所恃以待之者？何策所用以御之者？何人以战以守？必有成算，一一条陈告朕，庶见卿等方略。"④ "上闻瓦剌脱欢部落屯饮马河，遣人纠结兀良哈三卫，并野人女直，恐其合众入寇，命缘边诸将议战守之策以闻。"⑤

正统三年，王振逐渐掌控朝政后，制定出更为强硬的边疆政策，不仅在南方边疆开始发动"麓川之役"，而且在北部边疆对瓦剌采取更为强硬的立场。这表现在开始防范瓦剌使节。正月，英宗敕大同镇总兵官陈怀，命令只能让瓦剌使团中的首领进入北京。"得奏，知瓦剌脱欢又遣人来朝。然虏情谲诈，不可不防。敕至，尔即谕令正使三五人赴京，所贡马驼令人代送，其余使臣、从人俱留止大同，并脚力马给与刍粮，听其与民交易。"⑥ 而对于和瓦剌联合夹击鞑靼的行动，明朝虽仍然保持合作，但已经开始防范瓦剌南下明境。"比瓦剌脱欢遣使臣速丹等赴京朝贡，及请合兵夹击阿台、朵儿只伯。"⑦ "随遣都指挥康能等赍敕与之偕往，所请事

---

① 《明英宗实录》卷二五，正统元年十二月丁亥，第 508 页。
② 《明英宗实录》卷二二，正统元年九月戊申，第 439 页。
③ 《明英宗实录》卷三五，正统二年冬十月壬午，第 690 页。
④ 《明英宗实录》卷三五，正统二年冬十月壬午，第 690 页。
⑤ 《明英宗实录》卷三六，正统二年十一月乙亥，第 702 页。
⑥ 《明英宗实录》卷三八，正统三年春正月戊子，第 731 页。
⑦ 《明英宗实录》卷三八，正统三年春正月辛卯，第 732—733 页。

朕已区画之矣。但虑脱欢谲诈，或假此为由，来犯边境，不可不预为之防。卿等其整搠军马，严督哨备。如其果来，相机战守，务在安靖边疆，用副委任。"① 禁止瓦剌起兵靠近明朝边界。"但宜戒饬部属，毋使近边，以坚和好。"②

鉴于兀良哈与瓦剌暗中相结，明朝也开始防范兀良哈。"近闻兀良哈泰宁、朵颜、福余三卫，与瓦剌脱欢等交通，累遣使臣朝贡，实欲觇我虚实。"③ "兹已遣敕谕，彼凡遇时节庆贺，许遣头目三五员。或有警急，虽非时节，亦许遣一二人来奏报。自余贡献，悉令罢免。"④ 同时专门开列了可以放入关内的兀良哈首领的名单。"今录三卫大头目职名示尔，此后使臣非经大头目差遣者，悉听勒回。尤宜谨饬边防，以副朕委任之意。"⑤ 正统四年七月，鉴于瓦剌、兀良哈有南下之意，命宣府镇、大同镇加强防备。"瓦剌胡寇谲诈多端，常遣人来兀良哈处，纠合贼徒，窥伺边境。"⑥ 当月，明朝鉴于瓦剌南下屯聚，"瓦剌脱脱不花及脱欢人马，屯聚哈剌忙来等处，既近边境，必怀祸心"，⑦ 命镇守山西等处总兵官李谦"整肃军马，严督哨备"。⑧ 正统九年，明朝得到情报，瓦剌联合兀良哈，打算南下，于是再次命北疆军队加强防备。"敕缘边诸将曰：'使臣归自瓦剌，言虏阅兵利器，交构兀良哈诸部，意在寇边，尔等宜豫为备御之计。'"⑨ 正统九年，明朝再次获得瓦剌将南下进攻的情报。甘肃镇总兵任礼奏："欲分遣人马，由大同、宁

① 《明英宗实录》卷三八，正统三年春正月辛卯，第733页
② 《明英宗实录》卷三八，正统三年春正月丁未，第742页。
③ 《明英宗实录》卷五六，正统四年六月乙酉，第1069页。
④ 《明英宗实录》卷五六，正统四年六月乙酉，第1069页。
⑤ 《明英宗实录》卷五六，正统四年六月乙酉，第1069页。
⑥ 《明英宗实录》卷五七，正统四年秋七月癸酉，第1100页。
⑦ 《明英宗实录》卷六一，正统四年十一月辛酉，第1164页。
⑧ 《明英宗实录》卷六一，正统四年十一月辛酉，第1164页。
⑨ 《明英宗实录》卷一二〇，正统九年八月辛酉，第2426页。

夏等处入寇。"① 但由于明朝加强了戒备，瓦剌并未南下。"仰赖皇上深烛其奸，豫敕沿边严备，又命定西侯蒋贵等统率精兵，巡边备之，其计不行。"② 正统十二年正月，兵部尚书邝埜指出瓦剌又有南下的迹象。"今也先率其丑类，远离巢穴，来边窥探，烟火不绝。"③

不过整体而言，即使在王振掌权时期，明朝也一直努力维持与瓦剌的友好关系。这根源于这一时期明朝正全力投入南方边疆的"麓川之役"，不便两头作战。而瓦剌充分利用了明朝这一心理，竭力从明朝获取生活物资，乃至军事物资，从而不断壮大。瓦剌为从明朝获取更多物资，不断扩大使团规模，从最初的数十人，逐渐扩大到最后的数千人。"故事，瓦使不过五十人。利朝廷爵赏，岁增至二千余人。屡敕，不奉约。使往来多行杀掠，又挟他部与俱，邀索中国贵重难得之物。稍不餍，辄造衅端，所赐财物亦岁增。"④ 正统七年，英宗在敕书中，甚至指出瓦剌使团最初不满五人。"往者瓦剌遣使来朝，多不满五人。今脱脱不花、也先所遣使臣，动以千计，此外又有交易之人。"⑤

为节约开支，明朝命令瓦剌缩小使团规模。正统七年正月，"朕虑边境道路军民供给劳费，已令都指挥陈友等赍敕，往谕瓦剌，令自今差遣使臣，多不许过三百人，庶几彼此两便"。⑥ 禁止多余之人进入关内。"此后如来者尚多，尔等止遵定数，容其入关，余令先回，或令于猫儿庄俟候使臣同回，从彼自便，故预敕尔知之。"⑦

---

① 《明英宗实录》卷一二二，正统九年冬十月庚午，第 2453 页。
② 《明英宗实录》卷一四九，正统十二年春正月庚辰，第 2927 页。
③ 《明英宗实录》卷一四九，正统十二年春正月庚辰，第 2927 页。
④ 《明史》卷三二八《外国九·瓦剌传》，第 8499 页。
⑤ 《明英宗实录》卷八八，正统七年春正月戊寅，第 1764—1765 页。
⑥ 《明英宗实录》卷八八，正统七年春正月戊寅，第 1765 页。
⑦ 《明英宗实录》卷八八，正统七年春正月戊寅，第 1765 页。

但对于明朝的这一禁令，瓦剌一直都未遵守，对此明朝也只能默认。当年十月，瓦剌使团规模仍有两千余人。英宗敕瓦剌使臣卯失剌孛端曰：

> 今年春敕谕，令自后少遣人来，亦敕大同镇守总兵官，除正副使定数外，凡从人及贸易之人，悉留居猫儿庄。今闻尔处遣来之人，仍复过多。朕念天寒远来，若处之边地，必致失所。特令总兵等官俱纵尔等来朝，俟来春同归。①

这条史料并未具体交代瓦剌使团的人数。而下面一则史料则反映出实为两千余人。次月，瓦剌部众仍有陆续前来朝贡者。英宗于是敕大同镇总兵朱冕曰："得奏，知瓦剌使臣续有至关者，尔等疑弗纳，然彼既远来，理须从宜宽待。敕至，即启关纳之，同前使发遣来京，馆谷之例，一准前敕。"② 《明英宗实录》由此特意交代上月瓦剌使团人数为两千余人。"时瓦剌使臣二千余人至大同方旬日，又百余人称也先之使，叩关入贡，冕等不敢擅纳而请之，故有是敕。"③ 十一月，瓦剌使团全部进入北京，《明英宗实录》记载了具体人数。"迤北瓦剌脱脱不花王及也先太师使臣卯失剌等二千三百二人来朝贡马二千五百三十七匹，宴赐如例。"④ 正统十二年，瓦剌使团仍然维持在这一规模。"骁骑右等卫副千户马青奉使瓦剌，以脱脱不花王及太师也先使臣皮儿马黑麻等二千一百四十九人来贡，命宴于大同。"⑤ 同样，在这次使团之后，仍有瓦剌部众前来朝贡，因此最终进入北京的人数，又增加数十名。"甲

---

① 《明英宗实录》卷九六，正统七年九月庚辰，第 1934 页。
② 《明英宗实录》卷九七，正统七年冬十月戊戌，第 1949 页。
③ 《明英宗实录》卷九七，正统七年冬十月戊戌，第 1949 页。
④ 《明英宗实录》卷九八，正统七年十一月癸亥，第 1968 页。
⑤ 《明英宗实录》卷一五八，正统十二年九月丁巳，第 3086 页。

辰，瓦剌使臣皮儿马黑麻等二千四百七十二人来朝，贡马四千一百七十二，貂鼠、银鼠、青鼠皮一万二千三百。"①

　　瓦剌这一做法，给明朝尤其是负责接待的大同镇，造成了沉重负担。正统七年，总督大同等处粮储沈固指出："迩者瓦剌也先遣使脱木思哈等二千二百余人，赴京朝贡，经过大同，往来支应并护送官军行粮刍豆，共费三十一万有奇。"② 正统九年，巡按山西御史苑恪也指出："瓦剌等处朝贡使臣过大同者，岁以数千，供亿之费，上下苦之。"③ 正统十年，大同左参将石亨同样指出：

　　　　比年瓦剌朝贡使臣，动二千余，往来接送及延住弥月，供牛羊三千余只、酒三千余坛、米麦一百余石，鸡鹅花果诸物莫计其数，取给官粮不敷，每卫助银完办。其桌凳釜瓮之类，皆军民应用，毕日所存无几，宰过牛羊等皮，亦系折粮之物，递年销费无存。④

　　瓦剌不仅竭力从明朝获取生活物资，还通过暗中交易，获取军事物资，乃至兵器。明朝在朝贡贸易中，为防止周边族群获取军事物资，一直都对交易的种类有严格限定，在与瓦剌交易时，也同样如此。正统四年，明朝禁止民众与瓦剌使节暗中交易铁器等物，⑤ 以免瓦剌用来打造武器。但瓦剌使节一直暗中与明人交易各种军事物资，比如用马匹交换弓箭。正统七年，大同、宣府巡抚罗亨信奏："比闻瓦剌贡使至京，官军人等亡赖者以弓易马，动以千数，其贡使得弓，潜内衣箧，逾境始出。臣思虏居常利此器，今中

---

　① 《明英宗实录》卷一六〇，正统十二年十一月甲辰，第3116页。
　② 《明英宗实录》卷八九，正统七年二月乙卯，第1799页。
　③ 《明英宗实录》卷一二〇，正统九年八月戊申，第2418页。
　④ 《明英宗实录》卷一三六，正统十年十二月丙午，第2711—2712页。
　⑤ 《明英宗实录》卷五九，正统四年九月乙丑，第1137页。

国人贪其货贿，反与易之，宁不资其威力?"① 正统八年，明朝再次
禁止瓦剌使节暗中与明人交易兵器与铁器。"敕宣府、大同、独石等
处总兵官永宁伯谭广等曰：'今岁瓦剌使臣行李内多有盔甲、刀箭及
诸违禁铁器，皆大同、宣府贪利之徒私与贸易者。尔等号令不严可
知。其自今申明禁令，有踵前非，一体治罪。'"② 违者由锦衣卫抓
捕监禁。"民有以铁器卖与瓦剌使臣规厚利者，诏锦衣卫擒获监禁
之。"③ 但这一现象仍然屡禁不止。正统十年，英宗敕大同、宣府镇
守总兵朱冕曰："瓦剌使臣多带兵甲、弓矢、铜铳诸物，询其所由，
皆大同、宣府一路贪利之徒，私与交易者。尔等受朕委任。防闲弛
慢，自今其严加禁约，若仍前弛慢，罪亦不宥。"④ 正统十一年，英
宗敕锦衣卫指挥同知王山、千户邓宣，指出明人不仅将私造兵器走
私给瓦剌使节，甚至将官配兵器都走私给瓦剌使节。

> 比闻在京口外官员、军民人等，往往通诸匠，作私造军
> 器等物，俟瓦剌使臣回日，于闲僻之处，私相交易，甚至将
> 官给军器，俱卖出境，该管官司纵而不问。又所在头目有假
> 以送礼为名，将箭头贮于酒坛、弓帐里，以他物送与使臣。
> 此等论罪，悉当诛戮。⑤

从而再次命锦衣卫抓捕走私人员。

① 《明英宗实录》卷九七，正统七年冬十月乙卯，第1957页。罗亨信请求在瓦剌
出境之时，进行搜检。"请敕机要重臣，密廉在京弓人，究市弓以易马者治之，
及俟贡使就道，于居庸关诘检。仍敕万全并山西行都司，俱以此禁治所部官军
人等。"《明英宗实录》卷九七，正统七年冬十月乙卯，第1957页。但英宗并
未同意。"不必诘检，俟回时再具以闻。"《明英宗实录》卷九七，正统七年冬
十月乙卯，第1958页。
② 《明英宗实录》卷一一一，正统八年十二月己亥，第2239—2240页。
③ 《明英宗实录》卷一一一，正统八年十二月丙午，第2243页。
④ 《明英宗实录》卷一三五，正统十年十一月庚寅，第2689页。
⑤ 《明英宗实录》卷一三七，正统十一年春正月戊子，第2725—2726页。

今使臣将回，特命尔等领旗校，自居庸关至宣府、大同，凡使臣经过去处巡缉，敢有似前潜将军器与之交易者，即擒解京。有干应奏官员，具实奏闻逮问。如尔巡捕不密事发，皆重罪不宥。仍须严禁带去旗校人等，不许依势作威，诬索官民财物，但有犯者，即尔之罪。①

这种暗中交易之所以屡禁不止，根源在于明朝军队之中许多高层都参与了这种交易。比如负责监督大同军队的镇守太监郭敬甚至都参与进来。"镇守大同太监郭敬下狱，初敬素与王振厚，递年多造钢铁、箭头，用瓮盛之，以遗瓦剌使臣。也先每岁用良马等物，赂振及敬以报之。"②

第五节　瓦剌蚕食明朝外围边疆的行动

可见，瓦剌不仅借助在蒙古高原的战争，而且通过与明朝的朝贡贸易，不断壮大力量。在此基础上，瓦剌开始向明朝外围边疆扩张势力。在东北地区，瓦剌暗中交接兀良哈、女真部落。"未几，（朵颜）复附瓦剌也先，泰宁拙赤妻也先以女，皆阴为之耳目。"③在西域地区，瓦剌竭力控制关西诸卫。④ 正统七年（1442），瓦剌

---

① 《明英宗实录》卷一三七，正统十一年春正月戊子，第 2726 页。
② 《明英宗实录》卷一八三，正统十四年九月丙戌，第 3567 页。
③ 《明史》卷三二八《外国九·朵颜传》，第 8505 页。
④ 关于这一历史及诸卫的内迁，可参见白翠琴《明代蒙古与西域关系述略》，《新疆社会科学》1983 年第 3 期；马曼丽《明代瓦剌与西域》，《西北史地》1984 年第 2 期；高自厚《明代的关西七卫及其东迁》，《兰州大学学报》（自然科学版）1986 年第 1 期；安永香《试述撒里畏兀儿东迁》，《西北民族研究》1988 年第 1 期；樊保良《察合台后王与瓦剌封建主及明王朝在丝路上的关系》，《西北民族研究》1992 年第 2 期；钱伯泉、吐娜《罕东左卫蒙古人的迁徙及其融入撒里畏兀儿的经过》，《西北史地》1993 年第 4 期；樊保良《略述瓦剌与明朝在西北的关系》，《兰州大学学报》（社会科学版）1999 年第 3 期；程利英《明代关西七卫内迁去向和内迁人数探》，《贵州民族研究》2005 年第 4 期。

已开始进攻哈密卫。次年（即正统八年）九月，已攻陷哈密卫。甘肃镇总兵任礼奏："近得边报，瓦剌也先遣其徒那那舍利王等，率众三千，攻围哈密，分遣款哥伯等领众二万，欲来劫掠沙州赤斤及肃州。"① 对于哈密的求助，明朝鉴于其只是羁縻卫所，反应并不积极。十月，英宗敕哈密忠顺王倒瓦答失里曰："得奏，瓦剌人马抢杀尔部属，悯尔罹此凶害。又闻尔遵守朝命，不肯去瓦剌，足见忠诚。已遣敕谕也先，令敬顺天道，无听谗构祸。尔尚谨守地方，用图保全。"② 瓦剌于是先后俘获了哈密国王与王后。对此，明朝将之作为既成事实，加以承认。英宗在给瓦剌的敕文中说：

> 近哈密奏称太师头目奋克土剌等，率领人马寻猛哥不花，同哈密逃叛头目陕西丁围哈密城，一月杀头目三人，及城外男妇五十余人，抢去忠顺王母及人口千余，并牛羊马匹等件，纵火焚其田苗。又令忠顺王逼年去瓦剌，见令陕西丁同忠顺王一处管事。惟哈密去甘肃不远，其地方人民视他处最少。然与太师世为亲戚，未尝侵扰。今太师若见王之母及头目，果有不律，为亲戚之耻，当以大义正之。见其微弱，当体尔先人之志，厚加存恤，使保其境土、安其部属，不宜欺凌劫杀之也。③

瓦剌不仅进攻哈密，还竭力控制沙州卫、赤斤蒙古卫。正统六年，瓦剌使节在朝贡明朝途中，曾经路过沙州卫，遭到当地部众的劫杀。④ 为解决朝贡途中的危险，瓦剌早在正统七年，便已向

---

① 《明英宗实录》卷一〇八，正统八年九月乙卯，第 2184 页。
② 《明英宗实录》卷一〇九，正统八年冬十月己亥，第 2206 页。
③ 《明英宗实录》卷一〇九，正统八年冬十月庚子，第 2208—2209 页。
④ "近瓦剌淮王也先差使臣朝贡，并奏彼处朝贡使臣及买卖回回，道经哈密来甘肃者，多被尔处人民劫杀。此事未知虚实，或尔部下所为，尔所不知。今使臣回经过尔处，尔等须戒约部属，以礼相待，护令出境，勿纵小人抢劫，自启衅端。"《明英宗实录》卷七九，正统六年五月壬子，第 1568 页。

沙州卫施压。① 受到威胁之后，沙州卫开始加强防御，向明朝请求修筑城池，获得了明朝的批准。

> 尔虑瓦剌今冬或来劫掠，欲修赤斤城以为备御。又言赤斤是且旺失加地方，虑其有争竞，乞修尔沙州境内苦峪旧城。朕已敕总兵镇守官遣官军前来修理，汝可熟计。若尔与且旺失加等两相和好，久后无争，欲修赤斤城，即从修理。如以苦峪城为便，即修苦峪城，计定当即兴工。时将寒冻，不可缓也。尔等亦须起集军马，协力修筑，远出哨瞭，不可怠忽。②

同一时期，赤斤蒙古卫也开始面临瓦剌的威胁。与沙州卫主张加强防御不同，赤斤蒙古卫请求内徙，但被明朝拒绝。

> 敕谕赤斤蒙古卫都督佥事且旺失加、都指挥佥事革古者可儿即，及大小头目人等曰："比闻尔等虑瓦剌劫掠，欲迁居肃州也恪卜剌白城山地。朕思尔世守赤斤地方，人口众大，岂可迁动，自虚其地，为人所窥。尔等宜整搠军马，严饬部伍，昼夜哨探，果有声息，即星驰遣人飞报，总兵镇守官统军策应，相机擒灭。已敕总兵镇守官令人常于境外巡哨。尔等安居乐处，毋为深虑。"③

瓦剌控制沙州卫、赤斤蒙古卫的方式，并不限于军事进攻，

---

① 英宗敕沙州卫掌卫事困即来曰："尔等言哈密援引瓦剌人，求索物件及踏看道路，已力拒不与。尔之忠诚，朕深嘉悦。盖尔等臣事朝廷，已历四朝，继自今务坚此心，如复有人邪言扇诱，慎勿听信，则上天鉴佑，永远享福。"《明英宗实录》卷九五，正统七年八月丙午，第1914页。

② 《明英宗实录》卷九五，正统七年八月丙午，第1914页。

③ 《明英宗实录》卷九五，正统七年八月乙卯，第1919—1920页。

还包括政治联姻。正统八年十月，英宗敕二卫曰："得奏，知也先差头目款哥伯送马匹、酒礼，欲娶尔困即来女为弟妇，且旺失加女为男妇。尔等敬畏朝廷，不敢承命，特遣人奏请，具见忠诚之心。"① 对此，明朝仍然采取消极态度，允许二卫与瓦剌结成姻亲。"也先与尔等皆朝廷臣属，结亲之事，听从所愿。但须审实差来头目，以防欺诈。今有敕谕，也先可令其头目款哥伯赍与之。"② 在给瓦剌的敕文中，明朝表达了同样的立场。

> 沙州卫都督困即来、赤斤蒙古卫都督同知且旺失加，俱奏太师遣头目送马匹酒礼，欲与结亲。困即来等以世受朝命，未敢轻允，朕惟太师恭事朝廷，困即来来归命守边，彼此和好，如同一家，听从所愿，故兹敕谕。③

在瓦剌的逼迫下，沙州卫最终倒向瓦剌，建立起政治联姻。"也先遣人纠合兀良哈，近复攻劫哈密，擒其王母，又与沙州等卫结婚。"④ 而赤斤蒙古卫却一直表达了抗拒立场。正统九年八月，甘肃镇总兵任礼奏："阿速遣人言瓦剌也先尝欲与都督且旺失加为婚，未诺。兹又遣使固求阿速妹，先要亲人往受聘礼，亦未之诺。"⑤ 再次向明朝请求内徙。"今被达子累行侵扰，不能安业，欲迁居善地。"⑥ 但明朝仍旧加以拒绝。"且尔赤斤地方，去边境不远，系尔祖父世守之地，足可耕牧养赡。今无故欲迁，是自示怯弱，弃尔善地，或为人所乘，欲复不可得矣。"⑦ 只是命甘肃镇为

---

① 《明英宗实录》卷一〇九，正统八年冬十月庚子，第2209页。
② 《明英宗实录》卷一〇九，正统八年冬十月庚子，第2209页。
③ 《明英宗实录》卷一〇九，正统八年冬十月庚子，第2209页。
④ 《明英宗实录》卷一〇九，正统八年冬十月庚子，第2206—2207页。
⑤ 《明英宗实录》卷一二〇，正统九年八月乙卯，第2423页。
⑥ 《明英宗实录》卷一二〇，正统九年八月乙卯，第2423页。
⑦ 《明英宗实录》卷一二〇，正统九年八月乙卯，第2423页。

赤斤蒙古卫在原址旁，寻找适合建城之所。"已敕总兵等官踏看境外附近，有无山川险固，可以保众御寇之处，奏来处治。尔等宜仍旧安处，毋自惊疑，果有警急，驰报总兵等官，悉为尔裁处，不致疏失。"① 在瓦剌的巨大压力下，赤斤蒙古卫最终也倒向瓦剌。"沙州、赤斤皆与结亲，哈密忠顺王兄弟亦为所劫制。"②

除了沙州卫、赤斤蒙古卫之外，瓦剌还竭力控制罕东卫。"时兀良哈已阴附瓦剌，而沙州、罕东、赤斤蒙古三卫亦将附之。上遣都指挥季铎、哈剌苦出，往谕三卫，未报。而沙州卫头目薛令来，言也先遣人至三卫，授喃哥等以平章等官。"③

控制关西诸卫之后，瓦剌仿照元代制度，重建甘肃行省，授予关西诸卫相应官职。镇守陕西文官陈镒奏："比得各处报瓦剌也先既遣人伪授沙州、罕东、赤斤蒙古三卫都督喃哥等为平章等官，及又擅置甘肃行省名号。"④ 甘肃镇总兵任礼奏："今年七月，瓦剌也先遣人授沙州等卫都督佥事喃哥等伪官。"⑤ 英宗也敕曰："今年七月间，脱脱不花王并也先差人来尔处，着喃哥做平章，锁喃奔做王，撒力做三平章，别立哥做右参政，锁可帖木儿做大使等情。"⑥ 所封官爵有至王位者。⑦

正统九年，意识到瓦剌威胁的明朝，一方面责备瓦剌。"今彼妄与尔等职事，未知果出脱脱不花王等之意，或其差来人虚张声势，假托妄为。已遣敕谕脱脱不花王等。"⑧ "今沙州卫大小头目人

---

① 《明英宗实录》卷一二〇，正统九年八月乙卯，第 2423 页。
② 《明英宗实录》卷一二〇，正统九年八月甲戌，第 2430 页。
③ 《明英宗实录》卷一二二，正统九年冬十月甲戌，第 2457 页。
④ 《明英宗实录》卷一二四，正统九年十二月甲寅，第 2472 页。
⑤ 《明英宗实录》卷一二二，正统九年冬十月庚午，第 2453 页。
⑥ 《明英宗实录》卷一二四，正统九年十二月癸亥，第 2481 页。
⑦ "甘肃总兵官宁远伯任礼奏：沙州卫内附，都督喃哥言其弟锁南奔先聘罕东卫指挥撒巴女为妻，今往彼处成婚。臣访得锁南奔曾受瓦剌伪封祁王，恐有他变。上命礼遣人往罕东卫招抚之。"《明英宗实录》卷一四五，正统十一年九月壬午，第 2859 页。
⑧ 《明英宗实录》卷一二四，正统九年十二月癸亥，第 2482 页。

等，差人朝贡，报称今年九月间，太师遣头目款哥伯等将文书、马匹、貂鼠皮等物，到沙州结亲，令都督喃哥自送女去，或不自去，差人马劫掠沙州，致彼处头目、人民怀忿惊疑。"① 另一方面开始争取关西诸卫。十月，英宗敕谕沙州、罕东、赤斤蒙古三卫，表达了对以往政策的反思。"初朝廷以尔等忠顺岁久，瓦剌亦常来朝贡，欲结姻亲，各随所愿。近闻彼此往来频数，必生衅祸。"② 斥责沙州卫归附瓦剌的行为。"尔等或被其威胁，不得已而受之，即宜改悔，毋为所累，仍具奏来。若系尔下人所为，不听尔等约束，不行改过为善，即具奏来剿杀不宥。如尔等纵容部属，与彼交构，即尔等不忠之罪，亦不轻恕。"③ 禁止沙州、罕东、赤斤蒙古卫与瓦剌交接。英宗敕靖远伯王骥曰："近又得右都御史陈镒等奏，瓦剌遣人往沙州三卫要结，又分遣人马于沙州近界围猎。已敕哈密并沙州三卫，不得听诱为非。"④

但明朝的醒悟为时已晚，瓦剌已经控制了关西诸卫，甚至将哈密卫王族、沙州卫部众迁往漠北草原。⑤ "瓦剌又将沙州逃来人家，亦强逼带去。"⑥ 执掌哈密的首领成为亲瓦剌派。"哈密近年常与北虏往来。"⑦ 罕东卫僧侣负责为瓦剌打探明朝消息。⑧

在控制关西诸卫的基础上，瓦剌将甘肃也开辟为朝贡明朝的

① 《明英宗实录》卷一三四，正统十年冬十月庚申，第 2673—2674 页。
② 《明英宗实录》卷一二二，正统九年冬十月甲戌，第 2456 页。
③ 《明英宗实录》卷一二四，正统九年十二月癸亥，第 2482 页。
④ 《明英宗实录》卷一二四，正统九年十二月乙卯，第 2475 页。
⑤ 英宗敕哈密忠顺王倒瓦答失里等曰："近日瓦剌也先令头目塔剌赤等至哈密，取尔母妻弟。"《明英宗实录》卷一四一，正统十一年五月庚辰，第 2792 页。
⑥ 《明英宗实录》卷一四一，正统十一年五月庚辰，第 2792 页。
⑦ 《明英宗实录》卷一七七，正统十四年夏四月甲子，第 3417 页。
⑧ "兵部言：'河州卫番僧加失领真在罕东卫生坐年久，为其都指挥班麻思结奉使往瓦剌也先处，约为婚姻，交结深密。今本僧来朝，意在与外夷缉探中国事情，不宜使还本土，宜发往南京锦衣卫，安插居住。'从之。"《明英宗实录》卷一四四，正统十一年八月辛酉，第 2846 页。

路线。"近者迤西来朝使臣，至甘肃边境，多有假称瓦剌者，真伪莫辨。"① 对此，明朝也采取了默认态度，只是命其保持较小规模，作为大同朝贡使团的补充。"太师今后遣人只从大同路来，庶照管得所，或有警急事情，欲从甘肃来者，只可令三五人赍真实印信文书前来，太师宜遵朕言，毋令小人乘间为谤。"② 在掌控了关西诸卫后，瓦剌还控制了西域与明朝之间的朝贡贸易。"适有撒马儿罕兀鲁伯曲烈干遣使臣满剌麻等一百余人，进贡方物，路经哈密，被塔剌赤等逼诱，同往瓦剌。"③ "迤西回回迭力必失随瓦剌使臣入贡。"④

鉴于已经无法控制沙州卫，明朝于是决定将其内徙甘州。七月，"甘肃总兵官宁远伯任礼等奏，沙州卫都督金事喃哥等阴有叛附瓦剌之意，恐构成边患。上敕礼等相机收捕，回甘州居住，善加抚恤，毋致失所，果有怀异心者，起送来朝，密奏处置，毋令蛊惑众心"。⑤ "先是，甘肃总兵官任礼等以沙州卫都督喃哥兄弟乖争，部众离贰，欲乘其饥窘，迁之塞内。适喃哥来言，欲入居肃州之小钵和寺。礼等遂令都指挥毛哈剌、赵哈剌不花等偕南哥先至沙州，抚谕其众，而率大众随其后。"⑥ 虽然沙州卫部众更想归附瓦剌，但明军采取强制内徙的措施，将之迁徙至甘州南山。

> 比至，喃哥阴持两端，其部人多欲奔瓦剌。礼等进兵迫之，遂收入塞，居之甘州，凡二百五户，千二百三十余口。及是，奏至。上敕礼等曰："尔等相宜调度，不伤一卒，旬日之间，致其全部，朕甚嘉之。所议欲以甘州南山一带给之耕牧，俟其志

---

① 《明英宗实录》卷一三四，正统十年冬十月庚申，第2674页。
② 《明英宗实录》卷一三四，正统十年冬十月庚申，第2674页。
③ 《明英宗实录》卷一四一，正统十一年五月庚辰，第2792页。
④ 《明英宗实录》卷一五〇，正统十二年二月戊戌，第2939页。
⑤ 《明英宗实录》卷一四三，正统十一年秋七月甲申，第2831页。
⑥ 《明英宗实录》卷一四五，正统十一年九月丙子，第2854页。

向安定，收为土官、土民，随军操调，皆姑从尔议。"①

　　而喃哥之弟，被瓦剌封为祁王的锁南奔，此时由于正在罕东卫求亲，并未被一同内徙，而是滞留当地，拒不归附，最终被明军擒获。② 罕东卫也有不少部众心向瓦剌。这从班麻思结的例子便可看出。"甘肃总兵官宁远伯任礼奏：罕东卫都指挥班麻思结居大沙州，与瓦剌也先通好，近与哈密仇杀，报复不已，令回本卫，庶不为边方之患。"③

　　正统十二年以后，瓦剌加大了对周边族群的征服力度。"也先兵侵兀良哈，其泰宁、朵颜二卫已为所胁，惟福余人马奔恼温江，彼又欲待冰冻时追之，因往海西收捕女直。"④ "瓦剌也先以追捕仇人为名，吞噬诸部。往者既自北而西，又自西而东，今又东极海滨，以侵女直。"⑤ "瓦剌平章领人马于北山驻扎，此必也先所遣，欲胁野人女直，使之归己。"⑥ "上以泰宁等三卫，并忽鲁爱等七十四卫，俱受瓦剌也先诳诱，屡为边患，遣敕七十二道，分谕各卫管事都指挥等官，及大小头目人等，责其已往之失，勉其方来之忠。"⑦

　　在军事征服之外，瓦剌还标榜恢复蒙元帝国，以号召周边族群。瓦剌曾经以此致书野人女真、兀者等卫，但后者并未归附瓦剌，而

---

① 《明英宗实录》卷一四五，正统十一年九月丙子，第2854页。
② "兵部奏：'沙州卫达官喃哥弟锁南奔，先受瓦剌也先所封祁王伪号，今已被甘肃总兵官宁远伯任礼率兵直抵罕东擒获，候其至日，宜正大法。'上曰：'朝廷先因沙州系近边卫分，每被瓦剌逼胁欺害，已准都督喃哥等奏移其全卫头目、人民于境内，安居优恤。锁南奔不感朝廷大恩，潜窜瓦剌，私受伪职，又拒官军，不听招抚。论其叛逆之罪，固当处死。但念其父兄忠顺年久，特屈法伸恩，免其死罪，待其到时，兵部与通事明白谕以恩意法度，连其家属，送东昌卫与其母兄完住。'"《明英宗实录》卷一六八，正统十三年秋七月丁亥，第3245页。
③ 《明英宗实录》卷一七六，正统十四年三月乙巳，第2403页。
④ 《明英宗实录》卷一五八，正统十二年九月己酉，第3082页。
⑤ 《明英宗实录》卷一五九，正统十二年冬十月辛酉，第3092—3093页。
⑥ 《明英宗实录》卷一六〇，正统十二年十一月乙巳，第3116页。
⑦ 《明英宗实录》卷一七三，正统十三年十二月癸丑朔，第3321页。

是将文书呈交明朝。英宗在正统十三年十一月，敕之曰："近尔等进瓦剌与尔等文书，朕览之，皆甘言诱语。且自古国家兴废，皆出天命，今虏乃以元成吉思、薛禅可汗事诱尔。"① 事实上，瓦剌不仅招降兀者等卫，还普遍招降女真部落。十二月，英宗敕黑龙江野人头目土忽儿、孔加、兀察亦巴、谷土巴、撒儿得、令哈曰："亦文山卫指挥满秃言尔等，不听也先木忾，愿出力报效，足见忠顺朝廷之意。"② 向野人女真指出瓦剌并非元朝后裔。"盖瓦剌本北虏散部之人，妄称元后，伪立名号，尔等切勿招引，自取祸患。"③ 对于瓦剌招降周边族群的做法，明朝也致书瓦剌，加以责备。"去岁秋，女直野人卫分都督、都指挥等官，来奏尔瓦剌遣头目把秃不花等，同兀良哈达子赍文书到各卫，其书言前元成吉思及薛禅可汗，授彼父祖职事，要令彼想念旧恩，及要彼整备脚力、粮饭。"④ 但在瓦剌的主导下，一个庞大的"新蒙古帝国"正在迅速崛起。

第六节　"土木之变"军事灾难的发生

正如上文所述，明朝虽然对瓦剌采取绥靖政策，但一直都对其强势崛起保持强烈的警惕心理。对于瓦剌的动向，明朝一直时刻关注。当收到瓦剌有南下可能的消息时，明朝都在第一时间加强边防戒备。正统八年（1443），瓦剌南下西北境外，英宗敕陕西镇守武将郑铭、文官陈镒曰："比闻瓦剌也先屡遣兵侵扰哈密及赤斤、沙州等处，已敕各边总兵等官严为备御。复得尔奏，甘肃传报亦集乃等处贼寇出没。"⑤ 英宗于是命甘肃镇、陕西进入战时状

---

① 《明英宗实录》卷一七二，正统十三年十一月庚寅，第3306—3307页。
② 《明英宗实录》卷一七三，正统十三年十二月乙丑，第3329页。
③ 《明英宗实录》卷一七三，正统十三年十二月乙丑，第3329页。
④ 《明英宗实录》卷一七四，正统十四年春正月己酉，第3356页。
⑤ 《明英宗实录》卷一一〇，正统八年十一月丁卯，第2221页。

态。"寻敕任礼等谨慎防备，遇警急飞报。尔等调兵策应，或在他处亦然，毋得推避延缓。"① 正统九年，英宗鉴于以往经验，认为瓦剌南下可能性不高。"近得哈密使臣报瓦剌也先分遣人马，于沈答罕等处驻扎，欲俟我大同官军送彼使臣出境，谋为劫掠。如其得利，即分道入寇。此虽传闻之言……"② 但仍然动员北疆全体军队，做好进攻漠北草原、展开决战的准备。"卿等其各整搠军马，修饬器械，多方设法，选拔智勇，以为将领，务在一举殄灭，以清沙漠。"③ 这俨然是正统十四年明军北征的预演。正统十年，英宗鉴于宁夏境外有军队往来迹象，命令宁夏镇做好防范。"近者境有烟火，虑此虏狡黠，或潜遣人往来，踏勘道路，窥觇虚实。况今秋近草盛马肥，正虏寇出没之时，尤宜严备。"④ "尔等宜简阅军士，整理器械，喂饲马匹，遣人缉探，遇虏近边，或出兵击之，或清野坚守，务在计虑周慎，用图万全。"⑤ 同时命其他军镇展开策应。"仍敕各边总兵官，彼此策应，共图成功。"⑥ 同月，都指挥兀鲁思不花向明朝报告瓦剌将要南下沙州。"指挥乃儿不花等，要往瓦剌也先太师处，引领人马来沙州劫掠。"⑦ 十月，女真也报告瓦剌有军事行动。"提督辽东军务左副都御史王翱奏：'比者益实等卫野人传言，瓦剌也先以岁饥故，欲遣人马于红崖子山围猎，恐其因而入寇。'上命沿边总兵镇守官严兵备之。"⑧ 正统十三年，独石守备杨俊再次奏报瓦剌可能南下。"守备独石都指挥金事杨俊报境外贼众千余，恐是瓦剌潜遣贼徒，与先次所胁兀良哈之人，

---

① 《明英宗实录》卷一一〇，正统八年十一月丁卯，第 2221 页。
② 《明英宗实录》卷一二四，正统九年十二月戊辰，第 2486 页。
③ 《明英宗实录》卷一二四，正统九年十二月戊辰，第 2486—2487 页。
④ 《明英宗实录》卷一三〇，正统十年六月甲子，第 2594 页。
⑤ 《明英宗实录》卷一三〇，正统十年六月甲子，第 2594 页。
⑥ 《明英宗实录》卷一三〇，正统十年六月甲子，第 2594 页。
⑦ 《明英宗实录》卷一三〇，正统十年六月己巳，第 2597 页。
⑧ 《明英宗实录》卷一三四，正统十年冬十月己未，第 2671 页。

来窥边境。"①

虽然瓦剌长期未对明朝发动进攻，但在统一内亚东部之后，已经与明朝形成南北对峙态势。瓦剌之所以一直未大举南下，缘于能够通过规模越来越大的朝贡贸易，从明朝获取越来越多的物资供应。但正统晚期，明朝一方面逐渐结束了"麓川之役"，能够腾出手来经略北疆；另一方面鉴于瓦剌日益严重的经济索求与边疆蚕食，逐渐无法保持耐心。明朝与瓦剌之间的矛盾于是逐渐激化，而最终的导火索仍是朝贡贸易。《明英宗实录》编纂者指出，正统时期明朝面临着瓦剌不断加码的经济索求。"然虏使贪婪无厌，稍不足其欲，辄构衅生隙，虏酋索中国财物，岁有所增。又索其贵重无有者，朝廷但据有者与之，而我所遣使阿媚虏酋，索无不许。"②为此，明朝开始采取措施加以裁抑，所采取的途径之一，便是清查瓦剌使团一直存在的虚报人数问题。为了多获得赏赐，瓦剌使团长期交接明朝负责接待的官员，虚报数字。正统十三年，负责朝贡贸易的礼部，向朝廷奏报了这一问题，指出根据瓦剌提供的数字，使团人数共3500多名。

> 大同总兵官武进伯朱冕遣人赍到山西行都司都指挥马义簿册，并镇守居庸关署都指挥佥事李景等奏，俱报迤北瓦剌脱脱不花王及也先使臣，并买卖回回阿里、锁鲁檀等共三千五百九十八名，已行支给下程。③

但会同馆核实后的人数，却只有2500多名。

> 今会同馆查得脱脱不花王使臣四百七十一名，止有四百

---

①　《明英宗实录》卷一六九，正统十三年八月丙寅，第3261—3262页。

②　《明英宗实录》卷一八〇，正统十四年秋七月乙卯朔，第3479页。

③　《明英宗实录》卷一七三，正统十三年十二月庚申，第3326页。

一十四名，也先使臣二千二百五十七名，止有一千三百五十八名，买卖回回八百七十名，止有七百五十二名，共二千五百二十四名，比原来数通少一千七十四名。义不从实开报，冕、景不严切盘验，俱当究治。①

明朝为维护与瓦剌的关系，并未斥责瓦剌，而只是处罚了本方负责接待的官员。"上宥冕、景，命巡按监察御史执义，问如律。"② 但因此减少了给予瓦剌的赏赐。"十四年春二月，也先遣使二千余人进马，诈称三千人。王振怒其诈，减去马价，使回报，遂失和好。"③ "既而所得仅十之四五，虏酋以是衔恚。"④

鉴于不能够再通过和平方式，获得越来越多的物资供应，瓦剌于是开始发动对明朝的战争。"初遣使不满百人，十三年增至三千余人，又虚益其数，以冒支廪饩，会同馆官勘实数以闻，礼部验口给赏，其虚报者皆不与，使回。虏酋愈怒，遂拘留我使，胁诱群胡，大举入寇。"⑤ "瓦剌者，元裔也。十四年，其太师也先贡马，振减其直，使者恚而去。秋七月，也先大举入寇，振挟帝亲征。"⑥

《明史纪事本末》指出，瓦剌南下还有另一原因，即向明朝提出的和亲愿望被后者拒绝。"先是，也先遣人入贡，通事辈利其贿，告以中国虚实。也先求结婚，通事私许之，朝廷不知也。至是，贡马，曰：'此聘礼也。'答诏无许姻意，也先益愧忿，谋寇大同。"⑦ 这便

① 《明英宗实录》卷一七三，正统十三年十二月庚申，第3326页。
② 《明英宗实录》卷一七三，正统十三年十二月庚申，第3326页。
③ 《明史纪事本末》卷三二《土木之变》，第471页。
④ 《明英宗实录》卷一八〇，正统十四年秋七月乙卯朔，第3479页。
⑤ 《明英宗实录》卷一八〇，正统十四年秋七月乙卯朔，第3479—3480页。
⑥ 《明史》卷三〇四《宦官一·王振传》，第7773页。
⑦ 《明史纪事本末》卷三二《土木之变》，第471页。《国榷》卷二七《英宗正统十四年》，第1755页。张懿德考察了这一史事，参见张懿德《土木之变前后也先对明的和亲要求及遭拒原因》，《广播电视大学学报》（哲学社会科学版）2016年第3期。

牵引出瓦剌南下所标榜的政治口号，即恢复蒙元在汉地的统治。通过上面论述可知，瓦剌在招降女真部落时，便借助了这种政治宣传。而在大举南下时，瓦剌同样如此标榜。也先在取得"土木之变"的胜利后，便说道："我常告天，求大元一统天下，今果有此胜。"①

正统十四年七月，瓦剌整合东起女真、兀良哈、鞑靼、哈密的内亚东部族群。阿剌知院曰："王子军马从东来，也先从西来，我从独石马营来。"② 大同参将许贵奏："有贼到墩攻围，未战之时，内有达子三人通晓汉话，叫称我一个是女直同知，一个是浮石参谋，一个是哈密指挥。"③ 东起辽东，西至甘肃，大举南下进攻

① 《明史纪事本末》卷三二《土木之变》，第 474 页。
② 《明英宗实录》卷一八一，正统十四年八月乙亥，第 3533 页。
③ 《于少保奏议》卷一《北伐类·兵部为陈言边务事》，载《于谦集》，第 7 页。浮石疑为独石。"参照奏称，兀良哈泰宁、朵颜、福余三卫达人头目，照依比先年间敕旨，今后归顺、传报声息，许令入关，其余就便阻回，候冬年令节，照例赴京一节。臣等议得，前项夷人，自祖宗以来，世受官员，屏蔽我边，往来通使不绝。后因在边出没，大出官军征剿，以此坚彼党与之心，遂怀叛逆之意。乃者也先大众犯边，皆倚此贼为前锋向导。自也先革心向化，遣使朝贡，请和遁去，而兀良哈三卫达子，亦各回还本处。"《于少保奏议》卷六《杂行类·兵部为边务事》，第 294 页。"切照卜花秃原系建州右卫已故都督凡察男，当正统十四年达人犯边之时，跟随伊父，节来我边剽掠人畜，后又纠合达人潜入辽阳地方，偷抢马匹，射死舍丁，又将走回余丁佟得受暗行杀死。"《于少保奏议》卷五《杂行类·兵部为边务事》，载《于谦集》，第 252 页。"近年以来，前项夷人（兀良哈、女真）有挈家投顺脱脱不花，有被收捕，听其约束，指引来边为患，今又被也先收并，出没不常，敌情难测。"《于少保奏议》卷二《北伐类·兵部为边务事》，载《于谦集》，第 57 页。而哈密当时已突厥化，信仰伊斯兰教，故又被瓦剌称作"回子"。"又说也先时常议论，不见中国差人讲和，若讲和了时，只差一二百回子将下番官军，并先抢人口分一半，送太上皇回去。"《于少保奏议》卷一《北伐类·兵部为边务事》，载《于谦集》，第 10 页。"听得汉人对说，这达子多是裹头的，也有建州的。"《于少保奏议》卷二《北伐类·兵部为军务事》，载《于谦集》，第 62 页。裹头者，便是信仰伊斯兰教之哈密人。随从明军北征之袁彬亦回忆称："正统十四年八月十五日，臣在土木，为回回赛伏剌所虏。"（明）袁彬：《北征事迹》，载《明代蒙古汉籍史料汇编》第 1 辑，第 87 页。哈密之东进明边，尚有西番喇嘛为之参谋，可见正统十四年瓦剌南下，尚有西番因素。景泰三年（1452）甘肃镇总兵官王敬等题，一走回男子谷义称："我是腾骧左卫带管总旗，被达人抢去，

明朝。"虏寇分道刻期入寇。也先寇大同，至猫儿庄，右参将吴浩迎战败死。脱脱卜花王寇辽东，阿剌知院寇宣府，围赤城。又别遣人寇甘州，诸守将凭城拒守。"①

　　面对瓦剌的大举南下，明朝意识到这是与新崛起的"蒙古帝国"的正面、大规模对决，英宗、王振二人临时决定御驾亲征，希望毕其功于一役，彻底消除这个新兴势力的巨大威胁。"己巳秋七月，振不与大臣议，挟天子率师亲征。明日朝罢，使上宣谕出师，又明日即行。大臣仓卒不及言，各退以待。"② 对此，文武官员虽表示反对，但无济于事。"予与验封郎中赵敏谓：'虏势猖獗，驾不可出。'白于冢宰，乃约大臣上章留之，不从。明日驾出，总兵官以下亦弗预知，军士俱无备，文武大臣皆匆匆失措而随之。天时、人事极不顺。"③

　　那么，再具体而言，是英宗还是王振做出了北征的决策呢？士大夫一般将这一责任归于王振。④ 不过，许振兴指出，在北征的决策中，王振只是起到了从旁助成的角色，并非如《明史》所说"挟帝亲征"。⑤ 正如上章所述，王振为树立权威，已经发动过"麓川之役"，并最终取得了成功，这次再建议英宗北征，也在情理之中。但事实上，并不能如此断言。"麓川之役"发生在正统前期，英宗尚十余岁，应是在王振影响下，做出发动"麓川之役"

　　因晓夷语，一向在于哈密忠顺王处使唤，彼处见有个和尚，众人说是国师。王比先同也先调领人马各处厮杀，又到北京一带抢掠杀人，都是和尚主意。如今见在哈密里做国师，他如今差一个畏兀儿四方面皮的人，装做回回，常穿一领秃袖子答剌卜花皮袄，与了他几匹马，假做进贡名色，专来腹里探听事情。"《于少保奏议》卷六《杂行类·兵部为边务事》，载《于谦集》，第290页。

① 《明英宗实录》卷一八〇，正统十四年秋七月己丑，第3485—3486页。
② 《天顺日录》，载《国朝典故》卷四八，第1145页。
③ 《天顺日录》，载《国朝典故》卷四八，第1145页。
④ 陈梧桐的研究体现了这种史料的影响。陈梧桐：《明代宦官势力干预北部边防的严重后果》，载陈梧桐《履痕集》，大象出版社，2007。
⑤ 许振兴：《论王振的"挟帝亲征"》，《深圳大学学报》（人文社会科学版）1987年第3期。

的决定。而此时英宗已经 23 岁，正当具有主见、奋发有为的青年时期，即使王振有所建议，决策者也应该是英宗本人。不仅如此，御驾亲征如此重大之事，英宗如果心里有所犹豫，当不会如此迅速决定。事实上，正如上文所述，正统九年明朝便有北征的想法，可见英宗、王振对于征伐瓦剌，早就有所筹划。相应，在瓦剌南下之后，英宗北征的态度十分坚定。"以兵部尚书王骥、侍郎邝埜复议边事，五日不上奏，怒曰：'藐朕冲人耶？'执付狱。时业有鞭笞四夷之气矣，土木轻举祸胎是。闻尝梦也先稽首请罪状，亦妖征。"①

英宗之所以会有亲征的决定，除王振的支持之外，还和明朝的历史传统密切相关。明朝以武开国，政权建立的过程，便是一路驱逐蒙古的过程。因此，明朝历代皇帝在与蒙古作战时，都十分有信心。御驾亲征，北上草原，是明代皇帝的一项传统，不仅成祖、宣宗、武宗曾经北征蒙古，而且孝宗也曾有这一打算。这在中国历史上，是极为罕见的。事实上，王振劝英宗北征，也是援引了这一历史传统。"王振用事，狃太宗、宣宗之故驾，劝上亲征，廷臣伏争不得也。"②

无论如何，40 万京军倾巢而出，与瓦剌所统多部混合部队展开正面交锋，无疑是 15 世纪中期世界上最大规模的一场战争。关于"土木之变"发生的原因，李新峰认为是宣府镇军队的突然溃败导致北征明军措手不及。③ 罗冬阳认为是英宗坚持寻找瓦剌主力展开决战，但明朝军队又缺乏主持这种战役的将领。④ 明军在土木堡遭遇瓦剌军队的围攻。京军慌乱之下，自相践踏，最终全军覆

① 《国史唯疑》卷三《正统》，第 63 页。
② 《国榷》卷二七《英宗正统十四年》，第 1772 页。
③ 李新峰：《土木之战志疑》，载中国明史学会主办《明史研究》第 6 辑，黄山书社，1999。
④ 罗冬阳：《土木之变史事考——兼论明清历史书写中的宦官话语》，《社会科学战线》2014 年第 1 期。

没，英宗被俘，王振死于乱军之中。① 对于这一空前军事惨败，明人一时无法接受，遂演绎出诸多谶纬或传说。②

小　结

正统时期，明朝在南方边疆、北部边疆，分别面临着麓川土

---

① 史籍多记载王振被明将杀死。"护卫将军樊忠者，从帝旁以所持棰捶死振，曰：'吾为天下诛此贼。'"《明史纪事本末》卷二九《王振用事》，第 450 页。

② "正统十四年，京师小儿嬉戏，群环一小儿，而匿一小儿于外。一小儿呼问曰：'正月里狼来咬猪么？'众曰：'未。'按月问之，皆曰：'未。'至于八月，则外之小儿破群而取环之小儿而去，诸小儿逐之以为乐。在在皆然。其后果为土木之应。"《复斋日记》，第 167 页。"正统己巳春，崇文门外打磨厂西，军人王胜家井中有五色气起，予弗之信。一日早，往观之，日高三丈余，隔井向日事之，果有青红绿气，勃勃上腾，观者不绝。日至巳位，即无，明旦复有。本家不汲水，将廿余日，乃灭。按《五行传》，此水异也，阴盛之貌。时王振擅权，将有土木之祸，水为异以示象也。"（明）马愈：《马氏日抄·井气》，商务印书馆，1936，第 7—8 页。"正统十三年戊辰，京师盛唱《妻上夫坟曲》，妇女、童幼俱习之，其声凄婉，静夜听之，疑身在坟墓间。次年八月，车驾陷土木，将士死沙漠者数十万人，都下禁军嫠妇，祭望哀号，声彻原野，则此曲实应之。其年三月，进士传胪，适状元彭时以假寐不至，殿廷相顾疑骇，谓龙首忽失，是何祥也！未几而龙驭不返，人间遂有丧元之说。以及小民所传雨地城隍土地诸谣谶种种，无一不验。最可怪者，则是冬所颁《大统历日》，为十四年己巳，夏至之昼，冬至之夜，俱书六十一刻，见者皆骇愕，以为振古未有之事。至秋，英宗北狩，郕王监国，因登天位，遥尊上为太上皇，说者寒暑失度，天地易位，即阴阳而至，不能守其常矣。当时造历者以私意擅改，时礼臣为胡忠安不足言，乃举朝无一语诘责，仅见岳季方所纪，亦以为怪。然亦北狩以后，追述往事耳，当时亦未能昌言相驳也。己巳六月，南京宫殿一时俱烬，先朝所留图籍、法物并尽，不两月而銮舆北狩。"《万历野获编》卷二九《机祥·土木之祸咎征》，第 736—737 页。"正统十四年己巳，陕西某县山鸣三日，移数里，崩压民家数十户，是秋即有英宗北狩之变。"《万历野获编》卷二九《机祥·山裂》，第 736 页。"正统十四年，颁己巳历。岳蒙泉见二至日，有昼夜六十一刻之文，骇甚！古未有也。以语五官司历王义而忧之。寻果有土木之变。土木集城'土墓'，或北音讹故。"《国史唯疑》卷三《景泰》，第 68 页。"传己巳北征，驾出紫荆关，有陕西吕尼拦驾曰'行不利矣'，上怒，武士交捶，尼跌坐逝。比居房营，及还南宫，数见尼有所陈说。复辟后，诏封皇姑，赐寺额曰'顺天保明寺'。倒语也，若'明保天顺'云。按驾原非出紫荆，惟皇姑寺有之。今寺尼皆发巾缩，方袄男拜，想别有说。"《国史唯疑》卷三《正统》，第 68—69 页。

司、瓦剌逐渐崛起，打破地缘平衡的态势。正统初年，三杨主政之下的明朝，从"内政本位"观念出发，仍然采取绥靖的边疆政策。但宦官王振逐渐主宰明朝政局后，为了树立权威，开始秉持更为包容的"华夷无间"族群观念与更为开放的"天下一家"国家观念，在边疆立场上更为积极主动，于是开始大规模经营边疆地区，颇有走向"开拓型王朝国家"道路的取向。

但由于明朝疆域广阔，所面对的边疆族群也势力强大，明朝采取了先南后北的策略，一方面对瓦剌长期采取绥靖政策，另一方面先后四次发动"麓川之役"，虽然耗费巨大的财政代价，但消除了放弃交阯之后南方土司的离心倾向，维护了国家疆域完整。借助这一历史契机，瓦剌不断从明朝获得越来越多的物资，乃至军事物资的供应，不断蚕食明朝北部外围边疆，势力范围东至女真，西至哈密，重建起庞大的"新蒙古帝国"，俨然与明朝形成南北对峙态势。明朝在逐渐平定南方边疆之后，鉴于瓦剌的强势崛起，开始在北部边疆采取更为强硬的立场，削减在朝贡贸易之中对于瓦剌的物资供应。瓦剌于是开始采取战争方式，整合内亚东部族群的力量，大举南下。英宗在王振的支持之下，决定毕其功于一役，消除这个"新蒙古帝国"的巨大威胁，于是追随明朝开国以来的军事传统，大举亲征，最终却在与瓦剌强大军事力量的较量中突然崩溃，导致"土木之变"军事灾难的发生。

正统时期明朝的边疆经营及其命运，反映出明中期王朝国家从"内敛型"转向"开拓型"的过程中，伴随军事力量的下降，面临着地理、经济、军事等多种困难，直接关系到政权的稳定。

第七章
明中期的河套危机与"搜套"行动

中国古代中原王朝长期遭受北方族群的不断进攻。洪武时期，明朝通过经营漠南草原，掌握了蒙古高原的战略优势。但伴随阴山防线的逐渐内徙，明朝在北部边疆再次逐渐丧失战略主动权。明朝内徙东胜诸卫，从而将开阔的河套完全展现在蒙古视野之内。宣德以来，蒙古各部不断南下河套，发动对河套周边的进攻，造成了河套危机乃至西北危机，王朝国家再次陷入北方族群带来的结构性困境之中。对此，明中期王朝国家在"北京保卫战"胜利的鼓舞下，[①] 积极开展与鞑靼的正面战争，多次进入河套，搜剿蒙古，这在历史上被称作"搜套"。

第一节 "河套"释义及其"过渡阶梯"地位

河套古称"河南地"，秦蒙恬驱逐匈奴，移民屯垦，名为"新

---

① 作为主持"北京保卫战"的领袖人物，于谦在景泰时期，曾经抒发过军队北征的豪情。"健儿马上吹胡笳，旌旗五色如云霞。紫髯将军挂金印，意气平吞瓦刺家。瓦刺穷胡真犬豕，敢向边疆挠赤子。狼贪鼠窃去复来，不解偷生求速死。将军出塞整戎行，十万戈矛映雪霜。左将才看收部落，前军又报缚戎王。羽书捷奏上神州，喜动天颜宠数优。不愿千金万户侯，凯歌但愿早回头。"（明）于谦：《于肃敏公集》卷一《出塞》，载《于谦集》，第467—468页。

秦中"。此后两千年来成为中原王朝、北族政权反复争夺、拉锯之地，经济方式、行政建置屡有变化，内部地名屡有改易，但"河南地"之名作为泛称，一直延续至元代。明朝占领河套后，不仅未设置行政机构，并且驱逐套人、空置其地，使该地在明前期很少见诸记载，也无"河套"之名。正统时期，河套地区尚被称为"黄河滩"。"宁夏总兵官都督同知黄真等奏：'臣等奉敕追剿黄河滩等处潜住达贼，缘黄河滩西抵宁夏，东包延安，延袤千余里，未可轻动。宜候十月初，会合延绥官军，刻期出境，庶能成功。'从之。"① 清代地理学家梁份在《秦边纪略》中指出："河套本中国地，古未有河套之名也。自明筑河套榆林之长城，弃其地于外，而河套以名。"② 其将黄河、长城圈围的套形，作为"河套"的得名原因。这一概念成为清前中期普遍流行的说法。但清末"河套"概念又呈现忽略长城的倾向。咸丰时期何丙勋在为杨江《河套图考》著序时，仅以黄河"几"字形为河套得名来源。"河以套名，主形胜也。河流自西而东，至灵州西界之横城折而北，谓之出套；北折而东，东复折而南，至府谷之黄甫川，入内地，迂回二千余里，环抱河以南之地，故名曰河套。"③ 这一变化是时人鉴于清末陕蒙边界纠纷，模糊处理的结果。明清易代之后，榆林长城已非战区，陕北民众多跨越长城、越界耕种，形成所谓"伙盘地"。伙盘地沿榆林长城外侧渐次推广，从而造成陕蒙划界纠纷。伊克昭盟主张将长城以外皆划归蒙地，陕西省对此强烈反对。这一争执到清末已经颇为严峻。当时供职于陕北的何丙勋，对此敏感问题颇为熟悉，因此在界定河套时，隐去长城，以免生嫌隙。民国后期，陕蒙划界既已确定，对历史上河套疆界之讨论无复忌讳，时人对河套的界定，

① 《明英宗实录》卷一一三，正统九年二月庚戌，第2285—2286页。
② （清）梁份：《秦边纪略》卷六《河套》，台北广文书局，1974，第453页。
③ （清）何丙勋：《河套图考·序》，（清）杨江：《河套图考》，台湾新文丰出版公司，1989，第425页。

于是再次以长城为界。如伊志指出："古无河套之名。自明筑长城，东起黄甫川，西抵宁夏花马池，弃长城以北三面环河之地于外，遂以河套名之。"① 张维华也认为："至于其地范围，古时亦无定准，及至明之中叶，于陕北之地，起筑长城，东起黄甫川，西至宁夏，以遏套虏，于是河套与内地之界限，划分始清。"②

但河套之名在明筑榆林长城之前便已存在。郝志成、白音查干指出"河套"之名始见于景泰五年（1454）。③ 检核明代文献，正统时期便已出现"河套"。"备御榆林庄陕西都指挥王永等奏：'累年黄河冻消，将西安等卫发来，备冬官军放回。今闻达贼在河套，逼近府谷等处，恐探知无备，窃来犯边，乞暂留守哨。'从之。"④ 榆林长城修筑于成化时期，可见河套得名并非缘于榆林长城的修筑。但是，河套之得名，应该的确与明朝放弃河套有关。从语言习惯而言，"河南地"之称是以河套最北端的东西流向的黄河段为标志，反映出由先秦至元代的政权在审视这一区域时，是以黄河北段为基准，将河套视作内部的地理准则。但"河套"之称，则是以黄河包围河套的整体格局而言，是站在河套以南得出的一种因形状而名的"象形"称谓，这典型反映了处于河套以南榆林军队的视野与立场。明前期在榆林仅驻扎少量军队，因此河套之屏障，在客观上由隶属山西行都司的东胜诸卫负责。朱棣内徙东胜诸卫后，河套由宁夏、大同、山西以黄河为界，以少量军队内外协防。但宣德末年鞑靼大规模进入阴山以南，在大同以西、甘肃以东频繁进攻时，明朝是否仍令三地常规化巡防河套，实在是未知之数。但无论如何，明前期榆林军队基本仅负责本地，即

① 伊志：《明代"弃套"始末》，《禹贡》第 2 卷第 7 期，1934 年。
② 张维华：《古代河套与中国之关系》，《禹贡》第 6 卷第 5 期，1936 年。
③ 郝志成、白音查干：《论河套地域及其概念的演变》，《河套文化》2006 年第 11 期。
④ 《明英宗实录》卷二八，正统二年三月癸巳，第 555 页。

河套东缘、南缘之防御，而视河套为境外。这一防御格局在正统时期官方化、制度化，标志便是正统初年种田界石的奠立。"延绥沿边地方自正统初创筑榆林城等营堡二十有三，于其北二三十里之外筑瞭望墩台，南二三十里之内植军民种田界石。凡虏入寇，必至界石内方有居人，乃肆抢掠。后以守土职官私役官军、招引逃民，于界石外垦田营利，因而召寇。"①

关于河套范围，《明宪宗实录》最早记载了东西始至。"河套在陕西黄河之南，自宁夏至山西偏头关凡二千里。"② 嘉靖年间魏焕辑《皇明九边考》记述了河套南北距离。"河套东西长一千八百里，南北中长一千余里，左右减半。榆林外套皆汉朔方郡。秦取匈奴河南地即此。"③ 明末成书之兵书《武备志》的相关记载在南北距离上与《皇明九边考》所述有些不同。"河套即秦所取匈奴河南地也。东至偏头，西至宁夏，三面阻河，南邻边，东西几二千里，南北八九百里。"④ 明末地理著作《广志绎》则估算了河套周长与围径。"起宁夏至黄甫川，黄河北绕二千五百里即南，自（黄甫）川至定边亦一千三百里，以围径求之，当得纵横各一千二百里余。"⑤ 清初顾炎武区分了河套不同区域南北里数。"河套，东接山西偏头关，西至宁夏镇，相距二千里而遥，南则限以边墙，北滨黄河。远者八九百里，六七百里，近者亦二三百里。"⑥ 由于顾炎武在清代学术中的重要地位，清人关于河套范围的记述，大体皆踵述其说。⑦

① 《明宪宗实录》卷一〇二，成化八年三月庚申，第1994—1995页。
② 《明宪宗实录》卷一二一，成化九年冬十月壬申，第2338页。
③ 《皇明九边考》卷七《榆林镇·边夷考》，《四库全书存目丛书》史226册，第79页。
④ 《武备志》卷二〇七《镇戍·延绥》，《四库禁毁书丛刊》子26册，第287页。
⑤ （明）王士性：《广志绎》卷三《江北四省》，中华书局，1981，第52页。
⑥ 《肇域志·陕西行都指挥使司·河套》，第2634页。
⑦ （康熙）《延绥镇志》卷一之三《地理志·河套》，《四库全书存目丛书》史227册，第293页；（光绪）《靖边县志稿》卷四《杂志·河套》，台湾成文出版社，1970，第288—289页。

近人张维华也继承了顾炎武的说法，从近代地理变迁、行政区划角度，界定了河套四至范围。"大抵当时河套范围所及，东至山西河曲，西至宁夏，东西二千余里；南自榆林边墙，北抵黄河故道，远者八九百里，近者二三十里；总计而积，周回约五千余里。"①但在南北里数上，误将"二三百里"讹为"二三十里"。所谓"黄河故道"，则指清道光年间黄河于河套北界河段改"北流"而为"南流"，形成今日河道，张维华于是加以申明。

民国时期"河套"概念一方面延续了明清时期的界定，另一方面在社会、学界逐渐产生了另一更为流行的说法。郝志成、白音查干指出，民国时期形成开发河套热潮，开发之处并不限于黄河以内，而是跨越黄河，涉及银川平原、长城以南与河东地区，时人开始泛泛地将黄河、长城内外广阔之地皆纳入河套范围，于是形成"前套"（今内蒙古鄂尔多斯）、"后套"（今内蒙古包头）、"东套"（今鄂尔多斯）、"西套"（银川平原）之说。②河套所辖地域由此扩展甚广，面积约 36 万平方里。③当代"河套"概念，亦

① 张维华：《古代河套与中国之关系》，《禹贡》第 6 卷第 5 期，1936 年。
② 郝志成、白音查干：《论河套地域及其概念的演变》，《河套文化》2006 年第 11 期。
③ "河套之地由地理上言之，约可分为四部，其在北者曰后套，南界黄河，北尽狼山，东起乌拉山，西在阿拉善东部，东西长约四百里，其面积约四万方里。杭锦、达拉特二旗北境及乌拉特西公旗南境游牧之处，属绥远区域之五原县（县治在兴隆长）。后套之南曰前套，即鄂尔多斯，南起长城，东西北三面距河面积约二十九万方里。伊克昭盟一部七旗，及乌拉特中东两公旗西南境游牧之处，属绥远区域之五原、东胜、萨拉齐、托克托、清水河各县（设东胜县治于套内之羊肠壕）。其边境亦有属河曲、榆林、府谷、横山、靖边、平罗等县者，盖东胜、五原未经设治之先，人民诉讼之事，乃投就近官厅审理，故地亦附之。前套之北，后套之东曰三呼湾，亦曰中滩，南界黄河，北界乌拉山，西起西山嘴，东至全巴图，东西长一百二十里，南北广由十里至二十里不等，面积约一千八百方里。乌拉特三公旗公共游牧之处，属五原县。前套之西曰宁夏，东界黄河，西绕贺兰山，南起青铜峡，北至石嘴山，南北长三百里，东西广由三四十里至一百余里不等，面积约二万方里，属甘肃省之宁夏、宁朔、平罗三县。合计全套面积约三十六万方里。"潘复：《西北垦殖计划·调查河套报告书》，载《中国西北文献丛书续编》编撰委员会编《中国西北文献丛书续编·西北史地文献卷》第 10 册，甘肃文化出版社，1999，第 37 页。

延续此一脉络。《中国大百科全书》对"河套"的定义是:"黄河在甘、宁、内蒙古、陕、晋五省区境内形成马蹄形大弯曲,这一大弯曲的北部,亦即白于山(陕北)以北、贺兰山以东、阴山以南、芦芽山(晋西北)以西的地区称为河套。"[①] 按此界定,当代河套包括明代河套、榆林镇、宁夏镇部分地区、山西镇部分地区,已远超明清河套旧域。部分学者从自身学科与研究出发,对"河套"概念又有不同程度的发挥。如孙周勇《河套地区史前考古学史初步研究》进一步将河套范围扩展至冀西北。[②] 虽然民国以来"河套"概念扩大,在一定程度上反映了伴随近代经济开发,传统地理、行政观念不断变化与整合,但却不能以之取代古代"河套"概念,否则便是以今证古,造成理解错位。[③]

在中国古代核心边疆中,河套是典型的"过渡阶梯"。所谓"过渡阶梯",是就两方面而言。一是就地理位置而言,河套地接蒙古高原与黄土高原,是中原王朝、北方族群长期攻守的阶梯跳板,即"地理阶梯"。二是就经济方式而言,河套呈现了由农业至牧业过渡的特征,是汉人、北方族群之间的"经济过渡区"。综合二者而定位河套,便是"过渡阶梯"。虽然北部边疆地带都有"过渡阶梯"的共同特征,但河套以外的其他地区,皆在气候、生态、经济上呈现了较为明显的南北分层特点。河套以西之南部地区即今宁夏、甘肃地区,经济方式偏于农业;北部地区即今内蒙古西部地区,南侧为腾格里沙漠、巴丹吉林沙漠,北侧为草原地带,

---

① 《中国大百科全书·中国地理卷》,中国大百科全书出版社,2004,第181页。

② 孙周勇:《河套地区史前考古学史初步研究》,《文博》2002年第6期。

③ 胡凡从当代河套概念出发,得出洪武时期河套便为"空虚之地"的结论,但仍指出东胜、宁夏、延安皆属河套防御体系。胡凡:《论明代蒙古族进入河套与明代北部边防》,《西南师范大学学报》(人文社会科学版)2002年第3期。周松《明初河套周边边政研究》亦从当代河套概念出发,对明初东胜、宁夏、陕西、山西之军事经略进行考证,得出洪武时期明朝围绕河套精心布置的结论,但事实上延安、宁夏、东胜虽确有防御河套之责,但由于防御主体皆非河套,相应地并不可将之视为河套而设之防御体系,而只是当作兼顾、援助而已。

呈现了较为分明的农牧分层特征。河套以东之南部地区即今山西、河北地区，是中原农业兴起的中心地带，北部地区即今内蒙古东部地区，呈现了较为明显的牧业特征。

由于河套三面环河，在地理上呈现一体性之特征，内、外核心边疆并无明显分割，阴山辐射的河套北部高原，与黄土高原辐射之河套南部沙地自然地连为一体。与其他北部边疆地带山脉纵横、地理破碎、建置复杂相比，河套地理非常完整，是由黄河包围的较为独立的区域与"小世界"，因此更容易受到人为或者政权行为的影响，相对于核心边疆其他地区的"分割性"，呈现出"整体性"特征。在经济上，河套具有天然长成的优良草原，若加以改造又可形成可资灌溉的农田粮地，相应地在一定程度上具有突破一般过渡地带的特征，南北地区分层并不明显，比如从历史与当今状况而言，后套即今包头一直是河套农业最为发达的地区。故而，在北部边疆过渡地带中，河套相对于其他地区的经济方式"分层性"，呈现出更多的南北一体的"混合性"特征。这种"整体性""混合性"特征便于中原王朝、北族政权进一步将势力深入对方腹地，河套相应是对中原王朝、北族政权而言非常重要的过渡地带与通畅的军事道路。简单地说，在军事地理层面，河套具有更为明显的"过渡阶梯"特征。张其昀在划分中国古代军事地理时，将河套专辟一区，称之"河套区"。认为河套土地平衍，富于水利，引渠灌溉，五谷丰收，移民实边，可省转输之劳，故而是北部边防之根据地、"中国灭胡之本"。[1]

不仅如此，毛乌素沙地由北至南分布于河套的大部分地区，使农田、草原皆呈现间隔、片状状态，从而不仅大为动摇了中原王朝和北族政权长期、稳定控制河套地区的经济基础，导致南北双方对河套的统治皆呈现不圆满、不稳定之局面，而且为对方重

---

① 张其昀：《中国军事史略》，香港中华文化出版事业委员会，1956，第 168 页。

新夺回此地预留了很大的空间。

此外，河套表面看来呈现很强的封闭性，其实同样存在开放性的特征。河套虽然三面环河，外层又有吕梁山、大青山、乌拉山、贺兰山的阻隔，但每年秋冬时节，黄河结冰之时，千里黄河反成宽阔通途。周围山脉虽高耸屏障，但不同山脉之间都有缺口，而这些缺口恰成历代中原王朝北上大漠、北族政权南下河套的交通枢纽。各处山脉自身也由于地壳运动、雨水冲刷，形成了天然缺口，构成了河套与外界之交通道路。以西侧贺兰山为例。贺兰山位于宁夏、内蒙古之间，北起巴彦敖包，南至毛土坑敖包及青铜峡，山势雄伟，森林茂密。"盘踞数百里，上多青白草，遥望如骏马，北人呼骏马为贺兰也。"① "贺兰山在城西六十里，峰峦苍翠，崖壁险削，延亘五百余里，边防倚以为固。"② 贺兰山脉地处荒漠与荒漠草原的分界线，也是西北地区内流区与外流区的分水岭，中间风雨侵蚀形成众多山口，如贺兰口、苏峪口、三关口、③拜寺口，成为河套、河陇交通的要道。"宁夏西倚贺兰山天险为固，山口一十二处，宽狭不等，共止量长一十五里。旧每口各有关墙三道，今尽圮废不修，以致大虏时入抢掠。"④ 可见，河套周边地形虽具有明显的静止阻隔功能，但也有动态沟通功能。

总之，从气候、山川、生态、物产等各项地理因素而言，河套既为中原王朝、北族政权提供了十分有利的地理条件，又埋下了南北双方皆无法长期、稳定控制的地理隐患。河套在相对保持自身的封闭性、独立性的同时，又呈现出一定的开放性与沟通性。可见，将河套完全归于甚至偏向于南北任何一方，皆违反其内在

---

① 《读史方舆纪要》卷五二《陕西一·贺兰》，第 2471 页。

② （嘉靖）《宁夏新志》卷一《宁夏总镇·山川》，宁夏人民出版社，1982，第 12 页。

③ 周赟、李晓丽：《明代宁夏镇三关口关墙考辨》，《宁夏社会科学》2013 年第 3 期。

④ 《皇明九边考》卷八《宁夏镇·保障考》，《四库全书存目丛书》史 226 册，第84 页。

的地理属性。处于南北之间,呈现明显混合性、动态性的过渡阶梯特征,是中原王朝、北族政权之间最为完整的核心边疆地带,才是对河套地理的恰当界定。正是这种居于中间地带的特征,使河套成为中国古代南北双方反复争夺、不断拉锯的核心地区。

第二节 宣德以来蒙古进入河套与天顺年间的"搜套"行动

宣德时期,受到瓦剌驱迫的鞑靼,以及尾随而来的兀良哈,除重点盘踞在甘肃境外,应有少量部众进入河套。据《明英宗实录》记载,最晚在正统元年(1436)八月,明朝已开始"搜套"。明英宗颁敕谕给宁夏镇总兵官史昭等人,斥责他们防范蒙古不严,导致入寇。"向者,人言达官牧马草场密迩境外,恐为达贼所掠,以助其力,轻我边备,已尝命尔等筹画哨备。尔等略不加意,以致达贼入寇,果若人言。乃饰词支吾,以掩其过,论罪难宥,姑置不问。"① 命史昭等人与延安都指挥王永,一同"搜套"。"顷因延安都指挥王永,言欲往河曲焚草搜贼,已允所请。并敕尔等相机而行,其会永悉心搜捕,期灭此贼,以赎前罪。"②

正统三年之后,在明朝打击之下,鞑靼残部离开了甘肃境外,四散开去,其中应有一部分也开始进入广袤而空虚的河套地区。正统十四年正月,鞑靼便盘踞于后套。宁夏镇总兵张泰奏:"河东甜水井、苦水河墩空,达贼潜入,委署都指挥佥事仇廉调军剿杀,廉逗遛不进,失机误事。"③ 甜水井位于今包头。④

---

① 《明英宗实录》卷二一,正统元年八月甲子朔,第403页。

② 《明英宗实录》卷二一,正统元年八月甲子朔,第403页。

③ 《明英宗实录》卷一七四,正统十四年春正月癸卯,第3353页。

④ "甜水井在旗东三十里,蒙古名赛音。"(乾隆)《大清一统志》卷四〇八《乌喇忒·山川》,《景印文渊阁四库全书》第480册,第477页。乌喇忒旗位于今包头市西,甜水井大致应在包头一带。

"土木之变"前，归附于瓦剌的兀良哈，受瓦剌威逼，追赶鞑靼，相应也有进入河套者。"辽东边墙正统二年始立，自后三卫夷人假以放牧，潜入河套，间行剽掠"，① 曾由河套南下陕西内地固原一带。② "土木之变"后，瓦剌军队也开始穿越河套，进入榆林、宁夏，③ 并由狼山进入陕西内地。④ 瓦剌依仗军事力量，甚至开始改变以往抢罢即走的流动方式，越季居于河套。明朝鉴于陕北军队力量单薄，进一步整合周边兵力，乃至京军，入套搜剿。景泰元年（1450）五月，明景帝敕谕宁夏镇总兵官张泰等，指出河套之中有数千蒙古部众，由于黄河冰化，无法渡河北还。"有延绥来者，言今春达贼过河犯宁夏，因冻解，有数千人不能还，尚在黄河套里，时来抢掠。其地去宁夏七百余里，延绥三百余里，未审虚实。"⑤ 命令张泰等率领陕北军队，一同"搜套"。"敕至，尔其速遣人分哨，前贼果然，即行延绥镇守等官，各出精骑，夹攻截杀，务在尽绝，以除边患。"⑥不过伴随在明朝边境攻城屡次受挫，瓦剌很快将精力再次收回蒙古草原，不再进攻河套。

---

① （明）李东阳等：《明孝宗实录》卷七二，弘治六年二月辛亥，中研院历史语言研究所，1962 年校印本，第 1351 页。

② "宁夏参将都督金事丁信等奏：'十一月，达贼千骑入境剽掠。随率官军追及于打狼山，击败之，获马匹、器械并被掠人畜。'"《明英宗实录》卷一一一，正统八年十二月丁酉，第 2237—2238 页。"打狼山，在所东南，套寇由韦州而南犯镇原、平凉之道也。"《读史方舆纪要》卷六二《陕西十一·宁夏镇·韦州所》，第 2953 页。打狼山位于洛浦河下游韦州千户所（今宁夏吴忠市同心县韦州镇）。兀良哈也是顺此河流南下。

③ "镇守延绥等处都督同知王春奏：'达贼入寇，臣等预令极边人民移入腹里。镇守陕西都御史王文、宁夏参赞军务金都御史韩福等乃移文禁止，以致达贼将山城、清平二驿，巴门摆铺百户所人畜抢杀。宜治文等失机误事之罪。'"《明英宗实录》卷一八八，景泰元年闰正月庚申，第 3838 页。

④ 《明英宗实录》卷二〇一，景泰二年二月庚午朔，第 4271 页。

⑤ 《明英宗实录》卷一九二，景泰元年五月壬戌，第 4011—4012 页。

⑥ 《明英宗实录》卷一九二，景泰元年五月壬戌，第 4012 页。

而景泰时期，受到瓦剌驱迫的鞑靼部落，不断南下河套。[1] 天顺元年（1457），蒙古高原发生瘟疫，[2] 鞑靼在太师孛来的率领下，开始进入榆林地区。[3] 下面一则史料，明确揭示出这一时期进入河套者，为鞑靼部众。三月，"壬申，镇守延安等处都督王祯、参赞军务少卿曹琎械送鞑靼男女五人，称其犯边。下锦衣卫鞫，奏其一人犯边"。[4] 英宗从而派遣当时第一武将石亨，整合大同、偏头关、宁夏、延绥军队，一同"搜套"。

> 命忠国公石亨充总兵官，佩征虏副将军印，调大同、偏头关及宁夏官军于延绥等处搜剿达贼。敕都督王祯曰："初以尔处失机，已遣都督金事杨信、张钦代尔还京。今闻此贼尚

---

[1] "延安、绥德、庆阳、辽东边将俱奏瞭见境外烟火，及达贼近边围猎。诏各边镇守总兵等官严饬兵备。"《明英宗实录》卷二六〇，景泰六年十一月辛卯，第5574页。"朵颜卫都指挥朵罗干等奏迤北虏酋孛来等率众渡黑河，欲寇宁夏。敕各边关总兵、镇守等官严戒兵备。"《明英宗实录》卷二七二，景泰七年十一月甲午，第5759页。

[2] 曹永年《蒙古民族通史》依据《明英宗实录》所载天顺元年"虏中饥窘之甚"的记载，指出蒙古草原发生了饥荒。曹永年编《蒙古民族通史》第3卷，内蒙古大学出版社，2002，第158页。蒙文史籍也可印证这一结论。《黄金史纲》记载："景泰皇帝（应为明英宗）被配嫁了一个称作摩罗丫头的妻子，而本人则被命名为摩和尔小厮，发付永谢布的额森萨玛依差使。一向没有疾疫与荒旱，自从景泰皇帝作了奴仆以后，公正、良善消失了。"朱风、贾敬颜译《汉译蒙古黄金史纲》，内蒙古人民出版社，2006，第81—82页。《蒙古源流》也记载："却说，阿速人阿里蛮丞相，送给也先合罕所捉到的大明景泰皇帝（一个）名叫莫鲁的妇人，把他唤作察罕小厮，在家里使唤。那期间，那部分人当中灾害瘟疫丛生。"乌兰：《〈蒙古源流〉研究》，辽宁民族出版社，2000，第279页。上述著作存在具体事件错讹或神话色彩浓厚的弊端，但对生态环境的描述，仍可作为对草原历史的一般反映，加以采用。《黄金史纲》与《蒙古源流》为渲染明英宗的神迹，将蒙古草原发生的灾荒、瘟疫附会其上，虽相应沾染了神话色彩，但仍反映了这一时期蒙古草原发生了灾荒与瘟疫的事实。

[3] "镇守延绥等处右都督王祯等奏：'榆林庄、神木等处达贼入境，都指挥李懋等轻进，与对敌阵亡。臣等率领官军往策应，达贼闻知遁去。'"英宗批评王祯"掩败称功，归罪阵亡头目"。《明英宗实录》卷二七五，天顺元年二月辛亥，第5851页。

[4] 《明英宗实录》卷二七六，天顺元年三月壬申，第5872页。

在黄河套里潜住，故命忠国公石亨往调官军搜捕。……"①

在明军反攻之下，鞑靼暂时退出河套。② 但孛来借助骑兵的灵活性，很快便再次回到河套。

在灾荒导致的生存困境之下，孛来致力于通过朝贡贸易，从明朝获取生存物资。"丙寅，迤北太师孛来并阿哈剌忽知院以上复位，复遣皮儿马黑麻来奏，欲将宝玺来献。"同时执送杀害明朝护卫军队部众三人。针对孛来的修好行为，明朝坚持了强硬立场。③ 由于无法再从朝贡贸易中获得较多的物资赏赐，孛来遂在生存危机驱使之下，转而开始对明朝实行武力掠夺，全面进入阴山南疆。④ 由于明朝在宣府、大同构建了较为完备的长城防御体系，鞑靼攻围无果。⑤ 于是将进攻目标转向防御薄弱的山西地区，具体线路便是沿黄河南下。⑥

① 《明英宗实录》卷二七六，天顺元年三月庚辰，第5883—5884页。
② "敕总兵官忠国公石亨班师，以亨奏达贼远遁，追蹑无踪故也。"《明英宗实录》卷二七八，天顺元年五月戊辰，第5940页。
③ "已敕沿边总兵官按兵不动，各守信地。今后尔等部落宜各自管束，于境外荒远水草去处，自在牧放存活。其来进贡者，毋滥率人众。愿投降者，循例抚安之。无故入境，房掠为害者，即加剿杀。特敕令尔知之。向为多遣使臣生事，今不再遣，就令原来使臣赏领彩段表里赐尔。故敕!"《明英宗实录》卷二七八，天顺元年五月丙寅，第5939—5940页。
④ "兵部臣言：'比者各边总兵李文等奏称孛来等各率所部鞑子，于近边驻扎，恐有侵犯之谋。宜于京营总管操练太平侯张轨、安远侯柳溥、会昌侯孙继宗三人内，令一人充总兵官，量率在京官军，前赴宣府、大同等处驻扎。有警与各边将互相应援，以防侵轶。'上命柳溥往。"《明英宗实录》卷二七八，天顺元年五月辛未，第5942—5943页。
⑤ "大同总兵官右都督李文奏：'鞑贼屡来攻围各墩台，欲即出兵剿杀，则使臣尚未回，恐启衅端，以此坚壁清野待之。然军马俱在城中，乞令总督边储郎中杨益暂支与口粮、刍豆，候声息稍宁停止。'上命户部移文，令益即给之。"《明英宗实录》卷二七八，天顺元年五月癸酉，第5947页。"大同总兵官右都督李文等奏：'鞑贼在沿边出没无时，而西路参将张鹏、守备右卫都指挥朱谅等堤备不严，致架炮军士及侦卒往往被其杀掠，乞将鹏等治罪。'诏宥之。"《明英宗实录》卷二七八，天顺元年五月辛巳，第5957页。
⑥ "鞑贼犯威远卫，守备都指挥李英击却之。"《明英宗实录》卷二七八，天顺元年五月己丑，第5963页。"鞑子犯偏头关，守备都督同知杜忠率官军击败之，斩首三级，生擒一人。"《明英宗实录》卷二七九，天顺元年六月丁酉，第5972页。

面对鞑靼避实击虚的进攻方案，明朝命大同镇军队与山西军队在黄河东岸夹击来犯鞑靼，并连续取得胜利。① 在大同镇军队南下之势逼迫之下，鞑靼从河东地区撤出，将进攻目标转向防御更为空虚的河西地区，即河套与松山走廊。天顺元年五月，在鞑靼主力进攻山西时，已有小部鞑靼进攻松山走廊。宁夏镇总兵张泰奏："鞑子犯洛阳川，营于羚羊角屯，欲过河，官军拒之，不能渡，乃循旧路而回。伏兵于墩空，或前或却，以诱我。西路参将种兴即率官军千余人追袭之，至洛阳川，贼挥众回击，伏兵亦起。官军腹背受敌，遂溃，兴被杀。"② 洛阳川在宁夏中卫西，地处松山走廊。"洛阳川。在卫城西二十五里。"③ 从明军千人追击鞑靼来看，当时鞑靼进入松山走廊的部众数量应不多。不过七月以后，伴随鞑靼进攻重点转向河套，战争规模开始扩大。七月，鞑靼从甘肃镇东北部，即松山走廊西北方向进入松山走廊。④ 十一月，魏荣奏鞑靼沿大小松山进入庄浪河流域。⑤ 但与正德以后鞑靼深入松山走廊底部不同，此时明朝在

---

① "游击将军右都督石彪奏：'率领官军参将张鹏等出哨，回至磨儿山驻扎。侦报贼至，随布阵五处，设伏据险以待之。少顷，贼有千余人马列阵而来，随督官军奋勇冲入贼阵，斩贼首把秃王，摹其旗帜、衣甲，大败贼众，斩首一百二级，生擒二十人，获马二百匹、甲胄六十副。余贼奔散，追至三山墩，连战又败之，斩首七十二级。'"《明英宗实录》卷二七九，天顺元年六月戊申，第5982页。磨儿山、三山墩皆位于威远卫西南，李来部落之所以循此路线，原因在于黄河支流清水河由西北向东南流入山西镇，而以上二地便处于清水河流域。七月，"大同总兵官都督李文奏：六月五日，官军于威远卫地方，遇达贼二千余骑，与交战，生擒达贼五人，斩首十六级，获马匹十余匹"。《明英宗实录》卷二八〇，天顺元年秋七月庚辰，第6013—6014页。
② 《明英宗实录》卷二七八，天顺元年五月壬午，第5959—5960页。
③ （明）李贤等：《大明一统志》卷三七《宁夏中卫·山川》，三秦出版社，1985，第2627页。
④ "镇守甘肃太监蒙泰奏：'七月五日，达贼二千余骑入镇番境内，官军杀败贼众，生擒三人，斩首四十九级，获战马一百余匹，驼十八只。'"《明英宗实录》卷二八一，天顺元年八月乙巳，第6037页。
⑤ "镇守庄浪奉御进保、都指挥使魏荣奏：'达贼四千余骑入境，径趣速罕秃营剽掠，兵部请救镇守陕西保定侯梁珤往兰县，征调秦州、巩昌、临洮等处兵，分屯要害，以遏贼冲。'从之。"《明英宗实录》卷二八四，天顺元年十一月乙亥，第6091页。

北部边疆仍维持强大兵力，孛来既然以抢掠物资为战略目的，因此并不深入松山走廊，而是沿外围地带游走作战，[1] 并由松山走廊向河西走廊西进，突破了整个甘肃镇防线。[2]

　　黄金家族同样在灾荒冲击下，开始南下。天顺二年，阿罗出开始南下松山走廊。[3] 为了应对孛来、阿罗出对松山走廊的进攻，明朝在石亨等人的推荐下，[4] 命大同镇游击将军石彪出任总兵官，出征宁夏。[5] 另外，征调松山走廊底部军事力量北上。"又敕提督岷洮等处右都督王祯亦以兵往会。"[6] 孛来、阿罗出进攻榆林较晚，

---

① "镇守凉州右监丞福保奏：'镇守庄浪奉御进保、都指挥使魏荣，及提调烟墩指挥李瑄、庄泰等失误烽火，以致达贼入境抢掠，宜敕巡按御史执问。'从之。"《明英宗实录》卷二八六，天顺二年春正月辛酉，第 6120 页。阁臣李贤称："贼见在陕西凉州等处，纵横抢掠，势甚猖獗。"《明英宗实录》卷二九三，天顺二年秋七月庚戌，第 6266—6267 页。

② 八月，甘肃镇总兵官卫宁（《明实录》中写法不一，另作'颖'——引者注）奏："虏酋孛来等自今岁五月以来，从镇番抹山儿入境，至凉州、永昌，延及山丹、黑城子等处，往来剽掠，官私畜产俱已罄尽。自兰县抵于甘州，道路梗塞，转输不继。"《明英宗实录》卷二九四，天顺二年八月丁丑，第 6280 页。"甘肃总兵官宣城伯卫颖等奏：'达贼自五月及今，屡寇凉州、永昌、古浪、庄浪、山丹、甘州诸处，杀官军、男妇一千四百有奇，掠男妇五百余，马骡、牛羊八万二千，仓粮七百余石，焚毁草二万束，及驿站、屯堡、墩台数处。'"《明英宗实录》卷二九六，天顺二年冬十月丁丑，第 6308—6309 页。

③ "右少监龚荣等奏：'虏酋孛来、阿罗出等率众二万，寇钞镇番、凉州等处。臣会总兵等官安远侯柳溥等，号令三军，前后于南乐堡、黑山等处交锋，擒虏三十五人，斩首八十一级，并获驼马、军器等物。'"《明英宗实录》卷二九四，天顺二年八月戊辰，第 6276 页。"甘肃总兵官宣城伯卫颖等奏报：'北虏拥众复入昌宁、镇番等处。'"《明英宗实录》卷二九四，天顺二年八月癸未，第 6284 页。昌宁即昌宁堡，位于镇番卫西南。

④ "兵部奏：'陕西甘肃等处屡奏北虏孛来等四散犯边，朝廷虽已命安远侯柳溥等统兵征进，而此虏在边日久，知我虚实，虽已败衄，去而复来，苟非先事而备缓急，何以支吾？乞敕在京总兵等官忠国公石亨等计议区画，设何方略，用何将领，凡可以安边御侮保境安民者，一一条陈，以俟上之裁择。'从之。"《明英宗实录》卷二九三，天顺二年秋七月己亥，第 6260 页。

⑤ "命定远伯石彪充总兵官，佩征夷将军印，左都督刘深充副总兵，往宁夏等处剿杀贼寇。仍敕沿边诸将互相应援。"《明英宗实录》卷二九三，天顺二年秋七月癸卯，第 6262 页。

⑥ 《明英宗实录》卷二九六，天顺二年冬十月丁巳，第 6300 页。

这可能与当时镇守此地者为明中期第一武将家族杨氏家族的杨信有关。天顺元年十一月，明朝获得孛来将南下榆林的消息。① 天顺二年二月，鞑靼部众进入榆林。②

与兀良哈、瓦剌仍以漠北为根据地，只有少量部众南下河套，抢罢即走的流动方式不同，孛来、阿罗出在灾荒冲击之下，已将主力南迁至阴山南麓，并开始居留河套更长时间。明朝也鉴于鞑靼控制了阴山南麓，将会战地点从黄河东北的东胜至大同一带，内移至榆林至宁夏一带。在这一地缘格局转变趋势下，榆林也首次成为明朝应对河套蒙古的会战地点。天顺二年二月，"命大同总兵官高阳伯李文、游击将军定远伯石彪，调领彼处精兵，往延绥等处，会彰武伯杨信等御贼，以陕西守臣奏鞑贼入境故也"。③ 次月，杨信军队与鞑靼部众展开了规模较大的战斗，④ 并取得了高家堡之捷。明军获胜之后，进一步反攻河套，在黄河东北与来援大同镇军队会合。"延绥总兵官彰武伯杨信、游击将军定远伯石彪会兵黄河，搜剿达贼，擒四人，斩首三级，获马二十匹。"⑤

榆林军队获胜之后，并未能阻止鞑靼再次南下。天顺二年十二月，鞑靼再次进攻榆林东北。"辛未，升延安、绥德等处官军二百九十八人俱一级，赏有差，三千八百三十五人赏有差，以西黄

---

① "庚午，敕宁夏、延安绥德镇守、总兵等官曰：'近者来降鞑子言孛来等欲领人马往高桥儿及延绥一带地方剽掠，尔等其各整捆军马，严谨堤备。如贼果来侵犯，务在相机剿杀，不可轻忽，以堕贼计。'"《明英宗实录》卷二八四，天顺元年十一月庚午，第 6087 页。

② "镇守延绥等处右监丞王春奏：'青阳沟等处鞑贼拥众入境抢掠，当同都督杨信率领官军截杀，斩获衣红贼首一人，生擒贼徒，获其驼马、盔甲、器械等物，及夺回牛羊、驴骡等畜。'"《明英宗实录》卷二八七，天顺二年二月己亥，第 6146 页。青阳沟位于今榆林郊区青阳沟流域。

③ 《明英宗实录》卷二八七，天顺二年二月辛亥，第 6158 页。

④ "达贼七千余骑犯高家堡，延绥总兵官杨信率兵击败之，擒贼五人，斩首七十二级，获驼马、器械无算。遣人献俘馘至京师。"《明英宗实录》卷二八八，天顺二年闰二月丁丑，第 6171—6172 页。

⑤ 《明英宗实录》卷二九〇，天顺二年夏四月戊辰，第 6196 页。

梁等处斩获鞑贼有功也。"① 西黄梁可能即麻黄梁，位于今榆林东
北郊区麻黄梁镇。② 当月，鞑靼又进攻河套西南缘。"镇守延安、
绥德左参将都督同知张钦奏虏骑二万余，从安边营入境剽掠。上
命兵部区画以闻。"③ 安边营位于今榆林定边县安边镇，是河套南
缘地势平坦之地，容易成为明朝、鞑靼开展大规模战斗的地带。
天顺三年正月，杨信和此时出征宁夏的总兵官石彪东西夹击孛来。
双方虽互有死伤，但明军仍取得了对鞑靼部众的野马涧大捷，④ 从
而暂时将孛来部众驱逐出河套，取得了"搜套"行动的重大胜利。
二月，镇守延绥等处太监王春奏："达贼杳无踪迹，边境宁靖。"⑤
英宗于是命"独石、马营官军回原处操守"。⑥ 从这一记载来看，
援助榆林的军队还有来自宣府镇者。伴随鞑靼暂时出套，宣府镇、
大同镇军队也都各自返回原地。⑦

　　天顺二年底，孛来鉴于明朝加强了松山走廊与河套地区的防
御，向明朝表达了恢复朝贡贸易的愿望，明朝也在一定程度上表
达了愿意接触的态度。英宗敕镇守宁夏太监王清曰："得奏，虏酋

① 《明英宗实录》卷二九八，天顺二年十二月辛未，第 6338 页。
② "吏科给事中戚贤勘奏陕西延宁麻黄梁、沙湖有功官军二千二十八人，升赏有
　差。"（明）张居正等：《明世宗实录》卷一八七，嘉靖十五年五月甲子，中研
　院历史语言研究所，1962 年校印本，第 3956 页。
③ 《明英宗实录》卷二九八，天顺二年十二月癸未，第 6344 页。
④ "总兵官定远伯石彪奏：'比者达贼二万余人入安边营抢掠，臣与彰武伯杨信、右
　佥都御史徐瑄、都督佥事周贤、都指挥李鉴等统领军马往剿之。遇贼连战，掣
　夺旗号、喇叭，斩获贼酋鬼力赤平章首级，余贼奔溃。追至昌平墩出境，贼仍
　聚众复回对敌，转战六十余里，交锋数十余合。至野马涧半坡墩，贼众大败，
　生擒四十七人，斩首五百一十三级，夺驼六十七只、马五百一十匹。被掠男妇
　一十八人，驴骡、牛羊二万余。都督佥事周贤被贼射死。又有达贼入南地名把
　都河，把总指挥柏贤等与战，败之，斩贼首一人。收兵间，贼复众四面攻围，
　官军奋勇杀出，都指挥李鉴亦陷没。'"《明英宗实录》卷二九九，天顺三年
　春正月甲辰，第 6353—6354 页。
⑤ 《明英宗实录》卷三〇〇，天顺三年二月戊辰，第 6371 页。
⑥ 《明英宗实录》卷三〇〇，天顺三年二月戊辰，第 6371 页。
⑦ "总兵官定远伯石彪奏：'达贼人马已俱往东北去。'上曰：'贼既去，彪领军
　且回大同。'"《明英宗实录》卷三〇〇，天顺三年二月己巳，第 6373 页。

孛来屡遣通事近墩，言欲贡马来降，因虑虏情谲诈，不可令从宁夏入境。诚如所虑，若其复来，其为言宁夏道途险阻，仍令从大同旧路入，尤须严饬兵备，不可怠忽。"① 孛来之所以转变态度，与鞑靼在灾荒、明军双重打击之下，内部存在较为严重的危机有关，虽然双方朝贡贸易一时并未开展，但孛来部众确有投降明朝者。② 在明军屡次取得胜利的有利条件下，阁臣李贤建议明朝向孛来表达重回和平的政治信号。李贤指出鞑靼南下只是为了解决生存问题。"胡虏为中国患，不过苟图衣食而已。往者每岁进贡，赖此赏赐，衣食充足，不来侵犯。今虏酋孛来自为悖逆，心怀疑惧，不敢进贡，衣食无所仰赖，遂至穷困，所以数来犯边。"③ 因此明朝应主动开辟朝贡贸易的通道，进行招抚。"朝廷宜体天地之量，出榜招谕，或给与米粮，助其衣食，使之改过自新，照旧进贡。如彼听信，不惟免兴师之费，边境人民俱得安生。"④ 如果孛来仍然进攻明朝，那再发动战争。"如或冥顽不悛，然后出兵剿杀，庶恩威兼尽。上从其言。"⑤

但孛来并未接受明朝的提议，双方局势再次紧张起来。⑥ 天顺三年十二月，孛来再次穿过河套进攻榆林。"虏中脱归之人言虏酋孛来率众二万，剽掠榆林城等处，次于沙山。"⑦ 沙山位于宁夏中卫西部，地处松山走廊。"沙山。在卫城西五十里，因沙所积，故名。"⑧ 孛来首次从松山走廊突破山岭丛布的榆林防线，进入白于

---

① 《明英宗实录》卷二九七，天顺二年十一月戊申，第 6325 页。
② 英宗敕宁夏镇总兵官陈友曰："得奏，欲将来降鞑子奄克台及谎阿罗歹等留用。"《明英宗实录》卷二九八，天顺二年十二月甲戌，第 6339 页。
③ 《明英宗实录》卷三〇二，天顺三年夏四月辛酉，第 6397 页。
④ 《明英宗实录》卷三〇二，天顺三年夏四月辛酉，第 6397—6398 页。
⑤ 《明英宗实录》卷三〇二，天顺三年夏四月辛酉，第 6398 页。
⑥ "戊戌，敕总兵官高阳伯李文、武强伯杨能：'近闻鞑贼拥众住近我边，民不得耕作牧放。尔等各领士马，在彼粮草有限，恐不可持久。有何长策可以退贼，敕至其会议以闻。'"《明英宗实录》卷三〇三，天顺三年五月戊戌，第 6415 页。
⑦ 《明英宗实录》卷三一〇，天顺三年十二月丁丑，第 6522 页。
⑧ 《大明一统志》卷三七《宁夏中卫·山川》，第 2626 页。

山以南地势平坦的地区。天顺四年正月,"达贼孛来犯井儿坪,四散抢掠"。① 井儿坪位于今延安志丹县双河镇井坪村,处于杏子河(明称西川水)流域。可见孛来绕过榆林河套南缘防线,从松山走廊直接向东进发,进入榆林以南防御薄弱地区。同样在掠夺物资后,孛来并未继续深入,而是折回河套,在榆林东北遭遇明军。②

天顺四年,继孛来、阿罗出之后,其他鞑靼部落首领如毛里孩、肯者伯颜也开始加入南下行列。他们最初的进攻目标是大同,但鉴于明朝在这一地区重点布防,便将目标西移于河西地区,③ 首要目标也是松山走廊。④ 天顺五年,孛来也在短暂撤出之后,再次进入松山走廊。⑤ 由此松山走廊的防御形成巨大压力。

---

① 《明英宗实录》卷三一一,天顺四年春正月庚辰,第 6525 页。

② "达贼二万骑寇榆林城,总兵官彰武伯杨信率官军敌却之。贼复入劫掠,信选轻骑,分五路,追至金鸡峪遇贼,擒十二人,斩首二十三级,获马百匹,军器三百余事。复所房人口及牛羊、骡驴万余。"《明英宗实录》卷三一一,天顺四年春正月戊子,第 6528 页。金鸡峪位于榆林东北,即今榆林榆阳区金鸡滩镇。孛来部众在府谷又遭到当地明军堵截。"升延绥官军正千户等二十八人俱一级,军旗等三十七人赏有差,以柴家沟等处杀贼功也。"《明英宗实录》卷三一二,天顺四年二月甲子,第 6549 页。柴家沟即今府谷县府谷镇柴家墕村。

③ "达子苦出等来归,奏报房酋孛来及毛里孩与众议欲来大同劫掠,众言大同军马强壮,不可去,乃率众西行。兵部言房情难测,宜移文大同以西缘边诸将严加哨备。从之。"《明英宗实录》卷三一七,天顺四年秋七月辛卯,第 6616 页。

④ "敕镇守甘肃太监蒙泰等曰:'今得宁夏总兵等官奏报,房酋孛来、毛里孩、阿罗出、肯者伯颜领一万五千人,在谎泥山驻扎,要往宁夏迤西房掠。虽有定向,而变诈难测。尔等宜严为之备,相机行事,毋或怠忽,以致疏虞。'"《明英宗实录》卷三一七,天顺四年秋七月己丑,第 6614 页。"兵部奏:'达贼入凉州,房掠官马,射伤军人。副总兵刘杰、右监丞福保等始既不能哨备,后又不能追袭,请治其罪。'上曰:'姑不问,令其尽心剿贼,以赎前罪。'"《明英宗实录》卷三一八,天顺四年八月乙丑,第 6633—6634 页。"甘肃总兵等官宣城伯卫颖等奏胡房于凉州、庄浪一带劫掠。上敕颖等御之。"《明英宗实录》卷三一九,天顺四年九月己卯,第 6644—6645 页。"延绥总兵官彰武伯杨信等奏:'达贼三百余骑入花马池剽掠,率众追之,获马二十七匹而还。'"《明英宗实录》卷三二一,天顺四年十一月甲戌,第 6667 页。

⑤ 《明英宗实录》卷三二五,天顺五年二月甲午,第 6718—6719 页。

天顺五年五月，为应对这一军事形势变化，明朝进一步将会战地点向西南移至兰县（今兰州）。① 次月，明朝命兵部尚书马昂充任总督，调遣京军、班军赴松山走廊，② 并命通政司官员统一调配粮饷。③ 外来军队到达松山走廊之前，鞑靼已开始进攻庄浪，明朝从而命当地将领先组建作战部队。④ 不过孛来在进攻松山走廊再次受挫后，开始向明朝求贡。⑤ 因此七月再次进攻庄浪的军队应非孛来部落，而是黄金家族部落。⑥

孛来之所以突然转变态度，除因为在与明军作战中不断受到挫败之外，还与黄金家族对他发动战争有关。九月，"脱脱卜花王子领兵万余，将往石头城袭杀孛来"。⑦ 脱脱不花王子即马可古儿吉思汗，

---

① "敕右都督冯宗曰：'先因达贼侵犯凉州等处，已命宁夏副总兵都指挥仇廉统官军、土兵，往兰县会剿。今虑廉独力不能成功，特命尔亟往代统其军，与兵部右侍郎白圭计议，会保定侯梁珤、宣城伯卫颖刻期进兵，并力杀贼，及督庄浪镇守等官林宏等听调策应，仇廉仍协同尔行事。朝廷以尔历练老成，特兹简任，尔须感激奋志，以图成功。'"《明英宗实录》卷三二八，天顺五年五月乙卯，第 6757 页。

② "壬午，命兵部尚书马昂总督军务，怀宁伯孙镗佩印，充总兵官，右都督冯宗充副总兵，都督金事鲍政充左参将，赵胜充右参将，统京师精锐骑兵一万五千，往陕西击房寇。又先遣官发河南、山东、北直隶京操下班官军二万，先赴陕西屯驻以待。"《明英宗实录》卷三二九，天顺五年六月壬午，第 6768 页。

③ "敕通政司右参议尹旻曰：'今房寇侵犯陕西边境，遣将调兵，往彼征剿。特命尔前去陕西，督都布按三司及户部委官，先查军行附近府州县卫所实在刍粟，会计起运军前供给。或有不敷，必须设法措置，仍委三司官分投督运。或近贼出没之处，合用官军民壮防护者，须与总督、总兵计议酌量，接济护送，毋致疏虞。'"《明英宗实录》卷三二九，天顺五年六月壬午，第 6768 页。

④ "镇守庄浪奉御进保奏：'达贼入寇甚急，乞兵为援。'上敕守备兰县右都督冯宗佩平房副将军印，充副总兵，都督金事赵胜充左参将，李昊充右参将，统原选官军往击之。命兵部右侍郎白圭，及起王竑为左副都御史，俱参赞军务。"《明英宗实录》卷三三〇，天顺五年秋七月戊午，第 6795 页。

⑤ "辛酉，兵部奏：'奉旨会文武群臣，议得房酋孛来三上书，求遣使讲和。宜顺夷情，选谙晓夷语、素有名望者，往彼开谕。如其诚意请和，即令退兵远牧，而我兵亦得暂息以待。如其谲诈邀求无厌，候通事还，即与拒绝，往来堤备剿杀。'上允所请，命指挥金事詹昇假与都指挥使，充正使；都指挥同知窦显充副使以行。"《明英宗实录》卷三三〇，天顺五年秋七月辛酉，第 6797 页。

⑥ 《明英宗实录》卷三三〇，天顺五年秋七月辛酉，第 6797 页。

⑦ 《明英宗实录》卷三三二，天顺五年九月乙巳，第 6814—6815 页。

因是脱脱不花幼子，故被明朝称为"小王子"。为避免遭到明朝、黄金家族南北夹击，孛来采取了与明朝讲和的政策。十月，明朝同意孛来改由兰县入贡的请求。① 十二月，孛来使臣到达北京。② 天顺六年，虽然孛来部众仍有进攻明朝举动，但双方关系已有所缓和，双方从而再次进入和平时期，孛来朝贡明朝，仍从大同入关。③

　　陕西总兵梁珷鉴于黄河开化，辎轴难以大规模越过黄河，进入河套，便请求将外地军队调回。"黄河冰开，辎贼远遁，请令原调策应官军、舍余、民壮各回原处屯守。"④ 获得了李贤的赞成。"兵出在外，可暂不可久。暂则壮，久则老。且不退兵，则陕西民无休息之时。再欲征运粮草，必皆逃窜。"⑤ 英宗于是命军队各回原地。"命副总兵右都督冯宗等放回官军。其马匹命参赞军务右侍郎白圭同宗等点过，带回一万，其余斟酌各边缺马多少，量分各总兵等官，给军骑操。"⑥ 可见，明朝遣散驻扎在兰县的军队，除因士兵疲惫外，另一因素是财政压力。

　　孛来恢复与明朝的朝贡贸易后，将主要精力用在和蒙古高原其他部落的战争之上，不仅与黄金家族势力争夺权力，而且不断与兀良哈、瓦剌部落开展战争，逐渐占领了兀良哈的地盘。"孛来于今年九月初二日，领胡骑万余东行，侵兀良哈地方。"⑦ 天顺七年，朵颜卫在孛来的逼迫之下，请求居住于明朝城池之内。"朵颜卫指挥兀孙帖木儿奏：孛来营所逼近本卫，乞依边城牧放。"⑧ 但

---

① 《明英宗实录》卷三三三，天顺五年冬十月辛卯，第 6831 页。
② "丁亥，迤北孛来遣使臣那哈赤等贡马，赐宴于礼部，并赐彩币等物。"《明英宗实录》卷三三五，天顺五年十二月丁亥，第 6851 页。
③ 《明英宗实录》卷三三七，天顺六年二月癸酉，第 6880 页；卷三四二，天顺六年秋七月壬子，第 6940—6941 页。
④ 《明英宗实录》卷三三八，天顺六年三月甲辰，第 6890 页。
⑤ 《明英宗实录》卷三三八，天顺六年三月甲辰，第 6890 页。
⑥ 《明英宗实录》卷三三八，天顺六年三月甲辰，第 6890 页。
⑦ 《明英宗实录》卷三四五，天顺六年冬十月戊寅，第 6977 页。
⑧ 《明英宗实录》卷三五八，天顺七年冬十月乙巳，第 7134 页。

明朝对朵颜卫并不信任，拒绝了这一请求。"兵部言夷情谲诈难信，宜令沿边守将为备。并令通事都督季铎等省谕兀孙帖木儿回还，遍谕其部落，毋得近边。从之。"① 在无法依靠明朝的情况下，兀良哈三卫倒向孛来。天顺七年，兀良哈随孛来一起朝贡明朝。② 成化元年，兀良哈追随孛来进攻辽东镇。"迤北虏酋孛来构朵颜三卫苦惟等九万骑，入辽河。总兵官武安侯郑宏等率兵御之，生擒虏贼男妇十一人，斩首五级。"③

第三节 成化初年毛里孩驻牧河套
与明朝再次"搜套"

宝音德力根指出，成化前期鞑靼部落陷入一场乱局。成化元年（1465），小王子被孛来所杀，毛里孩又杀孛来，立小王子从兄摩伦为可汗。次年（即成化二年），毛里孩又杀摩伦。此后的十年间，鞑靼内部陷入长期的混战局面，也一直未能产生新的大汗，这一局面一直持续到成化十一年，异姓贵族乩加思兰拥立满都鲁为可汗。④ 除此以外，瓦剌也不断与鞑靼仇杀。比如天顺八年（1464）九月，朵颜卫向明朝通报称："瓦剌扯只八拥众七万，欲与孛来仇杀"。⑤ 同月，宣府镇报称："近据谍报，孛来领众六万，往征瓦剌，回则欲寇我边。"⑥

在这一局面下，鞑靼各部为躲避内乱冲击，纷纷南下明境。与之前蒙古南下主要为抢掠物资不同，此时鞑靼各部南下，增加了躲避内乱的因素。因此，鞑靼各部的进攻重点，便从主要是沙

---

① 《明英宗实录》卷三五八，天顺七年冬十月乙巳，第7134页。
② 《明英宗实录》卷三六〇，天顺七年十二月丁亥，第7153页。
③ 《明宪宗实录》卷一五，成化元年三月戊申朔，第331页。
④ 宝音德力根：《15世纪中叶前的北元可汗世系及政局》，载中国蒙古史学会编《蒙古史研究》第6辑，内蒙古大学出版社，2000。
⑤ 《明宪宗实录》卷九，天顺八年九月壬子，第193页。
⑥ 《明宪宗实录》卷九，天顺八年九月壬戌，第196页。

漠地带的松山走廊，东移至主要是草原地带的河套地区，以维持大规模部众的长期游牧。而之所以选择在河套长期游牧，延绥镇巡抚余子俊指出："因是此虏熟知延绥地方险远，便于窥伺，河套散漫，易于潜住。且知我军数少，分守不敷。"① 负责巡视西北边务的吏部右侍郎叶盛、"搜套"军队的参赞文官王越也指出："延绥边境与河套相对，东、西、中三路共二十堡，约远一千五百余里，旧无边备，且河套宽漫，便于驻牧，故虏连年不去。"② 为应对这一军事形势的变化，明朝开始于榆林地区多次大规模集结军队，努力彻底"搜套"，希望一劳永逸地解决河套危机。

宪宗即位后，孛来虽然与瓦剌、兀良哈为敌，不过主要政敌仍是鞑靼中的黄金家族势力。双方互相仇杀的结果，便是大量部众为躲避战乱，南下明境。成化元年十一月，泰宁卫大头目兀南帖木儿称："迤北毛里孩与孛来相仇杀，其人马分散在边搅乱。"③在这一南下潮流中，兀良哈三卫向明朝报称并未参与，兀南帖木儿又称："我三卫人自祖宗以来，受朝廷大职、金衣、美食，自合出力补报，岂敢犯边？……朵颜卫都督朵罗干往开平围猎，福余卫大头目可台往海西趁食。"④ 但实际上却追随毛里孩南下。"礼部会官议：祖宗设置朵颜、泰宁、福余三卫，为东北藩篱，每年朝贡宴赐特厚。而乃背逆天道，随虏贼毛里孩犯边。"⑤ 由于已经与明朝开展朝贡贸易，在成化时期的南下潮流中，孛来部众较少，从而毛里孩部众成为主体。"虏众甚盛，有毛里孩部下人马，俱在四柳树、木瓜园等处安营。"⑥

成化时期鞑靼各部南下的重点，是河套地区。之所以选择河

① （明）余子俊：《余肃敏公奏议·巡抚类》，《四库禁毁书丛刊》史57册，第548页。
② 《明宪宗实录》卷一○二，成化八年三月壬戌，第1998页。
③ 《明宪宗实录》卷二三，成化元年十一月辛未，第457页。
④ 《明宪宗实录》卷二三，成化元年十一月辛未，第456—457页。
⑤ 《明宪宗实录》卷三四，成化二年九月戊寅，第677页。
⑥ 《明宪宗实录》卷二三，成化元年十一月癸丑，第449页。

套，一方面是因为河套空间辽阔、水草丰茂，另一方面是因为这一地区是明朝防御最为薄弱的地区。成化八年，延绥镇巡抚在奏疏中指出："延绥边境与河套相对，东西中三路共二十堡，约远一千五百余里，旧无边备，且河套宽漫，便于驻牧，故虏连年不去。"① 成化九年，"搜套"总兵官刘聚、参赞军务王越与西北巡抚联合上奏曰："辽东、甘肃虏难犯边，而不能久驻。惟河套北有黄河可据，中有水草，利于放牧，南有人烟，便于虏掠，以是久居不去。"②

成化元年八月，毛里孩已进入河套地区。延绥镇总兵房能奏："北虏久潜河套，自西梁墩空突入犯边，官军会合追剿。至贼巢地名席把都川，约七百余里，斩获贼首一十二级，马牛羊、器仗、衣帐等各以百计。"③ 鞑靼长期驻牧河套之前，虽然时常进攻明朝防线，但都是临时行动，并未真正撕开明朝北疆防线。"往年虏寇，或在辽东、宣府、大同，或在宁夏、庄浪、甘肃去来不常，为患不久。景泰初，始犯延庆。然其部落犹少，不敢深入。天顺间，阿罗出进入河套，不时出没，尚不敢迫近居民。"④ 但长期驻牧河套之后，将西北边疆防线撕开了一道大口子，形成了进入明朝西北的地理通道。"至成化初以来，毛里孩之众乃敢深入抢掠，攻围墩堡。盖以先年虏我汉人，以杀戮恐之，使引而入境，久留河套。故今日贼首孛罗合、虮加思兰相继为患，卒不可除。"⑤ 并且抢掠明人作为向导。"至是，孛来与小王子、毛里孩等先后继至，掳中国人为乡导，抄掠延绥无虚时，而边事以棘。"⑥ 从而造成了河套周边的军事危机，可称之为"河套危机"。伴随鞑靼以河

---

① 《明宪宗实录》卷一〇二，成化八年三月壬戌，第 1998 页。
② 《明宪宗实录》卷一二〇，成化九年九月壬子，第 2323 页。
③ 《明宪宗实录》卷二〇，成化元年八月寅寅，第 404 页。
④ 《明宪宗实录》卷一〇二，成化八年三月庚申，第 1994 页。
⑤ 《明宪宗实录》卷一〇二，成化八年三月庚申，第 1994 页。
⑥ 《明史》卷三二七《外国八·鞑靼传》，第 8473 页。

套为基地，对西北边疆发动越来越广泛的进攻，整个西北地区甚至都陷入了危机，可称之为"西北危机"。

　　为抵御鞑靼，明朝如同天顺时期一样，再次调发大同、宁夏、甘肃、陕西军队，会兵榆林，负责统率作战的是正统时期曾经名震朝野的杨氏家族的一员，即曾经担任延绥镇首任总兵官的杨信。"虏贼寇延绥。命大同总兵官彰武伯杨信统大同马队官军一万，宁夏总兵官都督金事李杲统宁夏官军五千，都督金事王瑛同宁远伯任寿、右副都御史项忠，统见调陕西属卫官军一万，驰诣延绥御之。仍命信总制诸军。"① 明朝之所以每次都在鞑靼进入河套后便调遣外地军队增援榆林，是因为当地士兵数量较少，防线却十分漫长。"照得所守榆林一带营堡二十四处，切近河套，东西相去二千余里，原设守备官军，两班轮流，不过二万六千余名。一遇虏寇侵犯，便调客兵防御。"② 为保障军队的后勤供应，明朝派遣户部主事统筹征收陕西、山西的粮草。

　　　　癸未，敕户部主事王臣、徐源往陕西、山西整备粮草。时调兵剿虏，户部以二布政司免今年税粮一百二十余万，恐各寨堡粮草缺乏。请敕主事二员，于腹里有粮处，起倩兵民赶运，以供军饷。倘有不足，听其区画供给。从之。③

同时命令兵部郎中负责纪功。"命兵部中杨琚赍功赏勘合三百道，往延绥纪录官军功次。"④ 之所以选择杨信作为统帅，应是鉴于杨信曾经充任延绥镇总兵，对于当地房屋较为熟悉。但事实证明，杨信并非"搜套"行动的合适统帅。杨信一贯的持重甚至畏懦性

① 《明宪宗实录》卷二四，成化元年十二月己卯，第464页。
② 《余肃敏公奏议·巡抚类》，《四库禁毁书丛刊》史57册，第546页。
③ 《明宪宗实录》卷二四，成化元年十二月癸未，第465页。
④ 《明宪宗实录》卷二四，成化元年十二月癸未，第465—466页。

格，并不符合指挥大规模战争的要求。①

成化元年十二月，少量鞑靼部众便沿黄河南下，进攻府谷、神木二地。明朝于是催促杨信尽快赴任。② 成化元年、二年之交，毛里孩开始进攻河套东南缘。③ 此后，重点进攻河套西南缘，首先进攻的地区是安边营。"虏三万余屯安边营近境。督军太监钱喜以闻。上敕喜及大同、宁夏、陕西、延绥各边镇守、总兵等官严兵备之。"④ 穿过这一地区后，进一步越过太白山，⑤ 进入环河流域，掠夺这一地区的人口、物资。"虏三百余入陕西环县，营于石硖口，四散剽掠，都指挥林盛率兵往击走之。追至山城原，十余战，斩首九级，获马二十四匹，并服器等物。夺回所掠男妇九十五人，

---

① "土木之变"后，杨信任怀来等处守备。在景泰元年（1450）护送粮饷途中，闻炮声而还，表现得十分畏懦，从而遭到弹劾。《明英宗实录》卷一九四，景泰元年秋七月，第4093—4094页。

② 《明宪宗实录》卷二四，成化元年十二月戊子，第467页。

③ 偏头关守备钱能奏："虏贼拥众渡河，大掠河曲县境。指挥杨哲御之失利。驰入黄甫川堡，被围三日。躬率官军往援之，力战不克，杀伤军马，因以罪自劾。"《明宪宗实录》卷二四，成化元年十二月丁酉，第472页。陕西都指挥林盛言："谍报毛里孩欲来犯边，先遣九人入境探缉事情。"《明宪宗实录》卷二五，成化二年春正月己未，第496页。"守备偏头关都指挥金事钱能奏：'官军过白石崖，遇贼交锋，斩首三级，获马四十匹及器械等物。贼遁去，寻又过河，守备阳和等卫都指挥罗俊等伏兵于青水川，遇贼于白石崖，官军奋勇冲入贼阵，斩首三级。贼溃，追至邑川堡等处七十里，贼拒敌转战一十余合，获马四十匹及器械等物，夺回所掠男妇十一人及牛马等畜。'"《明宪宗实录》卷二五，成化二年春正月己未，第496—497页。"大同镇守、巡抚、总兵等官奏：'虏入神木堡西，及掠水磨川，都指挥吕源等率兵击走之，斩首一级，追至崖窑川而还。明日，又遇于大恶岭，追至刘家沟，射死三人，彼始遁去。其党复掠东村堡，都指挥施清击之于班家岭，生擒六人，斩首二级。'"《明宪宗实录》卷二六，成化二年二月甲戌，第513页。"巡按山西监察御史贾俊奏：'达贼入岢岚等州、河曲等县地方，杀伤官军。守备都指挥金事钱能、指挥杨哲，并各州县官俱坐失机宜，执治之以为边吏戒。'事下，兵部复奏，从之。"《明宪宗实录》卷二七，成化二年三月己未，第540—541页。

④ 《明宪宗实录》卷二五，成化二年春正月甲辰朔，第481页。

⑤ "镇守陕西左少监黄沁奏虏拥众入庆阳、环县境抢掠。上敕总兵官宁远伯任寿等相机截杀，并敕太监钱喜、大同总兵官杨信等会兵剿之。"《明宪宗实录》卷二五，成化二年春正月甲寅，第492页。

牛羊三百有余。捷闻，上降敕嘉奖之。"① 在撤退途中，进攻了花马池。"宁夏总兵官都督佥事李杲奏：'虏入花马池，四散剽掠。臣与左参将等官分路追击，自正月初三日，连战至初九日，各路擒贼十七人，斩首十三级，获牛马、器械等物颇众。'命降敕奖谕之。"② 成化二年二月，毛里孩再次进入环河流域。"大同总兵官彰武伯杨信奏：二月达贼入石硖口，放兵四掠。都指挥使林盛等击走之，斩首九级，获马二十匹，追还被掠男妇九十五人，牛羊等畜三百有奇。"③ 受到明军攻击后，仍由花马池而出。"宁夏总兵官李杲奏：达贼入花马池柳杨墩，剽掠人畜。我兵设伏追击，斩首十三级，生擒十八人，获贼马及追还所掠马三百二十四匹。"④

从以上战绩来看，虽然明军不断在与毛里孩的战斗中取得胜利，但这些仅是小规模胜利，并未达到明朝召集多地军队开展大规模会战的战略目的。与天顺时期明军在"搜套"战役中取得极具分量的野马涧大捷相比，作战成果十分逊色。这反映出这一时期以杨信为代表的武将群体，相对于天顺时期石氏叔侄，在军事能力上相去甚远。如果与同一时期山西民众自发抗击鞑靼甚至都取得了一定战果相对比，可以发现，这一时期武将群体军事能力之下降。"虏入保德州境，杀掠居民、头畜甚众。致仕巡检岳清率民人赵文沇等三百余人，追及于天桥子、黄河窄口沟内，用乱石击死一人，斩首一级，夺回妇女二人，马牛羊数百。事闻，兵部请核实升赏。从之。"⑤

成化二年三月，杨信等人报告毛里孩退出河套。"先是，信与宁夏总兵官都督佥事李杲、陕西镇守宁远伯任寿、都督佥事王瑛、巡抚都御史项忠，会师延绥讨虏，虏退，班师。"⑥ 鉴于这次"搜

① 《明宪宗实录》卷二六，成化二年二月戊寅，第514页。
② 《明宪宗实录》卷二六，成化二年二月乙未，第523页。
③ 《明宪宗实录》卷二七，成化二年三月戊申，第529页。
④ 《明宪宗实录》卷二七，成化二年三月乙卯，第535—536页。
⑤ 《明宪宗实录》卷二六，成化二年二月己丑，第519页。
⑥ 《明宪宗实录》卷二七，成化二年三月癸亥，第545—546页。

套"虽然声势浩大，却收效甚微，兵部尚书王复展开弹劾。兵部指出，部分武将统率大军仅取得了小规模战役的胜利。"讨虏诸军惟李杲所统宁夏兵五千，于花马池斩获三十余级。杨信所统大同兵一万，惟都指挥罗俊、吕原于河曲等处斩获一十余级。任寿、王瑛、项忠所统陕西兵一万，惟都指挥林盛于环县斩获首虏九级。"[1] 而杨信等武将甚至并未曾与鞑靼交锋。"其杨信、任寿、王瑛、项忠俱未闻与贼一战。"[2] 导致大量人口、牲畜被鞑靼抢掠。"纵贼杀掠人畜，不可胜计，畏怯失机，宜治其罪。"[3] 对于兵部的弹劾，宪宗虽然也表示同意，但鉴于毛里孩退出了河套，"搜套"行动的战略目的得以部分实现，并未惩罚杨信等人。"信等既受命讨贼，不能输忠效力，以图成功，宜治以罪。但边境已宁，姑宥之。"[4] 但五月，王复再次弹劾了杨信、项忠，指责二人性格怯懦，未能完成使命。"忠与信去年受命往征延绥，各假持重为名，拥兵不战，纵贼扰攘，为本部所劾，故为此说，以掩其前日怯懦之罪耳。"[5]

第四节　成化二年杨信搜剿毛里孩、
阿罗出无功

值得注意的是，毛里孩并不像杨信等人报告的那样，退出了河套，而是仍然潜伏于河套。成化二年（1466）闰三月，"乙酉，敕镇守陕西宁远伯任寿保障边城，操练士卒，巡抚右副都御史项忠循行边境，调度方略，且命举武臣有谋略者，帅兵于环县、固原守御。以兵部言虏贼毛里孩尚在河套窥伺也"。[6] 五月，镇守榆

---

① 《明宪宗实录》卷二七，成化二年三月癸亥，第546页。
② 《明宪宗实录》卷二七，成化二年三月癸亥，第546页。
③ 《明宪宗实录》卷二七，成化二年三月癸亥，第546页。
④ 《明宪宗实录》卷二七，成化二年三月癸亥，第546页。
⑤ 《明宪宗实录》卷三〇，成化二年五月辛未朔，第585—586页。
⑥ 《明宪宗实录》卷二八，成化二年闰三月乙酉，第556页。

林都指挥同知房能也奏："虏酋毛里孩尚拥众屯聚河套，近边烽火不绝。"① 九月，阁臣李贤也指出："毛里孩久居河套，惧瓦剌阿失帖木儿与之仇杀，不敢渡河而北。"② 为将毛里孩从河套驱逐出去，李贤再次请求"搜套"。在奏疏中，李贤首先指出河套危机的根源是明朝一直未能有效打击入套的鞑靼部众。"胡虏之众，不过中国一大郡，而连年被其侵扰，往往得利而去者，以我兵威之未振也。"③ 毛里孩进入河套之后，利用快速机动的作战方式，给明军的"搜套"行动带来了巨大困扰。"且河套与延绥接境，原非胡虏巢穴。往年虽有残贼数千，然不为大害。今虏酋毛里孩大势人马，俱处其中，伺间乘隙，出没不常，固尝出兵剿之，然我兵方集，而彼已退去；兵散未久，而彼又复来。"④ 对此，明朝应该大举"搜套"，彻底将毛里孩驱逐出去。"如此不惟劳师费财，而边民亦不得安堵矣。古人有云：不一劳者不永逸。故今欲安边，必须大举，而后可也。"⑤ 因此，应该增调更多地区的更多军队，彻底解决河套危机。

> 乞令兵部会官博议，预积粮草于陕西塞下，及令陕西、延绥、宁夏、甘凉、大同、宣府等处守臣，选练骑步精兵，整搠器械、什物，及预造战车、拒马之类，期以明春或今秋，进兵搜剿，务在尽绝。其总制将官与凡出兵事宜，俱预请处画。⑥

对于李贤的建议，宪宗表示同意，并命官僚集团召开廷议，讨论详细方案。兵部尚书王复、武将代表孙继宗主张仍由杨信负责"搜套"。

---

① 《明宪宗实录》卷三〇，成化二年五月丙戌，第601页。
② 《明宪宗实录》卷三四，成化二年九月辛巳，第679—680页。
③ 《明宪宗实录》卷三〇，成化二年五月辛卯，第602页。
④ 《明宪宗实录》卷三〇，成化二年五月辛卯，第602—603页。
⑤ 《明宪宗实录》卷三〇，成化二年五月辛卯，第603页。
⑥ 《明宪宗实录》卷三〇，成化二年五月辛卯，第603页。

于是，兵部尚书王复及会昌侯孙继宗等集议，以为大举搜套，固计之善，然必主将得人。今镇守大同总兵官彰武伯杨信，旧镇延绥，稔知地利，宜召还京面受成算，然后令统大兵，往行搜剿之计。兵马、粮草及置造战车之类，须信至会议以闻。①

征调多地军队，共同"搜套"。"其陕西、延绥、宁夏、甘凉、大同、宣府镇巡诸官，亦宜敕令整饬兵备，候至期调发。"②

值得注意的是，正如上文所述，王复曾经十分激烈地批评杨信在"搜套"行动中的碌碌无为，而在此次廷议中，杨信仍然被推举为"搜套"统帅。那么，是否王复改变了对杨信的态度呢？事实上并非如此，王复对杨信仍然并不信任，只是他一人无法改变群臣廷议的结果。当月，杨信尚未到京时，毛里孩便已再次进攻榆林。"先是，延庆守臣奏报五月初十日，虏众可二万，分为五路，长十余里，入境内。"③ 王复于是趁机建议，在杨信以外，选择其他武将，先行迁往榆林，开展"搜套"。"兵部尚书王复等因请敕驰谕陕西、延绥、宁夏镇守、巡抚等官，并力饬兵防御，仍请会官推举武职重臣，令调京军往剿之。"④ 但这一建议却被宪宗否决。"有旨：'虏已入延绥境，调兵往剿，恐缓不及事，可再议以闻。'"⑤ 王复变通地提出先行派遣副总兵。"复等又请敕都督同知赵胜充副总兵，统京操骑步精兵万人，期以七月往剿。"⑥ 再次被宪宗否决。"又得旨：'令俟信至详处之。'"⑦

---

① 《明宪宗实录》卷三〇，成化二年五月辛卯，第 603—604 页。
② 《明宪宗实录》卷三〇，成化二年五月辛卯，第 604 页。
③ 《明宪宗实录》卷三一，成化二年六月壬子，第 618 页。
④ 《明宪宗实录》卷三一，成化二年六月壬子，第 618 页。
⑤ 《明宪宗实录》卷三一，成化二年六月壬子，第 618 页。
⑥ 《明宪宗实录》卷三一，成化二年六月壬子，第 618 页。
⑦ 《明宪宗实录》卷三一，成化二年六月壬子，第 618 页。

杨信至京后，明朝命他"佩平虏将军印，充总兵官，统京营兵，往延绥讨虏寇"。① 值得注意的是，此前"搜套"主将虽然受命总制"搜套"军队，但并没有"总兵官"使职。此次"搜套"设立总兵官一职，用意是提升"搜套"主将权力，彻底解决河套危机。此次"搜套"行动，除仍广泛征发西北军队外，还增加了京营，并携带了大量火器。"遂敕信充总兵官，将京营兵万人，马万二千五百匹，神炮百，神枪千，大同骑步兵五千，宣府骑兵三千，宁夏骑兵二千，往延绥境上，会镇守总兵等官，饬兵剿寇。"② 杨信还可以自主征发陕西、宁夏的军队。"若贼势众大，则宁夏、陕西等处附近人马，悉听信调发节制，并力防御。"③ 此次"搜套"行动规格很高，不仅有太监监军，还有户部、御史分别负责保障后勤、记录将士功绩。④

但杨信赴任之后，并未立刻开展"搜套"行动。这缘于明朝所制定的"搜套"时间是秋季。"至是，信至，复乃与会昌侯孙继宗、大学士李贤等集议，以为虏犯延绥，实欲俟今秋大举，以扫夷氛，以安边境。"⑤ 之所以要定在秋季，缘于秋季正值收获季节，相应是毛里孩部众南下抢掠之时。事实上，中国古代中原王朝在发动对北方族群的战争时，大都选择秋季，这在明代还有一个专门的词语——"防秋"。"国家御虏，四时不彻备，而独曰防秋者，备虏之道，谨烽明燧，坚壁清野而已。至秋，则农人收获，壁不可坚，禾稼栖亩，野不可清，虏或因粮于我，得遂深入，而秋高马肥，又恒凭强以逞。"⑥

---

① 《明宪宗实录》卷三一，成化二年六月壬子，第619页。
② 《明宪宗实录》卷三一，成化二年六月壬子，第619页。
③ 《明宪宗实录》卷三一，成化二年六月壬子，第619页。
④ 《明宪宗实录》卷三一，成化二年六月壬子，第619页。
⑤ 《明宪宗实录》卷三一，成化二年六月壬子，第618—619页。
⑥ （清）顾炎武：《天下郡国利病书·山西备录·吴甡抚晋疏》，上海古籍出版社，2012，第1836页。

在初秋时节的七月，毛里孩部众果然再次南下。"北虏毛里孩拥众入寇固原。都指挥林盛统精兵千余，与贼遇，被围于群牧营堡。虏又深入散掠。报至，上敕总兵等官杨信及诸边将速发兵御之。"① "宁夏副总兵张荣等奏：虏贼毛里孩、小石王子哈答卜花等拥众寇边。敕诸将协心防御。"② 鉴于杨信未能抵御毛里孩部众，致使后者深入西北，大肆抢掠，王复再次加以弹劾。"近陕西镇守等官报虏贼毛里孩等深入为寇，势甚猖獗，总兵官杨信等调征官军猝未能到。"③

鉴于杨信未能开展有效的"搜套"行动，河套危机程度有增无减，八月，宪宗派遣王复整饬西北边备。④ 当月，毛里孩对陕西的进攻更加频繁。"陕西守臣屡报河套虏贼深入平凉、固原、静宁、隆德、开城、华亭等处，攻县治，掠民财，杀都指挥、知县等官。"⑤ 兵部相应再次弹劾以杨信为首的"搜套"武将。"当其入寇之时，惟都指挥林盛独领一军与战，虽损失军马，亦能生擒寇贼，功可掩过。其总兵、参将等官李杲、张荣、王安、韩斌、赵英等既不能出奇剿截于其来，又不能据险邀击于其去，惟以贼多军少为词。"⑥ 除弹劾"搜套"武将以外，兵部还弹劾参赞军务的文官项忠。"都御史项忠奉命往来调度，亦不见运一筹策，以摧丑虏，俱宜参究。"⑦ 对此宪宗虽表示同意，但鉴于战争正在开展，并未立即追责。

九月，延绥镇军队取得了小龙州涧战役的胜利。

① 《明宪宗实录》卷三二，成化二年秋七月戊戌，第 646 页。
② 《明宪宗实录》卷三二，成化二年秋七月戊戌，第 646 页。
③ 《明宪宗实录》卷三三，成化二年八月辛丑，第 655 页。
④ 《明宪宗实录》卷三三，成化二年八月戊申，第 657 页。
⑤ 《明宪宗实录》卷三三，成化二年八月乙丑，第 667 页。
⑥ 《明宪宗实录》卷三三，成化二年八月乙丑，第 667—668 页。
⑦ 《明宪宗实录》卷三三，成化二年八月乙丑，第 668 页。

乙未，升游击将军都指挥同知秦杰为都指挥使。时虏寇
入延绥境，杰会兵至小龙州涧等处，与贼交锋。贼众溃散遁
出境外，共擒斩二十六人，获马骡二十八匹，兵器、盔甲、
弓箭共六百八十余事。夺回被虏男妇三十四人，马骡驴牛羊
五千三百余。①

但次月，驻守孤山堡的汤和后人汤胤勋，却陷入毛里孩部众的埋
伏而死。

虏入延绥东路，右参将署都指挥汤胤勋率兵御之，为所
杀。时达贼自惠村堡野荬沟入境，胤勋闻报，即率指挥赵昱，
领兵追杀。贼设伏桑家、寺沟涧中以待。胤勋至其地，伏发为
所害。昱等奔还，贼驱牛羊、人口而去。②

朝野震惊，兵部再次弹劾杨信、项忠。"兵部劾奏参将湛清分
守东路，不发兵策应。监督太监裴当、总兵官杨信、巡抚都御史
项忠领兵在彼，又不为堤备，俱宜究治。胤勋没于王事，宜量加
赠祭，以励其余。"③ 十月，杨信上奏取得小胜。

迤东红山儿墩炮火不绝，暖泉山墩虏寇千余入境，俱往
迤南三眼泉等处抢掠。臣与太监裴当、都御史项忠、总兵官
房能，会兵分讨。其贼突至，遂并力大战。良久，贼众奔溃。
生擒五人，斩首五级，夺获马匹、衣甲、器械以百计。④

---

① 《明宪宗实录》卷三四，成化二年九月乙未，第685—686页。
② 《明宪宗实录》卷三五，成化二年冬十月庚子，第690页。
③ 《明宪宗实录》卷三五，成化二年冬十月庚子，第690—691页。
④ 《明宪宗实录》卷三五，成化二年冬十月癸卯，第692—693页。

但已到达榆林的王复，却指出明军并未能有效地抵御毛里孩部众。① 兵部请求宪宗督促杨信尽快取得具有实质意义的战果。"顷者，虏寇四散攻掠水泉营、华林沟及朔州、贾家窟陀等处，总兵官彰武伯杨信、参将都督金事湛清等率军往御，屡败之。今虏酋毛里孩拥众深入，大同警报日至。宜降敕奖劳信等，使毋恃小捷，益奋勇谋，以速除边患。"②

最终给毛里孩巨大打击者，是南下的鞑靼阿罗出。成化二年九月，阿罗出率领部众，进入河套，击败了毛里孩。监军裴当奏："今年九月，谍报贼首阿老出等拥众入边，抢掠毛里孩，率众袭其老营，尽掠其人口、孳畜。阿老出同其子及头目十余人俱遁去。"③ 阿老出即阿罗出。毛里孩虽然一度离开河套，但由于畏惧蒙古高原上的其他鞑靼势力，很快再次回到河套。"虏酋毛里孩近虽北遁，然畏迤北强虏，复回河套驻扎。"④ "传闻其与阿罗出、阿失帖木儿自相仇敌，所以不敢北还沙漠。"⑤ 杨信奏请在成化三年三月开始"搜套"。"请更调大同、宣府等处马队官军，与臣等原统官

---

① "整饬边备兵部尚书王复奏：'七月虏贼由花马池散入平凉诸处劫掠。越二十日，参将韩斌、王安，游击将军赵英等合兵截其归路，众寡不敌，贼遂入兴武营。副总兵张荣畏其势众，不敢进兵。贼寻入灵州，总兵官李杲畏怯不出，使都指挥焦政出战，被杀死。八月，贼入固原州，都指挥林盛军屯甘州群牧所城外，遣指挥董晋等截杀获一人，斩首二级。寻复遇贼战于西山长城，大众突至，官军为贼杀死者二十二人，贼遂拥众至群牧所扎营。官军坚壁〔璧〕不出，贼分众攻陷开城县，杀知县于达、教谕汤敏、大使汪士让，虏其妻子二十余口、居民一十六户。遂长驱深入静宁、隆德等六州县大掠。蒙旨令臣覆实谨具以闻，具言林盛等畏缩失机，宜置于重法。都御史项忠虽往延绥会议边务，闻贼入境，宜兼程回平凉调度军士应援，今乃在途延绥日久，致误军机，亦宜逮之。'上曰：'项忠、林盛、赵英、王安、韩斌俟边警宁息，奏闻处分。'时李杲已谪边戍，张荣以才不胜代回，故不及也。"《明宪宗实录》卷三七，成化二年十二月乙丑，第 746—748 页。
② 《明宪宗实录》卷三八，成化三年春正月乙酉，第 759 页。
③ 《明宪宗实录》卷三五，成化二年冬十月丙辰，第 701 页。
④ 《明宪宗实录》卷三七，成化二年十二月壬戌，第 743 页。
⑤ 《明宪宗实录》卷三八，成化三年春正月壬辰，第 767 页。

军，辏为十万，以来春三月初旬会合，克期进兵，并力剿绝，以除边害。"① 宪宗对此表示同意。"大同总兵沈煜、宣府总兵颜彪各选马队官军五千，偏头关守备都指挥冯庆一千，宁夏总兵吴琮二千，陕西镇守宁远伯任寿一千。各遣谋勇将官统领，赴延绥诸边听杨信等调度。"②

但隆冬时节，毛里孩部众不仅面临着物资匮乏的困境，而且陷入鞑靼内部仇杀之中，从而在成化三年正月，表示归附明朝，请求朝贡。"虏酋毛里孩遣使来入贡，且言孛来太师近杀死马儿苦儿吉思可汗，毛里孩又杀死孛来，后又新立一可汗。有斡〔幹〕罗出少师者，与毛里孩相仇杀，毛里孩又杀死新立可汗，逐幹罗出。今国中无事，欲求通好事。"③ 却被明朝拒绝。"下兵部集廷臣议，以此虏骄悖，屡寇边疆。今忽通好于我，意彼杀其新主，内与其党幹罗出为仇，又惧瓦剌阿失帖木儿仇杀，故欲徼求于我。宜敕守边将，臣加谨堤备。"④

走投无路的毛里孩于是东进大同，抢掠物资。"毛里孩渡河而东，以侵大同，声言欲求入贡。"⑤ 杨信率领军队，回到大同镇，以加强防备。而"搜套"总兵官转而由朱永担任。"制谕抚宁侯朱永佩平胡将军印，充总兵官，右都督刘聚充左参将，都督同知鲍政充右参将，率京营马步官军征剿虏寇"。⑥ 命大同镇巡抚王越"兼纪功赏"。⑦ 之所以用朱永取代杨信，是因为杨信作战不利，不断遭到弹劾。而之所以选择朱永，是因为朱永刚刚率军平灭荆襄

---

① 《明宪宗实录》卷三七，成化二年十二月壬戌，第 743 页。
② 《明宪宗实录》卷三七，成化二年十二月壬戌，第 744 页。
③ 《明宪宗实录》卷三八，成化三年春正月丙子，第 754—755 页。
④ 《明宪宗实录》卷三八，成化三年春正月丙子，第 755 页。
⑤ 《明宪宗实录》卷三八，成化三年春正月壬辰，第 767 页。
⑥ 《明宪宗实录》卷三八，成化三年春正月丙申，第 768—770 页。
⑦ 《明宪宗实录》卷三九，成化三年二月癸卯，第 780 页。

叛乱，① 声望一时甚隆。

二月，毛里孩再次请求入贡。"虏酋毛里孩三上书，求入贡。"② 明朝最终表示同意。"尔即领率部落，退处边外，戒令守法，安静住牧。所遣朝贡使臣，无得过三百人。亦须戒令遵依我边将约束，无得在途恣肆。"③ 借助与明朝之间的朝贡贸易，毛里孩获得了生存所需的物资，此后不再南下进攻明朝。而在成化四年至五年，毛里孩最终被孛罗乃杀死。④

第五节　成化六年朱永搜剿阿罗出的阶段性胜利

虽然毛里孩退出了河套，但阿罗出却再次进入河套。阿罗出，又作阿老出、斡罗出，宝音德力根对阿罗出进出河套的经过有所研究。他指出："在《明实录》中，他最早于天顺二年（1458）以孛来部下大头目出现，并长期与孛来一起活动。在蒙古人各部中，他是较早进入河套内并长期独居在河套的大首领。毛里孩杀死孛来后，斡罗出曾一度被降服。但在摩伦汗即位后，他控制了这位大汗。因此，毛里孩与摩伦汗、斡罗出仇杀。结果，斡罗出被逐出河套，毛里孩成为河套地区的主宰。毛里孩死后，斡罗出一度住牧圪儿海一带，但不久又入河套。"⑤

成化四年（1468），鞑靼再次进入河套地区。兵部奏："去年冬，虏寇入河套。时延绥精兵调征固原，未返宣府。游击将军署指挥佥事许宁提孤军，猝与寇遇于孤山堡等处，三败之，自是贼

---

① 《明宪宗实录》卷二九，成化二年夏四月辛酉，第 574 页。
② 《明宪宗实录》卷三九，成化三年二月丁酉朔，第 772 页。
③ 《明宪宗实录》卷三九，成化三年二月丁酉朔，第 773 页。
④ 宝音德力根：《十五世纪前后蒙古政局、部落诸问题研究》，博士学位论文，内蒙古大学，1997，第 44 页。
⑤ 《十五世纪前后蒙古政局、部落诸问题研究》，第 46 页。

势稍衰，竟渡河。"① 这条史料虽未记载该部众属于哪一部落，但鉴于此时毛里孩已经退出河套，故而应是阿罗出部众。阿罗出之所以再次进入河套，应缘于这一时期毛里孩与明朝展开朝贡贸易之后，获得了一定的物资供应，势力逐渐强盛。为避免毛里孩的进攻，阿罗出南下河套。

成化五年正月，阿罗出开始大规模进攻榆林地区。根据延绥镇总兵房能的奏疏，明军展开了有效抵御。

> 正月，虏众三千余抄掠迤西泥涧滩等处，分守西路左参将胡凯率军与战于孤山川，斩首一级，获虏骑二十，并被虏男妇十一口，马牛等畜二百六十余。十五日，复有虏众三千，与游击将军许宁战于迤东沙河墩。能引兵援之，虏势益众。我军结营御之，遂引去。获其马七匹，箭千枝。官军阵亡者十五人。②

而延绥镇巡抚王锐却指出延绥镇军队不敢与阿罗出作战。"时巡抚都御史王锐亦奏：是夜，有虏数千入焦家川，杀掠男妇，并牛羊数百以去。瞭望军士畏避失报事由，坐堡指挥戴真提督不谨。"③ 对于这两种不同的奏疏，兵部指出王锐奏疏反映的是实情。"能等虽屡称虏众失利引去，然实出没边境，剽掠自如。宜责令勿事虚声，益修兵备。戴真罪宜究治，姑俟寇宁之日施行。"宪宗也认同兵部的观点。④

闰二月，阿罗出再次进攻榆林。延绥镇游击将军许宁奏："虏寇掠康家岔等处，躬率官军追出境外一百五十里，虏势益众，力

① 《明宪宗实录》卷六七，成化五年五月己亥，第 1345 页。
② 《明宪宗实录》卷六三，成化五年二月癸巳，第 1280 页。
③ 《明宪宗实录》卷六三，成化五年二月癸巳，第 1280 页。
④ 《明宪宗实录》卷六三，成化五年二月癸巳，第 1282—1283 页。

战拒之。守备高家堡指挥隋能引兵来援，夺获虏马共二十，牛羊千余，及其弓矢等物。"① 十一月，阿罗出再次南下。延绥镇巡抚王锐奏："虏寇榆林迤南，臣等遣都指挥陈辉、指挥佥事刘宠，与战于焦家川。既又令总兵房能等于骟马川伏兵，扼其归路。腹背夹攻，生擒七人，斩首六颗，夺还人马、衣甲。"② 兵部在奏疏中进一步指出，成化五年冬季，阿罗出曾经联合兀良哈进攻榆林。"迤北虏酋阿罗出诱朵颜三卫，自去冬乘冰渡河，寇掠延庆等处。"③ 兀良哈很快就退回本地，而阿罗出却一直驻牧河套。"今虽东归，而阿罗出人马尚在河套潜住。"④ 阿罗出之所以如此，也是为了躲避蒙古高原上鞑靼的内部仇杀。

> 闻虏中来降达子言，阿罗出纠众欲来抢掠，有开原王者，本是汉人，欲来投顺，互相猜忌。缘此虏与开原王斡失帖木儿素为仇隙，今潜伏河套者，外惧仇敌，恃黄河以为险阻；内怀寇窃，借河套以为巢穴。又纠集孛罗乃王穷寇，相为声势，正门庭之寇。⑤

成化五年入冬以后，阿罗出不断进攻榆林。⑥ 为增强防御，兵

---

① 《明宪宗实录》卷六四，成化五年闰二月癸亥，第1299—1300页。

② 《明宪宗实录》卷七三，成化五年十一月庚子，第1417页。

③ 《明宪宗实录》卷七七，成化六年三月戊戌，第1496页。

④ 《明宪宗实录》卷七七，成化六年三月戊戌，第1496页。

⑤ 《明宪宗实录》卷七七，成化六年三月戊戌，第1496页。

⑥ "去冬以来，虏数入寨，剽掠边民。守平夷堡指挥刘胜等遇之于鹰窝梁，千户瞿清、百户曹义战没。"《明宪宗实录》卷七五，成化六年春正月壬午，第1438页。"巡抚陕西左副都御史马文升等奏：'比闻去冬虏寇入延绥保安、安塞二县，分道剽掠焚营堡，杀军士居民，男女、钱谷、牛羊扫境一空，良可悯念。其宁塞、安边二营巡哨守备都指挥陈英等俱闭门坐视，宜加惩治。'巡抚延绥右副都御史王锐等亦奏：'自去冬以来，虏屡入保安等县、宁塞等营，及葭州等处，杀掠男妇共三百余人，牛羊畜牧四万余，钱谷、器用无算。知州等官孟泰等不先如约移民入堡，守堡指挥盛铭、隋能等捍御无策，复隐匿不言，俱当有罪。'"《明宪宗实录》卷七五，成化六年春正月乙酉，第1438—1439页。

部尚书白圭命大同、宣府二镇巡抚王越增援榆林。"敕都御史王越总制两游击之兵,设策相机剿之。"① 王越虽然是文官,但颇有谋略。天顺七年,明朝商议大同镇巡抚人选,英宗的选拔标准是类似于韩雍那样的具有军事能力者。"须得似韩雍者方称。"② 阁臣李贤于是推荐了王越,英宗十分满意。"及越至,陛见,上曰:'王越丰姿,是武臣之英迈者。'遂用之。"③ 而《明史》对王越的评价,也可证明这一点。"长身,多力善射,涉书史,有大略。"④ 王越抵达榆林后,很快便展现出很强的军事能力。王越将榆林军队分成三路。"延绥三路,俱系虏寇出没之所。比令许宁军出西路龙州、镇靖等堡,范瑾军出东路神木、镇羌等堡,越与太监秦刚军据中路榆林城,以为两路应援。"⑤ 而成化六年正月,三路明军在抵御阿罗出的战役中,都取得了胜利。

> 瑾遇寇于崖窑川,力战败之,追奔至沙峰子等处。宁军御之于梨家涧,转战三十余合皆捷。而右参将神英亦败之于镇羌境内。前后共斩首四十余级,夺获战马七十余匹,弓矢、甲仗五百余事,追回被虏羊牛畜牧四百八十有余。虏遁去。⑥

三月,阿罗出再次南下。"巡抚延绥左副都御史王锐等奏:虏寇入河套潜伏,声言待耕种时来抢掠。又于沙海子墩、沙河山、黑河山等墩不时出没。"⑦ 双方再次发生战斗,明军取得了胜利。

---

① 《明宪宗实录》卷七三,成化五年十一月乙未,第 1415 页。
② (明)徐学聚:《国朝典汇》卷五五《吏部二十一·总督巡抚》,北京大学出版社,1993,第 3687 页。
③ 《国朝典汇》卷五五《吏部二十一·总督巡抚》,第 3687 页。
④ 《明史》卷一七一《王越传》,第 4570 页。
⑤ 《明宪宗实录》卷七五,成化六年春正月壬寅,第 1449 页。
⑥ 《明宪宗实录》卷七五,成化六年春正月壬寅,第 1448—1449 页。
⑦ 《明宪宗实录》卷七七,成化六年三月丙申,第 1494 页。

王锐奏：

> 三月初，虏贼入寇，攻围沙海子墩，不克，遂至沙河山
> 等墩，往来窥伺。臣同总兵官房能督领官军，哨至黑木头沟，
> 遇贼交战。既破走之，翼日又与战于土门川，贼溃而去。前
> 后生擒九人，斩首四十八级，获马一百一十有七，弓刀等物
> 三百有奇，追回被抢马骡牛羊一千六十有奇。①

为消除阿罗出的持续威胁，白圭再次提出"搜套"方案。三
月，"搜套"行动再次开展。"壬寅，命抚宁侯朱永佩平虏将军印，
充总兵官，都督刘玉、刘聚充左、右副总兵，太监傅恭、顾恒监
督军务，右副都御史王越参赞军务，往延绥备虏。"② 之所以派遣
朱永，缘于他是英宗父子十分信赖与重用的武将。"土木之变"
后，瓦剌挟持英宗到达宣府镇外时，朱永曾经受命为英宗奉上饮
食，从而受到英宗的关注。"上皇数目属焉。"英宗复位之后，"睹
永而识之曰：'是子侯也？非宣府食我于门者耶？'"③ 于是把朱
永当作心腹，加以重用，④ 不仅命他分掌京营，还和他议论朝政。
"上虽贵重中贵人吉祥、大将亨，而内疑厌之，以心腹寄永，永亦
慎重不泄。"⑤ 在临终之际，英宗还嘱托宪宗重用朱永。"上崩，以

---

① 《明宪宗实录》卷七七，成化六年三月庚子，第 1501 页。
② 《明宪宗实录》卷七七，成化六年三月壬寅，第 1502—1503 页。
③ （明）焦竑：《焦太史编辑国朝献征录》卷七《侯一·抚宁侯进保国公朱永传》
（王世贞），《续修四库全书》史 525 册，第 256 页。
④ 天顺前期石亨控制朝政，对武将系统影响尤大，但英宗竟与朱永等议石亨府第
违制，亦可见朱永当时属英宗少数心腹武将之一。"上登翔凤楼，恭顺侯吴瑾、
抚宁侯朱永侍。上指顾而问，永谢不知。瑾曰：'必王府耳！'上笑曰：'非
也。'瑾曰：'非王府孰敢然？'上顾太监裴富曰：'而闻之，人乃不敢言石
亨。'自是上益疏石氏，以至于败。"《国榷》卷三三《英宗天顺四年》，第
2100 页。
⑤ 《焦太史编辑国朝献征录》卷七《侯一·抚宁侯进保国公朱永传》（王世贞），
《续修四库全书》史 525 册，第 256 页。

属皇太子曰:'诸侯伯中,独永习兵,可任大事……'"宪宗即位后,朱永总领京营。① 成化五年,朱永因平定荆襄叛乱,被封为抚宁侯。在铁券中,宪宗褒奖朱永道:"祗事先帝,竭股肱膂之诚;辅翼朕躬,膺方叔召虎之寄。往者,荆襄寇扰,命尔总兵,统藩汉马步之师,涉湖广河南之界,奋其将略,捣彼贼巢,僭逆削平,善良安堵。"②

此次"搜套"的士兵从京营、大同、宣府军队中抽调。"命京营选精锐骑步官军一万,大同、宣府各调官军五千。"③ "搜套"军队抵达榆林后,在王越的建议下,首先与延绥镇军队进行整合,构建起防御阿罗出的坚实防线。

> 丙午,参赞军务右副都御史王越等议上剿贼安边事宜:"分遣诸将操守地方。左副总兵刘玉并西路参将钱亮,统兵五千五百,军于安边营。右副总兵刘聚统兵三千五百,军于高家堡。大同游击将军范瑾统兵三千五百,军于神木堡。宣府游击将军许宁统兵四千,军于龙州城。署右都督白玉统兵二千五百,军于怀远堡。都指挥李让统兵一千,军于清平堡。参将周海统兵二千五百,军于定边营。东路右参将神英、都指挥王宣、指挥李勇统兵一千五百,军于镇羌堡。指挥陈云领神机并本堡兵一千三百,军于平夷堡。都指挥康永领兵一千,军于双山堡。副总兵林盛统见调宁夏兵五千,军于威武、镇靖、清平、宁寨诸堡。参将白全统原甘凉、庄浪兵四千,军于波罗、安边、靖边诸营堡。署都指挥佥事王玺统山西代

---

① 《焦太史编辑国朝献征录》卷七《侯一·抚宁侯进保国公朱永传》(王世贞),《续修四库全书》史525册,第256—257页。
② 抚宁侯铁券,高27.5厘米,宽44.5厘米,面刻文21行,行14字,连抬头16字,藏故宫博物院。
③ 《明宪宗实录》卷七七,成化六年三月壬寅,第1503页。

州、偏头关诸处兵二千，军于孤山、柏林、清水诸营堡。臣越同太监傅恭、顾恒，抚宁侯朱永统骑步兵一万二千有奇，军于榆林城，总制中路。其东西二路有警，则随城剿杀，附近营堡并力夹攻，并驰报臣等，督同镇守太监秦刚、署都督金事房能，发兵策应，务图成功。"①

这种军事部署很快便取得了成效。"陕西参赞军务右副都御史王越等奏：河套虏寇五月十九日，围墩索米西路，左都督刘玉率众御之。二十日，入境剿掠东路，右都督刘聚与战，败之。"② 明朝对此也予以充分肯定。"兵部以为越等分兵之初，能首挫贼锋功，虽未集事，亦可尚，宜赐敕奖励之。"③ 此后，"搜套"军队陆续获得胜利。"平虏将军总兵官抚宁侯朱永奏：虏寇阿罗出等久屯河套，拥众犯边。官军于张厚家川、苏家寨等地遇贼，转战十余合，败之。生擒二人，斩首十五级，获马四十五匹，器仗九百二十六事，夺还被虏人畜甚众。"④ 有的战役甚至取得了较大战果。"延绥总兵官署都督金事房能等奏：虏寇拥众入境，官军于开荒川等处据险截杀。追至三角城等处，转战三十余合，擒斩贼级一百有余，并获其战马、兵器。"⑤

在防御的基础上，明朝有提前开展"搜套"行动的想法。六月，户部郎中曹翼鉴于"搜套"大军驻扎榆林，带来了巨大的财政压力，建议"搜套"行动尽快开展。对此，白圭指出应充分尊重"搜套"官员的意见。"虏众寇边，征之固非得已。而（户部郎中曹）翼等以岁饥民困为虑，亦宜从权处之。然兵难遥度，宜敕

---

① 《明宪宗实录》卷七九，成化六年五月丙午，第1553—1554页。
② 《明宪宗实录》卷八〇，成化六年六月庚戌，第1557页。
③ 《明宪宗实录》卷八〇，成化六年六月庚戌，第1557页。
④ 《明宪宗实录》卷八一，成化六年秋七月戊寅，第1573页。
⑤ 《明宪宗实录》卷八一，成化六年秋七月甲辰，第1589页。

总督军务太监傅恭、都御史王越等会议。"① 如果具备提前开展
"搜套"行动的条件，便尽早北上。"如虏势可灭，则并力进剿，
早图成功，以省大费。"② 如果并不具备，那么可以分散"搜套"
军队，减轻当地的财政压力。

> 或虏势稍缓，不可穷追，即散遣原调官军，陕西万人还
> 本地操候，偏头关二千人还黄河七堡就粮。仍量留京营、大
> 同、宣府诸处精锐骑兵万五千在边，无警令近堡牧放，给以
> 草价；有警即拘入堡，给以草束。其余军马，各委队长率领，
> 于环庆、延绥旁地就粮，不支草价，听候调用。凡事悉听区
> 处以闻。仍令翼等暂收草价，及时措买，以备秋冬之用。③

对于兵部的这一方案，宪宗表示同意。次月，"搜套"军队便
取得了双山堡大捷。"搜套"总兵官朱永在奏疏中描述了战役的
经过。

> 虏贼万余，自双山堡分为五路，往南深入。臣等会议，
> 太监傅恭居中调度，都御史王锐固守城池。永与太监顾恒、
> 都御史王越，督同太监秦刚、署都督房能，率京营、大同、
> 宣府官军出城。增调都指挥康永等兵，往截贼之西路。通调
> 游击将军都督范瑾、参将都指挥神英，与副总兵都督刘聚等
> 兵，往据贼之东路。又调把总都指挥等官，各据分地驻兵听
> 用。是日晡时，会双山堡。翼日，把总指挥孙钺等至开荒铺，
> 遇贼迎战，先仅二千余骑，后乃倍之。官军见其势众，下马
> 列阵。既而，右哨指挥蔡瑄等兵继至，俱严阵以待。间一虏

---

① 《明宪宗实录》卷八〇，成化六年六月庚午，第1566页。
② 《明宪宗实录》卷八〇，成化六年六月庚午，第1566页。
③ 《明宪宗实录》卷八〇，成化六年六月庚午，第1566页。

酋耀甲策马，拥众来突，官军并力对敌。战十余合，前哨指
挥杨琳等兵自东山黑屹峪，左哨都指挥柯忠等兵自西白马庙，
与臣等兵并至。鏖战二十余合，贼少却，官军乘胜驰之，杀
伤甚众。贼遂溃，追至四口川，贼复登山聚敌，官军直捣其
前，败之，遗弃糗粮、服器及所掠牛羊等畜，蔽沟川野。又
追至牛家寨，正遇都指挥吴瓒等兵，贼见我兵少，分三面攻
围。都指挥马仪等兵自张家山，指挥李镐等兵自麻庄山至，
并力进战十余合。指挥滕瑾等兵亦至，战又数合。刘聚、范
瑾、神英等兵分据南山夹攻，杀伤甚众，就阵夺旗号、拐子、
喇叭。贼遂奔遁，从新寺沟等处，寻路出境。刘聚等自烂泥
河，臣等自张家川，分道追出境外，日暮收兵。①

在此战役中，明军取得了较大战果，阿罗出也被射伤。

前后生擒贼三名，斩首一百六，获贼马一千六十二，射
死贼马二百八十一，骡七十六，铠甲、弓矢、器械等物七千
二百六十四，旗号一，缨头拐子二，木喇叭四，夺还牛羊等
畜七千有奇。审知虏酋阿罗出亦为流矢中伤，脱身而遁。余
贼号哭散走边城，老稚欢呼称捷。②

取得双山堡大捷后，在王越的建议下，"搜套"军队再次分散
开来，一方面夯实榆林防御体系，另一方面减轻榆林的财政压力。

命延绥征进诸将分兵就粮。游击将军范瑾统大同兵三千
五百，驻东路神木等堡；许宁统宣府兵三千五百，驻西路龙

---

① 《明宪宗实录》卷八一，成化六年秋七月甲辰，第 1589—1591 页。
② 《明宪宗实录》卷八一，成化六年秋七月甲辰，第 1591 页。

州等堡；余兵三千驻中路，往来策应。山西、宁夏副总兵林盛等所统兵，各还黄河七堡、花马池等处操守。甘凉、庄浪马队兵留环庆操守。都督白玉所统兵还陕西原处操守。升大同前卫指挥同知蔡瑄署都指挥佥事，及山西都指挥王玺、宁夏都指挥张翊俱充游击将军。瑄统兵于延绥，往来截杀。玺统兵于黄河七堡备御。翊统兵于花马池备御。延绥总兵官房能有疾，选将代之，从参赞军务都御史王越等议也。①

阿罗出兵败之后，如同毛里孩一样，也向明朝表示归附。王越建议接受这一请求。“虏酋阿罗出等久住河套，屡被追剿，无计渡河。今遣人来贡，乞还所俘，且有悔过之意。宜准其入贡。”②明朝接受了这一建议。阿罗出于是派遣知院扭歹该，前往北京朝贡。③

但与毛里孩朝贡明朝之后便不再入河套不同，阿罗出很快又再次进入河套。十二月，宁夏镇巡抚张鎣奏：“近虏酋阿罗出率众潜住河套，动以万计，射猎以为生，水草以为居，无仇敌之忧，有寇窃之利。而贺兰山后穷寇潜伏，若合为一，边患不细。”④ 明朝出于告诫阿罗出的考虑，拘留了使节。阿罗出于是率领部众，多次进攻榆林。朱永在奏疏中指出仅在成化七年正月，双方便发生了多次战斗。

今年正月以来，虏贼拥众窥边，臣等调度官军，分路剿杀。是月十四日，把总都指挥白玉等战于十字涧，参将都指挥钱亮等战于杏树掌，游击将军蔡瑄等战于师婆涧，十六日

---

① 《明宪宗实录》卷八二，成化六年八月壬戌，第1607页。
② 《明宪宗实录》卷八二，成化六年八月辛未，第1611页。
③ 《明宪宗实录》卷八四，成化六年冬十月丁巳，第1639页。
④ 《明宪宗实录》卷八六，成化六年十二月癸酉，第1680页。

都督马仪等战于高千户涧，又追至十字涧、东园口等处。各有斩捕功次，通计生擒六人，斩首三十一级，夺获马骡百五十八，弓矢、铠甲、皮袄等物二千六百余。是日，有虏一人来降，名兀答罕，带马五十二匹。官军连捷，虏势少衰。①

不仅如此，在这一时期，与瓦剌交战失败的孛罗乃，为了避祸，也开始进入河套，与阿罗出会为一部，不断进攻榆林。"平虏将军总兵官抚宁侯朱永奏：虏酋阿罗出潜据河套，出没边境。近孛罗又率穷寇作筏渡河，并而为一贼，势愈众而我军不足。"②

在这种战争局面下，朱永向明朝提出发动"搜套"、改成防御两种方案。他认为如果继续"搜套"，便应继续从周边地区征调军队。"为今之计，宜于京营、大同、宣府、宁夏、陕西等处量调军马数万，期于三月内俱至榆林地方，听臣等调度，相机审势，捣其巢穴，此战之策也。"③ 如果改成防御，那么便应保持军队的集中状态，夯实防御。"若军马馈饷，一时未办，宜慎固封守，严督沿边居民。无事则分哨耕牧，有警则举号避藏。仍令提备官军，各守城堡，伺便会兵截杀，此守之策也。"④ 宪宗与白圭最终选择了防御立场。"兵部尚书白圭等以马方瘦损，供饷不敷，势难进剿，请命诸将慎为守御，以图万全。上从之。"⑤ 接收到中央的指令之后，朱永放还了扣押的阿罗出使节，释放与阿罗出和解的信号，以缓解榆林地区所面临的军事压力。

纵虏使扭歹该等十二人出塞。先是，虏酋阿罗出寇边，

① 《明宪宗实录》卷八七，成化七年春正月癸卯，第1704页。
② 《明宪宗实录》卷八五，成化六年十一月甲午，第1653页。
③ 《明宪宗实录》卷八八，成化七年二月壬申，第1720页。
④ 《明宪宗实录》卷八八，成化七年二月壬申，第1720页。
⑤ 《明宪宗实录》卷八八，成化七年二月壬申，第1720页。

且令扭歹该等入贡，诏留之于大同，先遣二人往谕之，不报。后阿虏出屡入寇，以索使臣为名。至是，抚宁侯朱永等言留之无益，于事不如遣还，以绥其心。诏从之，令送永处发遣。[1]

但当月，阿罗出再次进攻榆林，王越率领诸将，取得了比双山堡大捷战果更大的怀远堡大捷。在奏疏中，王越介绍了战争的经过与战果。

北虏万骑分寇怀远等堡，臣与平虏将军朱永，调游击将军孙钺率兵与战，斩首九级，钺身先士卒，又斩首十二，而贼乃往境外。臣等分兵为五，令钺等各率兵二千余设伏，期闻炮声而起。已而，虏寇威武等堡，炮声忽起，官军四合，虏奔北。都指挥祝雄截其归路，虏冲之不动，即奔窜。雄等乘之道狭，争先自相蹂躏。追至山口，贼集众来冲，又斩首十八级。追至滉忽都河，又斩首四十二。贼乘马浮河而遁。是日，孙钺遇虏于蚰蜒嘴，相持久之。贼闻迤东炮声，且行且战，追败之。游击将军蔡瑄又败之于鹿窖山前后，斩首八十三，获达马二百六十六，弓刀、旗甲四千九百五十三，追还牛羊一百四十。[2]

阿罗出不仅遭到明军的多次打击，而且乩加思兰在成化六年进入河套。"乩加思兰旧居土鲁番迤西，成化六年始入黄河套，与阿罗出各相雄长，时来寇我陕西。"[3] 孛罗忽、满都鲁于成化七年

① 《明宪宗实录》卷八九，成化七年三月壬午，第 1725 页。
② 《明宪宗实录》卷八九，成化七年三月丙戌，第 1729—1730 页。
③ 《明宪宗实录》卷一七〇，成化十三年九月己巳，第 3076 页。

进入河套。① 阿罗出最终被乜加思兰驱逐出河套。"后阿罗出被乜加思兰杀散遁去。"② 三月，朱永便在奏疏中指出："今年正月以来，北虏屡败，烧野而遁。且闻虏中人马多疫，不敢近边。"③ 请求班师回朝。但兵部并未同意。七月，朱永、王越再次请求班师。"平虏将军总兵官抚宁侯朱永奏：今贼退军回，别无调度事宜，乞暂回京。及右都御史王越亦乞暂回大同。"④ 兵部尚书白圭表示反对。"大将受命以出，必务成功而还。今虏众虽闻其自相攻击，且遣使入贡。然变诈不测，恐乘秋复来，何以御之？"⑤ 但宪宗却从缓解财政压力的角度出发，命令"搜套"军队离开榆林，前往经济条件更好的大同、宣府驻扎。"不然。此时去秋暮尚遥，京师至大同不远，无顿兵日费供亿，亦非良图。宜准永等言，今且移驻大同、宣府，候有警仍调去杀贼。"⑥

但"搜套"军队一时并未离开，这是因为乜加思兰等部仍盘踞河套。"虏酋乜加思兰等拥众久居河套，冰冻之时，必渡河而西，河之外阿罗出等余孽尚众。"⑦ 乜加思兰不仅领有自身部众，还整合了阿罗出部分部众。兵部指出："兵部议谓，此虏纠合丑类，潜住河套日久，因见我军严谨，未得大肆剽掠。今乜加思兰等又收并阿罗出部下残寇，岂肯安处，不可不为之备。"⑧ 闰九月，乜加思兰开始进攻榆林。

　　　　参赞军务右都御史王越奏："今年闰九月以来，达贼二万

---

① 《十五世纪前后蒙古政局、部落诸问题研究》，第47页。
② 《余肃敏公文集·巡抚类》，《四库禁毁书丛刊》史57册，第548页。
③ 《明宪宗实录》卷八九，成化七年三月戊戌，第1740页。
④ 《明宪宗实录》卷九三，成化七年秋七月丁丑，第1783—1784页。
⑤ 《明宪宗实录》卷九三，成化七年秋七月丁丑，第1784页。
⑥ 《明宪宗实录》卷九三，成化七年秋七月丁丑，第1784页。
⑦ 《明宪宗实录》卷九七，成化七年冬十月己巳朔，第1837页。
⑧ 《明宪宗实录》卷九七，成化七年冬十月丁酉，第1859页。

余骑入黑土圪塔侵掠。臣等议同总兵官朱永、许宁，镇守少监张遇、右副都御史余子俊、游击将军孙钺等统率官军，分投追剿，入高坡，生擒一人，斩首十三颗。追至中山，又斩首九颗，获达马七十八匹，弓箭、盔甲等物共六百余事。"①

延绥镇总兵许宁奏："虏寇七百余骑，入榆林城黑山等墩窥伺，统率官军截杀之，贼众败走出境。获其马驴十余，收兵回还，仍令多方防御。"② 十一月、十二月，进攻府谷。

壬寅，巡抚延绥右副都御史余子俊奏："十月十五日，虏骑千余入木瓜山等墩，都指挥同知钱亮、都指挥使白玉败之，斩首四级，夺马十六匹，弓刀等器物二百五十余事。十六日，虏骑五十余潜入民家剽掠，按伏百户张名等御之。又三十余骑入白村剽掠，按伏旗军钱福等御之，夺马五匹，器仗共二十四事。十七日，虏百余入兔木河，署都督佥事神英败之，斩首一级，夺马二匹，器仗二十二事，追回被掠牛羊十六只。"③

巡抚延绥右副都御史余子俊等奏："十月以来，虏众入孤山等堡。臣与总兵官抚宁侯朱永、参赞军务右都御史王越等分路进剿，累败之，凡斩首三十六，夺马六十九，器仗一千一百八十五，牛羊四百二十六。"④

进入十一月后，乩加思兰有向西进入甘肃镇境外的趋向。凉州副总兵赵英奏："近日，逻卒至青盐池，为虏骑所追，恐虏有寇边之

---

① 《明宪宗实录》卷九七，成化七年冬十月辛巳，第1848页。
② 《明宪宗实录》卷九七，成化七年冬十月丁酉，第1858—1859页。
③ 《明宪宗实录》卷九八，成化七年十一月壬寅，第1861—1862页。
④ 《明宪宗实录》卷九九，成化七年十二月乙亥，第1889页。

举。"① 兵部也奏："昨得报虏酋乱加思兰欲西。而又镇番地震,应主暴兵,恐此虏知我延绥有备,欲往甘凉,乘虚入寇,不可不虑。宜敕甘凉镇巡等官整兵防御。"② 有鉴于此,十二月,朱永最终回京,而王越仍然留守榆林。"诏抚宁侯朱永还京,命右都御史王越等总督延绥诸路兵。"③

综上所述,朱永、王越开展的"搜套"行动,颇为成功。在这一过程中,王越表现出了很强的军事谋略。"而制敌设奇,要不能如王越。"④ 明人甚至有将之与汉代李广相比拟者。冯梦龙也记载了王越布阵脱险的故事。

> 咸宁伯王越与保国公朱永,帅千人巡边,虏猝至,主客不当,永欲走,越止之,为阵列自固,虏疑未敢前。薄暮,令骑皆下马衔枚,鱼贯行,毋反顾,自率骁勇殿,从山后走五十里,抵城,虏不觉。明日乃谓永曰:"我一动,彼蹑击,无噍类矣,结阵,示暇形以惑之也,次第而行,且下马无军声,故虏不觉也。"⑤

第六节　成化八年明军驱逐乱加思兰、孛罗忽、满都鲁与"搜套"成功

但事实上,乱加思兰、孛罗忽并未离开河套,而满都鲁也开

---

① 《明宪宗实录》卷九八,成化七年十一月丙午,第 1864 页。
② 《明宪宗实录》卷九八,成化七年十一月丙午,第 1864 页。
③ 《明宪宗实录》卷九九,成化七年十二月癸未,第 1905 页。
④ 《焦太史编辑国朝献征录》卷七《侯一·抚宁侯进保国公朱永传》(王世贞),《续修四库全书》史 525 册,第 258 页。
⑤ 《智囊》卷二三《兵智部诡道·李广王越》,载《冯梦龙全集》第 10 册,第541 页。

始进入河套。成化八年（1472）二月，白圭再次提出"搜套"，主张在成化九年春季开展，彻底将鞑靼各部驱逐出河套。"今河冰既开，虏无遁意。计其秋高马肥，必复入寇。在边并见调官军仅足捍御，未可穷追。若明春复然，则边患何时可息？必须于明年二月，大举搜剿河套，庶收一劳永逸之功。"① 建议在成化八年做好各方面准备。"请先调军夫五万，摆堡运粮，计可足半年之费，然后选集精兵十万，简命文武重臣各一员，充总督、总兵，二员充副、参将官。每兵一万坐营统领者各一人。所须出战驮马、鹿角、战车、军器之类俱宜预备，期以十二月启行。"② 此次"搜套"，明朝委任的总兵官是赵辅。赵辅是开国功臣梁国公赵德胜之后。五月，赵辅统军前往榆林。"癸丑，命武靖侯赵辅佩平虏将军印，充总兵官，统制诸路兵马，与总督军务右都御史王越，赴延绥等处击虏寇。"③

明朝之所以选择赵辅，缘于赵辅在成化元年、三年，分别平定大藤峡叛乱与女真叛乱。但事实上，赵辅军事能力很差。他平定大藤峡叛乱，存在冒功的情况。

> 成化元年，以中府都督同知拜征夷将军，与韩雍讨两广蛮，克大藤峡，还封武靖伯。已而蛮入浔州，言官交劾。广西巡按御史端宏谓："贼流毒方甚，而辅妄言贼尽，冒封爵，不罪辅无以示戒。"辅乃自陈战阀，委其罪于守将欧信。帝皆弗问。④

平定女真叛乱虽然属实，但此时女真部落力量较弱。"三年总兵征

---

① 《明宪宗实录》卷一〇一，成化八年二月乙酉，第 1967 页。
② 《明宪宗实录》卷一〇一，成化八年二月乙酉，第 1967—1968 页。
③ 《明宪宗实录》卷一〇四，成化八年五月癸丑，第 2040 页。
④ 《明史》卷一五五《赵辅传》，第 4263—4264 页。

迤东，与都御史李秉从抚顺深入，连战有功，进侯。"① 可见，赵辅并未展现出很强的军事能力。不过他却十分善于钻营，颇有声名。"辅少俊辩有才干，善词翰，多交文士，又好结权幸，故屡遭论劾，卒无患。"② 因此获得"搜套"总兵官的任命。

赵辅为取得"搜套"行动的胜利，向朝廷提出众多条件。

> 平虏将军武靖侯赵辅条奏行军事宜，一请以京营都指挥骁勇敢战者李玙、马俊、吴玉、孟原、田广、萧英、邹伦七人自随；一请选达官达军勇敢者一千人，及神机营神铳手五百人从征；一请随行官军赏给及沿途有司犒劳；一请召募土兵；一请将士有功能最著者，即于军前加升，临阵退缩者，斩首示众；一请副将、参将不用命者，悉听臣以军法从事。③

除了把军法从事的将领级别从副总兵以下改为都指挥以下，其他要求都被朝廷所接受，可见为取得此次"搜套"的胜利，明朝做出了极大努力。④

但赵辅赴任之后，却作战无功，从而遭到兵部的弹劾。

> 兵部言虏众犯边，首尾三月，赵辅、王越师行已久，今唯闻白玉、赵英及阎威等略有捍御、擒斩之功，其余俱拥兵袖手。欲从举劾，但已遣给事中郭镗察访未报，今且宜督责辅等力图后效。其赵英、白玉等曩缘失机立功赎罪，今宜宥

---

① 《明史》卷一五五《赵辅传》，第4264页。
② 《明史》卷一五五《赵辅传》，第4264页。
③ 《明宪宗实录》卷一〇四，成化八年五月戊午，第2046—2047页。
④ 《明宪宗实录》卷一〇四，成化八年五月戊午，第2047页。

之，使益加奋励。从之。①

在巨大的舆论压力之下，赵辅一方面编造了获取胜利，将鞑靼驱逐出河套的谎言。"虏寇被我军追奔出境，日夜东行。"②另一方面鉴于鞑靼事实上仍盘踞河套，而闪烁其词。"今方秣马厉兵，思与一战。窃恐此虏虽内惧剪戮，不敢迩边。而外避仇敌，不能北渡，迁延河套。又复经冬，老我师徒弭患无日。"③为推卸自身"搜套"无果的责任，极力强调"搜套"军队的士兵数量、粮饷供应，都严重不足。"今欲攻之，必须搜套。缘河套之内延袤二千余里，而从征军士止余二万。所选近边精兵亦然调遣不足，须得京营、山陕精兵十五万，分道并进，庶可成功。应用刍粮，宜区画以待。进攻之策，大略如此。"④从而请求停止"搜套"。"但今议者皆云延绥兵祸连结，供馈烦劳，国赋边民穷竭甚矣，重复科征，恐生内衅。倘念边务之劳，暂为退守之计。"⑤对于赵辅的谎言，白圭直接加以揭穿。"辅等统兵七八万众，未闻有一矢之捷，乃称追奔出境，务为夸大。且既膺阃寄，或攻或守，宜定计以行。何乃依违陈乞，首鼠两端，自揣事势不支，欲推避之计？"⑥

赵辅被迫辞职。明朝命刘聚充任"搜套"总兵官。"命宁晋伯刘聚佩平虏将军印，充总兵官，赴延绥代武靖侯赵辅。"⑦之所以选择刘聚，是因为刘聚曾经参与天顺时期平定曹钦叛乱，⑧他也是

---

① 《明宪宗实录》卷一〇八，成化八年九月甲辰，第 2099 页。
② 《明宪宗实录》卷一〇八，成化八年九月癸亥，第 2118 页。
③ 《明宪宗实录》卷一〇八，成化八年九月癸亥，第 2118 页。
④ 《明宪宗实录》卷一〇八，成化八年九月癸亥，第 2118—2119 页。
⑤ 《明宪宗实录》卷一〇八，成化八年九月癸亥，第 2119 页。
⑥ 《明宪宗实录》卷一〇八，成化八年九月癸亥，第 2119—2120 页。
⑦ 《明宪宗实录》卷一一〇，成化八年十一月己酉，第 2141 页。
⑧ 《明史》卷一五五《刘聚传》，第 4264—4265 页。

英宗父子的心腹。

虽然刘聚上任之后取得了一些小规模战役的胜利，① 但由于春季已过，明朝决定暂缓"搜套"。"甲戌，命凉州等处副总兵赵英等各还本镇。先是议欲搜剿河套。虏寇调各路兵，俱集延绥。至是不果，故命英等还镇。"②

当年十月，王越率军取得红盐池大捷，此役是成化时期明军"搜套"行动的最大胜利。但值得注意的是，红盐池大捷并非明军与鞑靼部众正面作战所取得的胜利，而是明军利用鞑靼主力南下，趁机找到并斩杀鞑靼部众家属的战役。对于这次行动，王越在奏疏中有详细说明。

> 九月十二日，满都鲁、孛罗忽、癿加思兰三酋自河套出，分寇西路。臣以为遣兵往追，道远兵疲，必难取胜，宜率轻兵捣其巢穴。乃与总兵官许宁、游击将军周玉各率兵四千六百，从榆林红山儿出境，昼夜兼行百八十里，夕营于白咸滩北。又行一百五十里，探知虏贼老弱俱在红咸池，连营五十

---

① "平虏将军总兵官宁晋伯刘聚等奏：'成化八年十二月，虏入兴武营等处，臣会参赞军务都御史王越等议调军剿之。九年正月初四日，遇虏于花马池，斩首二，夺马五。八年十二月二十六日至正月十二日，游击将军王玺、参将神英等累遇虏于漫天岭等处，斩首二十，夺马四十、皂旗一、弓箭等器八百二十九，牛羊等畜六千二百二。副总兵孙钺亦获虏马三百三十、牛羊七百余。正月二十一日，臣等还至双山、高家堡。又报虏众深入，至半坡峰遇之。奋战五十余合，自辰至申，虏败走。追至漫山岭，伏兵夹击，又败之。生擒四，斩首一百三十七，夺获弓刀等器一千五百九十四，马牛等畜一千七百一十九。是月十九日，孙越、王玺、神英等亦于刘家堨遇虏交战，斩首五十，夺获马五十四，盔甲、弓矢等项一千六百二十三。追至漫塔，日已晚，对垒而宿。二十日，追至井油山，虏据险拒战三日夜，至二十二日，复败走。又追至水磨川，斩首一十九，夺获马二十二、驼二，盔甲、弓矢等器四百五十一。又夺还被掠牛羊等畜二万余。'"《明宪宗实录》卷一一三，成化九年二月壬申，第2193—2194页。"乙未，平虏将军总兵官宁晋伯刘聚等奏：'二月以来，游击将军都指挥王玺等于孤山、清水、神木并老虎沟等处御虏，斩首共九颗，获马十四匹及盔甲等物。'"《明宪宗实录》卷一一四，成化九年三月乙未，第2208页。

② 《明宪宗实录》卷一一五，成化九年夏四月甲戌，第2229页。

余里。乃取弱马分布阵后，以张形势。精骑令许宁为左哨、周玉为右哨。又分兵千余，伏于他所。进距虏营二十余里，虏集众来拒。臣督诸将方战，伏兵忽从后呼噪进击。虏见腹背受敌，遂惊溃。擒斩共三百五十五，获其驼马、牛羊、器械不可胜计，烧其庐帐而还。①

许浩进一步指出，王越在此次战役中，表现出了非凡的勇气与谋略。

出至大同，候者言虏营于威宁海子，直胁总兵官许宁袭之。宁曰："祖宗旧法，虏来则御，不得掩袭，以启边畔，三万之寇已可鉴矣。乌可复蹈其辙？"直怒曰："虏在近地，不行进讨，朝廷蓄养汝，奚为？吾将闻之于上。"宁惧得罪，即驰还。候暮发兵，四鼓至虏营，俘斩老弱妇女四百余人，少壮者得马皆走。钺辈恐其交战，乘暗鸣金退军，马、牛、羊虽蔽野，不暇取也。论功封钺为威宁伯。②

《明宪宗实录》对红盐池大捷也给予了高度评价，认为这一战役扭转了天顺以来明朝在河套的军事劣势。该书首先指出河套空间广阔，缺乏防守。"河套在陕西黄河之南，自宁夏至山西偏头关凡二千里，古有城池、屯堡，兵民耕牧其中，后以阔远难守，内徙而弃之，自是草木深茂，人迹罕到。"③ 天顺以来，明朝便陷入河套危机之中。"天顺间，虏酋阿罗出入居之，时出劫掠。成化初，毛里孩、乩加思兰、孛罗忽、满都鲁继至。初犹去住不常，六年以后，始为久居计。深入诸郡，杀掠人畜，动辄数千百万，

---

① 《明宪宗实录》卷一二一，成化九年冬十月壬申，第2337—2338页。
② （明）许浩：《复斋日记》，商务印书馆，1936，第9—10页。
③ 《明宪宗实录》卷一二一，成化九年冬十月壬申，第2338页。

岁常四三人。"① 明军长期无法解决这一问题。"边将拥兵坐视，或视其出而尾之。偶获所遗老弱，辄虚张以为斩获之数。甚者杀吾民为虏级，皆冒为功，被升赏无算。有败衄者，罪止降谪，且多宥之。"②"搜套"行动也长期未能收到应有效果。

> 尝三命大将朱永、赵辅、刘聚出征，王越常董其役。然大抵皆如边将所为耳，虏患由是日炽。用事者议搜河套聚兵八万于边，预征陕西、河南、山西一岁刍粮数千百万以馈之，然莫敢当其责，皆以地阔事大为辞。师老财屈，而外郡皆被残破，内郡亦且危急。③

最终王越取得了这一战役的重大胜利。"至是，越始是役。时三虏之精壮皆已四出，惟老弱在营，闻鼓炮声而溃。我军邀其奔命不前者斩获之以还。"④ 促使鞑靼在此后一段时间，不敢再南下河套。"及三虏回，见庐帐、畜产皆已荡尽，而妻孥亦多丧亡，相顾悲泣以去。由是不敢复居河套，其势顿衰。议者谓此捷自前所未尝有。"⑤

值得注意的是，红盐池大捷后，明军又取得了韦州大捷。

> 陕西参赞军务左都御史王越奏韦州之捷。十月十一日，孛罗忽、满都鲁、乜加思兰入寇韦州。臣方自境外破虏老营而还，宁夏、大同、宣府、延绥总兵等官范瑾、周贤、岳嵩俱率兵至韦州。适协守环庆佥事左钰等兵来会。至红城儿，

---

① 《明宪宗实录》卷一二一，成化九年冬十月壬申，第2338—2339页。
② 《明宪宗实录》卷一二一，成化九年冬十月壬申，第2339页。
③ 《明宪宗实录》卷一二一，成化九年冬十月壬申，第2339页。
④ 《明宪宗实录》卷一二一，成化九年冬十月壬申，第2339页。
⑤ 《明宪宗实录》卷一二一，成化九年冬十月壬申，第2339—2340页。

有二虏衣红，突攻右哨，游击将军缑谦、祝雄击退之。已而，复攻左哨，副总兵王玺及周贤就阵斩之。虏众夺气，众军乘之，呼声振地。虏散复聚，战十余合，大败而奔，弃辎重、军器满野。至十四日，总兵官刘聚又邀败之于三岔。共斩首一百四十九，夺还男女一千九百三十四，马骡牛羊十二万九千八百，皮袄、盔甲、弓箭等物一千六百一十。①

而《明史》却将韦州大捷完全归功于马文升。

是时孛罗忽、满都鲁、癿加思兰比岁犯边。文升请驻兵韦州，而设伏诸堡待之。遂败寇黑水口，擒其平章迭烈孙，又败之汤羊岭，斩首二百，名其岭曰"得胜坡"，勒石纪之而还。文升军功甚盛，奏捷不为夸张，中亦无主之者，以是赏薄。②

值得注意的是，陕西纪功兵部员外郎张谨指出，所谓的韦州大捷，其实是明军冒杀被掠汉人，而非真正的战功。

韦州之捷臣验所献俘馘，多不似胡人面目，而女妇、儿童颇众。因访虏初入寇，营阵甚整，总兵刘聚、都御史马文升、副总兵马仪、参将赵顺等伺其大众既去，袭其余贼，斩获多不实者。时总兵范瑾，副总兵王玺，参将岳嵩，游击将军祝雄、缑谦，都督佥事周贤按兵不出，佥事左钰、都指挥刘琮自萌城来，值虏突战，瑾等见钰被围，不得已出兵往援，惟嵩贤军颇有斩获。虏见兵合，乃弃所掠而去。时被掠者多

① 《明宪宗实录》卷一二二，成化九年十一月甲午，第2348—2349页。
② 《明史》卷一八二《马文升传》，第4838—4839页。

以冻伤不能走，随处休憩，官军四散寻杀之，以为首功。三岔之战，我军被伤数多，而不获一虏。及聚等至，虏以出境，又纵其下搜山寻杀被掠逃回者以为功。行道相传，痛心流涕。都督白玉抱病不出，都御史徐廷璋、余子俊不亲督阵，又不举劾。王越在红盐池劫营还，辄为具奏。总兵官许宁、游击将军周玉亦以劫营在边屯驻，俱宜究治。[①]

无论如何，遭到打击之后，在一段时间内，鞑靼不再南下河套，而是开始东进。"若乩加思兰始而侵犯河套，既而退处沙漠，合满都鲁之众，攻破朵颜等卫。"[②] 明朝"搜套"行动从而取得了胜利。

小　结

在中国古代，河套地处中原王朝、北族政权之间，既为中原王朝、北族政权提供了十分有利的自然条件，又埋下了南北双方皆无法长期、稳定控制的地理隐患；在相对保持自身的封闭性、独立性的同时，又呈现出一定的开放性与沟通性，从而处于南北之间，呈现典型混合性、动态性的过渡阶梯特征。宣德时期，受到瓦剌驱迫的鞑靼已经开始渡过黄河，进入河套地区。而兀良哈也在追击鞑靼的过程中，顺势进入河套。"土木之变"后，瓦剌军队也南下渡河。天顺尤其成化以后，在内乱中失利的鞑靼部落，开始大规模进入河套地区，并越来越长期地驻扎，从而撕开了明朝西北边疆的防线，向山西、陕西、宁夏、甘肃等地发动进攻，河套危机乃至西北危机爆发。

---

① 《明宪宗实录》卷一二三，成化九年十二月壬申，第2361—2362页。
② 《明宪宗实录》卷一五二，成化十二年夏四月庚辰，第2771—2772页。

为驱逐河套中的鞑靼部落,明朝从天顺年间,便开始搜剿河套,史称"搜套"。成化时期,鞑靼内乱加剧,为躲避战乱,毛里孩、阿罗出、孛罗乃、癿加思兰、孛罗忽、满都鲁各部先后南下,选择进入空间广阔、缺乏防御、适合游牧的河套,作为长期驻牧的地点,并以此为跳板,不断进攻周边地区。为驱逐河套鞑靼,明朝从成化二年(1466)到成化十年,先后三次调发京营、大同、宣府、宁夏、甘肃的军队,与延绥镇军队进行整合,在增强榆林防御的基础上,进入河套,努力驱逐鞑靼部众,彻底解决河套危机。

但鞑靼部众借助河套空间广阔的地理特征,充分发挥快速机动的战术特征,给明军"搜套"行动带来了巨大困难。限于较低的军事能力,这一时期武将多数都未取得大战的胜利,最终反而是文官王越通过红盐池大捷,给河套鞑靼造成了沉重打击,促使其在一段时间内不再南下河套,明朝"搜套"行动从而取得了胜利。"搜套"行动反映出,明中期王朝国家在陷入北方族群不断南下的战略困境之后,努力展开军事应对。

第八章
明中期西北财政危机与移民河套的空想

正如上章所述，明朝取得了"搜套"行动的胜利。但明朝在获胜之后，并未如最初设想的那样，将防线北移至河套以北，移民河套，从而彻底解决河套危机，而是将军队再次调回。这便给鞑靼再次南下提供了契机，明朝此后虽偶有"搜套""复套"行动，但已不是明朝的主流方案，鞑靼部众逐渐固定驻牧河套，嘉靖中期于是完全放弃"复套"，承认了鞑靼占领河套的事实。那么，明朝为何没有北移防线、移民河套呢？这不仅与客观的生态环境、经济条件有关，也与明朝的政治意识相关，反映出明中期王朝国家所面对的地理困境与政治衡量。

第一节　成化时期移民河套、固定控制的方案

成化六年（1470），白圭再次提出"搜套"方案时，根据《明史·叶盛传》的记载，他明确提出了移民河套、收复东胜的计划。"满都鲁诸部久驻河套，兵部尚书白圭议以十万众大举逐之，沿河筑城，抵东胜，徙民耕守。帝壮其议。"[1] 但《明宪宗实录》却并

---

① 《明史》卷一七七《叶盛传》，第 4724 页。

无相关记载。宪宗命将出师的敕书中，也并未有如此豪壮之语。

不过当时即使白圭没有提出这一方案，也有其他官员提出过移民河套的观点。"延安、绥德之境，有黄河一曲，俗名河套。其地约广七八百里，胡虏时窃入其中，久之乃去。叶文庄公为礼部侍郎时，尝因言者欲筑立城堡，耕守其地，奉命往勘。"① 成化九年，翰林院编修谢铎上疏言事，曾提出收复东胜。他在奏疏中指出，明朝舍弃东胜之后，防线不断内徙。"河曲一方近失声援，诸国倚伏窥视。夫大河为关辅之限，而受降、东胜又大河之藩篱，失此则河不可守，况又失河而退守，其何能及？"② 导致陕北、宁夏的防御一直处于战略劣势。"况绥延经榆林至宁夏二千余里，列堡二十有三，马步军二万三千有奇，老羸半之，是以往岁寇掠，如入无人之境。"③ 陕北尤其如此。"东自孤山、柏林诸堡，中自平夷、怀远诸堡，西自靖边、清平诸堡，又西则宁塞诸处直抵金汤，川安边诸处直抵环庆，花马池诸处直抵固原，以至土门、塞门、山城诸处，莫非敌入之路。"④ "搜套"行动的最终目的，便应是收复东胜。"朝廷久为搜套之策，疑而未决，及此无事，正宜蓄兵养锐，于大同、宁夏以为东西之援，渐图收复汉唐故疆与国初东胜之地，据三受降城以极形势，守其不攻者，策之上也。"⑤ 同一时期的丘濬，也表达过类似的观点。他首先用前代不断经营河套作为反驳经营河套将会导致粮饷运输呈现困境的观点。"议者若谓置为城守，则馈饷为难，将至于汉人之劳费，盍思赫连之建国，

① 《菽园杂记》卷八，第94页。
② （明）谢铎：《谢铎集》附录《谢文肃公行状》，林家骊点校，浙江古籍出版社，2012，第743页。
③ 《谢铎集》附录《谢文肃公行状》，第743页。
④ 《谢铎集》附录《谢文肃公行状》，第743页。
⑤ 《谢铎集》附录《谢文肃公行状》，第743页。

元昊之列郡，皆在此地，何从得食乎？"① 继而指出当地适宜开展农业。"《宋史》明言其地饶五谷，尤宜稻麦。汉人于境外轮台之地，尚为之屯营，况此乃在黄河之南，次边之地乎？"② 相应请求设计三种方案，分别在黄河北、沿黄河、黄河南布置防线。"当此无事之秋，虏人远遁之际，遣通古今识事体大臣，躬莅其地，详察可否以闻。倘以为可行，或于河之南筑城池，以为之镇遏，或于河之北据要害，以为之扼塞，或沿河之堰设营堡，以防其径渡。"③ 但丘濬似乎也并不完全自信，主张"下合朝议"，"事必出于万全，然后行之"，如果存在隐患，就仍然驻守榆林。"不然较其利害，足以相当。姑仍其旧可也。"④

这一方案反映出明前期以来，在明朝北疆防线不断内徙、战略态势逐渐陷入被动的历史脉络下，明人主张恢复洪武防线、追溯汉唐旧疆的雄心。相似甚至更为豪迈的主张，其实在明前期便已经出现。永乐四年（1406），宁夏镇总兵何福请求复置东胜卫，但朱棣并未同意。"敕宁夏总兵官左都督何福曰：'尔奏欲立东胜卫，此策甚善。须俟镇虏、定边诸卫皆定，然后立之，则永远无虞。'"⑤ 虽然仁宣时期明朝在边疆的主流政策是边疆收缩，但北疆之人却有洞察永乐以来阴山边疆在这一政策下的巨大防御漏洞，从而主张复归"洪武旧制"者。洪熙元年（1425）闰七月，朔州卫军士白荣言："大同、蔚朔，古云中之地，西北皆沙漠。国朝设行都司于大同，又设东胜、高山等十卫缘边守御。建文中诸卫皆入内地，惟留安东中卫于朔州。乞以高山等十卫仍旧守边，则虏

---

① （明）丘濬等：《边防议》，载《明经世文编》卷七三《丘文庄公集三》，第622页。
② 《边防议》，载《明经世文编》卷七三《丘文庄公集三》，第622页。
③ 《边防议》，载《明经世文编》卷七三《丘文庄公集三》，第622页。
④ 《边防议》，载《明经世文编》卷七三《丘文庄公集三》，第622页。
⑤ 《明太宗实录》卷五九，永乐四年九月癸未，第863页。

寇不敢窥伺。"① 对于这一建议，宣宗以安土重迁为由，加以拒绝。
"天下无事，边防正当严饬，况西北尤为切要。但军士安居既久，
一旦遽迁，恐人情不便。其会五府六部官计议以闻。"② 宣宗拒绝
恢复东胜四卫，一方面是仍实际上将北京定为首都，故而需要保
障京师防御，另一方面也是边疆收缩政策的反映。同样，宣德七
年（1432），大同总兵官武安侯郑亨请在"聚鸾、高山口外要冲之
地，请筑土城，设二卫"，宣宗也加以否决。③ 英宗即位后，大同
镇总兵方政请求将其他调往北京周边的东胜等四卫，调回原地防
守。"大同地临极边，东西相去千余里，见操官军数少。乞将山西
行都司旧属东胜左右、镇朔、定边四卫官军调来分守。"④ 但朝廷
拒绝了这一建议。"廷议以四卫自永乐间安插永平等处已定，难以
调移，故止于偏头关见操官军内选一千员名益之。"⑤

正统三年（1438），山西安东中屯卫百户周谅采取了折中方
案。他指出东胜故地战略位置十分重要。"故东胜州废城西濒黄
河，东接大同，南抵偏头关，北连太山、榆阳等口，其中有赤儿
山，东西坦平，二百余里，其外连亘官山等山，实胡虏出没、往
来必经之地。"⑥ 请求在冬季时，大同镇调遣军队，前往驻守。"臣
愚以为若屯军此城，则大同右卫、净水坪、偏头关、水泉堡四处
营堡皆在其内，可以不劳戍守。每遇冬月，就命将统领四处守备，
官军于此驻扎备御，待春乃回。"⑦ 这样既可以不用恢复东胜卫，
又可以保障山西、陕北。"既不重劳军马，又不虚费粮储，非惟借

---

① 《明宣宗实录》卷五，洪熙元年闰七月戊申，第 141 页。
② 《明宣宗实录》卷五，洪熙元年闰七月戊申，第 141 页。
③ 《明宣宗实录》卷九〇，宣德七年五月丙戌，第 2068—2069 页。
④ 《明英宗实录》卷七，宣德十年秋七月壬辰，第 142 页。
⑤ 《明英宗实录》卷七，宣德十年秋七月壬辰，第 142 页。
⑥ 《明英宗实录》卷四六，正统三年九月癸未，第 887 页。
⑦ 《明英宗实录》卷四六，正统三年九月癸未，第 887 页。

以捍蔽太原、大同，而延安、绥德亦得以保障矣。"① 这一方案被明朝所接受。"事下，兵部请敕大同总兵等官陈怀等议以闻，从之。"② 值得注意的是，这并非恢复东胜卫，而是大同军队在冬季临时驻守。但众多史籍却将之记载为明朝恢复东胜卫。《明史》记载："正统三年九月复置，后仍废。"③《两镇三关志》记载"土木之变"后明朝再次放弃东胜卫。"弃东胜。国初，置东胜诸卫，然多事草创，什伍虚耗。至是，虏寇拥逼，诏徙诸卫内地，遂弃东胜。於戏！此我朝不复四郡之实也。"④ 万历《延绥镇志》记载正统年间放弃东胜卫。"东胜州。黄河东北曲之外。正统间弃而不守。"⑤

正统年间，除了周谅提出在东胜恢复设防之外，这一时期，宁夏镇副总兵黄鉴提出在包括东胜在内的黄河内外，构建防御体系的方案。

> 正统间，有宁夏副总兵黄鉴奏，欲偏头关、东胜州、黄河西岸地名一颗树起，至榆沟、速迷都、六镇、沙河、海子山、大石脑儿、硶石海子、回回墓、红盐池、百眼井、甜水井、黄沙沟，至宁夏黑山嘴马营等处，共立十三城堡、七十三墩台，东西七百余里，实与偏头关、宁夏相接，惟隔一黄河耳。⑥

---

① 《明英宗实录》卷四六，正统三年九月癸未，第 887 页。
② 《明英宗实录》卷四六，正统三年九月癸未，第 887 页。值得注意的是，顾祖禹却记载明朝并未接受这一建议。"时不能用。"《读史方舆纪要》卷四四《山西六·大同府·东胜城》，第 2000 页。
③ 《明史》卷四一《地理志二·山西》，第 973 页。
④ （明）尹耕：《两镇三关志》卷九，中国国家图书馆藏。
⑤ （万历）《延绥镇志》卷二《古迹·东胜州》，上海古籍出版社，2011，第 123 页。
⑥ 《明宪宗实录》卷二七，成化二年三月己未，第 538 页。

海子山位于河套以内。①　回回墓在宁夏中卫南部。"回回墓堡。在卫城南一百二十里，宣德六年建。"②　红盐池在河套以内，今鄂尔多斯市伊金霍洛旗南。"红盐池在右翼前旗西南三百里，蒙古名五楞池。明成化中，总督王越败套寇于红盐池，即此。"③　百眼井位于今鄂尔多斯市鄂托克旗公其日嘎乡百眼井村。甜水井位于今乌拉特（在早写作"乌喇忒"）旗东。"甜水井在（乌喇忒）旗东三十里，蒙古名赛音。"④　其他地点所在位置虽尚不清楚，但根据上面已知地名，可以看出黄鉴所勾画的河套营堡防御体系分为两层，由黄河外层防线、河套内层防线共同组成。黄河外层防线东起偏头关，沿黄河外侧，向西北延伸至东胜、乌拉特，沿河筑守。这一防线从地理位置而言，实为填补东胜卫内徙之后，蒙古进入河套东西的防御漏洞，从而大体恢复了东胜防线。虽然军事规格不如明初东胜诸卫，但有追溯洪武旧制，控制战略要地的取向。而河套内层防线东起伊金霍洛旗，向西南经鄂托克旗，跨越黄河，延伸至宁夏镇境内。这一防线的定位是作为内层防线，再次堵截突破了黄河外层防线的蒙古部众，阻止其进一步南下宁夏镇。之所以重点保障宁夏镇，是因为黄鉴是宁夏镇系统的。但这一建议并未被明朝接受。"当时议者以为地平漫难处，已之。"⑤

但伴随宣德以来，尤其是"土木之变"以后，蒙古各部不断进入河套，明代有识之士，再次重提旧事，主张恢复洪武防线。其中最具代表性的，便是天顺时期的石彪请求修筑威宁海子城。

---

① （雍正）《陕西通志》卷一三《山川六·彬草湖》，《景印文渊阁四库全书》第551册，第731页。

② 《大明一统志》卷三七《宁夏中卫·关梁》，第2627页。

③ （乾隆）《大清一统志》卷四〇八《鄂尔多斯·山川·红盐池》，《景印文渊阁四库全书》第480册，第486页。

④ （乾隆）《大清一统志》卷四〇八《乌喇忒·山川·甜水井》，《景印文渊阁四库全书》第480册，第477页。

⑤ 《明宪宗实录》卷二七，成化二年三月己未，第538页。

正如上章所述，石彪在"北京保卫战"中表现十分勇猛。而在战争结束后，石彪回到大同镇，同样表现十分突出。"景泰改元，诏予实授，充游击将军，守备威远卫。敌围土城，彪用炮击死百余人，遁去。塞上日用兵，彪勇冠流辈，每战必捷，以故一岁中数迁，至都督金事。"① 威远卫之捷，是当时明朝北边与瓦剌最大规模的战役。正是在这一战役之中，瓦剌遭到了失败，看到了明军防御的顽强，于是撤而北走，解除了对明朝的威胁。可见，石彪是"土木之变"后，明朝与蒙古战争中所历练、涌现出的优秀平民将领，获得了蒙古一方的尊重，有"石王"② 之名。

但天顺年间，正是这样一位已充分展现才干的将领，在战功既为西北第一，且身居侯位的情况下，却一直未能升至大同镇总兵官。归根究底，是当时英宗鉴于石亨掌控京营，如果再将当时战斗力最强的大同镇交给石彪掌管，将会对明朝构成巨大威胁。天顺三年（1459），石彪向大同镇总兵官李文建议驻守威宁海子。这一建议非常具有军事谋略。明前期东胜诸卫、开平卫先后南迁后，蒙古开始进入阴山南疆，对明朝整个西北边疆构成了重大威胁。如果能够在阴山南疆的威宁海子修城筑守，将会极大地改善明蒙战略格局。但是英宗一直在寻找铲除石氏家族的突破口，于是授意李文，借此诬告石彪有谋反之心。"总兵官以彪欲城威宁海子，为流言诬其异志。"③ 英宗顺势命石彪不必再到大同镇，而是留在北京。已经察觉到异样的石彪，命大同镇将领请求英宗放自己回到大同镇。"上固疑彪，彪乃令大同千户杨斌等五十三人诣阙，乞留彪镇守。"④ 英宗于是以石彪被蒙古人称作"石王"为借口，将其下狱。"上觉其诈，会北房入贡，罗拜彪于朝，称石王，

---

① 《明史》卷一七三《石亨传》，第 4617 页。
② 《国榷》卷三二《英宗天顺三年》，第 2089 页。
③ 《国榷》卷三二《英宗天顺三年》，第 2089 页。
④ 《国榷》卷三二《英宗天顺三年》，第 2089 页。

益疑之，下彪狱，鞫斌等，果受指使。"① 以谋反罪名将他处死。
作为官方记载，《明英宗实录》虽诬蔑石彪有谋反之志，但也不得
不赞扬他有很强的军事能力。"诛定远侯石彪。彪骁勇善战，自舍
人累积边功，至封侯，北虏亦知其名。然心术险谲矜能，恃功犯
法多矣。谋镇大同，欲与亨表里，握重兵，不能不启上下之疑也。
及诛，人既快之，复惜朝廷失一骁将云。"②

　　虽然石彪未能实现壮志，但后来明人仍有主张北移防线，恢复
洪武格局者。上引《叶盛传》中的"言者"，便应包括延绥纪功兵
部郎中杨琚。成化二年三月，杨琚在奏疏中指出，他曾询问当地年
长士兵，了解到河套具备移民垦殖的生态条件。"近有百户朱长，年
七十余，自幼熟游河套，亲与臣言套内地广田腴，亦有盐池海子，
葭州等民多出墩外种食。"③ 因此，杨琚建议明朝按照正统时期黄
鉴提出的方案，将防线北移至河套以北。如果认为这一方案存在
难度，可以采取天顺时期石亨提出的北移榆林防线的方案。

　　　　总兵官石亨又奏，欲将延绥一路营堡移从直道，以府谷
　　堡移柴关故城等处，孤山、东村二堡移野芦川，神木堡移杨
　　家城，柏林、高家二堡移石落涧，双山堡移真溪滩，榆林城
　　移桦林白涧滩，响水、波罗二堡移白土窑，土门堡移白腊峰，
　　兔鹘堡移滥柴关，龙州城移北城，塞门堡移古窑，靖边营移
　　蒯河，宁塞营移察罕脑儿等处，直与安边、定边相对。当时
　　守土者亦以徙置烦劳，已之。④

　　这样能够有效解决粮饷供应的难题。"臣以长言质之土人，亦

① 《国榷》卷三二《英宗天顺三年》，第 2089 页。
② 《明英宗实录》卷三一二，天顺四年二月丁卯，第 6550 页。
③ 《明宪宗实录》卷二七，成化二年三月己未，第 538 页。
④ 《明宪宗实录》卷二七，成化二年三月己未，第 538—539 页。

皆云若如前策，移展营堡，则不惟可以御贼于外，亦使军民得田于内。积之数年，边储渐充，转馈可省也。"① 为了说服朝廷，杨琚进一步算了一下"搜套"的经济账。"臣见达贼连年入寇，被掠人畜、赀财不知几千万计。朝廷命将征讨，调兵四万一千有奇，计人马刍粟日费银四百余两。若一月则一万三千余两，一岁则十有五万六千余两矣。重以赏劳转运之资，通计所费又不知其几千万也。"② 在此基础上，明确指出北移防线在经济上更为划算。"与其每年调兵费用，孰若以一年之费，给与宁夏、偏头关军民，使其协力移展城堡，密置墩台，且守且耕，尤为愈也。"③

> 然展移城堡之策有二，臣已具述于前。其一自偏头关边墩、河西一颗树，至宁夏黑山，东西止七百余里，共立十三城堡，则延庆二十六堡、宁夏河东四堡、偏头关河边七堡，又沿边墩台，俱为内地。其三十七堡戍兵并入十三城堡，仍各分守，共计戍兵三万六千有奇。则七百里之地，虽曰平漫，易于侦望，不难守矣。其一则以府谷至宁塞十六堡，移置故城至察罕脑儿一路，并作二十堡。止是营堡端直、墩台联络，所移城堡之数，则与一颗树一路相等。其延绥西路安边、定边二营，与宁夏河东四堡、偏头关七堡，仍用不移。④

杨琚认为黄鉴所提出的方案，将河套周边完全纳入保障范围之内，更胜一筹。"然未如一颗树一路，则并宁夏东路与偏头关河边营堡俱包括之矣。是虽不免暂劳一时军民之力，实为万世防边

---

① 《明宪宗实录》卷二七，成化二年三月己未，第539页。
② 《明宪宗实录》卷二七，成化二年三月己未，第539页。
③ 《明宪宗实录》卷二七，成化二年三月己未，第539页。
④ 《明宪宗实录》卷二七，成化二年三月己未，第539—540页。

之长策也。"① 对于杨琚的这一建议，宪宗表示肯定。"杨琚所奏移堡防边，具有证据，其言有理。兵部即会官议处以闻。"②

但如同以往一样，成化时期移民河套、固定控制的方案，再次未能实现。据《明史》记载，缘于被宪宗委派至西北裁决边防事务的叶盛反对这一方案。"大意谓其地沙深水少，难以驻牧，春迟霜早，不可耕种，其议遂寝。"③ 即河套生态环境无法支撑这一方案。事实上，明朝之所以未推行这一方案，既与河套恶劣的生态环境有关，也与西北地区的财政危机有关，而鉴于以上隐患，秉持"内政本位"观念的成化朝廷，最终决定放弃这一方案。

虽然明朝官方没有移民河套，但陕北民众却在生存压力下，开始自发地进入河套，利用其中土壤条件较好的地方开垦农田。弘治时期，陆容撰《菽园杂记》，指出："前时夷人巢穴其中，春深才去。近时关中大饥，流民入其中求活者甚众，逾年才复业。则是非不可以驻牧耕种也，当再询其所以。"④ 边人逐渐与驻牧于河套之中的鞑靼部众相融合。"诸房部落皆无定居，惟哈哈一种套中。盖汉人流入其部，因诸耕众，故得久居，名杂房也。我朝至今不能制西边，常被其扰。"⑤ 甚至调转头来，引导鞑靼进攻明朝。"曩者，房之扰边，惟利钞掠，自荐居河套，习为声东击西之狡，由我边鄙之民为之间谍，而以我情与房也。"⑥ 明人也开始反思应减轻边人赋役，以减少外逃现象。"彼舍其中国妻子之养而甘为漠

---

① 《明宪宗实录》卷二七，成化二年三月己未，第540页。
② 《明宪宗实录》卷二七，成化二年三月己未，第540页。
③ 《菽园杂记》卷八，第94—95页。
④ 《菽园杂记》卷八，第95页。
⑤ （明）沈周：《石田翁客座新闻》卷二《黄河套诸房》，《续修四库全书》第1167册，第78页。
⑥ 方祖猷等编校整理《罗汝芳集》卷二《癸酉山东程策》，凤凰出版社，2007，第705页。

北之用，此非有所大欲，必有所深畏耳。谓宜轻徭薄赋以保障为
茧丝，俾沿边黎庶爱之若父母，而归之如流水，则疆圉之守，何
患不固？"①

第二节　西北地区的脆弱生态环境
与匮乏的财政状况

　　陕西、山西属于明代的西北地区。今河南西北部分地区，因
与陕西、山西接壤，属于黄土高原延伸区域，② 也可被视作西北地
区的一部分。明代陕西、山西财政困难之时，便经常从河南借调
物资。③ 成化时期，明朝开展"搜套"行动，所需粮草便是由陕
西、山西、河南三省供应。

　　西北地区位于内陆，降雨较少，各种灾荒尤其旱灾频繁发生。
这一区域普遍流行的祈雨风俗，便反映了这一点。④ 仅以正统、景
泰、天顺时期的陕西为例，便可看出这一区域旱灾频发的特征。
正统七年（1442），陕西镇守武将郑铭奏："西安府所属州县，去
年秋冬及今春不雨，巩昌、平凉、临洮、凤翔、庆阳、延安等府
今春亦不雨，田苗枯槁，人民乏食。"⑤ 据正统八年陕西右参政年
富的奏疏，当年陕西的财政收入仅够军费开支。"本布政司岁收夏

① 《罗汝芳集》卷二《癸酉山东程策》，第705页。
② 史念海：《黄土高原历史地理研究·前言》，黄河水利出版社，2001，第1页。
③ "镇守陕西右都御史王文奏：'陕西连年亢旱，民窘已甚。河南各州县税粮有
　 赴京仓，及直隶上纳者，路远人难，乞量拨十五万石于西安府、华州两处上
　 纳，庶河南民免运之劳，陕西民有急救之备。'奏下，户部言：'京粮难以
　 改拨，其该运真定等府及德州等仓米麦，共十四万石，宜准拨赴陕西备用。'
　 从之。"《明英宗实录》卷一三六，正统十年十二月壬戌，第2709页。
④ 比如榆林地区便众建龙王庙，祈雨祷词反映了旱灾对榆林民众之巨大冲击。"向
　 两位龙王爷跪拜哭述时，会说：龙王爷老价呀，降喜雨。庄稼苗苗晒干了，毛脑
　 女子晒焦了，再不下雨就没有活法了。龙王爷老价呀，降喜雨。"张泊主编《本
　 色榆林：沉睡在窑洞里的文明》，广西师范大学出版社，2003，第59页。
⑤ 《明英宗实录》卷九一，正统七年夏四月甲午，第1831页。

秋二税一百八十九万六千八百石，卫所屯粮七十余万石。其间水旱逃移、停征欠负，大率三分减一。今会计陕西都司、行都司每岁所用粮料一百八十五万一千四百余石，供军之外，所余无几。"[①] 正统九年，陕西镇守文官陈镒奏："西安等府、华州等州、高陵等县，今年亢旱，人民缺食，流徙死亡，道路相继。甚至将男女鬻卖，以给日用。"[②] 正统十四年，山西平阳府解州官员奏："去秋淫雨，水没民稼，租税无纳。"[③] 景泰二年（1451）七月，"乙丑，镇守陕西兴安侯徐亨奏西安等四府九卫，数月不雨"。[④] 景泰七年，"山西平阳府奏所属蒲、解等州，临、晋等县今年春夏无雨，麦苗枯槁，税麦九万五千三百一十余石无征。命户部勘实蠲之"。[⑤] 天顺五年（1461），"陕西布政司奏：西安府三十三州县地方，自去年雨水连绵，秋成失望，人民缺食。至冬无雪，今年春又无雨，二麦不遂发生。况瘟疫大行，人多死亡。乞遣官致祭境内西岳等神。上遣太常寺丞丘晟往祭"。[⑥] 天顺七年，延安府官员奏："去岁夏旱秋潦，麦禾俱伤，租税无征。"[⑦]

旱灾对于黄土高原的农业，冲击尤其明显。黄土高原水位较低，沟壑纵横，灌溉不易，基本靠天吃饭。因此，一旦发生旱灾，西北地区的农业便会遭到严重冲击。为了补充农业的不足，西北地区盛行畜牧业。比如明代便是如此。"西北之利莫大于羢褐毡裘，而关中为最。有张姓者，世以畜牧为业，以万羊称，其畜牧为西北饶，富甲于秦。"[⑧] 可见，在农业为主的古代社会，西北地

---

① 《明英宗实录》卷一○八，正统八年九月癸丑，第 2182 页。

② 《明英宗实录》卷一二四，正统九年十二月甲戌，第 2490 页。

③ 《明英宗实录》卷一七五，正统十四年二月己卯，第 3387 页。

④ 《明英宗实录》卷二○六，景泰二年秋七月乙丑，第 4437 页。

⑤ 《明英宗实录》卷二六六，景泰七年五月丁丑，第 5647 页。

⑥ 《明英宗实录》卷三二七，天顺五年夏四月辛卯，第 6744 页。

⑦ 《明英宗实录》卷三四八，天顺七年春正月戊午，第 7015 页。

⑧ （明）张瀚：《松窗梦语》卷四《三农纪》，盛冬铃点校，中华书局，1985，第 85 页。

区经济并不发达。五代以前，中原王朝都建都关中，重点在西北地区进行军事布防，因此西北财政能够得到有效保障。但五代以后，伴随汉人政权、北族政权争夺的重心向东部转移，西北地区的财政供应便明显受到影响。

元、明之际，经历了元朝内部、明朝与北元之间的长期战争，西北地区遭到战争的严重冲击。比如洪武四年（1371），大同卫都指挥使耿忠便指出大同财政处于危机状态。"大同地边沙漠，元季孛罗帖木儿、扩廓帖木儿等乱兵杀掠，城郭空虚，土地荒残，累年租税不得入。军士粮饷欲于山东转运，则道里险远，民力艰难，请以太原、北平、保安等处税粮赴大同输纳为便。"① 不仅如此，西北地区还肩负着北疆战争粮饷供应、赋役征发的责任。洪武七年，巡按山西御史刑雄言："大同诸处人民岁输粮草饷给边士，供亿劳苦。"② 朱元璋于是不再让陕西、山西等地缴纳马草。"上恻然谓中书省臣曰：'军士戍边，道路险远，民人供亿诚艰，宜少纾其劳。'乃命停岁纳马草，若乏用，则给直市之。寻诏山西、陕西、北平诸卫，令军士依时芟取刍草，以为储蓄，免致劳民。"③ 洪武九年，朱元璋诏明确指出北征所需后勤供应，都是由陕西、山西二省承担。"比年西征敦煌，北伐沙漠，军需甲仗，皆资山、陕，又以秦、晋二府宫殿之役，重困吾民。"④ 不仅如此，陕西、山西还是分封制度推行的重点地区，陕西民众需要供应秦王、韩王，山西民众需要供应晋王、代王。⑤ 经济落后与赋役繁重之间的巨大

---

① 《明太祖实录》卷六一，洪武四年二月丙辰，第 1183 页。

② 《明太祖实录》卷九一，洪武七年秋七月丁亥，第 1598 页。

③ 《明太祖实录》卷九一，洪武七年秋七月丁亥，第 1598—1599 页。

④ 《明史》卷二《太祖纪二》，第 31 页。

⑤ "切缘陕西八府民、屯钱粮，外供陕西固、靖等边及延绥、宁夏、甘肃三镇官军之用，内则秦、韩、肃、庆等王府禄粮，并官吏师生俸廪等粮皆所仰给。"（明）杨一清：《杨一清集·关中奏议》卷一二《提督类·为急缺管粮方面官员事》，唐景绅、谢玉杰点校，中华书局，2001，第 464 页。

张力，使西北地区很早就开始发生官民冲突。①

　　而在西北地区之中，陕北生态环境最为脆弱，经济最为落后。由于毛乌素沙地不断南扩，榆林众多土地都呈现出沙化、盐碱化的特征，难以耕种。清道光年间成书之《秦疆治略》指出，地处榆林南部的绥德、葭州，甚至都"地多石田"，②"盖由地半沙碛，厥田下下"。③清末《靖边县志稿》记载道："兼之一片沙漠，耕地绝少，即边墙外一带草厂，蒙民屯住，代牧汉民牛羊，然土少沙多，草不畅旺，畜欠肥苗。城内居民仅数十家，穷无生理，商贩百货，终岁不来。"④即使未沙化、盐碱化，由于陕北地区呈现典型的黄土高原面貌，沟壑纵横，只有少数平原地区与河谷地带，才能依靠农业灌溉，保证有限的收成。《秦疆治略·府谷县》记载道："其地土瘠沙深，山高水冷，沟渠难资灌溉，道路绝少荡平。"⑤而大多数山区地带，只能完全靠天吃饭。"境内皆高山陡坡，水多急流，无蓄泄之处，难以修筑堤堰，不能引灌田亩。"⑥只能种植少数几种产量很低的原始农作物。清修《榆林府志》记

---

① "巡抚山西右副都御史朱鉴言：所属州县该征边储，动百万计。每岁起运，期在暮秋。然民多顽悍逋违，官府不免敲扑。今闻敕遣大臣考察有司，向之顽悍敲扑者，挟仇捏撰，诬构多方，所司者亦垂首丧气，苟全避祸。以故刁黠得志，边储不完。……"《明英宗实录》卷二二一，景泰三年闰九月庚辰，第4789页。天顺七年，"初，行事校尉言陕西右参政妻良总督粮储，怒大户苏海等五十余人恃顽不纳边粮，用大刑杖永，水浸火而挞之，违法酷刑。有旨执问良。至是，发司坐赎杖还职"《明英宗实录》卷三五六，天顺七年八月庚子，第7109页。

② （清）卢坤：《秦疆治略·绥德直隶州》，台湾成文出版社，1970，第167页。

③ 《秦疆治略·葭州》，第183页。

④ （光绪）《靖边县志稿》卷四《艺文志·拟请试办盐店通禀由》（丁锡奎），台湾成文出版社，1970，第331页。

⑤ 《秦疆治略·府谷县》，第181页。

⑥ 《秦疆治略·绥德直隶州》，第168页。"黄土地层深厚，有的地区地下水蕴藏很深，凿井汲取，颇感困难，人畜饮用皆不甚充足，遑论其他。"史念海：《论黄土高原的治沟和治水》，《中国历史地理论丛》1985年第1期，第341页。

载道:"岁率黍一熟,其余稻、粱、稷、麦,非土性所宜,种亦不殖。"① 《秦疆治略·葭州》记载道:"终岁所获,一亩不过二斗,以粟、米、红豆为常食。"② 光绪《靖边县志稿》又记载道:"麦多春种,五谷惟宜穈麻,嘉卉蔬果绝少。"③ "推原其故,皆因土高水冷,生气迟滞,夏禾不宜,果木、蔬菜、蚕桑、丝绵之类,势均不行。穷山饿水,矿务渠田,更无一可望筹办。"④ 当前在陕北地区种植最普遍的土豆,要一直等到清代道光年间引入中国,才开始在这一地区推广开来。

由于纬度较高,气候寒冷,无霜期短,陕北农作物一年仅可一熟。《榆林府志》又记载道:"地与沙漠连,苦寒早霜,少雨,岁率黍一熟。"⑤ 《秦疆治略》记载道:"寒多暖少,故物产不丰。年谷仅能一熟。"⑥ 甚至一年一熟的农业种植,也经常难以保证,这是由于在初夏、秋季之时,气候寒冷,经常发生降雪、⑦ 冰雹,严重影响农业种植与收割。《秦疆治略·府谷县》记载道:"其天时则热短寒长,风多雨少。黄云起而雨雹,秋风劲而阴霜。"⑧ 光绪《靖边县志稿》又记载道:"气候暖迟寒早,四月草木始芽,夏秋常飞霜。岁少雨多,狂风每飞沙走石,能令行人迷路。"⑨ 对于

---

① (清)王昶:《春融堂集》卷三六,载谭其骧主编《清人文集地理类汇编·新修〈榆林府志〉》,浙江人民出版社,1986,第412页。

② 《秦疆治略·葭州》,第183页。

③ (光绪)《靖边县志稿》卷一《风俗志》,第123页。

④ (光绪)《靖边县志稿》卷四《艺文志·拟请试办盐店通禀由》(丁锡奎),第330—331页。

⑤ 《春融堂集》卷三六,载谭其骧主编《清人文集地理类汇编·新修〈榆林府志〉》,第412页。

⑥ 《秦疆治略·绥德直隶州》,第167—168页。《陕西风物志》编写组编《陕西风物志》,陕西人民出版社,1985,第10页。

⑦ "巡按陕西监察御史曹璟等奏:'西安、平凉等府正月以来不雨,四月霜雪,瘟疫死者二千余人。'"《明英宗实录》卷二五四,景泰六年六月戊寅,第5481页。

⑧ 《秦疆治略·府谷县》,第181页。

⑨ (光绪)《靖边县志稿》卷一《风俗志》,第123页。

各种水果的收获，也相应会产生不利影响。嘉庆《葭州志》记载道："葭地北临沙漠，风气最寒，即如荞麦，必抵初伏，乃能成熟。菜果之熟，比他处亦迟。且落霜多不逾寒露，故禾易被灾。"[①]榆林因此甚至产生"扫天"的民间习俗，[②]民众借此祈求天气晴朗，保障丰收。由于气候寒冷，降雨较少，榆林地区经常发生旱灾，而在耕种、收获季节经常发生的"卡脖子旱"，对农业生产的冲击尤其巨大。[③]

清代嘉庆年间，分巡陕西延榆绥兵备道杨鑅对于榆林经济状况的评价，可以视作对榆林经济的概括性反映。"气候苦寒，境内陂陁，沙渍十居八九。土脉枯瘠，岁运多歉，青草鲜毓其生。苦其俗，惰其栖，止穴处而窑居。其风气质悍，而寡恩爱。盖疏泉引渠，树桑教蚕之法，皆限于地硗，有所不行焉。"[④] 这种落后的

---

① （嘉庆）《葭州志》卷一《天文志》，台湾成文出版社，1969，第13—14页。
② "扫天。天也能扫吗？能扫。乡下人是靠天吃饭的。靠天吃饭，盼望的是风调雨顺。风调雨又顺，那就是在庄稼人需要刮风时就刮风，需要下雨时就下雨。不管啥年月，只有风调雨顺了，五谷才能丰登。可这，是多么难得啊。有时候，前半年还不错，春天也来得早，春雨也下得透，可到了秋天时，庄稼苗苗都长高了，吐缨了，抽穗了，却突然降下了一场大冰雹，把地里的庄稼砸个七零八落的——这么着，庄稼人一年的辛苦就等于白费了。庄稼人面对这样的局面，那心中真能滴出鲜血来，一年的庄稼，两年的性命呀！把田野里的庄稼砸掉了，那可真能活要了庄稼人的命。不过，庄稼人没有彻底屈服的，他们用自己的一套思维来跟这可恶的老天爷作斗争。老天要下冷子——庄稼人把冰雹叫冷子——他们就不让下。看老天爷的脸色不对了，他们就会连忙跑回窑洞中，从家中取出那把最大最新的扫帚来，双腿叉开立在院子里，朝着天边上的那一块很可能要下冷子的黑云用力扫：一扫天，二扫天，三扫扫个老红（晴）天。云彩扫到四边里，热头（太阳）扫到天中间！"《本色榆林：沉睡在窑洞里的文明》，第5354页。
③ "本区降水的特点是集中、强度大、变率大、保证率低，干旱时常发生。干旱的特点之一是除春夏之外，在作物生长旺季和成熟时期常出现'卡脖子旱'，特点之二是春夏、夏秋、春夏秋连旱和连年干旱，故其危害十分严重。"北京大学地理系等：《毛乌素沙区自然条件及其改良利用》，科学出版社，1983，第49页。
④ （嘉庆）《延安府志·重修延安府志叙》（杨鑅撰），台湾成文出版社，1970，第8页。

经济条件，很难保障榆林民众长期稳定的生活，因此民众流徙事件不断发生。《秦疆治略·米脂县》记载道："惟天气早寒，收成歉薄，终岁力田，仅能糊口。此外别无营运。一遇荒年，即迁徙流亡，十去其半，深为可虑。宜广储积，庶乎有备无患"。①

由于经济较为落后，明代包含榆林、延安、庆阳的延绥镇，便常年处于财政危机之中。嘉靖时期阁臣杨一清称："延绥沙漠地寒，收成寡薄，兼以廪藏空虚，粮饷不能时给。"② 顾炎武著《日知录》指出，延安物资匮乏，物价高出西安数倍。"今边郡之民，既不知耕，又不知织，虽有材力而安于游惰。华阴王宏撰著议，以为延安一府，布帛之价贵于西安数倍，既不获纺织之利，而又岁有买布之费，生计日蹙，国税日逋。"③ 即使在已属内地、少有战乱的清代，榆林财政状况仍然十分困窘。

> 余署布政使事，方勾稽陕西食货，而考常平谷数，榆林居五十五万焉。五十五万之中，每岁借而未及征者，几二十万焉。地瘠薄，卒岁所入，仅足以赡家族，而不足以输官，故逋欠如此也。急征之，责以必偿，虑有追呼鞭扑之苦；缓征之，任其逋欠，又有仓廥缺乏之忧。④

正统五年，延绥镇军队便发生了缺粮事件。兵部奏曰："陕西绥德卫指挥使马兴奏军人缺食，野多饿莩。本卫指挥同知赵恕具告陕西参政年富，乞给粮赈济，被其鞭棰。"⑤ 正统六年，甚至有

---

① 《秦疆治略·米脂县》，第 169 页。
② 《杨一清集·阁谕录》卷二《奏对·论游兵将官奏对（嘉靖六年七月）》，第847 页。
③ （清）顾炎武著，（清）黄汝成集释《日知录集释》卷一〇《纺织之利》，岳麓书社，1994，第 372 页。
④ 《春融堂集》卷三六，载《清人文集地理类汇编·新修〈榆林府志〉》，第 413 页。
⑤ 《明英宗实录》卷七一，正统五年九月癸亥，第 1385—1386 页。

军民饿死的情况发生。"镇守延绥等处都督金事王祯奏：'陕西布政司右参政年富，怒绥德卫指挥等官给粮，赈济军民，辄杖辱之，军民因而饥死者甚众。'"① 而这一时期，陕北民众也由于赋役征发，而逐渐陷入贫困、流徙之中。

> 镇守陕西都督同知郑铭奏："陕西延安府所属去岁夏秋旱涝，田禾无收，人民缺食。其行都司并宁夏粮已足用，乞将本府先年起运并存留欠纳马草，俱暂停征，仍将今年该拨甘肃、宁夏等仓夏税俱赴延绥一带边堡交纳，庶苏民力。"从之。铭又奏："庆阳等卫屯军先因负欠子粒，追征逼迫，及今缺食，又失赈济，以致逃亡者多，宜治各卫经该官吏并管屯官罪。"上命宥官吏罪，仍挨究赈济。其子粒逋负者勿征。②

甚至大量民众死亡。陕西巡抚王概奏："西安等六府连年灾伤，军民饥馑，流离死亡甚多。除令所司勘实生存贫病者，验口赈给外，其死亡流移者，具数以闻。"③

为了减轻陕北民众的负担，正统六年，明朝对于民众拖欠的粮食，除了仍征收"本色"粮食之外，还将其中一半粮食改为"折色"，即其他较轻的物资，进行征收，从而减少运输成本。"以陕西延安所属州县逋负税粮中，半折收布绢、丝绵，从镇守右金都御史王翱奏请也。"④ 为了拓展财政收入的渠道，明朝将贩卖食盐的"开中法"，引入榆林地区，命盐商将粮食运往榆林各地，然后给予盐商相应的食盐配额，盐商再到淮南领取相应的食盐，拿到市场上贩卖。

---

① 《明英宗实录》卷八〇，正统六年六月丙子，第1589页。
② 《明英宗实录》卷六五，正统五年三月丁卯，第1258页。
③ 《明英宗实录》卷三五一，天顺七年夏四月癸未，第7056页。
④ 《明英宗实录》卷七九，正统六年五月戊午，第1576页。

镇守陕西都督同知郑铭等奏:"延安府绥德州边堡缺粮,乞开中盐粮。"奏下,行在户部议将正统五年淮盐一十二万引,浙盐八万引,如肃州纳米例,每引米麦豆二斗五升,召商于绥德州广盈仓,榆林庄、响水寨广有仓,高家堡、双山儿诸寨阜益仓输纳。从之。①

镇守延安、绥德等处都督金事王祯奏:"先年奏请召商中盐,止于绥德、高家堡、榆林庄近处上纳,以致边远仓分无储,而近处则又陈腐虚耗。乞将今年坐拨高家堡、榆林庄之粮,斟酌转拨边寨粮少仓分,庶得远有储蓄,近不腐耗。"命行在户部议行之。②

正统、景泰时期,明朝为了拓展财政收入渠道,在陕西推行犯罪军民向延绥镇缴纳马草,从而免于刑罚的办法。

命陕西府卫犯人纳草赎罪。时镇守陕西右副都御史陈镒奏:"延安、绥德等处榆林庄等堡操备军马众盛,急缺草束,而各堡距有草之地远至百里,且属外境,分遣军士采办,恐致鞑贼寇边,暂借延安、绥德州县地亩草束,分拨支用,又恐民难,不可以继。请将西安、庆阳、延安三卫、府文职官吏、舍人、承差有犯非赃罪笞、杖、徒、流,及军民犯笞杖,审其有力,与军职犯笞杖,不该立功者,俱照兰县纳米例,每粮一石,折谷草一十五束,束重十五斤,运赴各堡。候除授仓官至日,通行收受。并秋青草束兼支,仍令都指挥王祯、按察司副使周廉等比较,每岁具数以闻。"奏下,行在户部复奏称便。上命从之。③

---

① 《明英宗实录》卷六七,正统五年五月己酉,第1286页。
② 《明英宗实录》卷八二,正统六年八月戊辰,第1635页。
③ 《明英宗实录》卷五四,正统四年夏四月壬辰,第1041—1042页。

陕西绥德卫守备大桑坪寨指挥佥事安贵言："本寨地临极边，新设营堡守备。其军士自馈，其马口粮月支止四斗，食用不足。乞如例量拨在官屯田与赎罪草束支给兼用，口粮月增五升。"从之。①

命陕西沿边囚犯纳草赎罪，从镇守都御史王文等奏请也。②

镇守陕西刑部右侍郎耿九畴奏："陕西比岁旱伤无收，边粮不足。乞命陕西三司并所属，自今所问罪人，有文职官吏知印、承差、舍人犯赃应摆站者，俱发凉州仓纳米赎罪，以给边储。"事下，户部复奏。从之。③

辛巳，巡抚山西右佥都御史萧启以边储不足，请命军民纳钞赎罪者，暂如旧例纳米。④

天顺时期，明朝又在陕西推行纳米授予官位的办法。

陕西按察使项忠奏："连岁灾伤，民多缺食。请各司论断罪囚，俱令纳米赎罪，以备赈济。"从之。笞一十，纳米五斗，余四等递加五斗。杖六十，纳米三石，余四等亦递加五斗。徒一年，纳米十石，余四等递加五石。流三等，俱纳米三十五石。杂犯死罪，视流加五石。⑤

乙卯，减陕西纳米冠带则例。先是，户部奏："凡文武官下舍人，为事为民官员有能纳米四百石于陕西缺粮去处者，给与冠带，以荣终身。"至是，陕西按察使项忠奏："比者天

① 《明英宗实录》卷八一，正统六年秋七月壬寅，第1617页。
② 《明英宗实录》卷一七一，正统十三年冬十月辛未，第3296页。
③ 《明英宗实录》卷二二三，景泰三年十一月己卯，第4837—4838页。
④ 《明英宗实录》卷二二五，景泰四年春正月辛巳，第4913页。
⑤ 《明英宗实录》卷三四九，天顺七年二月癸酉，第7024页。

> 时荒旱，米麦腾贵，累次募人上纳，并无至者。乞量减米数，
> 凡纳百石者，给与冠带。"从之。①

事实上，明中期不仅陕西面临着沉重的财政压力，整个西北地区都是如此。景泰二年，大同地区发生了严重的灾荒。户部主事汪回显奏："大同所属卫所、州县田畴草莽、村舍丘墟老幼饥馁，惟取草子、树皮自给。虽尝蒙赈济，兼给以牛具谷种，然日食尚不继，何能尽力南亩？乞再赈恤一月。"②

之所以如此，除了灾荒因素之外，还有战争的冲击，尤其是"土木之变"的冲击。景泰时期，明朝便鉴于战争对山西农业的冲击，多次蠲免当地的赋税。景泰元年，"免山西大同府皮翎、盐粮、米钞之未征者，以曾被达贼侵扰，从本府知府霍瑄奏请也"。③"甲申，蠲山西都司镇西卫屯田子粒马草，以被达贼侵扰故也。"④景泰二年，"命镇守山西左副都御史罗通，委官勘山西太原府迤北被贼惊疑州县饥民，验口赈给之。仍命河南、山东布政司令所属府州县，遇有山西逃民到彼，善加抚恤，省令复业"。⑤ 在灾荒与战争冲击之下，西北民众出现严重的生存危机，甚至产生了不愿种地的心理。景泰六年十一月，

> 己丑，免山西应、浑、蔚、翔、大同、怀仁等州县税粮
> 五千八百三十二名有奇，草一万三千四百二十七束。先是，
> 诸处被寇死绝人户遗下田亩，命有司给与军民。各言无力，
> 不愿承种。故免其粮草，仍命召丁多田少之家，或招抚复业

---

① 《明英宗实录》卷三五〇，天顺七年三月乙卯，第 7042—7043 页。
② 《明英宗实录》卷二〇三，景泰二年夏四月壬午，第 4343 页。
③ 《明英宗实录》卷一八九，景泰元年二月丙子，第 3863 页。
④ 《明英宗实录》卷一九一，景泰元年夏四月甲申，第 3953—3954 页。
⑤ 《明英宗实录》卷二〇一，景泰二年二月庚午，第 4271 页。

之人承种，三年之后，如照依原额征办。①

　　为了保障陕西的社会稳定，明朝开始从外地输送粮食。景泰时期，兵部尚书于谦便规划出将河南粮食运往陕西的方案。他首先指出陕西财政负担一直十分沉重。"陕西一省之民，供四镇之军，赋繁役重，食少人多。故每岁有收，用犹不足，不免于内帑取给也。"② 遭受旱灾之后，民众流离失所。"况前此连岁遭凶，今历时不雨，夏麦失望，秋粮未期，军民皇皇，如在汤火。强者肆劫夺，壮者流它乡，老弱者甘心死亡，变在不测，此可忧者一也。"③ 榆林地区又面临着瓦剌的军事威胁，粮饷开支压力很大。"使各边告靖，犹可多方内救也，今榆林之兵旅方殷，甘宁之声息且至，秋高大举，将何以支？此可忧者二也。"④ 周边地区财政同样十分匮乏。"使地方稍有蓄积，犹可高价召致也。今附边既搜括殆尽，腹里又侵削无遗，一旦有事，束手无措，此可忧者三也。"⑤ 而河南、湖广也同样遭遇了严重旱灾。"使邻境有收，犹可籴买就食也。今河南、湖广赤地千里，麦禾一空，虽有高价，无处告籴，此可忧者四也。"⑥ 但为了保障陕西地区的稳定，仍然只能从这两个地区运送粮食。

---

① 《明英宗实录》卷二六〇，景泰六年十一月己丑，第5573—5574页。
② 《明经世文编》卷三三《于忠肃公文集一·急处粮运以实重边以保盛业疏》（于谦），第244页。
③ 《明经世文编》卷三三《于忠肃公文集一·急处粮运以实重边以保盛业疏》（于谦），第244页。
④ 《明经世文编》卷三三《于忠肃公文集一·急处粮运以实重边以保盛业疏》（于谦），第244页。
⑤ 《明经世文编》卷三三《于忠肃公文集一·急处粮运以实重边以保盛业疏》（于谦），第244页。
⑥ 《明经世文编》卷三三《于忠肃公文集一·急处粮运以实重边以保盛业疏》（于谦），第244页。

　　臣等惟自古帝王，都于关中，百官六军之俸，其势必取之外郡。故传称萧何运饷，不绝粮给。乞严限各该抚按官，急将河南运道，照旧修复。查照先年例，将附近河南、湖广原派临德二仓京运粮米，扣该数十万石，各运至陕州、金州等处，接济应用。此一时之权也。若其永久之利，乞将附近河南一府，陕州等处每岁夏秋折色，京边粮米，内扣二十八万石，改纳本色，坐派陕西。将户部原补陕西岁用不足粮银，抵补前项河南折色之数，以后再不解银，著为定例。听从水陆之便，运至陕西渭南草店子等处，立仓收贮，照数放支。臣等又查得河南陕州地方，年丰每米一石不下四五钱，年歉不过七八钱，况河南布政司坐派前项折色，每石亦在八九钱之数，改为本色，民亦乐输。再将弘农、潼关等卫班军，改为运军，其运粮船只，亦听该部从长计处。其河南、西安府一带递运所，仍议添设牛夫车辆脚费，以免重累，俱各差部运。仍于陕州建立户部分司，查得临德小滩各仓事例，岁差主事一员监收，其余地方，俱听抚按官行分守官督理，预使粮道疏通，军储充实。或卖价以助边，或抵斗以借民，或宅运以给军，或移口以就食，或作赈济，或准俸粮，随其所施，无不如意。内实而外自充，本固而末自定，虽有水旱虫蚁之灾，夷狄盗贼之祸，不至如今日之岌岌矣。①

　　除了河南、湖广之外，江南还将一部分粮食运往陕西。宪宗即位之初，总督陕西军务项忠在奏疏中说："窃惟陕西乃关中重地，屯驻军民，比之别处，数常加倍。本处额征税粮、马草子粒有限，供给不前。每年户部送江南诸处折粮银十万两，河南送大

---

① 《明经世文编》卷三三《于忠肃公文集一·急处粮运以实重边以保盛业疏》（于谦），第244—245页。

布十万匹，前来辏用，仅觳支持，未见充足。"① 为了减轻西北财政负担，明朝将陕西部分王府迁至内地。②

虽然明朝多方筹措，但西北地区民众的生存条件并未明显改善，民众逐渐流散各地。天顺三年，宁夏镇巡抚陈翌奏："甘凉、宁夏、延绥、大同、宣府一带地方用兵以来，添调军马，动以数万，有司苦于供给。况近岁水旱相仍，流移四出。"③ 其中相当部分民众逐渐南下。陕西镇守文官陈镒奏："陕西西安、凤翔、乾州、扶风、咸阳、临潼等府州县旱伤，人民饥窘，携妻挈子，出湖广、河南各处趁食，动以万计。若不安抚，虑恐啸聚为非。"④ 河南左布政使饶礼奏："外境逃民占籍河南者，近遇水旱，又复转徙，甚者聚党为非。不加禁戢，恐遗后患。乞委官一员，专于抚字。其果不务农业、肆为不法者，按治之。"⑤ 他们最终到达河南、湖广、陕西交界的荆襄地区，构成了成化时期"荆襄叛乱"的主体人群。⑥

可见，西北地区一方面是中国生态环境脆弱地带、经济条件落后地带，另一方面又是军事战争重点开展地带。这种地理上的重合性，推动西北地区长期内在地存在巨大的张力，由此

① 《明经世文编》卷四六《项襄毅公文集·处置地方事》（项忠），第 357 页。

② "总督陕西军务右副都御史项忠奏：'陕西屯驻军马，比之他处，数常加倍。然粮草有限，供给不敷。切见庆、韩二王府俱临极边，宗支繁盛，转输为难。乞将二府郡王迁腹里地方，以便供给。'事下，多官议奏韩府襄陵王宜迁凤翔，庆府直宁王宜迁庆阳。从之。"《明宪宗实录》卷七，天顺八年秋七月乙亥，第 171 页。

③ 《明英宗实录》卷三〇六，天顺三年八月甲子，第 6450 页。

④ 《明英宗实录》卷一三二，正统十年八月壬戌，第 2630 页。

⑤ 《明英宗实录》卷一四六，正统十一年冬十月乙巳，第 2876 页。

⑥ "荆襄之上游为郧阳。郧，古麇国，春秋时为楚附庸，地多山。元至正间，流贼作乱，终元世，竟不能制。明初命邓愈以大兵剿除之，空其地，禁流民不得入。然地界湖广、河南、陕西三省间，又多旷土。山谷厄塞，林箐蒙密，中有草木，可采掘食。正统二年，岁饥，民徙入不可禁。聚既多，无所禀约束，中巧黠者，自相雄长，稍能驱役之。"《明史纪事本末》卷三八《平郧阳盗》，第 561 页。

构成了王朝国家的历史爆点。伴随明中期西北战争越来越频繁与大规模地开展，这一爆点逐渐朝向临界点进发。

第三节 "搜套"行动引发的西北动荡 与户部的反对立场

成化时期的"搜套"行动，给西北地区本已匮乏的财政状况，压上了难以承担的历史重负。为了支持"搜套"行动的后勤供应，明朝命令陕西、山西、河南固定地承担起这一责任。户部作为明代专门负责财政的机构，努力通过各种办法，筹措后勤物资。

成化二年（1466），成化朝廷发动第一次"搜套"行动时，户部便努力开辟多种渠道，增加粮草供应。当年，负责在陕西督饷的户部主事徐源，"以榆林神木各处粮草俱少，条列措置事宜奏闻"。① 户部官员商议之后，决定通过号召陕西官民，通过缴纳粮草，可免于赴京考核，授予官位，免于刑罚等方式，增加财政收入。

> 凡陕西各处三年、六年考满官，纳草五百束者，本布政司给由，免其赴京。两考吏纳米一百石者，送部拨送。京考三百石者，冠带办事。一百五十石者，本布政司拨补三考，满日赴部免考，即冠带。其军民有纳米一百石者，给与正九品散官。一百二十石者，正八品。一百四十石者，正七品。文职官坐罪除名者，纳米一百石，冠带闲住。依亲监生坐监三年以上者，纳米一百五十石，未及三年者，纳米二百五十石，俱免坐监，送部待选。民家子弟愿充承差知印者，纳米二百石。已上纳米之例。如欲纳草者，一十五束准米一石。

---

① 《明宪宗实录》卷二六，成化二年二月癸巳，第522页。

上允其议。"①

但长期开展规模巨大的"搜套"行动，所带来的巨额财政开支，并未由于明朝多方筹措，而得以根本缓解。次月，跟随"搜套"大军，前往记录将士功绩的兵部郎中杨琚，便在奏疏中明确指出了这一情况。

> 达贼连年入寇，被掠人畜、赀财不知几千万。请朝廷命将征讨，调兵四万一千有奇，计人马刍粟日费银四百余两，若一月则一万三千余两，一岁则十有五万六千余两矣。重以赏劳转运之资，通计所费，又不知其几千万也。②

在成化四年，虽然明朝此时并未"搜套"，但在旱灾冲击与阿罗出抢掠的影响之下，陕北甚至陕西多地民众，已经处于生存危机之中，社会动荡不安，甚至大部分民众逃亡外地。陕西巡抚陈价在奏疏中指出："平凉、延安、庆阳等府所属人户，为因年荒贼扰，逃移外郡，十有七八，所遗田土、粮草、纱绢俱责见存人户代纳。存者被累，亦欲思逃逃者，惟虑追赔，不愿复业。"③ 有的甚至逃到湖广、四川等地。"臣欲将逃于河南、山西、湖广、四川地方者，或行文彼处官司，差人送回。"④

成化六年，阿罗出盘踞河套，不断南下。而此时的延绥镇，民众流离失所，社会动荡不安。"陕西延庆、平凉等处人民，累遭寇掠。加以官府酷虐，转徙流离，困苦已极。"⑤ 榆林及其周边粮

---

① 《明宪宗实录》卷二六，成化二年二月癸巳，第 522 页。
② 《明宪宗实录》卷二七，成化二年三月己未，第 538—539 页。
③ 《明宪宗实录》卷五二，成化四年三月庚辰，第 1058—1059 页。
④ 《明宪宗实录》卷五二，成化四年三月庚辰，第 1059 页。
⑤ 《明宪宗实录》卷七六，成化六年二月辛未，第 1466 页。

草十分匮乏。"榆林、宁夏花马池诸营料草俱缺，无从区画。"① 陕西巡抚马文升请求陕西官员捐纳粮草，免于到京考核。"请令陕西考满官于边地纳谷草五百束，免其赴京给由。陕西、山西、河南三布政司阴阳、医学、僧道司官纳豆一百石，径送吏部入选，听缺拨用。"② 同时请求用比较优惠的价格，吸引盐商前来缴纳粮草。"又榆林城广有仓上纳两淮成化三年存积盐一十万引，每引纳料豆四斗，或草一十束。两浙成化元年存积盐一十万引，每引纳料豆二斗，或草五束。"③ 都获得了明朝的批准。

第二次"搜套"行动开启后，为应对庞大军队的粮草供应，明朝在陕西、山西、河南、北直隶、北京五个地区，通过优待考核官员的办法，吸引他们向榆林缴纳粮草。

> 陕西督饷户部郎中万翼以延绥缺草，请募人上纳，并开中河东盐。户部遂定陕西、河南、山西、北直隶所属两考吏，有能于延绥纳草七百束者，送部拨京考，九百束者，本布政司拨补，三考赴部免考，冠带办事。其纳一千二百束，并在京各衙门办事吏纳七百束者，亦如之，俱以次附选。④

与此同时，再次降低盐商前往榆林开中盐课的价格。"开中河东运司见存盐课，每引料豆二斗。"⑤ 明朝不仅在地方上采取各种变通措施，增加榆林的粮草供应；而且直接从中央调拨粮草，供应"搜套"大军。"乙卯，加延绥征进马草五十万束，及运太仓见收折草银五万两，于军前买草应用。其马临征时，许日加料一升，

---

① 《明宪宗实录》卷七五，成化六年春正月丙戌，第1440页。
② 《明宪宗实录》卷七五，成化六年春正月丙戌，第1440页。
③ 《明宪宗实录》卷七五，成化六年春正月丙戌，第1440页。
④ 《明宪宗实录》卷七九，成化六年五月乙巳，第1553页。
⑤ 《明宪宗实录》卷七九，成化六年五月乙巳，第1553页。

屯守则如旧。从督饷郎中万翼请，以时方命将征虏也。"① 宪宗本人甚至从内廷收入中，拿出 20 万两白银。"寻议用兵河套，敕俊赴河南、山、陕，会巡抚诸臣画刍饷，发帑金二十万助之。俊以边庾空竭，岁又不登，而榆林道险远，转输难，乃发金于内地市易，修西安、韩城、同官径道，以利飞挽。"②

为了缓解榆林的财政压力，"搜套"军队有意采取了分散就粮的方式，以减轻民众的运输负担。

> 命延绥征进诸将分兵就粮。游击将军范瑾统大同兵三十五百驻东路神木等堡，许宁统宣府兵三千五百驻西路龙州等堡，余兵三千驻中路，往来策应。山西、宁夏副总兵林盛等所统兵各还黄河七堡、花马池等处操守。甘凉、庄浪马队兵留环庆操守。都督白玉所统兵还陕西原处操守。③

但榆林地区的财政危机，仍然并未得到实质性的缓解。有鉴于此，户部官员从部门利益出发，在"内政本位"的观念之下，不断建议停止"搜套"。六月，户部郎中万翼在奏疏中指出"搜套"大军的粮草供应，面临巨大难题。"榆林东西营堡及调遣京营各处军马六万有余，日费粮饷、草料以数万计。其草束欲取之内郡，则道路回远；欲市之边境，则价直腾贵。"④ 民众不断流徙。"加以岁饥，民不聊生，往往有窜入山谷者。今又有催征供亿之苦，谁能安之？"⑤ "搜套"行动劳而无功，不如采取防守立场。"况丑虏猝难殄灭，聚众数万，徒费财力。请量留精兵固守，以节

① 《明宪宗实录》卷八〇，成化六年六月乙卯，第 1559 页。
② 《明史》卷一五七《陈俊传》，第 4303 页。
③ 《明宪宗实录》卷八二，成化六年八月壬戌，第 1607 页。
④ 《明宪宗实录》卷八〇，成化六年六月庚午，第 1566 页。
⑤ 《明宪宗实录》卷八〇，成化六年六月庚午，第 1566 页。

边储，以安民生。"①

成化七年二月，督理陕西粮饷户部郎中谷琰再次提出相似的建议。他首先指出榆林财政危机已经不堪负荷。"近年岁歉兵兴，转输不已。陕西之民，尤为困惫。盖自毛里孩、满四相继寇乱，岁复饥馑，供亿之费，毋虑数百万计，民已不胜其苦矣。"② "搜套"行动虽然获得胜利，但并未彻底解决河套问题。"既而阿罗出等聚众河套，幸大军一出，奔散出境。臣以为凯旋之后，民力可以少舒矣。岂意狼子野心，叛服不常，乌合别部，复举入寇。"③反复开展的军事行动，造成了民众流徙、民怨沸腾。"于是，复命将出师，分驻截杀，刍粮之费，不得不取于民。官司征督，急于星火；父子兄弟，络绎更代。加以道路险阻，不通车载，肩负背任，辛苦万状，百姓怨咨，逃亡过半。"④ "搜套"大军长期驻扎榆林，不仅无用处，而且会造成大量的财政开支。"况调来军马，已经再冬，士皆思归，马多疲毙。近有自虏逃回者，具言虏以马瘦，方散逐水草，虽时或小掠，不至大举。本处士马，亦足御之，若久暴师，则所掠者少，所费者多。"⑤ 因此应将其他地区调来的军马，撤回原地。"乞下诏，命前调来大同等处军马暂回各边休息，待秋后有警，仍复调来，庶不老师费财，而民可少苏矣。"⑥这样能够节省大量开支。"盖自春末至秋初，以数计之，大较可省粮二万五千余石，料六万七千余石，草一百六十万余束。足以供防秋之费。"⑦

第二次"搜套"行动虽然取得了胜利，但财政代价却十分巨

---

① 《明宪宗实录》卷八〇，成化六年六月庚午，第 1566 页。
② 《明宪宗实录》卷八八，成化七年二月庚午，第 1717 页。
③ 《明宪宗实录》卷八八，成化七年二月庚午，第 1717 页。
④ 《明宪宗实录》卷八八，成化七年二月庚午，第 1717 页。
⑤ 《明宪宗实录》卷八八，成化七年二月庚午，第 1717 页。
⑥ 《明宪宗实录》卷八八，成化七年二月庚午，第 1717—1718 页。
⑦ 《明宪宗实录》卷八八，成化七年二月庚午，第 1718 页。

大。四月，陕西右参政庞胜指出：“陕西连年用兵，刍粮不给。”①
建议明朝将陕西保障地方日常开支的存留粮的一部分，运到榆林。
“请于夏秋税粮运边，常数外，再量起存留粮一二十万石，于榆林边
仓上纳。粮如足用，抵斗纳豆，或米一斗折纳草二束。”② 同时请求
仍然采取罪犯缴纳粮草可免于刑罚的措施。“仍令所属问拟囚犯，该
杂犯死罪，纳草三百五十束，三流三百束，徒三年二百五十束，二
年二百束，一年一百五十束。或急用料豆，则每草百束，改纳料十
石，杖笞罪每一十纳料一石，俱于榆林管粮官处，定仓上纳。”③ 明
朝接受了这一建议。但这并不能弥补榆林财政的巨大亏空。

　　十二月，延绥镇巡抚余子俊鉴于白圭倡议发动第三次“搜套”
行动，指出榆林存在严重的财政危机，无法保障这次军事行动。
“延绥河套达贼久住，军民供给粮刍，膏血殆尽。设动大众，措置
无术。”④ 请求中央与山西、河南共同支援。“请敕户部，以银十万
两运五万于陕西变易，五万于榆林准折。仍行山西、河南附近州
县，或借拨，或攒运，或买办，料豆各万石，谷草各一百五十万
束，俱纳榆林一带仓场，庶不临期失措。”⑤ 在户部的建议下，明
朝同意了这一请求。“遣官分运十六万两，仍行山西布政司，以明
年分该运大同等边夏税内，预拨五万石，抵斗纳料，马草五十万
束。河南仿此，草加十万，运纳延绥，俱准该年之数。”⑥ 同时增
加开中盐课。“又开中两淮存积盐课五十二万二千三百二十五引有
奇，每引料四斗，草七束。”⑦

　　成化八年二月，为支持“搜套”行动，白圭与武将代表会

---

① 《明宪宗实录》卷九〇，成化七年夏四月癸丑，第 1748 页。
② 《明宪宗实录》卷九〇，成化七年夏四月癸丑，第 1748 页。
③ 《明宪宗实录》卷九〇，成化七年夏四月癸丑，第 1748 页。
④ 《明宪宗实录》卷九九，成化七年十二月戊寅，第 1891 页。
⑤ 《明宪宗实录》卷九九，成化七年十二月戊寅，第 1891—1892 页。
⑥ 《明宪宗实录》卷九九，成化七年十二月戊寅，第 1892 页。
⑦ 《明宪宗实录》卷九九，成化七年十二月戊寅，第 1892 页。

昌侯孙继宗商议之后，提出四点建议。一是派遣户部官员，与陕西、山西、河南官员，共同商议粮草供应事宜。"宜敕户部大臣一员，驰赴山、陕、河南，会巡抚等官区画粮草，于师行要害之处。"[1] 二是从中央直接向榆林拨付粮饷。"且辇京库折粮银二十万两，以助分给。"[2] 三是增加开中盐课。"开中官盐，如例举行。"[3] 四是最新的方案，预征山西、河南粮草。"又预征河南、山西料豆各十万石，草各五十万束，以足陕西诸郡不继之数。"[4]

为配合白圭的规划，户部从整体上设计了增加粮饷供应的方案。"丙子，命户部右侍郎陈俊总督陕西军饷。户部因奏区画粮草十事，请以付俊。"[5] 堪称明朝当时所能做到的极致。按照其途径，大体可分为以下几类：一，增加开中盐课。"淮浙存积盐宜定拟开中。"[6] 同时变通开中方式。"陕西灵州盐课司盐每引召纳草一束，许令陕西地方变卖。"[7] 二，中央、各地支援榆林。相对于以往，此次包含的地区更多。"各处折粮并京仓杂粮银，共二十万两，宜运陕西布政司备用。"[8] 三，官吏缴纳粮草，免于赴京考核，此次包含的地区更多。

> 一，陕西、山西、河南司府州县三年、六年考满官，宜量令纳草，免其赴京考核。一，陕西、河南、四川、山西、山东并北直隶所属，一考役满吏，纳草一千束；及两考役满吏，纳草六百束者，送部免其办事考试，即拨京考。纳草八

① 《明宪宗实录》卷一〇一，成化八年二月乙亥，第 1960 页。
② 《明宪宗实录》卷一〇一，成化八年二月乙亥，第 1960 页。
③ 《明宪宗实录》卷一〇一，成化八年二月乙亥，第 1960 页。
④ 《明宪宗实录》卷一〇一，成化八年二月乙亥，第 1960 页。
⑤ 《明宪宗实录》卷一〇一，成化八年二月丙子，第 1960 页。
⑥ 《明宪宗实录》卷一〇一，成化八年二月丙子，第 1961 页。
⑦ 《明宪宗实录》卷一〇一，成化八年二月丙子，第 1962 页。
⑧ 《明宪宗实录》卷一〇一，成化八年二月丙子，第 1960—1961 页。

百束者，即于本布政司拨补，三考满日，赴部免考，即与冠带办事。纳草一千一百束者，并在京各衙门办事，及到部寄名吏纳草六百束者，俱免京考，即与冠带办事。其在京各衙门，见役当该一年以上者，令家属代纳草三百束。二年以上者纳二百束，三年已满者纳一百五十束，免其考试，给与冠带，俱照资格选用。①

军民缴纳粮草，授予官位。"陕西并各处军民、舍余人等，能自备草六百二十束者，给正九品散官；七百束者，给正八品散官；八百束者，给正七品散官。"② 而第四种，也就是最后的一种，是最新的方案，即预征粮草。"今年山西、河南该征粮草内，宜再预征豆各十万石、草各五十万束，其陕西粮草听原委官斟酌预征。"③ 从上面史料中可以看出，似乎明朝只是预征了山西、河南的粮草，但其实从下面的史料中便可看出，还预征了陕西的粮草。

预征粮草虽然并未额外增加民众赋税，但提前征收，对于本已承担很重的赋役、生活困苦的民众来说，冲击巨大。不仅如此，提前征收将会导致粮草短缺，从而造成物价上涨，甚至出现飞涨三倍的情况，从而在事实上极大地增加民众的赋税总额。成化十年，张瑄巡抚河南，④ 当时正常价格为一石米八钱。"留应输榆林饷济荒，石取直八钱输榆林，民称便。"⑤ 但成化十二年，阁臣商辂在奏疏中指出："往年西北用兵榆林一带，粮草最难供给。当时预借陕西、山西、河南三年租税起军。每草一束，用银二钱，米一石，用银一两（到）二两半。若输纳本色，上下

---

① 《明宪宗实录》卷一〇一，成化八年二月丙子，第 1961 页。
② 《明宪宗实录》卷一〇一，成化八年二月丙子，第 1962 页。
③ 《明宪宗实录》卷一〇一，成化八年二月丙子，第 1961 页。
④ 《明宪宗实录》卷一二九，成化十年六月壬戌，第 2448 页。
⑤ 《明史》卷一六〇《张瑄传》，第 4367 页。

山坡，展转沟壑，尤不胜困弊。"① 即当时官方所知的一般价格是一石米一两到二两半，实际交易情形可能还超过这一数字。可见，预征粮草导致赋税总额实际上超出，甚至远远超出应承担的赋税额，对三省民众而言，是一种极不公平的方案，相应也对三省的社会秩序构成了强烈冲击。

对于预征粮草所可能造成的影响，明朝也有一定认识。刑科给事中雷泽便请求减少三省民众其他赋税的数量。"陕西、山西边方有事以来，飞挽刍粟，财尽民穷。近户部请预征山西、河南等处今年草豆，起山西人夫运赴榆林，文移催并，急于星火。况今饥馑荐臻，民物凋耗。乞减今年夏税及柴炭、夫役，以少纾民困。"② 户部、工部都赞同这一看法，明朝相应进行了减免。"免陕西、山西、河南夏税及柴炭夫价十分之二。"③ 但这种减免无疑与预征事实上所造成的赋税增长，不成比例。

三省民众在赋税缴纳中，所肩负的重担还不只此，运输成本是一项更大的开支。黄土高原沟壑纵横、山路崎岖，在明代的交通条件下，基本依靠人力与畜力，④ 运输成本非常高昂，途中所耗费的粮食甚至是所运送粮食的两倍左右。因此，曾经参与成化时期首次"搜套"的项忠，便描写过粮饷运输的惨状。"一遇边方有警，奏闻盐粮等项，缓不及事，未免动劳军民、见丁攒运粮草，父去子来，车摧牛毙，苦不可言。"⑤

① （明）佚名：《六部事例·兵律》，《天一阁藏明代政书珍本丛刊》第5册，线装书局，2010，第507—508页。《明经世文编》与《明宪宗史略》文字略有不同或删减。《明经世文编》卷三八《商文毅公文集·弭灾疏》（商辂），第293页。《明宪宗实录》卷一五五，成化十二年七月癸亥，第2833页。
② 《明宪宗实录》卷一〇四，成化八年五月戊申，第2037页。
③ 《明宪宗实录》卷一〇四，成化八年五月戊申，第2036页。
④ 直到20世纪前半期，陕北的主要交通工具仍是骡、驴、草原牛与骆驼。陈国庆：《走出中世纪的黄土地——二十世纪初期的陕北农村》，西北大学出版社，1994，第14—45页。
⑤ 《明经世文编》卷四六《项襄毅公文集·处置地方事》（项忠），第357页。

但对于运输成本问题，明朝鉴于这并未被涵盖在赋税额数之内，并不加以考虑。中国古代在西北地区，曾经借助黄河等水运网络，开展水运。晋末，刘裕曾经率师沿黄河北上。"晋末，刘裕伐秦，王镇恶蒙冲小舰，径至渭桥。"① 唐初突厥南下时，唐朝曾有沿黄河北上，进行抵御的想法。"唐高祖时，突厥岁盗边，帝会群臣问所以备边者。将作大匠于筠请于五原、灵武置舟师于河，扼其入。中书侍郎温彦博曰：'魏为长堑遏匈奴，今可用。'帝使桑显和堑边大道，召江南船工，大发卒治战舰。"② 北宋时期，欧阳修曾经有十分详细的西北漕运方案。③ 历史到了明代，成化时期"搜套"过程中，户部尚书杨鼎鉴于粮饷运输艰难，曾经提出变陆运为成本低廉、运输快捷的水运，却不获重视。"延绥用兵，议欲预征边饷。鼎言黄河汉唐漕运故道，三门而上，小河可达延绥者尚在，请身督之。竟沮于议，不果。"④ 倪岳同样提出过十分详细

① 《肇域志·陕西》，第 2132 页。

② 《肇域志·陕西》，第 2132 页。

③ 仁宗康定元年（1040），欧阳修奏："臣闻今为西北计者，皆患漕运之不通，臣以谓但未求之耳。今京师在汴，漕运不西，而人之习见者遂以为不能西。不知秦、汉、隋、唐，其都在雍，则天下之物，皆可致之西也。山川地形，非有变易于古，其路皆在，昔人可行，今人胡为而不可？汉初，岁漕山东粟数十万石，是时运路未修，其漕尚少。其后，武帝益修渭渠，至漕百余万石。隋文帝时，沿水为仓，转相运置，而关东、汾、晋之粟皆至渭南，运物最多。其遗仓之迹，往往皆在。然皆尚有三门之险。自唐裴耀卿又寻隋迹，于三门东、西置仓，开山十八里，为陆运以避其险，卒溯河而入渭。当时岁运，不减二三百万石。其后刘晏遵耀卿之路，悉漕江淮之米以实关西。后世言能经财利而善漕运者，耀卿与晏为首。今江淮之米，岁入于汴者六百万石，诚能分给关西，得一二百万石足矣。今兵之食汴漕者，出戍甚众，有司不惜百万之粟，分而及之，其患者，三门阻其中尔。今宜浚治汴渠，使岁运不阻，然后按求耀卿之迹，不惮十许里陆运之劳，则河漕通而物可致，且纾关西之困。使古无法，今有可为，尚当为之，况昔人行之而未远，今人行之而岂难哉？耀卿与晏初理漕时，其得尚少，至其末，所入十倍，是可久行之法明矣。此水运之利也。"（宋）欧阳修：《居士集》卷四五《通进司上书》，载洪本健校笺《欧阳修诗文集校笺》，上海古籍出版社，2009，第 1137—1138 页。

④ （明）劳堪：《宪章类编》卷一九《户部》，《北京图书馆古籍珍本丛刊》第 46 册，第 702 页。

的漕运方案。

> 故太宰倪文毅岳在事时，见关中之镇转输不给。曾上疏
> 云："今关陕所需，皆出山西、河南。此二省俱近黄河，其中
> 虽有三门、孟津之险，然汉唐粮运，皆由此济。即今盐船木
> 筏，往来无滞。今计山西米豆，必运至榆林等仓，河南必运
> 至潼关、陕州诸仓，诸州卫皆濒海道舟楫，可免陆运之苦。
> 况黄河当潼关之地，北连渭河，渭东流接洛河，可通延安；
> 渭西流接泾河，可通庆阳。龙门之上小河径通延绥，稍加修
> 茸，必可行舟。是在按求古迹，何处可避险，何处可陆运，
> 何处可立仓倒运，何处可造船装运，勿惮一劳而失永利。"事
> 竟不行。①

隆庆时期，兵部尚书霍冀仍在倡导这一方案。

> 地多沙漠，种植为难，刍粮不充，曾不宿饱。万一虏驻
> 鱼河，粮道险远，镇城坐困，忧先机事，其可不为之经理哉？
> 议者欲于府谷至葭州，由黄河而上，造舟转运，以济清水、
> 木瓜、孤山等处，亦为甚便。近虽题行，而建置仓庾，改征
> 本色，未闻议及，皆今日之所宜汲汲者。②

明朝灭亡之后，顾炎武在总结明朝兴亡成败的历史时，仍然
坚持西北可行漕运。"据此，是江南之船可至关中，而舟楫之利可
行于西北也。"③

无论如何，在预征方案冲击之下，山西开始出现民众大规模

---

① 《万历野获编》卷一二《河漕·关陕三边饷道》，第326—327页。
② （明）霍冀编《九边图说·延绥镇图说》，台湾正中书局，1981，第199页。
③ 《肇域志·陕西》，第2132页。

流徙现象。八月，兵科都给事中梁璟奏：

> 近以延绥有事，预征山西粮草及攒运边储，已经数次。今又行催预征草豆，起解秋青草束，每夫科银多或至二十两，岁旱民饥，计无所出。屡尝陈奏户部，无所可否，止行侍郎陈俊处分。代州等州县、振武等卫所军民逃移道路者，无日无之。若太原一县，五日内至有三百八十余家，人心惊惶，地方可虑。①

"搜套"官员王越指出陕西民众历经战乱，本已不堪重负。

> 据陕西布政司呈备西安府申，据咸、长等县里老冯纪等状告，自成化四年土达满四叛后，达贼连年潜住河套，本等粮草尽数起拨边仓。又有攒运、买运等项，打造战车、鹿角，置买马匹、各色军器，不可枚举。人民被累，有将房屋、田地典卖者，有将妻妾、子女典卖，及抑勒为娼、自缢自刎者，困苦万状。②

为供应"搜套"行动，民众大量死亡，社会已经处于崩溃的边缘。

> 成化八年，又令摆堡攒运榆林草束，出备夫车牛驴。正值暑热时月，人民多染瘟疫，县官催并紧急，逼迫起程，以致死亡不可胜计，横死道路，人所共见。兼且连年薄收，自去秋至今，雨雪少降，麦苗枯槁，难望收成。目下缺食，挑

---

① 《明宪宗实录》卷一○七，成化八年八月乙亥，第2083—2084页。
② （明）王越：《黎阳王太傅疏议诗文辑略》卷一《处置边务疏》，《四库全书存目丛书》集36册，第535—536页。

掘野菜，剥削树皮救命，陆续逃走，盗贼窃发。兼患瘟疫，一家有死四五口者，七八口者，又举家死亡卧床者。若欲攒运粮草等项，人情委的不堪。又准总督军饷户部右侍郎陈俊咨开，即今边仓草束数少，各处人民力穷财尽，日就逃亡，难再起倩攒运。①

鉴于预征方案所产生的严重后果，成化九年六月，明朝决定在山西停止预征粮草。

> 巡抚山西右副都御史雷复奏："太原府属县民言预征粮草，改运陕西榆林，山路崎岖，俱贵银往买。但草价既高，不免借贷，秋成偿还，多至破产。比之大同、宣府价增数倍。况今雨雪愆期，米价腾踊，饥民瘟疫流离，其苦万状，而粮草、绫绢、药果等物该纳者，不下万计。即今人民救死不暇，乞量与宽减，仍加赈济为便。今计其税粮差役科工之数，盖虽东南富庶大藩，未见若是之繁剧者。伏望皇上轸念边隅多事，生灵疾苦，以派至成化九年榆林、绥德、大同、宣府被灾之处粮草、物料，悉依山东、真定等府宽恤事例蠲免。仍发京库银数万两，籴粮赈济，则民命庶几可全活矣。"事下，户部议以为粮草、布花俟勘灾伤分数宽减，户口盐钞、农桑丝绢、药果诸料并递年逋负粮草，宜依例免之。京库银仍宜发三万两，以备赈济。议入，上曰："山西民困已极，其悉准议行。"②

伴随山西预征方案的停止，陕西、河南二省也相应停止。在

---

① 《黎阳王太傅疏议诗文辑略》卷一《处置边务疏》，《四库全书存目丛书》集36册，第536页。

② 《明宪宗实录》卷一一七，成化九年六月壬申，第2261—2262页。

废除预征方案的过程中，正如上引史料所示，宪宗的态度与立场发挥了关键作用。宪宗在即位之初，便秉持"内政本位"观念。天顺八年（1464）七月，阁臣李贤指出山西面临着内忧外患的局面，建议山西、大同巡抚双管齐下，将内政与边防放在同等的位置上，一起治理。"山西、大同境内自春不雨，至今二麦已无收，秋禾复大半槁死，人民恐至饥窘失所。况边报日夕不绝，外虞亦不可不防。宜敕巡抚官加意抚安提备，以免逃移，以固藩篱。"[1] 对此，宪宗的态度却是内政比边防更为重要。"卿等虑是。凡事当先有备，则无患。外寇犹邪气边境，饥则乘虚以入，善摄生者正宜谨之。"[2] 宪宗用饥饿、邪气分别比喻内政与边防，强调边防只有在内政出现问题时，才会相应出现问题。由此可见，宪宗实秉持内政在国家治理中处于本体地位的观点。

可见，西北地区尤其是陕北地区脆弱的生态环境、落后的经济条件，与频发的军事战争之间，构成了严重的张力与冲突。明中期西北战争，尤其是"搜套"行动，给西北社会带来了沉重的赋役压力，导致西北社会动荡不安。在这种条件下，明朝在"搜套"行动获胜之后，仍然继续经营河套，势必会给已经不堪重负的西北社会，尤其是陕北社会，带来巨大而长期的冲击，这对于已经动荡不堪的西北社会来说，是难以承受的，对于"内政本位"的成化政权而言，同样是无法接受的。

第四节　河套生态环境的变迁与成化时期　　移民河套的不可行

正如上文所述，叶盛之所以反对移民河套，是因为他认为河

---

① 《明宪宗实录》卷七，天顺八年秋七月乙亥，第171页。
② 《明宪宗实录》卷七，天顺八年秋七月乙亥，第171页。

套生态环境并不适合开展这一行动。但值得注意的是，在中国古代，河套经历了不断移民垦殖的历史过程。[①] 相应，在这一历史潮流中，明朝搁置河套的做法，便显得较为突兀。而这与明代河套的生态环境，直接相关。

具体而言，便是明代河套呈现了严重的沙漠化，不适宜推广大规模农业经济，相应移民河套也就缺乏经济基础。河套由南至北，依次包含今毛乌素沙地、鄂尔多斯高原、库布齐沙漠与河套平原。虽然多数地区并非完全没有农业垦殖的可能，但很显然，除了河套平原，其他地区都非常不适合农业垦殖，尤其无法推广大规模农业经济。毛乌素沙地便是如此。

历史学者惠富平、王思明指出，汉代移民河套导致当地呈现了沙漠化的现象。[②] 但考古学者将毛乌素沙地的起源向前追溯甚早。王炜林指出，至迟在汉代，甚至可能在夏代，毛乌素沙地便

[①] 蒙思明撰文概述了这一现象。"历代的武功时盛时衰，西北的外患亦时消时涨，河套的土地所有权既时得时失，因之而河套之开发亦时断时续。约略言之，河套的开发实开始于嬴秦，大盛于西汉，至东汉始日就凋零，这可谓河套开发的第一时期。经三国两晋的荒废，北魏又重新垦辟，隋唐踵北魏之后，到元和中复盛极一时，可与西汉并驾齐驱，而余风且波及于五代，这是河套开发的第二期。五代而后，遂继之以长期的荒芜，宋辽金的时代，西夏占有了河套，开发情形之可考者极有限；元与明初，虽有套地，而开发则缺如；直至清中叶而后，由民垦开始，再继之官垦，河套又有欣欣向荣之势。然为时不久而前功渐弃，直至如今，这是河套开发的第三时期。"蒙思明：《河套农垦水利开发的沿革》，《禹贡》第 6 卷第 5 期，1936 年。关于秦汉时期河套的开发，参见张久和《秦朝对古代内蒙古部分地区的统治和开发》，《内蒙古社会科学》（汉文版）2002 年第 3 期；刘磐修《汉代河套开发中的政府行为》，《内蒙古社会科学》（汉文版）2003 年第 4 期。

[②] "在国力强盛的时候，屯田以粗放耕作、平面拓展为特征，迅速向前推进，大片草原被开辟为农田；而农作物阻滞风沙，保持水土的能力要远远低于天然林草植被，这必然引起水土流失。当国力衰弱时，西北屯田便自动停止或退缩，人口大量内迁，居民点消失，土地弃置不耕，地面上失去了作物的覆盖，原有植被又很难恢复，水土流失便会加剧，一些沙漠边缘的土地则逐渐沙漠化。"惠富平、王思明：《汉代西北农业区开拓及其生态环境影响》，《古今农业》2005 年第 1 期。

已经产生，这既有考古学证据，也有其他学科的证据。① 而地质学者将毛乌素沙地形成年代进一步追溯到地质时期，并指出毛乌素沙地形成的主要因素是自然环境。何彤慧、王乃昂指出，距今200 万年的第四纪初期以来，毛乌素沙地就开始存在。先秦以来，气候波动与人类活动都是影响沙漠化变迁的重要因素，但明清以前这种影响较为轻微，不足以造成大范围、长时段的环境变迁。②

　　无论如何，包括毛乌素沙地在内的河套地区，沙漠化逐渐加剧。何彤慧、王乃昂指出："自秦汉以来，有大约 64.5% 的土地发生了程度不同的沙漠化。"③ 李开宇指出："元、明、清 600 多年，榆林地区所有的草地仅存十之二三。"④ 侯仁之指出唐宋时期河套沙漠化已经较为严重。他主要依据了两条史料。唐穆宗长庆二年（822）十月，"夏州大风，飞沙为堆，高及城堞"。⑤ 唐许棠作《夏州道中》一诗曰："茫茫沙漠广，渐远赫连城。"⑥ 夏州、赫连城都是指十六国时期建立大夏政权的匈奴首领赫连勃勃所创建的首都统万城，即今靖边县红墩界镇白城子村⑦。史念海也秉持相似的观点。"唐代后期，设于统万城遗址的夏州就已见到飞沙，其后日甚一日，统万城终于为沙漠所淹没，夏州也不能不因而废弃。"⑧ 史念海还从中国古代河套县治数目逐渐减少的角度，指出河套不断

① 王炜林：《毛乌素沙漠化年代问题之考古学观察》，《考古与文物》2002 年第 5 期。
② 何彤慧、王乃昂：《毛乌素沙地历史时期环境变化研究·前言》，人民出版社，2010，第 1—3 页。
③ 《毛乌素沙地历史时期环境变化研究·前言》，第 3 页。
④ 李开宇：《干旱区城市景观生态研究——以陕西榆林市为例》，《西安外国语学院学报》2002 年第 3 期。
⑤ （宋）欧阳修、宋祁：《新唐书》卷三五《五行志》，中华书局，1975 年标点本，第 901 页。
⑥ （道光）《榆林府志》卷四九《夏州道中》，台湾学生书局，1968。
⑦ 侯仁之：《从红柳河上的古城废墟看毛乌素沙漠的变迁》，《文物》1973 年第 1 期。
⑧ 史念海：《黄土高原考察琐记》，《中国历史地理论丛》1999 年第 3 期。

沙漠化，不便于推广农业。① 尽管此后西夏占据了河套，并在此长期经营，但宋乃平指出西夏西迁首都的原因之一，便是河套的沙漠化。② 邹逸麟指出，明代河套沙化缘于 15 世纪以来的气候变冷。③何彤慧、王乃昂指出，明清以来人类活动的强度逐渐增强，对于局部环境，尤其是水环境的影响，明显增强。④ 肖瑞玲指出，清代放垦，无论规模还是强度，都没超过造成环境恶化的临界值。清末放垦只是开了近代以来直到现代大面积垦辟脆弱草原的先河。这里既有清末统治者、民国以后北洋军阀和国民党统治时期造成的恶果，也有解放后人们对自然资源认识的盲目性、利用的不合理性造成的草原大面积土地沙化。⑤

　　明代属于气候史上的"小冰河期"，降雨减少，毛乌素沙地相应呈现了蔓延与扩张趋势。明代史籍大量记载了河套南缘沙漠化的现象。其中值得玩味的是，正统时期，榆林武将系统与陕西文官系统围绕河套南缘是否有草产生了严重的政治争执。正统时期，明朝鉴于陕北经济较为落后，并不向军队征收赋税，只命军队自己收割草料喂马。正统五年（1440）五月，"乙巳，命陕西延安、绥德沿边卫所各寨堡军余开种田野，子粒听其自给，惟输草束于

① "由秦及汉，下至隋唐时期，先后皆曾在鄂尔多斯高原设置过县治。县治的设置说明这里成为农业地区。可是愈到后来，设县的数目就愈形减少。这是长期经验的结果，说明在这里经营农业，不一定就能取得很好的成效。这里既已高寒，又由于森林遭受破坏，气候也相应地变得干旱，都于农业不利。而且土地易于起沙，似宜大量保持草原，发展畜牧事业。"《黄土高原历史地理研究》，第 431 页。
② 宋乃平：《西夏兴衰史中的地理环境》，《宁夏大学学报》（社会科学版）1997年第 2 期。
③ 邹逸麟：《明清时期北部农牧过渡带的推移和气候寒暖变化》，《复旦学报》（社会科学版）1995 年第 1 期。
④ 《毛乌素沙地历史时期环境变化研究·前言》，第 3 页。
⑤ 肖瑞玲：《清末放垦与鄂尔多斯东南缘土地沙化问题》，《内蒙古师范大学学报》（哲学社会科学版）2004 年第 1 期。

官".① 但七月，陕西按察司佥事李皋奏报，驻守神木县的陕西都指挥佥事施政、驻守高家堡的陕西都指挥佥事王信却指出本地天气寒冷，无草可割。"不及时督军采积秋青草，重敛其财，纵之闲逸，妄奏地寒无草。"② 宪宗对此严厉斥责："平时尚忍欺君，临阵岂能效死命。"③ 于是"命逮治陕西都指挥佥事施政、王信等罪".④ 最终二人遭到了处罚。十二月，"法司奏：'陕西都指挥佥事施政、王信妄言所守地无草可刈，且私敛所部，以资入奏者，当赎杖还官。'从之".⑤ 但值得注意的是，并不只是以上二人，陕北其他武将普遍反映自己辖区处于沙漠地带，无草可割。正统六年，陕西镇守文官陈镒在奏疏中指出，自己命令陕北军队割草，而各地武将都坚称自己辖地属于沙漠，无草可割。"令延绥各边堡采刈秋青草，而各堡执称沙漠无草。"⑥ 英宗派遣佥都御史王翱前往勘察，结果仍与正统五年一样，陕北各地实有草束。"然镒所言草实茂盛有余，宜令用心采刈，并取延安、绥德二卫屯田余丁，及本处守备军余，于寨堡附近给田耕种，量纳草束，以备补助，俱听协赞军务副使陈斌提督比较，仍令延安府拨民草二十万给之。"⑦

虽然文官、武将之间两次争执，都以武将落败而告终，但这并不能说明陕北草束十分茂盛。这是因为伴随仁宣以来士大夫政治复兴的潮流，文官地位高于武将，况且两次实地勘察都是由文官负责，可能会出现后者互相偏袒的情况。揆诸情理，陕北武将系统两次以天气寒冷、沙漠侵蚀为理由，应非毫无根据，至少可以证明这一时期，明代陕北地区确实存在一定的沙漠化现象。而王翱建议民众供

---

① 《明英宗实录》卷六七，正统五年五月乙巳，第 1284 页。
② 《明英宗实录》卷六九，正统五年秋七月丙寅，第 1346 页。
③ 《明英宗实录》卷六九，正统五年秋七月丙寅，第 1346 页。
④ 《明英宗实录》卷六九，正统五年秋七月丙寅，第 1346 页。
⑤ 《明英宗实录》卷七四，正统五年十二月己丑，第 1442 页。
⑥ 《明英宗实录》卷八六，正统六年闰十一月辛未，第 1719 页。
⑦ 《明英宗实录》卷八六，正统六年闰十一月辛未，第 1719—1720 页。

应军队部分草束，也反映出陕北草束并非特别茂盛。事实上，正统十一年，明朝便再次增加草束的供应量。"命延安各营军士每年自采秋青草应用，果有不敷，于附近府州县拨运供给，从户部右侍郎焦宏奏请也。"① 景泰时期，榆林、宁夏武将都再次表达了辖地属于沙漠，野草稀少的情况。景泰五年（1454），镇守延安等处的武将王祯奏："旧制各边骑操官马，俱于每年九月初，官给草料饲秣，至次年四月中，令军士牧之于野。近者，户部移文各边，非遇警不得擅给官草。然臣所居之地，沙漠无际，野草稀少。"② 请求保障草束的供应。"去冬官不给草，马多瘦损。设遇有警，何以调用？请如旧支给为便。"③ 获得了明朝的同意。景泰七年，明朝将草料数额固定了下来。"命陕西延绥等边冲官军骑操马匹，自本年十一月初一日为始，至明年正月终止，每匹给与官草一十五束，从参赞军务大理寺左少卿曹连奏请也。"④ 景泰、天顺年间，宁夏镇两任巡抚分别表达了本地沙漠无草与仅有蒿草的观点，与正统时期陕北武将所说如出一辙。⑤

成化初年，汤胤勣驻守孤山堡，一日，登临城堡，他感叹："四望黄沙，白草漫漫，吾一腔血，乃委于此耶？"⑥ 描绘出了一幅

---

① 《明英宗实录》卷一四二，正统十一年六月壬寅，第 2810—2811 页。
② 《明英宗实录》卷二三七，景泰五年春正月己未，第 5160 页。
③ 《明英宗实录》卷二三七，景泰五年春正月己未，第 5160 页。
④ 《明英宗实录》卷二七一，景泰七年十月戊午，第 5745 页。
⑤ "参赞宁夏军务右副都御史韩福奏：'花马池、兴武二营，地方沙漠无草，虽递年采收蓬蒿杂草，饲养不敷，马匹瘦损。乞敕户部计议，令镇守陕西右副都御史耿九畴同都布按三司，并巡按御史，于问拟囚犯该发延安、绥德等处纳粮草赎罪者，于内十分为率，摘拨三分，改发二营，纳草备用。'从之。"《明英宗实录》卷二五二，景泰六年夏四月庚寅，第 5448—5449 页。宁夏镇巡抚陈翼言："宁夏花马池、兴武二营地方，止生蒿草，递年采积，不堪养马。宜令宁夏并庆阳等卫所官吏、军民杂犯死罪、笞、杖、徒、流者，俱发二营，纳谷草以赎。"朝廷接受了这一建议。《明宪宗实录》卷三二八，天顺五年五月丁未，第 6753—6754 页。
⑥ （康熙）《延绥镇志》卷三之四《名宦志下·明》，《四库全书存目丛书》史 227 册，第 371 页。

沙地景观。成化中期，延绥镇巡抚余子俊也在奏疏中指出："定边、新兴、安边、永济四营堡俱系平漫沙漠去处，难以打堑挑壕，军马难于出入。"[①] 明代毛乌素沙地逐渐蔓延的态势，可以用榆林长城作为参照物，鲜明地反映出来。曹永年指出，万历二年（1574）至三十八年延绥中路的边墙之外，已经出现平墙大沙。[②] 顾琳指出，万历二十九年榆林城外流沙甚至侵入城内。[③] 韩昭庆指出，万历三十七年沙土已经掩埋了边墙，明军进行了清沙活动。[④] 但事实上，在此之前，沙土已经到达榆林长城。

肖瑞玲注意到，成化年间毛乌素沙地已蔓延到了榆林。[⑤] 但据目前所见史料，嘉靖以前，毛乌素沙地尚未到达榆林长城，嘉靖、隆庆时期，毛乌素沙地已开始普遍越过榆林长城沿线。曾在这一时期担任延绥镇巡抚的王遴，在奏疏中指出："臣抚属延、庆二府逼近河套，为秦晋门户。成化年间，该先抚臣余子俊开设城堡三十六处，并筑边墙一道。沿至近年，沙壅水决，鲜有完璧。"[⑥] 万历时期，榆林长城沿线士兵要不断扒出侵蚀到城堡中的沙土。万历二十年，麻贵改任延绥镇总兵后，[⑦] 便开始命士兵挖取沙土。"一日，维城见城外积沙及城，命余丁除之。承恩绐其众曰：'食不宿饱，且塞沙可尽乎?'卒遂噪。维城晓之曰：'除城沙，以防寇耳，非谓塞上沙也。'卒悟

---

① （康熙）《延绥镇志》卷六之一《艺文志·边务疏》（余子俊），《四库全书存目丛书》史 227 册，第 507 页。

② 曹永年：《明万历间延绥中路边墙的沙壅问题——兼谈生态环境研究中的史料运用》，《内蒙古师范大学学报》（哲学社会科学版）2004 年第 1 期。

③ 顾琳：《明清时期榆林城遭受流沙侵袭的历史记录及其原因的初步分析》，《中国历史地理论丛》2003 年第 4 期。

④ 韩昭庆：《明代毛乌素沙地变迁及其与周边地区垦殖的关系》，《中国社会科学》2003 年第 5 期。

⑤ 肖瑞玲：《清末放垦与鄂尔多斯东南缘土地沙化问题》，《内蒙古师范大学学报》（哲学社会科学版）2004 年第 1 期。

⑥ （康熙）《延绥镇志》卷六之一《艺文志·量复城堡官员疏》（王遴），《四库全书存目丛书》史 227 册，第 510 页。

⑦ 《明史》卷二三八《麻贵传》，第 6200 页。

而散。"① 虽然榆林军队不断"扒沙",但沙土却仍不断壅至长城一线。"而定边西郭之外,如南北二沙,虽有班军扒除,而人力不胜风力,奈散难聚易何?"② "定边西郭之外,南北二沙最为边患。除之复聚,徒烦畚插之劳,不若增筑砖墩之为因地制宜也。"③

不过,河套也并非完全不能开展农耕。毛乌素沙地之所以称为"沙地",而非"沙漠",缘于这一区域不仅有沙漠景观,还有其他多种生态景观,比如河流、湖泊、草甸、草原等生态景观类型。④ 借助于此,不仅鞑靼可以在此游牧,而且汉人也可以开展小规模农业,尤其在湖泊周边,还可以进行农业灌溉。⑤ 但伴随历史的演进,毛乌素沙地的湖泊逐渐减少。何彤慧、王乃昂指出:"毛乌素沙地的地表水环境在秦汉以来的2000年中发生了显著的变化,表现为湖沼湿地的萎缩和消失、外流河下切加剧水量减小、常年河变成时令河、众多泉眼消失等。"⑥ 除了少数靠近河流、湖泊的农田,其他都只是"沙漠田"或"滩地",收益极低。

以清代神木为例,长城以外便属于毛乌素沙地。"然疆域虽广,而近边数十里间,半成不毛之地。登高一望,平沙无垠。"⑦ 远离河流之地,都属于沙漠田。"惟有河之处,资水灌田,房民尚多。此外间有可耕者,即为沙漠田。"⑧ 十年之内只能耕种三年左

① 《明史》卷二二七《孙维城传》,第5966—5967页。
② (万历)《延绥镇志》卷一《舆图·延绥镇图说》,第69页。
③ (康熙)《延绥镇志》卷一之三《地理志·河套》,《四库全书存目丛书》史227册,第300页。
④ 邓辉、夏正楷等:《从统万城的兴废看人类活动对生态环境脆弱地区的影响》,《中国历史地理论丛》2001年第2期。
⑤ "毛乌素沙区生长期还较长。从日数看,只要适时播种,注意防霜冻、防风沙,一般作物均可完成生长,就是水稻、棉花等作物在东南部地区,注意选择品种等也可完成生长。"《毛乌素沙区自然条件及其改良利用》,第27页。
⑥ 《毛乌素沙地历史时期环境变化研究·前言》,第2页。
⑦ (民国)《神木乡土志》卷一《地理·边外属地疆域》,台湾成文出版社,1970,第13页。
⑧ 《神木乡土志》卷一《地理·边外属地疆域》,第13页。

右，其他时候只能撂荒休田。"边外有沙漠田者，能生黄蒿，俗名
'沙蒿'，生既密，频年叶落于地，籍以肥田，如是或六七年，或
七八年，蒿老而地可耕矣。然仅种黍两年，两年后复令生蒿，互
相辗转，至成黄沙而止。"① 而处于凹处的"滩地"，则容易被淹。
"又有名为'滩地'者，地质潮润，能产五谷，但周围隆起，无出
水之道，猝有淫雨，即一片汪洋矣。"② 光绪《靖边县志稿》也指
出陕北靠近伊克昭盟即河套地区，沙漠占据绝大部分。

> 陕北蒙地，远逊晋边，周围千里，大约明沙、扒拉、墱
> 滩、柳勃居十之七八，有草之地仅十之二三。明沙者，细沙
> 飞流，往往横亘数十里。扒拉者，沙滩陡起，忽高忽陷，累
> 万累千，如阜如邸，绝不能垦。墱滩者，低平之地，土粗味
> 苦，非墱非盐，百草不生。柳勃者，似柳条而丛生，细如人
> 指，仅长三五尺，夏发冬枯，蒙人仅借以围墙，并作柴烧，
> 但连根盘错，其地亦不能垦。③

---

① 《神木乡土志》卷一《地理·边外属地疆域》，第 13—14 页。之所以会这样，
是由土壤的肥力所决定的。"在没有灌溉的地方仍然有农业活动，但收成不稳
定，开垦后两三年土壤肥力大为降低，只好撂荒或弃荒。又因雨量年变率大，
常常几年连续湿润，在沙丘上造林种草取得成功，旱作也取得较好的收成。但
遇连续几年干旱时，甚至连许多湖水都会干涸。在干旱年代，往往草类枯死，
土壤加速沙化，肥力大大降低，甚至已固定的沙丘都变为流沙。"《毛乌素沙区
自然条件及其改良利用》，第 156 页。"在不宜农耕的缺水或无水荒漠草原上开
垦且不追加土壤肥力，一般三年就得弃地再开，而不能再耕的土地，往往变成
牧草稀疏的严重退化草场，甚至变成明沙。例如四十年前开垦的撂荒地，草场
植被至今仍未恢复，成为不毛之地。"《明清内蒙古西部地区开发与土地沙化·
乌拉特中旗草原沙化调查报告》，第 209—210 页。"鄂托克旗北的新召地，叫
阿山，当时都是非常好的草场。但开了后都只吃一年，后来宁夏大批（移民）
逃荒到伊盟要麦子，都植了一年，第二年全部沙化。沙子上有一层土，大量的
开荒，什么也没留，就是留上一点也解决不了问题，把那层草一去就完了。"
《明清内蒙古西部地区开发与土地沙化》，第 241 页。
② 《神木乡土志》卷一《地理·边外属地疆域》，第 14 页。
③ （光绪）《靖边县志稿》卷四《艺文志·同安边厅勘查蒙地会禀道宪》（丁锡
奎），第 353 页。

草地很少，即使有少部分草地，也必须有雪水滋润，才能长出马吃的草料。

> 此外并无深林茂树、软草肥美之地，惟硬沙梁、草地滩，可垦者绝少。往西一带，又苦无水，不能居住，偶有草地，必待冬月积雪，然后放马可以暂到。年来草厂不旺，蒙民生计甚艰，若再开垦生地，蒙民实更穷迫。①

河套地区除毛乌素沙地、库布齐沙漠不便于农业垦殖以外，其他地区相对而言，生态条件有所改善，但也十分恶劣。田广金、郭素新指出："西部区黄河一曲的内蒙古中南部，地处中国北方季风区的尾闾，是东南季风、西南季风和西风环流交互影响的地区，气候变化格外敏感。"② 由于气候变化剧烈，经常发生各种自然灾害，尤其以旱灾发生频率最高。地处河套南部的乌审旗，便流传着"十年九旱"与"三年一小旱，十年一大旱"的说法。"每逢旱灾，大量农田、草场延误播期，推迟返青，禾苗早衰，牧草枯黄，地上无草，井里无水，粮食减产，牲畜死亡。"③ 虽然可以引水灌溉，但明代降雨减少，河套地区可资利用的地表水有所减少。河套地区的现代农业，可以采取深井灌溉技术，④ 但明代并无这项技术。在无法有效应对旱灾的前提下，河套地区的农业垦殖基本

---

① （光绪）《靖边县志稿》卷四《艺文志·同安边厅勘查蒙地会禀道宪》（丁锡奎），第353—354页。

② 田广金、郭素新：《北方文化与草原文明》，《内蒙古文物考古文集》第2辑，中国大百科全书出版社，1997，第3页。

③ 《明清内蒙古西部地区开发与土地沙化》，第223页。

④ "河套平原的前套地区的井灌比较普遍，黄河南岸平原的仅见于达拉特旗。土默特左旗、土默特右旗一带，打井深度为10米左右，达拉特旗井深30—50米，据他们的经验说，一般打一眼深30—50米的机井，费用不超过一千元。"孙金铸：《河套平原自然条件及其改造》，内蒙古人民出版社，1977，第200页。

是靠天吃饭，缺乏稳定性。[1] 相应，有限的河流地带便成为河套地区相对稳定的农业经济集中区域，这便促使河套农业呈现出插花而非普遍分布的特征。这相应给明朝的管理带来了巨大难题。直到民国时期，河套农业垦殖仍然呈分散状态。"前套之地多沙梁、山岭，沿河虽有淤地，荒熟错综，皆系小片段，约略计之，或数顷，或数十顷。"[2]

与其他河套区域不同，河套平原又称"后套"，即今包头地区，是黄河冲积平原，土地肥沃，灌溉便利，历史上一直有"黄河百害，唯富一套"的说法。秦汉、隋唐时期，在收复河套的基础上，北上阴山边疆，构建防御体系，从而将包括后套在内的整个河套，都建立起有效的军事保障。相应，为供应阴山军队，秦汉、隋唐王朝都努力移民河套，开垦农业。与之不同，明朝放弃了东胜地区，如果在后套移民垦殖，将会直接暴露在鞑靼骑兵之下，并不适宜于移民后套。

即使秦汉、隋唐具备移民河套的条件，也耗费了巨额财政。秦朝曾经收复河南地，即河套，但在内乱冲击之下，最终放弃这一地区。西汉公孙弘曰："秦时尝发三十万众筑北河，终不可就，已而弃之。"[3] 西汉武帝时，接受主父偃的建议，在河套设置朔方郡。"偃盛言朔方地肥饶，外阻河，蒙恬城以逐匈奴，内省转输戍

---

[1] "农业生产水平低而不稳定，对自然条件依赖性极大：如前所述，本区大部分是旱作农业，农业生产水平很低，农业生产丰歉，在很大程度上取决于天然降水和自然灾害的情况。……粮食单产高低和当年降水量多少的变化基本上是一致的。在一般情况下是多雨年丰收，中雨年平收，小雨年歉收。这种一致现象在鄂托克旗表现最为明显，在十四年中，该旗有三个丰收年，都是年降水量在300—400毫米的多雨年份；四个歉收年都是年降水量在200毫米以下的少雨年份。因此，在本区降水变率大的影响下，必然造成生产水平低和不稳定。"《毛乌素沙区自然条件及其改良利用》，第194—195页。

[2] 《西北垦殖计划·调查河套报告书》，载《中国西北文献丛书续编·西北史地文献卷》第10册，第41页。

[3] 《汉书》卷六四上《主父偃传》，第2803页。

漕，广中国，灭胡之本也。上览其说，下公卿议，皆言不便。……朱买臣难诎弘，遂置朔方，本偃计也。"① 为充实朔方郡，西汉从山东地区征发数十万人，移民垦殖。"兴十万余人筑卫朔方，转漕甚辽远，自山东咸被其劳，费数十百巨万，府库益虚。"②"乃徙贫民于关以西，及充朔方以南新秦中，七十余万口，衣食皆仰给于县官。数岁，贷与产业，使者分部护，冠盖相望，费以亿计，县官大空。"③ 但效果并不尽如人意，当地陷入了严重的财政危机。"新秦中或千里无亭徼，于是诛北地太守以下，而令民得畜边县，官假马母，三岁而归，及息十一，以除告缗，用充入新秦中。"④ 伴随西汉的衰微，匈奴再次进入这一地区，当地军民成为壮大匈奴力量的重要来源。

万历《延绥镇志》明确指出，移民河套、固定控制需要在合适的时代背景下，具有雄才大略的人物才能实行。"犁庭扫穴，故自美谈；拓土开疆，亦非浅略。然此必有非常之人，得非常之时，遇非常之主，而后当徐徐图之。"⑤ 单纯出于好大喜功，将会产生

① 《汉书》卷六四上《主父偃传》，第 2803 页。
② （汉）司马迁：《史记》卷三〇《平准书第八》，中华书局，1959 年标点本，第 1421—1422 页。刘磐修对西汉开发河套的财政支出进行了全面考察。"汉代为开发河套投入了巨额的财力和物力。移民费用是汉代国家在河套经济投入的第一大项。迁往河套的移民多为'关东下贫'，他们因天灾人祸而一贫如洗，迁往河套的费用要由国家全部承担。这些移民是应募而往，其招募费、行装费、安家费及前几年的生活费，几乎全由国家发给，因此开支巨大。……移民到达目的地后，国家不仅授予土地，建造房屋，而且还给食粮、耕牛、种子等生产生活资料。……兴修水利和筑城的工程费用，是汉代国家在河套经济投入的第二大项。……军事屯田和安置归附匈奴为第三和第四大项，两者的费用估计与筑城费用相近，约百亿钱。以上各项开支相加，总额约在 700 亿左右。……西汉河套大规模开发持续 100 年，诸项开支总额 700 亿是接近实际情况的。汉代对河套的经济投入主要集中于汉武帝时期，巨额开造成国库空虚。武帝时实行算缗告缗之法，增收财产税、商税和车船税，其收入主要用于河套开发。"刘磐修：《汉代河套开发中的政府行为》，《内蒙古社会科学》（汉文版）2003 年第 4 期。
③ 《汉书》卷二四下《食货志下》，第 1162 页。
④ 《汉书》卷二四下《食货志下》，第 1172 页。
⑤ （万历）《延绥镇志》卷六《河套·经略河套考》，第 492 页。

巨大隐患。"若一旦逞雄谈、喜幸功，欲以襟三城而沼九曲，光旧物而耀新封，窃虞乎不必然也。"① 当时明朝并未真正控制河套。"夫河套与松山不侔，流夷与止虏迥异。毋论套游众而驻牧久，不能电驱而风扫之。"② 即使已经真正控制了河套，修筑城堡，进行防御，短时间内也无法完成。"即使草木皆兵，腥膻受逐，势必随时而防，列城而守，则版筑工徒能具瞬息乎？屯戍士卒何从行伍乎？"③ 这等于将大量民众暴露在鞑靼骑兵的威胁之下，将会产生巨大的军事灾难。"自上郡移榆中，数百里已荒落，一旦移河外，地广人稀，何以实之？夫以必争之地，企偶幸之天。瓦注非巧，噬脐何及？"④

明末著名地理学家王士性也明确指出，唐代以来河套长期被北方族群所占据。"河套虽古朔方之地，但汉、唐来弃之已久。"⑤河套空间广阔，只适宜于北方族群游牧，不适宜于汉人农耕。"起宁夏至黄甫川，黄河北绕二千五百里即南，自川至定边亦一千三百里，以围径求之，当得纵横各一千二百里余。其中皆芜野荒原，惟虏可就水草住牧，安得中国人居之？"⑥ 由于无法推广汉人文明，即使移民河套，也无法保障这一地区，反而会耗费巨额财政。"即迁人实之，从何得室庐耕作？所谓得其地不足田，得其人不足守。幸而曾议不成耳。即成，费国家金钱数百万，取之终亦必弃，为虏复得。"⑦

第五节　明初空置河套的地缘政治根源

成化时期，明朝并未移民河套，固定控制该地，与西北地区

---

① （万历）《延绥镇志》卷六《河套·经略河套考》，第492页。
② （万历）《延绥镇志》卷六《河套·经略河套考》，第492页。
③ （万历）《延绥镇志》卷六《河套·经略河套考》，第492页。
④ （万历）《延绥镇志》卷六《河套·经略河套考》，第492页。
⑤ 《广志绎》卷三《江北四省》，第52页。
⑥ 《广志绎》卷三《江北四省》，第52页。
⑦ 《广志绎》卷三《江北四省》，第52页。

的财政危机和河套的沙漠化，具有直接关系。秦汉、隋唐时期河套生态环境固然要比明代稍好一些，但移民河套、展开军事布防，同样耗费了大量财政，给西北社会带来了沉重压力；秦汉、隋唐王朝却仍不断进入河套。可见，除了因为客观的沙漠化与财政危机之外，明朝并未移民河套，还和其主观意愿密切相关。事实上，与秦汉、隋唐在建国伊始便重点经营河套不同，明朝从开国之初，便呈现对河套的冷漠态度。之所以呈现这种历史差异，根源在于明朝政治重心东移，导致河套地位严重下降。

中唐以前，强大的北方族群匈奴、西羌、突厥、吐蕃、回鹘等多崛起于阿尔泰山附近，向东进至祁连山、阴山以北地区，并进一步向东部扩展，占领整个蒙古高原。虽采取游牧方式，单于庭不断迁徙，但大体以和林（今蒙古国哈尔和林）或其东部，即三河发源之地，或其西部杭爱山，为政治中心。① 因此北方族群南下汉地、中原王朝北进草原，多从河套两侧，即西侧乌拉山、贺兰山之间缺口之处，东侧大青山、狭义太行山之间缺口之处进入。秦汉、隋唐皆定都关中，从而在关中西北、东北加强防御，即以乌拉山、大青山为核心，在西部贺兰山、东部太行山区域加强攻防建设。秦汉以前，即上古时期，华夏政权及后来的中原王朝与北方族群在北部边疆的对峙与拉锯，尤偏重于大青山、祁连山之

---

① 在汉武帝多次出兵打击之下，匈奴政权重心进一步向西北收缩。"乌维单于立十岁而死，子乌师庐立为单于。年少，号为儿单于。是岁元封六年也。自此之后，单于益西北，左方兵直云中，右方直酒泉、燉煌郡。"《史记》卷一一〇《匈奴列传》，第2914页。"其明年（太初二年）春，汉使浞野侯破奴将二万余骑出朔方西北二千余里，期至浚稽山而还。"南北朝时期，突厥控制了内亚东部。"其地东自辽海以西，西至西海万里，南自沙漠以北，北至北海五六千里，皆属焉。"而"可汗恒处于都斤山"。（唐）令狐德棻等：《周书》卷五〇《异域传下·突厥》，中华书局，1971年点校本，第909、910页。都斤山，为今蒙古国杭爱山之北山。隋末唐初，突厥趁中国纷乱，再次强盛。"始毕可汗咄吉者，启民可汗子也。隋大业中嗣位，值天下大乱，中国人奔之者众。其族强盛，东自契丹、室韦，西尽吐谷浑、高昌诸国，皆臣属焉，控弦百余万，北狄之盛，未之有也。"《旧唐书》卷一九四上《突厥上》，第5153页；《史记》卷一一〇《匈奴列传》，第2915页。

间。"两汉警于西北。"① 魏晋以至隋唐，即中古时期，中原王朝、北方族群的对峙与拉锯，尤偏重于大青山、太行山之间。②

但"安史之乱"标志着东北族群的强势崛起，经历"安史之乱"之冲击，西北地带在唐朝与突厥、回鹘、吐蕃长期作战之后，经济已趋于凋敝，地缘格局上也面临西北族群的威逼，中原王朝经济、政治中心于是向东南转移，经济中心由关中地区逐渐转移至黄河流域、长江流域，政治中心也由关中渐次东移至洛阳、开封、临安、南京、北京。而中唐以后突厥、回鹘西走之结果，便是东胡系北方族群开始崛起于蒙古东部大兴安岭草原—森林交界地带，逐渐向西迁移，占领整个蒙古高原。亚洲内陆地缘政治之重心，由于南北双方各自政治中心的转移，而相应呈现东移的趋势。中原王朝、北方族群争夺的焦点在中部边疆基础之上，又呈现重视大兴安岭、长白山中间地带，即东部边疆的倾向。③

在这一地缘政治形势下，近世时期中原王朝、北族政权皆十分关注长白山、大兴安岭的经营。北方族群南下，比如金灭辽、元灭金，皆从东北南下。清朝崛起地在外兴安岭以南，由这一地域出发，统一了亚洲内陆与南北平原。有鉴于此，清康熙时期，朝鲜李颐命称："臣窃稽唐宋以来，胡夷之乱华者，多起东北。"④

---

① 《魏书》卷六九《袁翻传》，第 1673 页。

② 关于突厥与隋唐王朝的争战史，可参见吴玉贵《突厥汗国与隋唐关系史研究》，商务印书馆，2017。

③ 关于五代以至宋金北疆军事与开发，可参见林荣贵《中国古代疆域研究自选集》，中国社会科学出版社，2015；林荣贵《辽朝经营与开发北疆》，中国社会科学出版社，1995；韩茂莉《草原与田园——辽金时期西辽河流域农牧业与环境》，生活·读书·新知三联书店，2006。关于明朝经营东部边疆的历史，可参见杨旸、袁闾琨、傅郎云《明代奴儿干都司及其卫所研究》，中州书画社，1982。

④ 〔朝鲜〕李颐命：《甲申燕行录·辽蓟关防图序》，载弘华文主编《燕行录全编》第 2 辑第 4 册，广西师范大学出版社，2012，第 167 页。

同样，中原王朝北上大漠，比如明朝进攻蒙古，也首先经营辽东，并进一步控制外兴安岭以南之地，从而剪除其左翼。明朝、北元的对峙，也将太行山、长白山即东北边疆作为首要地带与优先地区。在东北边疆问题大体解决后，始将目光转向西北边疆。直到正统时期，明朝对西北边疆多番经营后，其防御力量相对于东北边疆，仍相差较大。①

关于明代北部边疆重东轻西的地缘选择，明人多有关注。嘉靖时期，俞大猷认为明朝北疆重心在东北。"我明自太宗以后，定鼎于燕，实以胡虏种类布列于东北塞外，燕、蓟乃最要之区，故建都以镇压之。"② 这一时期，山西巡抚赵时春通过对比唐、明的北疆格局，指出二者北疆战略重心明显不同。"唐重西而轻北，我重北而轻西耳。"③ 同时期周弘祖也明确指出明朝急东北、缓西北之地缘特征。"秦、汉备边，所急在西北，上谷、北平为缓。我朝所急在东北，甘肃、宁夏为缓。秦、汉急西北，故秦塞起临洮，汉武置朔方，缓东北也。神京以辽东为左臂，宣、大为右臂，古北口、永宁、居庸为脑后。"④ 隆庆时期劳堪得出了相似的结论。"故自其常论之，则京后为最急，宣、大次之，辽东次之，陕西又次之。"⑤ 隆庆时期，宣大山西总督陈其学也在奏疏中指出："所谓大势者，京师是也。所谓大机者，宣大是也。往时边臣有议复河

---

① "靖远伯王骥奏：'比者奉命巡边，自延绥至肃州，东西逶迤六千余里，守备官军舍余不过五万六千余人，猝有侵轶，恐不足用。'事下，兵部议甘肃已有四万二千八百人，足以守备。惟宁夏、延安军少，乞遣官于河南都司属卫，并潼关卫拣选精勇者三千人，分为二班，宁夏增一千，延安增五百。上命巡按御史及都司委廉干官，于属卫如数精选，仍委公正有勇略都指挥提督训练，以候调发。"《明英宗实录》卷一二九，正统十年五月丙子，第2566页。

② （明）俞大猷：《正气堂续集》卷三《王桂峰荣转南都前府管事序》，载廖渊泉、张吉昌整理点校《正气堂全集》，福建人民出版社，2007，第615页。

③ 杜志强整理《赵时春文集校笺》卷六《备边杂议考序》，天津古籍出版社，2012，第270页。

④ （明）周弘祖：《燕京论》，载《天下郡国利病书·北直隶备录上》，第31—32页。

⑤ （明）劳堪：《京都形势说》，载《天下郡国利病书·北直隶备录上》，第32页。

套者，不知汉唐都关中，以河套为急。我朝都燕京，以宣大为重。宣大者，即汉唐之朔方也。"[1] 明末地理学家王士性也指出："前代都关中，则边备在萧关、玉门急，而渔阳、辽左为缓。本朝都燕，则边备在蓟门、宣府急，而甘、固、庄、凉为缓。"[2] 顾炎武也指出唐、明北疆重心呈现了由西至东的地缘转变。"汉之边在北，长安去朔方千余里。唐边在西，去吐蕃亦几千里。今京师北抵居庸，东抵古北口，西南抵紫荆关，近者百里，远不过三百里。居庸则吾之背也，紫荆则吾之喉也，卒有急，则扼吾之喉而拊吾之背。"[3] 清代乾隆四十一年（1776），朝鲜使臣李坤同样表达了明朝重东北的观点。"皇明代元而兴，忧在东北，故太祖首置北平府，而宿重兵。自居庸、山海以至沈阳，关外诸城堡无非洪武初设置，而传至建文，北方偏重，已有靖难之举。永乐以后，遂弃南京而移都于燕，尤为专意东北。"[4] 明朝最终灭亡，也是亡于东北。"天下之力，尽萃于东北，以致南方空虚，流贼猖獗，莫可禁制，而清人拱手以收渔人之功。此奚异于筑城备胡，而反亡于关东盗耶？"[5]

中古以前，河套处于中原王朝、北族政权政治重心之间，既是中原王朝抵御北方族群的外围防线，又是中原王朝北进蒙古高原的战略跳板。秦汉修筑阴山长城，阻隔匈奴南下河套；[6] 唐朝在阴山以南筑三受降城，全面覆盖河套以北。[7] 这一重要战略位置，

---

[1] （明）张居正等：《明穆宗实录》卷二二，隆庆二年七月癸亥，中研院历史语言研究所，1962 年校印本，第 594 页。

[2] 《广志绎》卷一《方舆崖略》，1981，第 12 页。

[3] 《天下郡国利病书·北直隶备录上》，第 43 页。

[4] 〔朝鲜〕李坤：《闻见杂记》，载《燕行录全编》第 3 辑第 2 册，第 178 页。

[5] 《闻见杂记》，载《燕行录全编》第 3 辑第 2 册，第 178 页。

[6] 翦伯赞认为："汉王朝在阴山一带的战略部署，至少有三道防线，第一道防线是阴山北麓的峪口和更远的地方，第二道防线是阴山南麓的峪口，第三道防线是黄河渡口和鄂尔多斯东北一带。"翦伯赞：《内蒙访古》，《人民日报》1961 年 12 月 13 日。

[7] 李宗俊：《唐前期西北军事地理问题研究》，中国社会科学出版社，2015，第 35、71—72 页。

相应是秦汉、隋唐在建国之初，向河套移民垦殖的地缘政治根源。但在"安史之乱"冲击之下，唐朝不得已从西北全面撤退，以应对叛乱之局。伴随寒冷期再次到来，河套沙漠化进一步加剧，中原王朝、北方族群对于这一地区的重视程度，都有不同幅度的下降。五代、两宋与契丹、金朝对峙时期，双方的政治重心都靠近东部。而地处西北的河套，相应从中原王朝、北方族群争夺的核心地区，逐渐沦为边缘地区。河套于是成为介于农耕、放牧族群之间的党项人的盘踞之地。党项人为适应河套生态环境，在这里推广农牧混合经济，利用中原王朝、北方族群争夺东北边疆的时机，生存了近两百年。成吉思汗的死亡，进一步推动河套走向边缘。

成吉思汗在攻打西夏未果，卒于六盘山后，便被按照蒙古"密葬"习俗，秘密埋葬。"元朝官裹，用栲木二片，凿空其中，类人形大小合为棺，置遗体其中，加髹漆毕，则以黄金为围。三圈定，送至其直北园寝之地深埋之，则用万马蹴平。俟草青方解严，则已漫同平坡，无复考志遗迹。岂复有发掘暴露之患哉?"[1] 无论负责、目睹成吉思汗葬礼之人，都被屠杀之事是否属实，蒙古密葬习俗已使成吉思汗墓地所在，成为后世无法解开之谜。在众多成吉思汗墓地所在地推测中，河套吸引了最多的目光。清代便有成吉思汗葬于河套的记载。"元太祖陵，在河套中间，不封不植，深埋于地下。葬后放马十万匹，使土平草长，了无痕迹，然后挈去之。"[2] 当代历史、考古学者依据文献记载、考古发掘，指出成吉思汗死后，很有可能葬于距离死亡地六盘山较近的河套地区，具体位置可能便是位于今鄂尔多斯市伊金霍洛旗的成吉思汗陵；也可能是附近的阿尔寨石窟，《蒙古秘史》《史集》《蒙兀儿

---

[1] 《草木子》卷三下，第60页。

[2] （清）冯一鹏：《塞外杂识》，商务印书馆，1936，第8页。

史记》等所载成吉思汗葬地周围景观与其地形非常吻合，河套地区也长期流传成吉思汗葬于此地的传说。

无论成吉思汗是否葬于河套，成吉思汗陵已使河套成为蒙元祭祀成吉思汗最重要地区。在蒙古观念中，人死后灵魂会附着于驼毛之上，之后遗体便不再重要，可轻易处理。驼毛与死者衣冠放在一起所形成之衣冠冢，比遗体更为重要，是后人祭祀的对象。成吉思汗陵是成吉思汗衣冠冢所在，据称 20 世纪 50 年代打开银棺时，曾发现驼毛，并且棺中尚有遗骨。自窝阔台汗后，蒙元帝国规定每年都在成吉思汗陵，举行祭祀成吉思汗的最高规格典礼——查干苏鲁可祭典。因此，河套在蒙古观念中，是祭祀成吉思汗圣地。值得注意的是，夹在中书省、陕西行省、甘肃行省之间的河套地区，在有元一代，一直归忽必烈系黄金家族管理，属于皇族封地，[1] 既不大规模设置机构，[2] 也不推广农牧业，人口尤少，[3] 种种迹象都表明了蒙元帝国将河套视为祭祀，甚至可能是埋葬成吉思汗的圣地，为保持周边宁静，从而由皇族亲自管理，尽可能避免经济、政治建设。可见，无论是由于夏、蒙之际河套人口大量减少、土地沙化，还是由于河套是成吉思汗祭祀、埋葬圣地，河套在蒙元时期成为经济、政治建设甚少，甚至被遗忘之角

---

① 梁冰：《鄂尔多斯历史管窥》，内蒙古大学出版社，1989，第 107 页。达力扎布指出河套是忽必烈第三子安西王忙哥剌的封地。《明代漠南蒙古历史研究》，第 1 页。

② 周清澍认为元朝于河套设置察罕脑儿，充作驿站与牧场，位于今伊克昭盟乌审旗古城。参见周清澍《从察罕脑儿看元代的伊克昭盟地区》，《内蒙古大学学报》（人文社会科学版）1978 年第 2 期。《中国历史地图集·元代卷》将察罕脑儿站标于红柳河中游，今横山西北套内。《中国历史地图集·明代卷》标察罕城于乌审旗白城子（古城）。但从明实录记载来看，察罕脑儿实处宁夏，并不在河套。参见下文。

③ 周松指出察罕脑儿所辖四千户所有一万五千人。《明初河套周边边政研究》，第 31 页。这一数字相对于数十万平方公里面积的河套，显得十分渺小。如果考虑到察罕脑儿位于河套南缘，河套仅是其管辖地之一，那么将元代河套视为空旷无人地区，也不为过。

落。这便使河套在数千年喧嚣历史中，陡然进入一段寂静时光，并深刻影响了明前期对待河套的态度。

明朝先后建都南京、北京，政治重心进一步东移。而鞑靼南下的路线，也都是从蒙古高原东部南下，向西进入阴山边疆。因此，明蒙对峙的重心，也是在东部边疆。在这种地缘政治下，河套的战略地位进一步下降。明初在河套便延续了蒙元历史脉络，采取"空置"的态度。洪武四年（1371），明军占领河套，不仅未固定驻守，而且采取迁徙套人、空置其地做法。"（洪武）四年，大将汤和兵攻察罕脑儿，擒猛将虎臣。镇军将谢成等降其众，并省入内地，河套遂墟。"① "（余）子俊又上疏言陕西有三边，延庆、宁夏、甘肃三边之中，延庆为内地。国初，驱套人出黄河外。至正统中，始渡黄河犯近边。"② 可见套人流向有两种可能，一为迁入内地，一为驱赶出套。关于套人种族所属，明代史籍并未明确记载，但从余子俊所上奏疏前后语境，似乎所驱为蒙人。王天顺便持这一观点，认为成吉思汗南下攻灭夏、金，蒙古部众随之星罗棋布地分布于河套。明朝占领河套后，蒙古部落随之北迁，明军也驱逐或俘虏残留蒙古部众，企图在河套北缘制造无人区，作为蒙古南下缓冲地带。③ 洪武时期，明朝将山西民众大规模迁往河北，甚至山东，却丝毫未及一河之隔、荒无人烟的河套地区，从而与秦汉、隋唐时期开国之初都向河套大规模移民垦殖，形成鲜明对比，由此可见河套在明代北疆战略布局中的边缘地位。

洪武时期，明朝为防止蒙古南下河套，除设置东胜诸卫以外，还在黄河南北，修筑长城。顾祖禹在《读史方舆纪要》一书中，记载了这段长城。"者者口，在河套北，北敌入套之冲也。明初置

---

① （万历）《延绥镇志》卷三《纪事》，第 223 页。
② （康熙）《延绥镇志》卷三之四《名宦志下·明》，《四库全书存目丛书》史 227 册，第 371 页。
③ 王天顺：《河套史》，人民出版社，2006，第 331 页。

墩四十于黄河南，列障者者口以为守御。又有加塔、刺马、安赤步等口，俱为守御处云。"① 周松依据成化年间，兵部尚书王复所奏"洪武间，东胜迤西，路通宁夏，墩台基址尚存。永乐初，残胡远遁，始将守备军马移入延绥，弃河不守"，② 认为这一墙垣是洪武时期所筑，以防御蒙古。③ 魏焕在《皇明九边考》一书中记载，河套长城在洪武时期便已被放弃。"今按河套边墙，自国初耿炳文守关中，因粮运艰远，已弃不守，城堡、兵马、烽堠全无。"④《明英宗实录》记载，永乐时期宁夏镇在河套长城附近牧马。正统八年（1443），宁夏镇参将王荣奏："宁夏官马永乐中每年四月，俱于高台寺至陆墩沿河一带，地阔草蕃之处牧放。比至五月，移于高家闸、白烟墩、观音湖凉爽水冷之处，水草以时，马得蕃息。"⑤ 高台寺在今宁夏银川市兴庆区高台寺村。陆墩、白烟墩的地名，反映出永乐时期河套西南也建有墩台。而清初查继佐则指出河套长城修筑于东胜卫内徙之后。"国初，敌迤河外，延绥以宁。自东胜既失，北马南渡，始创边台墩垣于河之口。"⑥

第六节 明前期河套周边薄弱的防御体系

明代史籍与当代研究多将东胜视为河套的屏障。虽然这一结论无问题，但值得注意的是，按照明朝的设计，东胜诸卫的防御重心是在河东，而不是河套。东胜卫是在东胜州基础上建立起来。

---

① 《读史方舆纪要》卷六一《陕西十·榆林镇·白城子》，第2938页。
② 《明宪宗实录》卷四〇，成化三年三月丙寅朔，第799页。
③ 《明初河套周边边政研究》，第107—108页。
④ 《皇明九边考》卷一《镇戍通考·边墙》，《四库全书存目丛书》史226册，第13页。
⑤ 《明英宗实录》卷一〇三，正统八年夏四月庚子，第2085页。
⑥ （清）查继佐：《罪惟录》志一二《九边志·延绥镇》，浙江古籍出版社，1986，第750页。

辽、金、元时期，东胜州一直与山西隶属同一行政区划。[1]

洪武时期，明朝鉴于北元余部仍居大漠东部，因此将东胜诸卫的位置，选在了唐东受降城旧址及其以东，既控遏蒙古由东北而来进入河套的道路，又控制蒙古南下大同、山西的道路。在隶属关系上，洪武时期东胜诸卫也一直隶属山西行都司，而非陕西都司。可见，东胜诸卫的定位是控制河套东北。对于东胜诸卫的这一战略设计，明人也十分清楚。尹耕称："弃东胜。……由是偏头邻于犬羊，而全晋以北单矣。岂惟全晋五原、云中，赵武灵所欲下甲咸阳者也，此而不守，则右臂断，全陕危矣。"[2]

不过，明人仍然更多地将东胜诸卫与山西防御联系在一起。嘉靖时期，廖希颜指出："三关以东胜、大同为屏蔽，其略之也，宜也。"[3] 万历年间，"兵部复议国初守在东胜，其后退保偏关，已非盛时事。"[4] 这一时期宣大山西等处总督杨时宁等也指出："北虏据东胜而三关困矣，西虏据河套而偏老危矣，泽、潞、太原、忻、代相继而犯，而全省且骚动矣。"[5] 天启年间张萱也认为：

> 黄河东北，旧有东胜城，与大同大边、兴和、开平相联通为一边，外狭内宽。复设偏头、宁武、雁门三关十八隘口于内，以为重险。往年，东胜、开平能守，三关未为要害。正统以来，东胜、开平俱失，三关独当其冲，特无住牧之虏，防守尚易。弘治十四年以后，虏住套中，地势平漫，偏头关

---

① 辽、金时期，东胜与大同诸地同属西京道或西京路。《辽史》卷四一《地理志五·西京道》，第514页；《金史》卷二四《地理志上·西京路》，第569页。元时皆属河东山西宣慰使司。《元史》卷五八《地理志一·河东山西宣慰使司》，第1376页。
② 《两镇三关志》卷九。
③ （明）廖希颜：《三关志·志引》，《续修四库全书》第738册，第674页。
④ 《明神宗实录》卷四四，万历三年十一月庚子，第991页。
⑤ （明）杨时宁等：《宣大山西三镇图说·山西镇图说》，台湾正中书局，1981，第401—402页。

逼近黄河焦家坪、娘娘滩、羊圈子地方，皆套虏渡口，往来
蹂践，岁无虚日，保障为难。今三关要害虽同，偏头尤急。①

明末清初顾炎武也秉持同样的观点。"唐筑受降城，守在河
外，汉用主父偃之策，据河为守。国初弃置丰州，独卫东胜，已
失四面之险。逮正统以后，又复弃去东胜，大同藩篱日薄矣。"②
"山西初守东胜，东胜失而后退守偏关，其后又退守宁武。"③

但无论如何，朱棣内徙东胜诸卫，导致河套失去了坚强保障。
值得注意的是，河套并未因此而完全被放弃，事实上，明朝仍然
借助宁夏、延绥、山西军队，展开对河套的共同协防，虽然这一
协防十分薄弱。

明初宁夏构建河套内层防线，从明前期成书的《宁夏志》所
记载的宁夏镇疆域便可看出。朱元璋第十六子、分封宁夏的庆王
朱㮵，最终在正统二年（1437）完成的《宁夏志》一书，是明代
较早完成的地方志，也是详细记载明前期宁夏镇的第一手资料，
具有珍贵的史料价值。值得注意的是，该书记载的宁夏镇的疆域
远远超过所谓的宁夏五卫，而是包括了比后世宁夏镇广阔得多的
地区。"东至延安界倒塔儿，南至平凉界白崖子，西出贺兰山接沙
漠之地，北亦地连沙漠。东南至庆阳界清平关，西南至凉州界大
沙子，东北至东胜，西北至亦集乃。"④《宁夏志》并未指明此处
所载疆域属于宁夏镇哪一时期，但从明代北部疆域不断缩小、陕
北也逐渐独立成镇的历史趋势而言，宁夏镇疆域其实是呈现逐渐
缩小的历史过程的。因此，这一其他史料皆未记载的广大疆域，
应在洪武时期便已奠定，朱㮵从其之国便开始记载，从而将洪武

---

① 《西园闻见录》卷五二《兵部一·边防前上·三关·前言》，第4145页。
② 《天下郡国利病书·九边四夷备录·大同论》，第3857页。
③ 《肇域志·山西行都指挥使司·沁州》，第1767页。
④ 《宁夏志笺证》卷上《疆域》，第30页。

时期宁夏所管的最大疆域记载了下来。

从《宁夏志》所载宁夏镇东北界至东胜、西北界至亦集乃来看，宁夏军队或宁夏镇一度管辖大同防线以内，陕北、甘肃以外的广阔区域。宁夏军队或宁夏镇于是负责节制河套西南军队，保障整个河套内外的安全。永乐四年（1406），宁夏镇总兵何福便规划神木的防御事宜。他首先指出，洪武时期神木防御由绥德卫负责。"陕西神木县在绥德卫之外七百余里，盖极边冲要之地，虏之所常窥伺者。洪武中，每岁河冻调绥德卫官军一千往戍。"① 设立东胜卫之后，绥德卫军队便不再北上。"后设东胜卫，又在神木之外，遂罢神木兵。"② 鉴于东胜卫内徙，请求在神木东山之上，修筑城池，加强防御。"今东胜卫率调永平、遵化，神木虽如旧戍守，然兵少不足以制寇。且县治在平地，四山高峻，寇至凭高射城中，难为捍卫。县城东山有古城，颇险峻，且城隍坚完，请移县治于彼，益兵戍守为便。"③ 这一建议被朱棣所采纳。"上从其言，命于绥德卫再调一千户所往戍守。"④

直到正统八年七月，榆林的定边、宁塞二营，才从宁夏镇管辖，改由延安卫管辖。当年，参赞宁夏镇军务卢睿指出，定边、宁塞二营距离延安卫很近，距离宁夏镇遥远，却隶属后者而非前者的问题，请求改命延安卫管辖。"定边、宁塞二营，旧隶延安，后隶宁夏。然宁塞去延安九十里，去宁夏七百里，定边去宁塞二百里，去宁夏四百里。乞以二营仍令延安提督。"⑤ 获得了明朝的同意。当年九月，明朝命延安、宁夏以定边营、花马池营为界，此后宁夏镇应不再负责河套防务。"镇守延安、绥德

---

① 《明太宗实录》卷五四，永乐四年五月丙辰，第810页。
② 《明太宗实录》卷五四，永乐四年五月丙辰，第810页。
③ 《明太宗实录》卷五四，永乐四年五月丙辰，第810页。
④ 《明太宗实录》卷五四，永乐四年五月丙辰，第810页。
⑤ 《明英宗实录》卷一〇六，正统八年秋七月乙丑，第2153—2154页。

都督金事王祯奏：乞与宁夏分画地界，于花马、定边二营之中，各认分守，有警不致推调。兵部请命参赞军务佥都御史卢睿等躬临其地，如奏处置。从之。"① 庆阳卫在正统五年，尚属宁夏镇管辖，② 应在天顺二年（1458）延绥建镇后，才脱离宁夏镇，改归延绥镇管辖。

伴随东胜诸卫的内徙，宁夏镇接管了河套防务，防线向北延伸到了黄河以外，即狼山、乌拉山以南。这一推论的证据，便是永乐四年，何福将视野伸展到了东胜故地，请求复设东胜卫。另一项佐证，便是宁夏镇军队进入乌拉山以南。永乐十年，朱棣尚命宁夏镇总兵官柳升，抵御盘踞在黄河东北断头山的"叛虏毛剌等"。③

东胜诸卫内徙之后，除了宁夏镇，大同军队也担负起在外围地带流动巡逻，以保障河套的职责。永乐元年，"镇守大同江阴侯吴高奏：'所辖之地，西北接东胜、黄河，盖胡虏出没之路。宜自下水海北直抵把撒站，皆分成巡逻，择才干都指挥更番提督，有警则驰报，庶几斟酌行事，不致失机。'从之"。④ 这一奏疏已明确反映出山西行都司负责管辖东胜故地。下水海，又称"奄遏下水海"，即今内蒙古察哈尔右翼前旗岱海。《大明一统志》记载："奄遏下水海，在（大同）府城西北二百里，水潮无常，纳大涧、小涧、大汇、小汇四河及银海水诸细流。"⑤ 不过，大同军队并未将保障河套作为本职。这才有了八个月之后，也就是十二月，府谷

---

① 《明英宗实录》卷一〇八，正统八年九月辛未，第 2191 页。

② 正统时期，庆阳卫由宁夏镇管辖，可以通过下面史料看出。"壬戌，宁夏总兵官都督史昭奏：'庆阳卫定边营署都指挥佥事张通，因追屯田谷草，肆为贪虐，致军士五百余人逃窜，乞治其罪。'上命巡按御史执问如律。"《明英宗实录》卷六五，正统五年三月壬戌，第 1254 页。

③ 《明太宗实录》卷一三〇，永乐十年七月丁未，第 1612 页。

④ 《明太宗实录》卷一九，永乐元年四月丁卯，第 347 页。

⑤ 《大明一统志》卷二一《大同府·山川》，第 1362 页。

遭到攻击后，大同镇士兵却不加救援的情况。当月，掌后军都督府事云阳伯陈旭在奏疏中指出，山西军队在府谷遭到攻击时，隔岸观火，不加救援。"陕西延安府府谷县灰沟村黄甫川，虽延安属地，然相离五百余里，猝有缓急，应援不及。比者虏入其地，杀掠人畜，山西巡边将士相去仅十五里，乃曰非吾境内，拥兵不救。请治其罪。"① 朱棣严厉斥责了吴高。"上曰：'吾令吴高守大同，此高之过也。忠臣为国，知无不为。况边将以御寇为职乎？其移文切责之。'又曰：'姑宥之，复尔必诛不释。'"② 受到斥责之后，吴高开始注重河套的防御规划，将大同镇的墩台，一直建到了灰沟村。③

为河套防御托底的是陕北军队，即延安卫、绥德卫。洪武三年（1370）十一月，赏陕西、兰州等处守御将士诏曰："延安、绥德地接察罕脑儿等处，元之残兵不时出没、剽掠边民。指挥朱明、李恪累出兵剿捕，杀获甚多，完筑城壁、固守疆境。"④ 在此条中，《明太祖实录》嘉本已载延安、绥德二卫。次月，《明太祖实录》晒蓝本亦载延安卫、绥德卫。"延安卫指挥李恪、绥德卫指挥朱明等追败故元残兵于燕山只斤，禽获五百余人。又攻阿不剌思寨，获马三百余匹。"⑤ 不过《明太祖实录》又载洪武六年绥德始置卫。"置绥德卫，以宁夏卫指挥佥事马监为指挥使。"⑥

在明军进逼之下，察罕脑儿元军渐次归降。洪武三年七月，"故元参政脱火赤等自忙忽滩来归，诏赐冠服，置忙忽军民千户所，隶绥德卫，以脱火赤为副千户"。⑦ "故元宣慰司佥事范自野自

① 《明太宗实录》卷二六，永乐元年十二月甲午，第485页。
② 《明太宗实录》卷二六，永乐元年十二月甲午，第485页。
③ 《明太宗实录》卷一四四，永乐十一年冬十月己酉，第1709页。
④ 《明太祖实录》卷五八，洪武三年十一月丙申，第1137页。
⑤ 《明太祖实录》卷五九，洪武三年十二月丁卯，第1156页。
⑥ 《明太祖实录》卷七八，洪武六年春正月，第1434—1435页。
⑦ 《明太祖实录》卷五四，洪武三年秋七月丙申，第1061页。

察罕脑儿之地来降。"① 明朝遂就地设置察罕脑儿卫，安置降部。"诏立察罕脑儿卫指挥使司，以塔剌海等二人为指挥佥事，以来降副枢撒里答歹为卫镇抚。"② "戊申，故元官赤老温定帖干自察罕脑儿来归，赐衣帽靴袜。"③ "岭北之役"后，北元乘势反扑，明朝将西北边疆大量民众内徙，陕北地区也是如此。洪武六年十一月，"临江侯陈德、巩昌侯郭子兴、都督佥事叶昇等奏绥德、庆阳之境，胡寇出没无常，民多惊溃，请迁入内地，听其耕种，有胁从诖误者招抚之。诏可"。④ 相应，察罕脑儿卫也在这一背景下，伴随蒙古部众再次反叛与逃回蒙古高原，而自动裁废。

故而，明初在陕北地区仅设延安卫、绥德卫，甚至二卫也不是完整的，部分士兵还被抽调至宁夏卫。"至洪武九年，复命长兴侯耿炳文弟耿忠为宁夏卫指挥，率谪戍之人及延安、庆阳骑士立宁夏卫，缮城郭以守之。"⑤ 由此可见明初陕北防御之空虚。

相对而言，延安卫下辖塞门、安定、保安三个百户所，实力更为充实。"塞门守御百户所，在安塞县北一百五十里，洪武十二年建。安定守御百户所，在安定县治北，洪武二年建。保安守御百户所，在保安县治南，洪武十二年建。以上三所，俱隶延安卫，分守于此。"⑥ 而绥德卫则下辖十八寨。

> 李广寨，在绥德州东门外，昔汉将李广屯兵于此。孤山寨，在绥德州北。又有五寨，曰伯颜，曰双山，曰拜堂，曰鱼儿河，曰榆林庄，俱在州之北。柏林寨，在绥德州东北。又有五寨，曰柳树，曰高家，曰东村，曰神木，曰府谷，俱

---

① 《明太祖实录》卷六三，洪武四年闰三月乙丑，第1206页。
② 《明太祖实录》卷九一，洪武七年秋七月丁亥，第1598页。
③ 《明太祖实录》卷九五，洪武七年十二月戊申，第1645页。
④ 《明太祖实录》卷八六，洪武六年十一月庚戌，第1526页。
⑤ 《宁夏志笺证》卷上《沿革》，第2页。
⑥ 《大明一统志》卷三六《延安府·公署》，第2951页。

在州之东北。土门寨，在绥德州西。又有响水、麻河、大兔鹘、波罗寺四寨，俱在州之西。自李广寨以下，凡十八寨，皆有戍兵，隶绥德卫。①

关于十八寨建立的时间，仅榆林庄有一定记载。嘉靖时期，陕西巡按御史张雨纂《边政考》载："国初为榆林庄，本绥德卫屯所。"② 万历《延绥镇志》亦载："国朝洪武初，底定陕西，分拨绥德卫千户刘宠屯治。"③ 而其他十七寨，只有嘉靖时期都察院右都御史姚镇在《巡抚延绥都察院题名记》中指出建于洪武时期。"我高皇帝再造区夏，尽复秦汉之故境，河南地皆我中国有。时议者不能因河为塞，乃就近地设榆林庄等十八寨，屯兵戍之。"④

从地理分布上来看，十八寨主要依托绥德以北，即今榆林沟壑地区的有利地形，加以修筑与防御，而西部地势平坦的地区，则由于缺乏山形保障，并未修筑。或者说，明前期陕北防御布局，大体延续了北宋、西夏对峙态势，只是东部防线稍微前提至毛乌素沙地南缘，而在依托榆林山形，构建军寨的防御形式上，则是一脉相承的。可见，明初在陕北防线定位上，十分保守。"延、绥二卫，设自明初，故屯地极辽阔。延安卫则西界环庆，绥德卫则东距黄河，绵亘于六七州县之间，几半延郡。即榆林最后设，而其屯亦千里而遥也。"⑤

其中，位于黄河西岸的陕北东北部分地区，姑且称为"河

---

① 《大明一统志》卷三六《延安府·关梁》，第 2954 页。

② （明）张雨：《边政考》卷二《榆林卫·形胜》，台湾华文书局，1969，第 43 页。

③ （万历）《延绥镇志》卷一《建置沿革》，第 27 页。

④ （康熙）《延绥镇志》卷六之三《巡抚延绥都察院题名记》（姚镇），《四库全书存目丛书》史 227 册，第 542 页。

⑤ （康熙）《延绥镇志》卷三之二《官师志·武职》，《四库全书存目丛书》史 227 册，第 348 页。

西"，即今府谷县、神木县地区，处于蒙古沿黄河南下之要冲，位置最为重要，故而在此设孤山、神木、府谷三寨。为加强防御，绥德卫增兵于此。洪武十五年，镇西卫指挥使司言："保德州所属府谷县在黄河之西，田野荒芜、人烟稀少，本卫既分兵戍保德，绥德卫复分兵戍府谷。"① 蒙古较大规模进攻这一地区时，延安卫也会增派军队。② 但延安、绥德距河西之地十分遥远，颇有鞭长莫及之感。

宣德时期，明朝开始修筑灰沟堡、黄甫川堡、楼子寨堡。这三堡在宣德五年（1430）十二月，已出现于史书记载中。③ 因此，万历《延绥镇志》所载天顺中该地尚为清水营辖地误。④ 明朝之所以率先在此三地修筑城堡，是因为这三个地区是榆林地区最为向北突出并且靠近黄河河道者。但灰沟堡至迟到正统元年，已升级为灰沟营，但却改属山西河曲县，今为河曲县治。楼子寨堡在黄甫川堡北60里，后来军民也被东徙至河曲县。"楼子营。黄甫川北六十里。戍楼、城堞俱存。今移其营于河东，仍旧名。散其民于河东河曲县贾家窟沱等处。始议府谷撤戍，时有贾姓者富于赀，按地者求贿不得，故破散其众。"⑤ 万历年间，楼子寨堡戍楼、城堞还都存在。楼子营位于今山西河曲县楼子营镇所在地。之所以

---

① 《明太祖实录》卷一四五，洪武十五年五月癸丑，第 2273 页。

② 《明英宗实录》卷二四，正统元年十一月丙午，第 478 页。

③ "镇守山西都督佥事李谦言：'偏头关隘口止有官军五百人守备，及灰沟村、黄甫川、楼子寨三堡每处亦止有官军五百余人，向因房贼犯境，已增官军一千人，冰冻之时，于黄河兼守，冰解回止。今境外屡报声息，请循大同边卫事例，添拨神铳手于灰沟村三堡防守，庶警急易于策应，待冰解各回原卫所。'从之，命行在工部别造手把铳给之。"《明宣宗实录》卷七三，宣德五年十二月，第 1716—1717 页。

④ "黄甫川堡。东至黄河三十里，西至清水营十五里，南至府谷县九十五里，北至大边二十里。春秋赵地。唐胜州地，后为紫城郡。宋府州地。明天顺中清水营。弘治初，始添设关。"（万历）《延绥镇志》卷一《建置沿革·黄甫川堡》，第 31 页。

⑤ （万历）《延绥镇志》卷二《古迹·楼子营》，第 123 页。

东徙灰沟堡、楼子寨堡，是因为这两个地方处于陕北最东北端，且黄河在这一带呈现巨大弯曲，冲刷出大片平整河滩，非常适宜农业开垦。正因为此，这两个地区经济较为发达，人口较多，也相应成为蒙古骑兵掠夺的重点地区。对于这一地区陕北军队应援不及，而山西军队又以之并非本省管辖，也不援救，为此陕北军队与山西军队之间矛盾屡有发生。明朝为解决这一难题，干脆将这两个地区改归河对岸的河曲县管辖，以便政令统一。正统初年府谷东北进一步增置了烟墩。正统三年三月，"镇守山西左都督李谦等奏：'黄河西岸沟涧路多，达贼来往虽有守备官军，俱在河东，瞭望不见。宜于河西高阜要地守瞭，庶不误事。'上从之。命增黄河西岸烟墩五处"。[1]

小　结

成化前期所开展"搜套"行动，不仅为了驱逐河套鞑靼，而且提出将防线北移至河套以北，移民河套，从而彻底解决河套危机的方案。这一方案反映出在北疆防线不断内徙、战略态势逐渐陷入被动的历史脉络下，明朝具有恢复洪武防线、追溯汉唐旧疆的雄心。但明朝取得"搜套"行动的胜利后，并未推行这一方案。这缘于西北地区脆弱的生态环境、落后的经济条件。在长期"搜套"之后，其已经处于财政危机、社会崩溃的边缘，无法为移民河套提供长期的支持。明朝于是在"内政本位"观念影响之下，在户部、西北巡抚乃至"搜套"官员的主张下，放弃了这一方案。

值得注意的是，如果将明朝这一选择放到中国古代历史脉络之中，与秦汉、隋唐时期，虽然同样面临巨大的财政与社会压力，但仍然移民河套、固定控制的选择相比，可以发现明朝并未实行

---

① 《明英宗实录》卷四〇，正统三年三月庚子，第776页。

这一方案的深层根源，是明代建都北京，地处西北的河套，在明朝北疆战略格局中，处于边缘地位，因此明朝不再如中古以前的中原王朝，竭尽全力经营河套。由此可以看出中国古代王朝国家受到财政条件的制约，在掌控广阔疆域时，无法一视同仁，只能优先保障战略重点区域的选择。

第九章
"内政本位" 观念与榆林长城的修筑

成化前期，明代王朝国家在"搜套"胜利后，并未移民河套，固定控制，而是采取了在榆林修筑长城的方案，夯实抵御河套鞑靼的军事体系。这是明朝在蒙古压力之下，进一步内徙防线的做法。明朝之所以做出这一选择，既与"内政本位"观念有关，也与西北巡抚的政治利益有关。它深刻影响了明中后期王朝国家的北疆战略，引领了明中后期大规模修筑长城的历史潮流。

第一节　延绥镇巡抚的政治职责
及余子俊与户部的渊源

仁宗时期，明朝开始复兴文治，文官不仅在中枢政治中强势崛起，而且开始进入地方军队系统，以参赞、管屯、督饷、镇守、巡抚等名义，逐渐掌握地方军队文书、屯田、粮饷、监察等职权。在这一潮流之中，北部边疆由于是明朝军事重心，相应成为明朝重点派遣文官管理后勤、制约武将的区域，各种名目的文官外巡形式逐渐汇聚、融合，最后整合为巡抚制度。巡抚职责主要在于监督镇守总兵官以下的武将系统，保障后勤供应。

英宗即位之初，延绥地区便开始设置整饬边备的文官。不过，首任其事的郭智数月便去职，由章聪接任，陕西按察副使周廉也参与相关事务。① 但一年之后，即正统三年（1438），周廉被劾离任。② 明朝从而改由陕西镇守文官提督延绥事务。"正统三年，又去副使不设，以镇守陕西右副都御史陈镒往来提督之，继者为右佥都御史王公翱。大臣之行边者，自二公始。已而更革不常。"③ 但陕西镇守文官并不固定驻于延绥，只是将延绥作为巡视地区之一，因此无法实现对延绥武将的持续监督。正统六年，陈镒便指出延绥武将缺乏监督。"先是，镇守陕西右副都御史陈镒奏：延安等处，先有按察副使周廉兼理边务，官军畏法，莫敢轻犯。近者廉缘事去官，止存都指挥王祯在彼督守。事多专制，人情稔熟，以致指挥郑宣等大肆贪婪酷暴。"④ 请求明朝在延绥设置专任文官。"乞仍推选副使或佥事一员，往与祯相兼莅事。"⑤ 明朝接受了这一建议，设置协赞。"正统六年二月戊辰朔，命陕西按察司副使陈斌协赞延安绥德军务。"⑥ 对协赞的定位是监督武将，而非统兵作战，因此对于陈斌统率士兵的请求，明朝直接拒绝。"延安、绥德寨堡虽多，而相去远。设若有警，都督佥事王祯所领官军止可截杀一处。乞将原调西安左等卫及各寨官军、旗舍、余丁五百名与臣，随操巡哨。若遇贼寇，臣与祯分投督兵剿杀。"⑦ "斌只依原敕赞理

---

① "辛卯，升行在广西道监察御史周廉为陕西按察司副使。时廉巡按陕西，镇守右副都御史陈镒上疏，荐其官明慎，故有是命。"《明英宗实录》卷三二，正统二年秋七月辛卯，第626页。《明英宗实录》记载周廉负责烟墩事务与弹劾武将。《明英宗实录》卷三九，正统三年二月己卯，第762—763页；卷四二，正统三年五月丁亥，第814页。
② 《明英宗实录》卷四六，正统三年九月庚子，第895页。
③ （康熙）《延绥镇志》卷六《艺文志·巡抚延绥都察院题名记》（姚镆），《四库全书存目丛书》史227册，第542页。
④ 《明英宗实录》卷七六，正统六年二月戊辰朔，第1481页。
⑤ 《明英宗实录》卷七六，正统六年二月戊辰朔，第1481页。
⑥ 《明英宗实录》卷七六，正统六年二月戊辰朔，第1481页。
⑦ 《明英宗实录》卷八四，正统六年冬十月戊寅，第1675页。

军务，若遇巡边，拨军防护，回日仍前操练。"① 正统七年，陕西镇守文官不再提督延绥军务，延绥协赞文官权力进一步提升，当地军事决策，由其和当地武将，一同做出。陕西镇守武将郑铭奏："其延安、绥德等处凡军机事务，悉听陈斌、王祯等协同整理，庶得事体归一。"② 朝廷接受了这一建议。正统十二年，明朝开始在延绥专门设置参赞军务文官，驻于绥德，除参与军事决策之外，还负责当地民政事务。

> 正统十二年，复擢前任榆林监察御史马公恭为右佥都御史，参赞军务，始专制延庆二府军民事矣。马公前后凡七年，以老去，乃以右佥都御史陆公矩莅焉。俄又以大理寺左少卿曹公琏更为之，皆驻绥德，以控边陲，亦未有定设也。③

《明史》记载，景泰元年（1450）延绥已设置巡抚。"巡抚延绥等处赞理军务一员。宣德十年，遣都御史出镇。景泰元年，专设巡抚，加参赞军务。"④ 其实景泰时期，延绥尚未设置巡抚，当地文官仍然只是"参赞军务"或"协赞军务"。景泰四年时为协赞。"命浙江道监察御史练纲，协赞陕西延绥等处军务。"⑤ 景泰六年，则为参赞。"升陕西按察司副使曹琏为大理寺左少卿，参赞军务。"⑥ 值得注意的是，"参赞军务"具有军事统率权。明朝在给曹琏的敕书中写道："今特命尔往彼参赞，凡彼边务有未便者，

① 《明英宗实录》卷八四，正统六年冬十月戊寅，第1675页。
② 《明英宗实录》卷八八，正统七年春正月庚辰，第1767页。
③ （康熙）《延绥镇志》卷六《艺文志·巡抚延绥都察院题名记》（姚镆），《四库全书存目丛书》史227册，第542页。不过《国朝典汇》记载："景泰元年，以都御史赞理军务，遂以定制。"《国朝典汇》卷五五《督抚建置》，第3839页。
④ 《明史》卷七三《职官志二·总督巡抚》，第1777页。
⑤ 《明英宗实录》卷二三四，景泰四年冬十月丁未，第5115页。
⑥ 《明英宗实录》卷二五〇，景泰六年二月己亥，第5422页。

会议停当，从长处置。遇有贼寇，率军剿杀。屯田、士卒时常巡视，务使军威振肃、边境清宁。"① 英宗复位之后，一度裁撤天下巡抚。天顺二年（1458），英宗复设巡抚。而这一潮流中，延绥镇参赞始改为巡抚，驻地也向北迁移到榆林。② 相应，《明史》所载景泰年间延绥镇巡抚移于榆林，也属于误载。③ 巡抚官衙也在这一时期建成。"都察院。总督府东，天顺中置。"④

与其他军镇一样，延绥镇巡抚最初职责也是监督武将、负责后勤。⑤ 可见，巡抚的职责定位与总兵官明显不同，更强调财政平衡、社会安定。巡抚职责从而与总兵官具有内在的歧异之处，后者以抵御敌军、阵前杀敌为追求，这一追求会增加财政支出，而且与鞑靼部众的境内作战，也会影响社会的安定。因此，与总兵官强调与鞑靼部众的阵前厮杀不同，巡抚更为注重用较低的财政成本，将鞑靼部众阻止在边境以外。

由于巡抚主要负责后勤事务，管理钱粮成为其主要职责。许多巡抚都是曾经在中央主管财政的户部官员。宪宗即位后，户部尚书年富鉴于陕西地区连年战争，军队的后勤供应十分繁重，因此请求重新选择陕西左布政使人选。"时富以陕西边储供给繁重，务在得人，欲黜左布政使孙毓，而进右布政使杨璿、左参政娄良、西安府知府余子俊。"⑥ 耐人寻味的是，年富推荐的三个人中，杨璿、余子俊都出身户部。正统七年，考中进士之后，杨璿被任命为户部主事。⑦ 而至迟在景泰三年，杨璿已经升任户部郎中。⑧ 当

---

① 《明英宗实录》卷二五〇，景泰六年二月己亥，第5422页。

② （万历）《延绥镇志》卷三《纪事》，第223页。

③ 《明史》卷一八六《雄缋传》，第4936页。

④ （万历）《延绥镇志》卷一《舆图·延绥镇图说》，第107页。

⑤ 边郡州县文官系统亦是如此。"边郡守之厄于述职者有三：胡寇、凶岁与事变而已矣。"《赵时春文集校笺》卷六《高太守入觐序》，第295页。

⑥ 《明宪宗实录》卷三，天顺八年三月庚申，第77页。

⑦ 《明英宗实录》卷九〇，正统七年三月壬申，第1814页。

⑧ 《明英宗实录》卷二一二，景泰三年春正月辛丑，第4559页。

月，杨璿被任命为陕西右参政。①

可见，年富从解决陕西军队后勤供应的角度，选择曾经任职户部，因此能够较好地胜任这一职位的人选，实为出自公心。但他的这一做法，却遭到了吏部尚书的弹劾。"吏部尚书王翱因言富侵己职，且擅注拟，当下于理。"② 王翱之所以这么做，缘于他竭力维护吏部的权力。正如上章所述，明朝实行六部分政制度。明朝也有意保持六部之间这种微妙的制衡关系，以避免一部坐大、威胁皇权现象的发生。《皇明祖训·祖训首章》便规定："今我朝罢丞相，设五府、六部、都察院、通政司、大理寺等衙门，分理天下庶务，彼此颉颃，不敢相压，事皆朝廷总之，所以稳当。"③ 六部在这种制度设计之下，彼此也保持了相互制约的常态。"六部属官，礼部以清秩，与吏部相近，压居户部之前，每每争执，可笑。闻近日兵部亦压户部，工部又欲压刑部，益可骇。"④ 按照明代的人事选拔制度，具备一定级别的官员，都可以向皇帝推荐官员，皇帝命吏部审查人选是否合适，而后做出任命。但年富的问题在于他十分耿直，"廉正强直，始终不渝"。⑤ 单纯地从解决问题的角度出发，而未顾及官场规则，从而直接提出人事更换的建议，并选择了相应人选，这无疑触犯了吏部所掌握的人事权力。

宪宗对于年富的一片公心，十分了解，因此在王翱弹劾之后，并没有责备年富。但年富却因此十分愤慨，请求致仕。"人之贤不肖，非吏部一二人所周知，必须广延众论，博采群议，庶合公论。

---

① 《明英宗实录》卷二一二，景泰三年春正月己未，第 4573 页。

② 《明宪宗实录》卷三，天顺八年三月庚申，第 77 页。

③ （明）朱元璋：《皇明祖训·祖训首章》，载《明朝开国文献》第 3 册，台湾学生书局，1966，第 1586 页。

④ （明）朱国桢：《涌幢小品》卷八《部属凌压》，上海古籍出版社，2012，第 144 页。

⑤ 《明史》卷一七七《年富传》，第 4705 页。

臣进贤为国，触怒吏部。况衰老，智识昏愚，乞放归田里。"① 但宪宗并未同意。"朕已知卿本心，勿因此小故求退。"② 不过年富最终因此气病致死。"忿翱专恣，疽发而卒，年七十。"舆论对年富颇为同情。"闻者深惜之，而咎翱之专愎云。"③

虽然年富的出位建议并未能够被采纳，但他所致力解决的后勤供应问题，伴随"搜套"行动的开展，却越来越明显。明朝最终在成化七年（1471），开展第三次"搜套"之前，提升余子俊任延绥镇巡抚。"辛卯，以浙江左布政使余子俊为都察院右副都御史，代王锐巡抚延绥地方。"④ 不仅如此，户部在次年，也就是成化八年，为保障山西、河南的粮草征收，再次推动中央在山西、河南设置巡抚。"壬午，改礼部右侍郎雷复为都察院右副都御史，巡抚山西，起复丁忧右副都御史陈濂巡抚河南。户部奏：山西、河南连年灾伤，人民疲敝已极，又闻房寇深入，变恐不测，宜仍旧例，遣官巡抚，故有是命。"⑤

值得注意的是，明代实行六部共政，地方官员将相关政务分别呈交六部，由六部提出初步建议，上报皇帝，皇帝在内阁、宦官及其他政治势力的协助下，完成最终决策。在这种政治体制下，各级地方行政机构甚至都设有"六房"，专门负责将地方政务分类之后，分别向六部汇报。与之相比，各级地方机构虽然并未有如此整齐的分门别类，但也形成了相应的职责分工。而为了保证中央、地方的政务畅通，明朝在选拔官员上，也十分注意"对口"的问题。比如户部官员外放，一般授予掌管民事、财政的巡抚—布政司—知府系统，刑部一般外放按察司—推官系统，而兵部一

---

① 《明宪宗实录》卷三，天顺八年三月庚申，第78页。
② 《明宪宗实录》卷三，天顺八年三月庚申，第78页。
③ 《明宪宗实录》卷四，天顺八年夏四月乙巳，第111页。
④ 《明宪宗实录》卷八七，成化七年春正月辛卯，第1691页。
⑤ 《明宪宗实录》卷一〇一，成化八年二月辛巳，第1964页。

般外放总督—巡抚—兵备道系统。① 当然，这只是个大概分类，并非截然分明、壁垒森严。在这之中，户部官员由于职掌钱粮，最为专业，官员上升通道相应呈现最强的群体性，内部认同感也最为强烈，政治取向也最具特征，那便是维护财政平衡。

余子俊的仕途经历与政治主张，便鲜明体现了这一现象。余子俊，字士英，四川青神（今四川乐山夹江县青州乡）人。② 景泰二年中进士，被授予户部主事。③ 余子俊担任户部主事五年后，署户部福建司员外郎。④ 康熙《延绥镇志》对余子俊在户部的表现的评价是"开霁精致，有吏才"。⑤ 这一评价非常吻合余子俊作为一名户部官员，在职掌钱粮、保持财政平衡上，所具有的出色才能。天顺四年，余子俊开始沿着户部官员的升迁轨迹，先后升为西安知府，⑥ 陕西右参政、右布政使，浙江左布政使，⑦ 最终升任延绥镇巡抚。在担任西安知府时，余子俊便被年富破格列入升任陕西左布政使的人选，可见他在西安任上，表现十分出色。而其中影响最大的，是修筑水渠。

> 陕西城中旧无水道，井亦不多，居民日汲水西门外。参政余公子俊知西安府时，以为关中险要之地，使城闭数日，民何以生？始凿渠城中，引灞、浐水从东入，西出环壑。其

---

① 外官回朝或京官升迁也呈现了类似现象。"至于庙堂之上，做成一大情缘世界，如京卿之起推，累累若若，多于户工之郎署；台省之考选，车载斗量，夷于侯缺之仓巡。"（明）蔡献臣撰，厦门市图书馆校注《清白堂稿》卷九《尺牍·上叶台山阁老书（壬戌）》，厦门大学出版社，2012，第 365 页。
② 《明孝宗实录》卷二三，弘治二年二月辛亥，第 533 页。
③ 《明英宗实录》卷二一一，景泰二年十二月壬辰，第 4554—4555 页。
④ 《明英宗实录》卷二六八，景泰七年秋七月庚寅，第 5687 页。
⑤ （康熙）《延绥镇志》卷三之四《名宦志下·明》，《四库全书存目丛书》史 227 册，第 372 页。
⑥ 《明英宗实录》卷三一二，天顺四年十二月丁丑，第 6534 页。
⑦ 《明宪宗实录》卷三六，成化二年十一月丁酉，第 720 页；卷四六，成化三年九月戊辰，第 947 页。

下以通水，其上仍为平地。迤逦作井口，使民得就以汲。此永世之利也。①

出为西安知府。城中水咸，民饮之辄病，为开新渠。引山泉行地中，匝遍城市，人人便利，号余公渠。②

第二节 成化时期西北巡抚反"搜套"立场 与长城方案的提出

成化前期，兵部尚书白圭从本部门利益出发，坚持发动"搜套"战争，但却导致西北地区深陷财政危机，社会秩序处于崩溃的边缘。受到这一军事行动最大冲击者，一是户部，毕竟所有粮草都要由户部进行筹措；另一个便是西北巡抚，这是因为西北的粮草筹措，都要由西北巡抚来承担。鉴于西北的财政危机与社会动荡，西北巡抚从自身利益出发，不断掀起反对"搜套"的浪潮。为替代"搜套"，西北巡抚提出了修筑边墙，增筑营堡、墩台，构建长城防御体系的方案。

成化六年（1470）三月，延绥镇巡抚王锐提出三项建议，主张构建榆林长城防御体系。第一项建议是鉴于延绥镇士兵数量远远不足守卫漫长防线，每次鞑靼部众进入河套之后，都只能调集外地士兵前来增援，耗费大量粮草，于是请求在榆林设置五卫。"增兵以守地方。谓延绥榆林城，镇羌、安边二营堡，俱系要地，城堡草创，军马单弱，难以御贼。宜于榆林城添设三卫，于镇羌、安边二营各设一卫，增兵防守。"③ 可见，王锐建议在榆林添设三

---

① 《菽园杂记》卷一，第6页。
② （康熙）《延绥镇志》卷三之四《名宦志下·明》，《四库全书存目丛书》史227册，第372页。
③ 《明宪宗实录》卷七七，成化六年三月辛卯，第1492页。

卫，并将镇羌堡、安边营改造提升为镇羌卫、安边卫。第二项建议是修筑长城。王锐认为营堡之间有空隙，必须"设险以备边患"，具体而言，便是修筑边墙。"谓榆林一带营堡，其空隙之地，宜筑为边墙，以为拒守。"① 但边墙并非孤立的设施，不仅要与已有的营堡及其周边墩台相结合，"其墙于墩外修筑，址广一丈，杀其上为七尺，上为垛口五尺，共高丈八尺，上积礌石"，② 还要环绕墩台，修筑墩院，"于墩下各筑小堡，可容官军护守"。③ 从而构建起立体性、有层次的长城防御体系。虽然这项工程较为浩大，但在王锐看来，这能够一劳永逸地解决边防隐患。"虽暂劳人力，而得以永为边备。"④ 在王锐的长城防御体系规划中，不仅包括官方设施，还包括民间设施，他在第三项建议中，便专门提出修筑民堡。他指出，榆林地临边境，不仅军队，而且民众也面临着鞑靼部众的不断冲击。"谓榆林一带地方，既添兵以分守，又设险以御寇。然其军民所处，多临边塞。"⑤ 因此，应该"团堡以卫民生"，具体而言，便是修筑民堡。"乞敕所司，就于居民所聚之处，相度地宜，筑为寨堡，务为坚厚，量其所容，将附近居民聚为一处。"⑥ 当鞑靼部众前来抢掠时，民众进入民堡，从而实现坚壁清野。"无事之时，听其耕牧；遇有声息，各相护守，则寇盗无从剽掠，地方可保无虞。"⑦ 虽然王锐提出的三项建议，角度各有不同，但都是为了增强榆林防御而考虑。

对于王锐的建议，"兵部议如所言"，也就是表示了同意。宪宗也表达了相同的立场。"添筑城堡正系守边急务，其令镇守等官

---

① 《明宪宗实录》卷七七，成化六年三月辛卯，第 1492 页。
② 《明宪宗实录》卷七七，成化六年三月辛卯，第 1492 页。
③ 《明宪宗实录》卷七七，成化六年三月辛卯，第 1492 页。
④ 《明宪宗实录》卷七七，成化六年三月辛卯，第 1492 页。
⑤ 《明宪宗实录》卷七七，成化六年三月辛卯，第 1492 页。
⑥ 《明宪宗实录》卷七七，成化六年三月辛卯，第 1492 页。
⑦ 《明宪宗实录》卷七七，成化六年三月辛卯，第 1492 页。

参酌举行，务期成功。"① 但事实上，明朝并未推动这一方案。

王锐提出构建长城防御体系，不仅着眼于军事防御，还有经济考虑。一天之后，王锐便又呈上另外一道奏疏。他指出，榆林军队的粮饷是由内地运来，十分艰难。"榆林一带营堡原无额设田地，一应粮草俱系腹里人民供给，输运甚艰。"② 因此请求在长城修筑之后，在长城以内开展军屯。

> 请待边墙筑完之后，寨堡已立，行令陕西三司督令、营堡委官，通将沿边田地丈量分拨官军耕种。每岁秋收之后，量征谷草入官，人田百亩，征草二束。以万人计之，可得草二百万数。遇有丰收，官司量其多寡，依时价和籴，行令腹里州县，依此分数征收价银，解边收贮以备支用。③

明朝同样同意了这一建议。"上以其言有理，命户部计议以闻。至是，户部复奏，从之。"④ 由于长城并未修筑，这一开展军屯的方案相应也未实现。

当年四月，陕西巡抚马文升明确表达了反对"搜套"的立场。他指出，"搜套"行动面对的战略困境，是鞑靼部众利用快速、机动的骑兵作战方式，使明军一方面耗费大量粮草，另一方面却难以展开正面决战。"榆林边城控关中之管键、扼虏寇之咽喉。近者有警，守将辄请调遣大同、宣府并京营军马，并力截杀。然道途辽远，军未集而虏已去，徒费供亿，无益于事。"⑤ 在他看来，应该采取防御立场。"为今之计，惟在选将练兵、丰财足食，据险以

① 《明宪宗实录》卷七七，成化六年三月辛卯，第1492页。
② 《明宪宗实录》卷七七，成化六年三月壬辰，第1493页。
③ 《明宪宗实录》卷七七，成化六年三月壬辰，第1493页。
④ 《明宪宗实录》卷七七，成化六年三月壬辰，第1493页。
⑤ 《明宪宗实录》卷七八，成化六年夏四月乙亥，第1522页。

遏其深入，燎荒以绝其孳牧。四事有备，则虏必慑服，而地方可宁。"① 五月，马文升在对榆林地理总结的基础上，再次指出榆林边防应采取防御立场。他指出相对于甘肃镇、宁夏镇，延绥镇北面有水草丰茂的河套吸引鞑靼部众，因此是陕西地区防御最为重要的地区。

> 陕西三边，榆林最为要害。盖甘凉可以坚壁清野，而坐困虏寇；宁夏可以恃山沮河，而守御叛羌。惟榆林河套山泽之利，足以资虏人马之用，又兼入境抄掠，常获厚利，是以侵犯我边，曾无虚岁。②

明朝不应将精力浪费在"搜套"之上，而应该命户部筹备足够的粮草，运往榆林，这样才是长久之计。

> 每我出兵，虏辄遁去，徒费粮刍。为今之计，诚莫有过于选将练兵、丰财足食者也。请敕该部，会计榆林各堡一岁应用粮刍若干，或借拨于邻近布政司，或别行设法措置。每岁秋初，遣主事一员，督军采草，事竣还京。务使常有十数年之积，则军民免转输之劳，地方无惊疑之患。③

在此基础上，成化七年四月，马文升提出沿白于山脉，依托山险，构建长城防御体系。他指出榆林北部缺乏山险，难以防守。"御戎之道，以守备为本。况胡马利平地，而汉兵利险阻。今榆林一带城堡，多平川旷野，无险阻可守。"④ 与之不同，环县、庆阳

---

① 《明宪宗实录》卷七八，成化六年夏四月乙亥，第 1522 页。
② 《明宪宗实录》卷七九，成化六年五月癸巳，第 1540—1541 页。
③ 《明宪宗实录》卷七九，成化六年五月癸巳，第 1541 页。
④ 《明宪宗实录》卷九○，成化七年夏四月癸亥，第 1753 页。

以北的白于山一带，属于山区，也是北宋、西夏对峙时，城堡分布之地。"环庆迤北，重山复岭，深沟陡壑，古迹城堡，往往尚在。"[1] 鞑靼骑兵南下，难以翻越山梁，都是沿着河流南下。"虏每入寇，必循大川而行，西则黑城沟，东则铁鞭川。"[2] 因此，应该沿着河道，利用前朝长城遗址，构建长城防御体系。

> 臣按行西路，环县城临大川，傍有高山，中有环河，即古长城旧址，宜于此筑垣墙、敌台，并修本钵古城。虏入以神铳火炮御之，可以断其咽喉。东路铁鞭川，乃官军刍粮所由，因无烽堠，多被虏掠。古有铁鞭城，最为险阻。宜修完之，则士卒有所屯聚，亦可绝虏深入之路。[3]

至于修筑长城的人员，马文升主张征发当地的土兵。"但今苦兵少，庆阳土兵千余，勇力善射，久驻安边营，以有用之人，置有用之地。乞行榆林总兵等官，自安边营以南至铁鞭城一带，相度远近，调土兵修筑烽堠，以固边疆。"[4]

与王锐所面临的情况一样，明朝同意了马文升的方案。"事下，兵部谓宜如所请，土兵调用，令会总兵官朱永等议其宜。从之。"[5] 但也并未实行。

余子俊担任延绥镇巡抚的当月，即成化七年七月，便沿着马文升的思路，提出沿白于山脉，铲山筑墙，构建长城防御体系。

> 延庆边疆山崖高峻，乞役山西、陕西丁夫五万，量给口

① 《明宪宗实录》卷九〇，成化七年夏四月癸亥，第 1753 页。
② 《明宪宗实录》卷九〇，成化七年夏四月癸亥，第 1753 页。
③ 《明宪宗实录》卷九〇，成化七年夏四月癸亥，第 1753 页。
④ 《明宪宗实录》卷九〇，成化七年夏四月癸亥，第 1753 页。
⑤ 《明宪宗实录》卷九〇，成化七年夏四月癸亥，第 1753 页。

粮，依山铲凿，令壁立如城，高可二丈五尺。山坳川口连筑高垣，相度地形，建立墩堠，添兵防守。八月兴工，九月终止，工役未毕，则待来年，庶几成功，一劳永逸。①

但对于余子俊这次的提议，白圭明确表示了延缓进行的立场。通过白圭的此次表述，可以发现王锐提议修筑的长城，位于河套南缘一带，也就是后来所说的榆林"大边长城"。白圭首先说道："往因巡抚右副都御史王锐建议欲于川空之处，修筑高垣，已尝取旨，令会议举行。"②"川空之处，修筑高垣"，很可能便是河套南缘。河套南缘，尤其是南缘中西部地区，是沙漠、草滩地区，地形平坦。但榆林内部也有少部分地区，地形平坦。因此，单纯从这句话，难以明确王锐倡议修筑长城的位置。不过从下面这句话来看，所指便应是河套南缘。"况延绥境土，夷旷川空，居多浮沙，筑垣恐非久计。"③榆林内部浮沙较少，只有河套南缘一带，才是毛乌素沙地蔓延的地区。而马文升、余子俊主张修筑的长城，是后来所说的"二边长城"。

对于余子俊所提出的方案，白圭一方面加以肯定。"余子俊等复欲凿山设险，为策固良。"④但另一方面，又借口榆林地区面临严重的财政危机与社会动荡，表达出反对态度。"但缘边之民，频年以来不遭杀掳，即困征输，丧乱逃亡，凋敝已甚。今须极力抚安，难以重加劳役。"⑤之所以说是借口，是因为白圭此时正在筹划、推动第三次"搜套"行动。与"搜套"行动所带来的巨大财政压力与社会压力来讲，修筑长城所耗费的民力与财力，都要小

---

① 《明宪宗实录》卷九三，成化七年秋七月乙亥，第 1782 页。
② 《明宪宗实录》卷九三，成化七年秋七月乙亥，第 1782 页。
③ 《明宪宗实录》卷九三，成化七年秋七月乙亥，第 1782 页。
④ 《明宪宗实录》卷九三，成化七年秋七月乙亥，第 1782 页。
⑤ 《明宪宗实录》卷九三，成化七年秋七月乙亥，第 1782 页。

很多。白圭接下来的阐述，透露了他真实的意图。"凿山之事，宜伺寇警稍宁，督令边城军卒，以渐图之。兵力不足，止可量调附近兵民为助。"① 可见，白圭对于长城方案的真正担心，是认为修筑长城方案一旦实行，将会大为夯实榆林防御体系，使"搜套"行动的必要性大为降低，而他从兵部立场出发，所期待的巨大战功，也将变得渺茫起来。白圭之所以未直接回应王锐、马文升的提案，却直接批驳了余子俊的方案，应该是鉴于西北巡抚接二连三地上奏，使自己必须要有一个清晰的表态。对于白圭的立场，宪宗表达了支持。"然。设险守边，兴工动众，当审度民力。姑缓之。"②

鉴于自己的提议并未通过，③ 成化八年九月，余子俊从"内政本位"立场出发，向朝廷详细阐明自己的立场，再次请求修筑"二边长城"。他指出，成化五年以后鞑靼各部不断南下河套，进攻西北。"孛罗忽、乿加思兰等自成化五年，相继入河套住牧，沿边一带及腹里地方被其出没抢掠。"④ 明朝为发动"搜套"行动，动用了陕西、山西、河南大量财力。"节次调集客兵及陕西、山西、河南三省军民，供给军饷。劳我军马，耗我边储。通查本年以来，运粮四十万石、料五十万石、草一千万束，止足成化九年二月终止支用。"⑤ 当年，山西、陕西又发生了旱灾、雹灾，民众在生存压力之下，有向外流徙的可能。"且今山陕之间，旱雹所伤，秋成甚薄，每银一钱止籴米七八升、豆一

---

① 《明宪宗实录》卷九三，成化七年秋七月乙亥，第1782页。
② 《明宪宗实录》卷九三，成化七年秋七月乙亥，第1782页。
③ （康熙）《延绥镇志》卷六之一《艺文志·计虑贼情疏》（余子俊），《四库全书存目丛书》史227册，第506页。
④ （康熙）《延绥镇志》卷六之一《艺文志·计虑贼情疏》（余子俊），《四库全书存目丛书》史227册，第506页。
⑤ （康熙）《延绥镇志》卷六之一《艺文志·计虑贼情疏》（余子俊），《四库全书存目丛书》史227册，第506页。

斗,买草七八斤,财力困穷,人思逃窜。倘不预为计虑,恐后患复生如此。"① 因而对于白圭提出的"搜套"方案,表达出明确的反对态度。

> 臣等议得,此贼今冬若不过河,又合措置,明年三月起,至成化十年二月终止,粮料、草束姑以粮四十万石、料五十万石计之,截长补短,每石俱作值银一两,共值银九十万两,每人运纳六斗,共用人一百五十七万余名。草束一千万计之,截长补短,每束俱作值银六分,共值银六十万两,每人运草四束,共用人二百五十万名,每人往运,大率用盘缠银二两,共用盘缠八百一十五万四千余两。若用驴驼牛载,所费加倍。况所得粮料草数,尚不勾用。此系一定事势,非比臆度而言。倘阿罗出等又复过套潜住,我军日见疲劳,军饷愈致不足。事干地方大计,不敢因循缄默。乞敕户、兵二部,再行斟酌计议。②

主张将"搜套"军队撤回。"行令总兵官武靖侯赵辅,并参赞军务右都御史王越,目下将见调军马相机战守,候今冬无贼过河,自合班师。"③ 在此基础上,余子俊重提旧案,主张征发"搜套"军队中的士兵,铲削白于山,构建"二边长城"。

> 若是仍不过河,即于成化九年二月内,就将陕西军卫有司该运粮草人夫内,摘拨五万名,每名于本年该纳税内,免其远运边粮二石,以充盘费。又各于腹里经过附近仓分,关与食米一石,于延安、绥德、庆阳关支。及再免一年民间户

---

① 《明宪宗实录》卷一〇八,成化八年九月癸丑,第 2109 页。
② 《余肃敏公文集·巡抚类》,《四库禁毁书丛刊》史 57 册,第 549 页。
③ 《余肃敏公文集·巡抚类》,《四库禁毁书丛刊》史 57 册,第 549 页。

口食盐钞贯，并杂泛差役，少示宽恤。趁本年三月、四月，贼马瘦弱，各备器具，团聚一处，随正统年间原埋界石梗土边山，或湾或直，铲削如壁，俱高一丈五尺。①

外来士兵，不参与这一工程。"前项远来官军，量与银各一两，免放休息，随处步行，设栅防护。"② 这项工程两个月之内应可以完成，此后便可以依险而守，杜绝鞑靼部众的抢掠。"两月之间，前项铲削边山，纵或不能俱完，要害去处，已为有限，止以步军守之。彼贼若不得利，必将遁归。"③

对此，白圭仍借口"搜套"行动已经开展，加以反对。"供馈事乞移文户部措置。铲削山势，恐虏已近边，难于兴作，宜令辅等勘议可否施行，如虏能效顺入贡，速具以闻。"④ 但宪宗却不再听从他的建议，指示尽快修筑长城。"修筑边墙，乃经久之策，可速令处治。虏酋如不来入贡，亦不必遣人招之。"⑤ 余子俊于是在成化九年，开始修筑"二边长城"。

由以上引文可以看出，正统时期，明朝在陕北所立界石的位置，是在白于山。也就是说，白于山以北地区主要是军队布防之地，以南是军民屯田之所。《读史方舆纪要》也有相似的记载。"正统中稍稍多事，乃筑榆林等城堡二十有三，于其北三十里沙漠平地筑瞭望墩台，往南三十里硬土山沟，则埋军民种田界石，列营积粮，以绝寇路。"⑥ 《明宪宗实录》另外一条记载，也证实了这一点。成化十三年，余子俊请求："延庆境外密迩河套，地名深井。正统初筑安边营，迨虏入套，时出虏掠，边臣闭门不敢与敌。

---

① 《余肃敏公文集·巡抚类》，《四库禁毁书丛刊》史57册，第549页。
② 《余肃敏公文集·巡抚类》，《四库禁毁书丛刊》史57册，第550页。
③ 《余肃敏公文集·巡抚类》，《四库禁毁书丛刊》史57册，第550页。
④ 《明宪宗实录》卷一〇八，成化八年九月癸丑，第2110页。
⑤ 《明宪宗实录》卷一〇八，成化八年九月癸丑，第2110页。
⑥ 《读史方舆纪要》卷六一《陕西十·榆林镇》，第2905页。

有诏移安边营于中山坡，就险守备。而边人狃于久安，至今未徙，宜趣令徙之。"①

第三节　成化前期兵部的人事更迭
与白圭的强势"搜套"

值得注意的是，白圭在成化前期明朝应对河套危机的过程中，一直扮演关键角色，他的意见对宪宗影响很大。之所以如此，既与明朝的六部分政体制、"土木之变"后兵部权势的增长有关，也和白圭、宪宗二人的经历与性格有关。

明朝废除丞相后，六部分政，兵部掌管军政，相应在军事领域最有发言权。不仅如此，"土木之变"极大地提升了兵部的权势。"土木之变"发生后，主持兵部的兵部右侍郎于谦，在国难之时，不仅主持了兵部事务，而且率领文官集团推举景帝即位，从而最受景帝倚重。"帝知谦深，所论奏无不从者。"② 所处理之事，实已不限于兵部事务，还扩展至朝政要务，实为中枢决策的核心人物。有鉴于此，御史顾曜认为于谦太过专权，请求朝廷要务由六部、内阁共同商议。"谦太专，请六部大事同内阁奏行。"③ 但于谦却援引洪武祖制中所规定的六部地位，据理力争，从而维护了自身的权力。"谦据祖制折之，户部尚书金濂亦疏争，而言者捃摭不已。"④ 当时兵部权力正盛，甚至有阁臣打算改任兵部侍郎者。⑤

①《明宪宗实录》卷一七〇，成化十三年九月甲戌，第 3078 页。
②《明史》卷一七〇《于谦传》，第 4549 页。
③《明史》卷一七〇《于谦传》，第 4549 页。
④《明史》卷一七〇《于谦传》，第 4549 页。
⑤ "阁臣既不相协，而陈循、王文尤刻私。渊好议论，每为同官所抑，意忽忽不乐。会兵部尚书于谦以病告，诏推一人协理部事。渊心欲得之。循等佯推渊而密令商辂草奏，示以'石兵江工'四字，渊在旁不知也。比诏下，调工部尚书石璞于兵部，而以渊代璞，渊大失望。"《明史》卷一六八《江渊传》，第 4519 页。

虽然时代已经到了成化朝，但于谦以来兵部所积聚的影响，仍然存在，这构成了白圭强势的制度背景。

白圭之所以如此强势，还和他具有参与战争的经历，以知兵著称，很有底气有关。白圭的前一任兵部尚书是王复，二者并非正常的人事更代，而是白圭在特殊的时局背景下，取代了王复。

值得注意的是，成化二年（1466）八月，明朝命兵部尚书王复，整饬榆林以西边备。[1] 王复巡边，并不奇怪。正统时期，兵部尚书王骥曾经南下麓川，西征甘肃，已开了兵部尚书巡边的先河。但值得注意的是，王骥此前巡边，是统领军队，开展战争。而王复此次巡边，纯粹是中央为了了解河套危机的具体情形与应对方案。派遣王复巡边，应主要是阁臣李贤的建议。

李贤与宪宗具有特殊的关系，这源于前者曾经是将宪宗推上皇位的重要人物。英宗复辟之后，很快便复立长子朱见深为皇太子。天顺元年（1457）三月，"己巳，复立见深为皇太子，封皇子见潾德王，见澍秀王，见泽崇王，见浚吉王"。[2] 仿照自己以前所接受的经筵日讲教育，命李贤选择翰林官员，为太子讲授儒家经典。[3] 从种种迹象来看，太子储位应十分稳固，但不少史书却记载天顺末年，英宗忌讳太子被废的经历，而有嫌弃之心，从而导致后者储位有所动摇，但在李贤的劝谏之下，最终并未易储。

---

① 《明宪宗实录》卷三三，成化二年八月戊申，第657页。
② 《国榷》卷三二《英宗天顺元年》，第2035页。
③ "礼部请太子出阁读书，上召贤谓曰：'东宫读书当在文华殿，朕欲避出往居武英殿。但早晚朝太后不便，姑以左廊居太子。卿可定拟讲读等官，卿宜时常照管。'且曰：'先读何书？'贤对曰：'《四书》、经史，次第讲读。宜先《大学》《尚书》。'上曰：'《书经》有难读者，朕读至《禹贡》及《盘庚》、《周诰》诸篇，甚费心力。'贤曰：'读《书经》法，先其易者，如《二典》《三谟》《太甲》《伊训》《说命》诸篇，明白易晓，可先诵读。'上曰：'然写字不佳。'贤对曰：'写字亦不必求佳，但点画不苟，且率易为善。'上曰：'然。'及定拟讲读等官将二十人，上一一品其人物高下，皆当其才，明哲如此。"《天顺日录》，载《国朝典故》卷四八，第1115页。

　　　　天顺末，谗者谓宪皇景帝尝废之，当别立嗣。英宗意颇
　　疑之，独李贤不从。一日，上病卧便殿，召贤谕曰："今庶事
　　颇宁，顾大者反将，奈何？"贤曰："此国本也。"力陈不可
　　动。上曰："然则，此位竟传太子乎？"贤叩头贺曰："宗祉幸
　　甚。"遂传旨召太子。须臾至，贤曰："殿下事定。"趋出谢。
　　太子抱上足，对泣。谗遂不行。成化初，贤遭丧夺情，实宪
　　皇固眷云。"①

　　宪宗即位之后，独任李贤，其他阁臣与李贤的权势相距甚远，
李贤是明代内阁从大体平等的群相制向独相制转变的关键人物。
因此，派遣兵部尚书巡边如此重大的事情，只有李贤同意甚至建
议，才有可能出现。

　　李贤之所以派遣王复巡边，一方面应该是为了寻求解决河套
危机的方案。正如上章所述，成化二年，李贤建议发动"搜套"
战争，但杨信却一直没有开展有效的"搜套"行动，不断遭到以
王复为首的兵部官员的弹劾，李贤应该有了派遣王复到西北，寻
找其他解决方案的想法。另一方面，李贤派遣王复巡边，也可能
是为了支开他，让他远离权力核心，毕竟杨信是李贤所推荐并信

---

① （明）崔铣：《后渠杂识·宪皇》，毛佩琦整理，泰山出版社，2000，第209页。
《国榷》有相似记载，不过该书记载英宗大渐之时，太子代理国政，英宗在此
时尚与李贤议国本，不合情理。"己未，召天子视事文华殿。初，上召李贤便
殿曰：'今庶事颇宁，而大者反摇，奈何？'贤曰：'此国本也。'上曰：'然则
传太子位乎？'贤顿首曰：'宗社幸甚！'遂立召太子。"《国榷》卷三三《英宗
天顺八年》，第2160页。天顺八年正月初十，英宗自知身体不支，留下遗诏；
而李贤等奏请面圣时间在次日。"文武群臣、太保会昌侯孙继宗、太子少保吏
部尚书兼翰林院学士李贤奏：'不睹天颜，今已浃旬，未知圣躬平复如何？幸
蒙皇上已命皇太子视朝，臣等如旧尽心理事。伏望皇上善加调理，务获全安，
以副臣下瞻仰之情。'上曰：'朕已知之。'"《明英宗实录》卷三六一，天顺
八年春正月乙丑，第7170页。鉴于在前日遗诏之中，英宗已确定了太子的地
位。故而，即使英宗与李贤之间存在关于皇储的讨论，也不应在其病重之时，
而应在此之前。

赖的武将,却一直遭到王复的批评,因此李贤可能有了用他人取代王复的想法。

王复到西北之后,在杨琚的影响之下,在石亨方案的基础上,提出构建榆林长城防御体系的方案,从而在解决河套危机的立场与取向上,与李贤所主张的"搜套"方案,构成了明显区别。

王复指出榆林防线体系存在根本缺陷,那便是山险居于内部,外部缺乏有利地形,防守起来存在很大难度。"看得东自黄河岸府谷堡起,西至定边营,连接宁夏花马池边界,东西萦纡二千余里,险隘俱在腹里,而境外、临边无有屏障,止凭墩台、城堡以为守备。"① 榆林营堡在分布上,参差不齐。"缘有旧城堡二十五处,原设地方或出或入,参差不齐,道路不均,远至一百二十余里,近止五六十里。"② 这便导致明军在防守起来,存在很大的漏洞。"军马屯操,反居其内;人民耕牧,多在其外。遇贼入境,传报声息,仓卒相接。比及调兵策应,军民已被抢虏,达贼俱已出境。虽称统领人马,不过虚声应援。"③ 尤其是西路一线,墩台较少,防御漏洞更大。"及西南直抵庆阳等处,相离五六百里,烽火不接,人民不知防避。其北面沿边一带,墩台皆稀疏空阔,难以瞭望。"④因此,王复与延绥镇官员商议之后,提出对榆林营堡进行重新布局的建议。"臣与镇守延绥庆阳等处总兵、巡抚等官计议,临边府谷等一十九堡,俱系极边要地,必须增置那移,庶为易守。趁今声息稍宁,先行摘发军余采办木植,候春暖土开,委官监督,并力兴工。"⑤ 具体方案便是将榆林营堡整体向北移动,彼此衔接与配合,从而构建更为严密的防线。

---

① 《明宪宗实录》卷三六,成化二年十一月己丑,第714页。
② 《明宪宗实录》卷三六,成化二年十一月己丑,第714—715页。
③ 《明宪宗实录》卷三六,成化二年十一月己丑,第715页。
④ 《明宪宗实录》卷三六,成化二年十一月己丑,第715页。
⑤ 《明宪宗实录》卷三六,成化二年十一月己丑,第715页。

将府谷堡移出芭州旧城，东村堡移出高汉岭，响水堡移出黑河山，土门堡移出十顷坪，大兔鹘堡移出响铃塔，白洛城堡移出砖营儿，塞门堡移出务柳庄。不惟东西对直捷径，而水草亦各利便。内高家堡至双山堡，双山堡至榆林城，宁塞营至安边营，安边营至定边营，相去隔远。①

新筑营堡，要比原来规模更大，以适应越来越严峻的战争形势。"因其旧堡，广其规制，必须宽大，足以积粮草、容人马。"②在营堡之间，修筑哨堡，弥补营堡之间的空隙。"合于各该交界地方崖寺子、三眼泉、柳树涧、瓦札梁，各添哨堡一座，就于邻近营堡，量摘官军哨守。"③ 鉴于河套南缘营堡，尤其是西边三营堡墩台较少，重点加以增筑。"又于安边营起，每二十里筑墩台一座，通共二十四座，连接庆阳。定边营起，每二十里筑立墩台一座，共十座，接连环县。俱于附近军民内，量拨守瞭。北面沿边一带墩台空远者，各添墩台一座，共三十四座。"④ 不仅如此，在营堡以外，还修筑边墙、挖掘壕沟，从而与原有营堡、墩台相结合，构建起长城防御体系。"随其形势以为沟墙，必须高深足以遮贼来路。"⑤ 这样才能真正夯实榆林防御体系。"庶几墩台稠密，而易于瞭望；烽火相接，而人知防避；营堡联络，而缓急易于策应；声势相倚，而可以遥振军威。"⑥ 宪宗接受了这一建议。

成化三年三月，王复再次反对在河套以外构建防线，仍主张固守榆林防线。"议者咸谓若依旧守把黄河险阻，实为万全之计。然今贼未出套，宜因时损益，不拘故常，于延绥添设协同参将二

---

① 《明宪宗实录》卷三六，成化二年十一月己丑，第715—716 页。
② 《明宪宗实录》卷三六，成化二年十一月己丑，第716 页。
③ 《明宪宗实录》卷三六，成化二年十一月己丑，第716 页。
④ 《明宪宗实录》卷三六，成化二年十一月己丑，第716 页。
⑤ 《明宪宗实录》卷三六，成化二年十一月己丑，第716 页。
⑥ 《明宪宗实录》卷三六，成化二年十一月己丑，第716 页。

员，于高家、龙川紧关冲要城堡驻扎，往来提调，互相策应。"①
而延绥镇官员甚至有将防线进一步内徙的主张。成化四年，"镇守
延绥总兵官署都督佥事房能等奏：旧设忽都伯颜堡，北去榆林城
二十八里，南去鱼儿河堡六十五里，远近不均，遇警难于应援。
欲将此堡改名归德堡，移于地名九股水筑立，庶道里适均，易于
防守"。该主张被明朝所接受。②而万历《延绥镇志》记载明朝在
虎都伯颜旧地置归德堡。"国朝成化中，命肃敏公北据虎都伯言，
置今堡。"③由于归德堡位于榆林城南40里刘官寨乡归德村，万历
《延绥镇志》所载有误。

值得注意的是，王复所倡导的榆林长城防御体系，与西北巡
抚所主张的长城防御体系有所不同，这是由于王复所主张修筑的
边墙、挖掘的壕沟，是配合营堡、墩台而开展，是中断而非连续
的。这从同一时期，宁夏镇的设施建设，便可看出。成化二年十
二月，"丙午，宁夏总兵官广义伯吴琮等奏：修筑宁夏三路墩台三
十五座，营堡十有七座，关墙、沟堑四百五十三处，共长六千四
百四十六丈有奇"。④从"关墙、沟堑四百五十三处"，便可看出
这种性质。当月王复关于宁夏镇防御体系建设的建议，进一步显
示出了这一点。

> 请以东路兴武营移至近里，与花马池、灵州东西对直，
> 各一百里；自花马池东南红山儿至环县等处，西南长流水至
> 小盐池等处；西路自河北分水岭至固原半个城等处，及永安
> 墩至靖房等处；中路灵州至石沟儿一路，往韦州、胡芦硖等
> 处一路，接小盐池至萌城等处，每二十里添设墩台一座，共

① 《明宪宗实录》卷四〇，成化三年三月丙寅朔，第 799 页。
② 《明宪宗实录》卷五三，成化四年夏四月己未，第 1089—1090 页。
③ （万历）《延绥镇志》卷一《建置沿革·归德堡》，第 32 页。
④ 《明宪宗实录》卷三七，成化二年十二月丙午，第 725—726 页。

五十有八座。周围筑墙掘沟，务在宽广，可容运粮，接递军民、客商投宿、避害。①

王复巡边西北时，兵部事务由兵部左侍郎程信代为处理。程信，字彦实，北直隶河间府（今河北河间市）人，与王复是同年进士，被授吏科给事中。天顺五年，程信升为刑部右侍郎，由于母亲去世，丁忧回乡。成化元年被起复。一般情况下，官员丁忧回乡，在回朝之时，大多以原官起复，正常情况下，程信应该仍然回到刑部。而程信却是以兵部右侍郎的身份被起复，并很快转为左侍郎。联想到此时王复为兵部尚书，可以做出一种推测，即程信的起复、升迁，和王复颇有关系。当年，明军讨伐四川山都掌蛮叛乱，王复主持廷议，决定由程信以兵部尚书的身份，提督军务，前往讨伐。可见，王复十分信任程信。②

但王复在成化三年三月，回到北京之后，职务便与工部尚书白圭进行了对调。虽然六部在地位上是平等的，但兵部权力明显比工部大，甚至在六部排序中，次于兵部尚书的户部尚书，都不愿意去当工部尚书，③ 更何况是掌管明朝军政事务的兵部尚书，因此王复实际上是被贬抑了。此时李贤已经去世，因此这一人事变化，应缘于宪宗受到了李贤"搜套"方案的影响，从而让更为知兵的白圭取代了王复。王复、白圭在军事能力上的差异，与二人的仕途经历密切相关。

王复，字初阳，北直隶顺天府固安（今河北固安县）人。白圭，字宗玉，北直隶真定府南宫县（今河北南宫市）人。二人都

---

① 《明宪宗实录》卷三七，成化二年十二月己酉，第729—730页。
② 《明史》卷一七二《程信传》，第4594—4595页。
③ "太子太保兼户部尚书（金濂）为言官所劾，并发其阴私数事，遂改工部，削太子太保。濂上章恳白，寻复户部，后以易储复太子太保，进阶光禄大夫。"《明英宗实录》卷二三八，景泰五年二月辛丑，第5189—5190页。

是北直隶人,都出生于天子脚下。同样巧合的是,二人都是正统七年(1442)进士,属一榜同年。但在试职期满之后,二人命运却呈现完全不同的转向。王复授刑科给事中,而白圭授御史。虽然两人同属监察官员,在明代并称"科道"。但给事中基本在京为官,而御史却经常外放。王复、白圭二人也确实因此而分别走向内、外分途。王复由于"声容宏伟,善敷奏",即适于殿堂值班、处理奏疏,从此走上了京官路线,先后任通政参议,右、左通政,兵部右、左侍郎。成化元年升任兵部尚书。[①] 而白圭机缘巧合下,在朱勇攻打兀良哈一役中担任监军之职,从此走上了外官路线,与地方军事结下了不解之缘。

> 巡按山西,辨疑狱百余。从车驾北征,陷土木。脱还,景帝命往泽州募兵。寻迁陕西按察副使,擢浙江右布政使。福建贼郑怀冒流劫处州,协诸将平之。天顺二年,贵州东苗干把猪等僭号,攻劫都匀诸处。诏进右副都御史,赞南和侯方瑛军往讨。圭以谷种诸夷为东苗羽翼,先剿破百四十七寨。遂会兵青崖,复破四百七十余寨,乘胜攻六美山。干把猪就擒,诸苗震詟。湖广灾,就命圭巡抚。[②]

所谓殊途同归,就在白圭与王复渐行渐远,仕途趋向明显分流之时,天顺四年,在阁臣李贤推荐下,白圭被内调为兵部右侍郎。[③] 而在天顺中期,王复也先后任兵部右、左侍郎。可见,应该是王复在先,白圭在后。故而,天顺四年时,应该是王复任左侍郎,而白圭任右侍郎。两人不仅同乡、同年,甚至这时要同部为官了。明代六部官员来源分为两途,一是内官迁调,二是外官内

---

① 《明史》卷一七七《王复传》,第4716页。
② 《明史》卷一七二《白圭传》,第4595页。
③ 《天顺日录》,载《国朝典故》卷四八,第1130页。

调。内外两途的结合，能够保障六部官员既了解朝廷程序，又富有地方经验。白圭的地方军事经验与战功，都符合内调兵部的资格。明代兵部官员并不全然在京为官，在开展大规模的军事行动时，兵部官员甚至兵部尚书会统领军队，出征地方。次年（天顺五年），白圭便被再次外放陕西，抵御孛来的进攻。"明年，孛来寇庄浪。圭与都御史王竑赞都督冯宗军务，分兵巡边。圭败之固原州。七年进工部尚书。"① 当时的兵部尚书马昂，命白圭而非王复出征西北，可能是鉴于白圭熟悉军事，军事能力与经验都超过一直在京为官的王复。白圭既然在战争中获胜，理应升迁官职，但此时兵部尚书由马昂担任，白圭无由进取，于是转而升为工部尚书。成化二年，当王复巡边西北时，白圭也提督军务，协助总兵官朱永，平定荆襄叛乱。

接替马昂任兵部尚书的是王竑。王竑在"土木之变"后，以率领群臣，廷杀锦衣卫指挥马顺而名震天下。但若论军事经验，仅在天顺五年，与白圭一同抵御孛来。"天顺五年，孛来寇庄浪，都督冯宗等出讨。用李贤荐，起竑故官，与兵部侍郎白圭参赞军务。明年正月，竑与宗击退孛来于红崖子川。圭等还，竑仍留镇。至冬，乃召还。"② 王竑起复之前的官职是浙江参政。此次起复，地位应低于白圭，虽然同是参赞军务，但次序应排在白圭之后。取得战役胜利后，白圭得以升迁工部尚书，而王竑仍然留镇西北，由此可见二者地位、功劳的差别。但阴差阳错，兵部尚书马昂调任户部尚书，给了王竑一个捷足先登的机会。如果白圭此前未被调到工部，按照正常的程序，兵部尚书的职位最有可能由他继任。而明朝选择由王竑继任兵部尚书，而不是让长期任兵部左侍郎的王复升任，应缘于王复并没有军事经验的劣势。但成化元年，王

① 《明史》卷一七二《白圭传》，第 4595 页。
② 《明史》卷一七七《王竑传》，第 4709 页。

竑便由于举荐岳正等人,清理兵部贴黄,遭到李贤反对,而辞去尚书之位。兵部尚书职位再次面临空缺。在兵部左侍郎任上积累多年资历之后,王复终得执掌兵部。

但王复任职兵部尚书之后,地位并不稳固,这不仅因为军事非其专长,还因为其弹劾当时文武系统中以知兵著称的杨信、项忠,与阁臣王复站在相反的政治立场上。李贤应鉴于此,假借命王复巡边西北,将他从兵部尚书的位置上支开。但王复赶赴西北之后,主持兵部事务的程信,仍然追随王复既有的立场,不断弹劾杨信等人。而王复也提出了与李贤所倡"搜套"截然不同的防守方案。李贤虽然在成化二年十二月去世,但受其影响的宪宗,仍然决定对兵部尚书进行更换。成化三年四月,"改兵部尚书王复为工部尚书"。[①]"工部尚书白圭奏乞辞职终制,不允。圭先督兵征荆襄还,闻父丧,命奔丧治葬。未几,录功降敕,加太子少保兼兵部尚书,管团营操练。"[②]《明宪宗实录》对王复改任的记载,颇为轻描淡写。"以陕西多事,命出巡边,得便宜行事,凡所建置,多合时宜。言者谓复居兵部非宜,改工部。"[③]《明史》延续了这一记载。"复在边建置,多合机宜。及还朝,言者谓治兵非复所长。特命白圭代之,改复工部。谨守法度,声名逾兵部。"[④]但如此重大的人事调整,堪称惊心动魄。

虽然王复一直欠缺战场历练,但他颇有胆识。"土木之变"后,也先包围了北京,在群臣都不敢担任使者,出城谈判时,王复冒着生命危险,主动请求出城。"也先犯京师,邀大臣出迎上皇。众惮行,复请往。乃迁右通政,假礼部侍郎,与中书舍人赵

---

① 《明宪宗实录》卷四一,成化三年四月癸丑,第841页。
② 《明宪宗实录》卷四二,成化三年五月壬午,第862—863页。
③ 《明宪宗实录》卷二六七,成化二十一年六月丙午,第4523页。
④ 《明史》卷一七七《王复传》,第4718页。

荣偕。敌露刃夹之，复等不为慑。"① 不仅如此，王复虽然没有参
与过战争，但长期任职兵部，为人正直，能识大体，实为部门长
官的合适人选。

> 复重厚寡言，雅志冲澹，遇人不设城府。临事审处，绰
> 有条理。与人言，未尝有矜异色。一时公卿，有大臣体者惟
> 复，人不尽知也。且好古嗜学，廉约自守，不事矫亢，故能
> 以德量保其禄位而终。近时大臣殁，而得谥者，多出于同年
> 当道子居显位，惟复以公道得之。②

而王复在没有过错的情况下，遭到调任的不公平对待，仍然
沉默不言，既与他为人谦和大度有关，也应和当时受到很大的政
治压力有关。正如上引《明宪宗实录》对王复的评价，"遇人不设
城府"，王复对杨信、项忠的弹劾，使他得罪了支持二人的宪宗、
李贤、武将、文官等多种政治势力；而他所倡导的构建榆林长城
防御体系的方案，也与当时明朝力推的"搜套"主流方案背道而
驰，显然其不再适合留在兵部尚书的位置上。这也是所谓"言者
谓复居兵部非宜"或"言者谓治兵非复所长"舆论的出现背景。

但是，如果没有合适的兵部尚书人选，明朝也不会这么快便
做出这么大的人事调整。事实上，此时白圭以其丰富的地方军事
经验，尤其是平定靖襄叛乱后的巨大声望，成为朝野众望所归的
兵部执掌者。这从孔公恂的奏疏中便可以看得出来。孔公恂是孔
子后裔、李贤的女婿，"为人直憨，与众不合"。③ 他毫不避讳地指
出朱永是当时军事能力最强的武将。"夫荆襄之地流民，依山据
险，猝难殄灭，况其轻重视京师有间。如永之威望，今总兵中一

---

① 《明史》卷一七七《王复传》，第 4716 页。
② 《明宪宗实录》卷二六七，成化二十一年六月丙午，第 4523 页。
③ 《明宪宗实录》卷二五，成化二年春正月己酉，第 487 页。

人而已，岂可使之久用于外？宜留永镇京师，而别选人代之。"①
而白圭是最为知兵的文官。

> 其提督军务工部尚书白圭谙晓边事，常于陕西用兵有功，
> 亦宜转以兵部之职，假以便宜行事，使与代永者分往荆襄，
> 守其要害，断其出入，招徕抚绥。迟以岁月，彼乌合之众，
> 将不战而自败矣。②

他这种抬举一人，而贬抑他人的做法，遭到了武将集团的抗
议。"至是，上疏谓总兵中止有朱永一人，于是诸总兵哗然不
平。"③科道系统也因此而弹劾他。"言官闻风劾之。"④"于是，兵
科都给事中岂恺、监察御史陈炜等交章劾之，谓荆襄用人，已有成命。
朱永虽望重三军，然虎臣布列，岂无其比？白圭既提督军务，则节制
自专，何必转任。"⑤孔公恂因此而遭到惩罚。"上是科道言，命下
公恂都察院狱，当赎徒还职，诏免徒，调外任。"⑥"詹事府少詹事
兼左春坊左谕德孔公恂以言事下狱，出为汉阳府知府。"⑦

孔公恂为人憨直，毫不顾忌武将群体、文官集团的脸面，推
崇朱永、白圭，贬低他人，可以反映出在当时，朱、白二人是军
事领域最受瞩目的代表人物。林霨指出白圭在经历与苗兵、李来
的战争后，"已经在军事方面显示出了自己的优长，成为一名阅历
丰富的大臣，相应，在首都他获得了权威的地位"。⑧白圭在兵部

---

① 《明宪宗实录》卷二五，成化二年春正月己酉，第486页。
② 《明宪宗实录》卷二五，成化二年春正月己酉，第486—487页。
③ 《明宪宗实录》卷二五，成化二年春正月己酉，第488页。
④ 《明宪宗实录》卷二五，成化二年春正月己酉，第488页。
⑤ 《明宪宗实录》卷二五，成化二年春正月己酉，第487页。
⑥ 《明宪宗实录》卷二五，成化二年春正月己酉，第487页。
⑦ 《明宪宗实录》卷二五，成化二年春正月己酉，第485—486页。
⑧ Arthur Waldron, *The Great Wall of China*: *From History to Myth*, Cambridge University Press, 1990, p. 99.

尚书任上，确实有举重若轻之感。"白恭敏公圭，凝重简默，喜怒不形。为兵部尚书日，奏疏悉令属曹正官具草，稍加笔削，人往往以简当服之。公退，即闭阁坐卧，请谒者至，左右拒之，多不得入见而去。故当时有酣睡不事事之谤。"① 为人也十分正直刚强。"一中官请托不入，令逻卒阴伺其短以胁之。公密召四司官，令戒饬群吏而已，竟不从。公尝再与征讨，累有军功，未尝令家人冒功得官职。此尤过人者。"② 因此明人认为他在军事领域颇有识见与能力。"公殁后，刑部尚书项公忠代之，视篆日，语四司云：'吾不如白大人有福，尔各司凡事慎之。'未几，项公以事去位。有福者盖轻之之辞，然亦若所谓谶云。"③《明宪宗实录》也充分肯定了白圭的军事才能。"圭，伟仪状。历官中外，数从军旅之事。累有劳效，而荆襄之功为最，人称其能。然乏清誉，既没而诸子以分财不均阅讼，闻者嗤之。"④

可见，虽然白圭与王复同时踏入仕途，但二人由于官场仕途的分流，性格可能也受到影响，大为不同。王复长处朝中，平流进取，因此为人简实伉直、坚持原则，长于道德、略于才干，属于"平流循臣"。而白圭掌管地方军政事务，为寻求升迁，需要积极进取，从而处世灵活，优于才干，疏于官箴，属于"事功能臣"。明中期地方多事，地方官员为获取仕进，大多秉持灵活、圆滑的立场，形成了"事功能臣"群体，从而与在朝按部就班的"平流循臣"，在一定意义上形成政治分途。白圭既长于军事，又颇为灵活，从而在众多军功尤其是平定荆襄叛乱战功的基础上，受到朱永等武将系统的支持，得以改任兵部尚书。

值得注意的是，白圭任职兵部尚书之后，从对项忠的态度，

---

① 《菽园杂记》卷四，第38页。
② 《菽园杂记》卷四，第38页。
③ 《菽园杂记》卷四，第38页。
④ 《明宪宗实录》卷一三六，成化十年十二月辛丑，第2559页。

便可看出他与王复截然不同的立场。成化四年，固原土达满俊发动叛乱，白圭推荐项忠总督军务，率军平叛。

> 癸酉，命太监刘祥监督军务，巡抚陕西右副都御史项忠总督军务，都督同知刘玉佩平虏副将军印，充总兵官，都指挥同知夏正、刘清充左、右参将，统调京营及延绥、宁夏、甘凉等处军马共一万三千，征剿固原反贼满俊。①

这与王复多次弹劾项忠，形成了强烈反差。而在处理河套危机的立场上，白圭长期、强势推行"搜套"方案，更是与王复形成了截然对比。

第四节　榆林长城防御体系的建立

鉴于兵部与西北巡抚之间，围绕解决河套危机，提出两种截然不同的方案，而"搜套"行动造成西北地区沉重的财政危机与社会动荡，宪宗最终决定派遣官员，前往西北实地考察。而所派出的官员是叶盛。成化八年（1472）二月，"命吏部右侍郎叶盛往延绥等处议处兵事"。② 之所以派遣叶盛，一方面缘于叶盛以知兵著称。叶盛出身兵科给事中，以好谈兵事、多所论劾闻名于世。景泰年间又曾督饷宣府、协赞军务，与孙安一同修复在"土木之变"中被毁的宣府镇城堡。天顺年间，叶盛出任两广巡抚，平灭当地叛乱。另一方面缘于叶盛的吏部官员身份。正如上章所述，明代废除丞相后，权分六部，六部共政，彼此制约。而在六部之中，吏部地位最为尊崇，这缘于吏部掌管天下文官的人事管理，

---

① 《明宪宗实录》卷五六，成化四年秋七月癸酉，第1145—1146页。
② 《明宪宗实录》卷一〇一，成化八年二月丙子，第1962页。

是《周礼》"冢宰"的角色,自隋唐时期六部建立后,一直居于六部之首,明朝也相应以吏部为六部之首。"国家昉《周礼》设六卿,以太宰为之长。六卿以下,太宰得推举之。太宰贤,则六卿皆贤,百司庶府因之奉公守职,天子可以垂拱而治,任至重也。"[1]宪宗派遣既代表了文官集团,又以知兵著称的叶盛,前往西北地区,实借助他的这种权威性,调查、调解文官集团内部围绕河套危机解决方案的争执。

宪宗的这一政治意图,被白圭敏锐地察觉,为了占据主动权,白圭在叶盛出发的当月,就主张立即开展"搜套",造成既成事实。

> 虏势深入,顷已敕吏部右侍郎叶盛亲诣陕西延绥、宁夏会议边务。然臣等切虑,虏性桀黠,苟知我内地空虚,未免复肆剽掠。宜如臣等所会议,敕王越等俟盛至日,即调甘凉、庄浪、兰县官军防守要害。又今河冰既开,虏无遁意,计其秋高马肥,必复入寇。在边并见调官军,仅足捍御,未克穷追。若明春复然,则边患何时可息?必须于明年二月,大举搜剿河套,庶收一劳永逸之功。请先调军夫五万,摆堡运粮,计可足半年之费,然后选集精兵十万,简命文武重臣各一员充总督,总兵二员,充副、参将将官每兵一万,坐营统领者各一人。所须出战驮马、鹿角、战车、军器之类,俱宜预备,期以十二月启行。[2]

但宪宗对于白圭,却不再言听计从,而是指出应等待叶盛调查之后,再行决策。"虏寇悖逆天道,累犯边境。明春必须统调大兵,以剿除之。可悉如议。但今日尤须严加防御,其令盛与越等

---

① (明)赵志皋:《赵志皋集·赵文懿公文集》卷二《奉贺太宰栗庵宋公七帙叙》,夏勇点校,浙江古籍出版社,2012,第51页。

② 《明宪宗实录》卷一〇一,成化八年二月甲申,第1967—1968页。

计议机宜以闻。"①

同样因为体察到了宪宗的态度变化,不仅余子俊,而且"搜套"官员在长期"搜套"无果与巨大的财政压力下,都开始转向反对"搜套"行动。在叶盛出发的当月,就上疏主张由王越代表"搜套"官员,进京商议。

> 壬辰,镇守延绥右少监张遐、右都御史王越、镇守总兵官许宁、巡抚右副都御史余子俊复议搜河套。以为延绥二十五堡粮草欲尽,又虏马瘦弱,自一挫之后,悉远边塞。大同诸路兵马已暂罢遣,宜令越及时赴京面议粮草兵马及凡军中机务,以图大举搜剿。②

但兵部仍然主张立即发动"搜套"行动。"区画粮草,顷已命侍郎陈俊。若虏情贪诈,虽被我小挫,未可即谓无事。今已命侍郎叶盛往会越等详议方略,宜俟奏闻。仍令俊预备粮草,以备出战。"宪宗在兵部的坚持之下,再次同意发动"搜套"。③

鉴于自身的主张被否决,王越作为"搜套"官员的代表,对于立刻开展"搜套"提出质疑。在三月的奏疏中,王越首先指出朝廷本已同意暂停"搜套"的方案。"延绥罢遣戍卒,近以兵部请,遣官来议方略,仍令留驻朔州、孤山诸处,第令虏退日久,边境稍宁。且士卒衣装尽坏,马死过半。请如前罢遣休息,令治装听调。臣与所遣官俱暂还京面议边事。"④ 现在又命立即开展"搜套",这让他十分不解。"已乃命官同臣往征。征期在今冬,驱

---

① 《明宪宗实录》卷一〇一,成化八年二月甲申,第1968页。
② 《明宪宗实录》卷一〇一,成化八年二月壬辰,第1973—1974页。
③ 《明宪宗实录》卷一〇一,成化八年二月壬辰,第1974页。
④ 《明宪宗实录》卷一〇二,成化八年三月戊戌,第1980页。

虏渡河，以毕其功。"① 在王越的请求下，宪宗再次回到原来的立场，命令等待叶盛调查完毕，再行决策。"边境既稍宁，其即移文谕越，令与叶盛会议，毕乃还。余如议。"②

身处旋涡核心的叶盛，相应感受到了最大的压力。经过实地调查之后，叶盛认为明朝并不具备发动"搜套"，收复东胜故地的条件。"初，盛为谏官，喜言兵，多所论建。既往来三边，知时无良将，边备久虚，转运劳费，搜河套复东胜未可轻议。"③ 于是主张在防守的基础上，适时开展"搜套"。"守为长策。如必决战，亦宜坚壁清野，伺其惰归击之，令一大创，庶可遏再来。又或乘彼入掠，遣精卒进捣其巢，令彼反顾，内外夹击，足以有功。然必守固，而后战可议也。"④ 对于叶盛的主张，宪宗十分赞同，但白圭仍然主张"搜套"。至于如何防守，叶盛接受了余子俊修筑"二边长城"的方案。三月，他和王越、余子俊联名上奏，指出明朝在陕北设立的种田界石，本来位于白于山一线。"延绥沿边地方，自正统初创筑榆林城等营堡二十有三。于其北二三十里之外，筑瞭望墩台，南二三十里之内，植军民种田界石。凡虏入寇，必至界石内方有居人，乃肆抢掠。"⑤ 后来陕北官员为了谋利，在界石以外，耕种私田，从而吸引了鞑靼部众前来抢掠。"后以守土职官私役官军，招引逃民，于界石外垦田营利，因而召寇。"⑥ 有鉴于此，明朝应该沿白于山，铲削山体，将其改造为长城设施，而在山谷河流两边修筑规模较大的墩台，从而阻截鞑靼部众的深入。"七年六月内，因总兵、巡抚官之议，乃依界石一带山势，随其曲折铲削如城，高二丈五尺。川口左右俱筑大墩，调军防守，以为

① 《明宪宗实录》卷一〇二，成化八年三月戊戌，第 1980 页。
② 《明宪宗实录》卷一〇二，成化八年三月戊戌，第 1980 页。
③ 《明史》卷一七七《叶盛传》，第 4724 页。
④ 《明史》卷一七七《叶盛传》，第 4724 页。
⑤ 《明宪宗实录》卷一〇二，成化八年三月庚申，第 1994—1995 页。
⑥ 《明宪宗实录》卷一〇二，成化八年三月庚申，第 1995 页。

一营永逸之计。"① 同时禁止陕北军民越界耕种。"乞敕所司申戒总兵、巡抚等官严加禁约,自后敢有仍于界石之外私役军民种田召寇者,必降调,逃民即彼充伍。"② 但延绥镇士兵数量较少,客兵更少。"然未尝拟奏,借役民夫,而守备城堡客兵多不过千人,不可供役。"③ 因此应该征发陕西、山西民众,用两三年的时间,修筑完成。"仍乞念修筑边墙之利,量起山西民一万、陕西民二万,于声息稍宁之时,听延绥会官移文二布政司,各选委堂上官,于每年三月八日,各一兴工修筑。二三年间,必致就绪,此诚不战而屈人兵之计也。"④

对于这次联合上奏,白圭仍然加以反对,宪宗也再次听从了兵部的意见。"惟修筑边墙,其令本地官军以渐整理,不须借役于民。"⑤

在被兵部拒绝后,当月,叶盛、王越再次联名上奏,请求停止"搜套"。二人指出延绥镇士兵数量较少。"今本境马步官军舍余仅一万二千,内马队精强者仅满七千,其余次等,仅可分守墩堡,不足调遣。"⑥ 需要其他地区的军队增援,才能抵御由河套南下的部众。"故递年调取大同、宣府、山西官军一万三千,往来随便进止。去冬房来侵犯,累为所拒,不得深入,遂往钞宁夏,而其守将不出,致房入境得利。"⑦ 由于河套空间广阔,如果要开展"搜套"行动,需要调动大规模军队,筹备大量粮草,才有可能成功。"若调军选将,分路入套,固安边之计。但套中地境动经数千百里,沙深水少,军行日不过四五十里,往返必逾月计。惟调集官军,必至一二十万,所需粮料供运之人,不下数十万。事体重

---

① 《明宪宗实录》卷一〇二,成化八年三月庚申,第 1995 页。
② 《明宪宗实录》卷一〇二,成化八年三月庚申,第 1995 页。
③ 《明宪宗实录》卷一〇二,成化八年三月庚申,第 1995 页。
④ 《明宪宗实录》卷一〇二,成化八年三月庚申,第 1995 页。
⑤ 《明宪宗实录》卷一〇二,成化八年三月庚申,第 1997 页。
⑥ 《明宪宗实录》卷一〇二,成化八年三月壬戌,第 1998 页。
⑦ 《明宪宗实录》卷一〇二,成化八年三月壬戌,第 1998 页。

大，未敢定拟。"① 因此，不应发动"搜套"，而应仍然采取之前的防守方案。"若以原调与兵部今拟，并本境官军通为筹算，各就近分守要害，酌量虏情，来即拒杀，去不穷追，俾进无所得，退无所恃，势既困迫，必将图归。此虽为守之长策，亦战之权宜也。"② 由此对延绥镇及甘肃调来军队的防区，进行划分。

今拟于东路清水、孤山、镇羌、柏林，中路平夷、怀远、威武，西路清平、龙州、镇靖、靖边十一堡，各拨骑兵一千守之。东路神木县高家堡、西路安边营，各拨骑兵三千守之。中路双山、波罗，西路宁塞、定边，各拨骑兵二千守之。中路榆林城拨骑兵五千守之。东路令游击将军王玺、蔡瑄与延绥参将神英，西路令都督金事徐恕、都指挥王瑄、孙钺，中路令许宁、范瑾统领屯驻。其宁夏官军数余三万，本境虏可入路，惟花马池、兴武营、高桥三处，不过二百余里，宜令总兵等官会选各城骑兵，及游击将军祝雄见领堪战者共九千人，即令副总兵林盛分领三千，于高桥屯驻，祝雄分领三千，于兴武营屯驻，参将罗敬连所部辖领三千，于花马池屯驻。又虑各官如前怠忽，宜令京营把总都指挥白玉、康永、吴瓒协济操习剿杀。今次拟调甘州等处官军一万六千，宜令副总兵赵英等领六千五百人，赴安边至高桥一带屯驻。副总兵马仪等领九千五百人，及选辖靖虏参将周海所部官军共二千五百人，量于固原、庆阳、环县、西安州等处屯驻。添部军马既众，乃拟于七月请命监督总兵官统领原拟京营马军，往与王越通行调度战守。③

---

① 《明宪宗实录》卷一〇二，成化八年三月壬戌，第1998—1999页。
② 《明宪宗实录》卷一〇二，成化八年三月壬戌，第1999页。
③ 《明宪宗实录》卷一〇二，成化八年三月壬戌，第1999—2000页。

为发动"搜套"所拟调的京营、大同、宣府军队,暂时停止征调。"而京营与大同、宣府步军,势难追击虏骑。兼以沿途徒步艰辛,榆林各堡狭小,无以屯聚,今宜停止。又虏马羸瘦,本境官兵可以截杀。"① 原调的大同、宣府等处军队,则返回原驻地。"原调大同、宣府、山西等处官兵,宜如兵部原拟,暂放休息,俟六月上旬,则先调取马仪、徐恕等官军至彼防守。"②

对于二人的再次联名上奏,白圭仍然坚持反对立场,指出兵力分散,会增加后勤供应的负担。"延绥二十三堡已余一千五百里,而宁夏所属花马池直抵高桥,又可四五百里。今各堡人马,分地而守,供给倍常。"③ 容易诱发鞑靼部众的进攻。"使虏知我兵势之分、转输之苦,俾奥鲁远处河套,而以精骑时出剽掠,因粮于我,至春不去,则大同、宣府、甘凉等处客兵,经年调发,累岁戍守,师老粮费,军罢民敝。"④ 不仅如此,大军长期驻守,容易造成巨大的财政开支。"况所积粮草有限,以七八万之众驻师坐食,傥有不给,必须征发,意外之患,在所当虑。"⑤

最终,明朝在白圭坚持下,两个月后,再次开展"搜套"行动。但令白圭出乎意料的是,"搜套"总兵官赵辅能力低下,鉴于"搜套"无功,也很快明确反对"搜套"。他指出这一军事行动使西北地区发生严重的财政危机,将会导致叛乱的发生。"但今议者皆云延绥兵祸连结,供馈烦劳国赋,边民穷竭甚矣。重复科征,科征恐生内隙。"⑥ 因此应该转向防守。

　　　倘念边务之劳,暂为退守之计,宜即散遣从征军马,量

① 《明宪宗实录》卷一〇二,成化八年三月壬戌,第2000页。
② 《明宪宗实录》卷一〇二,成化八年三月壬戌,第2000页。
③ 《明宪宗实录》卷一〇二,成化八年三月壬戌,第2002页。
④ 《明宪宗实录》卷一〇二,成化八年三月壬戌,第2002页。
⑤ 《明宪宗实录》卷一〇二,成化八年三月壬戌,第2002页。
⑥ 《明宪宗实录》卷一〇八,成化八年九月癸亥,第2119页。

留精锐，就粮郿、延等城，以便防守。沿边军民，悉令内徙山崖旧堡，深藏避寇。其寇经之路，多设坑堑，密置钉板、蒺藜，以为险阻。山头多置烽火，以相传报。[①]

不仅应在榆林修筑长城，而且应该将这一方案推广到宁夏。"仍从都御史余子俊所奏，凿山筑墙，以为保障。其宁夏花马池、高桥儿境内沙漠平漫，难于修筑。宜令都御史马文升、徐廷璋等于萌城、盐池诸处，量度形势，浚壕筑墙，虏必不敢悬军深入。"[②]

对于赵辅的立场转变，白圭十分愤怒，斥责道："辅等统兵七八万众，未闻有一矢之捷，乃称追奔出境，务为夸大。且既膺阃寄，或攻或守，宜定计以行，何乃依违陈乞，首鼠两端，自揣事势不支，欲推避之计。"[③] 对于两种不同的方案，宪宗采取了和稀泥的办法。"设险守备，宜速为区画。虏贼不退，须发兵搜剿。仍令赵辅等会议以闻。"[④] 接到中央的意见后，赵辅、王越分别向明朝上奏，表达了同意的立场，仍然都反对"搜套"。赵辅首先仍继续编造鞑靼部众退出河套的谎言。"比传闻虏寇知我军马大集，移营近河，潜谋北渡，迨今两月，不来入寇。意者其不战自屈乎？"[⑤] 接着指出长期"搜套"导致西北地区处于严重的财政危机，社会已经走到崩溃的边缘。"但大军所至，刍粮缺供。况山陕荒旱，众庶流移。边地早寒，冻馁死亡相继。彼督饷者恐缺食，典兵者惟欲足兵，民事艰危，所不暇恤。"[⑥] "搜套"已经无法继续开展下去。"曩所上攻守二策，以今观之，攻在所难。盖议攻者或泥于兵

---

① 《明宪宗实录》卷一〇八，成化八年九月癸亥，第 2119 页。
② 《明宪宗实录》卷一〇八，成化八年九月癸亥，第 2119 页。
③ 《明宪宗实录》卷一〇八，成化八年九月癸亥，第 2119 页。
④ 《明宪宗实录》卷一〇八，成化八年九月癸亥，第 2120 页。
⑤ 《明宪宗实录》卷一〇九，成化八年冬十月丁丑，第 2123—2124 页。
⑥ 《明宪宗实录》卷一〇九，成化八年冬十月丁丑，第 2124 页。

法，或狃于传闻，不失之易，则失之迂，卒欲举行，未见其可。"① 应该转向防守立场。"莫若姑从防守之策，省兵、节费、安民三者俱便。乞量留从征军士于各边要害，就粮屯驻。虏如北归，即各遣还伍；如复入寇，就令彼处总兵等官并力拒之。"② 各军镇应于明年开春之后，修筑长城。"仍行各边巡抚等官乘春凿山筑墙，以为久计。"③ 自己也应率领"搜套"军队撤回。"臣等居此，势难行事，殊无益，亦宜暂且还京，俟图再举。"④

对于赵辅的谎言，白圭再次严厉斥责。

> 辅、越七月间至榆林，继至安边。虏寇方入庆阳、环县，大掠略不遣兵，少挫其势。而宁夏、延绥警报日至，虏未退却可知。且劳民馈运，本为安民。今乃坐耗边储，无益于事。方陈进攻之计，又病搜套之难，迹其所言，自相抵牾。纵使虏情少却，亦当图为久远之防。倘我军既旋，彼复入寇，失机误事，责将谁归？且请兵之奏甫行，而班师之疏继至，欺君负国，法不可容。宜逮至京究治，以雪边人之怨。⑤

不过鉴于当时朝野上下，尤其是宪宗逐渐都接受了修筑长城方案，白圭无奈之下，也只能在表面上认可了这一方案。"其修筑边墙，令各边守臣审度举行。"⑥

十二月，赵辅再次上奏，将他和王越、余子俊、马文升会议之后的意见，向中央汇报。他指出，四人会议之后都认为征发大军、耗费巨资"搜套"，并非妥当之法。"所上攻守之策及修筑沿

---

① 《明宪宗实录》卷一〇九，成化八年冬十月丁丑，第 2124 页。
② 《明宪宗实录》卷一〇九，成化八年冬十月丁丑，第 2124 页。
③ 《明宪宗实录》卷一〇九，成化八年冬十月丁丑，第 2124 页。
④ 《明宪宗实录》卷一〇九，成化八年冬十月丁丑，第 2124 页。
⑤ 《明宪宗实录》卷一〇九，成化八年冬十月丁丑，第 2124—2125 页。
⑥ 《明宪宗实录》卷一〇九，成化八年冬十月丁丑，第 2125 页。

边墙堡，皆以为搜套之计，用兵一十五万，姑以两月为期，共费粮料四十余万石，输运夫卒十一万有奇。深入虏境，事难万全。"①大家都认为应该采取防守立场。"若精选从征军马，就粮内地，如庆阳、鄜州、延州、清涧等处，权宜退守，使虏进无所掠，退惧邀遮，事无大害。"② 同时修筑长城，这样能够以较小的成本，获取明显的军事效果。"或可为其铲山筑墙，并修理铁角等城，用力不多，为计甚远。镇守等官奏欲动调人夫五万，优免徭役、支费官钱，俱乞允行。"③

对于赵辅这一奏疏，白圭再次加以戳穿。"赵辅等既复议，以搜套为难，则向者乞兵十五万之言，欺诳可知。"④ 对于修筑长城的建议，白圭再次表达了同意。"铲山筑墙及修铁角等城，众议既协，宜令及时兴举。俱允之。"⑤ 这也成为成化九年，长城得以修筑的因素之一。但余子俊修筑长城，曾经一度因为旱灾而中止。"其东、西二路墩台迤南，俱有山险，先已役民五万，铲削如城，以便防守。后因天旱，以巡按御史苏盛之言而止。"⑥ 当年九月，"搜套"总兵官刘聚、王越与西北巡抚共同商议边务。"平虏将军总兵官宁晋伯刘聚、参赞军务左都御史王越会沿边镇守、巡抚等官奉敕议上安边三策。"⑦ 再次提出修筑"二边长城"。"然可责近效，又能经久，无如此举。"⑧ 同时将长城方案推广至宁夏、固原，从而完善了抵御河套鞑靼的横向、纵深防御体系。"其固原、环庆或挑筑壕墙，或铲削山崖。其靖虏接连宁夏黄河两岸，各修筑厄

---

① 《明宪宗实录》卷一一一，成化八年十二月丙子，第2161页。
② 《明宪宗实录》卷一一一，成化八年十二月丙子，第2161—2162页。
③ 《明宪宗实录》卷一一一，成化八年十二月丙子，第2162页。
④ 《明宪宗实录》卷一一一，成化八年十二月丙子，第2162页。
⑤ 《明宪宗实录》卷一一一，成化八年十二月丙子，第2162页。
⑥ 《明宪宗实录》卷一二〇，成化九年九月壬子，第2323页。
⑦ 《明宪宗实录》卷一二〇，成化九年九月壬子，第2323页。
⑧ 《明宪宗实录》卷一二〇，成化九年九月壬子，第2323页。

塞，使虏不得渡河，此则陕西安边之策也。"①

由于此时母亲去世，白圭丁忧回乡，② 左侍郎李震代掌兵部，于是同意继续修筑长城。成化十年，余子俊最终构建起榆林长城防御体系。

> 巡抚延绥都御史余子俊奏：修筑边墙之数，东自清水营紫城寨，西至宁夏花马池营界牌止，铲削山崖及筑垣掘堑。定边营平地仍筑小墩，其余二三里之上，修筑对角敌台、崖寨，接连巡警，险如墩台。及于崖寨空内适中险处，筑墙三堵，横一斜二，如箕状，以为瞭望、避箭及有警击贼之所。及三山、石涝池、把都河俱添筑一堡，凡事计能经久者始为之。役兵四万余人，不三月功成八九，而榆林孤山、平夷、安边、新兴等营堡尤为壮丽。又移镇靖堡出白塔洞口，绝快滩河之流，环镇靖堡之城，阻塞要害。其界石迤北直抵新修边墙，内地俱已履亩起科，令军民屯种，计田税六万石有余。凡修城堡一十二座，榆林城南一截，旧有北一截，创修安边营，及建安、常乐、把都河、永济、安边、新兴、石涝池、三山、马跑泉八堡俱创置，响水、镇靖二堡俱移置。凡修边墙东西长一千七百七十里一百二十三步，守护壕墙崖寨八百一十九座，守护壕墙小墩七十八座，边墩一十五座。奏上，令所司知之。③

值得注意的是，余子俊也并非像成化七年第一次请求修筑长城那样，主张征发民众修筑，而是像成化八年第二次请求修筑长城那样，完全用士兵修筑。具体指挥士兵修筑长城的武将包括许宁、岳嵩与神英。"（许宁）进署都督同知。与子俊筑边墙，增营

---

① 《明宪宗实录》卷一二〇，成化九年九月壬子，第2322页。
② 《明史》卷一一一《七卿年表一》，第3428页。
③ 《明宪宗实录》卷一三〇，成化十年闰六月乙巳，第2467—2468页。

堡，寇患少衰。"① "岳嵩，舒城人，涉猎经史，袭延安卫指挥佥事，以知勇累立奇功，迁延绥镇守总兵官。与都御史余子俊协谋修边城有功。"② "（神英）屡败乩加思兰兵，进署都督佥事。巡抚余子俊筑边墙，命英董役，工成受赉。"③ 此外还有周玉，不过周玉并不赞成修筑边墙。"余子俊筑边墙，玉不为力，且与纮不相能。子俊恶之，奏与宁夏神英易镇。"④

榆林长城修筑之后，余子俊鉴于之前围绕长城修筑所产生的多次纷争，请求中央派遣官员，前来视察，以确认并无问题。"巡抚延绥右都御史余子俊陈边疆营堡防守事宜，因请简文臣一人，来视所修营堡，庶见征戍转输利病。至于大纲小纪，皆宜责之整饬，使事有定体。"⑤ 但明朝最终并未派遣官员巡视。"兵部言边城废弛，可命大臣往视。今子俊修筑已毕，其间利益功绩，久之自见，不必更遣大臣。若有事，宜听详处以闻。上是之。"⑥

值得注意的是，从以上引文可知，余子俊不仅修筑边墙，而且增建营堡、墩台，因此所构建者是立体性长城防御体系。关于余子俊所筑边墙是"大边长城"还是"二边长城"，史籍有不同记载，今人也有不同说法。《明世宗实录》记载，嘉靖时期陕西三边总制王琼指出，"大边长城"由文贵所修。"二边乃成化中余子俊所修，因山为险，屯田多在其外。大边弘治中文贵所修，访〔防〕护屯田，中间率多平地，筑墙高厚不过一丈，可坏而入。"⑦ 同一时期，户部也秉持同样的观点。"故先朝余子俊修筑二边，迄今尚

---

① 《明史》卷一七四《许宁传》，第 4637 页。
② （康熙）《延绥镇志》卷三之四《名宦志下·明》，《四库全书存目丛书》史 227 册，第 373 页。
③ 《明史》卷一七五《神英传》，第 4663 页。
④ 《明史》卷一七四《周玉传》，第 4639 页。
⑤ 《明宪宗实录》卷一三六，成化十年十二月己丑，第 2547 页。
⑥ 《明宪宗实录》卷一三六，成化十年十二月己丑，第 2547 页。
⑦ 《明世宗实录》卷一二七，嘉靖十年闰六月壬辰，第 3028—3029 页。

在。而文贵所修大边，则荡然无复存者。"①

艾冲综合各种记载后指出，余子俊于成化九年、十年两次修筑榆林长城。九年"铲削二边"，十年修筑"大边"。② 韩昭庆依据《读史方舆纪要》，认为大边边墙是弘治年间由文贵修筑。③ 舒时光也认为大边边墙是文贵在弘治、正德时期修筑，但由于修筑地点特殊、质量不高，文贵在政治上附于刘瑾等，从而被后世所忽视。④ 事实上，余子俊并非如之前一直请求的那样，只修"二边长城"，一方面，这可以从"东自清水营紫城寨，西至宁夏花马池营界牌止，铲削山崖及筑垣掘堑"中看出，清水营、花马池界碑都位于"大边长城"，"铲削山崖"是依托白于山、横山建起"二边长城"，"筑垣掘堑"是在河套南缘修筑"大边长城"；另一方面，"其界石迤北直抵新修边墙"所描述的便是明朝在位于白于山的原界石以北新修边墙，这道边墙显然就是"大边长城"。

余子俊不仅修筑了"二边长城"，而且修筑了"大边长城"的事实，还可以从成化十一年余子俊颁布《延庆边备边储榜文》看出。在这道榜文中，明确记载了当时所有营堡，对于白于山、横山旁的营堡，以及河套南缘的营堡，都有所辖边墙的介绍。⑤ 至于文贵修筑大边之说，是今人误读"修复"为"始修"的结果。《广志绎》记载了榆林边墙的具体走向。

    延绥大边，起黄甫川，经清水营、镇羌堡，二百四十五

---

① 《明世宗实录》卷一三〇，嘉靖十年九月丙子，第 3095 页。

② 艾冲：《明代陕西四镇长城》，陕西师范大学出版社，1990，第 21 页。

③ 韩昭庆：《明代毛乌素沙地变迁及其与周边地区垦殖的关系》，《中国社会科学》2003 年第 5 期。

④ 舒时光：《文贵修筑延绥镇"大边"长城及其地理意义》，载中国地理学会历史地理专业委员会、《历史地理》编辑委员会编《历史地理》第 26 辑，上海人民出版社，2012。

⑤ （明）余子俊：《余肃敏公经略公牍》，《天一阁藏明代政书珍本丛刊》第 17 册。

里而至神木，又经柏林、双山，二百三十五里而至榆林镇，又经响水等堡，四百十里至靖边营，又经宁塞等营，百六十里至新安边营，又经新兴、三山等堡，二百里至饶阳水堡，又九十里至宁夏定边营。以上延绥大边，一千三百里，与固原内边形势相接。成化间修筑榆林等城，二十余堡，俱在二边之外，盖重边设险，以守内地也。①

余子俊修筑榆林长城之后，"大边长城"完全阻隔了鞑靼从河套南下的路线，"二边长城"阻隔了鞑靼进入陕北内地的路线，从而极大地增强了延绥镇防御体系的实力。"二边长城"又称"夹道"。"内复堑山湮谷，是曰'夹道'。"②"大边长城""二边长城"最初性质相同，都是"边防之墙"，但伴随明朝逐渐丧失对河套的控制，嘉靖中期以后更是完全放弃这一地区，"大边长城"便成为明朝与河套鞑靼的"边界之城"。而"二边长城"一直都是"边防之墙"。榆林长城修筑之后，在很小的空间内，构建起两道边墙，与其他小规模的墙体结合，形成了立体性的防御体系，开了明中后期九边军镇修建多道边墙，构建立体长城防御体系的先河。嘉靖时期，明朝又修建了南北走向的与宁夏镇交界的"西道长城"。嘉靖三十四年（1555），陕西三边总督贾应春奏："延绥西路议修边墙，自定边营瓦楂梁墩起，至龙州城止，计三百十一里，所以保障全陕。"③朝廷同意了这一建议。从而使陕北作为一个军事包围圈的结构，更加完善，对从河套南下的鞑靼部众，设置了越来越多的障碍与包围圈。

从以上引文还可以看出，余子俊借助修筑"大边长城"，将延绥镇军民私自开垦的农业地带包括了进来，加强了对农业垦殖的

---

① 《广志绎》卷一《方舆崖略》，第10页。
② （康熙）《延绥镇志》卷一之三《地理志》，《四库全书存目丛书》史227册，第288页。
③ 《明世宗实录》卷四二二，嘉靖三十四年五月甲寅，第7327页。

保护。这是榆林长城修筑的经济效果。成化十年七月，榆林长城修筑刚刚完成，宪宗便颁发圣旨，严禁榆林营堡越过界线及跨越边墙，开垦农业、发展畜牧，从而将延绥镇夯实为一个个独立的军事单元。

> 成化十年七月十三日，节该钦奉宪宗皇帝圣旨：陕西榆林等处近边地土，各营堡草场界限明白，敢有那移条款，盗耕草场，及越出边墙界石种田者，依律问拟，追征花利完日，军职降调甘肃卫分差操。军民系外处者，发榆林卫充军；系本处者，发甘肃充军。有毁坏边墙，私出境外者，枷号三个月发落。钦此。①

此后，明朝又不断在边墙以内，推广农业。户部尚书杨鼎等会吏部尚书尹旻等议："榆林一带营堡在边墙外者，地多碛薄，间有膏腴，又禁不许耕种。乞行本边监督副使等官，于新修壕堑内地，每军量拨数亩，俾种菜供食，仍不许越出壕外。"② 获得了明朝的同意。这一模式在九边军镇中逐渐获得推广。成化二十一年，真定府知府余瓒在奏疏中指出："陕西、山西、大同、宣府、辽东等处虏贼出没无常，而供饷无限，设法转运亦不能济。访得边墙内地土肥饶，近皆为镇守内外等官私役军士，尽力开耕，所获粮草甚富。"③

鉴于余子俊在榆林的功绩，武宗命令在榆林修建他的祠堂，加以祭祀。"肃敏余公祠。镇城南门。正德初敕修，祀巡抚余公子俊。嘉靖戊子，铁山张公守中重修，西路兵巡佥事郭凤翱碑记。镇人岁时致祀，以开创大功也。"④

---

① （明）白昂等：《问刑条例》，载《皇明制书》，杨一凡点校，社会科学文献出版社，2013，第1544页。
② 《明宪宗实录》卷一六六，成化十三年五月庚午，第2999—3000页。
③ 《明宪宗实录》卷二六三，成化二十一年三月丙午，第4467页。
④ （万历）《延绥镇志》卷四《庙寺·肃敏余公祠》，第279页。

第五节 榆林长城的示范意义与"明长城时代" 历史潮流

明朝从开国之初，便不断修筑长城，在边疆政策上，整体而言呈现出"内敛"立场，从而与同一时期亚欧大陆其他主体文明的扩张潮流，形成历史分途，由次可将明朝的时代特征概括为"明长城时代"。榆林长城是"明长城时代"的关键节点。这缘于在此之前，明朝在修筑长城的同时，仍然进行着边疆开拓，至少有大举征伐的行为。而榆林长城的修筑，却标志着明朝在面对蒙古撕开明朝北疆防线的巨大缺口之后，在采取"搜套"这一进攻方案，未能有效解决问题后，所采取的最终方案。这一方案也很快便显示出了应有的功用。比如，成化十年（1474）余子俊修筑了榆林长城，这一功用很快便体现了出来。"子俊之筑边墙也，或疑沙土易倾，寇至未可恃。至十八年，寇入犯，许宁等逐之。寇扼于墙堑，散漫不得出，遂大衄，边人益思子俊功。"[1] 此役明军斩获甚多，远远超过了红盐池大捷的战果。

　　壬寅，虏寇入延绥河西、清水营等处，监督军务太监汪直、总兵官威宁伯王越调兵分御之。宣府游击将军都指挥使刘宁败之于塔儿山，生擒四人，斩首百六级。参将都指挥同知支玉、右副都御史何乔新等败之于天窊梁中萛，斩首七十七级。千户白道山等败之于木瓜园，斩首十五级。延绥总兵官署都督同知许宁等败之于三里塔等处，生擒二人，斩首百一十九级。大同参将周玺、游击将军董昇、镇守太监陈政、巡抚右佥都御史郭镗、总兵都督朱监等败之于黑石崖等处，

---

① 《明史》卷一一八《余子俊传》，第 4738 页。

斩首三十级。①

《明宪宗实录》认为这是余子俊修筑长城的结果。"是役也,斩获最多,盖由尚书余子俊铲削边墙,虏入为官军所逐,漫散而不得出路故也。然自是无敢复轻犯边者,延绥军民颇得息肩云。"②

相应,榆林长城的修筑,便成为明中后期,遭受鞑靼越来越严重威胁的北部边疆所学习与模仿的对象,引领了明中后期大规模修筑长城的历史潮流。

> 延绥则都御史余子俊筑边墙,延衮二千里,每二三里为敌台、墩寨,相比连不绝,再阅月而讫工。时徐廷璋修边于宁夏,马文升修边于陕西,与子俊称关中三巡抚云。而杨一清起都御史,总制三边时,亦以修筑为急。……而宁夏虏急,起尚书王琼,亦修边于花马池、定边一带,人称为"王总制墙"焉。嘉靖时,虏入古北口,薄京城。明年,筑蓟镇边墙一千三百余里,台如之。而宣、大、山西为虏蹂躏极,亦遍修墙堡,雉堞云连,至今以为恃。③

成化十三年,马文升将长城方案推广到辽东镇。"庚寅,命修

---

① 《明宪宗实录》卷二二八,成化十八年六月壬寅,第3902—3903页。
② 《明宪宗实录》卷二二八,成化十八年六月壬寅,第3904页。
③ (明)熊廷弼:《熊廷弼集》卷五《巡按奏疏第五·请停修屯辩抚院疏》,李红权点校,学苑出版社,2011,第243—244页。学界普遍将榆林长城视为明长城开端。The Great Wall of China: From History to Myth, p. 108.〔美〕牟复礼、〔英〕崔瑞德编《剑桥中国明代史》,张书生等译,中国社会科学出版社,1992,第437页。肖立军:《九边重镇与明之国运——兼析明末大起义首发于陕的原因》,《天津师范大学学报》(社会科学版)1994年第2期。胡凡:《河套与明代北部边防研究》,博士学位论文,东北师范大学,1997,第197页。杜祐宁:《从屯堡到边墙——明代北边防务研究》,硕士学位论文,台北成功大学,2009。这一观点虽然并不正确,但仍然反映出学界对于榆林长城修筑的标志性意义的关注。

筑辽东锦义等处边墙、壕堑、城堡、墩台，增筑尖山川、凤凰山二堡，从整饬边备兵部右侍郎马文升言也。"① "巡抚大同右副都御史李敏等奏报，大同三路，计修边墙、壕堑、墩台共九万三千七百七十九丈。"② 成化十五年，镇守宁夏太监龚荣指出黄河并不能阻挡鞑靼部众南下。"宁夏东路自花马池至黄河，东至平山墩，西至黑山营，中间相去几二百里，虏所出没。说者以为前有黄河可恃，然春夏之时，河可恃也，如冬月冻合，实为可忧。"③ 请求修筑边墙。"今欲沿河修筑边墙，使东西相接。其西路永安墩至西沙嘴，旧墙低薄颓坏，欲改筑高厚，庶可保障地方。"④ 获得了明朝的同意。"遂役一万人筑之"。⑤ 成化十六年，陕西巡抚阮勤请求修筑庆阳边墙。"庆阳府境上墩台空旷，宜于麻子涧口、苗家塓现、扬旗寨、解家原等处，增筑墩台一十四所。而甜水铺等处，无险可恃，宜浚削壕堑、边墙三十余里。"⑥ 获得了明朝的同意。成化二十一年五月，宁夏再次增筑边墙。"巡抚宁夏右佥都御史崔让等，奏请于平虏城、枣儿沟增筑边墙一道、塞堡一座、墩台三座，广武营移筑墩台一座，中卫、河南增筑墩台三座，移筑三座，兵部请从其奏。报可。"⑦ 成化二十一年七月，时任大同、宣府、山西总督的余子俊，又请求在三地展开大规模的长城修筑。

　　壬戌，总督大同、宣府军务兵部尚书余子俊奏：去岁受命行边，即以曩在延绥曾修边墙事宜建议闻奏，蒙赐允行，

① 《明宪宗实录》卷一六二，成化十三年二月庚寅，第 2962 页。
② 《明宪宗实录》卷一六七，成化十三年六月丁巳，第 3031 页。
③ 《明宪宗实录》卷一九七，成化十五年十一月丁未，第 3470—3471 页。
④ 《明宪宗实录》卷一九七，成化十五年十一月丁未，第 3471 页。
⑤ 《明宪宗实录》卷一九七，成化十五年十一月丁未，第 3471 页。
⑥ 《明宪宗实录》卷二一〇，成化十六年十二月庚申，第 3660 页。
⑦ 《明宪宗实录》卷二六六，成化二十一年五月丙子，第 4511 页。

适岁歉而止。今会大同、山西、宣府一带边关内外文武守臣，随方经略，躬率士马，遍历边境，登高履险，凡四十余日，度地定基，东自四海冶起，西至黄河止，长竟一千三百二十里二百三十三步，旧有墩一百七十座，内该增筑四百四十座，每座高广俱三丈。宣府二百六十九座，宜甃以石，每座计用六百工，六日可成。大同一百五十四座，及偏头关一十七座，宜筑以土，每座计用一千工，十日可成。总计宣府人四万，共二十五日；大同人四万，共三十八日；偏头关人六千，共二十八日，俱可毕工。大约今年八月始事，明年四月可以告成。工人八万六千，每人月给粮米六斗、银三钱、盐一斤，共粮一十五万四千八百石、银七万七千四百两、盐二十五万八千斤、马六万三千匹。于草青时月，每马给料升半，共八万五千五十石，视昔延绥修边之费，虽曰有加，迹已然而验之，将然实一劳永逸之功也。告成之日，仍遣科道官阅实。墩给手把铜铳十、铁炮二。且请敕户、工二部议处粮料、银、盐、铜铁等物，以给前费。①

明朝同意了这一方案。

上下其奏于所司，兵部言："子俊前在延绥，曾收明效，故今于宣府、大同、偏头关一带边方，不惜勤劳，亲历艰险，画图具说，筹算详明，盖欲必成未毕之功，期收将来之效也。"上然之，即敕所司预备器物，俟明年四月即工。②

一年多后，大同长城设施增筑完成。成化二十三年五月，"甲

① 《明宪宗实录》卷二六八，成化二十一年秋七月壬戌，第4530—4531页。
② 《明宪宗实录》卷二六八，成化二十一年秋七月壬戌，第4531页。

子，大同总兵官都督同知王玺等奏工役修筑之数，凡边墙壕崖共三万九千二百三十二丈六尺，水口十，关门一，墩台七"。[1]

八月，陕西巡抚贾奭等请求在陕西、宁夏增筑边墙。

> 巡抚陕西右副都御史贾奭等议奏：靖虏等处工役，边墙自靖虏境急三湾起，至老龙湾墩止，宜补七百二十四丈九尺；红柳泉墩起，至兰州地界止，宜修九百二十六丈八尺。乞于附近府卫，起倩人夫各二千名供役，其余俟岁丰兴工。及宁夏中卫野鹊沟等处边墙，与芦沟深井等处营堡、墩台，亦系要害之地，宜别令守臣议修筑之宜。[2]

获得了明朝的同意。此后，明朝不断开展长城修筑工程，最终形成了目前我们所看到的明长城的基本格局。

但余子俊修筑榆林长城之后，也并未从根本上解决河套鞑靼的威胁问题。相应，围绕榆林长城的是非功过，便一直存在争议。同样，围绕明中后期其他地区长城的修筑，也产生相应的争论。由于榆林长城的标志性意义，这些争论时常有追溯榆林长城的取向。

关于榆林长城的最大争议，是榆林长城方案是否导致明朝放弃了河套。榆林长城防御体系虽然有效地阻碍了鞑靼部众的南下，但却是一种被动防御体系，因此无法主动解决河套危机。事实上，榆林长城修筑以后，明朝将更多的精力放在了陕北防御上，对于搜剿河套，不再像以前那样热衷，这便为鞑靼部众固定驻牧河套，提供了条件。弘治元年（1488），延绥镇巡抚黄绂便在奏疏中指出，河套的鞑靼部众，固定驻牧河套，甚至在靠近边墙的区域居

---

① 《明宪宗实录》卷二九〇，成化二十三年五月甲子，第4910页。
② 《明宪宗实录》卷二九三，成化二十三年八月癸未，第4975页。

住。"虏贼俱在河套，近边墙居住，日逐射猎。通事回话答说：并不做贼抢掠，到明春要来进贡。"① 正德时期，阁臣蒋冕也在奏疏中，指出了同样的现象。"北虏屯牧黄河套内，不下二三十万，自西而东一带，边墙外无处无之。"② 嘉靖时期，蒙古已牢固地控制河套。"今且盘据其中，滋其畜牧，遂其生养，譬之为家，成业久矣。"③

于是，明中后期围绕榆林长城的是非功过，便掀起了不断的争论。嘉靖十六年（1537），兵科都给事中朱隆禧等指责余子俊修筑榆林长城，导致明朝失去了河套。"祖宗之时，河套固中国地也。自余子俊修筑边墙，不以黄河为界，而河套为虏所据。"④ 嘉靖年间延绥镇巡抚张珩再次提出北移防线于东胜的方案。

> 使肃敏果欲立万世之业，即复张仁愿之所经略者，掣榆镇守哨之军，置青山见在墩台，则烽火明矣；移榆镇畚锸之夫，筑沿河塞垣故址，则保障固矣；采套中之材木，则公廨建矣；因套中之盐池，则国课兴矣；治地分田，则屯田举矣；立置设邮，则王命传矣，岂不为久安长治之策哉？⑤

指责余子俊将防线内徙至榆林，是明朝失去河套的根源。

> 奈肃敏智不及此，顾乃屑屑以就河套之利，置重镇于沙

---

① （明）马文升：《为驱虏寇出套以防后患事疏》，载《明经世文编》卷六三《马端肃公奏疏二》，第 524 页。

② 《湘皋集》卷三《请驾还京疏》（正德十二年十二月），第 25 页。

③ （明）翁万达：《翁万达集》卷四《复河套议》，朱仲玉、吴奎信校点整理，上海古籍出版社，1992，第 90 页。

④ 《明世宗实录》卷二〇三，嘉靖十六年八月庚申，第 4253 页。

⑤ （康熙）《延绥镇志》卷六之二《艺文志·榆问》（张珩），《四库全书存目丛书》史 227 册，第 538—539 页。

碛之间，譬如弃珠玉于道途，终必为人所得。河套之利，又安可保哉？果至弘治十四年，火筛入套，迄今吉囊据为巢穴，已为门庭之寇，深抱蚕食之忧。①

　　宣大山西总督翁万达表达了同样的批评立场。"乃竟因循画地，自捐天设之险，失沃野之利，此边疆之臣所宜卧薪尝胆，而有志之士所以扼腕而攘袂者也。"② 认为余子俊最初将延绥镇从绥德北迁至榆林，应该有收复河套的想法。"先巡抚余肃敏公，置镇榆林，想亦有志斯举。"③ 但最终河套不仅没有收复，延绥镇还陷入长期的财政危机之中。"而套卒未复，镇则空设，开垦无闻，转输难继，孤悬独立，沙迹为墟。外之不足恃为藩篱，内之无所资其赋役。"④ 作为对余子俊责任的开脱，翁万达认为余子俊可能是遭到掣肘，才最终没有收复河套。"不有其利，而益处其劳，岂豪贤固略于远谋，抑其时或亦有掣肘，而未终其志邪！"⑤ 万历《延绥镇志》认为明军能够很容易地驱逐鞑靼，因此明朝失去河套，完全是自身放弃的缘故。"当其时倏来倏去，乘其虚亦易逐，而我步日却，是河套非虏夺之，实我弃之也。遗璧于途，拾者匿焉，其势不容不争。"⑥ 明朝的西北防线，呈现一步步退缩的趋势。"我明兴，迅荡胡腥，驱之漠北，河以南皆封属。自东胜不守，藩篱乃撤。防河之戍既罢，巡河之议又寝。"⑦ 这是明朝失去河套的根源。"若荒域潇潇空垒焉，虏觇其虚渡河，始则窥，继则据，迄今

① （康熙）《延绥镇志》卷六之二《艺文志·榆问》（张珩），《四库全书存目丛书》史 227 册，第 539 页。
② 《翁万达集》卷四《复河套议》，第 89 页。
③ 《翁万达集》卷四《复河套议》，第 89 页。
④ 《翁万达集》卷四《复河套议》，第 89—90 页。
⑤ 《翁万达集》卷四《复河套议》，第 90 页。
⑥ （万历）《延绥镇志》卷六《河套·经略河套考》，第 490 页。
⑦ （万历）《延绥镇志》卷六《河套·经略河套考》，第 490 页。

百年余，套不复为中国有矣。"①

不过，同样是在嘉靖时期，兵部职方司主事许论便指出，北移防线至黄河内外，并不现实。"夫拒河为守，尚不能固，乃能遏虏于河外？其置烽堠千八百所，所须万人，而史云减戍，此皆不可晓者。"② 与其幻想收复东胜，还不如增强榆林防御。"近有复套之议，谓当循唐旧，又谓当复守东胜，则榆林东路可以无虞。审时度力，愚不知计所出矣。西路最称要害，而安边、定边连接花马池，更为冲剧，筑墙设险，事有不容已者。"③ 万历年间，谢肇淛也指出，明朝之所以放弃河套，是因为无法应对鞑靼的快速机动战术。"河套之弃，今多追咎其失策，然亦当时事势不得不弃也。何者？我未有以制其死命，令彼得屯牧其中，纵驱之去，终当复来。"④ 顾炎武指出河套空间广阔。"河套虽古朔方之地，但汉、唐来弃之已久。起宁夏至黄甫川，黄河北绕二千五百里即南，自川至定边亦一千三百里，以围径求之，当得纵横各一千二百里余。"⑤ 当地生态环境只适合开展游牧，无法推广农耕。"其中皆芜野荒原，惟虏可就水草驻牧，安得中国人居之？即迁人实之，从何得室庐耕作？"⑥ 因此，明朝如果要控制河套，将会付出巨大的经济代价。"所谓得其地不足田，得其人不足守，幸而曾（铣）议不成耳。即成，费国家金钱数百万，取之终亦必弃，为虏复得。"⑦ 康熙《延绥镇志》进一步指出，明人之所以指责余子俊放弃河套，还有一种文化想象的成分在内。

---

① （万历）《延绥镇志》卷六《河套·经略河套考》，第490页。
② （明）许论：《九边图论·榆林》，嘉靖十六年谢少南刻本，国家图书馆藏。
③ 《九边图论·榆林》。
④ （明）谢肇淛：《五杂俎》卷四《地部二》，上海古籍出版社，2005，第1559页。
⑤ 《肇域志·陕西行都司》，第2679页。
⑥ 《肇域志·陕西行都司》，第2679页。
⑦ 《肇域志·陕西行都司》，第2679页。

　　明成化时，有谓余子俊城榆林而不复河套为失策，盖以河套为《诗》之朔方故也。《诗》不云乎"王命南仲"，"城彼朔方"。笺之者曰：《尧典》云"宅朔方"，《尔雅》云"朔，北方也"，皆其广号，为近狎猃狁之国耳。未尝指为河套地也。后人不察，以为帝王之远略如此，则文王直秦皇、汉武之流尔，何以为文王也？①

　　事实上，明朝在建国之初，便已经放弃了河套。"况明之弃河套也久矣。在洪武时，止守东胜。未几，又不守，而守绥德。"② "土木之变"后，明朝在北疆处于战略劣势，更无法控制河套。"且新当土木之变，乃欲城榆林者城河套，不亦谬乎？"③ 明人收复河套的情结，还掺杂着对于曾铣的同情。"自后曾铣倡其议，以忤严嵩而处死，怜之至今。"④ 事实上，明朝自开国以来，便在北部边疆确立了防守立场。"独不思西北边境互相密迩，必选将练兵，时谨备之而不征者，此明太祖之训耶。"⑤ 因此，所谓河套之弃，责任并不在余子俊。"至若安南，永乐时之郡县也，宣宗朝犹议而弃之。而谓子俊之失者，不亦谬乎？由今观之，曾铣之论，轮田之谋也；子俊之策，朱涯之议也，而子俊之功远矣。"⑥ 对于河套的认识，实反映了明人的不学无术。"嗟乎！有明三百年，士之通

① （康熙）《延绥镇志》卷一之三《地理志·河套》，《四库全书存目丛书》史227册，第300页。
② （康熙）《延绥镇志》卷一之三《地理志·河套》，《四库全书存目丛书》史227册，第300页。
③ （康熙）《延绥镇志》卷一之三《地理志·河套》，《四库全书存目丛书》史227册，第300页。
④ （康熙）《延绥镇志》卷一之三《地理志·河套》，《四库全书存目丛书》史227册，第300页。
⑤ （康熙）《延绥镇志》卷一之三《地理志·河套》，《四库全书存目丛书》史227册，第300—301页。
⑥ （康熙）《延绥镇志》卷一之三《地理志·河套》，《四库全书存目丛书》史227册，第301页。

经者，止知宋以下之经，而不知汉以前专门之学。则殷之南仲，不几为唐之朔方节度使也哉？悲夫！"①

明朝尤其是明中后期大规模修筑长城，用较小的财政支出，构建起抵御蒙古的立体性、多层次防御体系，有效应对了蒙古骑兵的快速机动战术，弥补了明军步兵的战术劣势，保障了明朝内地"基本盘"的安定与发展。关于长城的功用，来自长城对面敌人的评价，最有说服力。嘉靖二十五年，俺答麾下的通事对明军说：

> 你南朝将大边自黄河以东修至宣府，我们人马少时不得侵入，大举必得二十万，就便得入。又恐回来难出大边。你南朝人马强劲，不同往年。与你这令箭，前去大同与周太师讲和了罢。我们再不去抢，各种田禾，不许两家偷践。要将白马九匹、白牛九只、白骆驼九只进贡。②

嘉靖二十六年，俺答麾下的通事又说："如今南朝兵马添的多了，比先强胜，修起边墙，墩堡稠密，不敢抢了。"③

但长城毕竟是一种被动防御设施，无法主动解决蒙古的威胁，明朝、蒙古从而形成长期的南北对峙。不仅如此，长城修筑之后，明朝要将有限的士兵，分布在漫长的边墙之上，这在明代有专门的术语——"摆边"，即"挨墙摆列"。④"摆边"虽然堵上了相关的防御漏洞，却导致明军兵力分散，无法开展有效的运动战。嘉

---

① （康熙）《延绥镇志》卷一之三《地理志·河套》，《四库全书存目丛书》史227册，第300—301页。
② 《翁万达集》卷七《房中走回人口疏》，第254页。
③ 《翁万达集》卷一〇《北房屡次求贡疏》，第318页。
④ 《翁万达集》卷五《计处防秋戍边人马疏》，第120页。比如"宣、大、山西数年以来，主兵摆列，俱沿边界，不屯驻于腹里者，谓兵宜据险，不宜退守，且恐势分则力弱也"。《翁万达集》卷五《预拟分布人马以御房患疏》，第122页。

靖年间，蓟辽总督杨博在奏疏中指出："比年以来，率以兵马预分边境，昼夜食宿，俱在墙上。不惟人力疲劳，诚为守株待兔。"① 隆庆年间，工科给事中管大勋指出"摆边"战术面临着巨大问题。"今日摆边之说，病之者纷纷矣。"② 导致明军以此为借口，躲避与鞑靼部众作战。"顾虏未至而分墙据垛，以尽其能，是谓之惰虏。既至而犹分墙据垛，以遏其入，是谓之愚夫。"③ 最终完全依靠长城设施，而不再具有战斗力。"然将领率皆贪懦，训阅全无。纪法、弓矢不闲，步骑不习。今日修墙，今日营堡，终岁勤勤者仅畚锸、土石之工。"④

不仅如此，"摆边"是一种静止、僵化的战术形式，北方族群熟悉这一战术后，往往拆墙而入，从根本上消解"摆边"的作用。⑤ 弘治时期，鞑靼部众便通过拆墙，突破宁夏镇长城防御体系。"（弘治）十八年十二月十七日，虏贼五万余骑到于花马池北柳杨墩西，乞开墙口二十处，及将灵州东北清水营堡攻陷，深入固原、平凉、安会等处，大掠而出。"此后多次拆墙而入。⑥ 嘉靖时期王廷相用诗歌的形式，讽刺了长城并无法阻止鞑靼骑兵的进入。"定边城北沙似海，防胡空调筑城师。三更虏骑衔枚入，诘旦遥穿华马池。"⑦ 俺答对于边墙，也逐渐持蔑视态度。"昨有人自虏

<hr>

① 《明经世文编》卷二七五《杨襄毅公奏疏·陈时弊度虏情以保万世治安疏》（杨博），第 2898 页。

② （明）管大勋：《焚余集·应诏陈言边事疏》，《天一阁藏明代政书珍本丛刊》第 18 册，第 45 页。

③ 《焚余集·应诏陈言边事疏》，《天一阁藏明代政书珍本丛刊》第 18 册，第 45 页。

④ 《焚余集·应诏陈言边事疏》，《天一阁藏明代政书珍本丛刊》第 18 册，第 45 页。

⑤ 明末清军进攻长城时，甚至形成了固定的拆墙模式。天聪四年（1630）六月，"太宗御殿集贝勒大臣及众官谕曰：'前出兵时，每备御下，甲兵或二十人或十五人，毁明国坚固边墙，长驱直入，拔其坚城，彼所号天下雄兵，在在摧败。……'"（清）阿桂、梁国治、和珅等奉敕撰《皇清开国方略》卷一三，《景印文渊阁四库全书》第 341 册，第 199—200 页。

⑥ 《北虏事迹》，《中国野史集成》第 23 册，第 614—616 页。

⑦ （明）王廷相：《王氏家藏集》卷二〇《行边六首》，王孝鱼点校，载《王廷相集》，第 362 页。

中来，云俺答闻中国修边墙，亦笑曰：'中国修此，徒作费钱粮，无益，不如乘此时节修完城堡、收拾人马，倒是紧要的。'"① 为了消除"摆边"的弊端，明朝逐渐强调把军队集于营堡之中，从而保持军队的运动战斗能力，这种战术形式被明人称作"摆堡"。万历初年，任职宣大山西总督的方逢时，尤其推崇这一战术。他用设问的方式，撰成《辕门记谈》，对城堡、墩台、边墙功用有反复辩论。

　　（支离子）曰：……敢问险。

　　（方）曰：城堡是已。《诗》曰城彼朔方，此之谓也。方今之虏，如蜂如蚁，倏而聚，倏而散，惟利是趋耳。使吾城诚高，池诚深，兵诚精，粟诚积，彼环攻三日不胜，则气夺而去，夫孰与我。所谓坚壁清野，舍此何适矣。

　　曰：边墙之修，墩台之筑，可乎？

　　曰：可哉。夫墩台，瞭望之具，吾之耳目也，寇聚而入，炮火是资，非可据而御虏者也。一台之卒，七人而止，增益之五十人而止，数万之寇，五十卒何为哉！

　　曰：边墙何如？

　　曰：尤非所急也。

　　曰：古之人修者多矣，子何云不然？

　　曰：子见古之人有以墙而却虏者乎？夫墙，莫盛于秦二世之末，虏已至白登，汉高围焉，墙复安在？

　　曰：然则已之？

　　曰：胡可已也！谋夫孔多，咸以为奇策焉，吾安得而已之？

① （明）方逢时：《大隐楼集》卷一三《上内阁张太岳、吕豫所论边事书》，李勤璞校注，辽宁人民出版社，2009，第225页。

曰：何以修之？

曰：修之，其先度地利乎！不然徒伤财劳人耳。子见居庸、紫荆之间乎，崇山之巅，雉堞连云，非徒贻讥识者，而亦取笑虏人，呜呼惜哉。[1]

但是，明后期仍多有官员认为边墙有用。比如万历后期巡按辽东御史熊廷弼，在不受朝廷支持的情况下，仍然修筑边墙，并在奏疏中指出边墙的价值。他指出由于修筑了边墙，有效阻止了鞑靼的南下。"今墙之有无足恃，臣何敢知。惟知河东自去年到今以有墙故，辽阳、开原两道零窃各仅十起，海盖道绝无一尘，视河西宁前道之五十二起，分巡道之八十四起，钞略似少耳。"[2] 保障了农业生产的正常开展。"惟知沿边荒地海州、泛、懿、开、铁间垦种渐宽，辽阳今岁告垦纳科者一日百人，似若以墙为可靠耳。"[3] 鞑靼骑兵跨越边墙，并非如传言所说的容易。"即如长定之役，未明挖墙，辰时至屯，人早登台，幸不尽克。若果履平地之易如科臣言，直向梦中捉人耳，恐屠略将不止此。"[4] 鞑靼南下的目的，是抢夺物资与人口，而边墙是最有效的应对设施。"且虏以一口入，以八口出，连夜刨挖，墙被人畜践滑，皆前牵后拥始得过，至五更而出始尽。墙自羁虏以待邀截，而人自失误，非墙之罪也。"[5]

小　结

面对"搜套"行动带来的财政危机与社会动荡，包括延绥镇

---

① 《大隐楼集》卷一三《杂著一·辕门记谈》，第250页。
② 《熊廷弼集》卷四《巡按奏疏第四·六驳兵科疏》，第192页。
③ 《熊廷弼集》卷四《巡按奏疏第四·六驳兵科疏》，第192页。
④ 《熊廷弼集》卷四《巡按奏疏第四·六驳兵科疏》，第192页。
⑤ 《熊廷弼集》卷四《巡按奏疏第四·六驳兵科疏》，第192页。

巡抚、陕西巡抚在内的西北巡抚，由于肩负着保持财政平衡、社会安定的职责，从自身政治利益出发，极力反对"搜套"行动，并提出了代替"搜套"行动的长城方案。兵部尚书白圭从建立战功的部门利益出发，强烈反对长城方案。但"内政本位"观念最终影响了越来越多的包括宪宗、户部官员、西北巡抚、"搜套"官员在内的政治势力，余子俊最终构建了包括"大边长城""二边长城"在内的立体性、多层次长城防御体系。榆林长城修筑后，较为有效地应对了鞑靼骑兵快速机动的战术，保障了陕北地区的社会安定与农业经济，从而成为明中后期逐渐陷入战略劣势的北部各镇所学习与效仿的对象，从而掀起了明中后期大规模修筑长城的潮流，堪称"明长城时代"的关键节点。但长城作为一种防御设施，并不能主动解决蒙古威胁问题，明朝、蒙古从而形成长期的南北对峙，明中后期王朝国家于是陷入越来越严重的战略劣势之中。

第十章
明中后期王朝国家的四面
楚歌与隆庆改革

　　榆林长城的修筑，虽然较为有效地应对了河套鞑靼的进攻，但并未从根本上解决河套危机。伴随越来越多的鞑靼部落，进入河套，拆掉边墙，进攻西北内地，西北危机愈演愈烈，明朝在北部边疆的军事压力，日益增加。不仅如此，明朝开国以来的"内敛"疆域政策，开始结出苦涩的果实，伊斯兰文明开始威胁西部边疆，基督教文明开始进入东亚海域，明代王朝国家在步入中后期时，开始进入四面楚歌的困境。如何解决这一时代难题？隆庆时期，明朝君臣开始转变观念，从整体上重新审视明朝的边疆政策，从而开展起隆庆改革。

第一节　明中后期王朝国家失去河套

　　红盐池大捷后，鞑靼部众很长时间内，并未进入河套。成化十六年（1480），朱永、王越在宦官汪直的支持下，"时中官汪直怙恩用事，思以边功自树，王越、朱永附之"。[1] 再次取得了威宁

---

[1] 《明史》卷三二七《外国八·鞑靼传》，第 8475 页。

海子大捷。"十六年春，边将上言，传闻敌将渡河，遣以永为将军。直与越督师至边，未及期，袭敌于威宁海子，大破之，又败之于大同。永晋公爵，予世袭，越封威宁伯，直增禄至三百石。"① 成化末年，鞑靼部众鉴于明朝仍然空置河套，再次进入这一地区。面对河套鞑靼的威胁，明人重新开始筹划应对之策。值得注意的是，都察院经历李晟针对明朝在北部边疆所面对的日益严峻的态势，提出了整体的规划，颇能代表明中后期振作北疆的一种舆论。成化二十年五月，都察院经历李晟指出河套再次被鞑靼占据。"河套土地广阔，水草深密，秋高冰坚，虏恒恃为窟穴。"② 请求"搜套"。"宜及盛夏虏退之时，遣人按视，图其山川之险夷、道路之通塞，何处可以驻扎，何处可以掎击，遍示诸将，庶出师之时，得以相机合变，而无所迷惑，亦地利之一助也。"③ 但兵部并不认可这一主张。"河套之图为未可猝举"，宪宗也反对再次"搜套"。④

当年九月，李晟再次在奏疏中，从整体上规划了北疆防务。李晟首先指出，北疆防务需要从地缘与用人两方面入手。"方今攘夷有大势，有先务。大势在固外藩，先务在用旧臣。"⑤ 他认为明朝、蒙古在战略态势上，呈现了反转。"盖国初都燕京，山后控三边，得御夷之形胜。其时北边地荒而人稀，且我方盛强，虏正衰弱，自不敢来，即来亦无所得。今承平既久，吾士马多耗，人畜颇丰，而虏又适炽，小入则小利，大入则大利。"⑥ 之所以呈现这样的转折，既与蒙古充分利用了快速机动的战术有关，也与明军能力严重下降有关。"况其出没无常，仓卒难备，至而后应，势每

① 《明史》卷三二七《外国八·鞑靼传》，第8475页。
② 《明宪宗实录》卷二五二，成化二十年五月丁亥朔，第4258页。
③ 《明宪宗实录》卷二五二，成化二十年五月丁亥朔，第4258—4259页。
④ 《明宪宗实录》卷二五二，成化二十年五月丁亥朔，第4259页。
⑤ 《明宪宗实录》卷二五六，成化二十年九月丁酉，第4326页。
⑥ 《明宪宗实录》卷二五六，成化二十年九月丁酉，第4326—4327页。

不及。此大势有未便矣。加以将怯兵弱，来既不敢迎敌，去又不能邀击，此先务有未得矣。"①

李晟认为，从地缘角度出发解决这一被动态势的方法是恢复洪武防线。具体而言，便是仿照石彪曾经的建议，在威宁海子修筑城池，控制鞑靼南下的交通道路。

> 所谓固外藩者，臣闻威宁海子可耕可牧，且去大同仅二百里，在元本为要地，今弃以为虏卫。可乎？请城其中，以二万人守之，翼以墩堡，无事令屯牧其间，约虏近吾北，则出奇以遮其前，过吾南则会剿以乘其后，非惟门庭愈固，而飞挽之费亦可渐省。②

即使不能控制威宁海子，也应在大同以北构建防线。"苟谓人力不及，兵势难分，亦当城大同近北之地，量戍以兵，使虏一触藩，即从而犄角之，亦决胜之势也。"③

在李晟看来，明朝不仅应加强对中部边疆的控制，还应增强在东北边疆、西北边疆的影响力。"若夫朵颜三卫，当系之以术，使为东藩，不宜徒以空言相谕。哈密都督当封以王，使为西蔽，不宜托以金印，未得久失事机。"④

李晟重点关注的，还是河套地区。他认为该地适宜农垦。"至于河套，地环千里，土厚物蕃，不宜弃之，以资寇养患。"⑤ 明朝应控制河套。"若使边臣按视其便，守其要害，据其水草，且尽烧其余，必使虏不敢入。"⑥ 将从陕西流亡到荆襄的民众，迁移到河

---

① 《明宪宗实录》卷二五六，成化二十年九月丁酉，第 4327 页。
② 《明宪宗实录》卷二五六，成化二十年九月丁酉，第 4327 页。
③ 《明宪宗实录》卷二五六，成化二十年九月丁酉，第 4327—4328 页。
④ 《明宪宗实录》卷二五六，成化二十年九月丁酉，第 4328 页。
⑤ 《明宪宗实录》卷二五六，成化二十年九月丁酉，第 4328 页。
⑥ 《明宪宗实录》卷二五六，成化二十年九月丁酉，第 4328 页。

套之中，开展军事训练，守卫河套。"今陕西饥民多徙荆襄，而不知河套之利。……乃大招流民，俾耕牧以资粮马，尽阅丁壮，俾射猎以习战斗，不三数年，民皆战士，地皆乐土。"① 这样既解决了河套危机，又解散了荆襄流民，一举两得。"既免荆襄之啸聚，又夺虏寇之巢穴。自河以东至山之后，屯堠相望，首尾相应，岂不强我中国之势哉！"②

在任用旧臣方面，李晟反对文官集团从擅开边衅的角度弹劾王越的做法。"越坐开边起衅被劾而去，然后来劾其可罪之人，即前日议其可封之人，同事异辞，其论至今未定。"③ 指出明朝与蒙古之间长期战争，本就不存在所谓擅开边衅的说法。"就使越为有罪，功亦可赎。况虏与中国不共戴天，臣恨越不能擒剿虏主，以告先帝之庙，不可以启衅而罪之也。"④

但对于李晟的反复建议，明朝并未采纳。"有诏：'晟泛言烦扰，不听，仍下所司看详。'"⑤ 李晟甚至因此而获罪，被调为外官。"于是，兵部尚书张鹏等劾晟罪宜究治。命锦衣卫鞫问之，法司坐罪以请，命调外任，为汉阳府通判。"⑥

弘治时期，明孝宗曾有亲征河套之意。"上（明孝宗）曰：'永乐中，频年出塞破虏，今何不可？'"⑦ 却被兵部尚书刘大夏劝阻了下来。"（刘）大夏对曰：'皇上神武，固同于太宗皇帝，奈今之将领、兵力，远有所不逮。且在当时，如国公邱（或作丘——引者注）福，稍违节制，遂令数万兵俱陷虏地。况今之将，

---

① 《明宪宗实录》卷二五六，成化二十年九月丁酉，第 4328 页。
② 《明宪宗实录》卷二五六，成化二十年九月丁酉，第 4328 页。
③ 《明宪宗实录》卷二五六，成化二十年九月丁酉，第 4329 页。
④ 《明宪宗实录》卷二五六，成化二十年九月丁酉，第 4329 页。
⑤ 《明宪宗实录》卷二五六，成化二十年九月丁酉，第 4329 页。
⑥ 《明宪宗实录》卷二五六，成化二十年九月丁酉，第 4329 页。
⑦ 《刘大夏集》卷二《宣召录二十则》，第 28 页。

又在邱福之下。不若令各边将料敌战守，犹似得策。'"① 这一时期，鞑靼部众开始固定驻牧河套。"况虏寇久驻河套，东掠西侵。"② 按照季节变化，自由地出入河套。"北虏常以冬入河套，至春复东牧，至是有传言虏今岁不东者。"③ 甚至在靠近边墙的地带游牧。"都察院左都御史马文升等言：'去冬询问延绥边情，知虏骑俱在河套，近边墙住牧射猎，通事与语，云明春欲来进贡。'"④ 为了摆脱季节的限制，鞑靼部众还制造木筏，以随时渡过黄河。弘治十四年（1501）七月，大同镇官员发现了这一情况。"黄河套内，大众虏贼采木于黄河西岸，大治簿筏，将渡河而东。"⑤ 指出鞑靼部众之所以如此，缘于榆林防守严密。"虏众入套日久，因天旱草枯马瘦，不敢出套大举。近得雨，草长马肥，正其出掠之时。而乃治筏渡河者，盖闻大兵驻延绥，且各镇援兵皆集，不敢侵犯。"⑥ 于是转而出套进攻大同。"又知大同兵马皆出修边墙，而游奇兵复西援他境，将出我不意，过河寇掠耳。"⑦

不过明朝仍长期将河套视为本方疆域。比如弘治十四年七月，兵科都给事中屈伸等上疏言："虏贼潜驻河套，已在吾边鄙之内，又不时深入腹里，抢杀人畜，其桀骜之状已著。"⑧ 孝宗在宦官的鼓动下，曾经打算御驾亲征。"大同小警，帝用中官苗逵言，将出师。"⑨ 却遭到文官群体的反对。"内阁刘健等力谏，帝犹疑之，召问（刘）大夏曰：'卿在广，知苗逵延绥捣巢功乎？'对曰：'臣闻之，所俘妇稚十数耳。赖朝廷威德，全师以归。不然，未

① 《刘大夏集》卷二《宣召录二十则》，第 28 页。
② 《明孝宗实录》卷一七一，弘治十四年二月壬寅，第 3118 页。
③ 《明孝宗实录》卷一七二，弘治十四年三月辛亥，第 3125 页。
④ 《明孝宗实录》卷二二，弘治二年正月丙子，第 509 页。
⑤ 《明孝宗实录》卷一七六，弘治十四年七月癸丑，第 3214 页。
⑥ 《明孝宗实录》卷一七六，弘治十四年七月癸丑，第 3214 页。
⑦ 《明孝宗实录》卷一七六，弘治十四年七月癸丑，第 3214—3215 页。
⑧ 《明孝宗实录》卷一七六，弘治十四年七月癸丑，第 3213 页。
⑨ 《明史》卷一八二《刘大夏传》，第 4846 页。

可知也。'"① 孝宗于是举出朱棣的例子。"帝默然良久,问曰:'太宗频出塞,今何不可?'"② 但却被刘大夏以丘福全军覆没的教训劝解。"对曰:'陛下神武固不后太宗,而将领士马远不逮。且淇国公小违节制,举数十万众委沙漠,奈何易言之。度今上策惟守耳。'"③ 最终孝宗放弃了亲征的想法。"都御史戴珊亦从旁赞决,帝遽曰:'微卿曹,朕几误。'由是,师不果出。"④ 不过弘治十四年七月,明朝最终仍然派军"搜套",但未有大的收获。

> 征房大将军总兵官保国公朱晖、提督军务都御史史琳,及监督太监苗逵帅五路之师,从红城子墩出塞,乘夜捣房巢于河套。房已先觉,徙家北遁,军还,斩首三级,得所授故敕三道、骆驼五、马四百二十六、牛六十、羊千八十、器械二千五百有奇。⑤

十二月,在"搜套"行动开展近半年后,南京刑部员外郎李祥请求固定控制河套,恢复汉唐旧疆。李祥首先肯定了"搜套"行动。"臣闻北房入居河套,朝廷命将发兵,大举以灭之,此真英主大有为之日也。盖北房不可不驱,河套不可不取,此决然之理也。"⑥ 指出宋太宗以前,中原王朝一直竭力经营河套。

> 《诗》曰:"王命南仲,往城朔(于)方。"此周时然也。在汉则武帝伐取河南地,立朔方郡。在唐则张仁愿筑三受降

---

① 《明史》卷一八二《刘大夏传》,第4846页。
② 《明史》卷一八二《刘大夏传》,第4846页。
③ 《明史》卷一八二《刘大夏传》,第4846页。
④ 《明史》卷一八二《刘大夏传》,第4846页。
⑤ 《明孝宗实录》卷一七六,弘治十四年七月丁卯,第3232—3233页。
⑥ 《明孝宗实录》卷一八二,弘治十四年十二月己丑,第3356页。

城于河北，说者皆以为今河套地也。上自有周，下及汉唐，莫不以经营河套为务，是岂无见哉！①

宋太宗放弃河套，促成了西夏的崛起，北宋灭亡与之颇有关系。"宋太宗始弃之，即田锡所谓李继迁不合与夏州者是也。以故西夏得以窃据，与中国抗衡，宋卒以此自困。使宋北不与辽和，则南渡之祸当不在靖康之世也。"② 河套之所以如此重要，缘于具有黄河天险，适合农垦，是战略要地。"夫黄河为华夷大限，今弃之夷狄，失中国险，其不可一也。史称其地饶五谷，尤宜稻麦，使虏据之以为巢穴，其祸当烈于元昊，其不可二也。"③ 如今应该趁冬季鞑靼部众势力衰弱时，发动进攻。"今乘其未定，且闻其饥乏于草尽春初之候，并力取之，以复汉唐之旧。失今不取，后难为功。"④ 否则西北危机便不会解除。

然嗣岁兴兵为日已久，未有得其要领者，兵弩不解，财用殚屈，使陛下大有为之志莫伸，群臣之罪也。近闻虏众深入平凉，关辅震动，臣恐一路不支，诸路瓦解土崩之势，岂不大可为之寒心耶！故河套不复，边陲无解甲之日，天下无息肩之时。陛下不得高枕而卧也。⑤

但开展"搜套"行动，最大的难题仍然是后勤供应，明朝为此已经采取了各种办法。"然今天下民已穷矣，财已尽矣，劝借之令行矣，募纳之举累矣，余无可为者。"⑥ 户部最后无奈提出加赋

① 《明孝宗实录》卷一八二，弘治十四年十二月己丑，第3356—3357页。
② 《明孝宗实录》卷一八二，弘治十四年十二月己丑，第3357页。
③ 《明孝宗实录》卷一八二，弘治十四年十二月己丑，第3357页。
④ 《明孝宗实录》卷一八二，弘治十四年十二月己丑，第3357页。
⑤ 《明孝宗实录》卷一八二，弘治十四年十二月己丑，第3357—3358页。
⑥ 《明孝宗实录》卷一八二，弘治十四年十二月己丑，第3358页。

的办法，被孝宗所否决。"大臣亦虑及此，而知财无所从出，议欲每粮一石加银二钱，无非欲为权宜救急计耳。陛下忧闵元元，见百姓已困，不忍重困报罢，此社稷之福也。"① 李祆提出了八项方案。

> 臣每思至此，展转不寐，中夜熟思，粗得八事，其中辅财之法、开财之源、节财之流与战守之宜，逐一条陈，用以仰副陛下大有为之志于万一。曰通治道、曰保时丰、曰收耗米、曰取余财、曰开钱铸、曰除民扰、曰省冗费、曰议守战。惟陛下乘览。命下其奏于所司。②

无论如何，正如《明史纪事本末》所载，弘治末年，明朝曾经有经营河套的想法。"初，弘治末，朝廷清明，诸大臣协和，尽心体国，为经久计，以故议复河套。"③ 孝宗去世后，正德元年（1506），陕西三边总制杨一清确实曾请求收复东胜，控制河套。他指出明朝据守东胜，相对于唐代修筑三受降城，已经在战略部署上有所不足。"受降据三面之险，当千里之蔽。正统以来，舍受降而卫东胜，已失一面之险。"④ 而放弃东胜，将防线内徙至榆林，导致失去河套。"又辍东胜以就延绥，则以一面之地遮千余里之冲，遂使河套沃壤为寇瓯脱，巢穴其中，而尽失外险，反备南河，此陕西边患所以相寻而莫之解也。"⑤ 弘治时期，陕西三边总制秦纮曾经提出复守东胜，但并未被接受。"兹欲复守东胜，因河为固，东接大同，西接宁夏，使河套千里之地归我耕牧，开屯田数

---

① 《明孝宗实录》卷一八二，弘治十四年十二月己丑，第3358页。
② 《明孝宗实录》卷一八二，弘治十四年十二月己丑，第3358—3359页。
③ 《明史纪事本末》卷五八《议复河套》，第891页。
④ 《明史纪事本末》卷五八《议复河套》，第891页。
⑤ 《明史纪事本末》卷五八《议复河套》，第891页。

百里，用省内运，则陕西犹可息肩也。"① 但杨一清的这一建议仍然未被接受。正德时期，明朝便不再有经营河套的想法。"瑾既专政，一清复得罪去，遂无敢言及河套者，我边日减，敌日进矣。"② 进入河套的鞑靼部众越来越多，已经有二三十万人之多。"北虏屯牧黄河套内，不下二三十万，自西而东一带边墙外，无处无之，日夜窥伺，欲骋奸谋。"③

值得注意的是，杨一清一方面请求控制河套，另一方面继承了余子俊以来修筑长城的方案，完成河套周边长城防御体系。鉴于河套南缘长城经过不断修缮，较为严密，而腹里地区、河套东西则相对薄弱，杨一清关于长城的规划，可以分为两类。一是鉴于河套的鞑靼部众，越过河套南缘长城之后，便畅行无阻，从而修缮、加强延绥镇、宁夏镇腹里的长城防御体系。

一自延绥定边营之石涝池，迄于宁夏之横城，共三百里，沿途旧有墩台七十一座，旧筑边墙低薄，壕堑窄浅，墩堡稀疏，以致虏贼攻宄甚易，入境长驱，一日夜直抵固原，无复邀阻。兹将旧墙帮筑高厚，壕堑挑浚深阔，添设墩台、暖铺、小堡，分拨官军防守，庶可缓深入之锋，以邀逃归之路。一宁塞营西至定边营，川原平漫，与花马池地方相类，既无边墙可恃，兼墩空隔越，势难救援，必照宁夏边防，一体修饬，庶彼无间可投。④

二是修缮河套东西长城。

---

① 《明史纪事本末》卷五八《议复河套》，第 891 页。
② 《明史纪事本末》卷五八《议复河套》，第 891 页。
③ （明）费宏等：《明武宗实录》卷一六八，正德十三年十一月丁巳，中研院历史语言研究所，1962 年校印本，第 3255 页。
④ 《明武宗实录》卷一七，正德元年九月戊戌，第 523—524 页。

　　灵州横城以北，西抵黑山营、镇远关，边防颇疏，诚恐
虏贼不得于东，必谋于西。及察黄河东岸，原设边墙、沟堑，
并墩台三十六座，与河西黑山相对，递年屯兵阻遏过河虏骑，
最为周密。后因小有失利，弃而不守，贼遂深入无忌。今宜
修复，然东西工役并兴，则恐民力弗堪，宜行令宁夏守臣，
暂止修补，拨军守瞭，望候各工完备，悉照各边修理。①

　　虽然明朝同意了杨一清这一方案，但他却由于和宦官刘瑾的
政治斗争，被迫致仕，仅修筑了四十余里的边墙。"以忤刘瑾乞
休，工亦罢。仅筑四十余里，屹然巨嶂也。"② 但无论如何，这反
映了自余子俊修筑榆林长城以后，长城方案成为应对河套鞑靼的
长期方案。正德时期，鞑靼开始进入青海地区，与当地的西番形
成联络，从而连成一片，从整体上改变了西北的战略态势。"明年
（正德五年），北部亦卜剌与小王子仇杀。亦卜剌窜西海，阿尔秃
厮与合，逼胁洮西属番，屡入寇。"③ 造成西北边疆的腹里地区，
经常处于战争状态。"巡抚张翼、总兵王勋不能制，渐深入，边人
苦之。八年夏，拥众来川，遣使诣翼所，乞边地驻牧修贡。翼啖
以金帛，令远徙，亦卜剌遂西掠乌斯藏，据之。自是洮、岷、松
潘无宁岁。"④

　　嘉靖时期，明人普遍将河套视作鞑靼之地。嘉靖七年
（1528），工科给事中陆粲言："陕西河套本吾内地，国初设东胜卫
以控扼之，自后弃为虏巢。"⑤ 河套已经长期成为鞑靼部众重点屯
聚的三处要地之一。御史徐汝圭在奏疏中指出："北虏之众，凡有

---

①　《明武宗实录》卷一七，正德元年九月戊戌，第 525 页。
②　《明史纪事本末》卷五八《议复河套》，第 891 页。
③　《明史》卷三二七《外国八·鞑靼传》，第 8477 页。
④　《明史》卷三二七《外国八·鞑靼传》，第 8477 页。
⑤　《明世宗实录》卷八五，嘉靖七年二月丁未，第 1920 页。

三窟，一屯河套，近延绥；一屯威宁海子之北，近大同；一屯北口青山，近宣府，连岁窥伺。"①

为防御河套的鞑靼部众，工科给事中陆粲再次请求完善长城防御体系。陆粲首先指出宁夏镇花马池以南，战略地位重要，但长城设施薄弱。"其宁夏花马池至灵州一带，地方最为虏冲，地势平衍，无险可恃，边墙低薄，濠堑浅狭，虏每拥众深入，往往由此。"② 杨一清虽然有修缮长城的志愿，但未能如愿。"正德初年，今大学士杨一清总制陕西，欲将延绥定边营迤东石涝池，至宁夏横城三百里内边墙，增筑高厚，事已就绪，会本官去任，仅筑四十里而止。"③ 虽然大多数官员都反对在这一区域修筑长城，认为沙化的土壤，并不坚固，但事实并非如此。"迄今议者多言边塞风沙，版筑之功难成易坏。然前项所筑边墙四十里者，计今且二十余年，屹立如故，则斯言之谬妄可知。"④ 陆粲还是主张仿照杨一清原来的规划，完善长城设施。"夫兴事立功，要以实心为主，能极坚固自堪耐久，须如当时原议，筑墙浚壕，高广深阔，皆逾二丈，有敌台以便守御，有暖铺以便巡警，有小堡以相协助，有墩台以便瞭望。今日守边固圉之计，莫先于此。"⑤

通过与西北之人的交流，陆粲指出长城有五种功用。"臣尝询访西人，谓有五利。"⑥ 一是可以借助长城设施，保障明军的安全。"马凭高视下，以逸待劳，士有全力，以制虏敌，一也。"⑦ 二是可以保障民众的财富。"畜牧在野，不畏驱掠，岁益蕃孳，边人富

---

① 《明世宗实录》卷一三九，嘉靖十一年六月戊戌，第3259页。
② 《明世宗实录》卷八五，嘉靖七年二月丁未，第1920页。
③ 《明世宗实录》卷八五，嘉靖七年二月丁未，第1920页。
④ 《明世宗实录》卷八五，嘉靖七年二月丁未，第1920页。
⑤ 《明世宗实录》卷八五，嘉靖七年二月丁未，第1920页。
⑥ 《明世宗实录》卷八五，嘉靖七年二月丁未，第1920—1921页。
⑦ 《明世宗实录》卷八五，嘉靖七年二月丁未，第1921页。

实，二也。"① 三是可以弥补步兵的弱点。"边境方乏，马墙成则步
卒可守，量省骑兵，减刍秣之费，三也。"② 四是可以保障盐业。
"灵州大小盐池，近以虏警频仍，坐失岁课。墙成则榷采以时，贩
无阻，课额充足，军用益饶，四也。"③ 五是可以保障农垦。"广开
屯田，安意耕获，渐省转输，宽内郡之力，五也。"④ 因此，陆粲
请求多方筹措资金，修缮长城。"乞敕陕西提督边务大臣，会同彼
处巡抚都御史，亲诣前项地方，相度整理。仍发太仓银一二十万，
济其经费不足，则量开盐引，或支陕西布政司无碍官银佐之。"⑤
在春、夏之季，开展工程。"选委贤能，专董其事，春夏兴工，秋
冬辍役，期以一二年间奏绩，则边防永固矣。"⑥

　　兵部指出，之前多名官员都有修缮长城的建议。"于是，兵部
备查一清初议，及节年都御史边宪、王时中、王珝、张润、周金
等议，或请逐岁修举，或请先固要害，或请征夫役，或请发帑银，
大略意指相近。"⑦ 世宗于是命令再修长城。"命推文武大臣诚心忧
国者各一员，如一清初议，亟往经略兴工，户部速发帑储佐之，
勿靳费。"⑧

　　嘉靖二十四年，巡按山西御史陈豪鉴于鞑靼大举入寇，请求
开展"复套"行动。"乞下廷臣集议万全之策，期于必战，尽复套
地。庶可弭其内扰之患，而边境无虞矣。"⑨ 嘉靖二十五年，曾铣
最后一次提出开展"复套"行动时，也同时提出了修筑长城的建
议。十二月，陕西三边总督曾铣与陕西巡抚谢兰、延绥镇张问行

---

① 《明世宗实录》卷八五，嘉靖七年二月丁未，第 1921 页。
② 《明世宗实录》卷八五，嘉靖七年二月丁未，第 1921 页。
③ 《明世宗实录》卷八五，嘉靖七年二月丁未，第 1921 页。
④ 《明世宗实录》卷八五，嘉靖七年二月丁未，第 1921 页。
⑤ 《明世宗实录》卷八五，嘉靖七年二月丁未，第 1921 页。
⑥ 《明世宗实录》卷八五，嘉靖七年二月丁未，第 1921 页。
⑦ 《明世宗实录》卷八五，嘉靖七年二月丁未，第 1922 页。
⑧ 《明世宗实录》卷八五，嘉靖七年二月丁未，第 1922 页。
⑨ 《明史纪事本末》卷五八《议复河套》，第 893 页。

联名上奏，指出榆林"大边长城"坍塌严重。"延绥密与套虏为邻，自成化间都御史余子俊修筑边墙，东自黄甫川起，西至定边营止，延袤一千五百余里。岁久倾颓，余址间存，不异平地。"① 嘉靖九年，王琼曾修筑了花马池边墙。"嘉靖九年，总督尚书王琼以虏数自本镇西境入犯，乃修花马池边墙一道，自宁夏横城接筑，至定边营，约三百余里，以为障限。"② 但榆林"大边长城"却一直未能修缮。"而自定边营至黄甫川一带，依旧无墙，连年虏入，率由是道，所当亟为修缮。"③ 请求利用三年的时间，修缮完成。

> 第地里广远，工程浩大，势难责效。期月宜分地定工，次第修举。西起自定边营，而东至龙州堡，计长四百四十余里为西段，乃环庆、保安、要塞所当先筑。自龙州堡而东，至双山堡，计长四百九十余里为中段。自双山堡而东至黄甫川，计长五百九十余里为东段。岁修一段，期以三年竣事，庶几保障功完，全陕攸赖。乞破常格发帑银，如宣大山西故事。④

在兵部对这一方案进行商议的同时，曾铣又提出开展"复套"行动。之所以称"复套"，而非如成化时期称"搜套"，缘于这一时期，河套早已被鞑靼固定占据，明朝实际上已经失去了河套，明朝进入河套，不再是搜剿鞑靼部众，而是为了收复故土。

曾铣指出，西汉依托黄河天险，对河套实现了固定控制。"河

---

① 《明世宗实录》卷三一八，嘉靖二十五年十二月庚子，第5924—5925页。
② 《明世宗实录》卷三一八，嘉靖二十五年十二月庚子，第5925页。
③ 《明世宗实录》卷三一八，嘉靖二十五年十二月庚子，第5925页。
④ 《明世宗实录》卷三一八，嘉靖二十五年十二月庚子，第5925页。

套古朔方地，自汉武遣卫青逐虏，筑城缮塞，因河为固。"① 唐朝更进一步据守黄河以外。"唐张仁愿复于河北筑三受降城，即国初东胜卫及东、西受降城所守地也。"② 明朝放弃河套，是西北危机的根源。"后三城内徙，虏遂据套为穴，深山大川，势顾在彼，而宁夏外险及南备河，虏得出没自由，东西侵掠，守御烦劳，三秦坐困。故套虏不除，中国之祸未可量也。"③ 在曾铣看来，明朝与鞑靼在不同季节，军事优势会产生反转。

> 臣尝审度机宜，较量彼我，盖当秋高马肥，弓矢劲利，纠合丑类，长驱深入，彼聚而攻，我分而守，此虏利而中国诎之时也。及其冬深水枯，分帐散牧，马无宿藁，日渐羸瘠，比及春深，贼势益弱，我则淬励戈矛，备具火器，练兵秣马，乘便而出，此中国利而虏诎之时也。④

但西北官员却一味防守，并未利用这种形势变化，导致一直处于被动态势之下。"今之御边者，不务乘虏之诎，而用吾之利，常使虏得因其利，而制吾之所诎，是以有败而无胜。"⑤ 因此，曾铣主张在春夏之交，利用火器优势，进入河套，驱逐鞑靼部众。

> 为今之计，宜用练卒六万人，益以山东枪手二千多，备矢石，每当春夏之交，携五十日之饷，水陆并进，乘其无备，直捣巢穴，材官驺发炮火雷激，则虏不能支矣。岁岁为之，每出益利，虏势必折将遁而出套之恐后矣。⑥

---

① 《明世宗实录》卷三一八，嘉靖二十五年十二月庚子，第5925页。
② 《明世宗实录》卷三一八，嘉靖二十五年十二月庚子，第5925页。
③ 《明世宗实录》卷三一八，嘉靖二十五年十二月庚子，第5925—5926页。
④ 《明世宗实录》卷三一八，嘉靖二十五年十二月庚子，第5926页。
⑤ 《明世宗实录》卷三一八，嘉靖二十五年十二月庚子，第5926页。
⑥ 《明世宗实录》卷三一八，嘉靖二十五年十二月庚子，第5926页。

在驱逐鞑靼部众之后，借助黄河天险，在河套修筑军事设施，开展军屯，固定控制，这样便能彻底卸去陕西的财政负担。"俟其远去，然后因祖宗之故疆，并河为塞，修筑墩堡，建置卫所，处分戍卒，讲求屯政，以省全陕之转输，壮中国之形势，此中兴之大烈也。"① 曾铣于是请求世宗批准三年"复套"的计划。"臣愿陛下断自圣心，亟定大计，敕下所司，预理财用，治军实，比及三年，许臣如前议举事。先于来岁三四月间，阴选武锐，掩击邻近零虏，以习我军之技，而倡其勇敢。所谓兵戢而时动，动则威矣。"② 对于自己一边提出修筑长城，一边提出"复套"这种看似矛盾的做法，曾铣进行了辩解，指出修筑长城只是暂时之策，而"复套"才是长远之计。"夫臣方议筑边，又议复套者，盖筑边不过数十年计耳，复套则振扬威武，驱斥凶残，天险为池，临河作障，乃国家万年久远之计。唯陛下裁之。"③

而兵部却认为"复套"方案，只是一种美好的幻想，不切实际。"兵部并议，谓筑边、复套两俱不易，二者相较，复套尤难。夫欲率数万之众，赍五十日之粮，深入险远必争之穴，以驱数十年盘据之虏，谈何可易？"④ 至于修筑长城，在兵部看来，也难以在三年之内完成。"故不若修墙浚堑为计，完而成功可期也。第延绥一带地势延漫，土杂沙碛，民居隔远，最为荒凉。若欲以千五百余里之地，而责成于三年之工，恐未易集。纵使能成，亦难为守。"⑤ 兵部最终的态度其实是否定的。"宜仍行铣等从长会计拟议，画一具奏。"⑥

对于兵部的立场，世宗进行了严厉批评。"虏据河套为中国患

---

① 《明世宗实录》卷三一八，嘉靖二十五年十二月庚子，第5926—5927页。
② 《明世宗实录》卷三一八，嘉靖二十五年十二月庚子，第5927页。
③ 《明世宗实录》卷三一八，嘉靖二十五年十二月庚子，第5927页。
④ 《明世宗实录》卷三一八，嘉靖二十五年十二月庚子，第5927页。
⑤ 《明世宗实录》卷三一八，嘉靖二十五年十二月庚子，第5927页。
⑥ 《明世宗实录》卷三一八，嘉靖二十五年十二月庚子，第5927页。

久矣，连岁关陕横被荼毒，朕宵旰念之，而边臣无分主忧者。今铣能倡逐虏复套之谋，厥猷甚壮。本兵乃久之始覆，迄无定见，何也？"① 从而命令曾铣先行修筑长城。"其令铣更与诸边臣悉心图议，务求长算，嗣上方略。第此边境，千里沙漠，与宣、大地异，只可就要害修筑。兵部其发银二十万两予铣，听其修边、饷兵、造器，便宜调度支用，备明年防御计。"②

而曾铣也在朝廷下令"复套"之前，自己率军进入河套，取得了胜利。

先是三月中，套虏以草青，近塞驻牧，零骑往来侵掠，居民不敢樵采。总督侍郎曾铣方鸠兵缮塞，虏为所扰，乃搜选锐卒督之出战，凡斩首二十七级，生擒一人，脱脱虎余毙于矢石者甚众，获马牛驼及夷器以千计。虏移帐渐北，间以轻骑入掠，铣复督诸军驱之，虏遂远徙，不复近塞。③

由此可见，曾铣颇有军事才能。"铣有机略，初为御史，巡按辽东。会辽阳、广宁、抚顺兵变，铣密运方略，悉捕首恶诛之，全辽大定，时论以为才。"④ 在胜利的鼓舞下，嘉靖二十六年，曾铣再次雄心勃勃地上奏边务十八事。

曰恢复河套，曰修筑边垣，曰选择将材，曰选练将士，曰买补马骡，曰进兵机宜，曰转运粮饷，曰申明赏罚，曰兼备舟车，曰多备火器，曰招降用间，曰审度时势，曰防守河

① 《明世宗实录》卷三一八，嘉靖二十五年十二月庚子，第5927—5928页。
② 《明世宗实录》卷三一八，嘉靖二十五年十二月庚子，第5928页。
③ 《明世宗实录》卷三二三，嘉靖二十六年五月丁卯，第5994页。
④ 《明史纪事本末》卷五八《议复河套》，第896页。

套，曰营田储饷，曰明职守，曰息讹言，曰宽文法，曰处孳畜。①

　　世宗也再次表达了欣慰之情。"虏据河套为国家患，朕轸怀宵旰有年矣，念无任事之臣。今铣前后所上方略，卿等既看详，即会众协忠，定策以闻。"② 曾铣很快又上作战阵图。"已而，铣复上营阵图八，曰《立营总图》，曰《遇虏驻战图》，曰《选锋车战图》，曰《骑兵逐战图》，曰《步兵搏战图》，曰《行营进攻图》，曰《变营长驱图》，曰《获功收兵图》。"③ 世宗也再次表扬了曾铣。"上览而嘉之，令所司一并议奏。"④

　　但蒙古在北部边疆对明朝的长期压制，尤其是河套长期被鞑靼占据的事实，使世宗对于开展"复套"行动，实际上十分缺乏信心。"（曾铣）比视西师，乃倡复套议。夏言好边功，遂力主持之。时敌势方炽，而军士积弱。铣疏下部议，久之未复，上亦危疑之，密以讯严嵩。"⑤ 而严嵩为了攻击政敌夏言，极力渲染"复套"的巨大风险。"套虏为患日久，祖宗时力岂不能取之？而卒不果复者，盖有深意。今兵力不逮祖宗时远甚，且中外府藏殚竭，一旦议出无名之师，横挑强虏，诚有如圣心所虑者。"⑥ 指出"复套"将会带来巨大的财政负担。"臣阅曾铣所奏，征讨必用三年，每年必用兵十二万，银必百五十万两。铣又云此特大略，其临时请给者，不在此数。则师未兴而经费已不支矣，民将何以堪之？"⑦ 曾铣之所以发动"复套"战争，完全是为了邀功。"铣以好大喜功

---

① 《明世宗实录》卷三三〇，嘉靖二十六年十一月丁未，第 6073 页。
② 《明世宗实录》卷三三〇，嘉靖二十六年十一月丁未，第 6073 页。
③ 《明世宗实录》卷三三〇，嘉靖二十六年十一月丁未，第 6073—6074 页。
④ 《明世宗实录》卷三三〇，嘉靖二十六年十一月丁未，第 6074 页。
⑤ 《明史纪事本末》卷五八《议复河套》，第 896 页。
⑥ 《明世宗实录》卷三三二，嘉靖二十七年正月癸未，第 6089 页。
⑦ 《明世宗实录》卷三三二，嘉靖二十七年正月癸未，第 6089 页。

之心，而为穷兵黩武之举。"①

世宗于是处死夏言、曾铣，将兵部尚书王以旂外放为陕西三边总制，其他附和"复套"的官员，也都受到责罚。"廷臣议罪，凡与议复套者，悉夺俸，并罚言官，廷杖有差。于是复套事宜悉为停止。"② 从此以后，明朝官员再也不敢请求收复河套。"自言、铣死，竟无一人议复河套者。"③ 明朝也彻底放弃了控制河套的努力，河套从而彻底沦为鞑靼所控制的疆域。

第二节　明中后期蒙古的全面压制与多次求贡

明中后期，鞑靼在北部边疆对明朝构成了越来越大的压力。成化时期，北元最后一位可汗脱思帖木儿玄孙孛儿只斤·巴图孟克开始亲征，征服了蒙古各部，被视为蒙古的中兴之主，被尊为"达延汗"，明朝称之为"小王子"。弘治时期，达延汗在与明朝开始朝贡贸易时，便自称"大元大可汗"。④ 正德时期，达延汗势力仍然十分强盛。"时小王子最富强，控弦十余万，多畜货贝，稍厌兵，乃徙幕东方，称土蛮。"⑤ 达延汗东迁之后，西北地区势力最强的是他的两个孙子吉囊与俺答。"分诸部落在西北边者甚众。曰吉囊、曰俺答者，于小王子为从父行，据河套，雄黠喜兵，为诸部长，相率蹻诸边。"⑥ 吉囊进入河套之后，势力辐射到广阔的西北边疆。嘉靖十七年（1538），巡按山西御史何赞言："河套沃野几二千里，为吾中国门庭之险，而近为虏酋吉囊所据，并吞诸戎，

---

① 《明世宗实录》卷三三二，嘉靖二十七年正月癸未，第6089页。
② 《明史纪事本末》卷五八《议复河套》，第896页。
③ 《明史纪事本末》卷五八《议复河套》，第896页。
④ 《明史》卷三二七《外国八·鞑靼传》，第8475页。
⑤ 《明史》卷三二七《外国八·鞑靼传》，第8478页。
⑥ 《明史》卷三二七《外国八·鞑靼传》，第8478页。

兵力日盛，外连西戎海贼，内通大同逆卒，虏兵一出，莫敢谁何。"① 嘉靖二十一年，吉囊去世后，蒙古高原呈现俺答一家独大的局面。"吉囊死，诸子狼台吉等散处河西，势既分，俺答独盛，岁数扰延绥诸边。"②

值得注意的是，鞑靼在弘治时期向明朝朝贡之后，很长时期并未再采取这一做法。"虏自弘治后不入贡，且四十年。"③ 嘉靖时期宣大总督翁万达指出这缘于鞑靼在弘治十八年（1505）五月，取得了对明军的重大胜利，从此严重轻视明朝，不再朝贡。"北虏在弘治前岁入贡，于时疆圉稍宁，自宣府虞台岭之战，我师覆没，自是虏轻中国，贡道不通，侵犯日棘，盖已四十余年矣。"④ 虞台岭战役中，鞑靼部众将明军包围在宣府镇虞台岭六七日，造成明军严重伤亡，被认为是"土木之变"后明军所遭遇的最惨重失利。"是役也，官军死者二千一百六十五人，伤者一千一百五十六人，失马六千五百余匹，掠去男妇、畜产、器械不可胜计。议者谓自己巳年兵祸以后，所未有也。"⑤

嘉靖十一年，俺答便开始向明朝求贡。"嘉靖壬辰，小王子复自致书求献方物，竟疑沮中止。"⑥ 但未能成功。嘉靖二十年，俺答再次派遣使节，向明朝表达求贡之意。"北虏俺答阿不孩遣夷使石天爵、肯切款大同阳和塞求贡，言其父谩阿郎在先朝尝入贡，蒙赏赉，且许市易，汉达两利。近以贡道不通，每岁入掠，因人畜多灾疾，卜之神官，谓入贡吉。"⑦ 可见，俺答之所以求贡，是因为蒙古高原发生了瘟疫，实力严重削弱，又十分缺乏物资，于是

---

① 《明世宗实录》卷二一八，嘉靖十七年十一月戊子，第4473—4474页。
② 《明史》卷三二七《外国八·鞑靼传》，第8479页。
③ 《明世宗实录》卷二五一，嘉靖二十年七月丁酉，第5030页。
④ 《明世宗实录》卷三一一，嘉靖二十五年五月戊辰，第5836页。
⑤ 《明武宗实录》卷一，弘治十八年五月戊申，第29—30页。
⑥ 《明世宗实录》卷三一一，嘉靖二十五年五月戊辰，第5836页。
⑦ 《明世宗实录》卷二五一，嘉靖二十年七月丁酉，第5030页。

向明朝求贡。联系到次年蒙古高原瘟疫大流行，俺答所言应该是真实的。"嘉靖壬寅，房中疾疫，死者复过半，固乘虚取弱之时也，惜无敢任其事者。"① 值得注意的是，为坦诚起见，俺答指出石天爵的本来身份是汉人。"天爵原中国人，掠居房中者。肯切系真夷，遣之同来，果许贡，当趣令一人归报。"② 俺答在书信中，软硬兼施，指出如果明朝接受朝贡，那么本部便会与明朝保持和平关系，否则就要大举南下。"伊即约束其下，令边民垦田塞中，夷众牧马塞外，永不相犯，当饮血为盟誓，否即徙帐北鄙，而纵精骑南掠云。"③

对于俺答的求贡，大同镇巡抚史道表达了赞同的立场。"而我边岁苦侵暴，今果诚心归款，其为中国利，殆不可言。"④ 为说服中央，史道举出俺答严厉约束部下，与大同镇关系较好的事实。"房待命边外，屡向墩哨卒伺进止。一日，邀守墩百户李宝下墩，以房酒席地饮之。载以马，拥入俺酋营，与之欢饮。房众有执掠哨卒，劫其衣粮者，俺酋闻则痛惩之，遣夷使送哨卒，给衣粮还。"⑤ 但鉴于世宗是一位猜忌心很强、性格又非常强势的皇帝，最终仍然向朝廷提出模棱两可的意见。"第房势方炽，戎心叵测，防御机宜，臣等未敢少懈。乞亟下廷臣议所以待之者。"⑥

与史道的立场相似，负责监察的巡按御史、掌管军务的兵部，都表达了莫衷一是的态度，将问题留给了世宗。

于是，巡按御史谭学复以其事奏，因请速定大计，谓房虽诡秘之情难信，而恭顺之迹有征。准贡则后虞当防，不准

① （明）岷峨山人：《译语》，载《明代蒙古汉籍史料汇编》第 1 辑，第 246 页。
② 《明世宗实录》卷二五一，嘉靖二十年七月丁酉，第 5030 页。
③ 《明世宗实录》卷二五一，嘉靖二十年七月丁酉，第 5030 页。
④ 《明世宗实录》卷二五一，嘉靖二十年七月丁酉，第 5030 页。
⑤ 《明世宗实录》卷二五一，嘉靖二十年七月丁酉，第 5030—5031 页。
⑥ 《明世宗实录》卷二五一，嘉靖二十年七月丁酉，第 5030 页。

则近害立至。且请多发兵粮，遣知兵大臣趣临调度，相机抚剿。兵部议复："虏方强肆，遽尔求贡，恐其有谋，宜令镇巡官史道等悉心协议，果虏酋乞贡，出自诚心，别无黠诈，宜羁留肯切，令石天爵回营省谕，须索小王子真正番文，保无后艰，星驰具奏。如其阳顺阴逆，著有显，亦当具实指陈，一意防守。仍宜如谭学议，简命谙练边事大臣二人，总督宣大军务粮饷，并以通贡事情责之，便宜处置。"①

赢得"大礼议"的世宗，对于传统礼仪十分重视，恪守"华夷之辨"，对鞑靼保持了强硬立场，拒绝了俺答的求贡。"虏侵扰各边，猖狂已甚，突来求贡，夫岂其情？兵部仍即日会官定计以闻，并会推忠诚有将略大臣一人，总督宣大军务，兼理粮饷。石天爵虽我边民，在虏日久，恐为虏间，趣令抚按官究明驰奏。"② 于是，兵部主持的"廷议"，也毫不意外地支持了世宗的旨意。

> 虏多诈，其请贡不可信。或示和以缓我师，或乘隙以扰我疆，诡秘难凭，声击靡定。惟以大义拒绝之，则彼之奸谋自沮。今日之计，惟在内修选将帅，足兵足食，乃第一义。故臣等初议，拟添设总督大臣，处置兵饷，盖为是也。今宜责令总督大臣趣行赴镇，长顾却虑，大振天声，使之畏威远遁，方为得策。③

---

① 《明世宗实录》卷二五一，嘉靖二十年七月丁酉，第5031页。
② 《明世宗实录》卷二五一，嘉靖二十年七月丁酉，第5031—5032页。王雄指出世宗秉持专制权威，对蒙古缺乏了解，官员也不敢坚持自己的主张，导致明朝一再拒绝俺答的求贡。王雄：《石天爵、桃松寨与把汉那吉事件之思考》，载张显清主编《第十三届明史国际学术研讨会论文集》，湖南人民出版社，2011。
③ 《明世宗实录》卷二五一，嘉靖二十年七月丁酉，第5032页。

　　俺答鉴于石天爵迟迟未回，当月向大同镇发出了警告。"已，虏酋小王子以石天爵等愆期不返，拥众并塞而南，遣谍来告，若贡事不谐，必三道并入，尽蹂秋稼。"① 受到警告的史道，恐惧之下，在未得到朝廷意见的情况下，遣返了石天爵。不过史道与俺答之间，仍然互赠礼物，表达了好意。"去岁，虏遣天爵与肯切至，约以十日返报。比朝议久不决，虏索天爵等急，都御史史道乃留肯切，遣天爵先返，并贻以布帛。虏亦以马报之。"② 不过，最终由于明朝没有同意开展朝贡贸易，俺答为获取生存物资，大肆掠夺。"既而，贡议不允，虏乃大掠三关而去。"③ 史道因此而受到弹劾。"于时议者谓天爵为虏间，咎道媚虏嫁祸，道遂得罪。"④ 兵科都给事中王继宗等人弹劾道：

　　　　前虏间石天爵虽我边氓，久住虏营，专为向导。顷执箭求贡，不过诡词谋缓我师，乘间为患也。近奉命究问，而都御史史道乃敢不俟奏请，辄自放回，是天爵往来去留，操纵之机，在虏而不在我也。是道知有虏势之可畏，而不知君命之当遵也。天爵去不数日，虏遂由大同左卫，直抵山西，则其反复谲诈之谋昭然矣。且大同全镇为三关门户，门户严密则堂室无虞矣。乃更不闻道催督将领交一锋、发一矢，以遏南下之势，致虏杀损官兵，三路并进，如入无人之境。法宜重惩，以为边臣不职之戒。⑤

史道及大同镇武将群体都遭到了处罚。

---

①　《明世宗实录》卷二五一，嘉靖二十年七月丁酉，第5033页。
②　《明世宗实录》卷二六二，嘉靖二十一年闰五月戊辰，第5208页。
③　《明世宗实录》卷二六二，嘉靖二十一年闰五月戊辰，第5208页。
④　《明世宗实录》卷二六二，嘉靖二十一年闰五月戊辰，第5208页。
⑤　《明世宗实录》卷二五三，嘉靖二十年九月辛卯，第5072—5073页。

得旨，降道俸二级。已而，巡按御史谭学论、参议郭铿
勘天爵事稽迟，诏夺俸半年。已，御史李遂等亦劾道及总兵
王升、祝雄等拥兵自卫，不能邀击，宜重治以警。诏道、升
各戴罪剿虏，若仍前观望，坐失事机，纪功科道官即参奏。
以雄素著忠洁，又前已降级，今虏警未息，急需将材，姑
宥之。①

但不到一年，嘉靖二十一年闰五月，石天爵再次充作使节，
向明朝求贡。"戊辰，虏酋俺答阿不孩复遣夷使石天爵、满受充、
满客汉自大同镇边堡款塞求贡。"② 俺答此次求贡的愿望十分强烈，
如果明朝不同意这一建议，他将会坚持到底。"因遣天爵等持令箭
二枝、牌一面为信誓，请贡市，一请不得则再请，再请不得则三
请。"③ 如果再得不到同意，那么他便会用武力进行恐吓。"二请不
得则纠众三十万，一循黄河东垻南下，一自太原向东南大城无堡
寨地方，而以劲兵屯大同三关待战，盖虏之真情也。"④ 俺答之所
以坚持求贡，缘于朝贡贸易能够以和平的方式获得更为多样的物
资。"天爵之来也，其言虏情甚详，谓虏酋小王子等九部咸住牧青
山，艳中国纱段，计所以得之者，唯抢掠与贡市二端，抢虽获有
人畜，而纱段绝少，且亦自有损失，计不如贡布完。"⑤

负责处理此事的大同镇巡抚换成了龙大有。"今岁三月间，虏
送所掳中国人李山至，请易肯切还。部议以为诈，不许。至是，
虏复遣天爵及二夷同至。满客汉，肯切子也，边人不敢纳，以告
巡抚都御史龙大有。"⑥ 俺答没有想到的是，龙大有对于明朝在朝

① 《明世宗实录》卷二五三，嘉靖二十年九月辛卯，第5073页。
② 《明世宗实录》卷二六二，嘉靖二十一年闰五月戊辰，第5208页。
③ 《明世宗实录》卷二六二，嘉靖二十一年闰五月戊辰，第5209—5210页。
④ 《明世宗实录》卷二六二，嘉靖二十一年闰五月戊辰，第5210页。
⑤ 《明世宗实录》卷二六二，嘉靖二十一年闰五月戊辰，第5209页。
⑥ 《明世宗实录》卷二六二，嘉靖二十一年闰五月戊辰，第5208—5209页。

贡贸易上的立场，已经十分清楚。于是采取了诱杀使者的愚蠢方式。"大有遂掩以为功，令墩军诱三人者上墩，缚天爵，而杀受秃等，以首虏报，猥言以计擒之。"① 对于龙大有的错误做法，兵部并未批评，反而从上年世宗的论调出发，进行了表扬。

> 天爵本华民，而甘心为虏驱使。去岁守臣失计放还，遂致涂炭山西，震惊畿辅。究其祸本，实天爵一人致之。兹者凭借故智，敢复叩关，而边臣能应机擒斩之，真足以剪虏羽翼，寒旃裘之胆，厥功甚大，请优录之，以作诸镇之气。②

而世宗也采取了同样的立场。"乃升大有兵部右侍郎兼右副都御史，诸文武将吏千户郭江、佥事赵瀛而下，升职加俸赏银币者无虑数十人。而巡按御史侯度亦升俸一级，遂磔天爵及肯切于市，传首九边枭示。"③ 对于明朝这一不可理喻的做法，《明世宗实录》纂修者也进行了尖锐的批评。"于时当事者即欲勿许，亦宜有以待之，乃不为长虑，却顾遽杀其信使，夸张功伐，苟恍目前。"④ 指出这直接导致了俺答的报复。"虏闻则大愤怨，遂不待秋期，即以六月悉众入寇，大掠山西南，及平阳东，及潞沁，悉如天爵语。每攻克村堡，屠戮极惨，辄以执杀天爵等为辞云。"⑤

此后的四年里，俺答未再向明朝求贡。直到嘉靖二十五年五月，才再次求贡。"虏酋俺答阿不孩遣夷使堡儿寨等三人款大同左卫塞求贡。虏自二十年石天爵诛后，信使遂绝。"⑥ 俺答之所以再次求贡，原因与之前一样，抢掠所获物资不足于用，而

---

① 《明世宗实录》卷二六二，嘉靖二十一年闰五月戊辰，第5209页。
② 《明世宗实录》卷二六二，嘉靖二十一年闰五月戊辰，第5209页。
③ 《明世宗实录》卷二六二，嘉靖二十一年闰五月戊辰，第5209页。
④ 《明世宗实录》卷二六二，嘉靖二十一年闰五月戊辰，第5210页。
⑤ 《明世宗实录》卷二六二，嘉靖二十一年闰五月戊辰，第5210页。
⑥ 《明世宗实录》卷三一一，嘉靖二十五年五月戊辰，第5835页。

且自身也有部众死伤。"是岁玉林卫百户杨威为零骑所掠，驱之种艺。虏乃为威言节年入抢，为中国害虽大，在虏亦鲜利，且言求贡市不可得。"[1] 在书信中，俺答再次表达了和之前一样的和平愿望。

> 威自诡能集事，虏乃归威及同掠者数人，令先传意中国，然后令堡儿寨等款双庙山墩投番文，言俺答选有白骆驼九头、白马九匹、白牛九只及金银锅各一，求进贡讲和。自后民种田塞内，虏牧马塞外，各守信誓，不许出入行窃，大段如曩时石天爵所称者。[2]

但五年前杀死使节的事情，却再次重演。"墩卒纳之。会总兵官巡边，家丁董宝等狃石天爵前事，遂杀三人者，以首功报。"[3] 此时的宣大总督翁万达，不只是立场和史道相似，而且更为果敢，批评了五年前朝廷的失策。"迩年石天爵之事，彼以好来，所当善应，始既漫然答之，终复诈诱斩之，大失夷心，横挑巨衅，臣尝痛恨当时边臣之失计。"[4] 对于历史的再现，更加痛心疾首，指出对于俺答求贡，至少应该进行审查。"乃今彼酋复遣使扣边，卑词求贡，虽夷情诡秘，反覆叵测，在我当谨备之而已。王者之待夷狄，来则勿拒，至于权时施宜，察形行间，又兵家所以收全胜者。讵容脱误，致有后艰。"[5] 不应擅自诛杀。"而董宝等么么贱卒，乃敢玩法贪功，戕彼信使，臣心刺缪曷知所云。"[6] 边疆族群与汉人一样，具有同样的感情，应该开展交流。"夷狄虽犬羊，其性固能

---

① 《明世宗实录》卷三——，嘉靖二十五年五月戊辰，第 5835—5836 页。
② 《明世宗实录》卷三——，嘉靖二十五年五月戊辰，第 5836 页。
③ 《明世宗实录》卷三——，嘉靖二十五年五月戊辰，第 5836 页。
④ 《明世宗实录》卷三——，嘉靖二十五年五月戊辰，第 5836 页。
⑤ 《明世宗实录》卷三——，嘉靖二十五年五月戊辰，第 5836—5837 页。
⑥ 《明世宗实录》卷三——，嘉靖二十五年五月戊辰，第 5837 页。

辨曲直，其喜怒亦犹人也。今归我汉人，遣彼族类执物示信，恳托墩军为其通款，借曰不许，犹当善其词说遣之。"① 而不是毫不讲理地诱杀。"乃既置夷使于墩台，纳归人于境内，又从诱而杀之，此何理也？"② 这将会导致对方的报复。"曲既在我，必且愤怒恣睢，弯弓报怨，将来纵有畏慕威德诚心，亦必疑虑回皇，重以今日之事为戒矣。"③ 因此，翁万达请求诛杀残害使节的士兵。"宝等滔天之恶，真不容诛，请亟正法典，榜之塞上，明告虏酋以朝廷之意，以预解其蓄怒构兵之谋。"④

此时巡按御史也选择明确立场，支持翁万达的观点。"巡按御史黄如桂因参守备参将等官张润等，及巡抚詹荣、总兵周尚文防检失律之罪。"⑤ 但兵部仍然延续了五年前的立场。"虏黠诈，未可信，宜贷各官罪，第令严兵待之。"⑥ 世宗依然十分顽固，严厉批评了翁万达。"北虏自去岁夏中，款大同塞求贡，朝议疑之，严旨戒边臣毋堕虏计，并责以究审虏情，期以十日内回奏。"⑦

但俺答并不死心，仍然不断派遣使节，前来求贡。翁万达鉴于世宗的顽固立场，一直未奏报此事。"已而，虏使复至，则拒之。比自冬涉春，虏使益复络绎款塞，边臣聊以好言答之而已，不敢闻也。"⑧ 而是私下和俺答保持了和平状态。"虏以既通好中国，遂散处其众，不复设备，遇探哨卒亦不杀。"⑨ 但俺答求贡心切，从而联络鞑靼各部，再次表达了与明朝开展朝贡贸易的愿望。"是年二月，遣夷使李天爵赍番文至，云俺答言其先祖父俱进贡，

① 《明世宗实录》卷三一一，嘉靖二十五年五月戊辰，第5837页。
② 《明世宗实录》卷三一一，嘉靖二十五年五月戊辰，第5837页。
③ 《明世宗实录》卷三一一，嘉靖二十五年五月戊辰，第5837页。
④ 《明世宗实录》卷三一一，嘉靖二十五年五月戊辰，第5837页。
⑤ 《明世宗实录》卷三一一，嘉靖二十五年五月戊辰，第5837页。
⑥ 《明世宗实录》卷三一一，嘉靖二十五年五月戊辰，第5837—5838页。
⑦ 《明世宗实录》卷三二二，嘉靖二十六年四月己酉，第5982页。
⑧ 《明世宗实录》卷三二二，嘉靖二十六年四月己酉，第5982页。
⑨ 《明世宗实录》卷三二二，嘉靖二十六年四月己酉，第5982—5983页。

今虏中大神言羊年利于取和，俺答会集保只王子、吉囊台吉、把都台吉，四大头目商议求贡。"① 指出如果明朝同意，便进贡马匹等物。"若准，彼进黑头白马一匹、白骆驼七只、骟马三千匹，求朝廷白段一匹，与大神挂袍，麒麟、蟒段等件，各头目穿用。"② 从此以后，在九边地区，互不攻击，保持和平。"边内种田，边外牧马，夷汉不相害。东起辽东，西至甘凉，俱不入犯。"③ 双方的界线，就以边墙来划定。"今与中国约，若达子入边墙作贼，中国执以付彼，彼尽夺其人所畜马，以偿中国，不服则杀之。若汉人出草地作贼，彼执以付中国治罪，不服亦杀之，永远为好，递年一二次入贡。"④ 如果获得允许，就将这一约定，传达各部。"若大师每许代奏，即传谕部落，禁其生事云。"⑤

对于这份很有诚意的方案，宣大总督翁万达、大同镇巡抚詹荣、大同镇总兵周尚文，表达了肯定的态度，指出俺答态度十分恭顺。"虏自冬春来游骑信使，款塞求贡，不下数十余次，词颇恭顺。"⑥ 应该给予一定的机会。"臣等以夷情叵测，未敢轻议，已将原来夷使省谕回营，责取印信封诰，期以今秋，西不犯延宁耳固，东不犯辽蓟，以取信中国，果守约有诚迹，方敢代为请贡。"⑦ 如果俺答履行诺言，而明朝却食言拒贡，将会导致对方的强烈报复。"然我之所以责彼取信者，不难于印信番文之必来，而难于东西各边之不犯。设虏果如约而至，而犹复终绝之，则彼之构怨可待，而其鼓众也有词，其报我也必专而力。"⑧ 反之，如果对方仍然发

① 《明世宗实录》卷三二二，嘉靖二十六年四月己酉，第 5983 页。
② 《明世宗实录》卷三二二，嘉靖二十六年四月己酉，第 5983 页。
③ 《明世宗实录》卷三二二，嘉靖二十六年四月己酉，第 5983 页。
④ 《明世宗实录》卷三二二，嘉靖二十六年四月己酉，第 5983 页。
⑤ 《明世宗实录》卷三二二，嘉靖二十六年四月己酉，第 5983 页。
⑥ 《明世宗实录》卷三二二，嘉靖二十六年四月己酉，第 5983 页。
⑦ 《明世宗实录》卷三二二，嘉靖二十六年四月己酉，第 5983—5984 页。
⑧ 《明世宗实录》卷三二二，嘉靖二十六年四月己酉，第 5984 页。

动攻击，由于出师无名，也不会造成太大影响。"即我受彼之诈而中变焉，则虏负不义之名，而举无名之寇，其为患亦终弱，且缓此曲直老壮之所攸分也。"① 而且无论俺答是否朝贡，明军都一直保持着防御状态，并不会由于允许俺答朝贡而出现防御问题。"况边臣职守之常，贡亦备，不贡亦备，初不因是以为增损。"② 如果担心俺答朝贡会出现问题，可以采取相应的防范措施。"如或虑其入贡为窥伺中国，为困扰我边，为反覆窃发也，则当伏机而审待之。或限之以地，受方物于边城之外；或限之以人，质其亲族头目百十人于镇城；或限之以时，俟逾秋及冬，然后颁赏。"③ 这样就能一直保持主动权。"如是则虏诚也，固在吾羁縻之中，诈也亦得免冲决之害矣。"④ 不仔细考虑朝贡贸易的具体情形，一概拒绝，并不是处理鞑靼威胁的应有态度。"夫不揆理之曲直、事之利害，以虏求贡为决不可许者，非虑祸者也，以虏之纳贡为足恃，而懈其防闲，一任所请者，非量敌者也。"⑤

对此，巡按御史也持赞同的立场，并请求防止杀伤鞑靼部众现象的再次发生。"巡按御史黄如桂亦言：'虏深衷固未可信，而貌则巽婉恳恻。今信使往还，帐牧散漫，恐家丁通事诸役，或遮杀以邀功，或款结以市好，遮杀挑祸，款结招侮，请预行禁止。'"⑥

对此，兵部的口气虽然仍十分强硬，但已经默认了翁万达等人的主张。"虏节年侵犯九边，横被其毒，凡在臣工，义当殄歼丑类，以雪积愤。况自石天爵倡为进贡之请，节年踵行前诈，岂可

---

① 《明世宗实录》卷三二二，嘉靖二十六年四月己酉，第 5984 页。
② 《明世宗实录》卷三二二，嘉靖二十六年四月己酉，第 5984 页。
③ 《明世宗实录》卷三二二，嘉靖二十六年四月己酉，第 5984 页。
④ 《明世宗实录》卷三二二，嘉靖二十六年四月己酉，第 5984 页。
⑤ 《明世宗实录》卷三二二，嘉靖二十六年四月己酉，第 5984 页。
⑥ 《明世宗实录》卷三二二，嘉靖二十六年四月己酉，第 5985 页。

轻信，以堕虏计。请行总镇诸臣，严兵饬备，无失事机。"① "如虏使再至，省令传谕俺答，约会诸酋，禁辑部落，毋侵犯各边。果九边晏然，著有恭顺实迹，另行具奏。其遮杀结款等弊，悉严禁如御史请。"② 不过世宗却仍然固执地坚守此前的立场。

> 黠虏节年寇边，罪逆深重，边臣未能除凶报国，乃敢听信求贡诡言，辄骋浮词，代为闻奏，殊为渎罔。其令总督官申饬镇巡诸臣，协心殚力，严兵防御，有执异沮挠者参治之。通事人役违法启衅者，处以重典。③

之所以会如此，《明世宗实录》纂修者认为是因为此时世宗正计划发动"复套"行动，并不考虑朝贡贸易之事。"盖是时，陕西有复套之议，将督兵出塞，当事者主之，故力绌贡议尔。"④

次月，翁万达指出，鞑靼部众开始调动可能是为了要挟明朝答应朝贡。"近虏酋俺答、把都久驻大边威宁海子一带，套虏吉囊一枝亦复移营东渡，声势重大。兹复遣使求贡，似有所挟，即当斩其来使，昭我国威。第以费防之故，未可遽启兵端，姑善省谕。"⑤ 嘉靖二十七年，翁万达再次向朝廷报告俺答仍有求贡之意。"俺答诸酋以求贡不遂，既耻且愤，声将纠众聚兵，待时一举。即今拨捉墩军，狂谋渐逞，而归人供报，诸酋犹以祈贡为言。"⑥ 但世宗仍然坚决拒贡，再次批评了翁万达。"朕以边围重寄付万达等，自宜并力防御，胡乃屡以求贡为言？其令遵前旨，一意拒绝，

---

① 《明世宗实录》卷三二二，嘉靖二十六年四月己酉，第 5985 页。
② 《明世宗实录》卷三二二，嘉靖二十六年四月己酉，第 5985 页。
③ 《明世宗实录》卷三二二，嘉靖二十六年四月己酉，第 5985 页。
④ 《明世宗实录》卷三二二，嘉靖二十六年四月己酉，第 5986 页。
⑤ 《明世宗实录》卷三二四，嘉靖二十六年六月癸巳，第 6008 页。
⑥ 《明世宗实录》卷三三四，嘉靖二十七年三月辛丑，第 6125 页。

严加堤备，违误者重治不贷。"①

鉴于明朝已经拒绝接受使节，俺答命部众将书信射入城中，表达求贡之意。"丁巳，先是二月，虏拥众寇宣府，束书矢端，射入军营中。及遣被掠人还，皆言以求贡不得故屡抢，许贡当约束部落不犯边。否则秋且复入，过关抢京辅。"② 总督翁万达只能再次向世宗汇报。世宗再次批评了翁万达。"求贡诡言，屡诏阻格，边臣不能遵奉，辄为奏渎，姑不问。万达等务慎防守，毋致疏虞。其有家丁、通事人等，私通启衅者，廉实以闻，重治之。"③

虽然俺答仍然坚持求贡，但在不断南下的过程中，发现明军战斗力十分低下。"是时，虏耻求贡不遂，又以前使者俱被杀，故但归掠，射书如此。然以累入得利，知我兵积怯。"④ 逐渐对明朝形成轻视之意。"所为言辞桀骜有要挟意，与数年前遣使时情状异矣。迨秋，虏果复来，明年遂犯京师，一如其言焉。"⑤ 最终在嘉靖二十九年，围困了北京，这是自"土木之变"后，北京第二次被包围，史称"庚戌之变"。但也正是这次深入，导致俺答部众开始感染天花，在相当程度上削弱了本部的战斗力。"朔漠素无痘症，自嘉靖庚戌深入石州，染此症，犯者辄死。"⑥

嘉靖时期明朝对蒙古采取强硬政策，导致了巨大的边疆压力。"而不知其（俺答）雄黠背骜嫚中国，而几肉视其边陲，终世宗之

---

① 《明世宗实录》卷三三四，嘉靖二十七年三月辛丑，第 6126 页。
② 《明世宗实录》卷三四七，嘉靖二十八年四月丁巳，第 6292 页。
③ 《明世宗实录》卷三四七，嘉靖二十八年四月丁巳，第 6292 页。
④ 《明世宗实录》卷三四七，嘉靖二十八年四月丁巳，第 6292 页。
⑤ 《明世宗实录》卷三四七，嘉靖二十八年四月丁巳，第 6292—6293 页。
⑥ 《明史》卷二三九《杜桐传》，第 6216 页。费克光却指出俺答并未到达石州，而只是到了离石。这一记载不可为据。如果蒙古部众感染天花，应该是在嘉靖二十年、二十一年进攻太原时所感染。〔澳〕费克光：《论嘉靖时期（1522—1567 年）的明蒙关系》，许敏译，《民族译丛》1990 年第 6 期。

朝，竭猛将谋臣之力而不能御。"① 对此，高拱持激烈批评的态度。他认为在对待边疆族群方面，应采取安抚的立场。"夫夷敌之性，譬之禽兽，适其欲则摇尾乞怜，违其愿则狂顾反噬。为中国计，惟当顺所利，而因以制之，固非可以礼乐驯服、法度绳约者也。"② 指出俺答屡次请求朝贡，不过是出于经济利益，明朝却应对失策。"昔嘉靖十九年，北敌遣使求贡，不过贪求赏赉与互市之利耳。而边吏仓卒不知所策，庙堂当事之臣惮于主计，直却其请，斩使绝之，以致黠敌怨愤。"③ 造成边疆巨大的军事压力。"自此拥众大举入犯，或在宣大，或在山西，或在蓟昌，甚或直抵京畿。三十余年，迄无宁日。"④ 北疆社会遭受了严重破坏。"遂使边境之民肝脑涂地，父子、夫妻不能相保，膏腴之地弃而不耕，屯田荒芜，盐法阻坏。"⑤ 导致明朝处于财政危机之中。"不止边臣重苦莫支，而帑储竭于供亿，士马罢于调遣，中原亦且敝矣。"⑥ 唐玉萍《简论明代庚戌之变》一文指出"庚戌之变"源于明朝错误地割断了两族间早已存在、不可分割的经济联系。⑦ 胡凡《论明世宗对蒙"绝贡"政策与嘉靖年间的农牧文化冲突》一文指出，世宗对蒙"绝贡"是错误的政策，对明蒙双方都造成了极大危害。⑧

---

① （明）徐渭：《徐文长三集》卷一九《赠方公序》，载《徐渭集》，中华书局，1983，第 541 页。

② （明）高拱著，岳金西、岳天雷编校《高拱全集·边略》卷四《款敌纪事》，中州古籍出版社，2006，第 595—596 页。

③ 《高拱全集·边略》卷四《款敌纪事》，第 596 页。

④ 《高拱全集·边略》卷四《款敌纪事》，第 596 页。

⑤ 《高拱全集·边略》卷四《款敌纪事》，第 596 页。

⑥ 《高拱全集·边略》卷四《款敌纪事》，第 596 页。

⑦ 唐玉萍：《简论明代庚戌之变》，《昭乌达蒙师专学报》1986 年第 2 期；乌云宝：《论"庚戌之变"发生的原因及其意义》，《内蒙古社会科学》1986 年第 4 期。

⑧ 胡凡：《论明世宗对蒙"绝贡"政策与嘉靖年间的农牧文化冲突》，《中国边疆史地研究》2005 年第 4 期。

第三节　明中后期越过长城的汉人
与"板升"群体

长期处在明朝与鞑靼战争之中的北疆民众，尤其是处在战争频繁爆发的西北地区的民众，有的被鞑靼掳掠到草原，有的为了摆脱战争的冲击与赋役的压力，或政治投机，越过长城，归附了鞑靼，构成了蒙古高原上一个特殊的群体——"板升"。

关于长城是不是中国的边界，国内外长城研究者一直存在激烈争论。但对于长城是不是汉人与其他族群的界线，绝大部分研究者除提出北朝长城、金界壕是北方族群之间的界线之外，对于这一问题基本是持认可态度的。但历史事实却并非如此。

虽然中原汉地农业经济较为发达，但普通民众却承担着沉重的赋役，北部边疆的民众劳役更重，且时常遭受边疆战乱的冲击。为逃离这一困苦的生活环境，北疆不少汉人越过长城，潜逃至草原地带，过上逍遥自在的生活。这一现象在西汉时期便已出现，汉代不少汉人越过长城，投奔匈奴。[1]

而在明代，这一现象越发严重。正德时期，给事中毛谏奏："臣又闻房中多半汉人，此等或因饥馑困饿，或因官司剥削，或因失事避罪，故投彼中以离此患。"[2] 这一时期发生在宁夏镇兴武营的一场对话，便揭示了这一历史现象。正德年间，陕西三边总制王琼下令将宁夏镇粮食运往甘肃镇。边墙之外的蒙古听到边墙以内不断运输的声音，派遣五名部众前来侦察。而这些部众却本为宁夏镇韦州人，其中一名问话者自承道"韦州难过，草地自在好

---

[1] 王子今：《汉代北边"亡人"的民族立场与文化表现》，载王子今《秦汉边疆与民族问题》，中国人民大学出版社，2011。

[2] （明）毛宪：《陈言边患疏》，载《明经世文编》卷一九〇《毛给谏文集》，第1973页。

过",才脱离明朝,北入草原。明军于是问他:"你是韦州人,何不投降?"他回答道:"韦州难过,草地自在好过,我不投降。"①相似的一幕,在嘉靖十五年(1536)的山西上演。当年十一月,蒙古大举进攻宁武关,明军追至三马营,包围了蒙古骑兵。蒙古骑兵见明军势盛,从而亮出自己大同人的身份,请求通过。"敌见兵马强劲,内一人勒马答话:'我是大同人,你是那里人?'马令通事回答:'是偏关并老营堡人马。'"② 如果说这还无法判断该人仅是个例,还是大批加入蒙古的汉人中的一员,那么下面一段话便可揭示出他只是众多叛逃到草原的汉人中的一员。"其人说:'不曾抢了你地方,你将我大头儿父子都杀了,又杀了我许多兵卒,众人号泣讨路,放过去罢!'"③ 嘉靖二十四年,巡按山西御史陈豪也发现前来侵犯的鞑靼部众,很多都是明人。"且迩来之寇,类多我民亡命为彼向导。故连岁非时倏至,冒险深入,如履故途。"④

遁入草原的汉人,聚居于明长城之外,从而形成了大片定居农业聚落,被称为"板升"。⑤ "明嘉靖初,中国叛人逃出边者,升板筑墙,盖屋以居,乃呼为'板升'。"⑥ "板升"的原义是汉语里的"城堡"一词。"'板升'者,华言城也。"⑦ 后来,明人、蒙古人都用"板升"指代蒙古草原上的汉人。"板升"居住的区域,

---

① 《北虏事迹》,《中国野史集成》第 23 册,第 621 页。

② (明)韩邦奇:《苑洛集》卷一五《北敌大举深入官军奋勇追杀斩获队长徒众首级夺获战马军器等事》,载《韩邦奇集》,魏冬点校整理,西北大学出版社,2015,第 1643 页。

③ 《苑洛集》卷一五《北敌大举深入官军奋勇追杀斩获队长徒众首级夺获战马军器等事》,载《韩邦奇集》,第 1643 页。

④ 《明史纪事本末》卷五八《议复河套》,第 893 页。

⑤ 曹永年利用呼和浩特万部华严经塔明代题记,讨论了这一问题。曹永年:《呼和浩特市万部华严经塔明代题记探讨》,《内蒙古大学学报》(历史学专集)1981 年增刊。

⑥ 《读史方舆纪要》卷四四《山西六·大同府·青山》,第 2006 页。

⑦ 《明世宗实录》卷四八六,嘉靖三十九年七月庚午,第 8100 页。

大体是东胜诸卫故地。"大同右卫大边之外，由玉林旧城而北，经黑河二、灰河一，历三百余里，有地曰丰州，崇山环合，水草甘美。"① "南至边墙，北至青山，东至威宁海，西至黄河岸，南北四百里，东西千余里，一望平川，无山陂溪涧之险。"② "板升"之所以集中在这一区域，不仅是因为以上引文所述当地河流众多，便于推广灌溉农业，还缘于从丰州到东胜，是连接蒙古高原与明朝边境的中间地带。"板升"群体在鞑靼、明朝之间，正是建立相对独立的政治势力的适合地区。

因此，一方面"板升"将蒙古高原的游牧经济方式一改而为农牧结合的复合经济，推动了明清时期蒙古高原的经济转型。"耕种市廛，花柳蔬圃，与中国无异，各部长分统之。"③ "蜂屯虎视，春夏耕牧，秋冬围猎。"④ 另一方面，"板升"中的白莲教徒，还具有强烈的政治愿望。朱元璋鉴于白莲教在元末红军叛乱中，起到了舆论宣传作用，在建国之后，禁止白莲教等相关宗教的传播。洪武三年（1370），朱元璋下令禁止"淫祠"，也就是不在国家祭祀序列中的民间神灵。中书省请求禁止包括白莲教在内的民间宗教。"天神地祇及白莲社、明尊教、白云宗、巫觋、扶鸾、祷圣、书符、咒水诸术，并加禁止，庶几左道不兴，民无惑志。"⑤ 获得了朱元璋的同意。洪武七年，明朝颁布《大明律》，再次以法律的形式，严禁包括白莲教在内的各种民间宗教的流传。

---

① 《明世宗实录》卷四八六，嘉靖三十九年七月庚午，第8100页。
② 《读史方舆纪要》卷四四《山西六·大同府·青山》，第2006页。
③ 《读史方舆纪要》卷四四《山西六·大同府·青山》，第2006页。曹永年考察了嘉靖时期俺答汗与汉人板升共同推进了丰州农业开发。曹永年：《阿勒坦汗和丰州川的再度半农半牧化——阿勒坦汗研究之一》，《内蒙古大学学报》（哲学社会科学版）1980年第Z1期。
④ 《大隐楼集》卷一六《云中处降录》，第266页。
⑤ 《明太祖实录》卷五三，洪武三年六月甲子，第1038页。

　　凡师巫假降邪神，书符咒水，扶鸾祷圣，自号端公、太保、师婆，及妄称弥勒佛、白莲社、明尊教、白云宗等会，一应左道乱正之术，或隐藏图象，烧香集众，夜聚晓散，佯修善事，扇惑人民，为首者，绞，为从者，各杖一百，流三千里。若军民装扮神像，鸣锣击鼓，迎神赛会者，杖一百，罪坐为首之人。里长知而不首者，各笞四十。其民间春秋义社，不在禁限。①

　　但唐宋以来，白莲教长期在民间流传，具有深厚的群众基础，单凭一纸法令，很难完全禁止。尤其是在国家控制薄弱的边疆地区，白莲教仍然长期活动。嘉靖时期，山西人吕明镇便暗地传播白莲教，被官府发现之后，据《明穆宗实录》记载，吕明镇被杀，而他的徒弟们便越过长城，从而有组织、成规模地进入蒙古草原。"初，赵全与丘富从山西妖人吕明镇习白莲教，事觉，明镇伏诛，丘富叛降虏。全惧，乃及其弟龙、王廷辅、李自馨从富降俺答。"② 而据《明史》记载，吕明镇与萧芹率领众人，一同逃亡到了蒙古草原。"叛人萧芹、吕明镇者，故以罪亡入敌，挟白莲邪教，与其党赵全、丘富、周原、乔源诸人导俺答为患。"③ 无论吕明镇是否得以进入草原，确实有白莲教徒还未来得及北逃，就被明朝擒获。"（吕）仲佑，静乐县人，习妖术，故与赵全等为党，亦谋入虏，事泄就擒。"④

　　由于具有一定的政治野心，"板升"逐渐成为明后期挑动明蒙战争的政治势力。"板升"内部分为多个部落，形成自我统属体

---

① 《大明律》卷一一《礼律一·禁止师巫邪术》，第89页。
② 《明穆宗实录》卷五二，隆庆四年十二月丁酉，第1292页。
③ 《明史》卷三二七《外国八·鞑靼传》，第8481页。
④ 《明世宗实录》卷四四一，嘉靖三十五年十一月乙酉，第7557页。

系，而其中才智之士则被任命为各部酋长。"俺答授全等皆为酋长。"① 据《明史》记载，"板升"最大的首领，最初是萧芹与吕明镇。"俺答市毕，旋入掠。边臣责之，以芹等为词。"② 萧芹不仅鼓动俺答发动战争，还为蒙古指点破解明军防御之法。但萧芹提供的方法并未奏效，俺答一怒之下，将二人送还给明朝，并将发动战争的责任推给二人。"芹诡有术，能堕城。敌试之不验，遂缚芹及明镇，而全、富等竟匿不出。"③ 萧芹等人被杀后，"板升"改由丘富统领。"中国叛人丘富、赵全、李自馨等居之。筑城建墩，构宫殿甚宏丽，开良田数千顷，接于东胜川，虏人号曰'板升'。"④ "初，大同妖人丘富者入虏中，教为城堡、宫室，布满丰州川，名曰'板升'，以居中国被虏亡命之众。"⑤ 丘富不仅继续鼓动俺答率领部众，进攻明朝边境，还充作向导，为鞑靼部众领路。"每入寇，辄使前驱为乡导，边民苦之。"⑥ 不仅如此，丘富同萧芹一样，教给蒙古部众攻破城堡的方法。"富等先年皆以白莲教妖术诱虏，导之入寇，教以制钩杆、攻城堡之法，中国甚被其害。"⑦

与蒙古部众采取游牧的方式不同，"板升"群体将汉人的定居生活，推广到蒙古草原，固定地驻扎在东胜诸卫故地。"是时，虏酋俺答引众西掠且二年，留部虏千余人于丰州守。其老幼虏不耐

---

① 《明穆宗实录》卷五二，隆庆四年十二月丁酉，第1292页。

② 《明史》卷三二七《外国八·鞑靼传》，第8481页。

③ 《明史》卷三二七《外国八·鞑靼传》，第8481页。

④ 《明世宗实录》卷四八六，嘉靖三十九年七月庚午，第8100页。

⑤ 《明穆宗实录》卷二三，隆庆二年八月辛卯，第616—617页。

⑥ 《明穆宗实录》卷二三，隆庆二年八月辛卯，第617页。

⑦ 《明世宗实录》卷四八六，嘉靖三十九年七月庚午，第8100页。关于板升鼓动俺答发动对明朝的战争，可参见〔澳〕费克光《论嘉靖时期（1522—1567年）的明蒙关系》，许敏译，《民族译丛》1990年第6期；刘雄峰《明代白莲教与漠北边事》，《晋阳学刊》2009年第6期。

暑，每夏辄徙帐大青山口外避之，而富等居板升如故。"① 而从
"筑城建墩"②，"赵全走匿墩上，麻禄督兵掘墩，半堕矣"③ 的记
载来看，"板升"群体将部分长城设施推广到了蒙古草原。可见，
嘉靖、隆庆时期，"板升"群体不仅鼓动鞑靼部众南下明朝，而且
通过修筑长城设施，进一步压缩了明朝的战略空间，这一时期鞑
靼之所以形成对明朝的全面压制，与"板升"群体直接相关。

嘉靖四十年，丘富去世。"初，虏犯大同败胡堡，执守备刘晋
臣去。至是，晋臣自虏中已归，称去年十一月初十日，叛人丘富
死于板升，其党赵全、周元等焚而瘗其骨。"④ 赵全接替了他的位
置，统辖部众最多，所居之地被称为"大板升"。"板升"规模很
大。《明世宗实录》记载有数万人。"居之众数万人，名曰'板
升'。"⑤ 但《读史方舆纪要》却记载"有众十余万"。⑥ 据赵全自
称，他的"大板升"有部众一万余名。

> （赵）全住大板升，节年抢掳汉人并招集逆叛白莲教人等
> 约一万余名，分立头目一十二名，冯世周、孟大益、李山、
> 潘云、陈钺，并见在虏营逆犯大罗、小罗、杨廷夏、杨廷智、
> 刘豸、张豪杰、瓦四，各管七百名不等，俱属全总管。⑦

但当时大同镇巡抚方逢时却记载赵全统辖三万余名部众。"赵
全有众三万，马五万，牛三万，谷二万余斛。"⑧ 与赵全相比，其

---

① 《明世宗实录》卷四八六，嘉靖三十九年七月庚午，第 8100 页。
② 《明世宗实录》卷四八六，嘉靖三十九年七月庚午，第 8100 页。
③ 《明世宗实录》卷四八六，嘉靖三十九年七月庚午，第 8101 页。
④ 《明世宗实录》卷五〇五，嘉靖四十一年正月壬寅，第 8334 页。
⑤ 《明穆宗实录》卷五二，隆庆四年十二月丁酉，第 1292 页。
⑥ 《读史方舆纪要》卷四四《山西六·大同府·青山》，第 2006 页。
⑦ （明）佚名：《赵全谳牍》，载《明代蒙古汉籍史料汇编》第 2 辑，第 115 页。
⑧ 《大隐楼集》卷一六《云中处降录》，第 266 页。

他"板升"势力要弱小许多。比如仅次于赵全的李自馨与周元，所领部众仅有数千人。"李自馨有众六千，周元有众三千，马牛羊称是。"① 由于势力较大，赵全与李自馨被俺答"俱加为酋长"。② 赵全又被称为"驸马"，李自馨、周元又被称作"秀才"。"彼中称全为倘不郎，华言驸马也；李自馨、周元为必邪气，华言秀才也。"③ 而其他"板升"规模较小，"余各千人"。④ "小板升"有32处，由32名小头目分别管理。

> 外仍有小板升三十二处，小头目三十二名，东打儿汉、火力赤、张榜势、毛榜势、打儿汉、小则火同智、海代首领、俺黑儿器、长腰儿、火里智、丫头计、大笔写气、力郎、小则磨毒气、打儿汉、刘栋、锁合儿、韩侯儿、王铣秃、石秃八儿党、小则红眼子、则徐先儿、李自荣、火力赤老汉、代锁合儿、冯通、小则火里智老汉、五合器、李只害、萧牌子、高洪、马洪名下，各管汉人八百或九百余名，各在丰州川分地住种。⑤

赵全成为"板升"首领后，更加鼓动俺答进攻明朝。"丘富死，全等益用事，数引虏入犯，破城堡，杀吏卒，无岁不至，边境苦之。"⑥ "板升"不仅为蒙古进攻明朝积极出谋划策，"每大举进寇，俺达必先至板升，于全家置酒大会，计定而后进"；⑦ 而且加入战争中来，潜入明境，里应外合，"（大同镇总兵孙）吴兵抵

---

① 《大隐楼集》卷一六《云中处降录》，第266页。

② 《赵全谳牍》，载《明代蒙古汉籍史料汇编》第2辑，第110页。

③ 《大隐楼集》卷一六《云中处降录》，第266—267页。

④ 《大隐楼集》卷一六《云中处降录》，第266页。

⑤ 《赵全谳牍》，载《明代蒙古汉籍史料汇编》第2辑，第115页。

⑥ 《明穆宗实录》卷五二，隆庆四年十二月丁酉，第1292页。

⑦ 《大隐楼集》卷一六《云中处降录》，第266页。

（山西）省城，始援汾州。虏使我叛人赵全，潜遣人入城为内应"。① 同时，推动蒙古军队的组成与战法进一步丰富。嘉靖十六年，山西巡抚韩邦奇指出蒙古作战方式与之前有所不同。

> 臣等载观近日敌之入来，深谋秘计，与昔不同。向也无甲胄，今则明盔明甲，势甚剽疾矣；向也短于下马，不敢攻窃城堡，今则整备锹钁，攻窃城堡矣；向也不知我之虚实夷险，虽或深入不敢久留，今则从容久掠，按辔而归矣；向也群聚而入，群聚而出，忽若飘风，今则大举，决于一处，分掠各边，使不暇应援矣；向也兵无纪律，乌合而来，星散而去，今则部伍严肃，旗帜号令分明矣；向也不焚庐舍，今则放火焚烧矣。②

在他看来，这一变化缘于大量明人，甚至明军逃入草原。"其故何哉？有中国之人为之谋划，有中国之人为之向导，有中国之人为之奸细，有中国之人遗易之以铁器。况事变之时，投入敌中者，又皆惯战有勇之人也。"③ 韩邦奇这一说法确实有事实作为根据，"板升"群体中确实有逃亡明军的身影。"已而，试百户张彦文、游击家丁刘天麒、明镇子吕西川，及边民马西川、吕小老等，先后降虏，与全等皆居板升。"④

而在草原政治生活中，"板升"竭力推广汉人政治体制。嘉靖后期，俺答汗已自立为蒙古可汗，"板升"集团又进一步鼓动他模仿汉制，登基称帝。"嘉靖四十四年间，全与李自馨、张彦文、刘

---

① 《明穆宗实录》卷一七，隆庆二年二月癸未，第463页。
② 《苑洛集》卷一六《钦遵敕谕因时察势益兵据险以防敌患以卫中华事》，载《韩邦奇集》，第1658—1659页。
③ 《苑洛集》卷一六《钦遵敕谕因时察势益兵据险以防敌患以卫中华事》，载《韩邦奇集》，第1659页。
④ 《明穆宗实录》卷五二，隆庆四年十二月丁酉，第1292页。

天麒各又不合献谀，将俺答僭称皇帝伪号，驱使被掳汉人，于大板升迤东与俺答修城一座，采打木料，于内起盖长朝九间。"① "因尊俺答为帝，治城郭宫殿，期日升栋。会大风栋落，压杀数人，俺答惧，不敢复居。"② 国号为"金"。包头现存明万历时期敕建美岱召（汉名寿灵寺）太和门门额，镌刻着万历三十四年（1606）铭文：

> 元后敕封顺义王俺答呵嫡孙钦升龙虎将军天成台吉，妻七庆大义好五兰姚吉，誓愿虔诚，敬赖三宝，选择吉地宝丰山，起盖灵觉寺泰和门，不满一月，功城圆备，神力助佑，非人所为也。皇图巩固，帝道咸宁，万民乐业，四海澄清。大明金国丙午年戊戌月己巳日庚午时建。

李漪云认为俺答在赵全等人支持下，以丰州滩为中心，东起蓟辽边外，与兀良哈三卫、察哈尔部接界，西至甘肃边外，南至长城，北至漠北与喀尔喀蒙古接界，在广大漠南地区建立了一个独立的、具有汉式统治体制的"金国"政权，并以赵全为把都儿汗，命其以"汗"的名义建开化府，统治"板升"汉人。③ 赵全等人也以朝中权臣自居。"全为俺达建九楹之殿于方城板升，自为屋室，僭拟王侯，丹青金碧，照耀龙庭。"④ "而全等亦各建堡治第，制度拟于王者，署其门曰'开化府'，有蟾宫、凤阁之号，俺答益贵近之。"⑤

① 《赵全谳牍》，载《明代蒙古汉籍史料汇编》第2辑，第113页。
② 《明穆宗实录》卷五二，隆庆四年十二月丁酉，第1292页。
③ 关于"大明金国"，详参李逸友《土默川上的第一座明代城寺——美岱召》，载包头市地方志史编修办公室、包头市档案馆编印《包头史料荟要》第1辑，1980；李漪云：《"大明金国"考》，《内蒙古社会科学》（汉文版）1982年第6期。
④ 《大隐楼集》卷一六《云中处降录》，第266页。
⑤ 《明穆宗实录》卷五二，隆庆四年十二月丁酉，第1292页。

　　"板升"群体不仅拥立俺答汗称帝，而且建议他攻占、统治长城边疆，模仿五代时期石晋故事，建立与明朝平分秋色的政权。"全与李自馨各又不合谋危社稷，日与俺答商说，分遣各虏攻取大同、宣府、蓟州一带，与南朝平分天下。"① "赵全言于俺达曰：'自此塞雁门，据云中，侵上谷，逼居庸，朵颜居云中，而全据太原，效石晋故事，则南北之势成矣。'"② 胡钟达认为赵全等人此举，意在造成一个"南北朝"的局面。③

　　鉴于"板升"群体兴风作浪，嘉靖、隆庆时期，明朝努力采取各种方法，消灭这一中间势力。嘉靖三十五年，明朝成功地擒杀张邦奇。张邦奇本属山西卫籍。"邦奇，山西威远卫千户应袭，叛降虏酋俺答，使隶降人丘富部。"④ 嘉靖三十五年，明朝派人劝降丘富，后者却在张邦奇的建议下，杀死劝说之人。"会总兵官田世威密遣丘富故人王勋、王浩兄弟，入虏说富降。富以问邦奇，邦奇曰：'朝廷方悬赏格购捕，汝往则遗之禽耳。'富恐，乃移营大青山后，诱浩杀之。"⑤ 明人在张邦奇接近边界时，将之擒获。"（王）勋脱归，谋复弟仇，伺邦奇至边，诈以货物与市，阴伏甲执之。"⑥

　　嘉靖三十六年，明朝又计划借助当年一场突发事件，与鞑靼交换"板升"诸首领。当年十一月，俺答长子辛爱黄台吉的小妾

---

① 《赵全谳牍》，载《明代蒙古汉籍史料汇编》第 2 辑，第 110 页。
② 《大隐楼集》卷一六《云中处降录》，第 267 页。
③ 胡钟达：《丰州滩上出现了青色的城——阿勒坦汗和三娘子·古丰州经济的恢复和归化城的诞生》，《内蒙古大学学报》（社会科学版）1960 年第 1 期。曹永年利用呼和浩特万部华严经塔明代题记，进一步讨论了这一问题。曹永年：《呼和浩特市万部华严经塔明代题记探讨》，《内蒙古大学学报》（历史学专集）1981 年增刊。曹永年考察了板升内部及其与蒙古人之间的矛盾。曹永年：《嘉靖隆庆间板升自然灾害及其与"俺答封贡"的关系——呼和浩特白塔明代题记探讨之二》，《内蒙古社会科学》（汉文版）1986 年第 1 期。
④ 《明世宗实录》卷四四一，嘉靖三十五年十一月乙酉，第 7556 页。
⑤ 《明世宗实录》卷四四一，嘉靖三十五年十一月乙酉，第 7556 页。
⑥ 《明世宗实录》卷四四一，嘉靖三十五年十一月乙酉，第 7556—7557 页。

桃松寨，前来投奔明朝。"丁丑，虏酋辛爱黄台吉夷妇桃松寨来降。桃松寨者，辛爱之第三妾也，私通其部目收令哥，惧诛，乃相率自大同新平堡求降，守者纳之。"①宣大总督杨顺想用桃松寨交换赵全等人。"自诩为奇功，以夷男妇致之阙下。"②但辛爱黄台吉却在愤怒之下，进攻大同镇。"辛爱，俺答子，其士马雄冠诸部，且凶狡无赖，北边畏之。既失其妇，则惭恚，凡杀守舍及其亲属百十人，遣骑来索，不得，乃纵骑掠塞内，大同左右卫诸墩堡为所攻毁略尽。"③同时威胁明朝。"若归吾妇，愿以银马、骆驼相易，不则纠众内讧，使尔十年内奔命不休。"④还包围了大同右卫。"已，虏益布满山谷，围右卫城数重。"⑤杨顺于是向明朝谎称辛爱黄台吉愿意用赵全等人交换桃松寨等人。"顺恐，乃言：'虏愿以我叛赵全、丘富等易其逃妇。'本兵深以为便，亟奏，许之。于是，遣桃松寨、收令哥等还。"⑥却在桃松寨等人出境之后，告知辛爱黄台吉，从而消除后者对自己的愤怒之情。"行至白登，顺令人诱收令哥携桃松寨，自西阳河夜逸出塞西走，乃阴告之辛爱。辛爱选骑追之，及于黄河岸，执至寨下。"⑦导致桃松寨惨死。"召其诸妇环视，磔裂之，刺取心血，遍饮诸妇，曰：'异日若辈私奔，亦如此矣。'"⑧杨顺也由于这种示弱行为，使明军愈加失去对鞑靼的威慑力。"于是，虏狎知顺等无能，散牧威平间，攻围右卫益急。"⑨

嘉靖三十七年，兵部侍郎吴嘉会请求招抚赵全等人。"招谕虏

---

① 《明世宗实录》卷四五三，嘉靖三十六年十一月丁丑，第7680页。
② 《明世宗实录》卷四五三，嘉靖三十六年十一月丁丑，第7680页。
③ 《明世宗实录》卷四五三，嘉靖三十六年十一月丁丑，第7680页。
④ 《明世宗实录》卷四五三，嘉靖三十六年十一月丁丑，第7680—7681页。
⑤ 《明世宗实录》卷四五三，嘉靖三十六年十一月丁丑，第7680页。
⑥ 《明世宗实录》卷四五三，嘉靖三十六年十一月丁丑，第7680页。
⑦ 《明世宗实录》卷四五三，嘉靖三十六年十一月丁丑，第7680页。
⑧ 《明世宗实录》卷四五三，嘉靖三十六年十一月丁丑，第7680页。
⑨ 《明世宗实录》卷四五三，嘉靖三十六年十一月丁丑，第7680页。

中降人，如丘富、周原、赵全、吕廷桓、乔三等能悔罪来归，待以不死，有功仍录用之。"① 获得了明朝的同意。但赵全等人并未回到明朝。嘉靖三十九年，大同镇军队于是出击追捕"板升"群体。"于是，大同总兵官刘汉谋之巡抚李文进，及原任总兵俞大猷，欲乘隙取富等，为中国除祸本。乃部分参将王孟夏、麻禄，游击徐钦，把总捕儿害、葛奈，守备刘本经等五十三人，率锐卒三千人驰进。"② 取得了战争的胜利。"汉与副总兵赵苛，参将孙吴、郑晓，以重兵分三哨出边，营于玉林隘为后继，孟夏等黄夜疾驰，昧爽及于丰州，鼓噪奋击，斩首八十三级，生擒六十七人，余众奔匿纵火，焚其宫殿居室。"③ 但仍然未能捕获赵全等人。"时富先随虏帐北徙，赵全走匿墩上，麻禄督兵掘墩，半堕矣，会虏骑大至，我兵乃引退。自馨亦脱走，擒其弟自桥及其母胡氏，全弟贤亦为我兵所杀。夺获牛马、橐驼百余只，夷器无算。"④

穆宗即位后，继续招抚"板升"群体，取得了一定成果。"上即位之初，诏悬赏格降人，应募者以千计。而白春等五人，已各有部落，畜产饶富。至是闻风，各率众来归。上嘉之，命授附近卫百户，赏银五十两。"⑤ 隆庆二年（1568）八月，明朝制定了更为全面、详细的招抚方案。

> 仍悬赏格于边外。凡被虏人，能斩献大酋首如俺答者，能率男妇五百名口、三百名口来归者，悉如会题例升赏外，其五百名口者仍赏银一百两，三百名口者仍赏银七十两。若有率二百名口以上者，授以正千户，仍赏银五十两。一

① 《明世宗实录》卷四五七，嘉靖三十七年三月己未，第7728—7729页。
② 《明世宗实录》卷四八六，嘉靖三十九年七月庚午，第8100页。
③ 《明世宗实录》卷四八六，嘉靖三十九年七月庚午，第8100—8101页。
④ 《明世宗实录》卷四八六，嘉靖三十九年七月庚午，第8101页。
⑤ 《明穆宗实录》卷二三，隆庆二年八月辛卯，第617页。

百五十名口以上者，授以副千户，仍赏银四十两。一百名口以上者，授以实授百户，仍赏银三十两。五六十名以上者，授以所镇抚，仍赏银二十两。三二十名以上者，授以冠带总旗，仍赏银一十两，俱世袭。十名以上者，分别赏赉。俱以过边实数为则。若能斩获叛逆如赵全、周元首级来献者，即授以都指挥佥事，仍赏银一千两。或能杀害不及斩首自身投降来报者，巡按御史核实，如前例升赏。其已归降，又能招诱降人者，亦加升赏。若逆首能自悔罪来降，通宥其罪，仍授以指挥佥事，赏银五百两。再能率众三二百名口以上者，授以指挥同知，赏银一千两，仍升见任将官管军管事，各该承委招降墩哨人役，果能率众一起五十名口以上来降者，量升冠带总旗。百名口以上者，授以所镇抚。二百名口以上者，授以实授百户，俱世袭军役。伴送降人至者，每名赏银五钱。降人不问老幼男妇，督抚行各原籍动支官银，分别查给，为宁家之资，仍复其身。行之九边，皆如例。[①]

可见，长城一直都不完全是汉人与北方族群的界线，在历史上，汉人与北方族群不断有跨越长城，加入对方族群的行动。虽然这些人越过长城的形式与动机有多种，但其中最为主要的原因，都是为了摆脱在本方生活的困苦，过上另外一种生活。可见，长城所隔开的不是族群，而是生活方式。也就是说，长城其实更体现了生态环境及由此造成的经济方式上的差别，而非族群与政权之间的界线。从这个角度来看，称长城为"生态长城"，更能揭示长城最为根本的角色。

---

① 《明穆宗实录》卷二三，隆庆二年八月辛卯，第617—618页。

第四节　"隆庆开关"与"俺答封贡"的历史变局

明世宗去世后，太子即位，是为明穆宗。穆宗在东宫时，并不为世宗所喜，父子之间有很深的矛盾。相应，穆宗即位之后，并未采取继承嘉靖旧制的立场，而是多所变革。为缓解王朝国家所面临的地缘压力，穆宗君臣从根本上改变了嘉靖时期的边疆政策，在东南海域与北部边疆，分别推行"隆庆开关"与"俺答封贡"。

蒙古帝国瓦解后，亚欧大陆各文明出现扩张潮流，无论国家还是民众，都不断走向远方。与其他文明不同，明代中国在对外取向上呈现国家与社会分离的历史态势。在商品经济逐渐发达的经济趋势下，在南宋以来远洋贸易历史传统下，明代中国民间社会一直具有自发地、积极地扬帆南洋，甚至远洋航行的内在驱动力。但与这一时期基督教文明、俄罗斯文明、伊斯兰文明国家大力支持民间类似行为的做法不同，明朝在拥有当时世界上堪称最强的水军实力的情况下，缺乏对于海洋空间的经营，并且实行"海禁"政策，禁止民众开展海外贸易。

虽然"海禁"政策在明前中期产生了很大影响，但仍然有不少民众"下南洋"，开展海外走私贸易。进入明后期，即正德以后，由于明武宗荒废政务，喜爱游玩，明朝统治受到一定的削弱。东南沿海民众向外逸出的现象更加频繁与普遍。嘉靖时期，这一潮流进一步加剧，东南民众大量潜入东亚海域，为掩人耳目，借用元明时期一直活跃于东亚海域的日本武士的"倭寇"身份。

"倭"是西汉以来中国对日本的称谓。12世纪以后，日本进入幕府执政时期，不同政治势力之间不断发生战争，大量武士脱离国家的管束，进入东亚海域，以抢掠商船、骚扰中国东部沿海为生，从而被元明时代的中国人称为"倭寇"。明朝建国初期，"倭寇"曾对辽东半岛发动过几次进攻，辽东镇防御的对象之一，便是东北亚地区的"倭寇"。此后，"倭寇"虽然不时有进攻东部沿海之举，但为祸并不甚大。

嘉靖时期，伴随中国东南沿海的海商加入"倭寇"的行列，"倭寇"势力飞速发展，而其领袖也一直由中国海商担任，由此可以看出"倭寇"实以中国人为主。东南海商之所以加入"倭寇"，缘于在全球经济一体化的驱动之下，为发展海外贸易，需要突破明朝的"海禁"政策，从而采取了武装化的方式。

嘉靖中期，距离哥伦布发现新大陆已有半个世纪，西欧商人借助新航路的开辟，不断用掠夺的白银与其他国家的商人进行经济贸易。明代中国作为当时世界上最发达的国家，由于经济体量的大幅增长，急需大量白银充当货币。这一时期东西方社会形成规模巨大、交流密切的贸易体系，属于早期经济全球化的重要内涵。但对于这一国际形势变迁，明朝仍局限于传统视野之中，并未改变原有的"海禁"政策，仍对民间海外贸易采取打压态度。

在这一时代背景下，东南海商遂将海外贸易的据点，转向明朝管辖区之外，利用所掌握的经济力量，不断开辟岛屿，用作与葡萄牙、日本海商开展跨国贸易的据点。为对抗明朝官方的缉捕，东南海商建立起武装组织，并招诱日本各岛武士，进攻明朝东南沿海，从而加入"倭寇"的行列之中。

在诸多岛屿之中，位于今浙江舟山的双屿港是东南海商走私贸易的中心据点，也是当时亚洲地区规模最大的商贸港口，被称为 16 世纪的上海。但双屿港的命运，在嘉靖二十七年（1548）发生了巨大改变，奉命平倭的浙江巡抚朱纨攻破了双屿港，擒获了东南海商的头目许栋，用木堵塞双屿港周边海域，经此一役，双屿港骤然失去往日的光彩，彻底荒废。

许栋被杀后，属下徽州歙县人汪直统领余众，盘踞五岛，与徐海等联合日本各岛，"直初诱倭入犯，倭大获利，各岛由此日至"，[①] 进攻东南沿海。"时歙人汪直据五岛煽诸倭入寇，而徐海、陈东、麻叶等巢柘林、乍浦、川沙洼，日扰都邑。"[②] 汪直被称为"老船主"。[③]

在严嵩党羽赵文华举荐之下，明世宗派胡宗宪总督南直隶、浙江等处军务，剿除"倭寇"。胡宗宪是徽州绩溪人，与汪直是同乡，他打算凭借同乡之谊招降汪直，为此释放了汪直的母亲与妻子。对于胡宗宪的招降，汪直十分心动，派遣义子汪㳘到军中表白心迹。汪㳘不仅协助胡宗宪进攻"倭寇"，而且将徐海等人的行迹告知胡宗宪，从而使明军三战三捷。徐海在胡宗宪招抚之下，擒获陈东、麻叶，前来归降，最终却遭到陈东余党的进攻，投海而死。俞大猷用兵灭倭残众，胡宗宪由此平定了浙江倭乱。

浙江倭乱平定之后，在胡宗宪多次招降之下，汪直也前来归附。朝臣多主张处死汪直，胡宗宪只能屈从政治舆论。汪㳘等人愤恨之下，迁徙于柯梅岛，造大型战船，转而向南进攻福建、广东、江西，一时东南沿海处处遭到进攻。而胡宗宪也在严嵩被扳倒之后，下狱而死。在抗击"倭寇"的过程中，涌现出了戚继光、俞大猷等著名将领。戚继光鉴于明军废弛已久，多不能战，从而仿照长城沿线召募士兵的方法，听闻义乌人驱逐外地人私开银矿的消息后，认为当地民风剽悍，于是到此地招募士兵，结合东南沿海湖泊众多的地形，进行有针对性的训练，从而形成战斗力十分强悍的"戚家军"。戚继光、俞大猷在浙江、福建取得了多次胜利，"倭患"逐渐平息。

隆庆元年（1567），福建巡抚涂宗民上奏，请求"开市舶，易

---

① 《明史》卷二〇五《胡宗宪传》，第 5410 页。
② 《明史》卷二〇五《胡宗宪传》，第 5410 页。
③ 《明史》卷二〇五《胡宗宪传》，第 5411 页。

私贩而为公贩",① 开放 "海禁"。穆宗接受了这一建议。东南海商取得海外贸易的合法地位之后，放弃了军事武装，"倭寇" 由此逐渐绝迹。② "大盗不作，而海宇晏如。"③

　　而在北部边疆，隆庆时期，明朝借助俺答汗之孙把汉那吉主动来投的偶然事件，主动改变对蒙古的强硬立场，与蒙古达成和议，史称 "隆庆和议" 或 "俺答封贡"。④ 隆庆四年，俺答汗之孙

---

① （明）许孚远：《疏通海禁疏》，载《明经世文编》卷四〇〇《敬和堂集》，第4333 页。

② 关于明代开放 "海禁" 的研究，有以下论著：吴光耀《明代市民反 "海禁" 斗争述略》，《江汉大学学报》（社会科学版）1984 年第 3 期；毛佩琦《明代的通海思潮》，《河北大学学报》（哲学社会科学版）1985 年第 2 期；刘志伟、戴和《明清时期广东士宦开海思想的历史发展》，《学术研究》1986 年第 3 期；王守稼《明代海外贸易政策研究——兼评海禁与弛禁之争》，《史林》1986 年第 3 期；晁中辰《隆庆开放与中国资本主义萌芽》，《学术研究》1987 年第 5 期；黄盛璋《明代后期海禁开放后海外贸易若干问题》，《海交史研究》1988 年第 1 期；李金明《明代后期部分开放海禁对我国社会经济发展的影响》，载《中外关系史论丛》第 3 辑；李金明《明代后期部分开放海禁对我国社会经济发展的影响》，《海交史研究》1990 年第 1 期；黄顺力《明代福建海商力量的崛起及其对海洋观的影响》，《厦门大学学报》（哲学社会科学版）1999 年第 4 期；郑永常《来自海洋的挑战——明代海贸政策演变研究》，台湾稻香出版社，2004；晁中辰《明代隆庆开放应为中国近代史的开端——兼与许苏民先生商榷》，《河北学刊》2010 年第 6 期；黄顺力《 "重陆轻海" 与 "通洋裕国" 之海洋观刍议》，《深圳大学学报》（人文社会科学版）2011 年第 1 期；胡铁球《明清海外贸易中的 "歇家牙行" 与海禁政策的调整》，《浙江学刊》2013 年第 6 期；苏惠苹《试析明清时期闽籍士绅关于 "开海"、"禁海" 问题之态度》，《中国社会经济史研究》2015 年第 3 期；周家明《明中期以后开海思潮研究》，硕士学位论文，山东大学，2017；韩毅、潘洪岩《利益集团与明代海禁政策变迁（1508—1567）》，《辽宁师范大学学报》（社会科学版）2019 年第 4 期；岑丽君《明代中后期官员群体的开海思想探讨》，硕士学位论文，南昌大学，2019。

③ 《疏通海禁疏》，载《明经世文编》卷四〇〇《敬和堂集》，第 4333 页。

④ 关于此，可参见高树林《明朝隆庆年间与蒙古右翼的封贡互市》，《河北大学学报》（哲学社会科学版）1982 年第 1 期；宝音夫、洪俊《论俺答求贡》，《历史教学》1982 年第 8 期；薄音湖、洪俊《论俺答求贡》，载呼和浩特市蒙古语文历史学会编印《蒙古史论文选集》第 2 辑，1983；王天有《试论穆宗大阅与俺答封贡》，《北京大学学报》（哲学社会科学版）1987 年第 1 期；〔日〕森川哲雄《关于把汉那吉降明事件》，《蒙古学资料与情报》1987 年第 1 期；萧国

把汉那吉由于未婚妻被俺答汗改配于袄儿都司，怒而降明，10 月
23 日，抵达大同城下，被大同镇巡抚方逢时接到城中。方逢时盘
问之后，判断把汉那吉投降属实，于是向宣大山西总督王崇古禀
报此事。[①] 此后，王崇古、方逢时又借助书信的方式，不断向高拱、
张居正汇报情况。[②] 高拱得到禀报之后，主张悉心筹划，避免类似
于桃松寨、石天爵事件的再次发生。"然此乃中国利机，处之须要
得策。若遂与之，则示弱损威不成。中国桃松寨之事可鉴，必不可
也。若遂杀之，则绝彼系念，而徒重其恨。石天爵之事可鉴，必不可
也。"[③] 张居正也是同样的态度。"顾此事关系至重，制虏之机，实在
于此。往年桃松寨事，庙堂处置失宜，人笑之，至今齿冷。"[④]

亮《明代后期蒙汉互市及其社会影响》，《中国社会科学院研究生院学报》
1987 年第 2 期；樊保良《略论俺答汗对历史上中国民族关系的贡献》，《青海
社会科学》1991 年第 2 期；金昌林《"俺答封贡"的历史背景与意义》，《中南
民族学院学报》（哲学社会科学版）1991 年第 2 期；杨绍猷《俺答汗评传》，
中国社会科学出版社，1992；胡凡《论明穆宗对北部边防的整顿》，《中国边
疆史地研究》1998 年第 2 期；胡凡《论明穆宗时期实现"俺答封贡"的历史
条件》，《中国边疆史地研究》2001 年第 1 期；金星《由朝贡贸易到互市贸
易——明蒙贸易方式及其转变》，硕士学位论文，内蒙古大学，2000；薄音湖
《把汉那吉的家庭纠纷》，《内蒙古大学学报》（人文社会科学版）2001 年第 3
期；孟凡云《论把汉那吉降明事件与"远人请贡"》，《民族研究》2008 年第
6 期；彭勇《因循与变通：高拱的民族观和民族政策简论》，《中央民族大学学
报》（哲学社会科学版）2009 年第 2 期；赵世明《"俺答封贡"的决策问题》，
《天水师范学院学报》2011 年第 1 期；马静茹《李春芳与"俺答封贡"》，载
苍铭主编《民族史研究》第 12 辑，中央民族大学出版社，2012；周文《张四
维与"俺答封贡"研究》，硕士学位论文，四川师范大学，2015；陈旭《明代
俺答封贡中李春芳和赵贞吉之作用考论》，《山西档案》2015 年第 6 期；王美
珏《明代"俺答封贡"再研究——以张四维〈与鉴川王公论贡市书〉为视
角》，《内蒙古师范大学学报》（哲学社会科学版）2016 年第 3 期。

① 《大隐楼集》卷一一《与王军门论降夷书》，第 189 页。
② 关于王崇古、方逢时与"俺答封贡"的关系，可参见王新利《王崇古和明蒙
关系》，硕士学位论文，内蒙古大学，2009；刘志强《方逢时与俺答封贡》，
硕士学位论文，内蒙古大学，2009。
③ 《高拱全集·边略》卷四《款敌纪事》，第 582 页。
④ （明）张居正：《新刻张太岳先生诗文集》卷二二《答鉴川策俺答之始》，《四
库全书存目丛书》集 113 册，第 589 页。

王崇古于是向朝廷建议，将把汉那吉作为人质，筹划三套方案，解除俺答部落的长期威胁。第一套方案是：如果俺答恭顺，那么便以归还把汉那吉并开通互市为条件，命俺答交还"板升"赵全等人，双方实现和平。"使俺答勒兵临境，则当谕以恩信，许其生还，因与为市，令生缚板升诸逆赵全等，致之麾下，仍归我被虏士女，然后优赏把汉而善遣之。此一策也。"① 第二套方案是：如果俺答用武力胁迫明朝归还把汉那吉，明朝要做出杀死把汉那吉的姿态，以此要挟俺答。"如其恃顽强索，不可理谕，则严兵固守，随机拒战。且示以必杀，制其死命，则其气易沮，必不敢大肆狂逞，而吾计可行。又一策也。"② 第三套方案则接受了高拱的建议。高拱曾在给王崇古的信中指出，笼络把汉那吉，以便未来制衡蒙古各部。

> 若果老俺可图，或忿沮而死，则吾便可如前约而行。将此子并奶公封之以官，使归领其众。仍许以有人敢仇汝者，吾当助汝图之。使世受国恩，为吾藩篱。彼黄台吉素恨此子，又尊行也，必不肯相下。此子受中国名号，亦必不肯相下。彼此既不相下，必互相吞噬，日见多事。而吾中国乃因得以日修战备，而享数十年之安。③

而王崇古在奏疏中指出，如果俺答并不理会把汉那吉，那么明朝可以仿照两汉在北部边疆建立属国的制度，扶持把汉那吉，促使蒙古内部互相制衡，明朝坐收渔翁之利。

> 其或弃把汉不顾，吾厚以恩义结之，其部有相继来降者，

---

① 《明穆宗实录》卷五〇，隆庆四年十月癸卯，第1251—1252页。
② 《明穆宗实录》卷五〇，隆庆四年十月癸卯，第1252页。
③ 《高拱全集·边略》卷四《款敌纪事》，第582页。

辄收牧各边，令把汉统领，略如汉人置属国，居乌桓之制。候俺答既死，黄台吉兼有其众，则令把汉还本土，收其余众，自为一部，以与黄台吉抗，而我按兵助之，使把汉怀德，黄台吉畏威，边人因得休息。又一策也。①

王崇古这一建议获得了兵部的认可，穆宗于是命把汉那吉为指挥使。② 不过朝廷内部仍有反对的声音，但在穆宗的坚决态度下，这种舆论被压制了下去。"山西道御史叶梦熊言：'把汉那吉之降，边臣不宜遽纳，朝廷不宜授以官爵，将至结仇徼祸。至引送郭药师、张毅事为喻。'上览疏，怒其妄言摇乱，命降二级调外任。"③

据高拱著《款敌纪事》记载，王崇古、方逢时派遣使者鲍崇德出使蒙古。而据方逢时著《大隐楼集》记载，只有他派了鲍崇德、田世威出使蒙古。据张居正的记载，实际上只有主管大同镇具体事务的方逢时，派遣了使者。"据巡抚差人鲍崇德亲见老酋云云。"④ 两种史籍的一致记载是，鲍崇德对俺答说，只要俺答交还赵全等人，明朝就会交还把汉那吉。"十二日崇德见俺答，说朝廷宠厚其孙，汝若要取回，惟当执送诸逆请求。"⑤ "朝廷待把汉那吉不薄，若赵全等旦至，那吉夕返矣。"⑥ 但对于俺答的态度，两种史籍的记载却完全不同。《款敌纪事》记载道：

俺答乃大喜，而屏去左右，语崇德曰："我本意要进贡

① 《明穆宗实录》卷五〇，隆庆四年十月癸卯，第 1252 页。
② 《明穆宗实录》卷五〇，隆庆四年十月丁未，第 1255 页。
③ 《明穆宗实录》卷五〇，隆庆四年十月丙辰，第 1261 页。
④ 《新刻张太岳先生诗文集》卷二二《与王鉴川言制俺酋款贡事》，《四库全书存目丛书》集 113 册，第 590 页。
⑤ 《大隐楼集》卷一二《与内阁高、张论虏情书》，第 203 页。
⑥ 《明穆宗实录》卷五一，隆庆四年十一月丁丑，第 1276 页。

来，都是丘富、赵全到边哄我该坐天下，教我攻掏城堡，连年用兵，两下厮杀，不得安生。今天使我孙投顺南朝，乃不杀，又加官，又赏衣服，恩厚若此。我今始知中国有道，悔我前日所为。若果肯与我孙，我愿执献赵全等赎罪。我今年老，若天朝封我一王子，掌管北边，各渠长谁敢不服？再与我些锅、布等物为生，我永不敢犯边抢杀，年年进贡。将来我的位儿就是把汉那吉的，他受天朝恩厚，不敢不服。"①

由于高拱曾为阁臣，由内阁主持编纂的《明穆宗实录》也继承了这一记载。② 不过《大隐楼集》却记载了俺答完全不同的态度。俺答最初颇不愿意。"老酋迟疑不绝，多自负之辞。崇德与之辨论，意尚未决，遂与崇德马一匹，令其回，再请示下。"③ 第二天，鲍崇德再次跟俺答谈话，俺答仍然不肯答应。"至十三日，本夷复来，同崇德往见俺酋，与之番说，要彼执送板升诸逆之意，老酋尚托辞不肯。盖老酋得诸逆之力甚多，有不忍杀之之心，其意尚未可测。"④ 直到二十九日，鲍崇德才带回俺答同意的消息。"二十九日鲍崇德等回，俺酋、黄酋俱已听从，愿执送赵全等三人，以求把汉。盖此三人者，乃先年叛逆，与诸被掳胁从者不同也。此三人既得，则其余自当瓦解矣。"⑤

从史源学而言，方逢时为具体负责把汉那吉事件之人，所掌握的信息更为原始而真实。高拱的信息源是王崇古与方逢时，既

---

① 《高拱全集·边略》卷四《款敌纪事》，第 586 页。
② "俺答大喜，屏人语曰：'我不为乱，乱由全等。吾孙降汉，此天遣合华夷之好也。若天子幸封我为王，借威灵长北方，诸酋谁敢不听！誓永守北边，毋敢为患。即不幸死，吾孙当袭封。彼衣食中国，其忍背德乎？'"《明穆宗实录》卷五一，隆庆四年十一月丁丑，第 1276 页。
③ 《大隐楼集》卷一二《与内阁高、张论虏情书》，第 203 页。
④ 《大隐楼集》卷一二《与内阁高、张论虏情书》，第 204 页。
⑤ 《大隐楼集》卷一二《与内阁高、张论虏情书》，第 204 页。

然所载与方逢时不同，那么便应来源于王崇古。王崇古虽然地位比方逢时高，但大同镇事务由方逢时具体负责，因此王崇古也应是从方逢时那里获得信息。而同一信息却产生两种不同记载，可能是王崇古为了塑造俺答甘愿与明朝合作的形象，从而坚定高拱册封的决心。《款敌纪事》中俺答一副归化的形象，明显地具有润饰的痕迹。与方逢时相比，王崇古与高拱关系明显要密切得多，高拱甚至把"俺答封贡"的成功，完全归结于自己和王崇古。"是举也，非鉴川弘才赤胆，孰能为？非予愚直朴忠，孰肯主？"①

无论如何，俺答考虑之后，最终同意了明朝的方案，并提出了册封的建议。同时派遣使臣，请求与明朝开通互市。"遂益发使五人，与（鲍）崇德来乞封。又为黄台吉乞官，求输马与中国铁锅、布帛互市。"② 王崇古于是再次上疏，力主册封俺答、开通互市。他首先指出俺答对明朝构成了沉重压力。"俺答雄据漠北，保我叛人，掠彼番部，有众十余万矣。东结朵颜三卫为向导，西挟吉囊子孙为羽翼，常首祸谋。"③ 朝廷可以仿照前朝故事，加以册封。"臣闻国初时，尝封虏为忠顺王。近年则西番诸国亦各有封请得许。俺答比诸国为外藩，定其岁贡之额，示以赏赉之等，长率众酋，以昭圣朝一统之盛。"④ 模仿北疆其他地区的互市，与俺答交易货物。"若许通市，则和好可久，而华夷兼利。他边如辽东、开原、建昌、肃州、西番诸夷皆有市。乞仿其制，刻日平价，申禁防奸，以和其交，事宜无不就者。"⑤

次月，俺答便将赵全等八人执送明朝。《款敌纪事》记载道："当是时，俺答已将赵全、李自馨、猛谷王、赵龙、赵四、马西

---

① 《高拱全集·边略》卷四《款敌纪事》，第 599 页。
② 《明穆宗实录》卷五一，隆庆四年十一月丁丑，第 1276 页。
③ 《明穆宗实录》卷五一，隆庆四年十一月丁丑，第 1276—1277 页。
④ 《明穆宗实录》卷五一，隆庆四年十一月丁丑，第 1277 页。
⑤ 《明穆宗实录》卷五一，隆庆四年十一月丁丑，第 1277 页。

川、吕西川、吕小老八人擒获，十九日送入边矣。"① "于是督抚乃以赵全等并先获张彦文九人者，槛送京，以十二月二十二日至。"② 值得注意的是，《明穆宗实录》的记载与之有所不同。"虏执我叛人赵全、李自馨、王廷辅、赵龙、张彦文、刘天麒、马西川、吕西川、吕小老官等来献。"③ 而方逢时指出：

> 今老酋虽有此文请求，所许者止赵全、李自馨、张彦文等三人而已。弟昨与军门定议，要九人，并刘四、刘五、赵龙、赵豪杰、冯豪杰、杨天下也。王孟秋、周元，此亦首逆，弟必主要之，鉴川公乃听来人之言，许之不取，此又中老酋之计矣。然此二人，乃老酋之心腹也，非强难之，不易得。④

获得赵全等人后，王崇古再次上疏，请求册封俺答、开通互市。为抛去嘉靖时期一直拒绝开展互市的负面传统，赋予封贡以合理性，王崇古竭力论证此次封贡与嘉靖时期俺答的马市之请，有根本区别。他首先指出俺答的首次马市请求，是一种城下之盟。"嘉靖中，俺酋拥众入犯蓟镇，执马房内臣杨淮等，胁以奏开马市。先帝不允。"⑤ 第二次马市请求，是大同镇总兵官仇鸾的欺诈行为。"鸾出塞无功，惧虏复至，潜以金币媚虏，仍许请开市，以逭己责。当是时，虏势方张，开市之请非虏本心，由逆鸾私谋。"⑥ 俺答一方缺乏诚意，才导致世宗严禁互市政策的出台。"故不旋踵而叛盟，肆掠为患益甚。先帝震怒，始置于辟，严为之禁。"⑦ 与

① 《高拱全集·边略》卷四《款敌纪事》，第582页。
② 《高拱全集·边略》卷四《款敌纪事》，第587页。
③ 《明穆宗实录》卷五二，隆庆四年十二月丁酉，第1292页。
④ 《大隐楼集》卷一二《与内阁高、张论虏情书》，第205页。
⑤ 《明穆宗实录》卷五四，隆庆五年二月庚子，第1332页。
⑥ 《明穆宗实录》卷五四，隆庆五年二月庚子，第1332页。
⑦ 《明穆宗实录》卷五四，隆庆五年二月庚子，第1332—1333页。

嘉靖时期不同，当前俺答实力有所下降。"顾今虏情实与昔殊，虏连岁入犯，固多杀掠，乃虏所亡失亦略相当。又我兵出境捣巢、赶马，虏亦苦之。是虏固非昔之强也。"① 明蒙双方经过把汉那吉事件之后，具有真诚交流的愿望。"属者戴天朝归孙之恩，既献俘阙下，复约其弟侄并各部落，誓永不犯边，又非如昔之拥兵压境，挟我边臣而坐索也。"② 不仅如此，俺答有西进意图，与明朝形成和平状态，有利于解除后顾之忧。"且闻虏欲图瓦剌，蚕食西番，虑我军议其后，故坚意内附以自固，其情可信。"③ 综合以上因素，王崇古指出此次俺答请求册封与互市，是值得信赖的。而俺答所请求的互市形式，也不是双方基于平等地位的经济贸易，而是朝贡体系下的经济贸易，是一种宗藩关系的体现。"又虏使云所请市，非复请马市，但许贡后容令贸易。如辽东、开原、广宁互市之规，此国制待诸夷之常典，非昔马市比。"④ 这对于彰显明朝权威、扩展天下秩序，都是一种契机。

在此基础上，王崇古提出关于封贡的八项事宜。对于王崇古的这一建议，官僚集团处于一种矛盾状态。"今之议者，皆以小酋为祸媒，急欲遣之，图眼前无事耳。至于封爵、贡市二事，皆在可否之间。"⑤ 作为言官，这一时期的给事中群体，却表达了与王崇古不同的立场。"时都给事中章甫端、张国彦，给事中宋应昌、张思忠、纪大纲，各条上虏酋封贡互市事，与总督王崇古八议互有异同。"⑥ 王崇古、方逢时面临着巨大的舆论压力。"于是鉴川上疏，言封贡事。诏下兵部议。时众论汹汹愈甚，言官各上议。鉴

<hr>

① 《明穆宗实录》卷五四，隆庆五年二月庚子，第 1333 页。
② 《明穆宗实录》卷五四，隆庆五年二月庚子，第 1333 页。
③ 《明穆宗实录》卷五四，隆庆五年二月庚子，第 1333 页。
④ 《明穆宗实录》卷五四，隆庆五年二月庚子，第 1333 页。
⑤ 《新刻张太岳先生诗文集》卷二二《与王鉴川谋取板升制虏》，《四库全书存目丛书》集 113 册，第 592 页。
⑥ 《明穆宗实录》卷五五，隆庆五年三月甲子，第 1355 页。

川且被排击，人为之危。"① 在内阁的支持下，仍然坚守立场。"予左右护持之。兵部复，仍令该镇再议。鉴川肩任愈力不为沮，与该镇诸臣仍执前议上。"②

兵部尚书郭乾为人怯懦，缺乏主见，无法确立方案，于是请求召开廷议。"本兵错愕惶惑，莫展一筹。不得已乃于文华殿面奏请旨，行之。"③ 穆宗于是命兵部举行廷议，共同商议。但廷议的结果仍然是诸臣莫衷一是。

> 于是，兵部集府、部、科道诸臣廷议之。定国公徐文璧、吏部左侍郎张四维等二十二人皆以为可许，英国公张溶、户部尚书张守直等十七人以为不可许。工部尚书朱衡等五人以为封贡便，互市不便。独都察院佥都御史李棠极言宜许状。④

兵部尚书郭乾首鼠两端，提交了一份模糊混乱的决案。

> 兵部尚书郭乾淆于群议，不知所裁，姑条为数事，以塞崇古之请。大抵皆持两端。其锡封号，请如朵颜三卫例，先

---

① 《高拱全集·边略》卷四《款敌纪事》，第 589 页。
② 《高拱全集·边略》卷四《款敌纪事》，第 589 页。
③ 《新刻张太岳先生诗文集》卷二二《与王鉴川计四事四要》，《四库全书存目丛书》集 113 册，第 595 页。
④ 《明穆宗实录》卷五五，隆庆五年三月甲子，第 1355—1356 页。马静茹《明代廷议的运作研究——以俺答封贡为例》一文考察了不同史料关于围绕"俺答封贡"廷议结果的不同记载，指出"俺答封贡"是集体廷议的结果，争论激烈，明穆宗因不满第一次廷议结果，组织了第二次廷议。马静茹：《明代廷议的运作研究——以俺答封贡为例》，载《中国边疆民族研究》第 3 辑。城地孝《俺答封贡与隆庆五年（1571）三月的廷议——兼谈〈兵部奏疏〉的史料价值》一文指出，虽然据谈迁所载"诸臣言利者十一，言害者十九"，也有反对意见占多数的史料，但根据《兵部奏疏》的记载，赞成与反对的意见几近数量相同，武官偏向消极，文官支持贡市，但文官也有反对贡市者。〔日〕城地孝：《俺答封贡与隆庆五年（1571）三月的廷议——兼谈〈兵部奏疏〉的史料价值》，载《第十三届明史国际学术研讨会论文集》。

授都督职衔，令虏酋各自为部，不相统摄，俟虏奉贡惟谨，一二年不犯边，徐议封爵。其定贡额，请留虏使于边城夷馆，毋令入京师。其所贡马，督抚官代进赏赉，及其余马价如例付督抚给散，以后渐欲增加，即闭关谢绝。其议贡期，请以二月为率，勿拘圣节。其立互市，请令今岁暂一开市，以观事机，其铁锅并硝黄、钢铁皆禁勿予，有不如约，即当奏罢。其议抚赏，请预为约束，止及于守市夷人，其因事到边求赏者不许。其议归降，请招抚如旧，无绝华人归正之路。其严边备，请以羁縻战守事付之崇古，久任责成，毋令辄代。其戒狡饰，请饬诸将日夜警备，有造言饰诈而玩愒宴安者罪之，亦不当专恃和好，辄沮士气。[1]

对于兵部的模糊立场，穆宗并不满意，命令再次举行廷议。[2]当月，兵部再次召开廷议。事实上，内阁一直持赞同的立场。张居正在给王崇古的信中说：

> 若鄙意则以为今边防利害，不在于那吉之与不与，而在彼求和之诚与不诚。若彼果出于至诚，假以封爵，许其贡市，我得以间修战守之具，兴屯田之利，边鄙不耸，穑人成功。彼若寻盟，则我示羁縻之义；彼若背盟，则兴问罪之师。胜算在我，数世之利也。[3]

驳斥了反对封贡的各种理由。"今之议者，皆谓讲和示弱，马市起

---

① 《明穆宗实录》卷五五，隆庆五年三月甲子，第 1356—1357 页。
② 《明穆宗实录》卷五五，隆庆五年三月甲子，第 1357 页。
③ 《新刻张太岳先生诗文集》卷二二《与王鉴川谋取板升制虏》，《四库全书存目丛书》集 113 册，第 592 页。

峤。为此言者，不惟不忠，盖亦不智甚矣。"① 指出封贡是明朝主动开展的通贡，而非被动、妥协的讲和。

　　夫所谓和者，谓两敌相角，智丑力均，自度未足以胜之，故不得已而求和。如汉之和亲，宋之献纳。是制和者在夷狄，而不在中国。故贾谊以为倒悬，寇公不肯主议。今则彼称臣纳款，效顺乞封，制和者在中国，而不在夷狄。比之汉、宋之事，万万不侔。独可谓之通贡，而不可谓之讲和也。②

封贡是开放边贸市场，平等交易；而非嘉靖时期，在蒙古武力胁迫下的马市方案。

　　至于昔年奏开马市，官给马价，市易胡马。彼拥兵压境，恃强求市，以款段驽罢，索我数倍之利。市易未终，遂行抢掠。故先帝禁不复行。今则因其入贡之便，官为开集市场，使与边民贸易有无。稍为之约束，毋得阑出中国财物及应禁者。其期或三日，或二日而止，如辽开原事例耳。又岂马市可同语乎？③

他指出封贡有五项好处。第一，有助于农业经济的正常开展。"虏既通贡，逻骑自稀，边鄙不耸，穑人成功。一利也。"④ 第二，

① 《新刻张太岳先生诗文集》卷二二《答王鉴川计贡市利害》，《四库全书存目丛书》集113册，第593页。
② 《新刻张太岳先生诗文集》卷二二《答王鉴川计贡市利害》，《四库全书存目丛书》集113册，第593—594页。
③ 《新刻张太岳先生诗文集》卷二二《答王鉴川计贡市利害》，《四库全书存目丛书》集113册，第594页。
④ 《新刻张太岳先生诗文集》卷二二《答王鉴川计贡市利害》，《四库全书存目丛书》集113册，第594页。

有助于节约军事开支。"防守有暇,可以修复屯田,蓄吾士马之力。岁无调援,可省行粮数十百万。二利也。"[1] 第三,有助于分化蒙古各部。"土蛮、吉能每借俺酋以为声势,俺酋既服,则二虏不敢轻动。东可以制土蛮,西可以服吉能。三利也。"[2] 第四,有助于离间"板升"与蒙古的关系,推动"板升"回归明朝。"赵全等既戮,板升众心已离。吾因与虏约,有愿还者,必勿阻之。彼既无勾引之利,而又知虏之不足恃,则数万之众,皆可渐次招来,曹州之地可虚矣,四利也。"[3] 第五,有助于从内部分化俺答部落。"彼父子祖孙情乖意阻,胡运将衰,其兆已见。老酋死,家族必分。不死,必有冒顿、呼韩邪之变。我得因其机而行吾之计。五利也。"[4]

张居正严厉指出众多官员之所以反对封贡,是因为嫉妒他人功劳。"封贡事乃制虏安边大机大略,时人以娼嫉之心,持庸众之议,计目前之害,忘久远之利,遂欲摇乱而阻坏之。国家以高爵厚禄,畜养此辈,真犬马之不如也。"[5] "封贡议起,发言盈庭,类皆娼嫉之心,而持其庸众之见。"[6] 这是不顾国家利益的不忠、不智做法。"不惟不忠,盖亦不智甚矣。"[7] 从而向王崇古表态,一定会在朝堂之上,表明支持的立场。"况处降纳叛,既以身任之,今

---

① 《新刻张太岳先生诗文集》卷二二《答王鉴川计贡市利害》,《四库全书存目丛书》集 113 册,第 594 页。
② 《新刻张太岳先生诗文集》卷二二《答王鉴川计贡市利害》,《四库全书存目丛书》集 113 册,第 594 页。
③ 《新刻张太岳先生诗文集》卷二二《答王鉴川计贡市利害》,《四库全书存目丛书》集 113 册,第 594 页。
④ 《新刻张太岳先生诗文集》卷二二《答王鉴川计贡市利害》,《四库全书存目丛书》集 113 册,第 594 页。
⑤ 《新刻张太岳先生诗文集》卷二二《与王鉴川议坚封贡之事》,《四库全书存目丛书》集 113 册,第 593 页。
⑥ 《新刻张太岳先生诗文集》卷二二《与王鉴川计四事四要》,《四库全书存目丛书》集 113 册,第 595 页。
⑦ 《新刻张太岳先生诗文集》卷二二《答王鉴川计贡市利害》,《四库全书存目丛书》集 113 册,第 594 页。

日之事，敢复他诿？待大疏至，仍当极力赞成。"①

最终高拱力排众议，通过了封贡方案。与张居正一样，高拱对各项反对理由，逐一进行了驳斥，只不过与张居正私下辩驳不同，高拱在朝堂之上，公开发言。首先，高拱指出俺答封贡与宋朝讲和，完全不同。"今所为纷纷者，动以宋氏讲和为辞。不知宋弱敌强，宋求于敌，故为讲和。今敌纳贡称臣，南向稽颡，而吾直受之，是臣伏之也，何谓'和'？"② 其次，指出封贡与嘉靖时期俺答提出的马市方案，完全不同。"又动以先帝禁马市为辞。不知先帝所禁者，官与之市而仇鸾为奸者也。然辽东不互市乎？今正如辽东例，与民互市耳，何谓马市之禁？"③ 最后，指出封贡至少可以缓解长期以来蒙古带来的沉重压力，有利于整饬边备。

> 又动以敌必渝盟为辞。敌往累岁内犯，直至内郊，残毒为甚，岂皆封贡致之哉？纵使渝盟，不过如往岁之入犯而已矣，而又能加乎？然少亦当有三五年安，则是数年之后，才如往年耳。而今且得宁息，乘暇修吾战守之备。备既修则伸缩在我，任其叛服，吾皆有以制之，即叛固无妨也。④

在高拱施加压力之后，兵部接受了封贡方案。"于是兵部见势不容已，乃如总督议复上。"⑤ "请如崇古议，封俺答王号，余酋授

---

① 《新刻张太岳先生诗文集》卷二二《与王鉴川议坚封贡之事》，《四库全书存目丛书》集113册，第593页。关于张居正与"俺答封贡"的关系，可参见任冠文《俺答、张居正与蒙汉关系》，《晋阳学刊》1993年第6期；其其格《张居正与"俺答封贡"》，《内蒙古师大学报》（哲学社会科学版）1996年第2期；唐玉萍《张居正、高拱在"隆庆和议"中的作用对比》，《赤峰学院学报》（汉文哲学社会科学版）2010年第5期。
② 《高拱全集·边略》卷四《款敌纪事》，第589页。
③ 《高拱全集·边略》卷四《款敌纪事》，第589页。
④ 《高拱全集·边略》卷四《款敌纪事》，第589页。
⑤ 《高拱全集·边略》卷四《款敌纪事》，第590页。

都督、指挥、千户职衔。"① 每年二月，俺答部众赴边朝贡。"今岁贡期已过二月，听于三四月后一行，以慰诸夷之望。互市之时，先定入市马匹之数，以杜争端。其贡使不得至京。铁锅等物不得阑出，及他事仍执初议。"②

这一方案获得了穆宗的认可。当月，穆宗册封俺答为顺义王。在敕书中，穆宗表达了"华夷一家"的族群观念。"朕惟天地以好生为德，自古圣帝明王，代天理物，莫不上体天心，下从民欲，包含遍覆，视华夷为一家，恒欲其并生并育于宇内也。"③ 而俺答也通过继续向明朝移交"板升"，表达了自己的诚意。"于是，俺答又擒叛逆赵全余党赵宗山等四人、张哲等十八人来献。"④ "俺答封贡"后，明朝与俺答各部开展互市，宣府、大同、偏头关、阳和皆为通贡之道。⑤

而对于自己在"俺答封贡"中的作用，高拱自诩力挽狂澜，中流砥柱。"追忆始事时，举朝为敌，议论百出，震撼击撞，旁观者危之。而予也止知有国，不知有身；止知事机可惜，不知利害可虑。徒以孑然之躯，独立危言，力排众议，成败祸福，诚莫睹其所归也。"⑥ 不过也感激穆宗的信任不疑。"赖先皇明圣，垂鉴不疑，断出宸衷，迄遂成事。"⑦

看到俺答获得经济利益后，河套蒙古首领吉能也向明朝请求

---

① 《明穆宗实录》卷五五，隆庆五年三月庚午，第 1361 页。
② 《明穆宗实录》卷五五，隆庆五年三月庚午，第 1361 页。
③ 《明穆宗实录》卷五五，隆庆五年三月己丑，第 1372 页。
④ 《高拱全集·边略》卷四《款敌纪事》，第 594 页。
⑤ 《大隐楼集》补遗《备察边情敷陈臆见疏》，第 305 页。
⑥ 《高拱全集·边略》卷四《款敌纪事》，第 599 页。
⑦ 《高拱全集·边略》卷四《款敌纪事》，第 599 页。关于高拱与"俺答封贡"的关系，可参见李勤奎《促成"俺答封贡"的首功当属高拱》，《天中学刊》1992 年第 2 期；颜广文《高拱与"俺答封贡"》，《广东教育学院学报》2004 年第 1 期；赵世明《高拱军备边防建设及其历史地位》，《哈尔滨学院学报》2007 年第 12 期。

封贡与互市。负责此事的陕西三边总督戴才立场较为模糊。"时套敌吉能，亦款塞乞封贡。三边总督上其事，谓宜封贡而不宜互市，意有异同。"① 高拱于是致信给他，力主开通互市。"贡市一节，尊意谓止行于宣大，而不行于三边。仆则以为三边、宣大似难异同。不然则宣大之市方开，而三边之抢如故。"② 戴才接受了这一建议。"继而三边总督议互市疏至，如宣大例。"③ 戴才主张在榆林、宁夏开展互市。"改延绥市场于红山边墙暗门之外，修复宁夏清水营旧厂。开市之日，列卒守之，以防不虞。"获得了朝廷的批准。

> 总督陕西右都御史戴才奏："套虏吉能款塞，乞进马二百匹，比宣大例于延宁二镇互市。"兵部言："往者，议北虏入贡，各部落总贡马五百匹。今吉能所请与前议异。但效顺之始，不宜遽绝，请破例许之。戒以来年同俺答入贡，一如初约。"报可。才因上互市事宜……"一，发延宁二镇桩朋、地亩等银，大小二池盐课一万两及陕西镇桩朋马价银五千两收买货物，待虏入市。一，发太仆寺马价银二万两输之延宁买马。"上皆从之。④

吉能被授予都督同知一职。"而其余指挥佥事者八，千户者十三，百户者六。"⑤

"隆庆和议"后，明朝、蒙古之间长期对峙、争战的态势，大为缓解，只有辽东的察哈尔部仍未与明朝达成和议。北部边疆大部分地区由此进入相对和平的状态，只是偶然有小规模战争爆发。

---

① 《高拱全集·边略》卷四《款敌纪事》，第593页。
② 《高拱全集·边略》卷四《款敌纪事》，第594页。
③ 《高拱全集·边略》卷四《款敌纪事》，第594页。
④ 《明穆宗实录》卷六〇，隆庆五年八月癸卯，第1463页。
⑤ 《高拱全集·边略》卷四《款敌纪事》，第594页。

万历五年（1577）、六年，徐渭北上至宣府镇，他描绘了明朝、蒙古的新型关系。明朝、蒙古相互之间的戒备大为缓和，开始比邻而居。"立马单盘俯大荒，提鞭一一问戎羌。健儿只晓黄台吉，大雪山中指帐房。"① 由于战争而分隔长城内外的亲人，也得以相见、团聚。"沙门有姊陷胡娃，马市新开喜到家。哭向南坡毡帐里，领将儿女拜袈裟。"② 塞外一片温馨宁谧的景象。"墙头赤枣杵儿斑，打枣竿长二十拳。塞北红裙争打枣，江南白苎怯穿莲。"③ 蒙古女子也越来越受汉地风俗的影响。"姑姑花帽细银披，两靥腮梨洒练椎。个个菱花不离手，时时站马上胭脂。"④ 徐渭本人也被蒙古人邀请到家中饮酒做客。"胡儿住牧龙门湾，胡妇烹羊劝客餐。一醉胡家何不可？只愁日落过河难。"⑤

相对和平的局面，为明朝节省了大量军事开支。"方其未降之时，岁肆侵犯，九边之人死于锋镝者岁不下数十百千，士马之物故、粮饷之靡费不与焉。即较之市贡之赏赐，千万之一耳，司农之出纳可稽也。"⑥ "即今封贡互市，皆已竣事。三陲晏然，曾无一矢之警，境土免于蹂践，生民免于虏刘。客兵不调，帑藏不发，即边费之省不下百余万，即胡利之入不下数十万。纵使敌首明岁辄渝盟，而我中国今岁之利亦已多矣。有尊而无辱，有益而无损，既昭然矣。"⑦ 巡按直隶御史孙愈贤统计了宣府、大同所节省军费的具体数额。"北虏款市已十六年，取既款后十五年与未款前十五年较之，通计二镇所省几一千一百二十八万有零。"⑧ 指出当地社

---

① 《徐文长三集》卷一一《七言绝句·边词廿六首》，载《徐渭集》，第361页。
② 《徐文长三集》卷一一《七言绝句·边词廿六首》，载《徐渭集》，第363页。
③ 《徐文长三集》卷一一《七言绝句·边词廿六首》，载《徐渭集》，第361页。
④ 《徐文长三集》卷一一《七言绝句·边词廿六首》，载《徐渭集》，第364页。
⑤ 《徐文长三集》卷一一《七言绝句·上谷边词》，载《徐渭集》，第419页。
⑥ 《大隐楼集》卷一二《与内阁兵部论虏情书》，第206页。
⑦ 《高拱全集·边略》卷四《款敌纪事》，第595页。
⑧ 《明神宗实录》卷一八五，万历十五年四月辛未，第3460页。

会获得了全面恢复与发展。"又城堡赖以修，边地赖以垦，盐法疏通，蓄积称富，而生齿亦号蕃庶，款市之利不既彰彰哉。"[1] 而借助互市，两镇马匹数量大幅增长。"今宣府马数较大同已出三万外，视初市时不啻倍蓰矣。"[2] 在安定的环境下，北部边疆农业开垦获得了保障，促使物价开始下降，也间接弥补了明朝在朝贡贸易中的支出。"且云、谷之间，穑人成功市籴，往年一钱四五升，今且十余矣。"[3]

时人甚至认为，"隆庆和议"推动明朝进入全盛时期。"国家数全盛，屈指必隆万。汪住既藳街，王杲亦俘献。辽疆比内地，轩盖历程顿。"[4] "隆庆和议"相应获得了时人的普遍赞誉。徐渭便赋诗曰："千金赤兔匿宛城，一只黄羊奉老营。自古学棋嫌尽杀，大家和局免输赢。"[5]

第五节　明中后期边疆困局的延续

隆庆时期边疆政策的转变，在相当程度上缓解了明朝在东南与北疆的军事压力。但明朝边疆的整体困局，并未得到根本解决。

在北部边疆，包括推动"隆庆和议"的阁臣高拱与大同巡抚方逢时在内的明朝官员，仍将和议视作权宜之计，并未因此而将推动与蒙古高原的政治联络作为未来的长远规划。高拱首先从"华夷之辨种族论"的角度，指出明朝与蒙古存在本质差别。"夫夷狄之性，譬之禽兽，适其欲则摇尾乞怜，违其愿则狂顾反噬。

---

① 《明神宗实录》卷一八五，万历十五年四月辛未，第 3460 页。
② 《明神宗实录》卷一八五，万历十五年四月辛未，第 3460 页。
③ 《大隐楼集》卷一二《与内阁兵部论虏情书》，第 206 页。
④ （明）沈德符：《清权堂集》卷八《入春未得灭虏确耗用少陵万方频送喜无乃圣躬劳为韵拨闷》，载《沈德符集》，李祥耀点校，浙江古籍出版社，2015，第 128 页。
⑤ 《徐文长三集》卷一一《七言绝句·胡市》，载《徐渭集》，第 361 页。

为中国计，惟当顺所利，而因以制之，固非可以礼乐驯服，法度绳约也。"① 高拱指出之所以与蒙古达成和议，一方面借鉴了嘉靖时期军事征战导致"帑储竭于供亿，士马罢于调遣"的"往岁失计"，认为当前"因而受之"，② 可免蹈覆辙；另一方面区别了"隆庆和议"与嘉靖互市，借助将互市纳入朝贡体系之中，维护了明朝的政治权威。③ 方逢时也认为开展互市是不得已之举。"贡市原系不得已之举，卫边境而救民命，贤于十万师远矣。"④ 即使如此，明朝仍然坚守了自身立场，"虏服"后才让其"贡"，⑤ 这比前代所采取的征伐、和亲、岁币政策，都更政治正确，是外交的重大胜利。"御戎无上策，狂征祸也，和亲辱也，赂遗耻也。今曰贡，则非和亲矣；曰市，则非赂遗矣。"⑥

明朝并未有借助"隆庆和议"，进一步开拓、整合北部边疆的打算，只是满足于停战的现状，因此对于进一步整合蒙古高原，实现明蒙一体化，缺乏兴趣。方逢时便秉持这一立场，反对将明制推广于蒙古高原的做法。"启近得报，见兵部议，欲将北虏节年所授官职分为四卫，各设司所，如中国之制，分别造册，以为他年承袭之地也。"⑦ 对此方逢时的意见是"愚窃以为过矣"，依据

---

① 《高拱全集·纶扉稿·虏众内附边患稍宁乞及时大修边政以永图治安疏》，第166页。
② 《高拱全集·纶扉稿·虏众内附边患稍宁乞及时大修边政以永图治安疏》，第166页。
③ "彼输诚叩首，称臣请贡，较之往岁呼关要索者，万倍不同。彼既屈服于我，我若拒而不受，则不惟阻其向顺之意，又且见短示弱，将谓我畏之而不敢臣，非所以广明主威德于海内也。故直受而封锡之，则可以示舆图之无外，可以见桀犷之咸宾，可以全天朝之尊，可以伸中华之气，即使九夷八蛮闻之，亦可以坚其畏威归化之心。"《高拱全集·纶扉稿·虏众内附边患稍宁乞及时大修边政以永图治安疏》，第166页。
④ 《大隐楼集》卷一二《与宣府巡抚吴环洲论处市马书》，第221页。
⑤ 方逢时以设问方式，一问一答，解释了自己对于"隆庆和议"的态度。《大隐楼集》卷一五《杂著一·辕门记谈》，第248—249页。
⑥ 《大隐楼集》补遗《陈虏情以永大计疏》，第297页。
⑦ 《大隐楼集》卷一二《上内阁张太岳论虏人设卫所书》，第223页。

是"夫虏贪饮食，冒货利，不可以话言晓，不可以礼义训，不可以法度绳，历代以来，鲜有能戢其心、制其暴者"，① 即仍将北方族群视为不可"理喻"的"野蛮人"。可见方逢时也持"华夷之辨种族论"。

其实蒙古接受"隆庆和议"，并不只是俺答为保全爱孙之命或自身年老力衰，失去战争野心的结果，而是由于当时蒙古草原遭受了严重旱灾，不得已而为之。"此时北庭荒旱草少，俺酋不复过青山，悉众屯牧威宁海之东，去大边可二百余里。其党永邵卜、朵落土蛮更苦饥困，易子而食，俺酋调之不至。昨降人云，止调到把都儿者，乃独石之外贼也。"② 王崇古也指出俺答每次南下，都竭力抢夺各种基本的生存物资。"今虏中布帛、锅釜皆仰中国，每入寇，则寸铁、尺布皆其所取。"③

如果明朝此时以经济、政治等方式进一步援助、分化与笼络蒙古部落，那么便可以实现对蒙古高原的大体控制与初步改革，蒙古高原政治面貌借助盟旗制度而大为改变的历史，也将会提前出现另一个版本，明末蒙古归附、协助清朝入关的历史可能就要改写，明、清两朝命运可能会因此而有所不同。但事实是晚明士人在对待边疆族群的态度上，普遍持严格而消极的"华夷之辨种族论"立场。如罗汝芳称："盖夷，兽类也，不可以中国之治治之也。"④ 万历时期，明人仍称："天下之大防莫严于华夷之辨。"⑤可见，在明中后期北部边疆越来越沉重的军事压力下，明人一直秉持"华夷之辨种族论"立场，其虽有鼓舞对蒙古、女真作战之效，却导致明朝缺乏灵活变通的立场，是造成明中后期军事困境

① 《大隐楼集》卷一二《上内阁张太岳论虏人设卫所书》，第223页。
② 《大隐楼集》卷一一《与工部谢侍郎论边事书》，第188页。
③ 《明穆宗实录》卷五一，隆庆四年十一月丁丑，第1277页。
④ 《罗汝芳集》卷二《丙子云南武举程策》，第709页。
⑤ （万历）《延绥镇志·续修延绥镇志序》（涂宗濬），第1页。

的重要因素。①

　　蒙古部众在互市的过程中，不时有不受约束，抢掠滋事的行
为。"西北一带住牧夷人互市在庆云堡内，一遇传箭，突赴市场，
弯弓垂橐，务满所欲，所欲既得，捧乳进酪，强饮各官，以示婴
侮。稍不如意，或鼓噪而起，或跃马而射，或顺抢而出。大小将
官，痛苦被围。"②

　　在"隆庆和议"的时代背景下，蒙古不仅巩固了对河套的占
领地位，逐渐团聚，出现统领各部的"套长"；③ 而且长期控制
了松山走廊。关于明朝何时失去对松山走廊的控制，《临洮志》
与李汶有不同的看法。前者认为成化年间，蒙古盘踞河套之后，
就已经控制了松山走廊。"自成祖逐胡虏于三受降城外，河套尚
无虏，松山皆为内地。至成化初，东胜地一失，宇罗据套，松山
尽为虏有。"④ 而后者认为在这一时期，明朝还没有完全失去松

---

① 沙勇指出"俺答封贡"后，明蒙关系并未从根本上得到改善，明朝始终不能开
　　放与蒙古人的经济贸易往来。沙勇：《传统边疆治理理论相关问题的思考——
　　基于明朝治理北部边疆及其与蒙古关系的反思》，《求索》2014 年第 8 期。
② 《明神宗实录》卷四六，万历四年正月丁未，第 1032 页。
③ "兵部言：'延镇款虏，先该督抚题议一年恭顺，方准一年市赏；或春顺秋逆，
　　即春抚秋剿；今年顺明年逆，即今年抚明年剿，毋得轻听罚服，苟且了事。今
　　据炒忽儿等七酋，挟赏不遂，拥众讧边，要挟之状罪莫大。马市赏停革，夫复
　　何辞？但该镇督抚念其恭顺在先，犯顺在后，且人叩关盟誓，输诚献罚，比之
　　怙终者，似属有间。所该三十年分赏，应准照例给与。其罚治夷畜，并先送马
　　匹，俱变价贮库，听候抚赏支用。至于各房互市马匹，已有定额，不得各自参
　　差，以起争端。仍行该镇督抚衙门，严谕套长卜失兔，加意钤束诸部，无生他
　　心，连年驯服，三十二年市赏，亦准一体给领，若再作歹，即行捣剿。'报
　　可。"《明神宗实录》卷四一一，万历三十三年七月乙酉，第 7692—7693 页。
　　"巡抚延绥金忠士奏称：'套虏续盟以来，各酋垂涎，宣大封王并讨，八年市
　　赏，设为十事要挟，屡经拒绝，但许带赏一，以系其心。今明旨必以一年挨赏
　　为定例，虏不敢承西路，卜言、太火落、赤黄妇等部，见今争先进贡马匹，急欲
　　领赏，犹或易与。套长吉能传令中、东各部，移帐生心，不就皋牢。……'"
　　《明神宗实录》卷五五九，万历四十五年七月丁丑，第 10547 页。"丁巳，延绥
　　巡抚董国光奏：'套长吉能等自二十九年续款来，未尝一犯。'"《明神宗实
　　录》卷五七七，万历四十六年十二月丁巳，第 10915 页。
④ 《天下郡国利病书·陕西备录下·临洮志》，第 2113 页。

山。"照得自国初驱胡虏于三受降城，外则河套贺兰尚且无虏，松山故自宁区。即成化初虏据套，虽或不无西讧，然王住有时，松山亦非瓯脱。"①"隆庆和议"之后，蒙古以朝贡为借口，长期占据松山走廊，明朝才完全失去了对这一地区的控制。"惟是隆、万间款市一起，招致宾酋等盘窟其中，庄浪从此遂成一线，而兰、靖、庄、凉则无处无时不荼毒。"② 万历后期成书的《庄浪总镇地里图说》，也持这一观点。"嘉、隆之季，有套酋宾兔者，借款市之隙，率部落来，便安水草，因驻牧不去，邀宾穿塞，掠番劫汉，日与我争利肆螫，而河西脊脊多事。"③ 无论如何，明中后期蒙古已实现了对松山的实际控制，这一地区的经济方式，也呈现出很强的游牧特征。晚明《六研斋笔记》就描绘了这种经济景观。④

总之，明中后期，蒙古沿松山走廊南下，突破了明朝的西北防线，对西北边疆构成了严重威胁。"甘、宁间有松山，宾兔、阿赤兔、宰僧、著力兔等居之，屡为两镇患。"⑤"洪武以来，虏出入河套，往来甘凉，皆自贺兰山后取道。自总兵杭雄败后，遂以山前为通衢。"⑥"北虏犯镇番、凉州、庄浪、中卫、靖虏、兰州等卫地方，必由此而后视各镇虚实，以为抄掠之趋避也。"⑦ 不仅俨然有切断河西走廊与明朝联络之势，"唯松山在甘肃镇，自为虏寇宾兔所据之后，内地仅有一线之通。先朝西方名将如马芳，滨死犹

---

① 《天下郡国利病书·陕西备录下·万历二十七年李汶疏》，第 2129 页。
② 《天下郡国利病书·陕西备录下·万历二十七年李汶疏》，第 2129 页。
③ （明）佚名：《庄浪总镇地里图说·松山新边图说》，载《舆图指要：中国科学院图书馆藏中国古地图叙录》，第 131 页。
④ "赵文敏公为仲信写二羊，展卷间，如行河湟道中，与游裘索带之牧羝奴，逐水草而栖止。"（明）李日华：《六研斋笔记》卷二，郁震宏、李保阳点校，凤凰出版社，2010，第 192 页。
⑤ 《明史》卷二三九《达云传》，第 6224 页。
⑥ 《九边图论·宁夏》。
⑦ 《肇域志·陕西行都指挥使司·兰州》，第 2639 页。

以不及恢复松山为恨";① 而且南下陇中高原、西海地区,② 打通了这两个地区与蒙古高原之间的联系,形成北方族群的内外呼应之势。清修《明史》指出,明朝设立甘肃镇,目的便在于隔绝蒙古与西番。"原夫太祖甫定关中,即法汉武创河西四郡隔绝羌、胡之意,建重镇于甘肃,以北拒蒙古,南捍诸番,俾不得相合。"③ 而这一战略目的,伴随松山走廊的失去,已经失去其本意。可见,明中后期蒙古占据松山走廊,极大地改变了西北边疆的战略态势。

为解决这一边疆危机,万历时期,明朝派遣大军,一举收复松山,并构建长城防御体系,实现了有效控制。但仍然损失了一部分疆土。"若按初年旧址,自镇蕃直接宁夏中卫通树长边,则外钥尤壮矣,盖弃地犹六七百里云。"④

值得注意的是,"隆庆和议"只是明朝与蒙古土默特部达成的和平关系,而辽东地区的察哈尔部,却仍然被排斥于和议之外,与明朝仍处于战争状态。徐渭北上之时,便描写了明军俘获察哈尔部骆驼的情景。"橐驼本是胡家物,拽入人看似拽牛。见说辽东去年捷,夺得千头与百头。"⑤

在西域地区,明朝则不仅在军事上持消极立场,而且在外交上也显得僵化,缺乏积极经营的愿望,长期与之保持松散的宗藩关系。弘治八年（1495）,鉴于哈密为土鲁番所据,明朝"乃闭嘉

① 《万历野获编》卷一七《兵部·克复松山》,第448页。
② "弘治末,虏之强臣亦不剌酗酒,斩小王子使者,率其部落度庄浪古浪峡,南走雪山,往往侵暴西番族帐。……自嘉靖以来,吉囊承火筛余烈,据河套,有众四五万数,自贺兰山后度古浪峡,穿黑松山,入西海伐之（亦不剌）。亦不剌死,长子幹耳朵笃思、其二弟析而为三。嘉靖二十四年,吉囊侵西海,虏幹耳笃思全部以归,居之贺兰山后,以为右部。自此,宁夏赤木、黄峡之口无宁日矣。其二弟愈南徙,直松潘永宁山外,绝不与虏通。"《赵时春文集校笺》卷七《北虏纪略》,第320页。
③ 《明史》卷三三〇《西域传二·西番诸卫》,第8549页。
④ 《读史方舆纪要》卷六三《陕西十二·甘肃镇·庄浪卫》,第2999页。
⑤ 《徐文长三集》卷一一《七言绝句·上谷歌九首》,载《徐渭集》,第360页。

峪关，绝西域贡"，引发了西域各国的反心。

> 时西域诸胡皆言："成化间，我入贡，皇帝先遣中贵人迓
> 我河南，至京宴赐甚夥。今不抚我，我泛海万里贡狮子，谓
> 我开海道，却不受。即从河西贡者，赏宴亦薄。天朝弃绝我，
> 相率从阿黑麻，且拒命，中国能奈我何。"①

经过多次反复，明朝最终在嘉靖时期关闭嘉峪关，从而将本与明
朝保持朝贡关系的西域诸国推向了敌人。

在南方边疆，明代"改土归流"力度有所不足，对于广大南
方边疆的统治，仍大体限于实行间接的羁縻统治。"然其道在于羁
縻。彼大姓相擅，世积威约，而必假我爵禄，宠之名号，乃易为
统摄，故奔走惟命。"② 甚至出现改流复土的现象。③ 而在云南，即
使实现了改土归流的地区，佐贰官仍然由土司担任。"盖滇省所属
多蛮夷杂处，即正印为流官，亦必以土司佐之。"④ 由于羁縻统治
较为松散，土司叛服不常。嘉靖后期，李开先称："今虽郡县其地
（云南），然犹以夷处夷，流官土官仍其旧。"⑤《明史》记载四川
土司经常脱离明朝管束，发动叛乱。

---

① 《明史纪事本末》卷四〇《兴复哈密》，第 589 页。
② 《明史》卷三一〇《土司传》，第 7981 页。关于明代南方边疆的研究，可参见
　龚荫《明清云南土司通纂》，云南民族出版社，1985；陈庆江《明代云南政区
　治所研究》，民族出版社，2002；段红云《明代云南民族发展论纲》，人民出
　版社，2011。
③ 覃成号：《广西"改流复土"浅语》，《广西民族研究》1993 年第 1 期；蓝武：
　《认同差异与"复流为土"——明代广西改土归流反复性原因分析》，《广西民
　族研究》2010 年第 3 期；黄汝迪：《广西忻城"裁流复土"考略》，《柳州师专
　学报》2011 年第 1 期；邹映：《明代云贵地区改流复土现象研究》，硕士学位
　论文，广西师范大学，2012。
④ 《明史》卷三一三《云南土司传》，第 8063 页。
⑤ （明）李开先：《李中麓闲居集》卷五《送平冈陈大参升任云南宪长序》，载
　《李开先全集》（修订本），第 526 页。

故乌蒙、乌撒、东川、芒部旧属云南者，皆隶于四川，不过岁输贡赋，示以羁縻。然夷性犷悍，嗜利好杀，争相竞尚，焚烧劫掠，习以为恒。去省窎远，莫能控制，附近边民，咸被其毒。皆由规模草创，未尝设立文武为之钤辖，听其自相雄长。虽受天朝爵号，实自王其地。以故终明之世，常烦挞伐。①

叛乱经常发生在军事征发之时。"然调遣日繁，急而生变，恃功怙过，侵扰益深，故历朝征发，利害各半。其要在于抚绥得人，恩威兼济，则得其死力而不足为患。"② 而改土归流之后，既有有效加强了统治的地区，也有反而激化了矛盾的地区。嘉靖初年，王阳明便在奏疏中指出云贵两省较为普遍地存在这一状况。"臣又闻诸两省士民之言，皆谓流官之设亦徒有虚名，而反受灾祸。"③以思恩州为例，改土归流之后，明朝不得不征调民兵，防止当地族群发动叛乱。"思恩未设流官，土酋岁出兵三千，听官征调；既设流官，我反岁遣兵数千防戍。是流官之设，无益可知。"④ 给明朝造成了不小负担。"是思恩自设流官以来，十八九年之间反者五六起，前后征剿，曾无休息。不知调集军兵若干，费用粮饷若干，杀伤良民若干。朝廷曾不能得其分寸之益，而反为之忧劳征发，浚良民之膏血。"⑤ 秦树才、肖婷指出，明朝在云南的统治呈现了从"使其不叛"到"治以不治"的消极倒退，疆土逐渐大量沦丧。⑥

---

① 《明史》卷三一一《土司传》，第 8001 页。
② 《明史》卷三一〇《土司传》，第 7981 页。
③ 《明史》卷一九五《王守仁传》，第 5166 页。
④ 《明史》卷一九五《王守仁传》，第 5166 页。
⑤ （明）王守仁：《王文成公全书》卷一四《赴任谢恩遂陈肤见疏》，王晓昕、赵平略点校，中华书局，2015，第 566 页。
⑥ 《从"使其不叛"到"治以不治"：明朝治滇观探析》，载《明代云南治理与开发国际学术研讨会论文集》。

　　明朝之所以在南方边疆大体维持间接统治，一方面与"华夷之辨"观念有关，倾向于对边疆族群保持松散的统治形式。比如万历时期，明朝在平定云南土司的叛乱后，对于采取何种统治方式，有过争论。云南巡抚邹应龙主张改土归流。"庚寅，先是，云南临安地方土官普崇正勾引侬贼，侵占地方，拒败官兵。抚臣邹应龙议调兵剿殄，削平之后，改土为流。"①再如同样在万历时期，鉴于四川土司之间不断攻战，有建议推行改土归流者，但兵部仍然坚持不能无故而改流。"旧制，永宁卫隶黔，土司隶蜀。自水、蔺交攻，军民激变，奢崇明虽立，而行勘未报。摩尼、普市千户张大策等，复请将永宁宣抚改土为流。兵部言，无故改流，置崇明何地……"②但兵部却持反对意见，认为明朝开国以来，便对边疆族群秉持松散的统治立场。"然祖宗时，平定寰区，力屈群雄，岂不尽天下能土宇而郡县之？而不尽然者，良有深意。譬之蜂蚁，令之以类相从，亦王者不深治之意。改流之说，宜令新抚臣王凝议妥以闻。"神宗对兵部的意见，表示赞同。③

　　另一方面也缘于在蒙古长期压力之下，明朝从中国古代中原王朝"重北轻南"的传统出发，逐渐放缓对于南方边疆的经营。"古之治夷狄者，称西南夷为最难。故当时有议罢西南夷，专事朔方；罢珠崖，以为劳师远攻者。国初法重北防，远南服，漫焉疏阔，弗经意，渐成羁縻。"④正统时期，翰林侍讲刘球便表达过这一观念。⑤刘祥学指出，明中期以后，重点防御蒙古等北方少数民

---

① 《明神宗实录》卷三九，万历三年六月庚寅，第 912 页。
② 《明史》卷三一二《四川土司二·永宁》，第 8054 页。
③ 《明神宗实录》卷三九，万历三年六月庚寅，第 912 页。
④ （明）赵志皋：《赵文懿公文集》卷一《十寨平蛮叙》，载《赵志皋集》，第 17 页。
⑤ 《从"使其不叛"到"治以不治"：明朝治滇观探析》，载《明代云南治理与开发国际学术研讨会论文集》。

族的总方针，对南方民族政策产生了一定影响，每当北边威胁较重时，明朝对南方往往采取抚谕政策。[1]

小　结

隆庆时期，穆宗君臣鉴于嘉靖时期明朝封闭立场所导致的沉重压力，开始采取务实的现实主义立场，通过从根本上调整边疆政策，在东南沿海与北部边疆，分别推行"隆庆开关"与"俺答封贡"，有效缓解了"南倭北虏"问题，反映出晚明王朝国家在时代困局之下，具有顺应时代潮流，推动整体改革的内在活力。但明朝在族群观念的影响之下，并未大力推动北部边疆、南方边疆的深入整合。明中后期的边疆困局，仍然在延续，是此后边疆族群的反抗与动乱的隐患。

---

[1] 《明朝民族政策演变史》，第 50—53、438—440 页。

第十一章
晚明王朝国家的地缘危机
与最终灭亡

晚明时期，在全球化的浪潮催动下，明朝的边疆困局进一步凸显，最终引发了明朝全方面的地缘危机。虽然明朝努力通过军事战争，解决时代危局，维护"中华亚洲秩序"，并取得了相当成效，但最终仍然灭亡于明朝的军事重心——长城边疆的内外叛乱。广阔疆域、多种族群最终成为明代王朝国家灭亡的重要因素。

第一节 全球化潮流中"中华亚洲
秩序"的动摇

在万历后期一片废怠中，明朝的统治逐渐削弱，不仅一向潜藏危机的边疆地区，开始出现动荡，而且近代世界的暴风雨，开始催动亚洲秩序产生历史剧变。一场历史的大变局，悄然而来。

万历时期，神宗发动了五次大规模战役，分别是万历十一年（1583）至三十四年的明缅战争、万历二十年的宁夏之役、万历二十年至二十六年的朝鲜之役、万历二十七年至二十八年的播州之役、万历四十七年的萨尔浒之战。中间三场战役，明军都取得了最终的胜利，因此被明人合称为"万历三大征"。而首末两场战役，却以明军的失利而告终，明人并未将之列入征略之中。

宁夏之役、播州之役、萨尔浒之战，分别是发生在明朝西北、西南、东北的三次边疆战争，是中国古代边疆族群趁中原王朝势力衰落之时发动叛乱的历史重演。而明缅战争、朝鲜之役，则与西欧催动的"大航海时代"密切相关。

明后期，西欧借助"大航海时代"以来所获取的巨额财富，极大地提升了自身的军事力量，不同国家之间的竞争与较量逐渐激烈。在这一时代背景下，火枪与火炮技术迅速发展，不仅成为西欧内部争雄的重要支撑，而且开始被西欧商人贩卖到世界其他地区，其中便包括中国及周边各国，比如缅甸、越南与日本。后三个国家借助引入的新式火器，不仅都完成了国家统一，而且积极扩张。缅甸建立了强大的东吁王朝；安南向南吞并了占城，并积极向北扩张，与缅甸一起开始蚕食中国的西南边疆。面对这一局势，明朝在西南边疆采取多种措施，包括武力平叛，虽然最终大体保住了西南边疆，但仍有部分地区流入缅甸与越南。

在日本，织田信长借助火枪击败了北方的骑兵。追随织田信长的脚步，丰臣秀吉最终统一了日本列岛。统一日本之后，丰臣秀吉开始实行扩张政策，制定了以朝鲜为跳板，占领整个中国，从而颠覆以中国为中心的"中华亚洲秩序"的战争计划。万历二十年，丰臣秀吉发动对朝鲜半岛的战争，史称"壬辰倭乱"。由于朝鲜国内长期维持着和平局面，兵不习战，在日本进攻之下迅速瓦解，朝鲜宣祖李昖不得不向明朝求救。虽然明朝大多数官员反对援助朝鲜，但神宗出于维护明朝的宗主国权威的考虑，决定出兵朝鲜。从 1592 年到 1598 年的七年时间里，明朝先后征调长城沿线、东南沿海、西南边疆数十万精锐士兵，耗费近千万两白银，与朝鲜一起驱逐了日本军队。明朝虽然取得了战争的胜利，但国内的财政危机却因此进一步加剧，辽东精锐军队远征朝鲜半岛并大量阵亡，削弱了明朝对辽东地区的控制，为建州女真的崛起提供了历史空间，从而诱发了萨尔浒之战。

可见，万历后期，明朝不仅开始面对边疆族群的再次叛乱，而且开始面对前所未见的藩属国的外来压力。中国在亚洲，尤其是东亚、东南亚地区一家独大的局面，开始面临着严重的历史冲击。中国长期主宰的"中华亚洲秩序"，开始被全球化潮流下的新型国际秩序所取代，以往相对和平的局面，逐渐被频繁而大规模的战争所取代。悄然之间，一场历史的大变局缓慢开启，一直影响至今。面对这一历史转折，明朝虽然尚能勉力应对，但已不复往日的强势与豪迈。而连番大规模战争所导致的财政危机，从根本上瓦解了明朝的统治根基。有鉴于此，《明史》在分析明朝灭亡时，有一句意味深长的评语："明之亡，实亡于神宗。"①

第二节　长城的被动特征与"反噬效应"

在中国古代，长城虽然较为有效地克制了北方族群的骑兵战术，长期保障了中原王朝的"基本盘"，但长城终究是一项防御方案，无法主动、彻底解决北方族群的威胁，从而使中原王朝与北方族群的战争，呈现长期对峙的状态。不仅如此，防御日久，中原王朝军队战斗力逐渐下降，长城防御的实际效果也就大打折扣，长城防御便逐渐陷于被动态势。比如万历时期，到北京朝贡的朝鲜燕行使，注意到了辽东镇长城士兵的畏懦之状。"而例遇小贼，辄伏城头，不敢发一矢，以致恣意虏掠，坐看系缚鱼肉而已。"②这不仅给中原王朝带来了巨大的军事压力，而且给长城边疆社会造成了巨大的负担，并最终形成"反噬效应"。

① 《明史》卷二一《神宗纪二》，第 295 页。
② 〔朝鲜〕赵宪：《朝天日记》，载弘华文主编《燕行录全编》第 1 辑第 4 册，广西师范大学出版社，2010，第 266 页。

所谓长城的"反噬效应"，指长城边疆所在的地区，不仅是生态环境较为恶劣，生态灾害易发的"生态高危区"；而且是经济方式较为单一，经济条件较为落后的"经济落后区"；还是财政长期处于危机状态的"财政危机区"；同时是战争连绵不断，社会长期"军事化"的"军事风险区"。简单地说便是，长城边疆在灾荒多发、经济落后、财政匮乏的同时，长期支撑着大规模战争与军事化社会，相应是中华帝国地缘政治版图中最为脆弱、风险系数最高的区域社会。在正常条件下，长城边疆社会已经处于风声鹤唳、危机四伏的社会困境，一旦各种社会危机同时爆发，比如发生大规模灾荒、国家粮饷物资未及时供应、发生大规模战争等，长城边疆社会便会迅速崩溃。由于长城边疆社会呈现高度"军事化"局面，一旦社会崩溃，被武装起来的长城边疆军民便会揭竿而起，他们所拥有的组织性、战斗力都会使自己迅速成为政权的巨大威胁。这就是长城的"反噬效应"。

总之，长城作为世界历史上修筑时间最长、规模最大的军事工程，不仅从地理上分隔了南中国与北中国，加剧了南北社会的历史分流与道路分途，深刻改变了中国历史进程；而且在其修筑之后，北方族群在南下存在困难的情况下，选择向西迁移，从而推动了中亚至西欧的亚欧大陆历史的连番变化，影响了整个世界历史的进程。长城是中原王朝为克服北方族群骑兵优势，依托北方地区有利地形，构建起来的立体防御体系，在防御中蕴含着进攻，将步兵劣势转化为优势，既节约了财政开支，又长期保护了中原王朝的"基本盘"，维护了中原王朝的社会稳定。但长城作为防御方案，无法主动、彻底解决北方族群的威胁，守军在长期消极因循中，反而呈现战斗力下降的战略劣势，最终在长城边疆社会的"反噬效应"下，政权瓦解。因此，对于长城的评价，应从中国古代的历史背景出发，多角度地客观分析，而避免落入单纯地肯定或单纯地否定的窠臼。

在这一问题上，元人修《金史》，站在蒙元王朝武力征服的角度，批评金人开筑界壕，在形势上处于被动，导致金朝最终灭亡。在卷九四的赞文中，作者首先讨论了战略形势与战争胜负的关系，指出前者决定后者，后者顺应前者便会取得战争胜利，否则便会走向败亡。"故兵无常胜，制胜在势。势制兵者强，兵制势者亡。"[1] 金朝开筑界壕，在战略上处于被动形势，却又长期发动战争，战争越频繁形势便越不利，金朝相应最终难逃灭亡的命运。"迹（完颜）襄之开筑壕堑以自固，其犹元魏、北齐之长城欤？金之势可知矣。势屈而兵胜，亡国之道也。金以兵始，亦以兵终。呜呼！用兵之始，可不慎欤，可不慎欤！"[2]

与蒙元王朝武力征服的时代潮流相反，明朝长期秉持防御的战略立场，最后一次大规模修筑长城。在这种时代背景下，丘濬对长城便大体持肯定的态度。丘濬首先指出长城经历了从战国至隋代的漫长修筑。

> 长城之筑，起临洮至辽东，延袤万余里，其为计也，亦劳矣。然此岂独始皇筑也？昭王时，已于陇西、北地、上郡筑长城矣。亦非尽秦筑也，赵自代并阴山，下至高阙为塞。燕自造阳至襄平，亦皆筑长城。是则秦之前，固有筑者矣，岂但秦也。秦之后，若魏，若北齐，若隋，亦皆筑焉。[3]

在丘濬看来，长城之所以不断得以修筑，原因在于长城能够弥补地形存在的缺陷，隔开华夷，维护了他理想中的族群地理格局。"盖天

---

[1] 《金史》卷九四，第 2096 页。
[2] 《金史》卷九四，第 2096 页。
[3] 《大学衍义补》卷一五〇《驭夷狄·守边固圉之略上》，载《丘濬集》第 5 册，第 2344 页。

以山川为险隘，限夷狄，有所不足，增而补之，亦不为过。"① 不过修筑长城应从"内政优先边防"或"攘外必先安内"战略文化出发，掌握力度，不应过度劳役民力，否则反而会造成政权不稳，历代修筑长城之所以遭遇非议，原因便在于未能很好地把握这一关节。"然内政不修，而区区于外侮之御，乃至于竭天下之财，以兴无穷已之功，是则不知所务矣。"② 在丘濬看来，历代修筑长城，也都是为保障民众出发。"长城之筑，虽曰劳民，然亦有为民之意存焉。"③ 只不过长城之修筑，应循序渐进，陆续修筑。"设使汉之继秦，因其已成之势，加以修葺；魏之继汉，晋之继魏，世世皆然，则天下后世，亦将有以赖之限隔华夷，使腥膻桀骜之虏，不得以为吾民害矣。"④ 因此，丘濬对部分王朝鉴于秦朝灭亡与长城修筑有关，从而完全废弃长城的做法，表达了批评态度。"奈何后之人，惩秦人起闾左之失，虑蒙恬绝地脉之祸，而废其已成之功，岂不可惜哉！"⑤ 主张在前朝基础上，完全用士兵，而非民众，慢慢修筑长城。

> 后世守边者，于边塞之地，无山川险阻之限，而能因厄狭之阙，顺形势之便，筑为边墙，以扼虏人之驰突，亦不可无也，但不可速成而广扰尔。若就用其守御之人，而限以三

---

① 《大学衍义补》卷一五〇《驭夷狄·守边固圉之略上》，载《丘濬集》第5册，第2344页。
② 《大学衍义补》卷一五〇《驭夷狄·守边固圉之略上》，载《丘濬集》第5册，第2344页。
③ 《大学衍义补》卷一五〇《驭夷狄·守边固圉之略上》，载《丘濬集》第5册，第2344页。
④ 《大学衍义补》卷一五〇《驭夷狄·守边固圉之略上》，载《丘濬集》第5册，第2344页。
⑤ 《大学衍义补》卷一五〇《驭夷狄·守边固圉之略上》，载《丘濬集》第5册，第2344页。

十年之久，徐徐而为之，其成虽迟，犹胜于不为也。[1]

而长城"反噬效应"最典型的例子便是明朝灭亡于长城周边的军民叛乱与异族入侵。

第三节　"看边"建州女真的军事叛乱

金朝灭亡之后，女真后裔仍流徙于白山黑水之间，明朝依照其与自己关系的亲密程度，将之划分为三大部族：建州女真、海西女真、野人女真。虽然三大部族都大体与明朝结成了羁縻或宗藩关系，但其中辽河流域的建州女真距离明朝最近，与明朝关系最为稳定，经济往来最为频繁，是辽东长城边疆以外原属明朝的羁縻卫所，负责为明朝"看边"。这一地缘特征在努尔哈赤发布的讨明檄文——"七大恨"中，有明确表述。

用满文记述的《清太祖朝老满文原档》，记第五恨曰："许多世代看守皇帝边境而居住的柴河、法纳河（范河）、三叉拉等三个地方，珠申耕耘的粮食，不令收获。尼堪出兵驱逐，此五恨。"[2]其中的"许多世代看守皇帝边境而居住"，清楚地揭示了建州女真居于边墙外侧，充当明朝抵御女真叛乱诸部外层势力的地缘角色。而建州女真也确实长期担负了守御边境之责，比如第二恨曰："虽然杀我父祖，我仍愿修好，使立石碑盟誓说：'无论尼堪、珠申，凡有越过皇帝边境者，看见越境者就要杀死。若是看见而不杀，要罪及不杀之人。'尼堪背此誓言，派兵出境助守叶赫，此二

---

① 《大学衍义补》卷一五〇《驭夷狄·守边固圉之略上》，载《丘濬集》第5册，第2344页。
② 广禄、李学智译注《清太祖朝老满文原档》，"中研院"历史语言研究所专刊，1970，第80页。

恨。"① 从这一地缘位置出发，努尔哈赤在第六恨中，将叶赫称作"边外的叶赫"，② 可见实将自身定位为介于明朝、其他女真部落之间的角色。而用汉文书写的《天聪四年木刻揭榜》，更是直接指出建州女真负责为"大明看边"。"金国汗谕官军人等知悉：我祖宗以来，与大明看边，忠顺有年。"③ 在第一恨中，指出建州女真负责为明朝看边，与明朝开展朝贡贸易。"我祖宗与南朝看边进贡，忠顺已久，忽于万历年间，将我二祖无罪加诛。此其一也。"④ 在第六恨中，指出建州女真长期在"近边住种"。"我部看边之人，二百年来，俱在近边住种。后南朝信北关诬言，辄发兵马，逼令我部远退三十里，立碑占地，将房屋烧毁，口禾丢弃，使我部无居无食，人人待毙。所谓恼恨者六也。"⑤

建州女真借助地处东北边疆接合部的地缘优势，不仅能够长期得到明朝送来的生存物资，而且不断招徕汉人翻越长城，进入东北平原，同时不断招降草原上的汉人。凭借多族群的优势，建州女真逐渐形成强大的军事实力。万历前期，虽然女真开始崛起，但这一时期，李成梁镇守辽东，多次取得战争的胜利，明朝东北边境十分安定。"成梁镇辽二十二年，先后奏大捷者十。"⑥ 但朝鲜之役改变了这一局面。为了援朝抗日，明朝征调了当时最为精锐的军队，其中自然包括当时作战最为勇猛、距离朝鲜半岛最近的辽东军队。万历二十年（1592）十月，李成梁的儿子李如松充任提督蓟辽、保定、山东等处防海御倭总兵官，率领辽东最为精锐的骑兵，进入朝鲜。最初取得了平壤大捷，但此后由于轻敌，遭遇了碧蹄馆失利。根据日方的记载，在此次战役中，明军损失了

---

① 《清太祖朝老满文原档》，第79—80页。

② 《清太祖朝老满文原档》，第80页。

③ 中国第一历史档案馆编《清代文书档案图鉴》，岳麓书社，2004，第20页。

④ 《清代文书档案图鉴》，第20页。

⑤ 《清代文书档案图鉴》，第20页。

⑥ 《明史》卷二三八《李成梁传》，第6190页。

一万多人。不管这一数字是否属实，不可否认的是，李氏家族长期培养的最为敢战的家丁卫队，几乎战死殆尽。经此一役，辽东军队战斗力严重削弱，对于东北地区的控制，相应大为减弱，这便给努尔哈赤的崛起，提供了历史空间。万历后期，建州女真首领努尔哈赤以"七大恨"为号召，重新恢复"金"的国号，掀起了反明战争。

万历朝廷为平灭女真叛乱，再次发动战争，但国家财政在之前的边疆战事中被严重消耗，于是只能加赋，因为所加赋税是用于辽东的军费，故名"辽饷"。赋税加派对于已经处于灾荒频发的明朝社会来讲，影响很大；对于灾荒程度尤重的陕北地区来讲，影响更大。在这种时代背景下，榆林南部、延安地区的军民群体，由于是延绥镇的外围构成，不仅待遇最先遭受了削减，而且面临着严重的赋役负担，于是发动了叛乱，从而与后金一内一外，共同侵蚀、瓦解了明朝的统治。

相对而言，明朝将军事重点用于对后金的战争之上，不仅调遣精兵良将，而且徐光启、孙元化等人，积极吸收西欧传来的军事技术与火器，并将之加以改良，运用到战场之上。与这一时期的西欧相比，明朝末年的军事技术与武器装备，丝毫不落下风，不仅鸟铳被普遍使用，而且据黄一农的研究，经孙元化改良之后的火炮，射程远、耐高热，是当时世界上最先进的火炮。[①]

虽然灾荒成为压垮明朝财政体系的最后一根稻草，但面对生态环境的挑战，明朝仍有一定的余地进行应对。崇祯帝采取的对内、对外同时开战政策，严重削弱了明军集中打击的军事能力，往往是此处战争初有起色，军队便被调往另一战场。甚至在明末

---

① 黄一农：《红夷大炮与明清战争——以火炮测准技术之演变为例》，台湾《清华学报》1996 年第 1 期。

农民军已然席卷北方地区时，崇祯帝仍在明朝"以武立国"的军事光环下，在明朝"华夷之辨"的时代氛围中，拒绝像两宋那样，与后金讲和，致使最终完全陷于被动境地，无力回天。

与以往我们所想象的场景不同，明清战争已经主要使用热兵器，包括大炮、碗口铳、鸟铳等在内的火器，已经普遍应用于战场之上。比如天启元年（1621）的辽阳战役中，"（女真）尽锐环攻，发炮，与城中炮声相续，火药发，川兵多死"。[①]

伴随"大航海时代"的开启，葡萄牙人开始将火器贩运至亚洲世界。由于靠近海域，越南、缅甸、日本都率先购买了鸟铳，并加以改良。与之不同，明朝由于长期掌握了交阯火器技术，最初对于西洋火器，并不热衷。但伴随与葡萄牙人接触增多，逐渐购买了更为先进的佛郎机大炮，并加以改良。在朝鲜之役中，明军与日军便主要借助改良后的火器技术作战。日军一方鸟铳更为先进，而明军一方火炮更为先进。

火炮在战争应用中，利弊十分明显。当时的火炮，不仅体量巨大，移动不便，而且装弹费时，不便于密集发射。因此，在辽东战场上，虽然明军拥有火炮优势，但在野战之时，却未能占据武器上的优势。另外，火炮在守城之时，却可以利用威力巨大的特点，向密集的攻城军队，发起攻击，取得最大化的炸伤效果。天启六年，努尔哈赤率军进攻宁远卫，袁崇焕便利用火炮，轰向女真军队。"崇焕令闽卒罗立发西洋巨炮，伤城外军。明日，再攻，复被却，围遂解，而启倧亦以然炮死。"[②] 努尔哈赤也被炸伤，最终伤重而死，袁崇焕由此取得了宁远大捷。

凭借宁远大捷，袁崇焕成为明末最为著名的军事统帅。崇祯帝即位之后，急于收复辽东，于是将袁崇焕召回京师，询问平辽

---

① 《明熹宗实录》卷八，天启元年三月壬戌，中研院历史语言研究所，1962 年校印本，第 390—391 页。

② 《明史》卷二五九《袁崇焕传》，第 6709 页。

之策。了解到崇祯帝的迫切心情后，袁崇焕十分冒失地提出五年收复辽东的战略计划。崇祯帝十分高兴，于是赐予他尚方宝剑，让他全权处理复辽事宜。对于自己的贸然允诺，袁崇焕后来有所懊悔，但也不便更改。于是便回到宁远，开始从整体上布置复辽方案。由于掌握着尚方宝剑，辽东将领都听命于袁崇焕，但只有一个人，却保持了相对自主的态度。他便是毛文龙。

毛文龙曾经参与朝鲜之役，战争结束之后，他盘桓于辽东。伴随辽东被女真军队攻占，他进入了东亚海域，在皮岛（今朝鲜椵岛）之上安营扎寨，不时从海道偷袭女真，发挥了很大的战略牵制作用。有鉴于此，明朝在此专门设立了东江镇，委任毛文龙为总兵官。皮岛经济条件很差，毛文龙军队主要依赖朝廷物资供应，最初尚借助铁山经济支持。不过后来由于铁山经营十分困难，总兵驻所移于须弥岛。毛文龙凭借皮岛在东北亚的枢纽地位，开展走私贸易，购买了大量火器，尤其是火炮。毛文龙专制一方，权力很大，不仅有尚方宝剑，而且可以自主委任将领，从而将东江镇建设为自己的私人地盘，对于辽西明军的指令，经常采取阳奉阴违的推诿态度。

袁崇焕鉴于毛文龙脱离于他的复辽计划，为树立权威，亲自到皮岛之上，借机用尚方宝剑，将他斩杀。虽然袁崇焕表示了对毛文龙余部的宽赦，但以孔有德、耿仲明、尚可喜为首的毛文龙余部，仍然最终叛逃到清军一方。在投诚的同时，三人将东江镇、登莱镇最为先进的火器，尤其是火炮，带给了清人。皇太极对此十分高兴，亲自到帐外迎接，将三人封为恭顺王、怀顺王、智顺王。清军在辽东战场之上，虽然能够取得运动战的胜利，但在攻城之时，由于火炮不足，面临着巨大困难。而毛文龙余部带过去的火炮，成为他们攻占辽西、入主中原的强大武器。

历史不是没有给过崇祯帝机会，明末也并非没有良臣名将，但在晚明党争风气影响之下的崇祯帝，对于文武官员都缺乏信任，甚至开始重用他起初十分防范的宦官，杀掉袁崇焕、逼迫孙传庭出关分别是辽东战争、内地战场失败的胜负手。

而在政权即将灭亡的时刻，崇祯帝仍然犹豫不决，左都御史李邦华、右庶子李明睿劝他南下，或者先遣太子到南京，都被他拒绝，导致在北京被攻破之后，整个明朝顿时呈现一盘散沙的局面。明朝灭亡后，各路藩王先后建立了弘光政权、鲁王政权、隆武政权、绍武政权、永历政权等。但不同政权之间互相敌视，彼此之间不断发生战争；而各政权内部由于也延续了党争习气，政治向心力较差，大多数政权存在时间很短。而反过来，这些政权的军队一旦被清朝收编，则重新焕发出了强大的战斗力，成为清朝统一中国的重要力量。

在这之中，永历政权生存时间最长，存在了将近 20 年。之所以如此，一方面是因为得到了李定国农民军的坚定支持，另一方面是因为明朝对西南边疆的长期经营，为永历政权提供了十分广阔且相对稳定的地理空间。

第四节　明末陕北社会的"军事化"特征与军民叛乱

与明代九边其他军镇相比，延绥镇肩负着正面阻截河套蒙古的重责，战争十分频繁，军队的战斗力是九边诸镇中最强的。"延绥一镇，天下最精兵处，奴酋之所畏也！"① 明代榆林长城防御体系是一种立体、纵深的军事体系，相应承担防御职责的，便不仅是边疆前沿的士兵，还包含腹里的民众。为建立抵御河套蒙古的长期有效机制，明朝将整个榆林社会发动了起来，征召民众进入军队、驿站等体系，并倡导民众修筑民堡，实行自卫，从而导致

---

① 《明熹宗实录》卷一〇，天启元年五月乙卯，第 520 页。

榆林形成高度"军事化"社会。明代九边召募土兵制度，便起源于成化二年（1466）的延绥镇。《菽园杂记》记载：

> 土兵之名，在宋尝有之，本朝未有也。成化二年，延绥守臣言营堡兵少，而延安、庆阳府州县边民多骁勇耐寒，习见胡骑，敢于战斗。若选作土兵，练习调用，必能奋力，各护其家，有不待驱使者。兵部奏请敕御史往，会官点选，如延安之绥德州、葭州、府谷、神木、米脂、吴堡、清涧、安定、安塞、保安，庆阳之宁州、环县，选其民丁之壮者，编成什伍，号为土兵。原点民壮，亦改此名。其优恤之法，每名量免户租六石，常存二丁，贴其力役。五石以下者，存三丁。三石以下者，存四丁。于时得壮丁五千余名，委官训练听调。此陕西土兵之所由始也。①

《万历野获编》也持同一说法。

> 土兵之设，始于成化初年，巡抚延绥都御史卢祥建议，以营伍兵少，而延安、庆阳边民骁勇，习见胡虏，敢与战斗，宜选民兵之壮者，编成什伍为土兵，量免户租，凡得五千人训练之。土兵强盛时，毛里孩入寇，为之退却，祥去而此法遂废。今内地所谓民壮者，始于正统己巳之变，亦非祖制。②

成化八年底，兵科给事中郭镗主张蠲免关陕土兵的赋役。"关陕之民，材力坚强，兼精骑射，每能扼虏，夺其所俘，募以防守，

① 《菽园杂记》卷七，第91—92页。
② 《万历野获编·补遗》卷三《兵部·土兵》，第871页。

可纾兵力。但闻前时所募义勇、民壮，俱永编行伍，民间赋役不获蠲除。各顾身家，谁肯应者？"①

延绥镇不仅召募土兵，而且修筑民堡。成化六年三月，延绥镇巡抚王锐在奏疏中指出，榆林军民位于边疆前沿地带。"谓榆林一带地方，既添兵以分守，又设险以御寇。然其军民所处，多临边塞。"② 难以保障自身安全，因此奏请修筑民堡。"乞敕所司，就于居民所聚之处，相度地宜，筑为寨堡，务为坚厚。量其所容，将附近居民聚为一处。"以便在战争发生时，能够躲进民堡，保障安全。"无事之时，听其耕牧；遇有声息，各相护守。则寇盗无从剽掠，地方可保无虞。"③ 由于添设民堡正可弥补以往军堡强调军事防御，忽略坚壁清野、保障居民物资的不足，明宪宗同意了这一建议。"事下，兵部议如所言。上曰：'添筑城堡，正系守边急务。其令镇守等官参酌举行，务期成功。'"④ 伴随民堡的修筑，陕北民众从而正式被整体性地纳入准军事化管理之中，已承担一定军事职能。相应，这便促使陕北社会结构、民众风气呈现更为浓厚的军事色彩，陕北社会"军事化"特征更加明显。成化八年，郭镗同时建议增筑民堡。"又旧令遇冬迁民避寇，但城堡狭隘、人畜难容。不若就令所司，于近村便地，或古寨深崖，百家相依，共修一堡。无事则四散耕物，有警则入堡敛藏。"⑤ 选出负责人，作为民堡首领，从而推进民众的组织化。"仍推举二丁，立为总甲，得相号召，保障一方，杀获功次，如例升赏，止属有司拊循，不许军职干预。"⑥ 明朝同意了这一建议。成化十年，明朝已召募

---

① 《明宪宗实录》卷一一〇，成化八年十一月己酉，第 2146 页。
② 《明宪宗实录》卷七七，成化六年三月辛卯，第 1492 页。
③ 《明宪宗实录》卷七七，成化六年三月辛卯，第 1492 页。
④ 《明宪宗实录》卷七七，成化六年三月辛卯，第 1492 页。
⑤ 《明宪宗实录》卷一一〇，成化八年十一月己酉，第 2146 页。
⑥ 《明宪宗实录》卷一一〇，成化八年十一月己酉，第 2147 页。

数千名陕西土兵。①

伴随土兵的大量征召、民堡的普遍修建，整个陕北地区已被深深卷入军事体制中，在长期的战争熏陶中，深染武风，慷慨激昂，呈现出十分浓厚的"军事化"色彩，是一个高度的"军事化"社会。

陕北是九边之中，生态环境最为恶劣、经济发展最为落后者。在榆林明长城防御体系构筑不久的成化末年，延绥镇已是北疆诸镇中财政最为困窘者。成化二十年，都察院经历李晟便在奏疏中指出榆林处于严重的财政危机之下，存在爆发动乱的隐患。"榆林一带去京师四五千里，供馈浩繁，州县纷扰，不惟外患难支，抑恐内忧或起。苟事不预图，机不早决，有不胜意外之忧者矣。"②成化二十二年，右副都御史黄绂巡抚延绥镇，便目睹了这一现象。"绂偶出，望见川中饮马妇片布遮下体。"于是提前拨付士兵军饷。"大惭，俯首叹息曰：我为延抚，令健儿家贫至此，何面目坐临其上？亟令豫出饷三月。"③从而改善了榆林士兵的生存条件。"边健儿素贫苦，延绥特甚。大臣巡抚者辄厚自奉，健儿虽冻饿死不问。"④增强了榆林军队的战斗力。"延绥人又素忠朴，至死无怨言。闻绂惭叹，军中人人感泣，愿出死力为黄都堂一战。寇闻风不敢至。俄有诏毁庵寺，绂令汰尼僧，尽给配军之无妻者。及绂

---

① "免陕西入伍土兵四千八百六十余人税粮。户二十石以下者全免，以上者免其半丁，差亦量减免，以助供给。每兵无事时，月支粮米三斗。有警添支布花，三年以后，量给边境空地，召军民舍余承种三，军纳子粒，余照民田轻例起科，以充边用，从巡抚左副都御史马文升请也。"《明宪宗实录》卷一二七，成化十年夏四月甲申，第 2431 页。
② 《明宪宗实录》卷二五二，成化二十年五月丁亥朔，第 4258 页。
③ （康熙）《延绥镇志》卷一之三《名宦志下·明》，《四库全书存目丛书》史 227 册，第 374 页。
④ （康熙）《延绥镇志》卷一之三《附记》，《四库全书存目丛书》史 227 册，第 374 页。

去，咸携子女拜送道傍。"①

　　嘉靖十一年（1532），兵部王宪指出榆林沙化严重，不适合开展农耕。"延镇孤悬河套，四面飞沙，地不耕稼，而又数岁荒歉，宜饬当事诸臣，乘道路无梗，亟备糗粮待用。"②万历《延绥镇志》记载了晚明延绥镇军事防御与财政危机之间的严重冲突。"今榆沙深水浅，耕无菑获，渔无钓饵，百不一产，障二千里之长边，拥数十万之大众，费之不赀，如填溪壑，倍蓰他镇。"③在严重的财政危机下，榆林军队保持了强大的战斗力，由于牺牲士兵甚多，养成了每逢节日，榆林妇孺都要相哭门外，祭悼家人的习俗，这一风俗直到清代仍然存在，令人备感凄惨。"榆人每逢佳节，妇子相向而哭于门外。盖百战之后，遣戍者多，而阵亡亦众也。"④

　　包括榆林、延安在内整个陕北社会的"军事化"机制，在使延绥镇拥有强大的战斗力的同时，也使这一社会始终如处危卵之上。与榆林北部的正规军队无论如何尚有一定的粮饷供应，得以保障生存不同，榆林南部、延安地区一定程度上被纳入军事系统或尚保持农民身份的普通民众，在遭受自然灾害冲击时，却难以得到粮饷的正常供应。而陕北地区偏偏又是容易发生自然灾害的地区。这样，榆林南部、延安地区社会面对的崩裂风险，便远高于榆林北部。"兵民参半，以饷为命，家无儋石，稍稍水旱，辄肆攘窃，为隐忧焉。"⑤

　　明末陕北发生大规模旱灾，延绥镇正规军队尚有军饷可以暂

① （康熙）《延绥镇志》卷一之三《附记》，《四库全书存目丛书》史227册，第374页。
② 《明宪宗实录》卷一三七，嘉靖十一年四月乙巳，第3232—3233页。
③ （万历）《延绥镇志》卷二《钱粮上·边饷》，第127页。
④ （康熙）《延绥镇志》卷一之二《天文志·岁时》，《四库全书存目丛书》史227册，第287页。
⑤ （康熙）《延绥镇志》卷一之三《地理志·风俗》，《四库全书存目丛书》史227册，第306页。

时支撑，而大量准军事人口却面临前所未有的生存危机。明朝为应对财政危机，缩减开支，大规模裁减延绥镇军队体系的外围部分，包括驿卒李自成、士兵张献忠在内的大量榆林居民，从而揭竿而起，铤而走险，一呼而天下应，成为灭亡明朝政权的主体力量。明末农民战争主体与领导者，大都是榆林南部、延安地区被纳入军事系统的人群。比如李自成出身米脂县铺户，张献忠出身定边县南部士兵。明末农民战争队伍具有很强的军事组织性、战斗力，除大量边兵的加入外，明中后期陕北社会结构的"军事化"也是非常重要的原因。

第五节 "新农战史"的提出
——以张献忠研究为例

1. 中国农民战争史研究的历史地位与当前意义

在世界范围内，近代以前的历史学，都以讲述精英群体、重大事件为核心，占人口绝大多数的普通民众，其中农民占主体，却近乎默默无闻。近代时期，伴随下层民众在风起云涌的革命运动中，扮演十分突出的角色，他们开始进入历史学家的聚光灯下，受到越来越多的关注。在诸多思想流派中，马克思主义重视物质经济在历史发展中的决定作用，对于这一与物质生产直接关联的社会群体，尤其关注。

民国时期，伴随马克思主义逐渐传入中国，已有部分学者运用马克思主义的观点，对中国古代农民战争展开研究，并成为20世纪30年代"社会史大论战"的内容之一。新中国成立之后，历史学界以新的意识形态为指导，致力于论证传统中国如何转变为现代中国，尤其是社会主义中国，以及中国共产党执政的合法性。所谓"五朵金花"，便是在历史剧变下，结合当时政治需要，从整体上审视中国历史的主要问题与核心线索的研究潮流。其中，农民战争史研究以毛泽东关于中国历史上农民阶级及其历史作用的理论阐述为指导，系统考察了中国不同历史时期的多次农民战争，不仅搜集、出版了大量史料，而且发表了大量成果，极大地推动了关于中国农民史的研究，成为"五朵金花"中最亮丽的一朵。

但由于浸染着浓厚的政治色彩，伴随各种政治运动的接连发生，新中国成立以后的农民战争史研究，与其他"四朵金花"一样，越来越成为意识形态的历史注脚，呈现浓厚的"以论代史"的研究取向，正常的学术研究实已中止。

"文化大革命"之后，伴随整个社会的"拨乱反正"，农民战争史研究也开始反思以往过于政治化的教训，从而强调更为客观的学术研究，并出版了大量非常有价值的成果。但步入80年代后期，西方理论思潮席卷了整个中国学术界，催生了大量新的研究领域、问题意识与研究方法，中国历史研究也开始改换门庭。在这种巨大的冲击下，中国农民战争史研究逐渐步入沉寂，不仅研究人员、研究成果急剧缩水，这一问题本身也开始受到冷落、批评，甚至嘲笑，成为特殊时代非正常学术的代名词。农民战争史研究，从一门影响国家政治生活的显学，变成了人人避之唯恐不及的"瘟疫"。

但刨除其中的政治色彩，中华人民共和国的农民战争史研究，将中国历史研究主体从精英人物、政治事件，转向下层群体与社会结构，并致力于从整体上揭示中国历史发展的动力与特性，不仅符合现代史学建构理论体系与整体框架的科学化潮流，而且具有相当强烈的建立中国本土史学体系的学术诉求。虽然在具体研究中存在以论代史、思维僵化、视野狭窄、方法单一等问题，但仍是中国传统史学向现代史学转向中的一个不可忽视的阶段。

近三十年中国史学的研究，虽然在研究领域、研究视角与研究成果上，都收获巨大，但却在很大程度上存在过于追随西方史学的脚步、以西方社会科学理论硬套中国历史、研究主题的琐碎导致的"碎片化"等问题，不仅中国史学传统逐渐湮没，关于中国历史大问题、主线索的讨论也越来越少，中国史学研究的本土化、主体化道路似乎也越来越晦暗不明，这些都导致中国学术界在一定意义上成为西方学术界的附庸。

伴随中国经济的快速发展、国际地位的迅速上升，中华文化走向了继承中华文明优良传统，借鉴西方优秀文化，再建中华新文明的历史转折点。但令人遗憾的是，包括历史研究在内的中国学术，在很大程度上仍呈现出强烈的追随西方的特征。一百年前"尊西人若帝天，视西籍如神圣"的情况，在相当程度上仍弥漫于21世纪的中国学术界。如何建立反映中华文明现代嬗变及其崛起的理论体系，再造中华文化新内涵，是当代中国学人，尤其是青年学人的历史使命。

虽然农民战争在世界历史上普遍发生，但中国却是爆发最为频繁、规模最大、影响最巨者。相应，农民战争是揭示中国历史核心问题与主要线索的视角之一，是整体上审视中国历史的视角之一，是揭示世界文明体系中，中国历史道路的视角之一。故而，在当前时代背景下，重新检讨农民战争史研究，是从整体上理解中国历史道路，建构具有中国本土特色的历史理论体系的必要方式。而占人口大多数的农民越来越被卷入现代化进程，对于当代中国社会产生越来越大的影响的现实，也是重新开展这一研究的现实需求。

2. 中国古代农民战争的发生原因

中国为什么是世界历史上农民战争现象最为显著的国家呢？这与中国地理环境、经济方式、社会结构、思想文化都具有密不可分的关系。东亚大陆是非常完整而富饶的平原地带。而中华文明便产生在这一地区。广阔而平坦的地形，为农民战争的长途流徙提供了充足的历史空间。经济方式以农业为主，为农民战争提供了源源不断的主体人群。国家财政奉行农业财政，为此尽力实行"编户齐民"，将农民分散化，置于国家的直接控制之下，为农民易于摆脱当地官僚、商人的控制，联合起来，提供了制度空间。宗教色彩淡化、世俗色彩浓厚的儒家色彩，倡导立贤立能，"王侯将相，宁有种乎"的大胆倡导，为农民战争的爆发提供了思想支持。可见，中国农民战争之所以最为显著，显然是东亚大陆各种历史因素综合形成的地缘政治的直接结果。

中国古代农民战争的根源是生态环境与农业财政的长期冲突。东亚大陆虽然十分富饶，但由于靠近大河，常有涝灾，部分地区远离东亚海域，常有旱灾，由此而造成旱涝灾害经常发生，随之而起的瘟疫也时常弥漫这一地区。由于中国古代经济以农业为主，对农业经济冲击最大者，便是灾荒与战乱。每当灾荒发生时，农业经济便呈现局部崩盘之势，而国家财政也相应大受影响，为加强内地控制、边防建设，只能通过增加赋役的方式，从而造成全国范围内农民群体压力增大，导致某一地区发生农民战争，全国各地一呼百应的情况。

虽然中国农民战争根源于中国的农业经济，主体是农民，但值得注意的是，领导者往往是农民群体中流动性较强的边缘人群。比如陈胜为雇工，受命前往长城戍边，联同吴广发动"大泽乡起义"。继之而起的项羽为楚国贵族后裔，刘邦为亭长。唐朝黄巢为盐贩。宋朝王小波、李顺为茶贩。元朝陈友谅为渔夫，张士诚为盐贩，朱元璋为和尚。明朝李自成为驿卒，张献忠为士兵。清朝洪秀全为秀才。在中国古代，绝大多数农民由于依靠耕地为生，国家通过户籍、保甲、税收等政策，将之束缚于土地之上，因此农民群体在流动性及与之相关的见识、能力等方面，都有巨大欠缺。而其中少数出身农民，却流动于农、工、商、士之间的边缘人群，借助对周边地理、人情的熟悉，更易于发动叛乱。

中国古代农民战争领导者，不仅有社会空间上的边缘群体，还有文化空间上的边缘群体。中国古代农民战争往往借助民间宗教发动起义，而这些宗教往往是被政权定为异端的教派。从这一角度来看，中国古代农民战争的思想动员，借助了中国古代思想体系中的边缘分支。而某些长期信仰异端宗教的宗教人士，在农民战争中往往发挥引领作用。比如白莲教作为佛教的异端教派，将世界分为黑暗部分与光明部分，从而在近世中国成为鼓动生存于生态、政治双重压力下的广大民众的叛乱思想，而其传承在相当程度上具有家族相袭的特点。

中国古代农民战争领导者，有的来自地缘上的边缘群体，即边疆地区的少数民族。以往，边疆民族叛乱很多时候也被简单地纳入农民战争系列，被学界视为阶级压迫、民族压迫（主要是阶级压迫）的结果。这种自上而下的制度视角，显然无法认识边疆民族战争的全部内涵，还应从边疆视角，从下而上地认识地缘因素在其中的主要作用。

3. 农民战争对中国古代历史的整体影响

中国古代农民战争尚有助于揭示中国古代王朝的政权性格，甚至历史道路。比如西汉定都关中、继承秦制、大力开拓西北边疆，便与其在秦末农民战争中，以关中、汉中为根据地与大本营，从而深受秦朝制度与重视西北的地缘政治观念影响有关。明朝在蒙元帝国瓦解后，并未与同时期基督教文明、伊斯兰文明、俄罗斯文明那样，选择外向型国策，而是选择内向型政策，大规模修筑长城，与朱元璋农民军崛起于较为落后的淮河农业地带，处于南宋以后汉族与北族长期对峙的边疆地带，对中唐以来北方民族压制汉民族的历史充满恐惧，故而谨守疆域有关；而且与元帝国整合农商、商牧的历史经验，对这一地区影响较小有关。

中国古代农民战争还有助于考察中国古代的经济实力、军事能力与世界地位。对于中国古代政权在中国、世界历史地位的考察，以往经常囿于正统王朝。但其实未能夺取政权的失败者，同样具有十分强大的实力。比如元末农民军延续了南宋、元发展水军、开展远洋贸易的历史脉络。其中陈友谅的水军实力远超其他农民军，张士诚、方国珍的远洋贸易能力也远超其他农民军，两支政权的水军实力当时都处于世界前列。以陆军为主的朱元璋政权最终取得胜利后，却限制水军、远洋贸易的进一步发展，从而造成近世中国海洋经略的倒退。即使如此，明代仍出现了郑和下西洋这一世界远洋航行的空前壮举，以及明中后期华人泛海南洋的历史狂潮，世人皆感叹明代中国的巨大实力与历史机遇，却很少关注元末农民战争所蕴含的更为巨大的历史能量。

中国古代农民战争对于揭示中国古代的文明特征与历史道路，也具有重要意义。中国古代经常发生农民战争，对政权形成了直接、根本性的冲击，相对于边疆战争，其对中原政权的冲击更大。在这种战争局面下，中国古代逐渐形成"内政优先于边防"的政治文化，就是将加强对民众的统治置于边疆开拓之上，一旦边疆开拓成本增加到严重影响社会动荡的程度，中国古代政权便采取收缩边疆的政策，从而维持内政与边防的平衡，这便导致中华文明具有内聚性特征。

4. "新农战史"的区域史路径与多学科方法

虽然中国整体处于东亚大陆，但内部地理却仍有不小分别，这种地理特征与历史进程不断互动，从而造成不同地区形成不同的地缘特征与历史脉络，或者说区域化历史取向。虽然中国历史上，农民战争在不同地区普遍发生，但整体而言，在部分生态环境恶劣、经济条件落后、战争不断发生的地带，更为经常发生，且规模更大、影响更大。可见，对于中国农民战争史的研究，应克服以往单纯从国家制度层面，强调统治阶级压迫被统治阶级的单一视角，而增加以区域视角，探讨某一区域发生的农民战争，与该区域内生态、经济、政治、军事、社会、文化的整体关系。若对这一研究加以概括，可称之为"区域农战史"研究。"区域农战史"研究有助于揭示中国历史上的动荡区分布，以及不同区域之间存在不同的社会机制与历史脉络，这为审视中国古代历史发展的不平衡性，提供了一种地域视角。

农民战争与生态环境密切相关，这便要求我们在进行研究时，充分重视田野考察，将之与文献史料相结合。田野考察能够使研究者对农民战争的区域环境有直观感触，当地遗存的相关遗迹、碑刻、家谱、传说等史料，不仅能够进一步丰富研究史料，而且有助于弥补、纠正官方史料在记载农民战争时，由于立场偏颇与缺乏对底层的了解，而存在的偏激、错讹等缺陷。可见，在农民战争史研究中，充分结合文献史料与田野考察，不仅是实现研究基础多维化的必要手段，也是保持客观立场的重要方式。

由于农民战争史研究牵涉问题较多，在开展研究时，除充分发挥历史学史料梳理、辨析之长外，还应充分借鉴各种学科，包括自然科学与社会科学在内的多学科理论、视角，实现相关研究的专业化。比如对引发农民战争的生态环境因素的考察，便牵涉地理学等一系列相关学科；对瘟疫等因素的考察，便牵涉医学等相关学科；对经济方式、财政制度的考察，便牵涉经济学等相关学科；对政治制度及其控制力的研究，便牵涉政治学、行政学等相关学科；对社会结构的考察，便牵涉社会学等相关学科；对文化因素的考察，以及在田野考察中如何实现专业化，便牵涉民俗学、人类学等相关学科。可见，由于农民战争史研究对象的复杂性，在研究方式上势必要采取多学科、立体性研究，其研究难度已超出历史学的单一范畴，而具有自成学科的可能。

可见，对于中国农民战争的研究，在克服以往以论代史的僵化弊端的前提下，可以采取跨学科的视角，综合利用包括自然科学、社会科学在内的多学科理论、方法，在充分结合文献史料与田野考察的基础上，从制度与区域互动的双重视角，实现纵向与横向的结合，将之置于中国历史，乃至世界历史的视野下，审视其对中国历史的整体意义与影响，以及在中华文明独特历史道路中所扮演的重要角色，从而建立具有中国本土特色的农民战争史理论体系与解释模式。为了区别这一研究与以往的农民战争史研究，可以姑且笼统名之为"新农战史"。"新农战史"研究的未来开展，无疑有赖于每一位对中国农民问题——不仅是以前中国，也是未来中国面临的最大问题——充满同情关怀与历史使命的学者。

5. 农战史研究的历史迷雾——以张献忠研究为例

农民战争是长时期、结构性地影响中国历史整体进程的重大因素之一。不过在传统社会正史修撰中，出于政治立场的考虑，农民军（其实其原始身份并不一定是农民，还包括其他一些社会下层民众甚至知识分子）被视为"贼""寇"，被认为是社会祸乱之源。20世纪初，梁启超在《新民丛报》上发表长篇论文《新史学》，对传统史学进行了系统批判，开了"史界革命""新史学"之先声。他指出旧史存有"四弊"，前二者即"一曰知有朝廷而不知有国家，二曰知有个体而不知有群体"。此后史学界开始注重农民在历史中所扮演的角色与发挥的作用。不过由于当时国共两党并存之态势，史学界对农民战争之研究并未着力很多，评价亦不甚高。

在中国共产党领导的新民主主义革命中，农民作为工人的同盟军，在抗日战争和革命战争中发挥了重要作用，新中国成立后成为新社会的主人，地位大为提高。延安时期，毛泽东出于现实革命斗争的需要，对历史上农民作用进行了一系列的阐述，甚至将《甲申三百年祭》作为整风的政治文件。新中国成立之后的中国古代农民战争史研究便在毛泽东观点的指导下，全面开展起来。"文革"之前，农战史研究在极左史学思潮与历史主义的影响下，虽然不时摇摆，但仍取得了客观的成绩。"文革"中，极左史学思潮达到极致，历史已完全为现实所用。"文革"后，廓清了极左史学思潮的影响，农战史研究进入了高峰时期。近年来随着时代背景与学术理路的转变，却又趋向冷寂。

明末农民战争声势浩大、作用显著，《明史》特开"流贼"列传以纪之。加之史料众多，明末农民战争成为农战史研究的重要课题。作为明末两支农民军其中一支的领袖，张献忠与其所建立的大西政权也很受关注。与农战史发展脉络一样，张献忠研究也呈现了由热至冷的变化，受到政治气候与学术理路变化的影响很大。不仅如此，由于从清代以来，便广泛流传着所谓"张献忠屠蜀"的说法，围绕张献忠研究而形成的历史迷雾，尤其能够彰显我国农战史研究的矛盾与纠结。

20 世纪 80 年代张献忠研究处于热潮时，学界已开始对张献忠研究展开回顾。李胜文《张献忠农民起义研究的回顾》（《中国史研究动态》1988 年第 9 期）综述了张献忠研究的历程，重点总结了关于张献忠"屠蜀"与"降明"两个问题的研究成果。明末农民战争史研究综述也相应总结了张献忠研究。如孙祚民《明末农民战争史研究的回顾与展望》（《文史杂志》1987 年第 6 期）、屈小强《明末农民战争史研究的新动向——第二次全国明末农民战争史学术讨论会综述》（《文史杂志》1987 年第 6 期）、冯佐哲《日本史学界明末农战史研究综述》（《中国史研究动态》1988 年第 2 期）。2010 年，马芸芸发表了张献忠研究的专题综述《略述60 年来的张献忠研究》（《中华文化论坛》2010 年第 4 期）。当前要真正了解张献忠研究的学术脉络，需要在全面梳理过去一个世纪张献忠研究的基础上，对张献忠研究的问题意识、史学理论展开分析，探讨其时代、学术背景，指出这种研究的利弊得失，在此基础上提出未来研究的一些可能。

6. 新中国成立前后张献忠研究的起步与观念的大转变

受到新史学开始注重下层群体的影响，20 世纪初对中国古代农民战争已开始研究。对于张献忠的研究从二三十年代便已开始。不过在当时政治气候的影响下，史学界仍称张献忠为"贼""匪"，研究的问题也较为单一。在观点上，继承清初史籍所载张献忠"屠蜀"的说法，从道德立场出发，对张献忠所造成的四川惨剧大加鞭挞。参见以下论著：肖一山《清代通史》（商务印书馆，1932）、于飞《关于张献忠的材料》（《民俗》第 90 期，1929 年）、吴品今《中国历代匪乱之鸟瞰（6）：明末李自成张献忠之起义》（《汗血月刊》第 1 卷第 1 期，1933 年）、夏雍（吴承仕）《张献忠究竟杀了若干人?》（《盍旦》创刊号，1935 年）、萧远健《张献忠屠川考略》（《师大月刊》第 18 期，1935 年）、王璞《张献忠在蜀二三事：张献忠与四川之一节》（《人物杂志》第 2 卷第 2 期，1947 年）、王璞《张献忠与四川之一节：造成张献忠乱蜀的政治环境》（《唯民周刊》第 1 卷第 11 期，1946 年）、商韬等《关于"湖广填四川"》（《大公报》1949 年 1 月 18 日）。除却这一问题，徐宗泽《张献忠入川与耶稣会士》（《东方杂志》第 43 卷第 13 期，1947 年）首次考察了张献忠在四川时期与耶稣会士的交往及对西方科技的兴趣。李文治发表两篇论文：《李自成与张献忠部众归明考》（《中央日报》1946 年 5 月 28 日）、《李自成与张献忠余党的复国运动》（《中央日报》1946 年 6 月 25 日）。虽非对张献忠所展开的研究，但在当时的时代背景下，仍起到了为张献忠大西军张目之作用。

新中国成立以后，随着政权的更迭，意识形态的变化，农民作为革命成功的重要力量吸引了史学界的关注。在毛泽东一系列农民战争史命题的指导与启发下，史学界全面展开对中国古代农战史的热议，观念也完全变化。张献忠也吸引了不少学者的关注。曾在新中国成立前创作《明季奴变考》的谢国桢先生撰《农民起义与张献忠》（《历史教学》1952 年第 2 期）一文，首次提出张献忠并"不妄杀"，杀的都是与农民军对立的"豪绅地主阶级"，这引起了后者的仇视，故加以诬蔑。陈登原《关于张献忠"屠僇生民"的辨正》[《西北大学学报》（哲学社会科学版）1957 年第 3 期]认为张献忠并不乐于杀人，所谓"屠僇生民，靡有孑遗"的说法并不准确。孙次舟《张献忠在蜀事迹考察》（《历史研究》1957 年第 1 期）考证了《明史·张献忠传》的史料来源，认为其所据王鸿绪《明史稿》、吴伟业《绥寇纪略》、毛奇龄《后鉴录》、冯苏《见闻随笔》或为迎合清朝统治者，或出于自身遭际与立场，将清军、"摇黄"屠杀四川之事挪移于张献忠身上。而能反映真相的欧阳直《蜀乱》诸书在"文字狱"的压力下，却未能流传，后世存本也皆经删改，不复原貌。客观记载张献忠在蜀事迹且目前保存下来的史籍是曾从鲁王抗清的查继佐所撰《罪惟录·张献忠传》。在这篇传记中，查继佐记载了张献忠在蜀三次杀人事件，所杀分别为蜀王、割据对抗之地主绅士、联络清军之士人。作者还在明末清初史籍中找到大量清军与摇黄土军杀戮川人的记载。最后，作者得出结论：明末至康熙年间四川人口锐减的原因是明军、清军、摇黄、吴三桂军的杀戮。清朝统治者却将人口减少的原因全部归结于张献忠身上。该文首次详细考察了张献忠屠蜀说法的源流，颇有启示意义，不过并未考察全部记载张献忠屠蜀的史料，说服力相应有所局限。袁庭栋《关于张献忠杀人问题的探讨》（《四川大学学报》1963 年第 1 期）利用清初部分史料与大西骁骑营都督府刘禁约碑，指出张献忠大西军有纪律，不乱杀人，但由于方法或策略上的缺点，出现打击面过宽、处理方法粗糙的问题，但这都是个别的、很少数的情况。对广大人民，以兄弟相待。

　　在当时极左史学思潮的影响下，张献忠研究中也出现了片面强调阶级斗争，刻意为农民军辩护的倾向。比如有些研究便认为张献忠并不杀人。部分站在历史主义立场上的学者对这一观点进行了驳正。如陈波《张献忠不杀人辨》（《人民日报》1962 年 5 月 10 日）。

　　受到大陆农战史研究的影响，台湾史学界也开始关注张献忠研究，且观点有所变化。李光涛《张献忠史事》（《中研院历史语言研究所集刊》第 25 本，1954）认为张献忠在蜀虽曾杀过许多人，不过清人将所有杀人事件皆委之张献忠，并虚张其数，与事实不符。

从新中国成立至"文革"前，张献忠研究成果较多，除屠蜀问题外，其他问题也开始有所涉及。董玉瑛《有关明末农民起义军流动作战的一些问题》（《历史教学》1955 年第 11 期）注意到了张献忠大西军流动作战的战术特点及其军事胜利。江流《张献忠攻克武昌的真实情况怎样?》（《历史教学》1962 年第 6 期）讨论了张献忠攻克武昌的经过。李文治《晚明统治阶级的投降清朝及农民起义军的反清斗争》（《进步日报》1952 年 1 月 10 日）论述了张献忠及大西军余部的抗清斗争。方福仁《李自成张献忠两军关系考辨》（《光明日报》1963 年 1 月 30 日）认为李自成、张献忠率领两大农民军，分别在南北不同地区作战，互相声援，共同与明清政权作战。

这一时期还出版了张献忠研究的专著。袁定基《张献忠》（中国历史小丛书，中华书局，1963），全面梳理了张献忠从参加起义到建立政权，直到最后失败的历史。洪焕椿《明末农民战争史略论》（江苏人民出版社，1962）对张献忠大西军论述较少，指出张献忠"天性嗜杀"的说法是清朝统治者的诬蔑。在郑天挺先生的主持下，北京大学文科研究所编成第一部明末农民起义史料集——《明末农民起义史料》（开明书店，1952）。1957 年，该书进一步扩充了史料，出版了新版——郑天挺《明末农民起义史料》（中华书局，1957 年第 2 版），搜录了部分与张献忠大西政权有关之史料。对大西政权出土文物的研究也有助于了解大西政权的具体情况，如袁炎兴《张献忠大顺三年铜镜》（《文物》1960 年第 1 期）。关于张献忠的传说也开始得到搜集与整理，如李宗荣等整理的《张献忠的传说》（《民间文学》1960 年第 8、9 期）。

7. 20 世纪七八十年代对张献忠的深入研究

"文革"期间，极左史学思潮完全占据了史学研究的阵地，史学成为现实的附庸。同样是明末农民战争的领袖，李自成、张献忠的历史地位却发生了不同变化。李自成被推崇为坚定走反孔主义路线的英雄，张献忠则由于谷城"降明"的问题，被认为"犯有严重路线错误"，相关研究更是无从开展。

"文革"后，廓清了极左史学思潮后，史学研究逐渐步入了正轨，在农民战争研究问题上，史学界还反思了"文革"前历史主义观念下所存在的一些问题，对农民起义的评价更为客观与公允。张献忠研究领域也呈现了相应的变化，进入了一个高峰期。

在这一时期，除了张献忠屠蜀被热议外，其他问题开始得到更多的讨论，显示出张献忠研究逐渐走向深入。这一时期出现了一个引人关注、颇有争议的话题——谷城"降明"事件。其实张献忠"真降"或"伪降"，对于理解明末农民战争，并无太多的实际意义。新中国成立前后，这也不是一个"问题"。不过毛泽东曾指出真正的农民军领袖不会投降，此后直到"文革"结束之前，农战史学界一直遵循这个观点。"文革"结束后，史学界在反思过程中，也开始重新思考这一命题，这一问题才凸显出来。多数学者通过对张献忠"受抚"后做法的考察，认为张献忠属于"伪降"。持这一观点的文献有樊树志《关于张献忠谷城伪降问题》（《复旦学报》1978年第1期）、邓速《张献忠谷城"投降"驳论》[《四川师院学报》（社会科学版）1979年第1期]、田培栋《怎样看待张献忠在谷城的"伪降"问题?》[《北京师院学报》（社会科学版）1979年第2期]、傅玉璋《关于张献忠降明问题》（《文史哲》1980年第2期）、张显清《张献忠"谷城受抚"评析》（《明史研究》第1辑，黄山书社，1991）。不过邓亚增《从大西政权的封建性质看张献忠的悲剧》（《绵阳市地方史志学会通讯》1987年第4期）、钟友铭《张献忠悲剧浅析》（《绵阳市地方史志学会通讯》1987年第4期）认为张献忠降明是从免死出发，以投机为目的，在农民军中影响恶劣。

关于张献忠生平、个性，主要有以下三篇论文。黎邦正《浅谈张献忠》[《西南师范学院学报》（哲学社会科学版）1980 年第 4 期] 全面考察了张献忠的作战方式、政权建立与其杀人问题。王纲《张献忠名号、籍贯和年龄小考》（《社会科学研究》1982 年第 4 期）考察了相关问题。任乃强《张献忠屠蜀辨》（《张献忠在四川》，四川人民出版社，1981）对张献忠个性与能力在其成为明末农民战争领袖时所起的作用进行了讨论。

张献忠大西军采取流动作战的方式，纵横南北数省，对这一作战过程进行研究的论文如下：孙祚民《张献忠智歼明督师杨嗣昌的斗争》（《山东师范学院学报》1979 年第 3 期）、张云侠《张献忠三次入川述论》（《张献忠在四川》）、王纲《张献忠入川作战不是两次而是五次》[《重庆师院学报》（哲学社会科学版）1980 年第 4 期]、田尚《明末农民起义军初期入川作战问题探讨》（《社会科学研究》1983 年第 6 期）、王纲《再谈张献忠入川作战次数问题——答田尚同志》（《社会科学研究》1984 年第 2 期）、刘长荣和濮实《张献忠在绵阳地区的军事斗争》（《张献忠在四川》）、王纲《张献忠在安徽的重要战绩述论》（《江淮论坛》1981 年第 5 期）、邹时炎《张献忠在湖北地区活动考略》[《中南民族学院学报》（哲学社会科学版）1981 年第 1 期]、田培栋《对张献忠（崇祯十六年）在"湖广"活动的估价》[《西北师院学报》（社会科学版）1984 年第 1 期]、周世昌《张献忠袭取襄阳战略初探》（《军事历史研究》1988 年第 3 期）、王纲《张献忠在湖南作战史迹述略》（《湘潭大学社会科学学报》1982 年第 2 期）、单文彬和汪锡鹏《张献忠进军江西初探》（《江西师院学报》1983 年第 3 期）。

张献忠大西军在与明清官军作战的过程中，取得不少经典性的军事胜利，显示出张献忠大西军掌握了成熟的战略、战术。孙祚民《我国杰出的农民革命军事家——张献忠——谈谈张献忠与〈兵法〉》（《张献忠在四川》）指出张献忠在谷城时，曾学习

《孙子兵法》，灵活地将其运用于战略、战术中，其中快速流动作战成为其制胜的重要原因。袁庭栋《关于张献忠农民起义的流寇主义问题》[《四川师院学报》（社会科学版）1981 年第 1 期］在肯定了大西军"以走致敌"所取得的军事胜利的同时，又指出缺乏根据地建设与经济基础是大西政权灭亡的原因之一。袁庭栋《论张献忠的军事艺术及其杰出成就》（《中国农民战争史研究集刊》第 2 辑，上海人民出版社，1982）从大西军编制、行军、宿营、侦察、作战、攻城、训练、休整、作风、指挥等十个方面详细论述了张献忠的军事才能与成就。王纲《大西农民军的组织纪律及其战术特点——读史札记》（《延安大学学报》1983 年第 4 期）考察了大西军的组织编制与发展规模、兵种与训练及纪律与战术。

张献忠鉴于长期流动作战所产生的不利情况，曾经尝试在湖广建立政权。陈权清《张献忠在湖南建立政权的尝试》（《湖南师大社会科学学报》1987 年第 5 期）考察了张献忠于崇祯十六年（1463）开始转变"流寇主义"的观念，尝试在湖南建立政权的历史。杨济坤《大西政权建立日期小议》[《南充师院学报》（哲学社会科学版）1982 年第 1 期］认为大西政权建立于 1644 年 8 月 15日。任乃强《张献忠屠蜀辨》（《张献忠在四川》）考察了大西政权机构设置、开科取士、设局铸钱、行保甲法及招抚边疆土酋的情况。王纲《大西农民军与西南各族人民的关系》[《四川师院学报》（社会科学版）1983 年第 4 期］指出大西军于顺治二年（1645）曾平定云南沙定洲叛乱，并发展云贵地区的经济生产。与主流看法认为张献忠建立的大西政权是一个反封建政权不同的是，邓亚增《从大西政权的封建性质看张献忠的悲剧》（《绵阳市地方史志学会通讯》1987 年第 4 期）认为大西政权的封建性质是其灭亡的原因之一。

明末农民军队伍由最初的"十三家"，逐渐合并为李自成大顺军、张献忠大西军两支军队，一南一北，分别与明清官军作战。

关于这两支军队的关系，方福仁曾提出二者一直团结合作的结论，并撰《李自成张献忠永宁会师考实》（《中州学刊》1983年第3期），具体考察了崇祯十四年，李自成、张献忠农民军在永宁会师的经过，指出永宁会师显示出两支农民军的合作道路。袁庭栋《论明末李自成与张献忠两支农民军的关系——兼与方福仁同志商榷》则提出了不同意见，认为李自成、张献忠在独立作战之后，二者之间的关系沿着合作—分裂—对峙—冲突这样一条道路发展，这也是明末农民战争失败的原因之一。郑定理《论张献忠和李自成在四川的争夺与大西政权的崩溃》（《绵阳师范高等专科学校学报》1988年第1期）也持相似的观点。

这一时期张献忠研究的核心问题仍是屠蜀真相。一些学者仍持张献忠并未杀戮民众的观点。胡昭曦《"张献忠屠蜀"与"湖广填四川"考辨》（《中国农民战争史研究集刊》第1辑，上海人民出版社，1979）考察了元末明初、明末清初湖广人移民四川的历史过程，从侧面论证了张献忠并未屠杀民众，所谓张献忠屠蜀引发"湖广填四川"的说法是不正确的。杨济堃《张献忠屠蜀还是明清统治阶级屠蜀》（《张献忠在四川》）认为清初四川人口锐减的原因是明清官军杀戮。王纲《"湖广填四川"问题探讨》（《社会科学研究》1979年第3期）、《论明末清初四川人口大量减少的原因》（《张献忠在四川》）认为清前期四川人口锐减的原因是明清官军及吴三桂军队的作战与杀戮，天灾瘟疫也是一项因素。孙祚民《张献忠"屠蜀"考辨》（《社会科学研究》1979年第4期）依据《绥绥寇纪略》与《蜀难续略》的记载，认为张献忠所杀主要是宗室、官僚与地主武装，并未杀戮民众。"青羊宫事件"中大西军杀戮士子的原因是后者的反扑。杨济堃《对张献忠"杀戮士子"的探讨——兼与孙祚民同志商榷》［《南充师院学报》（哲学社会科学版）1980年第2期］对上文青羊宫事件结论提出质疑，并通过考察清初史籍、方志，发现青羊宫事件期间，大西政权还曾举行科举，地方志也皆未载屠士子之事，故青羊宫事件为虚构。青羊宫杀士事件的争议引起了学界对张献忠与士人关系的注意。顾诚《张献忠与知识分子》（《张献忠在四川》）全面梳理了张献忠与士人的关系。认为在明末农民军中，张献忠最早吸收士人，并向其学习《孙子兵法》，并以士人充任军师之职。在河南、湖广时，以及进入四川的初期，都较礼遇士绅，吸收其进入农民政权。此后与四川士人关系的恶化缘于四川士人对大西政权的敌视与破坏，张献忠屠杀士子也存在打击面过宽的问题。

不过一些学者开始指出张献忠确曾屠杀过民众。任乃强《张献忠屠蜀辨》认为清初人口减少的原因是饥荒、疫疠。张献忠屠城、杀士子是为防其与其他势力联合，杀民众与自相残杀，有取粮、节粮的考虑。1980 年 3 月，四川省社会科学院《社会科学研究》编辑部在成都召开"张献忠在四川"学术研讨会，会议的主题之一便是张献忠屠蜀真相。会后结集出版了《张献忠在四川》，收录论文 13 篇，其中关于张献忠屠蜀者 6 篇。田培栋《对张献忠"屠蜀"应重新予以评价》接受了清初史籍的观点，认为张献忠由于农民思想意识的局限性，确实屠杀过士子、降卒，甚至自相残杀。孙达人《张献忠"屠蜀"的真相——试论大西政权失败的原因》分三个时期考察了张献忠屠蜀的真相。在顺治元年正月入川到八月建立大西政权的第一时期内，张献忠提出并贯彻了"归诚则草木不动，抗拒则老弱不留"的攻城政策，对一些顽抗地区进行了严厉的镇压，不过在成都"大杀三日"的说法纯属诬枉。从建立大西政权到顺治二年十月的第二个时期，大西军仅对宗室、官绅与逃遁山中者加以镇压，出现了一个相对和平的时期。从顺治二年十月到顺治三年十一月最后一个时期内，由于大西政权坚持反封建的方针，归顺官员多次反复，也多次发生针对大西政权官员的谋杀事件，张献忠实行"除城尽剿"政策，并开"特科"以杀士子，甚至屠城，以维护政权。不过清初史籍记载的数量与程度往往有所夸大。张献忠的屠杀政策并未稳固大西政权，反而使其失去了基础，直接导致了其迅速失败。这篇论文对现有史料进行了仔细的辨析，分阶段详细考证，是一篇值得借重的论文。以下论文也皆持张献忠杀戮民众的观点：管维良《张献忠的屠杀政策与大西政权的失败——读〈圣教入川记〉等有感》[《重庆师院学报》（哲学社会科学版）1987 年第 3 期]、邓亚增《从大西政权的封建性质看张献忠的悲剧》、钟友铭《张献忠悲剧浅析》、李三谋《明末大西军在四川"屠戮生民"之问题》[《四川师范大学学报》（社会科学版）1988 年第 2 期]、阮明道《张献忠及其大西军在川北活动的几个问题》[《南充师院学报》（哲学社会科学版）1988 年第 3 期]。

关于张献忠之死的说法与地点，有多篇论文讨论。刘德鸿《张献忠之死》（《延安大学学报》1986 年第 4 期）考察了清初史籍所载张献忠之死的多种说法，最后指出张献忠是为清军所杀。关于张献忠去世之地，学界已基本形成共识，即在西充县西南凤凰山。这方面的论文有：王纲《张献忠牺牲的地点》（《社会科学研究》1980 年第 1 期）、高翔《张献忠究竟牺牲在何地?》（《历史知识》1985 年第 2 期）、李廷茂《张献忠殉难地——凤凰山》（《四川文物》1989 年第 3 期）、李仲华《张献忠殉难西充凤凰山》（《文史杂志》1987 年第 4 期）。

关于张献忠大西政权失败的原因，田培栋《对张献忠"屠蜀"应重新予以评价》认为张献忠占据四川之后，将李自成作为重要敌人，于川北重点防御，两支农民军之间的敌对与作战使张献忠未能趁机消灭四川敌对势力，导致了此后的孤立局面。张云侠《张献忠三次入川述论》认为张献忠大西政权失败的原因有四个：一是屠杀政策使其逐渐丧失统治基础；二是错误地将李自成当作主要敌人；三是流动作战，缺乏统治基础；四是粮食匮乏。

关于张献忠与西方自然科学的关系，张显清《张献忠与西方自然科学：读〈圣教入川记〉》（《中国农民战争史论丛》第 3 辑，河南人民出版社，1981）依据《圣教入川记》指出，张献忠向耶稣会士学习数学、天文历法、世界地理等西方自然科学知识。戴执礼《张献忠对待西洋科学技术的态度》［《重庆师院学报》（哲学社会科学版）1980 年第 4 期］也考察了这一情况。

这一时期开始纠正"文革"以来对张献忠大西军地位、作用加以贬低的倾向，这方面的论文有《四川讨论张献忠在农民战争中的作用：谈农民战争中的平等思想》（《光明日报》1980 年 7 月 20 日）、唐宇元《论张献忠在明末农民战争中的历史作用》（《中国农民战争史论丛》第 2 辑，河南人民出版社，1980）、王纲《论张献忠农民起义在历史上的作用》［《南充师院学报》（哲学社会科学版）1981 年第 3 期］、李殿元《张献忠事迹与作用述略》（《西华大学学报》1986 年第 2 期）。有论文在对比李自成、张献忠二人的基础上，对"扬李贬张"观念进行了纠正。如王纲《"李自成领导明末农民起义"商榷》［《四川师院学报》（社会科学版）1979 年第 2 期］、姜晓平《李自成、张献忠在明末农民战争中的作用比较》［《西南师范大学学报》（哲学社会科学版）1988 年第 S1 期］。

史料是一切历史研究的基础。任乃强《关于张献忠史料的鉴别》对记载张献忠的主要史料进行了梳理与分类，对不同史籍作者、背景、内容与价值都进行了交代，对于深入开展张献忠研究，是非常有用的一篇指南。谢国桢《明代农民起义史料选编》（福建人民出版社，1981）也搜录了一节张献忠史料。不断出土的大西政权文物，也提供了越来越多关于张献忠大西军的信息。相关论文如李承祥《谈张献忠时期的一部蜀刻书》［《重庆师院学报》（哲学社会科学版）1981 年第 2 期］、胡昭曦《四川地区有关明末农民起义的一些碑石》［《四川大学学报》（哲学社会科学版）1978 年第 3 期］、蒋志《从张献忠〈圣谕碑〉看大西政权的失败》

（《绵阳师范高等专科学校学报》1988 年第 1 期）、李恒贤《从大顺年号镜浅谈对张献忠的历史评价》（《南方文物》1981 年第 1 期）、苏成纪《张献忠大顺三年铜镜》（《四川文物》1984 年第 2 期）、赵树中《张献忠"大顺赤金"戒指》（《四川文物》1985 年第 1 期）、沈仲常《"锦江埋银"质疑》（《社会科学研究》1979 年第 4 期）、薛玉树《也谈张献忠大顺通宝》（《中国钱币》1985 年第 2 期）、王代升《张献忠与梓潼大庙》（《四川文物》1985 年第 4 期）。

随着张献忠研究逐渐走向深入，对张献忠大西政权历史进行整体论述的专著陆续问世。胡昭曦《张献忠屠蜀考辨：兼析湖广填四川》（四川人民出版社，1980）以更为丰富的史料辨析了张献忠屠蜀真相。袁庭栋《张献忠传论》（四川人民出版社，1981）、袁永《张献忠和大西国》（四川人民出版社，1985）、王纲《张献忠大西军史》（湖南人民出版社，1987）都全面论述了张献忠农民军从陕北转战全国，建立大西政权，最后失败的历史。顾诚《明末农民战争史》（中国社会科学出版社，1984）、胡允恭《李自成张献忠起义》（南京大学出版社，1986）、袁良义《明末农民战争》（中华书局，1987）偏重于论述李自成农民军的历史，但仍用一定篇幅论述了张献忠大西政权的历史。这些论著都坚持张献忠谷城伪降，并未妄杀川民的观点，顾诚还提出四川人口减少的一个原因是虎害。

8. 张献忠研究的现状与未来"新农战史"视野下研究的可能

进入 90 年代，随着改革开放的逐渐深入，史学界也经历了学术理路的转变，大量新理论、新方法的引入催生了众多新的课题。在新的历史条件下，农战史研究却由一度繁盛之"显学"骤然转冷，时至今日，几乎达到了无人问津的地步。体现在张献忠研究上，不仅研究成果数量甚少，而且并未有新的问题意识产生，研究水平也基本停留在原地。

这一时期仍有讨论张献忠"屠蜀"问题者。黄位东《张献忠屠蜀原因新论》（《文化学刊》2015 年第 8 期）认为张献忠屠蜀的原因是蜀人品性日下、张献忠的经历刺激、张献忠的精神疾病。刘欣琛《"张献忠屠蜀"历史记忆建构与清王朝前期政治合法性塑造——以〈明史·流贼列传〉为中心》（《四川文理学院学报》2021 年第 3 期）对此问题进行了较为深入的文本分析，指出清朝为了维护清朝进军四川，乃至入主中原的政治合法性，在《明史·流贼列传》中，建构了张献忠在四川残杀普通百姓和读书人，不得天命，清军为百姓复仇而入川的历史记忆。在私史中，认同清朝的《蜀碧》等书在内容上与官修《明史》进行正面呼应，持反清立场的《罪惟录》等书则建构出不同的历史记忆，但受到清朝的压制。张献忠《"张献忠屠蜀"与清朝政治合法性之建构》（《中国史研究动态》2016 年第 5 期）也认为张献忠确曾惨无人道地屠蜀，但却被清朝肆意夸大渲染，借此不仅转移了自身政权的合法性危机，而且将自己打扮成了"替天行道"者，其合法性也因此得以建构。值得赞赏的是，黄正娇《"张献忠屠蜀"文献二种——〈蜀碧〉〈蜀难叙略〉校注》（硕士学位论文，广西师范学院，2016）探讨了《蜀碧》《蜀难叙略》的史料价值、版本情况，并进行了校注，方便了后人使用。值得注意的是，韩国学者李俊甲从四川地区流传的张献忠传说出发，揭示了四川部分地区民众对于张献忠的别样记忆。在《民间传说体现出的明末清初四川社会和张献忠——以历史学的观点考察传说》（《明史研究论丛》第10 辑，紫禁城出版社，2012）中，李俊甲依据《四川张献忠传说选》一书收录的 103 篇关于张献忠的传说指出，这些传说都认为张献忠对富者持否定态度；但传说的分布地域，集中在四川的西北部即张献忠曾经援助建设太庙的梓潼县和去世之地西充县等地，而在四川西部地区却很少流传关于张献忠的传说，反而留下很多官绅批评张献忠"屠蜀"的记载；支持张献忠的传说与批评张献忠"屠蜀"的记载，分别支持张献忠与明朝官绅，将本方描绘为善者，将对方描绘为恶者，从而构成两种立场的对立；张献忠的传说勾连起来，描绘出张献忠是受玉皇大帝派遣，惩恶扬善、劫富济贫的替天行道者的形象。李俊甲的这一研究，揭示出立场不同于官绅的四川部分民众，对张献忠所具有的完全不同的历史记忆，从一个侧面反映出官绅对张献忠"屠蜀"的指责具有片面性，值得重视。陈礼荣《张献忠"平毁荆州城"辨正》[《长江大学学报》（社会科学版）2020 年第 5 期]虽然是对张献忠是否平毁荆州城具体史事的考察，但所得出的张献忠并未平毁荆州城，而是当地守城官员为夸饰守城功绩，宣扬作战艰辛的伪托之辞，后又被康熙朝地方志纂修人员收入《荆州府志》的结论，仍然为我们理解张献忠相关史事的复杂性，提供了启示。

以下论文考察了张献忠大西军的军事活动：陈致远《张献忠军在常德活动考——兼考张献忠未掘杨嗣昌祖墓》（《常德师范学院学报》1998 年第 1 期）、陈致远《掘杨嗣昌祖墓非张献忠所为考》（《衡阳师范学院学报》2000 年第 1 期）、滕新才《从"吊何承光诗碑"看张献忠入峡作战》（《文史杂志》1999 年第 4 期）、滕新才和甘立明《"圆盘计划"与张献忠土地岭大捷》（《文史杂志》2001 年第 3 期）、滕新才《张献忠三峡战事述论》[《四川师范大学学报》（社会科学版）2002 年第 4 期]、滕新才《张献忠"以走致敌"与黄陵城大捷》（《文史杂志》2002 年第 6 期）、李映发《张献忠率军入川转战史实及次数考》（《军事历史研究》2011 年第 2 期）。

这一时期还出版了两部张献忠研究专著。余同元《历史争议人物张献忠》（台北文津出版社，1995）、王兴亚《狡黠的张献忠》（中国社会科学出版社，2008）都认为张献忠在四川进行了一些屠杀。一些随笔式的文章则批评得更为严厉，如张宏杰《农民起义书写了怎样的历史——以张献忠为例》（《社会科学论坛》2005 年第 10 期）、章夫《张献忠成都屠城的历史路径》（《成败——甲申

360 年祭》，人民日报出版社，2005）、吴蔚和任兆祥《话说张献忠"屠"四川》（《龙门阵》2006 年第 11 期）。王春瑜《李自成、张献忠与传教士》（《文史知识》1999 年第 3 期）指出李自成、张献忠并不排斥传教士，拒绝西方文化。

关于张献忠的文献、文物仍在不断发现与公开。胡昭曦《巴蜀历史文化论集》（巴蜀书社，2002）其中一章"有关张献忠起义的新见史料"引人注意。盛观熙《张献忠"西王赏功"钱说略》（《安徽钱币》1995 年第 2 期）讨论了大西政权铸币的相关情况。陈学霖《传教士对张献忠据蜀称王的记载——〈圣教入川记〉的宗教与文化观点》（《中国文化研究所学报》第 52 期，2011 年）则提出应充分重视《圣教入川记》史料的原始性与客观性。王怀成《唐甄〈潜书〉所载张献忠史实考辨》（《文史杂志》2019 年第 6 期）指出应重视《潜书》所载张献忠大肆杀人的记载。

2006 年至 2008 年，四川彭山"江口沉银遗址"重大考古发掘，吸引了史学界乃至社会各界的普遍关注，推动了相关研究的开展。冯广宏《张献忠埋银悬案——张献忠帝蜀实情考之七》（《文史杂志》2011 年第 1 期）、唐长寿《杨展与"江口沉银"》（《文史杂志》2010 年第 2 期）、李飞《张献忠"沉银埋宝"初步研究》（《中国史研究动态》2016 年第 5 期）、江玉祥《张献忠藏宝之文献考察》（《中国史研究动态》2016 年第 5 期）梳理了历史文献中关于张献忠"沉银埋宝"的历史记载。方明和吴天文《彭山江口镇岷江河道出土明代银锭——兼论张献忠江口沉银》（《四川文物》2006 年第 4 期）、王俪阎《从"江口古战场遗址"等面世实物探张献忠铸币》（《中国文物报》2018 年 8 月 21 日）、王俪阎《从出土与传世钱考察张献忠铸币》（《湖北钱币研究》，2019 年）依据发掘出的银锭，进一步考察了大西政权的铸币史事。后晓荣、程义《明末张献忠农民军用印初探》（《中国国家博物馆馆刊》2016 年第 6 期）结合遗存的十余方张献忠农民军的用印，指出张献忠农民军官制多仿效明朝，地方军队由县守备负责，张献忠农民军与川藏少数民族关系密切。张彦、姚刚《"江口沉银"遗址发掘后对张献忠研究的几点思考》（《中华文化论坛》2018 年第 12 期）指出，应从多个领域推动张献忠研究的深入开展。

回顾近百年张献忠研究的历史，颇有沧海桑田、恍如梦境之感。张献忠之是非功过、历史褒贬在百年过程中，经历了几多变化，也不禁引起我们的思考。从新中国成立到 20 世纪 80 年代末，张献忠研究的热潮虽然在很大程度上是当时政治气候与意识形态的推动，随着时代、学术的变化，荣光不再，不过目前少人问津的局面也同样是不正常的，不利于史学整体发展。就像彭勇对于张献忠籍贯这一具体事实的研究（彭勇《张献忠籍贯考辨：兼谈明代边疆地区户籍管理制度》，《明清论丛》第 12 辑，故宫出版社，2012）所揭示的那样，张献忠研究实有巨大的挖掘空间。

到目前为止，虽然张献忠的研究成果不可谓不多，但选题较为集中，基本局限在张献忠屠蜀真相、谷城降明及大西军战术、大西政权建设及其失败等一些比较表层的问题上，尚缺乏从区域史的视角出发，借鉴其他学科的方法，将张献忠置于明末时代背景下，综合考虑围绕于此的历史背景、区域背景、政治群体、个人心理、舆论传播、战略战术等方面的研究成果。比如关于张献忠起义的原因，一直只是放在明末农民战争起因下一同论述。关于明末农民战争的原因，所有著作几乎都是罗列政治腐败、赋税沉重、地主阶级压迫、灾荒不断等，已经形成一种十分刻板的教条化论述。其实明末陕北农民战争的爆发与榆林镇军事经营有密切的关系。

明末农民战争领袖多为榆林镇人氏，多有参军或充任驿卒的经历，为何是这一地区、这一身份的人成为揭竿而起者，成为农民军的领袖？这反映了明末陕北社会人口构成的什么状况与特点？这一情况又源于何处？大量具有军事或准军事经历的人成为明末农民军的骨干力量，这对明末农民战争的方式、性质又产生了什么样的影响？显然，这些都是极其重要且并非空想的问题。通过与明中后期以来的陕北历史相联系，便可找出解决问题的线索。因此，对明末包括张献忠起义在内的农民战争爆发原因的讨论，便可以引入"区域农战史"的研究视角，考察明末榆林生态环境、经济条件、社会结构在其中所扮演的角色。这将会大大改变此前农战史研究过于强调从国家的视角"自上而下"进行研究，忽视农民战争与地方社会关系的局面，从而增加"自下而上"的角度，将研究引向具体与深入。

再比如屠蜀问题，目前研究已经揭示了各种势力在四川都进行了屠杀行为。那么，这种屠杀行为对四川造成了什么影响？屠杀的原因是什么？为什么清初史籍会对张献忠屠蜀有如此繁多、详细、生动的记载？张献忠杀人与其幼年经历、精神状态有无关系？这些既与明清易代过程中，取得最终胜利的清朝政权及与之合作的士大夫群体的政治宣传有关，也可能与张献忠本人的心理状况有关，还与一定的社会舆论传播内在机制有关，无论从哪个层面深入下去都会有巨大收获。

又如张献忠灵活机动地采取各种方式，在不同的战略形势下，结合不同地区的地形条件，灵活地发动战争，从而在很长一段时间内，以少胜多，以弱胜强，将战争主动权掌握在手中。不仅张献忠军队如此，李自成农民军同样如此，并最终灭亡了明朝。为何明末陕北军民叛乱能拥有如此灵活而高超的战略战术，这和榆林镇长期浸染的明蒙战争有何关系，值得深入研究。

总之，目前包括张献忠研究在内的中国农战史研究，迫切需要回归学术本身，从制度与地域互动的视角，在严格辨析史料的基础上，利用多学科的视角方法，进行全方位、多层次的综合研究。如果这样的研究能够开展的话，将是大不同于以往的"新农战史"研究，农战史研究的重新繁荣也便可以预期了。

小 结

　　晚明时期，在全球化时代潮流下，明代中国的边疆困局进一步加剧，东亚区域国际秩序开始发生剧变，以中国为核心与主宰的"中华亚洲秩序"开始遭到挑战。虽然明朝努力通过军事战争，维护疆域完整与东亚霸主的地位，但却成败参半。不仅如此，为此而付出的巨大军事成本与财政代价，已使明朝外强中干。王朝国家的广阔疆域、多种族群成为政权崩溃的重要因素。明朝最终灭亡于军事重心——长城边疆的内外叛乱。长城在长期保障了明朝的"基本盘"的同时，由于长期处于军事高压之下，最终产生反噬效应，成为历史的"爆点"，灭亡了明代王朝国家。

结　论

　　在世界历史上，虽然由单一民族构成的民族国家，很早便在不同地区广泛存在，但近代意义上的民族国家，却产生于西欧，是在中世纪封建割据的基础上，势力大小不同的封建主，为了摆脱教皇的约束，与其他封建主抗衡，在资本主义潮流的推动下，建构出民族主义，从而建立的一种国家形态。事实上，在世界古代历史上，占据主流、拥有较大影响的国家形态，一直是以具有广阔疆域、多种族群、多元文化为特征的"王朝国家"。

　　不同文明具有不同的地缘环境、历史道路与价值取向，因此"王朝国家"的具体面貌也有所不同。中国古代依托黄淮平原、长江中下游平原的核心地带，发展起世界上最先进的农业经济，对周边山脉、戈壁、沙漠、海洋、丘陵等边缘地带较为原始的混合经济，形成了明显的经济优势，中央政权由此形成了对周边地区的强大统治力与吸引力，古代中国从而长期保持了"内聚性"特征，相应发展出典型的王朝国家形态。

　　中国古代王朝国家通过推动广阔疆域的整合、多种族群的融合、多元文化的交流，建立起庞大而发达的文明体。在这个文明体内，既发展出发达的农业经济，又建立起庞大的国内市场，促使中国长期保持了庞大的经济体，经济发展长期处于世界领先水平。在强大的经济基础支持下，中国古代王朝国家的整体实力十分强大，在东亚、东南亚、中亚建立起以中国为核心与主宰的"中华亚洲秩序"。在这种区域国际秩序中，中国扮演了政治仲裁者、经济带动者、文化输出者的角色，长期推动区域国际秩序的和平、经济发展与文化交流，在世界文明史上，走出了一条独具特色、贡献巨大的历史道路。

但是，限于古代社会的交通条件与行政能力，中央政权在对地理、气候、族群与内地存在差异甚至大相径庭的边疆地区，展开统治时，会采取有差别的统治方式。为实现对王朝国家的整体驾驭，世界古代的王朝国家，都依托统治者所属的族群，将之提升为地位、权力都高于其他族群的主体族群，对其他族群分而制之，从而实现对王朝国家的整体控制。简单地说，世界古代王朝国家的族群格局，呈现出"多元一强"的特征。"多元一强"族群格局既促使世界古代王朝国家容纳了众多族群，又推动国家政权强而有力，是王朝国家的制度精髓所在。世界古代王朝国家"多元一强"族群格局，不仅体现在政权构成上的主体族群、其他族群的上下分等，而且表现在国家疆域上主体族群、其他族群的内外分层。而内外分层的国家疆域，既表现为族群的依次分布，又体现为管理制度的依次差异，还呈现为统治效力的依次差别。这种疆域特征，由内而外，呈现出差序特征，可称之为"差序疆域"。

由此可见，相对于民族国家，王朝国家的庞大规模与多元特征，一方面赋予了其实力优势与发展潜力，但另一方面内部也蕴含着更多的潜在冲突与内在"爆点"。优势与弊端共存，潜力与隐患同在。王朝国家如果具有较好的外部环境，内部施政得当，那么便可以发挥出巨大的历史能量，在历史上扮演重要角色。反之，如果处于内忧外患的状态，王朝国家由内外冲突所导致的历史破坏，同样十分巨大。

相应，相对于民族国家，王朝国家的治理难度与政治风险更大，也向统治者提出了更高的要求。不同地缘环境之中的王朝国家统治者，为了控制、发展王朝国家，采取了不同的政策取向。地处欧洲、西亚的基督教文明、伊斯兰文明，在并不优越，甚至十分贫瘠的地理环境中，在国际竞争十分激烈的地缘环境下，为了保障王朝国家的存在，倾向于采取外向的扩张政策，以开拓生存空间，获取生存资源。与之不同，中国古代王朝国家在相对封闭的东亚空间内，在十分优越的黄淮平原、长江中下游平原上，发展出世界上最先进的农业经济，周边地区既不适宜开展大规模农业经济，又缺乏与中华文明发展程度对等的其他文明，相应中国古代控制、发展王朝国家的政策取向，一直是倾向于采取内向的保守政策，保持核心地带的稳定，而非边疆地区的开拓。

蒙古帝国瓦解之后，明代中国便呈现出与其他文明的政策分歧与历史分流。蒙古帝国的瓦解，为中华文明、阿拉伯文明的复兴提供了历史空间，为西欧文明解除了长期威胁，为俄罗斯文明的整合与形成提供了历史前提，四种文明从而开始复兴、崛起，纷纷竞逐蒙古帝国瓦解的权力空间，构成了近七百年世界历史的基本脉络与整体图景，标志着近代世界的开端，世界近代史的大幕由此开启。

与其他文明纷纷对外扩张，竞逐世界霸权，填补蒙古帝国的权力空缺不同，明朝在拥有当时世界上最强大的整体实力、军事实力的前提下，在周边地区并无强大挑战的情况下，并未追随蒙古帝国的脚步，重建世界帝国，而是回归以汉人为主体族群的汉人王朝国家。明朝初年，朱元璋在缺乏安全感的性格影响下，从"内政本位"传统出发，将王朝国家的建设重点，放在了巩固内政，而非开拓边疆上，边疆开拓力度甚至不如汉唐王朝，所建立的王朝国家属于"内敛型王朝国家"。明朝的这一取向，为其他文明的东进，以及最终挑战以中国为核心与主宰的"中华亚洲秩序"，埋下了历史的伏笔。

　　有明一代，在边疆政策上虽不断徘徊，但整体而言，一直都未脱离"内敛型王朝国家"模式。明朝是中国古代最后一次大规模修筑长城的时期，不仅在北部边疆构建了规模巨大、设施众多、内部复杂的长城防御体系，而且在东部沿海逐渐构建起类似的长城防御体系。明朝长期在长城边疆设置重兵，开展战争，成为明朝政权的主要关注之地与财力的主要耗费之地。从长城代表了明朝的国家取向、吸附了明朝的政权关注、吞噬了明朝的财政力量的角度而言，可将明朝的历史道路，用"明长城时代"进行概括。

　　为维持庞大的王朝国家，明朝长期在边疆地区，尤其是长城边疆，投入巨大的军事力量与财政力量。这不仅极大地消耗了江南等核心地区的经济成果，而且促使明朝政权在制度建设上，一直要兼顾边疆地区，甚至以边疆地区为重心。明中后期，在全球化的潮流中，明朝经济、社会、思想文化领域已经呈现出新的时代因素，但明朝在历史传统的影响下，在缺乏实质挑战的地缘环境中，同时为了维持体量庞大、内部复杂、发展不均衡的王朝国家，保障广阔边疆地区的社会稳定，并没有能够像西欧国家那样轻易转身，而是一直拖拽着沉重的身躯，源源不断地将核心地带的经济成果投入边疆地区的无尽黑洞之中。最终明朝之灭亡，也是灭亡于军事重心——长城边疆的内外叛乱。

　　在世界近代史的潮流中，明代中国仍然延续着中国古代的王朝国家之路，甚至呈现出更为内敛与保守的取向，由此逐渐从领先于西欧，到在许多具有指向性的领域，比如科技领域，被西欧所超过，中、西历史的转折点与分水岭由此产生。由此角度而言，王朝国家似乎是一种负面的历史遗产，成为明朝无法聚合优质资源、实现社会整合、推动文明嬗变的因素之一。但是，新兴的民族国家虽然推动西欧走上资本主义发展模式，开启了全球范围内的殖民扩张，建立起世界霸权；但同时也长期促使欧洲国家之间形成了对立、斗争，战争不断，甚至引发了两次世界范围内的战争。今天的欧洲，历史的光环逐渐暗淡，开始走向相对衰落。而中国在受到西方冲击之后，经过艰难曲折的蜕变，最终在保持了主体疆域的前提下，成功实现了从王朝国家向现代民族国家的转变，推动社会完成了整体动员与制度变革，从而焕发出巨大的活力，重新走向了文明的复兴，乃至开始建立新的文明形态，在国际社会逐渐恢复往日的荣光。这种历史的吊诡，不禁令人掩卷深思。

参考文献

一　古代文献

黄淬伯：《诗经核诂》，中华书局，2012。

黄寿祺、张善文：《周易译注》，上海古籍出版社，1989。

顾颉刚、刘起釪：《尚书校释译论》，中华书局，2005。

李民、王健：《尚书译注》，上海古籍出版社，2004。

杨伯峻译注《论语译注》，中华书局，1980。

黄怀信、张懋镕、田旭东：《逸周书汇校集注》（修订本），黄怀信修订，李学勤审定，上海古籍出版社，2007。

（春秋）左丘明：《国语》，鲍思陶点校，《二十五别史》第1册，齐鲁书社，2000。

朱海雷：《尸子译注》，上海古籍出版社，2006。

李零译注《司马法译注》，河北人民出版社，1995。

黎翔凤撰，梁运华整理《管子校注》，中华书局，2004。

许维遹撰，梁运华整理《吕氏春秋集释》，中华书局，2009。

（汉）郑玄注，（唐）孔颖达疏《礼记正义》，龚抗云整理，王文锦审定，《十三经注疏》整理本，北京大学出版社，1999。

（汉）刘向集录《战国策》，范祥雍笺证，范邦瑾协校，上海古籍出版社，2011。

李学勤主编《春秋公羊传注疏》，北京大学出版社，1999。

（汉）司马迁：《史记》，中华书局，1959 年点校本。

（汉）班固撰，（唐）颜师古注《汉书》，中华书局，1962 年点校本。

（晋）陈寿撰，（宋）裴松之注《三国志》，中华书局，1964 年点校本。

（唐）房玄龄等：《晋书》，中华书局，1974 年点校本。

（梁）沈约等：《宋书》，中华书局，2018 年点校本。

（北齐）魏收：《魏书》，中华书局，2017 年点校本。

（唐）李百药：《北齐书》，中华书局，1972 年点校本。

（唐）令狐德棻等：《周书》，中华书局，1971 年点校本。

（唐）魏徵等：《隋书》，中华书局，1973 年点校本。

（后晋）刘昫等：《旧唐书》，中华书局，1975 年点校本。

（宋）薛居正等：《旧五代史》，中华书局，1976 年点校本。

（宋）欧阳修：《居士集》，载洪本健校笺《欧阳修诗文集校笺》，上海古籍出版社，2009。

（宋）欧阳修、宋祁：《新唐书》，中华书局，1975 年标点本。

（宋）司马光编著，（元）胡三省音注《资治通鉴》，中华书局，1956。

（宋）邵伯温：《邵氏闻见录》，李剑雄、刘德权点校，中华书局，1983。

（宋）吕颐浩：《忠穆集》，《景印文渊阁四库全书》第 1131 册，台湾商务印书馆，1986。

（宋）李焘：《续资治通鉴长编》，中华书局，2004。

（宋）徐梦莘：《三朝北盟会编》，上海古籍出版社，1987。

（元）胡三省：《通鉴释文辨误》，《景印文渊阁四库全书》第 312 册，台湾商务印书馆，1986。

（元）脱脱等：《宋史》，中华书局，1976 年点校本。

（元）脱脱等：《辽史》，中华书局，2016 年点校本。

（元）脱脱等：《金史》，中华书局，1975年点校本。

《元典章》，陈高华、张帆、刘晓、党宝海点校，中华书局、天津古籍出版社，2011。

方龄贵校注《通制条格校注》，中华书局，2001。

（元）梁寅：《梁石门先生集》，《元人文集珍本丛刊》第8册，台湾新文丰出版公司，1985。

（元）陶宗仪：《南村辍耕录》，中华书局，1959。

（明）叶子奇：《静斋文集》，转引自钱谦益《国初群雄事略》卷一《宋小明王》，中华书局，1982。

（明）叶子奇：《草木子》，中华书局，1959。

（明）刘佶：《北巡私记》，载《国学文库》第45编，文殿阁书庄重印云窗丛刻本，1937。

（明）宋濂等：《元史》，中华书局，1976年点校本。

（明）黄标：《平夏录》，载（明）邓士龙辑《国朝典故》卷八，许大龄、王天有主点校，北京大学出版社，1993。

（明）佚名：《北平录》，载（明）邓士龙辑《国朝典故》卷七，许大龄、王天有主点校，北京大学出版社，1993。

（明）朱元璋：《明太祖集》，胡士萼点校，刘学锴审订，黄山书社，1991。

（明）朱元璋：《宝训》，载张德信、毛佩琦主编《洪武御制全书》，黄山书社，1995。

（明）朱元璋：《太祖皇帝钦录》，转引自张德信《太祖皇帝钦录及其发现与研究辑录——兼及〈御制纪非录〉》，载朱诚如、王天有主编《明清论丛》第6辑，紫禁城出版社，2005。

《大明律》，怀效锋点校，法律出版社，1999。

（明）刘基：《刘伯温集》，林家骊点校，浙江古籍出版社，2016。

（明）佚名：《皇明本纪》，载（明）邓士龙辑《国朝典故》

卷二，许大龄、王天有主点校，北京大学出版社，1993。

（明）胡广等：《明太祖实录》，台北中研院历史语言研究所，1962 年校印本。

（明）杨学可：《明氏实录》，《四库全书存目丛书》史 159 册，齐鲁书社，1997。

（明）俞本：《纪事录》，转引自〔美〕陈学霖《史林漫识》，中国友谊出版公司，2001。

（明）黄淮：《黄文简公介庵集》，黄群编《敬乡楼丛书》第三辑之六，永嘉黄氏校印本，1931。

（明）金幼孜：《北征录》，载薄音湖、王雄编辑点校《明代蒙古汉籍史料汇编》第 1 辑，内蒙古大学出版社，1994。

（明）金幼孜：《后北征录》，载薄音湖、王雄编辑点校《明代蒙古汉籍史料汇编》第 1 辑，内蒙古大学出版社，1994。

（明）杨荣：《北征记》，载薄音湖、王雄编辑点校《明代蒙古汉籍史料汇编》第 1 辑，内蒙古大学出版社，1994。

（明）费信：《星槎胜览》，冯承钧校注，中华书局，1954。

郑鹤声、郑一钧编《郑和下西洋资料汇编》，齐鲁书社，1980。

纪念伟大航海家郑和下西洋 580 周年筹备委员会、中国航海史研究会编《郑和家世资料》，人民交通出版社，1985。

（明）杨士奇：《东里文集》，刘伯涵、朱海点校，中华书局，1998。

（明）杨士奇等：《明太宗实录》，台北中研院历史语言研究所，1962 年校印本。

（明）杨士奇等：《明宣宗实录》，台北中研院历史语言研究所，1962 年校印本。

（明）朱旃撰修，吴忠礼笺证《宁夏志笺证》，刘仲芳审校，宁夏人民出版社，1996。

张润平、苏航、罗炤编著《西天佛子源流录：文献与初步研究》，中国社会科学出版社，2012。

（明）于谦：《于少保奏议》，载《于谦集》，魏得良点校，浙江古籍出版社，2013。

（明）杨铭：《正统临戎录》，载薄音湖、王雄编辑点校《明代蒙古汉籍史料汇编》第1辑，内蒙古大学出版社，1994。

（明）李贤：《古穰杂录》，商务印书馆，1936。

（明）李贤：《天顺日录》，载（明）邓士龙辑《国朝典故》卷四八，许大龄、王天有主点校，北京大学出版社，1993。

（明）李贤等：《大明一统志》，影印明天顺五年内府刻本，三秦出版社，1985。

（明）陈文等：《明英宗实录》，台北中研院历史语言研究所，1962年校印本。

（明）尹直：《謇斋琐缀录》，载（明）邓士龙辑《国朝典故》卷五三，许大龄、王天有主点校，北京大学出版社，1993。

（明）陆容：《菽园杂记》，佚之点校，中华书局，1985。

（明）丘濬：《大学衍义补》，载《丘濬集》第5册，周伟民、王瑞明、崔曙庭、唐玲玲点校，海南出版社，2006。

（明）丘濬：《世史正纲》，载《丘濬集》第7册，周伟民、王瑞明、崔曙庭、唐玲玲点校，海南出版社，2006。

（明）宋端仪：《立斋闲录》，载（明）邓士龙辑《国朝典故》卷三九，许大龄、王天有主点校，北京大学出版社，1993。

（明）唐胄：《传芳集》，刘美新点校，海南出版社，2006。

（明）刘吉等：《明宪宗实录》，台北中研院历史语言研究所，1962年校印本。

（明）皇甫录：《皇明纪略》，商务印书馆，1936。

（明）马愈：《马氏日抄》，商务印书馆，1936。

（明）王越：《黎阳王太傅疏议诗文辑略》，《四库全书存目丛书》集36册，齐鲁书社，1997。

（明）沈周：《石田翁客座新闻》卷二《黄河套诸虏》，《续修四库全书》第1167册，上海古籍出版社，2002。

（明）余子俊：《余肃敏公奏议》，《四库禁毁书丛刊》史57册，北京出版社，2000。

（明）许浩：《两湖麈谈录》，商务印书馆，1936。

（明）许浩：《复斋日记》，商务印书馆，1936。

（明）许浩：《复斋日记》，毛佩琦、李让整理，泰山出版社，2000。

（明）白昂等：《问刑条例》，载《皇明制书》，杨一凡点校，社会科学文献出版社，2013。

（明）谢铎：《谢铎集》，林家骊点校，浙江古籍出版社，2012。

（明）刘大夏：《刘大夏集》，刘传贵校点，岳麓书社，2009。

（弘治）《宁夏新志》，台湾成文出版社，1968。

（明）蒋冕：《湘皋集》，唐振真等点校，广西人民出版社，2001。

（明）李东阳等：《明孝宗实录》，台北中研院历史语言研究所，1962年校印本。

（明）何孟春：《余冬序录摘抄内外篇》，商务印书馆，1937。

（明）钟芳：《钟筠溪集》，周济夫点校，海南出版社，2006。

（明）王廷相：《内台集》，王孝鱼点校，载《王廷相集》，中华书局，1989。

（明）王廷相：《王氏家藏集》，王孝鱼点校，载《王廷相集》，中华书局，1989。

（明）李开先：《李中麓闲居集》，载卜键笺校《李开先全集》（修订本），上海古籍出版社，2014。

（明）韩邦奇：《苑洛集》，载魏冬点校整理《韩邦奇集》，西北大学出版社，2015。

（明）林希元：《同安林次崖先生文集》，《四库全书存目丛书》集76册，齐鲁书社，1997。

（明）黄省曾著，谢方校注《西洋朝贡黄录校注》，中华书局，2000。

（明）杨一清：《杨一清集》，唐景绅、谢玉杰点校，中华书局，2001。

（明）王琼：《北虏事迹》，《中国野史集成》第23册，巴蜀书社，2000。

（明）何孟春：《余冬序录摘抄内外篇》，商务印书馆，1937。

（明）杨慎：《升庵文集》，载王文才、万光治等主编《杨升庵丛书》第3册，天地出版社，2002。

（明）郑晓：《今言》，李致忠点校，中华书局，1984。

（明）郑晓：《皇明大政记》，载《吾学编》，《续修四库全书》史353册，上海古籍出版社，2002。

（明）崔铣：《后渠杂识》，毛佩琦整理，泰山出版社，2000。

（明）许论：《九边图论·榆林》，嘉靖十六年谢少南刻本，藏国家图书馆。

（明）魏焕辑《皇明九边考》，《四库全书存目丛书》史226册，齐鲁书社，1997。

（明）佚名：《英烈传》，赵景深、杜浩铭校注，上海古籍出版社，1981。

（明）佚名：《皇明诏令》，台湾文海出版社，1984。

（明）翁万达：《翁万达集》，朱仲玉、吴奎信校点整理，上海古籍出版社，1992。

（明）归有光：《震川先生别集》，载《归有光全集》第7册，彭国忠、查正贤校点，上海人民出版社，2015。

方祖猷等编校整理《罗汝芳集》，凤凰出版社，2007。

（明）尹耕：《两镇三关志》卷九，藏国家图书馆。

（明）费宏等：《明武宗实录》，台北中研院历史语言研究所，1962 年校印本。

（明）严从简：《殊域周咨录》，余思黎点校，中华书局，1993。

（嘉靖）《耀州志》，《天一阁藏明代方志选刊续编》第 72 册，上海书店，1990。

（明）陆楫：《蒹葭堂杂著摘抄》，商务印书馆，1936。

（明）吴朴：《龙飞纪略》，《四库全书存目丛书》史 9 册，齐鲁书社，1997。

（明）佚名：《秘阁元龟政要》，《四库全书存目丛书》史 13 册，齐鲁书社，1997。

（明）杨守谦：《大宁考》，载薄音湖、王雄编辑点校《明代蒙古汉籍史料汇编》第 2 辑，内蒙古大学出版社，2000。

（明）岷峨山人：《译语》，载薄音湖、王雄编辑点校《明代蒙古汉籍史料汇编》第 1 辑，内蒙古大学出版社，1994。

（嘉靖）《宁夏新志》，宁夏人民出版社，1982。

（明）朱睦㮮：《革除逸史》，《景印文渊阁四库全书》第 410 册，台湾商务印书馆，1986。

（明）廖希颜：《三关志》，《续修四库全书》第 738 册，上海古籍出版社，2002。

（嘉靖）《宣府镇志》，台湾成文出版社，1970。

（明）俞大猷：《正气堂续集》，载廖渊泉、张吉昌整理点校《正气堂全集》，福建人民出版社，2007。

杜志强整理《赵时春文集校笺》，天津古籍出版社，2012。

陈永革编校整理《欧阳德集》，凤凰出版社，2007。

（明）陈全之：《蓬窗日录》，顾静标校，上海书店，2009。

（明）郑若曾：《筹海图编》，《中国兵书集成》第 16 册，解放军出版社、辽沈书社，1990。

（明）范钦：《范钦集》，袁慧点校，浙江古籍出版社，2012。

（明）汪道昆：《太函集》，胡益民、余国庆点校，予致力审订，黄山书社，2004。

（明）万表：《海寇议》，《四库全书存目丛书》子31册，齐鲁书社，1997。

（明）佚名：《六部事例》，《天一阁藏明代政书珍本丛刊》第5册，线装书局，2010。

（明）张雨：《边政考》，台湾华文书局，1969。

（明）赵志皋：《赵志皋集》，夏勇点校，浙江古籍出版社，2012。

（明）王世贞：《弇山堂别集》，魏连科点校，中华书局，1985。

（明）王世贞：《弇州史料》，《四库禁毁书丛刊》史49册，北京出版社，2000。

（明）霍冀编《九边图说》，台湾正中书局，1981。

（明）高拱：《高拱全集》，岳金西、岳天雷编校，中州古籍出版社，2006。

（明）佚名：《赵全谳牍》，载薄音湖、王雄编辑点校《明代蒙古汉籍史料汇编》第2辑，内蒙古大学出版社，2000。

（明）张居正：《新刻张太岳先生诗文集》，《四库全书存目丛书》集113册，齐鲁书社，1997。

（明）张居正等：《明世宗实录》，台北中研院历史语言研究所，1962年校印本。

（明）张居正等：《明穆宗实录》，台北中研院历史语言研究所，1962年校印本。

（明）方逢时：《大隐楼集》，李勤璞校注，辽宁人民出版社，2009。

（明）管大勋：《焚余集》，《天一阁藏明代政书珍本丛刊》第18册，线装书局，2010。

（明）劳堪：《宪章类编》，《北京图书馆古籍珍本丛刊》第46

册，书目文献出版社，1988。

（明）徐渭：《徐文长三集》，载《徐渭集》，中华书局，1983。

（万历）《肃镇志》，台湾成文出版社，1970。

（明）张瀚：《松窗梦语》，盛冬铃点校，中华书局，1985。

（清）高宗敕撰《续文献通考》，《景印文渊阁四库全书》第631册，齐鲁书社，1997。

（明）沈一贯辑《皇明大一统舆图广略志》，中国社会科学院历史研究所图书馆藏万历二十五年余良史刻本。

黄仁生辑校《江盈科集》，岳麓书社，1997。

（明）焦竑：《焦太史编辑国朝献徵录》，《续修四库全书》史521—525册，上海古籍出版社，2002。

（明）王士性：《广志绎》，中华书局，1981。

（明）朱国桢：《涌幢小品》，上海古籍出版社，2012。

（明）朱国祯辑《皇明大事记》，《四库禁毁书丛刊》史28册，北京出版社，2000。

（明）谢肇淛：《五杂俎》，《明代笔记小说大观》本，上海古籍出版社，2005。

（明）冯梦龙辑《智囊》，缪咏禾、胡慧斌校点，载魏同贤主编《冯梦龙全集》第10册，江苏古籍出版社，1993。

（明）沈德符：《万历野获编》，中华书局，1959。

（明）沈德符：《清权堂集》，载《沈德符集》，李祥耀点校，浙江古籍出版社，2015。

（明）茅元仪：《武备志》，《四库禁毁书丛刊》子26册，北京出版社，2000。

（明）佚名：《整饬大同左卫兵备道造完所属各城堡图说》，载孙靖国《舆图指要：中国科学院图书馆藏中国古地图叙录》，中国地图出版社，2012。

（明）屠叔方：《建文朝野汇编》，《北京图书馆古籍珍本丛刊》第 11 册，书目文献出版社，1989。

（万历）《延绥镇志》，上海古籍出版社，2011。

（明）徐学聚：《国朝典汇》，北京大学出版社，1993。

（明）叶向高等：《明神宗实录》，台北中研院历史语言研究所，1962 年校印本。

（明）何乔远：《镜山全集》，福建省文史研究馆整理，福建人民出版社，2015。

（明）张萱：《西园闻见录》，台湾文海出版社，1984。

（明）蔡献臣：《清白堂稿》，厦门市图书馆校注，厦门大学出版社，2012。

（明）徐枢：《寰宇分合志》，《四库禁毁书丛刊》史 3 册，北京出版社，2000。

（明）熊廷弼：《熊廷弼集》，李红权点校，学苑出版社，2011。

（明）徐光启：《徐氏庖言》，载《徐光启全集》，上海古籍出版社，2011。

（明）《明熹宗实录》，台北中研院历史语言研究所，1962 年校印本。

（明）黄景昉：《国史唯疑》，陈士楷、熊德基点校，上海古籍出版社，2002。

（明）陈子龙等选辑《明经世文编》，中华书局，1962。

广禄、李学智译注《清太祖朝老满文原档》，台北中研院历史语言研究所专刊，1970。

中国第一历史档案馆编《清代文书档案图鉴》，岳麓书社，2004。

（清）钱谦益：《国初群雄事略》，张德信、韩志远点校，中华书局，1982。

（清）轶名：《梼杌闲评》，刘文忠校点，人民文学出版社，1983。

（明）谈迁：《国榷》，张宗祥校点，中华书局，1958。

（清）谷应泰：《明史纪事本末》，中华书局，1977。

（清）查继佐：《罪惟录》，浙江古籍出版社，1986。

（清）孙奇逢：《书经近指》，载张显清主编《孙奇逢集》，中州古籍出版社，2003。

（清）顾炎武著，（清）黄汝成集释《日知录集释》，岳麓书社，1994。

（清）顾炎武：《昌平山水记》，《续修四库全书》史721册，上海古籍出版社，2002。

（清）顾炎武：《肇域志》，上海古籍出版社，2011。

（清）顾炎武：《天下郡国利病书》，上海古籍出版社，2012。

（清）梁份：《秦边纪略》，广文书局，1974。

（清）顾祖禹：《读史方舆纪要》，贺次君、施和金点校，中华书局，2005。

（清）蔡方炳：《广治平略》，《四库禁毁书丛刊》史24册，北京出版社，2000。

（康熙）《延绥镇志》，《四库全书存目丛书》史227册，齐鲁书社，1997。

（清）张廷玉等：《清圣祖实录》，中华书局，1985。

（清）世宗胤禛：《大义觉迷录》，《四库禁毁书丛刊》史22册，北京出版社，2000。

（雍正）《山西通志》，《景印文渊阁四库全书》第542—543册，台湾商务印书馆，1986。

（雍正）《陕西通志》，《景印文渊阁四库全书》第551册，台湾商务印书馆，1986。

（雍正）《甘肃通志》，《景印文渊阁四库全书》第557册，台湾商务印书馆，1986。

中国第一历史档案馆编《雍正朝起居注》第1册，中华书局，

1993。

（清）张廷玉等：《清世宗实录》，中华书局，1985。

（清）张廷玉等：《明史》，中华书局，1974 年点校本。

（乾隆）《五凉全志》，台湾成文出版社，1976。

（清）阿桂、梁国治、和珅等奉敕撰《皇清开国方略》，《景印文渊阁四库全书》第 341 册，台湾商务印书馆，1986。

（乾隆）《钦定热河志》，《景印文渊阁四库全书》第 495 册，台湾商务印书馆，1986。

（乾隆）《大清一统志》，《景印文渊阁四库全书》第 479—480 册，台湾商务印书馆，1986。

（清）王昶：《春融堂集》，载谭其骧主编《清人文集地理类汇编·新修〈榆林府志〉》，浙江人民出版社，1986。

（嘉庆）《延安府志》，台湾成文出版社，1970。

（嘉庆）《葭州志》，台湾成文出版社，1969。

（道光）《榆林府志》，台湾学生书局，1968。

（清）卢坤：《秦疆治略》，台湾成文出版社，1970。

（清）冯一鹏：《塞外杂识》，商务印书馆，1936。

（清）杨江：《河套图考》，台湾新文丰出版公司，1989。

（清）魏源：《圣武记》，中华书局，1984。

（光绪）《靖边县志稿》，台湾成文出版社，1970。

（民国）《神木乡土志》，台湾成文出版社，1970。

〔朝鲜〕李坤：《闻见杂记》，载弘华文主编《燕行录全编》第 3 辑第 2 册，广西师范大学出版社，2013。

〔朝鲜〕郑麟趾等：《高丽史》，朝鲜科学院，1957。

〔朝鲜〕赵宪：《朝天日记》，载弘华文主编《燕行录全编》第 1 辑第 4 册，广西师范大学出版社，2010。

〔朝鲜〕李颐命：《甲申燕行录》，载弘华文主编《燕行录全编》第 2 辑第 4 册，广西师范大学出版社，2012。

〔朝鲜〕朴趾源：《热河日记》，载弘华文主编《燕行录全编》第3辑第3册，广西师范大学出版社，2013。

吴晗辑《朝鲜李朝实录中的中国史料》第1册，中华书局，1980。

二 现代文献

伊志：《明代"弃套"始末》，《禹贡》第2卷第7期，1935年。

谭其骧：《释明代都司卫所制度》，《禹贡》第3卷第10期，1935年。

张维华：《古代河套与中国之关系》，《禹贡》第6卷第5期，1936年。

蒙思明：《河套农垦水利开发的沿革》，《禹贡》第6卷第5期，1936年。

岑仲勉：《明初曲先、阿端、安定、罕东四卫考》，《金陵学报》第6卷第2期，1936年。

方觉慧：《明太祖革命武功记》，国学书局，1940。

李光璧：《明代西茶易马考》，《中央亚细亚》1943年第2期。

谭英华：《明代西南边疆之茶马市易》，《边政公论》1943年第11、12期。

陈守实：《明初与帖木儿关系试探》，《新中华》1947年第17期。

王崇武：《奉天靖难记校注》，载《中研院历史语言研究所专刊》之二十八，商务印书馆，1948。

张维华：《明代海外贸易简论》，学习生活出版社，1955。

张其昀：《中国军事史略》，香港中华文化出版事业委员会，1956。

陈生玺：《明初帖木儿帝国和中国的关系》，《史学月刊》1957年第7期。

赖家度：《明代初期西北七卫的设置》，《历史教学》1957年第8期。

胡钟达:《丰州滩上出现了青色的城——阿勒坦汗和三娘子·古丰州经济的恢复和归化城的诞生》,《内蒙古大学学报》(社会科学版) 1960 年第 1 期。

翦伯赞:《内蒙访古》,《人民日报》1961 年 12 月 13 日。

黄彰健:《读明刊毓庆勋懿集所载明太祖与武定侯郭英敕书》,载《中研院历史语言研究所集刊》第 34 本下册,1962。

郑镇峰:《明正统年间"三征麓川"之役》,《历史教学》1963 年第 8 期。

侯仁之:《从红柳河上的古城废墟看毛乌素沙漠的变迁》,《文物》1973 年第 1 期。

孙金铸:《河套平原自然条件及其改造》,内蒙古人民出版社,1977。

周清澍:《从察罕脑儿看元代的伊克昭盟地区》,《内蒙古大学学报》(人文社会科学版) 1978 年第 2 期。

赵俪生:《明朝的西域关系》,《东岳论丛》1980 年第 1 期。

李逸友:《土默川上的第一座明代城寺——美岱召》,载包头市地方志史编修办公室、包头市档案馆编印《包头史料荟要》第 1 辑,1980。

曹永年:《阿勒坦汗和丰州川的再度半农半牧化——阿勒坦汗研究之一》,《内蒙古大学学报》(哲学社会科学版) 1980 年第 Z1 期。

范长江:《中国的西北角》,新华出版社,1980。

陈汛舟、刘俊才:《明代川陕与藏族地区的茶马贸易》,《西南民族大学学报》(人文社科版) 1981 年第 3 期。

陈国安:《论朱元璋对贵州少数民族的政策》,《贵州民族研究》1981 年第 4 期。

曹永年:《呼和浩特市万部华严经塔明代题记探讨》,《内蒙古大学学报》(历史学专集) 1981 年增刊。

陈寅恪：《隋唐制度渊源略论稿》，中华书局，1963。

杨旸、袁间琨、傅郎云：《明代奴儿干都司及其卫所研究》，中州书画社，1982。

戴裔煊：《明代嘉隆间的倭寇海盗与中国资本主义的萌芽》，中国社会科学出版社，1982。

陈梧桐：《论朱元璋的民族政策》，《中南民族学院学报》（哲学社会科学版）1982年第1期。

高树林：《明朝隆庆年间与蒙古右翼的封贡互市》，《河北大学学报》（哲学社会科学版）1982年第1期。

邓锐玲：《明初安定、阿端、曲先、罕东等卫杂考》，载中国地理学会历史地理专业委员会、《历史地理》编委会编《历史地理》第2辑，上海人民出版社，1982。

宝音夫、洪俊：《论俺答求贡》，《历史教学》1982年第18期。

李漪云：《"大明金国"考》，《内蒙古社会科学》（汉文版）1982年第6期。

陈学文：《明代的海禁与倭寇》，《中国社会经济史研究》1983年第1期。

刘亚朝：《试评麓川的兴衰》，《云南民族学院学报》1983年第1期。

吴仁安：《明代中期杨一清"修复茶马旧制"浅说》，《华东师范大学学报》（哲学社会科学版）1983年第2期。

晓学：《略论嘉靖倭患——与"反海禁"论者商榷》，《贵州民族学院学报》（社会科学版）1983年第1期。

林永匡：《明清时期的茶马贸易》，《青海社会科学》1983年第4期。

薄音湖、洪俊：《论俺答求贡》，载呼和浩特市蒙古语文历史学会编印《蒙古史论文选集》第2辑，1983。

唐景绅：《明代关西七卫述论》，《中国史研究》1983年第3期。

白翠琴：《明代蒙古与西域关系述略》，《新疆社会科学》1983年第3期。

萧启庆：《元代四大蒙古家族》，载萧启庆《元代史新探》，台湾新文丰出版公司，1983。

孙寒青：《朱明王朝的海禁政策对我国近代科学技术发展的影响》，《厦门大学学报》（哲学社会科学版）1983年第4期。

金石：《明朝对云南的屯边政策》，《历史教学》1983年第9期。

北京大学地理系等：《毛乌素沙区自然条件及其改良利用》，科学出版社，1983。

吴仁安：《明代川陕茶马贸易浅说》，《中国社会经济史研究》1984年第2期。

马曼丽：《明代瓦剌与西域》，《西北史地》1984年第2期。

石鋆：《明初甘肃地区汉藏茶马互市初探》，《甘肃社会科学》1984年第3期。

胡钟达：《明与北元——蒙古关系之探讨》，《内蒙古社会科学》（汉文版）1984年第5期。

吴光耀：《明代市民反"海禁"斗争述略》，《江汉大学学报》（社会科学版）1984年第3期。

邵循正：《有明初叶与帖木儿帝国之关系》，载《邵循正历史论文集》，北京大学出版社，1985。

龚荫：《明清云南土司通纂》，云南民族出版社，1985。

戴月芳：《明代茶之研究——以内茶与边茶为主》，硕士学位论文，东海大学，1985。

《陕西风物志》编写组编《陕西风物志》，陕西人民出版社，1985。

范植清：《论朱元璋治理南方各族的政策》，《中南民族学院学报》（哲学社会科学版）1985年第2期。

史念海：《论黄土高原的治沟和治水》，《中国历史地理论丛》

1985 年第 1 期。

毛佩琦：《明代的通海思潮》，《河北大学学报》（哲学社会科学版）1985 年第 2 期。

万揆一：《明代麓川之役和〈陈言征麓川略〉》，《贵州文史丛刊》1985 年第 2 期。

张权武：《明代内地同藏区的茶马贸易》，《西藏研究》1985 年第 4 期。

谢玉杰：《明王朝与西北诸番地区的茶马贸易》，《西北民族研究》1986 年第 1 期。

高自厚：《明代的关西七卫及其东迁》，《兰州大学学报》（自然科学版）1986 年第 1 期。

曹永年：《嘉靖隆庆间板升自然灾害及其与"俺答封贡"的关系——呼和浩特白塔明代题记探讨之二》，《内蒙古社会科学》（汉文版）1986 年第 1 期。

孔恩阳：《明代曲先卫置卫时间及治所考辨》，《青海史地研究》1986 年第 1、2 期合刊。

百川：《明代麓川之役述评》，《思想战线》1986 年第 2 期。

唐玉萍：《简论明代庚戌之变》，《昭乌达蒙族师专学报》1986 年第 2 期。

程舒宁：《明朝与帖木儿帝国的关系》，载云南大学历史系编《史学论丛》第 2 辑，云南人民出版社，1987。

高自厚：《元末明初蒙维关系变化及其对撒里畏兀儿的影响》，《中央民族学院学报》1986 年第 3 期。

和龑：《明王朝与帖木儿帝国关系浅说》，《甘肃民族研究》1986 年第 3 期。

刘志伟、戴和：《明清时期广东士宦开海思想的历史发展》，《学术研究》1986 年第 3 期。

解秀芬、文韬：《试论明初茶马贸易的"金牌制"》，《甘肃民族研究》1986 年第 4 期。

乌云宝：《论"庚戌之变"发生的原因及其意义》，《内蒙古社会科学》1986 年第 4 期。

王守稼：《明代海外贸易政策研究——兼评海禁与弛禁之争》，《史林》1986 年第 3 期。

萧国亮：《明代后期蒙汉互市及其社会影响》，《中国社会科学院研究生院学报》1987 年第 2 期。

王天有：《试论穆宗大阅与俺答封贡》，《北京大学学报》（哲学社会科学版）1987 年第 1 期。

许振兴：《论王振的"挟帝亲征"》，《深圳大学学报》（人文社会科学版）1987 年第 3 期。

怀效峰：《嘉靖年间的海禁》，《史学月刊》1987 年第 3 期。

林仁川：《明清私人海上贸易的特点》，《中国社会经济史研究》1987 年第 3 期。

左书谔、解秀芬：《"金牌制"考略》，《民族研究》1987 年第 4 期。

杜常顺：《略论明代甘青少数民族的"差发马赋"问题》，《民族研究》1990 年第 5 期。

刘成：《论明代的海禁政策》，《海交史研究》1987 年第 2 期。

尤中：《明朝"三征麓川"叙论》，《思想战线》1987 年第 4 期。

晁中辰：《隆庆开放与中国资本主义萌芽》，《学术研究》1987 年第 5 期。

晁中辰：《论明代的海禁》，《山东大学学报》（哲学社会科学版）1987 年第 2 期。

费孝通：《费孝通民族研究文集》，民族出版社，1988。

李金明：《试论明代外朝贡贸易的内容与实质》，《海交史研究》1988 年第 1 期。

吴宏岐：《金元时期所谓的"山前"、"山后"》，《中国历史地理论丛》1988 年第 2 期。

陈梧桐：《明洪武年间的睦邻外交与海禁》，《史学集刊》1988 年第 2 期。

谢玉杰：《"金牌信符制"考辨》，《西北民族研究》1988 年第 2 期。

苏鑫鸿：《明清时期的茶马政策述论——明清茶法研究之一》，《中国社会经济史研究》1988 年第 2 期。

黄盛璋：《明代后期海禁开放后海外贸易若干问题》，《海交史研究》1988 年第 1 期。

吴均：《安定、曲先、罕东、必里等卫地望及民族琐议》，《青海师专学报》（哲学社会科学版）1988 年第 3 期。

陈一石：《明代茶马互市政策研究》，《中国藏学》1988 年第 3 期。

赵毅：《明代的汉藏茶马互市》，《中国藏学》1988 年第 3 期。

杜常顺：《从"西番诸卫"看明朝对甘青藏区的统治措施》，《青海师范大学学报》（哲学社会科学版）1989 年第 4 期。

田卫疆：《十四世纪末至十五世纪初的东察合台汗国》，《新疆社会科学》1988 年第 4 期。

赵毅：《明代四川茶马贸易的一种特殊形式》，《西南师范大学学报》（哲学社会科学版）1988 年第 4 期。

安永香：《试述撒里畏兀儿东迁》，《西北民族研究》1988 年第 1 期。

白坚：《试论明初的西域政策》，《兰州学刊》1988 年第 5 期。

贾敬颜：《历史上少数民族中的"汉人成分"》，载费孝通等《中华民族多元一体格局》，中央民族大学出版社，1989。

晁中辰：《论明代实行海禁的原因——兼评西方殖民者东来说》，《海交史研究》1989 年第 1 期。

赵毅：《明代的汉藏茶马互市》，《中国藏学》1989 年第 3 期。

王兴亚：《明王朝与帖木儿帝国的外交述略》，《文史杂志》

1989 年第 3 期。

郭孟良：《略论明代茶马贸易的历史演变》，《齐鲁学刊》1989 年第 6 期。

晁中辰：《论明代的朝贡贸易》，《山东社会科学》1989 年第 6 期。

梁冰：《鄂尔多斯历史管窥》，内蒙古大学出版社，1989。

陈一石：《有关金牌制的几个问题——兼与左书谔解秀芬同志商榷》，《民族研究》1990 年第 1 期。

谢玉杰：《杨一清茶马整顿案评述——明代西北茶马贸易研究之二》，《西北民族研究》1990 年第 1 期。

苏发祥：《简论明朝对甘、青藏族地区的治理》，《中央民族学院学报》1990 年第 2 期。

苏松柏：《论明成祖因循洪武海禁政策》，《海交史研究》1990 年第 1 期。

张维光：《明朝政府在青海的茶马互市政策述论》，《青海社会科学》1990 年第 3 期。

陈克俭、叶林娜：《明清时期的海禁政策与福建财政经济积贫问题》，《厦门大学学报》（哲学社会科学版）1990 年第 1 期。

范中义：《明代海防述略》，《历史研究》1990 年第 3 期。

彭清洲：《明成祖民族政策述论》，《中央民族学院学报》（哲学社会科学版）1990 年第 4 期。

萧国亮：《明代藏汉茶马贸易的历史考察》，《中国社会科学院研究生院学报》1990 年第 6 期。

李金明：《明代海外贸易史》，中国社会科学出版社，1990。

艾冲：《明代陕西四镇长城》，陕西师范大学出版社，1990。

晁中辰：《论明代海禁政策的确立及其演变》，载中外关系史学会编《中外关系史论丛》第 3 辑，世界知识出版社，1991。

李金明：《明代后期部分开放海禁对我国社会经济发展的影响》，载中外关系史学会编《中外关系史论丛》第 3 辑，世界知识出版社，1991。

郑克晟：《明朝初年的福建沿海及海防》，《史学月刊》1991年第1期。

郭孟良：《明代茶禁考析——明代茶法研究之一》，《史学月刊》1991年第2期。

樊保良：《略论俺答汗对历史上中国民族关系的贡献》，《青海社会科学》1991年第2期。

晁中辰：《论明代的私人海外贸易》，《东岳论丛》1991年第3期。

金昌林：《"俺答封贡"的历史背景与意义》，《中南民族学院学报》（哲学社会科学版）1991年第2期。

白坚：《明代西北茶禁与茶商的活动》，《青海社会科学》1991年第4期。

秦川：《明朝对甘青藏族地区的政策》，《甘肃社会科学》1991年第6期。

刘国防：《明朝初期对西域的管辖及往来关系》，《西域研究》1992年第1期。

樊保良：《察合台后王与瓦剌封建主及明王朝在丝路上的关系》，《西北民族研究》1992年第2期。

晓舟：《茶马互市与边疆内地的一体化》，《中国边疆史地研究》1992年第2期。

施由民：《明代茶马互市述论》，《农业考古》1992年第2期。

李勤奎：《促成"俺答封贡"的首功当属高拱》，《天中学刊》1992年第2期

沈定平：《明代与中亚诸国的交往》，载中国明史学会主办《明史研究》第2辑，黄山书社，1992。

宋秀芳：《明朝塞外四卫若干问题浅析》，《西藏民族学院学报》（哲学社会科学版）1992年第3期。

李峰：《茶马互市与明代青海货币经济》，《青海民族学院学报》（社会科学版）1992 年第 3 期。

邓锐龄：《〈贤者喜宴〉明永乐时尚师哈立麻晋京纪事笺证》，《中国藏学》1992 年第 3 期。

尤中：《明朝对西南各民族地区的设治和经营》，《思想战线》1992 年第 3 期。

田卫疆：《东察合台汗国地域范围及其变迁考释》，《新疆大学学报》（哲学社会科学版）1992 年第 4 期。

秦川：《试论明朝在西北的退缩战略与开发西北的决策》，《社科纵横》1992 年第 4 期。

秦川：《试论明政府经营西域的失误》，《兰州学刊》1992 年第 5 期。

杜常顺：《略论明朝对西藏的施政》，《青海社会科学》1992 年第 5 期。

王明荪：《元代的士人与政治》，台湾学生书局，1992。

杨绍猷：《俺答汗评传》，中国社会科学出版社，1992。

覃成号：《广西"改流复土"浅语》，《广西民族研究》1993 年第 1 期。

陈梧桐：《论朱元璋对蒙古的"威德兼施"政策》，《中央民族学院学报》（哲学社会科学版）1993 年第 2 期。

石硕：《明朝西藏政策的内涵与西藏经济的东向性发展》，《西藏研究》1993 年第 2 期。

姚继荣：《明代西北诸茶马司的置废及管理》，《青海师专学报》1993 年第 3 期。

叶玉梅：《明代茶马互市中的金牌信符制度》，《青海民族学院学报》（社会科学版）1993 年第 4 期。

赵毅：《论"麓川之役"》，《史学集刊》1993 年第 3 期。

钱伯泉、吐娜：《罕东左卫蒙古人的迁徙及其融入撒里畏兀儿的经过》,《西北史地》1993 年第 4 期。

任冠文:《俺答、张居正与蒙汉关系》,《晋阳学刊》1993 年第 6 期。

张士尊:《明初辽东二十五卫建置考释》,《鞍山师范学院学报》(综合版) 1994 年第 1 期。

张士尊:《明初辽东二十五卫建置考释》(续),《鞍山师范学院学报》(综合版) 1994 年第 2 期。

陈梧桐:《论明王朝的民族观与民族政策》,载中国明史学会主办《明史研究》第 4 辑,黄山书社,1994。

肖立军:《九边重镇与明之国运——兼析明末大起义首发于陕的原因》,《天津师范大学学报》(社会科学版) 1994 年第 2 期。

姚继荣:《明代茶马互市中的"勘合制"问题》,《青海民族学院学报》(社会科学版) 1994 年第 3 期。

杨秀清:《试论明朝对西北民族问题的决策》,《民族研究》1994 年第 6 期。

李建军:《试论明代海禁派代表朱纨》,《云南师范大学学报》(哲学社会科学版) 1994 年第 3 期。

陈国庆:《走出中世纪的黄土地——二十世纪初期的陕北农村》,西北大学出版社,1994。

谢维扬:《中国早期国家》,浙江人民出版社,1995。

邹逸麟:《明清时期北部农牧过渡带的推移和气候寒暖变化》,《复旦学报》(社会科学版) 1995 年第 1 期。

邸富生:《试论明朝初年的海防》,《中国边疆史地研究》1995 年第 1 期。

刁书仁:《关于嘉靖朝"倭寇"的几个问题》,《史学集刊》1995 年第 3 期。

陈梧桐:《论朱元璋对南方少数民族的政策》,《江西社会科学》1995 年第 6 期。

林荣贵：《辽朝经营与开发北疆》，中国社会科学出版社，1995。

陈梧桐：《明太祖与明成祖对西北民族地区的经营》，载陈梧桐主编《民大史学》第 1 辑，中央民族大学出版社，1996。

朱新光：《试论贴木儿帝国与明朝之关系》，《西北民族研究》1996 年第 1 期。

黄挺：《海禁政策对明代潮州社会的影响》，《海交史研究》1996 年第 1 期。

陈尚胜：《论明朝月港开放的局限性》，《海交史研究》1996 年第 1 期。

黄一农：《红夷大炮与明清战争——以火炮测准技术之演变为例》，《清华学报》1996 年第 1 期。

李金明：《明代后期部分开放海禁对我国社会经济发展的影响》，《海交史研究》1990 年第 1 期。

其其格：《张居正与"俺答封贡"》，《内蒙古师大学报》（哲学社会科学版）1996 年第 2 期。

马骏骐：《析贴木儿〈上明太祖表〉》，《贵州师范大学学报》（社会科学版）1996 年第 3 期。

张士尊：《高丽与北元关系对明与高丽关系的影响》，《绥化师专学报》1997 年第 1 期。

阿达：《耽罗隶元考述》，《中国边疆史地研究》1997 年第 1 期。

杨艳秋：《论明代洪熙宣德时期的蒙古政策》，《中州学刊》1997 年第 1 期。

宋乃平：《西夏兴衰史中的地理环境》，《宁夏大学学报》（社会科学版）1997 年第 2 期。

刘森：《明代金牌制下的"差发马"易茶形态》，《中国社会经济史研究》1997 年第 2 期。

刘祥学：《试论明英宗时期的三征麓川之役》，《广西师范大学学报》（哲学社会科学版）1997年第4期。

林瑞荣：《明嘉靖时期的海禁与倭寇》，《历史档案》1997年第1期。

朱新光：《东察合台汗国与帖木儿帝国之战及影响》，《中国边疆史地研究》1997年第3期。

刘淼：《明代茶马贸易价格结构分析》，《史学集刊》1997年第3期。

达力扎布：《明代漠南蒙古历史研究》，内蒙古文化出版社，1997。

刘淼：《明代茶业经济研究》，汕头大学出版社，1997。

陈尚胜：《"怀夷"与"抑商"：明代海洋力量兴衰研究》，山东人民出版社，1997。

宝音德力根：《十五世纪前后蒙古政局、部落诸问题研究》，博士学位论文，内蒙古大学，1997。

钱穆：《读明初开国诸臣诗文集》《读明初开国诸臣诗文集续篇》，载钱穆《中国学术思想史论丛》（六），联经出版事业公司，1998。

张帆：《明朝与朝鲜的关系》，载蒋非非、王小甫等著《中韩关系史》（古代卷），社会科学文献出版社，1998。

李新峰：《恭愍王后期明高丽关系与明蒙战局》，载北京大学韩国学研究中心编《韩国学论文集》第7辑，新华出版社，1998。

胡凡：《论明穆宗对北部边防的整顿》，《中国边疆史地研究》1998年第2期。

彭建英：《明朝治藏方略的内容及特点》，《西北史地》1998年第3期。

王冰：《明朝初期汉藏茶马互市的几个问题》，《西北史地》1998年第3期。

邹萍：《朱纨与明代海禁》，《福建师范大学学报》（哲学社会科学版）1998 年第 4 期。

滕新才：《朱棣的性格特征与蒙古战争刍论》，《西南师范大学学报》（哲学社会科学版）1998 年第 6 期。

胡凡：《河套与明代北部边防研究》，博士学位论文，东北师范大学，1997。

潘复：《西北垦殖计划·调查河套报告书》载《中国西北文献丛书续编》编撰委员会编《中国西北文献丛书续编·西北史地文献卷》第 10 册，甘肃文化出版社，1999。

费孝通：《费孝通文集》，群言出版社，1999。

解晓燕、尹伟先：《明朝治理乌思藏政策的阶段性特点》，《西北民族研究》1999 年第 1 期。

高永久：《帖木儿与中国》，《中央民族大学学报》（哲学社会科学版）1999 年第 2 期。

史念海：《黄土高原考察琐记》，《中国历史地理论丛》1999 年第 3 期。

梁志胜：《洪武二十六年以前的陕西行都司》，《中国历史地理论丛》1999 年第 3 期。

冷东：《明清海禁政策对闽广地区的影响》，《人文杂志》1999 年第 3 期。

樊保良：《略述瓦剌与明朝在西北的关系》，《兰州大学学报》（社会科学版）1999 年第 3 期。

彭建英：《略论金牌制的两重性》，《中央民族大学学报》（哲学社会科学版）1999 年第 4 期。

黄顺力：《明代福建海商力量的崛起及其对海洋观的影响》，《厦门大学学报》（哲学社会科学版）1999 年第 4 期。

黄定天：《东北亚国际关系史》，黑龙江教育出版社，1999。

李新峰：《土木之战志疑》，载中国明史学会主办《明史研究》第 6 辑，黄山书社，1999。

潘复：《西北垦殖计划》，载《中国西北文献丛书续编》编撰委员会编《中国西北文献丛书续编·西北史地文献卷》第 10 册，甘肃文化出版社，1999。

乌兰：《〈蒙古源流〉研究》，辽宁民族出版社，2000。

金星：《由朝贡贸易到互市贸易——明蒙贸易方式及其转变》，硕士学位论文，内蒙古大学，2000。

樊树志：《"倭寇"新论——以"嘉靖大倭寇"为中心》，《复旦学报》（社会科学版）2000 年第 1 期。

胡凡：《论明穆宗时期实现"俺答封贡"的历史条件》，《中国边疆史地研究》2001 年第 1 期。

魏华仙：《也谈洪武年间的"海禁"与对外贸易》，《常德师范学院学报》（社会科学版）2000 年第 2 期。

王晓燕：《明代官营茶马贸易体制》，《西北民族研究》2000 年第 2 期。

王玉祥：《浅说明朝的关外卫》，《甘肃社会科学》2000 年第 4 期。

魏华仙：《近二十年来明朝海禁政策研究综述》，《中国史研究动态》2000 年第 4 期。

贾仲益：《论"三征麓川"与明代边政》，博士学位论文，中央民族大学，2000。

宝音德力根：《15 世纪中叶前的北元可汗世系及政局》，载中国蒙古史学会编《蒙古史研究》第 6 辑，内蒙古大学出版社，2000。

刘浦江：《金代捺钵研究》，载中华书局编辑部编《文史》第 50 辑，中华书局，2000。

万明：《中国融入世界的步履——明与清前期海外政策比较研究》，社会科学文献出版社，2000。

史念海：《黄土高原历史地理研究》，黄河水利出版社，2001。

〔美〕陈学霖：《俞本〈纪事录〉与元末史料》，载〔美〕陈学霖《史林漫识》，中国友谊出版公司，2001。

郭红：《明代都司卫所建置研究》，博士学位论文，复旦大学，2001。

邓辉、夏正楷等：《从统万城的兴废看人类活动对生态环境脆弱地区的影响》，《中国历史地理论丛》2001年第2期。

刘清荣：《明代茶马贸易经管体系述论》，《农业考古》2001年第2期。

武沐、王希隆：《论清代河州的再度兴起》，《回族研究》2001年第2期。

薄音湖：《把汉那吉的家庭纠纷》，《内蒙古大学学报》（人文社会科学版）2001年第3期。

董倩：《明朝对西北民族地区的经营析论》，《中央民族大学学报》（哲学社会科学版）2001年第4期。

王晓燕：《明代官营茶马贸易体制的衰落及原因》，《民族研究》2001年第5期。

钱伯泉：《明朝撒里畏兀儿诸卫的设置及迁徙》，《西域研究》2002年第1期。

程红梅：《明代中日朝贡贸易与漆器交流》，《海交史研究》2002年第1期。

张久和：《秦朝对古代内蒙古部分地区的统治和开发》，《内蒙古社会科学》（汉文版）2002年第3期。

胡凡：《论明代蒙古族进入河套与明代北部边防》，《西南师范大学学报》（人文社会科学版）2002年第3期。

李开宇：《干旱区城市景观生态研究——以陕西榆林市为例》，《西安外国语学院学报》2002年第3期。

郭孟良：《试论明代的茶禁政策》，《青海社会科学》2002年第4期。

王炜林：《毛乌素沙漠化年代问题之考古学观察》，《考古与文物》2002年第5期。

孙周勇：《河套地区史前考古学史初步研究》，《文博》2002年第6期。

邓前程：《论明初中央政府治藏政策的调适与定型》，《思想战线》2002年第6期。

李新峰：《红罗山与元明战争》，载中国地理学会历史地理专业委员会、《历史地理》编委会编《历史地理》第18辑，上海人民出版社，2002。

曹永年：《蒙古民族通史》第3卷，内蒙古大学出版社，2002。

陈庆江：《明代云南政区治所研究》，民族出版社，2002。

杨志玖：《元代回族史稿》，南开大学出版社，2003。

达力扎布：《北元初期史实略述》，载达力扎布《明清蒙古史论稿》，民族出版社，2003。

于秀情：《明朝经营百夷研究》，博士学位论文，中央民族大学，2003。

朴永焕：《汉藏茶马贸易对明清时代汉藏关系发展的影响》，博士学位论文，四川大学，2003。

施瀚文：《论明代中后期海外贸易思想》，硕士学位论文，湖南大学，2003。

张泊主编《本色榆林：沉睡在窑洞里的文明》，广西师范大学出版社，2003。

和洪勇：《明前期中国与东南亚国家的朝贡贸易》，《云南社会科学》2003年第1期。

晁中辰：《明初政策的消极倾向》，《东岳论丛》2003年第4期。

顾琳：《明清时期榆林城遭受流沙侵袭的历史记录及其原因的初步分析》，《中国历史地理论丛》2003年第4期。

董倩：《明代"恩威兼施"的民族政策探析》，《青海社会科学》2003年第5期。

韩昭庆:《明代毛乌素沙地变迁及其与周边地区垦殖的关系》，《中国社会科学》2003 年第 5 期。

郑永常:《来自海洋的挑战——明代海贸政策演变研究》，台湾稻香出版社，2004。

《中国大百科全书·中国地理卷》，中国大百科全书出版社，2004。

习书仁:《洪武时期高丽、李朝与明朝关系探析》，《扬州大学学报》（人文社会科学版）2004 年第 1 期。

王继光:《陈诚西使及洪永之际明与帖木儿帝国的关系》，《西域研究》2004 年第 1 期。

程利英:《近二十五年来国内明代西域研究综述》，《喀什师范学院学报》2004 年第 1 期。

肖瑞玲:《清末放垦与鄂尔多斯东南缘土地沙化问题》，《内蒙古师范大学学报》（哲学社会科学版）2004 年第 1 期。

曹永年编《明万历间延绥中路边墙的沙壅问题——兼谈生态环境研究中的史料运用》，《内蒙古师范大学学报》（哲学社会科学版）2004 年第 1 期。

王冬青、潘如丹:《明朝海禁政策与近代西方国家的第一次对华军事冲突》，《军事历史研究》2004 年第 2 期。

颜广文:《高拱与"俺答封贡"》，《广东教育学院学报》2004 年第 1 期。

马冠朝:《明代茶马贸易官营体制的理论探析》，《宁夏社会科学》2005 年第 4 期。

李未醉、李魁海:《明代海禁政策及其对中暹经贸关系的影响》，《兰州学刊》2004 年第 5 期。

赵汀阳:《天下体系:世界制度哲学导论》，江苏教育出版社，2005。

晁中辰:《明代海禁与海外贸易》，人民出版社，2005。

王臻：《朝鲜前期与明建州女真关系研究》，中国文史出版社，2005。

惠富平、王思明：《汉代西北农业区开拓及其生态环境影响》，《古今农业》2005年第1期。

李建军：《明代云南沐氏与思氏家族关系研究》，《湖南师范大学社会科学学报》2005年第1期。

毕奥南：《洪武年间明朝与麓川王国关系考察》，《中国边疆史地研究》2005年第2期。

薛国中：《论明王朝海禁之害》，《武汉大学学报》2005年第2期。

程利英：《明代关西七卫与西番诸卫》，《西藏研究》2005年第3期。

邓前程：《从自由互市到政府控驭：唐、宋、明时期汉藏茶马贸易的功能变异》，《思想战线》2005年第3期。

李宪堂：《大一统秩序下的华夷之辨、天朝想象与海禁政策》，《齐鲁学刊》2005年第4期。

程利英：《明代关西七卫内迁去向和内迁人数探》，《贵州民族研究》2005年第4期。

胡凡：《论明世宗对蒙"绝贡"政策与嘉靖年间的农牧文化冲突》，《中国边疆史地研究》2005年第4期。

胡小鹏：《察合台系蒙古诸王集团与明初关西诸卫的成立》，《兰州大学学报》（社会科学版）2005年第5期。

李鸿宾：《中国传统王朝国家（观念）在近代社会的变化》，载中央民族大学历史系主办《民族史研究》第6辑，民族出版社，2005。

王冬芳：《明朝对女真人的羁縻政策、文化歧视及对后世的深远影响》，载中国明史学会主办《明史研究》第9辑，黄山书社，2005。

王天顺：《河套史》，人民出版社，2006。

韩茂莉：《草原与田园——辽金时期西辽河流域农牧业与环境》，生活·读书·新知三联书店，2006。

李艳玲：《金代"山后"与"山后"诸部族考》，载赵英兰主编《古船》，吉林人民出版社，2006。

刘迎胜：《察合台汗国史研究》，上海古籍出版社，2006。

刘祥学：《明朝民族政策演变史》，民族出版社，2006。

张文德：《明与帖木儿王朝关系史研究》，中华书局，2006。

于晓光：《元末明初高丽"两端"外交原因初探》，《东岳论丛》2006年第1期。

马明达：《朱元璋歧视色目人》，《回族研究》2006年第1期。

邓前程：《明代"限制边茶以制之"立法及其治藏主旨——以边关将吏和茶商严厉禁约为例》，《四川师范大学学报》（社会科学版）2006年第2期。

陈杰：《明代河州的茶马互市》，《档案》2006年第2期。

栾凡：《明朝治理边疆思想的时代特征》，《学习与探索》2006年第3期。

程利英：《明代关西七卫探源》，《内蒙古社会科学》（汉文版）2006年第4期。

程利英：《明代关西七卫作用浅析》，《贵州民族研究》2006年第4期。

王剑：《纳哈出盘踞辽东时明朝与高丽的关系》，《中国边疆史地研究》2006年第4期。

郝志成、白音查干：《论河套地域及其概念的演变》，《河套文化》2006年第11期。

刘磐修《汉代河套开发中的政府行为》，《内蒙古社会科学》（汉文版）2003年第4期。

马冠朝：《明代官营茶马贸易运营制度的演变与衰落》，《农业考古》2007年第5期。

赵毅：《论明代汉藏茶马互市的历史意义》，《重庆师院学报》（哲学社会科学版）1991年第1期。

赵世明：《高拱军备边防建设及其历史地位》，《哈尔滨学院学报》2007年第12期。

李花子：《明初铁岭设卫之谜》，载北京大学韩国学研究中心编《韩国学论文集》第16辑，辽宁民族出版社，2007。

李庆新：《明代海外贸易制度》，社会科学文献出版社，2007。

陈梧桐：《明代宦官势力干预北部边防的严重后果》，载陈梧桐《履痕集》，大象出版社，2007。

黄松筠：《中国古代藩属制度研究》，吉林人民出版社，2008。

周松：《明初河套周边边政研究》，甘肃人民出版社，2008。

林超民：《明代云南边疆问题述论》，载《林超民文集》第2卷，云南人民出版社，2008。

伍跃：《外交的理念与外交的现实——以朱元璋对"不征国"朝鲜的政策为中心》，载陈尚胜主编《儒家文明与中韩传统关系》，山东大学出版社，2008。

严小青、惠富平：《郑和下西洋与明代香料朝贡贸易》，《江海学刊》2008年第1期。

李正亭：《"析麓川地"与明代西南边疆变迁关系析评》，《思想战线》2008年第1期。

杨旸、李陆华：《明朝对乌思藏（西藏）的辖治》，《博物馆研究》2008年第2期。

马顺平：《明代陕西行都司及其卫所建置考实》，《中国历史地理论丛》2008年第2期。

孟凡云：《论把汉那吉降明事件与"远人请贡"》，《民族研究》2008年第6期。

邓前程、邹建达：《明朝借助藏传佛教治藏策略研究——与元、清两朝相比较》，《思想战线》2008年第6期。

彭勇：《因循与变通：高拱的民族观和民族政策简论》，《中央民族大学学报》（哲学社会科学版）2009 年第 2 期。

肖文清、武沐：《明代河州、岷州、洮州茶马贸易研究》，《青海民族研究》2009 年第 4 期。

刘雄峰：《明代白莲教与漠北边事》，《晋阳学刊》2009 年第 6 期。

何瑞军：《明代与日本足利幕府朝贡贸易之研究》，硕士学位论文，兰州大学，2009。

王新利：《王崇古和明蒙关系》，硕士学位论文，内蒙古大学，2009。

刘志强《方逢时与俺答封贡》，硕士学位论文，内蒙古大学，2009。

蒲章霞：《"土木之变"原因考述》，《中国边疆民族研究》第 3 辑，中央民族大学出版社，2010。

甘怀真编《东亚历史上的天下与中国概念》，台湾大学出版中心，2009。

周喜峰：《简论朱元璋的华夷思想与民族政策》，载陈怀仁、夏玉润主编《明太祖与凤阳》，黄山书社，2011。

杜祐宁：《从屯堡到边墙——明代北边防务研究》，硕士学位论文，台北成功大学，2009。

何彤慧、王乃昂：《毛乌素沙地历史时期环境变化研究》，人民出版社，2010。

马顺平：《洪武五年明蒙战争西路战役研究》，载达力扎布主编《中国边疆民族研究》第 3 辑，中央民族大学出版社，2010。

马静茹：《明代廷议的运作研究——以俺答封贡为例》，载达力扎布主编《中国边疆民族研究》第 3 辑，中央民族大学出版社，2010。

陆韧：《泛朝政化与史料运用偏差对边疆史地研究的影响——以明代"三征麓川"研究为例》，《中国边疆史地研究》2010 年第

1 期。

蓝武：《认同差异与"复流为土"——明代广西改土归流反复性原因分析》，《广西民族研究》2010 年第 3 期。

郑向东：《明代海禁与潮州府进士登科的关系探析》，《广西民族师范学院学报》2010 年第 4 期。

陆韧：《明朝的国家疆域观及其明初在西南边疆的实践》，《云南师范大学学报》（哲学社会科学版）2010 年第 5 期。

唐玉萍：《张居正、高拱在"隆庆和议"中的作用对比》，《赤峰学院学报》（汉文哲学社会科学版）2010 年第 5 期。

晁中辰：《明代隆庆开放应为中国近代史的开端——兼与许苏民先生商榷》，《河北学刊》2010 年第 6 期。

王子今：《汉代北边"亡人"的民族立场与文化表现》，载王子今《秦汉边疆与民族问题》，中国人民大学出版社，2011。

王炜民等：《阴山文化史》，人民出版社，2011。

段红云：《明代云南民族发展论纲》，人民出版社，2011。

邓前程：《一统与制宜：明朝藏区施政研究》，人民出版社，2011。

王雄：《石天爵、桃松寨与把汉那吉事件之思考》，载张显清主编《第十三届明史国际学术研讨会论文集》，湖南人民出版社，2011。

黄顺力：《"重陆轻海"与"通洋裕国"之海洋观刍议》，《深圳大学学报》（人文社会科学版）2011 年第 1 期。

黄汝迪：《广西忻城"裁流复土"考略》，《柳州师专学报》2011 年第 1 期。

赵世明：《"俺答封贡"的决策问题》，《天水师范学院学报》2011 年第 1 期。

周鹤：《明代的对外贸易法制与英国封建社会时期的对外贸易比较》，《商品与质量》2011 年第 4 期。

孙宏年：《清代中国与邻国"疆界观"的碰撞、交融刍议——以中国、越南、朝鲜等国的"疆界观"及影响为中心》，《中国边疆史地研究》2011年第4期。

刘淑红：《论明代民族文教政策的主要内容和实践效果——基于西南民族地区儒学教育的视角》，《贵州民族研究》2011年第6期。

武沐、董知珍：《洪武永乐时期明朝与西域诸"地面"的关系》，《烟台大学学报》（哲学社会科学版）2012年第2期。

岳小国、陈红：《王朝国家的模仿与隐喻——人类学视阈下的土司社会与国家关系研究》，《云南民族大学学报》（哲学社会科学版）2012年第4期。

田澍、陈武强：《朱元璋的蒙古观探析》，《青海民族研究》2012年第4期。

李新峰：《明初撒里畏兀儿设卫考》，《民族研究》2012年第4期。

刘淼：《明代前期海禁政策下的瓷器输出》，《考古》2012年第4期。

舒时光：《文贵修筑延绥镇"大边"长城及其地理意义》，载中国地理学会历史地理专业委员会、《历史地理》编辑委员会编《历史地理》第26辑，上海人民出版社，2012。

邹映：《明代云贵地区改流复土现象研究》，硕士学位论文，广西师范大学，2012。

王赓武：《永乐年间（1402—1424）中国的海上世界》，载王赓武《华人与中国——王赓武自选集》，上海人民出版社，2013。

李鸿宾：《唐朝胡汉关系研究中若干概（观）念问题》，《北方民族大学学报》（哲学社会科学版）2013年第1期。

陆韧、彭洪俊：《论明朝西南边疆的军管羁縻政区》，《中国边疆史地研究》2013年第1期。

秦树才、辛亦武：《明代云南边区土司与西南边疆的变迁》，

《中国边疆史地研究》2013 年第 1 期。

张会龙、史世奎：《论中国王朝国家的族际政治整合》，《云南行政学院学报》2013 年第 5 期。

周赟、李晓丽：《明代宁夏镇三关口关墙考辨》，《宁夏社会科学》2013 年第 3 期。

胡铁球：《明清海外贸易中的"歇家牙行"与海禁政策的调整》，《浙江学刊》2013 年第 6 期。

万泳延：《明代麓川治理问题研究》，博士学位论文，中央民族大学，2013。

方铁：《明朝统治者眼中的西南边疆》，载方铁《边疆民族史探究》，中国书籍出版社，2013。

周振鹤：《中国地方行政制度史》，上海人民出版社，2014。

罗冬阳：《土木之变史事考——兼论明清历史书写中的宦官话语》，《社会科学战线》2014 年第 1 期。

刘浦江：《元明革命的民族主义想象》，《中国史研究》2014 年第 3 期。

赵轶峰：《论明代中国的有限开放性》，《四川大学学报》（哲学社会科学版）2014 年第 4 期。

邓云、崔明德：《明成祖民族关系思想述论》，《北方民族大学学报》（哲学社会科学版）2014 年第 5 期。

沙勇：《传统边疆治理理论相关问题的思考——基于明朝治理北部边疆及其与蒙古关系的反思》，《求索》2014 年第 8 期。

马静茹：《李春芳与"俺答封贡"》，载苍铭主编《民族史研究》第 12 辑，中央民族大学出版社，2012。

林荣贵：《中国古代疆域研究自选集》，中国社会科学出版社，2015。

李宗俊：《唐前期西北军事地理问题研究》，中国社会科学出版社，2015。

余来明：《元明科举与文学考论》，武汉大学出版社，2015。

邓云：《明代民族关系思想研究》，博士学位论文，兰州大学，2015。

晁中辰：《明朝对外交流》，南京出版社，2015。

周文：《张四维与"俺答封贡"研究》，硕士学位论文，四川师范大学，2015。

苏惠苹：《试析明清时期闽籍士绅关于"开海"、"禁海"问题之态度》，《中国社会经济史研究》2015 年第 3 期。

邓慧君：《明初太祖成祖对西域和中亚丝绸之路的经营方略》，《甘肃社会科学》2015 年 4 期。

陈旭：《明代俺答封贡中李春芳和赵贞吉之作用考论》，《山西档案》2015 年第 6 期。

王少博：《论明代极端民族主义情绪的形成》，《哈尔滨师范大学社会科学学报》2016 年第 1 期。

徐珺玉、毕天云：《王朝中国的国家本位》，《云南社会主义学院学报》2016 年第 3 期。

张懿德：《土木之变前后也先对明的和亲要求及遭拒原因》，《广播电视大学学报》（哲学社会科学版）2016 年第 3 期。

王美珏：《明代"俺答封贡"再研究——以张四维〈与鉴川王公论贡市书〉为视角》，《内蒙古师范大学学报》（哲学社会科学版）2016 年第 3 期。

罗勇：《明代麓川问题的形成、解决及其影响》，《中南民族大学学报》（人文社会科学版）2016 年第 4 期。

段红云：《汉代"西夷"及其与王朝国家的关系研究》，《广西民族大学学报》（哲学社会科学版）2017 年第 3 期。

鲁西奇：《汉唐时期王朝国家的海神祭祀》，《厦门大学学报》（哲学社会科学版）2017 年第 6 期。

吴玉贵：《突厥汗国与隋唐关系史研究》，商务印书馆，2017。

彭勇：《坚守与变通：明代的边疆观念及周边民族事务的应对》，载彭勇主编《民族史研究》第 13 辑，中央民族大学出版社，2017。

周家明：《明中期以后开海思潮研究》，硕士学位论文，山东大学，2017。

孙保全：《中国王朝国家的疆域格局与边疆形态》，载何明主编《西南边疆民族研究》第 25 辑，社会科学文献出版社，2018。

温春来：《从王朝国家到民族国家》，载温春来《身份、国家与记忆：西南经验》，北京师范大学出版社，2018。

孙明材：《重评明朝在东北实施的羁縻政策》，《甘肃社会科学》2018 年第 1 期。

赵轶峰：《向李洵先生学习明清史》，载赵轶峰《评史丛录》，科学出版社，2018。

秦树才、肖婷：《从"使其不叛"到"治以不治"：明朝治滇观探析》，载中国明史学会、昆明学院编《明代云南治理与开发国际学术研讨会论文集》，云南人民出版社，2018。

鲁西奇：《王朝国家的社会控制及其地域差异——以唐代乡里制度的实行为中心》，《陕西师范大学学报》（哲学社会科学版）2019 年第 1 期。

安北江：《地缘政治与王朝秩序：8—13 世纪"天下中国观"与"国家认同"演绎》，《河北师范大学学报》（哲学社会科学版）2019 年第 4 期。

韩毅、潘洪岩：《利益集团与明代海禁政策变迁（1508—1567）》，《辽宁师范大学学报》（社会科学版）2019 年第 4 期。

刘晓东：《"倭寇"与明代的东亚秩序》，中华书局，2019。

岑丽君：《明代中后期官员群体的开海思想探讨》，硕士学位论文，南昌大学，2019。

王人正：《明初对麓川地区制衡手段的演变及其结果》，《遵义师范学院学报》2020 年第 1 期。

赵毅、杨维:《论明初西域经营策略——以关西七卫、西番诸卫比较为中心》,《辽宁师范大学学报》(社会科学版)2020 年第 1 期。

〔澳〕颜清湟:《出国华工与清朝官员:晚清时期中国对海外华人的保护(一八五——一九一一年)》,粟明鲜、贺跃夫译,中国友谊出版公司,1990。

〔韩〕林泰辅:《朝鲜通史》,陈清泉译,商务印书馆,1934。

朝鲜民主主义人民共和国科学院历史研究所:《朝鲜通史》,吉林省延边朝鲜族自治州《朝鲜通史》翻译组译,吉林人民出版社,1973。

〔日〕和田清:《明代蒙古史论集》,潘世宪译,商务印书馆,1984。

〔日〕森川哲雄:《关于把汉那吉降明事件》,《蒙古学资料与情报》1987 年第 1 期。

〔澳〕费克光:《论嘉靖时期(1522—1567 年)的明蒙关系》,许敏译,《民族译丛》1990 年第 6 期。

〔美〕牟复礼、〔英〕崔瑞德编《剑桥中国明代史》,张书生等译,中国社会科学出版社,1992。

〔美〕保罗·肯尼迪:《大国的兴衰:1500—2000 年的经济变迁与军事冲突》,陈景彪等译,国际文化出版公司,2006。

〔英〕诺曼·戴维斯:《欧洲史》,郭方、刘北成等译,世界知识出版社,2007。

〔日〕城地孝:《俺答封贡与隆庆五年(1571)三月的延议——兼谈〈兵部奏疏〉的史料价值》,载张显清主编《第十三届明史国际学术研讨会论文集》,湖南人民出版社,2011。

〔美〕迈克尔·赫克特:《遏制民族主义》,韩召颖等译,中国人民大学出版社,2012。

〔日〕杉山正明:《蒙古帝国的兴亡》,孙越译,邵建国校,社会科学文献出版社,2015。

〔波〕马歇尔·泰莫斯基:《早期国家理论在撒哈拉南部非洲前殖民地国家的运用问题》,载袁林主编《早期国家政治制度研究》,科学出版社,2015。

〔韩〕洪性鸠:《壬辰倭乱是明朝灭亡的原因吗?》,载《第十七届明史国际学术研讨会暨纪念明定陵发掘六十周年国际学术研讨会论文汇编》,2016。

〔美〕简·伯班克、〔美〕弗雷德里克·库珀:《世界帝国史:权力与差异政治》,柴彬译,商务印书馆,2017。

〔日〕宫崎市定:《中国的历史思想——宫崎市定论中国史》,张学锋、尤东进、马云超、童岭、杨洪俊、张紫毫译,上海古籍出版社,2018。

〔英〕帕特里克·贝尔福:《奥斯曼帝国六百年:土耳其帝国的兴衰》,栾力夫译,中信出版社,2018。

Arthur Waldron, *The Great Wall of China: From History to Myth*, Cambridge University Press, 1990.

Hok-Lam Chan（陈学霖）, *The "Song" Dynasty Legacy: Symbolism and Legitimation from Han Liner to Zhu Yuanzhang of the Ming Dynasty*, Harvard Journal of Asiatic Studies Volume 68.1（June 2008）.

图书在版编目（CIP）数据

明代的王朝国家之路 / 赵现海著 . --北京：社会
科学文献出版社，2022.12（2023.3 重印）
（九色鹿）
ISBN 978-7-5228-0804-8

Ⅰ.①明…　Ⅱ.①赵…　Ⅲ.①中国历史-研究-明代
Ⅳ.①K248.07

中国版本图书馆 CIP 数据核字（2022）第 179281 号

·九色鹿·
明代的王朝国家之路

著　　者 / 赵现海

出 版 人 / 王利民
责任编辑 / 陈肖寒
文稿编辑 / 许文文
责任印制 / 王京美

出　　版 / 社会科学文献出版社·历史学分社（010）59367256
　　　　　 地址：北京市北三环中路甲 29 号院华龙大厦　邮编：100029
　　　　　 网址：www. ssap. com. cn
发　　行 / 社会科学文献出版社（010）59367028
印　　装 / 北京盛通印刷股份有限公司

规　　格 / 开 本：787mm×1092mm　1/16
　　　　　 印 张：43.25　字 数：561 千字
版　　次 / 2022 年 12 月第 1 版　2023 年 3 月第 2 次印刷
书　　号 / ISBN 978-7-5228-0804-8
定　　价 / 158.80 元

读者服务电话：4008918866